LIBRO DE BUEN AMOR

clásicos Castalia

COLECCIÓN FUNDADA POR
DON ANTONIO RODRÍGUEZ-MOÑINO

DIRECTOR
DON ALONSO ZAMORA VICENTE

ARCIPRESTE DE HITA

LIBRO DE BUEN AMOR

Edición,
introducción y notas
de
G. B. GYBBON-MONYPENNY

clásicos castalia

Madrid

Copyright © Editorial Castalia, S. A., 1988
Zurbano, 39 - 28010 Madrid - Tel. 319 58 57

Cubierta de Víctor Sanz

Impreso en España - Printed in Spain
Unigraf, S. A. Móstoles (Madrid)

I.S.B.N.: 84-7039-508-4
Depósito Legal: M. 25.381-1990

SUMARIO

INTRODUCCIÓN BIOGRÁFICA Y CRÍTICA   7

    El autor y su época   7
    La obra   16

NOTICIA BIBLIOGRÁFICA   79

BIBLIOGRAFÍA SELECTA   83

NOTA PREVIA   93

LIBRO DE BUEN AMOR   99

GLOSARIO 473

ÍNDICE ONOMÁSTICO 507

TABLA DE CORRESPONDENCIAS ENTRE LA EDICIÓN Y LOS
    MANUSCRITOS 511

VARIANTES 513

ÍNDICE DE LÁMINAS 573

INTRODUCCIÓN
BIOGRÁFICA Y CRÍTICA

EL AUTOR Y SU ÉPOCA

Hasta hace muy poco no apareció huella histórica alguna del autor del *Libro de buen amor*. No sabíamos sino lo que nos decían los manuscritos en que se conserva la obra. En las cs. 19 y 575, el autor-protagonista se llama "Juan Ruiz, Arcipreste de Hita". En la c. 1634 se da la fecha en que se terminó el *Libro*: en el Ms. 'de Toledo' *(T)*, *era de 1368* (el año 1330), y en el Ms. 'de Salamanca' *(S)*, *era de 1381* (1343).

Durante los últimos años, la investigación ha revelado lo que era de esperar, que en aquella época bastantes señores se llamaban Juan Ruiz (o Rodríguez), entre ellos varios clérigos. En su libro reciente, el profesor Henry A. Kelly identifica a nada menos que 16 clérigos castellanos llamados *Johannes Roderici* en los registros papales para los años 1305-1342. [1] Pero no hay nada que conecte a ninguno de ellos ni con el Archiprestazgo de Hita ni con el *Libro de buen amor*.

La mención en la c. 1690 del "arçobispo don Gil", y la declaración por el copista del Ms. de Salamanca, en su apostilla final (después de la c. 1709), que el Arcipreste de Hita compuso el libro "seyendo preso por mandado del Cardenal don Gil, Arçobispo de Toledo", ha llevado a los

---

[1] Henry A. Kelly, *Canon Law and the Archpriest of Hita*, Binghamton, New York, 1984, Appendix, pp. 116-119.

investigadores a buscar huellas de algún Juan Ruiz que hubiese tenido relaciones con el cardenal. El profesor Emilio Sáez y su discípulo José Trenchs, quienes vienen estudiando la materia albornociana en los archivos del Vaticano, anunciaron al Primer Congreso Internacional sobre el Arcipreste de Hita (en junio de 1972) que habían identificado al autor del *Libro de buen amor* en la persona de un tal Juan Rodríguez (o Ruiz) de Cisneros, hijo ilegítimo de un noble palentino, nacido en 1295 ó 1296, protegido en su carrera eclesiástica por Albornoz, y muerto en 1351 ó 1352. Pero, como en el caso de los demás Juan Ruiz identificados hasta la fecha, no hay nada que conecte a este señor ni con el Arciprestazgo ni con el *Libro*. [2]

Pero ahora ha aparecido el elemento esencial que faltaba en toda identificación tentativa anterior: la combinación en un solo individuo del nombre y del oficio, como en las cs. 19 y 575 del *Libro*. Francisco J. Hernández ha publicado en la revista *La Corónica* el texto de un documento del año 1330, la sentencia dada por el "maestro Lorenzo", canónigo de Segovia, resolviendo la larga disputa entre sucesivos arzobispos de Toledo y la cofradía de los curas párrocos de la Villa de Madrid. A la cabeza de los ocho testigos que se nombran, leemos "uenerabilibus Johanne Roderici archipresbitero de Fita, Gundissalvo Ferrandi clerico in parrochiali ecclesia Sancte Marie de Guadalfaiara..." [3]

Desde luego, no está probado que este "venerable Juan Ruiz (o Rodríguez)" sea el autor del *Libro de buen amor*, ni sabemos nada de él tampoco. Pero la coincidencia de nombre, oficio y fecha es significativa. Reduce enorme-

---

[2] Emilio Sáez y José Trenchs, "Juan Ruiz de Cisneros (1295/1296-1351/1352), autor del *Buen Amor*", *Actas I Congreso*, pp. 365-368. En el *Diplomatario del cardenal Gil de Albornoz*, que publican Sáez y Trenchs, y otros, t. I (1976), para los años 1351-1353, aparecen cuatro clérigos distintos que se llaman Johannes Roderici; ninguno de los cuatro parece tener nada que ver con el Arciprestazgo de Hita.

[3] Francisco J. Hernández, "The Venerable Juan Ruiz, Archpriest of Hita", *La Corónica*, XIII.1 (1984), pp. 10-22.

mente la probabilidad de que en el *Libro* sean ficticios: si existía ya en realidad un Juan Ruiz, Arcipreste de Hita, contemporáneo, ¿quién iba a inventarle como pseudónimo, como personaje ficticio?

Además, la probabilidad de que el protagonista de esta autobiografía imaginaria sea el mismo autor está asegurada por otras 'autobiografías' medievales. La mentalidad medieval no admitía, parece, el concepto del autobiógrafo imaginario con identidad distinta de la del autor, tal como lo encontramos desde el *Lazarillo de Tormes* en adelante. Nadie duda, por ejemplo, que el "yo" de la *Vita Nova* y de la *Divina Commedia* es el mismo Dante Alighieri. Si bien no aparece su nombre en la *Vita* (una sola vez en la *Commedia*), la colección de *sonetti* y *canzoni* que introduce en la *Vita* como obra suya, y con comentarios, lo es en realidad, y sirve para identificar al autor con el protagonista. Lo mismo puede decirse del *Voir-Dit,* escrito h. 1365 por el gran músico y poeta francés Guillaume de Machaut. Este "Decir verídico" cuenta en primera persona los amores del poeta con una joven de familia noble. Si bien la historia tiene necesariamente que ser en gran parte ficticia, la inclusión de unas sesenta composiciones líricas, más los comentarios que hace el autor sobre otras obras suyas, obliga al público a identificar al protagonista con el mismo Machaut.

Si miramos en otra dirección, hacia las *maqámat* hispano-hebreas (género en que María Rosa Lida de Malkiel creyó haber encontrado la clave para la comprensión del *Libro de buen amor*), vemos cómo el judío barcelonés Josep ben Meir ibn Sabara identifica al "yo" de su *Libro de delicias* consigo en un párrafo preliminar en tercera persona, llamándole Josep ben Sabara, e incluye en el texto citas de varios poemas propios. El lector no puede sino aceptar, pues, que quien emprende este viaje imaginario acompañado por el gigantesco Enán, es el mismo Ibn Sabara.

En la literatura peninsular del siglo xv encontramos casos paralelos. El médico valenciano Jaume Roig concibió su diatriba misógina *Lo Spill* (o *Llibre de les dones*), de h. 1460, en la forma de una autobiografía imaginaria en primera persona, confundiendo a autor y protagonista en la segunda parte del Prefacio, por ejemplo, al dedicar la obra a su sobrino Baltasar Pou. La primera parte del *Siervo libre del amor* empieza: "Johan Rodríguez del Padrón, el menor de los dos amigos eguales en bien amar, al su mayor Gonçalo de Medina... requiere de paz y salut." A continuación, habla de sí mismo como "temeroso amador" y discute su caso amoroso en primera persona, mientras los títulos rezan "Fabla el auctor", "el autor prosigue la estoria", etc. Diego de San Pedro se introduce a sí mismo en la historia de la *Cárcel de amor*, como medianero entre Leriano y Laureola, y los títulos le llaman siempre "el auctor".

Estos casos análogos bastarían por sí para hacernos suponer que las cs. 19 y 575 del *Libro de buen amor* nos dan el verdadero nombre y título del autor; y no es muy probable que existiesen por los años treinta del siglo XIV dos Arciprestes de Hita llamados Juan Ruiz. Así que me parece razonable identificar provisionalmente al "venerable Juan Ruiz, Arcipreste de Hita" del documento publicado por Hernández como el autor del *Libro*.

El hecho de ser el autor del *Libro* ya arcipreste y "venerable" en el año 1330 no implica necesariamente que fuese ya viejo. Pero es razonable suponer que sería un hombre maduro, lo cual cuadra bien con la impresión que da el *Libro* de ser el producto de la madurez de un hombre que ha vivido y leído mucho, de ser una mirada retrospectiva sobre las experiencias, sobre todo las literarias.

La fechación de la obra, sin embargo, es también problemática. Las diferentes fechas que dan los Mss. en la c. 1634 pueden deberse a un error (o dos) de los copistas, o tal vez al hecho de haber hecho el autor dos "redacciones" de su obra, y a que el Ms. de Salamanca represente la segunda. Pero debemos tener en cuenta la posibilidad de que la c. 1634 sea una añadidura de los copistas, y que, por tanto, tenga poca autoridad. [4] En apoyo de la fecha que da *S* (1343) viene un dato histórico. El poema satírico sobre los clérigos de Talavera (cs. 1690-1709) empieza contando cómo llegan a Talavera "las cartas del arçobispo don Gil en las calendas de abril", en las que manda a todos los clérigos deshacerse de sus mancebas. Y existe la copia de una constitución sinodal del 16 de abril de 1342, en que Albornoz da instrucciones sobre la manera en que hay que tratar a las concubinas del clero. [5] El poema parece ser el comentario satírico de Juan Ruiz sobre las reacciones del clero a la campaña del Arzobispo y, por tanto, no puede ser anterior a la promulgación de la constitución, y es lógico que se haya compuesto poco tiempo después. La sátira política necesita ser contemporánea de los hechos comentados para ser realmente eficaz.

El profesor Kelly mantiene, sin embargo, que el *Libro* debió de componerse bastante después de 1343, tal vez muy poco antes de 1389, año en que se copió el Ms. de Gayoso. [6] La *Novela* nombrada en 1152d debe ser la *Novella in Decretales Gregorii IX*, de Johannes Andreae, obra que sólo fue terminada en Boloña en 1338. La fecha de 1330 que da *T* no puede ser correcta. El poema sobre los clérigos de Talavera tiene dos anacronismos: incluye a un arcipreste entre los miembros del cabildo de la colegiata de Santa María (el que "traía el mandado" y "mandó juntar cabildo"), cuando en realidad no lo hubo sino a partir de los años cincuenta; y en 1694d habla de la excomunión como pena aplicable a los clérigos que tuviesen

---

[4] En una ponencia ante el Congreso de Hispanistas de Gran Bretaña e Irlanda de 1982, el profesor Ian Michael, de la Universidad de Oxford, opinó que la c. 1634 del *Libro* debía atribuirse a los copistas, y no al autor, basando su opinión en su parecido con los versos finales de varios textos medievales que él venía examinando.

[5] La publican J. Sánchez Herrero, *Concilios Provinciales y Sínodos Toledanos de los siglos XIV y XV*, Universidad de La Laguna (Estudios de Historia, 2), 1976, pp. 208-209, y Kelly, *Canon Law...*, pp. 86-87.

[6] Kelly, *Canon Law...*, cap. I, iii.

manceba, lo cual no era verdad en 1342. Kelly piensa que
el poema es una añadidura posterior, tal vez una inven-
ción del copista Paradinas.

Las pruebas aducidas por el señor Kelly no son termi-
nantes. Como nos dice él mismo (pp. 24 y ss.), el término
novella ("novedades, adiciones") se aplicaba a otros tex-
tos. Aun si aceptamos que el único texto que merece con-
sideración aquí es la *Novella* de Johannes Andreae, el mis-
mo Kelly nos informa que circulaban varias secciones de
la obra entera antes de su terminación. Aun si el título
Novella sólo se aplicó a la obra entera después de su
terminación, no hace falta alejarnos tanto de la fechación
tradicional del *Libro*: basta con postular que en la versión
de 1634a que da *T, sesenta e ocho* es un error por "se-
tenta e ocho", y que las dos fechas son 1340 y 1343.
Dos años bastarían ampliamente para que la noticia de
la terminación de la *Novella* llegase a Toledo.

En cuanto a los anacronismos que encuentra Kelly en
el poema de Talavera, el señor Hernández anuncia en el
citado artículo que tiene un libro en prensa en el cual refuta
totalmente los argumentos del erudito norteamericano. Me
limitaré, pues, a comentar que el poema no es un relato
objetivo de hechos reales, sino un *jeu d'esprit* literario mo-
delado sobre un grupo de poemas del siglo anterior. La
reunión del cabildo es puramente imaginaria, sin duda, y
no hace falta suponer que al autor le importaba un bledo
representar correctamente la composición del cabildo real.
Los canónigos que hablan son los mismos que se nombran
en la *Consultatio Sacerdotum*. [7] El error acerca de la pena
de excomunión aplicable a los clérigos amancebados es
más problemático, porque hace contraste con el conoci-
miento exacto de estas cosas que demuestra Juan Ruiz en
la c. 337 (Kelly, pp. 83-84). Puede haber más de una expli-

---

[7] Véase Thomas Wright, *The Latin Poems commonly attributed
to Walter Mapes,* London, Camden Society No. 1, 1841, pp. 174-
179. En la *Consultatio* hablan el *decanus* (v. 6: cfr. *Lba* c. 1696,
el deán); el *cellarius* (v. 33: cfr. *Lba* c. 1701, el tesorero); el
cantor (v. 25: cfr. *Lba* c. 1705, el chantre); y varios más.

cación, entre ellas que el autor del poema no es el autor del *Libro;* que en ese momento se hablaba de restituir la pena de excomunión (lo que en efecto se hizo en 1388 —véase Kelly, pp. 84-85); o que Juan Ruiz tenía motivos artísticos para insinuar que la pena existía en 1342, año en que Albornoz se interesaba en el asunto.

Contraponiendo los hechos aducidos por Kelly al documento publicado por Hernández, me parece tener más peso este último. Aceptemos provisionalmente, pues, que el autor del *Libro de buen amor* fue ese Juan Ruiz, arcipreste de Hita, ya venerable en el año 1330, que asistió a la resolución del pleito entre el Arzobispo y el clero de Madrid, y que el *Libro* fue terminado en el año 1343. ¿De qué nos sirve esta identificación?

Sobre todo, nos permite situar al autor en una época determinada, la de la minoría y plenitud del rey Alfonso XI; la de la preeminencia en Castilla de Gil de Albornoz (antes que se marchase a Roma, al subir al trono Pedro el Cruel); los años en que don Juan Manuel se dedicaba a la composición literaria; época, finalmente, anterior a la calamidad europea de la Peste Negra.

El *Libro* "fue conpuesto" (1634*b*), pues, en la época en que Alfonso XI, restaurada la autoridad del monarca después de los decenios de las minorías (la de su padre y la suya), triunfaba sobre los benimerines. Pero el autor debe haber vivido gran parte de su vida en medio de las luchas políticas, los trastornos civiles y la miseria que imperaron desde los últimos años del reinado de Alfonso el Sabio. Los triunfos militares de Fernando el Santo habían efectuado una enorme extensión del territorio castellano y un nuevo prestigio internacional para la monarquía y la iglesia castellanas. Pero al mismo tiempo fueron en gran parte la causa del desequilibrio político, económico y social que sufrió el reino. El nuevo territorio y el nuevo poder económico cayó en manos de la nobleza y de las órdenes militares, las cuales se fueron independizando cada vez más de la autoridad regia. La emigración en masa de los musulmanes después de la sublevación de los años sesenta, y la migración hacia el sur de grandes números de cristianos, crearon una insuficiencia de gente para labrar la tierra. La reacción de los señores fue doble: intentar reducir a los campesinos a la servitud para asegurar el cultivo de sus propios campos; y convertir grandes zonas en pastos, y desarrollar —y controlar entre ellos— la industria lanar. Este empobrecimiento de la agricultura, junto con el empeoramiento del clima —general en Europa— causaron muchos años de carestía. Aparte las luchas fratricidas entre miembros de la familia real y sus facciones, hubo una serie de sublevaciones y disturbios en varias ciudades, protestando contra la política opresiva de los señores. [8]

La iglesia había compartido la gloria de la reconquista para el cristianismo de tanto territorio bajo Fernando el Santo, y como posesor de enormes señoríos (en manos de los monasterios, los obispos y las órdenes militares) era muy rica. Había emprendido la construcción de las grandes catedrales (Burgos, León, Toledo, Sevilla), símbolos de su plenitud. Pero los enormes gastos de esta empresa, más las constantes depredaciones de los monarcas necesitados, quienes exigían las mismas *tercias* con que Fernando había subvencionado sus campañas, más la mala situación económica en general, contribuyeron a hacer en gran parte ilusoria esa riqueza.

Tampoco era una época favorable para la actividad intelectual, y en comparación con los grandes centros intelectuales de Francia e Italia (París, Chartres, Boloña, Florencia...), la contribución castellana fue mínima; las traducciones de obras científicas y filosóficas árabes constituyen la gran excepción. Las medidas acordadas contra la ignorancia del clero en el cuarto concilio letrán de 1215

---

[8] Véanse L. Suárez Fernández, *Historia de España: Edad Media*, Madrid, Gredos, 1970, caps. XXVI-XXVIII; Jaime Vicens Vives y Jorge Nadal Oller, *Manual de historia económica de España*, Barcelona, 3.ª ed., 1964, caps. XIV y XX; J. Valdeón Baruque, "Las tensiones sociales en Castilla en tiempos de don Juan Manuel", en *Juan Manuel Studies*, ed. Ian Macpherson, London, Tamesis, 1977, pp. 181-192; A. R. Lewis, "The Closing of the Medieval Frontier", *Speculum*, XXXIII (1958), pp. 475-483.

habían dado lugar a las visitas de más de un nuncio papal, y también a la fundación de las Universidades de Palencia y Salamanca. Pero la ignorancia entre el clero castellano siguió siendo una preocupación de los concilios eclesiásticos durante toda esta época. [9]

Otra cuestión que se discutió en varios concilios fue la *De Vita et Honestate Clericorum*: aparte la condenación de la frecuentación por los clérigos de tabernas y otros lugares de mala fama, donde cantaban y bailaban mujeres de moralidad sospechosa, los concilios reprochaban a los que llevaban indumentaria indecorosa, y condenaban el concubinato (por ejemplo, en el Concilio de Valladolid de 1322). [10]

Un problema que no parece haber molestado a la Iglesia castellana fue la herejía, en una época en que proliferaban sectas disidentes, cuando todavía en el siglo XIV se descubrían comunidades de cátaros en el sur de Francia. Es un tópico que no se discute en los concilios castellanos.

Las indagaciones del profesor Kelly en los archivos, *Decretales*, etc., nos permiten ver algo de las funciones que ejercería nuestro arcipreste (véase el cap. II de su libro). Hita era un arciprestazgo rural, dependiente de Guadalajara, y con la responsabilidad sobre 21 curatos; el arcipreste tendría un beneficio perpetuo con cura de almas, y jurisdicción sobre ellas, aunque no de ninguna iglesia individual (por tanto, no sería párroco en Hita). Tendría la obli-

---

[9] Véase Peter Linehan, *The Spanish Church and the Papacy in the Thirteenth Century*, Cambridge, 1971. La ignorancia del clero es una preocupación principal del Concilio Provincial de Toledo de 1339, presidido por Gil de Albornoz. Véase Sánchez Herrero, *Concilios Provinciales...*, pp. 201-204, Constituciones 2 y 3.

[10] Véase Sánchez Herrero, *Concilios Provinciales...*, pp. 173-180. Al parecer, el Sínodo Diocesano de Toledo de 1323 basó sus constituciones, de las cuales la séptima es *De Vita et Honestate...*, sobre las del Concilio de Valladolid. El tema vuelve a aparecer en el Concilio Provincial de Toledo de 1324 (Sánchez Herrero, páginas 185-188): en la Constitución 2, se prohíbe a los clérigos llevar excesivamente largos el tabardo, los cabellos y la barba, y también se les prohíbe dejar entrar en su casa a las *soldadas* (mujeres de vida inmoral).

gación de visitar a todos los curatos, y una vez al año, de asistir al sínodo que se celebraba en Toledo, el segundo domingo después de la Resurrección, y de publicar en todo su arciprestazgo las constituciones sinodales del arzobispo. Para ejercer su jurisdicción, necesitaba saber algo de derecho canónico, y teóricamente, debía ser licenciado universitario, aunque no siempre lo eran los arciprestes.

Hoy día, los que van en romería literaria a Hita encuentran unas cuantas casas más o menos arruinadas, y desde el Cerro ven un vasto panorama casi deshabitado. Pero en el siglo XIV Hita era un pueblo importante en una zona estratégicamente importante, con pueblos cercados de murallas al lado de grandes fortalezas, llenos de gente, entre ellos muchos mozárabes, y con populosas aljamas de judíos. Aparte los castillos (Atienza, Jadraque, Beleña de Sorbe, Hita...), había importantes monasterios: Talamanca, Bonaval, Sopetrán (al lado mismo de Hita)... El arciprestazgo de Hita debía de tener cierto prestigio.

Y, sin embargo, no se han encontrado huellas de él en los archivos de la época de Juan Ruiz. Lo cual, según el profesor Kelly, implica que ningún arcipreste de Hita solicitó otro beneficio con cura, puesto que hubiera tenido que nombrar el beneficio que ya ocupaba, y la noticia hubiera llegado a la curia romana (pp. 59-66). El hecho de que se llamase así nuestro autor, y que en el siglo XV su obra se conociese como *Libro del Arcipreste de Hita*, sugiere que no adelantó más en la carrera eclesiástica.

LA OBRA

a) *El género, el público, la génesis*

Es difícil creer que un arcipreste de Hita quedase ignorante de todo lo que pasaba en Castilla, y es lógico buscar en su obra algún eco de las malas condiciones prevalecientes. Pero no se encuentra. Fue una salida un tanto irreflexiva de Menéndez y Pelayo llamar el *Libro* "la comedia humana del siglo catorce", porque la ficción de Juan

Ruiz no es la realidad contemporánea ligeramente disfrazada, como se podría creer de la *Comédie Humaine,* de Balzac. El mundo del *Libro de buen amor* es un mundo esencialmente literario. Si bien hay alusiones a muchos rangos y oficios de la sociedad, desde los emperadores hasta los humildes pastores, no hay eco alguno de las feroces luchas civiles; se nombran grados eclesiásticos desde el papa hasta el cura de aldea, el sacristán y el ermitaño, pero no se menciona el exilio 'babilónico' de la Santa Sede en Avignon (en la c. 493, don Amor dice: "Yo vi en corte de Roma, do es la Santidat..."); leemos una descripción de las faenas del campo (cs. 1272-1297) sin aprender nada del hambre ni de las condiciones en que vivían los campesinos, y sin que se aluda a la creciente industria lanar que tanto debía afectar ya aquella región; y el supuesto realismo del viaje por la Sierra (cs. 950-1043) es limitado por exigencias literarias: si bien se nombran lugares todavía existentes, quien sube hoy al Puerto de Malangosto (969*b*) no encuentra ninguna "vereda angosta" (964*b*) ni "puerto angosto" (969*g*), fácilmente defendible por una sola serrana, sino un páramo abierto por donde pasarían a la vez cien hombres.

La lección sobre la condición humana que Juan Ruiz quiere darnos se presenta en términos generales, filtrada a través de conceptos y modelos literarios. Ya hemos comentado que en el poema que más se aproxima a un comentario de actualidad, la *cántica de los clérigos de Talavera* (cs. 1690-1709), está modelado sobre un grupo de poemas en latín del siglo XIII.

Pero debemos entender "literatura" en un sentido más amplio que el que suele tener hoy: abarca la Sagrada Escritura, la literatura patrística, las obras filosóficas y jurídicas de la Iglesia medieval, además de la literatura profana, en latín y en lengua vulgar, sin olvidarnos de la tradición paremiológica.

De ahí que hasta la fecha el aspecto más valioso de la investigación juanruiciana haya sido el estudio del *Libro de buen amor* en relación con sus fuentes y con las influencias literarias que han obrado en él. Es más: el mismo autor parece querer que su público tenga presentes las fuentes utilizadas, y haga comparaciones. Al final del episodio amoroso más extenso de la obra, el de Melón y Endrina, el autor deniega la responsabilidad de "lo feo de la estoria", atribuyéndolo a "Pánfilo e Nasón" (c. 891). Pero el clérigo que no se hubiese dado cuenta, bastante antes del final, de que escuchaba una adaptación de la mejor conocida de las comedias 'elegíacas', el *Pamphilus,* tendría motivos para avergonzarse. En la c. 574 hay una diferencia interesante entre las versiones de los dos Mss., Gayoso y Salamanca: en aquél, don Amor, al despedirse, promete que *Pánfilo* y *Venus* vendrán a aconsejar al protagonista; en éste, se suprime la alusión y el texto está muy alterado. Da la impresión de que el autor se arrepintió de haber revelado de antemano la identidad de su modelo, y en una versión posterior del *Libro,* aplazó la revelación hasta después de terminada la narración (véase la c. 891).

En el poema de los clérigos de Talavera, el autor no sólo alude a sus modelos escogiendo como portavoces del Cabildo a los mismos oficiales, sino que cita textualmente uno de los tres poemas en 1700d: "Vobis enim dimitere quoniam suave." [11]

La reacción que Juan Ruiz esperaba provocar entre sus oyentes dependía en parte, pues, del reconocimiento por ellos de las fuentes, y de su comprensión de la manera en que se habían empleado. Pero la reacción a la obra en su conjunto, ¿había de depender de la capacidad de los oyentes para reconocer a qué género pertenecía, o qué modelo individual imitaba? ¿Existía tal género, o tal modelo? Éste es uno de los problemas más intrigantes con que se enfrenta la crítica juanruiciana, porque en toda la literatura medieval castellana sobreviviente no encontramos ninguna obra que nos ayude a explicar más que parcialmente la naturaleza del *Libro.* Los estudiosos modernos vienen descubriendo paralelos entre secciones o aspectos parciales del *Libro* y otros textos anteriores, sin llegar a ninguna explicación del conjunto. Cabe preguntarnos si el público

---

[11] Véase mi nota al verso 1700d.

medieval quedaría perplejo también ante el *Libro* como conjunto.

El aspecto más distintivo de la obra, para nosotros al menos, es su forma autobiográfica. La creencia de que era una autobiografía auténtica fue durante muchos años un grave obstáculo para la comprensión de su índole. Hoy día, todos los eruditos dan por sentado que el *Libro* es una autobiografía imaginaria, que la narración en primera persona es un recurso literario. Pero no hay acuerdo respecto ni a la función de este recurso, ni al género literario de donde se deriva.

En distintas secciones del *Libro* se emplean varios tipos de narración en primera persona corrientes en la Edad Media. En primer lugar, la alegoría: el autor describe un sueño o visión en que ha presenciado, más como observador que como partícipe, unas escenas simbólicas, cuyos personajes son entidades abstractas (las Virtudes, y los Vicios, el Amor, la Muerte, etc...). La función de la alegoría suele ser didáctica y moralizadora, aunque no siempre lo es. En el *Libro* hay dos secciones francamente alegóricas: el debate entre el Arcipreste y don Amor (cs. 181-575) y la *pelea* entre Carnal y Cuaresma (cs. 1067-1209), seguida por los triunfos de Carnal y Amor (cs. 1210-1314). En el primero de estos episodios, el "yo" es uno de los dos polemistas, pero en el segundo es un mero observador de los acontecimientos.

El viaje por la Sierra (cs. 950-1043) está construido alrededor de cuatro canciones que parecen ser un recuerdo irónico de la clásica *pastorela* provenzal, género en que la narración es siempre en primera persona. La *pastorela* fue imitada directamente en la lírica gallego-portuguesa, y bastante fielmente por el marqués de Santillana en sus *serranillas*. El poeta describe su encuentro con una pastora en un paisaje risueño de primavera, y el diálogo que resulta: él la corteja con lenguaje cortés, y ella defiende su castidad, aunque a veces acaba cediendo a los deseos del poeta. Juan Ruiz, sobre todo en las dos primeras canciones, presenta una forma paródica del género, invirtiendo sus elementos básicos: es invierno, el paisaje es espantoso, y el viajero aterrado intenta defenderse contra la agresión de la serrana, agresión que luego se convierte en requerimientos sexuales no muy del agrado del viajero.

El marco narrativo en que se engastan estas canciones no parece corresponder a ninguna tradición literaria relacionada con la *pastorela*. Además, Juan Ruiz extiende este marco hasta incluir una vigilia en un santuario vecino a la sierra, para introducir dos canciones sobre las Pasiones de Cristo (cs. 1043-1066). Y ya ha sido empleado el mismo recurso en las cs. 112-122 para introducir una canción muy diferente, la *troba cazurra* de la panadera Cruz, y el autor hace como que introduce una canción en medio de la narración en nueve casos más: las cs. 80, 104, 171, 915, 918, 1319, 1325, 1507, 1625. La canción no se da, sin embargo, y la omisión puede ser intencional. Pero es evidente que el concepto de la canción engastada en un marco narrativo es independiente del tipo de canción.

El elemento más distintivo de la forma del *Libro* es la narración en primera persona de una serie de episodios amorosos, de extensión y estilo variables, pero con una situación básica homogénea: el protagonista intenta seducir a una *dueña* con la ayuda de una medianera (en dos casos de un medianero). Este tipo de intriga amorosa se deriva de la literatura "ovidiana" cultivada por los latinistas medievales, literatura cuyo ejemplo más célebre es la comedia *Pamphilus*, modelo del episodio de Endrina y Melón, como hemos dicho ya. Pero el *Pamphilus* no tiene narración directa, siendo todo diálogo entre los personajes y, por tanto, no pudo ser la inspiración de la forma autobiográfica que le da Juan Ruiz en su versión. Otras obras "ovidianas", sin embargo, están narradas en primera persona: el preludio de la comedia *De Nuncio Sagaci* (que luego se convierte en diálogo sin narración); el *De Tribus Puellis;* el largo poema *De Vetula,* que pretende ser la autobiografía auténtica del mismo Ovidio. [12] El título *De Ve-*

---

[12] Para las comedias, véase Gustave Cohen (ed.), *La comédie latine en France au XIIe siècle,* 2 tomos, París, 1931. Para la *De Vetula,* atribuida a Richard de Fournival, véanse las ediciones

tula alude a la vieja que hace de medianera en el episodio amoroso central de la obra, y es muy probable que algunos de los oyentes del *Libro* se acordasen de esta literatura "ovidiana", al oír como el "yo" del *Libro* acude a una tercera, en la c. 80. [13]

Pero a diferencia del *Libro* (y de las obras en lengua vulgar que mencioné arriba, la *Vita Nova*, etc.), la *De Vetula* no se ofrece como la "autobiografía" del autor (Richard de Fournival), sino que finge ser la del maestro Ovidio, como acabo de decir. No era infrecuente la atribución al poeta romano de estas obras "ovidianas", fuese por el autor, fuese por los copistas. Tampoco comparten con el *Libro* otro rasgo esencial de su composición, la interpolación de canciones (diez existentes), de cuentos independientes (más de treinta) y de refranes (unos trescientos).

El concepto de la historia ficticia que sirve de marco para una colección de cuentos o refranes (a veces mezclados) es de origen oriental. La colección hindú de cuentos y proverbios, el *Panchatantra* ("Cinco libros") fue transmitida al Occidente en versiones persas y árabes. La versión árabe conocida como el *Kalilah-wa-Dimna* fue traducida al castellano a mediados del siglo XIII, como también lo fue el *Sintipas* (*Sendebar* o *Libro de los engaños*...). En ambos textos, los personajes se cuentan fábulas o anécdotas en apoyo de su punto de vista. [14] La función didác-

---

de P. Klopsch, Leiden-Köln, 1967, y Dorothy Robathan, Amsterdam, 1968.

[13] Tres eruditos han señalado la *De Vetula* como modelo para la forma del *Libro*, al parecer independientemente: J. de Morawski, en la introducción a su edición de *Pamphile et Galathée par Jehan Bras-de-Fer*, París, 1917, pp. 54, etc.; Francisco Rico, "Sobre el origen de la autobiografía en el *Libro de buen amor*", *AEM*, IV (1967), pp. 301-326; Richard W. Burkard, "*Juan Ruiz and the Imitators of Ovid*...", tesis doctoral de la Universidad de Nueva York, 1974; véase también su artículo, "*Pseudo Ars Amatoria*: a Medieval Source for the Don Amor Lecture in the *Libro de buen amor*", *KRQ*, 25 (1978), pp. 385-398.

[14] *Calila e Dimna*, ed. J. M. Cacho Blecua y María Jesús Lacarra, Madrid, Castalia, 1984; *Libro de los engaños*..., ed. J. E. Keller, Valencia, Castalia, 1959. Véase también María Jesús Lacarra,

tica de estas colecciones era la transmisión del saber, en
especial a los futuros príncipes y gobernadores, y éste fue,
sin duda, el motivo que llevó a su traducción al castellano,
como lo fue después de las imitaciones indígenas, tales
como el *Libro del Cavallero Zifar* (de h. 1300) y las obras
del infante don Juan Manuel, sobre todo, *El libro del Conde
Lucanor.*

Pero aunque los oyentes reconocieran el mismo concep-
to estructural en el *Libro de buen amor,* las grandes dife-
rencias de contenido y de espíritu les impedirían ver en
él otro "espejo de príncipes": no refleja en absoluto los
intereses de la nobleza castellana; el marco narrativo tiene
la peculiaridad de ser una "autobiografía" erótica; y los
elementos interpolados incluyen canciones, tanto religiosas
como humorísticas; finalmente, la obra no está escrita en
prosa, sino en el verso típico de la poesía de los clérigos,
el *mester de clerecía.*

Esta combinación de un marco "autobiográfico" con
cuentos, proverbios y canciones, y con digresiones didác-
ticas (las cs. 1131-60, 1513-17…), llevó a María Rosa Lida
de Malkiel a creer haber encontrado el modelo de la estruc-
tura del *Libro* en las *maqámat* hispano-hebreas, y en espe-
cial en el *Libro de delicias.* [15] Pero, aparte la dificultad de
ver cómo un escritor castellano del siglo XIV iba a conocer
bien un género literario escrito en hebreo clásico por ju-
díos barceloneses dos siglos antes (¿no habría que postu-
lar que Juan Ruiz era un converso?), ¿qué público cristia-
no iba a reconocer el tipo de literatura a que se hacía alu-
sión? Y hemos sugerido arriba que un elemento importan-
te en la expectación de Juan Ruiz acerca de la recepción
de su obra sería el reconocimiento por el público de los
modelos y fuentes empleados.

Tampoco la *Vita Nova,* de Dante, ni el *Voir-Dit,* de
Machaut, nos dan la analogía perfecta para explicar la

Cuentística medieval en España: los orígenes, Zaragoza, Departa-
mento de Literatura Española, 1979.

[15] María Rosa Lida de Malkiel, "Nuevas notas para la inter-
pretación del *Libro de buen amor",* *NRFH,* XIII (1959), pp. 17-
82, especialmente pp. 24-28.

forma del *Libro*, porque faltan en estas obras los elementos cuentístico y paremiológico. En cambio, ofrecen una buena analogía respecto al marco narrativo del *Libro*, y la inclusión de canciones. El *Voir-Dit* parece algo así como la culminación del siglo y medio de experimentación por poetas franceses, partiendo del concepto básico de la inclusión en un poema narrativo de canciones en sí independientes. Hacia finales del siglo XIII, aparece en el *Roman du Chastelain de Couci* la noción de hacer del protagonista un poeta enamorado: lógicamente, compone canciones de amor, y éstas aparecen en el curso del poema como ocasionadas por los acontecimientos ficticios, siendo en realidad canciones tomadas por el autor de los cancioneros, donde se atribuyen a un Châtelain de Couci histórico. Historia de amor imaginaria compuesta alrededor de las canciones de un poeta real de un siglo antes. Unos años después, el poeta Nicole de Margival tiene la idea de examinar, en su *Dit de la Panthère,* su propia situación amorosa en dos planos: en la parte alegórica (la principal) tiene unas discusiones con los dioses de amor, *Amour* y *Vénus,* en que tanto él como ellos citan poesías de una gran autoridad, Adam de la Halle; en un epílogo, Margival contrasta la situación ideal que se imagina en la visión alegórica con la triste realidad de sus relaciones con su dama, y además de otras poesías de Adam, cita ocho canciones propias que dan expresión a sus sentimientos.

Este epílogo no hace más que describir una situación estática, típica de un amante insatisfecho. Pero con el *Voir-Dit* Machaut crea, en efecto, una novela en primera persona, la historia completa de un amor. No abandona las viejas convenciones heredadas del *Roman de la Rose,* e incluye escenas alegóricas en que él mismo dialoga con entidades abstractas, *Douls-Penser, Honte, Esperance...* Pero también crea escenas y detalles cuyo realismo les da un carácter casi moderno. Y las interpolaciones en el marco narrativo incluyen no sólo las sesenta canciones inspiradas por el curso de las relaciones, sino toda la correspondencia —los amantes se cartean infatigablemente—: cuarenta y seis cartas en prosa. Machaut debe haberlo inventado todo; pero finge que no sólo la mitad de las cartas sino muchas canciones fueron compuestas por la dama.

Tan innovador nos parece el *Voir-Dit* que resulta desconcertante notar que más de un siglo antes el poeta austríaco Ulrich von Lichtenstein había hecho algo muy parecido en su "autobiografía" erótica, *Frauendienst*: en los 15.000 versos narrativos, Ulrich engasta 58 canciones, más cinco cartas (tres rimadas, dos en prosa). Además, parece haber inventado el concepto para sí, y hay motivos para sospechar que su intención es ya burlona. [16]

No es imposible, pues, que Juan Ruiz haya tenido una idea parecida, independientemente de todo modelo. Pero, como veremos, hay buenos motivos para creer que no le era desconocida la literatura erótica francesa de los siglos XIII y XIV. El hecho no debe extrañarnos: como obras castellanas de la época basadas en originales franceses, podemos citar el *Libro de Alexandre*, la *Santa María Egipcíaca* y la *Historia troyana*. Evidentemente, existía entre los castellanos algún conocimiento de la literatura francesa en lengua vulgar, y no me parece exagerado sugerir que los más eruditos de entre los que oían el *Libro* iban a reconocer algunas resonancias del *roman* francés narrativo-didáctico.

El hecho de que la búsqueda de una explicación de la forma del *Libro* nos haya llevado al examen de obras y géneros literarios tan dispares puede constituir en sí la clave del problema: el *Libro* nunca perteneció, tal vez, a ningún género que sus oyentes hubiesen de reconocer como tal, porque Juan Ruiz fue tan ecléctico en la selección de modelos para la forma de la obra como lo fue en la utilización de fuentes para la materia. Este eclecticismo se debería al deseo del autor de tratar el mismo tema bajo

[16] Véase G. B. Gybbon-Monypenny, "Guillaume de Machaut's 'erotic autobiography': precedents for the form of the *Voir-Dit*", en *Studies in Medieval Literature and Language in Memory of Frederick Whitehead*, ed. W. Rothwell, W. R. J. Barron, David Blamires and Lewis Thorpe, Manchester University Press, 1973, páginas 133-152.

varios aspectos, apuntando hacia distintos géneros en que se trataba. Juan Ruiz recuerda a sus oyentes cómo se trata el tema del amor sexual en los sermones y en el catequismo (el prólogo, las cs. 217-422, etc.); en la literatura "ovidiana" (las cs. 423-891); en la *pastorela* (las cs. 950-1042); en la escuela francesa de poesía didáctico-narrativa (el protagonista-"autobiógrafo", los dioses de amor consejeros, etc.). Lo más sorprendente para su público, tal vez, sería la manera en que para desarrollar este tema, también echa mano de la tradición cuentística-paremiológica oriental.

¿Para qué público escribía, entonces? Ya hemos dicho que los más eruditos de entre ellos iban a reconocer los ecos literarios. En la Castilla de 1340, ¿quiénes serían aquellos eruditos? Con pocas excepciones, tendrían que ser clérigos —y no todo el clero tendría la formación suficiente. La gran masa de la población era analfabeta, y aparte los sermones del cura, el único contacto que tendrían con la cultura los campesinos o los humildes peones de las ciudades sería al oír cantar o contar fábulas, etc., a algún juglar en el mercado, o las canciones, historias y refranes que circulaban entre ellos mismos.

Los nobles se ocupaban en la guerra, en la defensa y administración de sus tierras y la jurisdicción sobre sus vasallos y siervos. Su diversión principal era la caza. Pocos habría que tuviesen los intereses culturales de un don Juan Manuel. La prosa literaria castellana se había creado, en gran parte, para educar a los nobles en los asuntos que interesaban a la clase gobernadora: los libros sapienciales, las crónicas, los libros de caza.

A ellos también iba dirigida la épica, con su exaltación de la nobleza y del espíritu guerrero y nacionalista, aunque sin duda otros públicos oirían cantar el *Mio Cid* y otros poemas en el mercado de cuando en cuando. Los nobles oirían también poemas eruditos, pero de tema más o menos épico, tales como el *Fernán González,* o el *Libro de Alexandre*, el cual convierte la vida de Alejandro Magno en un libro de texto, casi, de la monarquía medieval.

El *Libro de buen amor*, en cambio, no solamente no refleja los gustos e intereses de la nobleza, como hemos dicho, sino que les debía ser, en parte por lo menos, incomprensible. Es verdad que la mayoría de las alusiones al *Libro* que nos han llegado del siglo xv provienen de fuentes nobles: el inventario de los libros de Dom Duarte de Portugal; el *Prohemio e carta*, del marqués de Santillana; el *Libro de las bienandanzas e fortunas*, de Lope García de Salazar. Pero en la era de los Trastámara la nobleza castellana (o parte de ella) había aprendido nuevos gustos y nuevas actividades culturales, hasta componiendo ellos mismos poesía didáctica y alegórica con pretensiones de erudición, sobre temas morales y eróticos. Pero la era de Juan Ruiz es la de don Juan Manuel, cuyo interés literario se centraba en la educación de la clase gobernadora y nada más.

El único grupo social, pues, en que lógicamente pensaría Juan Ruiz como público, al "componer" su *Libro* en la forma en que lo conocemos, tenía que ser el clero. Esto no quiere decir que nunca escribió nada para otra gente. El *Libro* tiene bastantes elementos que habían de ser asequibles para toda persona: las canciones, religiosas y profanas; las fábulas y los cuentos humorísticos; los refranes; hasta la materia catequística.

Pero el prólogo en prosa, con sus veinte citas en latín, citas que el oyente tendría que completar mentalmente, a base de su conocimiento de los salmos y de las autoridades eclesiásticas, ¿quién tenía la formación adecuada para comprenderlas excepto el clero? La cita parcial, seguida de *e cetera*, era típica del sermón "universitario", que se dirigía a los clérigos, los cuales debían saber de memoria los salmos y muchas citas de textos patrísticos. Y las cuestiones filosóficas y teológicas a que el autor alude, tales como el voluntarismo de San Agustín o las propiedades de la memoria humana, ¿quién, si no fuera un clérigo, había de comprenderlas?

El pasaje del *Libro* que más ha escandalizado a los lectores remilgados es la llamada "parodia de las horas canónicas" (cs. 373-387), con sus juegos de palabra obscenos y su tratamiento irreverente de la liturgia. Muy popular, muy "juglaresco", diríase. Pero en realidad nadie excepto el clero iba a entender los chistes, porque dependen de la capacidad del oyente para comprender y completar en su mente las citas, y reconocer el contexto litúrgico a que pertenecen. Según Julián Bueno, el público lego no asistía normalmente a aquellos oficios litúrgicos. [17]

En un pasaje, la digresión sobre la confesión y la penitencia (cs. 1131-60), Juan Ruiz se dirige expresamente a los clérigos, sobre todo, a partir de la c. 1154, donde le amonesta al "clérigo sinple" (el *clericus* o *sacerdos simplex* de las constituciones conciliares o sinodales) que no confiese ni dé absolución a los parroquianos de otros sacerdotes, ni en los casos de pecados reservados a las altas autoridades. El sacerdote que tenga dudas debe consultar los varios textos de derecho canónico que explican estas cosas (cs. 1151-53).

La fábula esópica del pleito entre el lobo y la zorra ante el mono que hace de juez es muy breve y sencilla en las versiones medievales en latín, y la lección es puramente moral, apta para todos los públicos. Pero Juan Ruiz la convierte en una exposición técnica de aspectos procedurales e infracciones del derecho romano (cs. 321-371), de gran interés, sin duda, para los abogados y para los clérigos que tuviesen que ocuparse de cuestiones jurídicas, pero inasequibles para los legos en general.

Finalmente, yo creo que solamente entre los clérigos encontraría Juan Ruiz un público capaz de apreciar un aspecto muy importante del *Libro*, la representación del amor sexual imitando, con reconocimiento irónico, a varias convenciones literarias: el tratamiento "ovidiano" de los clérigos; el satírico de los goliardos; el cortés de los trovadores; el didáctico y sentimental de los poetas del norte de Francia.

---

[17] Véase Julián L. Bueno, *La sotana de Juan Ruiz: elementos eclesiásticos en el 'Libro de buen amor'*, York, S. Carolina, 1983, páginas 66-70.

Y este público selecto, más o menos culto, ¿cómo calculaba nuestro autor que iba a recibir su·*Libro*? ¿Leyéndolo cada cual para sí en casa? Es poco probable. Hasta los que sabían leer perfectamente oían textos con más frecuencia que los leían. Recordemos cómo don Juan Manuel, autor erudito, al encontrarse afligido por el insomnio tan corriente en su familia, no solía coger él mismo un libro en la mesa de cabecera como cualquier insomne moderno, sino que mandaba llamar a alguien que le leyese algo en voz alta. [18] ¿Iba Juan Ruiz a enviar copias de su texto a los amigos, con lo costoso que era encargar copias hechas a mano? No. Los amigos se reunirían en grupos para oír recitar el *Libro* por uno que tuviese el manuscrito "so la mano" (996*b*), testigo mudo de su carácter de "libro". [19] Y ¿quién mejor indicado para leérselo que el mismo autor? Quien presumía de poeta y compositor, capaz de dar "leçión e muestra de metrificar e rrimar e de trobar" (Prol. 11. 88-89), también presumiría, sin duda, de actor o de intérprete de sus propias palabras. Y de este modo se reduciría mucho el problema de los "yos": el autor mismo sabría insinuar con la voz la diferencia entre "autor" y "protagonista".

También se explicaría de este modo, creo, uno de los aspectos curiosos del *Libro*: mientras que en las cs. 14-16, 181, 892, 1266, 1269, 1606, 1629, 1633, encontramos las

[18] Don Juan Manuel, Prólogo al *Libro del cavallero et del escudero*, en *Obras completas*, ed. J. M. Blecua, Madrid, Gredos, 1982, tomo I, p. 39: "Hermano sennor, el cuydado es vna de las cosas que mas faze al omne perder el dormir, et esto acaesce a mi tantas vezes que me enbarga mucho ala salud del cuerpo; et por ende cada que so en algun cuydado, fago que me lean algunos libros o algunas estorias por sacar aquel cuydado del coraçon." Más abajo añade (dirigiéndose a su cuñado don Juan de Aragón): "Et por que se que vos que sodes muy mal dormidor, envio vos lo por que alguna vez, quando non pudierdes dormir, que vos lean assy commo vos dirian una fabliella..." Casi a continuación le dice: "... uos, que sodes clerigo et muy letrado..."

[19] Según Roger Walker, *Tradition and Technique in the 'Libro del Cavallero Zifar'*, London, Tamesis, 1974, pp. 5-11; el *Zifar* también se escribió para ser leído en voz alta ante un grupo de amigos.

fórmulas típicas con que los juglares se dirigían a su público, en las cs. 45-46, 64-70, 128, 986, 1015, 1021, el autor se dirige a un solo individuo como a un lector, y también introduce canciones como si el lector las pudiese ver sobre la página del Ms. (cs. 80, 171, 958, 996). Recitando su obra él mismo ante los amigos, el autor se sentiría libre para jugar estos juegos irónicos con el concepto de la relación entre autor, libro y público. Hay que añadir que aquellas piezas sueltas (canciones, cuentos, etc.) que serían aceptables para cualquier público también se prestarían a la actuación por un juglar ante un público grande y mixto. Juan Ruiz se jacta de haber compuesto canciones para diversos intérpretes (cs. 1513-14), y si lo que dice no es pura fantasía, debemos suponer que las habrá compuesto a intervalos durante varios años, para divertir a varios grupos de oyentes.

La estructura básica del *Libro* es un marco narrativo que admite la interpolación de piezas sueltas de diversos tipos, de digresiones y de comentarios por el autor. Es una estructura flexible, que admite modificaciones o sustituciones según se le antoje al autor efectuar cambios. Me parece disparatada, pues, la idea de que el *Libro* hubiese saltado, por decirlo así, ya completo y perfecto del cerebro de su autor, como la diosa Minerva del cerebro de Júpiter. El *Libro* evolucionó. Aparte las canciones y cuentos, con su independencia innata, varias secciones importantes del *Libro* pudieron haber nacido como creaciones independientes, para ser incorporadas después en una versión, primitiva o tardía, de lo que había de ser el *Libro*, tal vez después de recibir la modificación necesaria: el episodio de Cruz y Ferrant García, centrado en la *troba cazurra*; la "parodia de las Horas Canónicas" (cs. 373-387); el "arte de amar" (cs. 423-574); la adaptación del *Pamphilus* (cs. 576-891); el viaje por la Sierra (cs. 950-1042); la "pelea" entre Carnal y Cuaresma (cs. 1067-1209); la descripción de la tienda de Amor (cs. 1266-1300); la invectiva contra la Muerte (cs. 1520-67). Es posible que también el marco narrativo concebido para ser el vehículo que llevase tales creaciones independientes evolucionase de una forma primitiva a través de más de una versión. Los manuscritos nos dejan ver, probablemente, la última etapa de este proceso.

Pero la versión más completa, la de *S*, no es necesariamente la definitiva. Juan Ruiz puede haber guardado siempre la idea del *Libro* como una estructura abierta y flexible, en la que se pudieran engastar más piezas. La invitación a otros *trobadores*, en la c. 1629, a "añadir e emendar" al *Libro*, puede ser sencillamente la salida irónica de un autor consciente de su genio inimitable. Pero atestigua un concepto de la obra como una estructura no cerrada, modificable.

Si tengo razón, si para el mismo autor la estructura era abierta y susceptible de modificaciones, es peligroso para el estudioso moderno creer que debe haber una clave cuyo descubrimiento explicaría todo aspecto de su construcción. Y si bien la crítica moderna es más o menos unánime al atribuirle al *Libro* una fuerte unidad impuesta por la personalidad del autor, la cuestión de la unidad estructural o temática ha de ser mucho más problemática.

b) *La utilización de las fuentes*

(i) General

El interés que Juan Ruiz parece haber tenido en que sus oyentes viesen su tratamiento de un tema hasta cierto punto como un comentario sobre la fuente utilizada, hace que la identificación de las fuentes deje de ser una mera curiosidad pedante, para ser una condición necesaria para la comprensión de la obra.

El estudio fundamental de las fuentes del *Libro de buen amor* sigue siendo, después de casi medio siglo, la tesis doctoral de Félix Lecoy.[20] Pero Lecoy se limitó a la

---

[20] Félix Lecoy, *Recherches sur le 'Libro de buen amor'*, París, E. Droz, 1938. Reimpresión fotográfica, con prólogo en inglés y bibliografía por Alan D. Deyermond, Farnborough, Gregg International, 1974.

tarea de identificar en lo posible los textos donde Juan
Ruiz hubiera tomado materia adaptable para sus propios
fines, sin preocuparse por la cuestión de los modelos de
la forma de la obra, y comentando muy sumariamente lo
que nos revela el *Libro* de la cultura general de su autor,
"avant tout une culture de clerc" (*Recherches...*, pp. 334-
337).

Recientemente, Julián L. Bueno ha querido demostrar
que el mundo de Juan Ruiz se centra en su vida de sacer-
dote, y que el *Libro* está empapado del ambiente eclesiás-
tico.[21] Por ejemplo, las fechas de los acontecimientos son
las del calendario litúrgico: Sant Meder (950*a*), Viernes
Santo (1205*a*), Vigilia de Pascua (1210*a*), Domingo de
Cuasimodo (1315*a*), etc. Un episodio entero se construye
sobre la época de la Cuaresma y la Pascua de Resurrec-
ción (cs. 1067-1314).

Juan Ruiz cita los Textos Sagrados, pero según Bueno
(cap. II), se toman las citas de otros textos cuya autoridad
se funda en la Biblia, más que directamente. Las treinta
citas de los Salmos en la "parodia" de las Horas Canóni-
cas proceden de las Horas, donde se rezan; las veinte ci-
tas de los Salmos del Prólogo, más las tres del Libro de
Job y la del Apocalipsis, ya estaban, posiblemente, en
los textos donde Juan Ruiz encontraba la materia del
prólogo. En el curso del *Libro*, Juan Ruiz cita a Salomón
(105*a*), a San Pablo (950*a*) y a Santiago (1043*a*). Entre
los Padres de la Iglesia, cita a San Gregorio (prol. 11.
86-88), y entre las autoridades medievales, a Graciano
(cs. 1136 y 1142), y las *Decretales* de Clemente V (prol.
11. 92-93). De escritores del Mundo Antiguo reconocidos
como autoridades por la Iglesia, cita a Aristóteles (cs. 71
y 166), las *Disticha Catonis* (prol. 11. 35-36, c. 44), a
Platón y Tolomeo 124*a*), a Hipócrates (303*c*), a "un filó-
sofo" (1518*a*) y al "sabidor" (1617*c*), no nombrados.

Pero tales "sentencias" debían de ser bien conocidas,
citadas en las aulas o desde el púlpito; Juan Ruiz no nece-
sitaba conocer los textos originales. Además, las emplea a

---

[21] Véase la nota 17 arriba.

veces en apoyo de actitudes ambiguas. La cita de Salomón, un lugar común entre cristianos, apoya el abandono por el Arcipreste de su lealtad hacia la primera *dueña*: "rresponder do non me llaman es vanidat provada" (106c). Ambas citas de Aristóteles defienden la continuada búsqueda del goce sexual.

El prólogo parece atestiguar un conocimiento de la filosofía cristiana algo más profundo, en especial del voluntarismo de San Agustín. Las "tres cosas... entendimiento, voluntad e memoria" (prol. 11. 3-5) son las *memoria, intelligentia, voluntas* agustinianas, y según P. L. Ullmann, el prólogo defiende la posición voluntarista que cree que el mal "está en el ojo del que lee, y no en el libro".[22] Luis Jenaro MacLennan subraya, además, la importancia que tiene la memoria en la instrucción del alma, según el pensamiento agustiniano.[23] Pero cree que la afirmación que la naturaleza humana tiende hacia el pecado y necesita el estímulo de las imágenes y los libros revela una actitud más pesimista, derivado de Gregorio el Magno, quien creía que el amor a los placeres sensuales era natural en el hombre y no una perversión de su naturaleza. Pero aquí también se trata de ideas que se comentarían en las aulas, y la falta de citas textuales nos impide identificar fuentes exactas.

En las cs. 44-70, Juan Ruiz vuelve a la defensa de su libro. Hasta ahora la atención de la crítica se ha centrado en el significado del cuento de los griegos y los romanos, y en cuál de los dos contrincantes interpreta bien los signos, el sabio griego o el rufián romano. Pero hace poco Michael Gerli ha demostrado que el concepto del lenguaje que expone Juan Ruiz aquí corresponde a las ideas expuestas por San Agustín en el *De Magistro*: todo signo es ambiguo, porque se presta a interpretaciones di-

---

[22] P. L. Ullmann, "Juan Ruiz's Prologue", *MLN*, LXXXII (1967), páginas 149-170.
[23] Luis Jenaro MacLennan, "Los presupuestos intelectuales del prólogo al *Libro de buen amor*", *AEM*, IX (1974/1979), pp. 151-186.

versas, según el carácter del que lo recibe.[24] Los signos no son la verdadera fuente de las ideas; sólo pueden estimular al hombre a descubrirlas dentro de sí. Las palabras del maestro no instruyen, evocan posibilidades; el alumno, estimulado por el maestro, busca la verdad dentro de sí, y la descubre o no, según su capacidad innata. Así, una de las figuras máximas del pensamiento cristiano parece acudir en defensa de uno de los aspectos del *Libro* que más ha perturbado a los críticos, la consciente ambigüedad del "mensaje", sobre todo en este pasaje, donde al final el autor se abstiene de decirnos cuál ni cómo es el *buen amor* cuyas "rrazones encubiertas" el oyente debe buscar (68*ab*). Las debe buscar, parece, dentro de su propio corazón, estimulado por las dudas que le plantea el *Libro*.

Es más: Gerli encuentra en San Agustín comentarios que iluminan el sentido de *buen amor*: el pecado viene del *amor inordinatus,* el *amor mali* o el *amor boni nimius vel parvus* ("el amor del bien excesivo o insuficiente"). A la luz de esta afirmación, cobra sentido la acusación de que el Amor es la raíz de todos los pecados (cs. 217 y ss.). En el *De Civitate Dei,* XIV.7.2, San Agustín declara: "recta itaque voluntas est bonus amor, et voluntas perversa malus amor". La voluntad, pues, es la base tanto de la comprensión del lenguaje como de la naturaleza del amor que reside en el hombre.[25]

El silencio de Juan Ruiz respecto a las verdaderas fuentes de su pensamiento (como en el caso de San Agustín —y a diferencia de las sentencias que pone en boca de su

---

[24] E. Michael Gerli, "*Recta voluntas est bonus amor*: St. Augustine and the Didactic Structure of the *Libro de buen amor*", *RPh,* XXXV.3 (1981-1982), pp. 500-508.

[25] Esta cita de San Agustín ya la repite Joan Corominas en su nota sobre *loco amor* (pról. 1, 74), remitiendo al lector a Casella, y a Leo Spitzer, *Romanische Literaturstudien (1936-1956),* Tübingen, 1959, p. 370. Merece recordarse que Alfonso Martínez de Toledo también emplea el término *amor desordenado* (*amor inordinatus* en San Agustín): "...e como uno de los usados pecados es el amor desordenado, e especialmente de las mugeres..." (Prólogo, en la ed. de J. González Muela, Madrid, Castalia, 1970, página 43).

protagonista) crea dificultades para nosotros; sólo con el
tiempo y con buena suerte las descubriremos todas.

Los arciprestes debían saber algo del derecho canónico
(véase Kelly, pp. 39-40, etc.), y el nuestro fue testigo en
la resolución de un proceso importante en 1330 (véase
página 8). Su familiaridad con aspectos procedurales
del derecho queda patente en el episodio del pleito entre
el lobo y la zorra (cs. 320-372), donde en efecto le da al
abogado de rromançe (c. 353) una lección en cómo fun-
ciona el derecho romano, todavía nuevo en Castilla. El de-
recho romano, codificado por el emperador Justiniano, ser-
vía de base para los procedimientos del derecho canónico
también, y ambos derechos se analizan minuciosamente en
el manual procedural de Guillermo Durando, el *Speculum
judiciale,* obra mencionada por Juan Ruiz en la c. 1152
("el Espéculo"). Por tanto, allí donde J. L. Bermejo Ca-
brero y el norteamericano Steven D. Kirby, entre otros,
creen que la fuente utilizada por Juan Ruiz es el código
de Alfonso el Sabio, *Las Siete Partidas,* Kelly, con más ra-
zón, apunta al *Speculum.* [26]

Un examen de la terminología apoya la tesis de Kelly:
en el pleito se usan más de 50 términos derivados del dere-
cho romano, y aunque muchos de ellos se emplean también
en *Las Partidas,* es de notar, por ejemplo, que allí donde
Las Partidas dicen *alzarse,* Juan Ruiz usa el latinismo
apellar, y más importante aún, la palabra clave del caso,
exeçión, "excepción jurídica", no ocurre en *Las Partidas,*
donde se usa *deffenssión.* También encontramos en el plei-
to palabras castellanas (*alcalde, carta, ençerrar rrazones,
enfamar, enplazar, malfetría, pechar...*) que demuestran
cierta familiaridad con el derecho consuetudinario caste-
llano.

---

[26] J. L. Bermejo Cabrero, "El saber jurídico del Arcipreste",
Actas I Congreso, pp. 409-415; Steven D. Kirby, "Juan Ruiz and
Don Ximio: the Archpriest's Art of Declamation", *BHS,* LV
(1978), pp. 283-287; Kelly, *Canon Law...,* cap. IV, "Procedure in
the Court of Don Ximio".

En el prólogo hay varios aforismos en castellano que parecen ser de origen jurídico ("esto dize el decreto", etc.). En su digresión sobre la confesión y la penitencia (cs. 1131-60), Juan Ruiz indica que sabe en qué textos jurídicos se tratan estas cuestiones (esp. c. 1152); en la c. 1136 da un resumen breve pero exacto de la discusión en el *Decretum Gratiani*, y en la c. 1142, cita el *Decretum* textualmente.

Hasta ahora faltan estudios que consideren hasta qué punto el *Libro* en general refleja las actitudes de un jurista. Por ahora, señalo una coincidencia interesante: el último caso hipotético de la Segunda Parte del *Decretum* (número 36) describe cómo un joven invita a una joven a comer, y después de la comida, la viola. Los padres de ambos deciden casarlos, y se celebran las bodas. Graciano discute dos cuestiones: si la conducta del joven constituye el crimen de *raptus;* y si en tal caso el derecho canónico permite que se casen. Cita muchos cánones contradictorios sobre la segunda, lo cual demuestra que los juristas encontraban difícil el problema. Pues la historieta de Graciano presenta exactamente la misma situación de Pamphilus y Galathea.

En su versión, Juan Ruiz anuncia que "doña Endrina e don Melón en uno casados son" (891*a*), e inmediatamente se pone a prevenir a las *dueñas* contra el tipo de mala pasada de que ha sido víctima doña Endrina (cs. 892-909). Da la impresión de que no ve la boda como un desenlace feliz, y su reacción podría ser la de un jurista que conociera la *Causa* 36 de Graciano.

Otra ciencia medieval cuyo influjo se ve en el *Libro* es la fisonomía. La creencia de que los rasgos físicos, tanto de la cabeza como del cuerpo entero, eran indicios del carácter de una persona prestaba importancia a las descripciones de los personajes de una historia, y en las *artes poeticae* (véase más abajo) se daban modelos detallados de la técnica de la descripción. La fisonomía se llegó a conocer sobre todo a través de traducciones de textos árabes, tales como el *Secretum Secretorum* (los supuestos consejos mandados a Alejandro Magno por Aristóteles), y se incluía en tratados enciclopédicos como el *Speculum Naturale*, de Vicente de Beauvais. [27] En el *Libro* hay tres descripciones de personas: la mujer deseable, según don Amor (cs. 431-449); la cuarta serrana (cs. 1010-20); el mismo Arcipreste (cs. 1485-89). La mujer ideal de don Amor da la impresión, hasta para el lector de hoy, de poseer un temperamento sensual, de una inclinación hacia el amor, impresión que confirman en gran parte los tratados de fisonomía. [28] La serrana es una imagen casi exactamente contraria, un monstruoso marimacho, compuesto de rasgos exageradamente masculinos y desproporcionados. El "autorretrato" del arcipreste tiene rasgos que parecen indicar un temperamento sanguíneo, fuerte y alegre, con gran potencia sexual: la "fabla tunbal", las cejas apartadas, la nariz larga... Pero Peter Dunn, cotejando el retrato más minuciosamente con los tratados de fisonomía, descubre rasgos contradictorios, que insinúan que este amante está destinado a fracasar: las orejas grandes, los ojos pequeños, la tez aceitunada, el tórax prominente, los pies pequeños... [29] Es un aspecto del protagonista del *Libro* que merece nuestra atención, porque concuerda con su historia de fracasos en el amor.

El clérigo medieval estudiaba el latín, no sólo para poder recibir el "saber" que la Iglesia comunicaba, sino para saber comunicarlo a otros a su vez. Para eso le eran esenciales las tres *artes* del *trivium,* gramática, lógica (o dialéctica) y retórica. Se elaboraron disciplinas especializadas: *ars dictaminis* (la redacción de documentos, cartas oficiales, etc.) y *ars praedicandi* (la construcción de sermones); en el siglo XIII aparecieron *artes poeticae,* cuya misión era transmitir a los que componían versos los conceptos del estilo vigentes en el Mundo Antiguo. El concepto del manual que codifica y analiza los recursos retóricos y poéti-

---

[27] Para los principales textos, véase Richard Foerster, *Scriptores physiognomici graeci et latini,* 2 tomos, Leipzig, 1893.

[28] Véase André S. Michalski, "Description in Medieval Spanish Poetry", tesis doctoral de la Universidad de Princeton, 1964, páginas 67 y ss.

[29] Peter N. Dunn, "De las figuras del Arçipreste", *LBAS,* páginas 79-93.

cos remonta a los griegos, pero fueron sus imitadores romanos quienes transmitieron la tradición a los eruditos medievales, sobre todo el autor desconocido de la *Rhetorica ad Herennium,* contemporáneo de Cicerón. Esta obra enseña la retórica forense en cuatro libros, de los cuales dos tuvieron gran influencia: el tercero, sobre el arte de perfeccionar una memoria artificial (recuérdese la importancia que le daban a la memoria San Agustín y otros filósofos cristianos); y el cuarto, sobre la *elocutio* ("el estilo"). En las *artes* medievales se reproducían, sobre todo, los conceptos de los tres estilos *(gravis, mediocris, humilis)* y de los *colores rhetorici*: las figuras de dicción y pensamiento y los tropos. Una clasificación moderna hablaría, tal vez, de recursos rítmicos (repetición, equilibrio, asíndeton, etc.), juegos de palabras (tropos, paronomasia, etc.), y recursos de persuasión emotivos o intelectuales (exclamaciones, apóstrofes, hipérboles, ironía, máximas, etc.).

La publicación en 1922 por Edmond Faral de las *Artes Poeticae* hizo que la crítica se diese cuenta del influjo que había ejercido la retórica sobre la literatura medieval en lengua vulgar también. En cuanto a la literatura castellana, sin embargo, aunque se reconocen en las obras de los siglos XIII y XIV ejemplos de los *colores rhetorici*, etc., no aparecen huellas de la presencia de *artes poeticae* en Castilla antes del siglo XV. Hay que pensar en otras posibles vías de transmisión, tales como las gramáticas medievales. [30]

Hasta en un autor de la originalidad de Juan Ruiz es lógico buscar las huellas de la tradición retórica grecolatina, ya que nadie puede librarse enteramente de la influencia de sus maestros. Y en aquella época se daba por sen-

---

[30] Véase Edmond Faral, *Les Arts Poétiques du XIIe et du XIIIe siècles,* París, 1924. Para la cuestión de su difusión en España, véase Charles B. Faulhaber, *Latin Rhetorical Theory in Thirteenth-Century and Fourteenth-Century Castile,* Berkeley, California, 1972. Con respecto a Juan Ruiz, véase Janet Chapman, "'I never learned rhetoryk': a problem of apprenticeship", en *Medieval Hispanic Studies Presented to Rita Hamilton,* edición de A. D. Deyermond, London, Tamesis, 1976, pp. 21-30.

tado que el estilo era algo que se aprendía, como todo
arte: consistía en la aplicación de las reglas retóricas y, en
especial, la *amplificatio*. En la *Ad Herennium* significaba
"exaltación, embellecimiento", pero en las *artes* medievales
se interpretaba más como "ampliación, hinchazón", y los
escritores abusaban de figuras como la perífrasis, la sino-
nimia *(interpretatio)*, la refinación *(expolitio)*, sobre todo
cuando hacían una nueva versión de una obra de otro au-
tor. Lecoy da buenos ejemplos de la *amplificatio* que hace
Juan Ruiz de pasajes del *Pamphilus (Recherches...*, pági-
nas 323-327). Pero falta todavía un estudio de conjunto
sobre la presencia en el *Libro* de los recursos estilísticos
de la tradición retórica. [31] Como ejemplo, compárense los
vv. 451-462 del *Pamphilus* (la lamentación del amante) con
las cs. 783-791 del *Libro*: doce versos se amplían en trein-
ta y seis, excepcionalmente ricos en *colores rhetorici*. La
serie de anáforas *(repetitio)* con "ay...!" y "¿Por que...?";
las apóstrofes *(exclamatio)* dirigidas a las viejas, al corazón,
a los ojos, a la lengua, a las mujeres; las preguntas *(inte-
rrogatio)*; la acumulación de refinaciones *(expolitio)* en las
cs. 784 y 785; los repetidos sinónimos *(interpretatio)* en
787*a* y *c*, 789*c*, etc. Ante tanta *amplificatio*, la crítica que-
da perpleja, no sabiendo si debe tratarla como una seria
expresión de emoción, o como una parodia. [32] Como ejem-

---

[31] El estudio de conjunto más completo sobre los recursos es-
tilísticos empleados por Juan Ruiz (pero sin relacionarlos con la
teoría retórica medieval) es el de F. Weisser, "Sprachliche Kunst-
mittel des Erzpriesters von Hita", *Volkstum und Kultur der Ro-
manen*, VII (1934), pp. 164-243. Valiosas páginas sobre el estilo
en el *Libro* ofrece María Rosa Lida en la introducción a su edi-
ción escolar, Buenos Aires, 1941, reeditada en *Selección del 'Libro
de buen amor' y estudios críticos*, Buenos Aires, Eudeba, 1973.
Un estudio sobre la retórica en el *Libro*, por Anthony Zahareas,
en *The Art of Juan Ruiz, Archpriest of Hita*, Madrid, 1965, ca-
pítulo III, iii (pp. 122-174), es muy interesante, pero muy subje-
tivo, y contiene serios errores.

[32] Compárense las opiniones de Ulrich Leo en *Zur dichterischen
Originalität des Arcipreste de Hita*, Frankfurt, 1958, cap. VI, y
de Joan Corominas, en la nota al v. 785*a* en su edición, con la
de Zahareas en *The Art of Juan Ruiz...*, pp. 126-128: para aquéllos,
la lamentación es un poema de amor serio, expresión de emocio-

plos de *expolitio* extendida, véanse las cs. 17-18 y 71-75: en ambos casos se refina el argumento con ejemplificación y razones nuevas.

Una actividad primaria del sacerdote era la predicación, y ya hemos aludido a las *artes praedicandi*. Pero éstas enseñaban la estructura del sermón erudito o "universitario", que tenía un plan formal muy riguroso y se predicaba en latín ante eclesiásticos. Un arcipreste rural castellano se ocuparía más bien con sermones "populares" para el vulgo. Aunque sobreviven manuales compuestos para predicadores en lengua vulgar en otros países de Europa, no los hay para la época de Juan Ruiz en castellano. Pero las colecciones de materia útil para el predicador eran más bien internacionales, como la *Disciplina Clericalis* del converso Pedro Alfonso (que reúne cuentos ejemplares, sentencias y refranes), o las *Narrationes,* de Odo de Cheriton, cuentos que fueron la fuente directa del *Libro de los gatos.* También aprovecharía el predicador materia catequística, los pecados y las virtudes, los mandamientos, etc. Encontramos estas cosas en el *Libro,* y si bien la combinación de cuentos y refranes caracteriza la literatura sapiencial de origen oriental, es legítimo postular la influencia en el *Libro* del sermón "popular" también.

No podemos saber si alguna vez Juan Ruiz tuvo la ocasión de predicar un sermón "universitario", pero el prólogo demuestra que tenía una muy buena idea de cómo se debía construir, con su *thema* (aquí, *Salmo* 31, v. 8), que luego se divide en tres partes, para que cada parte se analice por separado, aduciendo autoridades (citadas en latín) en apoyo del argumento. El prólogo de una obra en verso, sin embargo, no puede constituir literalmente un sermón y, además, está redactado en lengua vulgar. Los oyentes lo habían de reconocer, pues, como una parodia del sermón "universitario". Lo cual no implica necesariamente que todo su contenido se nos ofrezca con intención puramente humorística. [33]

nes auténticas; para éste, es una parodia socarrona del género.
[33] Sobre la forma del prólogo, véanse el estudio de Ullmann (nota 22, arriba), Janet Chapman, "Juan Ruiz's 'Learned Sermon' ",

(ii) *El amor*

El mismo autor nos declara que el tema de su *Libro* es el amor: después de contrastar "el buen amor de Dios" (prol., 1. 16) con "el pecado del amor loco deste mundo" (1. 18), afirma que en su obra "son escriptas algunas maneras e maestrías e sotilezas engañosas del loco amor que usan algunos para pecar" (11. 59-61). Y, en realidad, lo que se describe en el *Libro* es el amor sexual, a exclusión, casi, de otros aspectos de *cupiditas,* o el amor mundano.

Pero dejando aparte el problema del término *buen amor,* hace falta formarnos una idea de lo que Juan Ruiz entiende por el amor sexual. La crítica moderna ha querido identificar el amor que cree encontrar en el *Libro* con conceptos tan diversos como el amor cortés de los trovadores, el amor refinado *'Udhrī* de ciertos poetas árabes, el amor "sano y natural" que experimentan todas las criaturas (relacionándolo con la cita de Aristóteles, cs. 71-76), hasta con el amor conyugal. También se ha afirmado que los dos amores que se enfrentan en el *Libro* no son el amor de Dios y el *loco amor,* como dice el autor, sino el amor desordenado de la sensualidad egoísta *(loco amor)* y el amor refinado de los poetas *(buen amor).*

Ya hemos visto (pp. 19-25) cómo el concepto de la narración autobiográfica que sirve de marco para cuentos, canciones, etc., parece relacionarse con varias tradiciones literarias. Lo mismo puede decirse de la manera de tratar el amor sexual en el *Libro.* La mejor manera de abordar la cuestión, pues, es estudiar cada sección del *Libro* que trata el amor en relación con sus fuentes.

Empecemos con la exposición teórica del arte de amar (cs. 423-574), ya que debe indicarnos cuáles son los fines

---

LBAS, pp. 29-51, y Luis Beltrán, *Razones de buen amor,* Madrid, Castalia, 1977, cap. II. El profesor John Dagenais tiene en prensa (saldrá en *JHP*) un estudio sobre los paralelos que él encuentra entre el prólogo de Juan Ruiz, con sus distintas *intenciones,* y los *accessus,* prólogos y comentarios que se añadían a diversos textos —entre ellos textos atribuidos a Ovidio— y en los que se ofrecían distintas interpretaciones de las intenciones del autor.

del amante, y qué métodos puede emplear para obtenerlos. Don Amor anuncia al principio dos hechos importantes: el éxito en el amor es un arte que se aprende (c. 427),
y la fuente de este "saber" es Ovidio (c. 429), asociado
con el nombre de Pánfilo. El amor que va a explicar, pues,
es el amor tal como se entiende en la literatura "ovidiana"
medieval, cuya fuente de inspiración eran el *Ars Amatoria*
y los *Amores*, de Ovidio, y cuya *comedia* más célebre era
el *Pamphilus*.

Para los clérigos medievales, el *Ars Amatoria* debió de
tener la fascinación de algo exótico. Ovidio describe un
ambiente social (en parte imaginario, sin duda) de una capital imperial, cosmopolita, sofisticada —y precristiana—
en la que hombres y mujeres se asocian libremente, y donde los obstáculos al libre goce sexual no son las restricciones impuestas por la moralidad pública, sino los caprichos
o la indiferencia de la amada, o los celos del marido o del
rival. [34]

Para cazarse una amada en esta sociedad, los consejos
de Ovidio se pueden resumir en tres palabras: "no hay
problema". Roma está llena de mujeres, y el aspirante necesita solamente rondar por los templos, los foros, los teatros y anfiteatros, y entablar una conversación con aquella
que le guste. Toda mujer es conquistable. En el cortejo,
el amante debe buscar aliados, ante todo la criada de la
amada (es mejor no seducirla sino después de conquistada
la señora); trabar amistad con el marido o protector; mantener el aseo personal y vestirse bien (pero sin adoptar los
afeites ni las afectaciones de los afeminados). En el trato
directo con la amada, debe porfiar en el cortejo, evitando,
sin embargo, los momentos inoportunos; acompañarla siempre, para crear la impresión de una pasión irresistible;
comportarse como un hombre rico y generoso (prometiendo más de lo que da); aprovechar los momentos oportunos para tocar, abrazar y besar, hasta aplicando un poco

---

[34] Merece recordarse que Ovidio ganó la desaprobación del
emperador Augusto, tal vez por lo escandaloso de sus versos, y
acabó su vida desterrado al lado del Mar Negro.

de fuerza (pero cuidando no hacerle daño a la amada, y mostrándole siempre cariño).

Ovidio proclama que en su mundillo, la meta del amante es el goce físico: "Nil nisi lascivi per me discuntur amores" (Lib. III, v. 27). Pero no se busca el triunfo fugaz y desdeñoso de un don Juan, sino unas relaciones duraderas, y el segundo libro enseña el arte de retener el afecto de la amada después de ganado, hasta que el amante se canse. Aquí también Ovidio supone, con su cinismo benévolo, que el éxito ha de depender de las decepciones, de la pasión fingida, de los regalos y del dinero, de las ausencias calculadas, de los celos hábilmente provocados, de la continuación de las relaciones sexuales para ocultar las infidelidades, y del reconocimiento de parte del amante de que también la mujer va a ser caprichosa, llena de veleidades, y de que es un ser independiente.

Tan independiente que Ovidio dedica su tercer libro a ella: las mujeres también necesitan armas para defenderse en la guerra del amor. Ovidio cree que toda mujer debe entregarse a un amante, pero le concede el derecho a elegir, y a ser tan engañosa como el hombre en las relaciones. Casi la mitad del libro consiste en consejos para aumentar los encantos físicos; después se discute la selección del amante (húyase, sobre todo, del tenorio profesional); para vencer en la batalla de los sexos hay que saber manejar al amante, engañar al marido, comportarse discretamente en los guateques, y nunca perder el control de sí misma, sin dejar de divertirse todo lo posible.

En la *Remedia Amoris,* el amante aprende a escaparse de una intriga que haya dejado de interesarle, distrayéndose con otras ocupaciones, haciéndose a sí mismo una especie de lavado de cerebro para convencerse de que la mujer ya no es deseable, y tratando de desanimarla a ella al mismo tiempo con muestras de frialdad, etc.

La influencia de Ovidio sobre la literatura erótica medieval se extendió hasta obras tan poco "ovidianas" en el espíritu como el *De Amore,* de Andreas Capellanus, o el *Roman de la Rose,* de Guillaume de Lorris. Pero aunque hay motivos para creer que Juan Ruiz conocía la literatura didáctico-narrativa de la escuela del *Roman de la Rose,* es evidente que sus modelos básicos fueron obras de la escuela "ovidiana" de los clérigos. En más de un caso, estas obras se presentan en los Mss. como escritas por el mismo Ovidio. Ya hemos mencionado el caso de la *De Vetula:* otro es el de un arte de amor en miniatura, de 254 versos del mismo metro empleado por Ovidio. En un Ms. aparece como una obra independiente, con títulos que la atribuyen a Ovidio; en otro, forma parte de una especie de *Speculum Juvenis* anónimo entitulado *Facetus* ("El elegante"). La atribución a Ovidio debe ser tardía, pues, y aun si la conocía Juan Ruiz, como alega el erudito Richard Burkard, no es nada cierto que la conociera como una obra del maestro. [35] Esta *Seudo Ars Amatoria* sigue el plan de la original: selección de la amada; cortejo y conquista; comportamiento después de la conquista; remedios contra el amor. El autor clasifica a las mujeres según su estado civil: no hay que tratar con religiosas ni casadas ni prostitutas; las vírgenes y las viudas son recomendables. [36] Para el cortejo, aconseja el empleo de una medianera. En las relaciones amorosas "ovidianas" de la literatura medieval, la tercera viene a ser casi imprescindible. Normalmente es una vieja,

---

[35] El *Facetus* fue editado por A. Morel-Fatio en *Romania,* XV (1886), pp. 224-235; la *Pseudo Ars Amatoria,* por W. Wattenbach, en *Zeitschrift für deutsches Altertum,* XXXIV (1890), pp. 270-280. Los paralelos textuales con la lección de don Amor están alistados por Richard Burkard (véase la nota 13, arriba). Véase también el estudio sobre el *Facetus,* de Peter Dronke, "Pseudo Ovid, *Facetus* and the Arts of Love", *Mittellat. Jahrb.,* XI (1976), páginas 126-131.

[36] Estas categorías corresponden, más o menos, a las que establecen *Las Siete Partidas,* de Alfonso X, al tratar los crímenes contra las mujeres: "Forzar o robar muger virgen, o casada, o religiosa, o vibda... es yerro y maldat muy grande..." (*Partida,* VII, Título XX, Ley 1). Compárese la c. 231 del *Libro,* donde se da la misma lista, al hablar de crímenes sexuales, y también las categorías bajo las cuales Andreas Capellanus trata el cortejo de las mujeres en el *De Amore: plebeia, nobilis, nobilior, vidua, virgo, monacha, meretrix* (*De Amore Libri Tres,* ed. Amadeu Pagès, Castelló de la Plana, 1930, Liber I).

como la *Anus* del *Pamphilus,* la *Vetula,* de Richard de Fournival, o la *Vieille* del *Roman de la Rose;* Juan Ruiz hasta emplea *vieja* en el sentido de "tercera". Si Ovidio no necesitaba otra medianera que la criada de la amada, para llevar recados, la restricción bajo la cual vivía la dama medieval imponía la necesidad de dejar el cortejo en manos de una persona de confianza. En la *Seudo Ars,* pues, gran parte de la descripción del cortejo consiste en dos discursos modelos: uno para la vieja, para persuadir a la amada a citarse con el amante; el otro para el amante, cuando se encuentre a solas con ella. La tarea de la vieja es la de convencer a la chica de lo deseable que sería una intriga con el joven, basándose todo su argumento en la suposición de que la resistencia de la mujer suele ocultar un fuerte deseo de ser amada. El amante, a su vez, debe alabar la belleza de la amada (el modelo es una descripción muy hiperbólica), e insistir en la intensidad de su propia devoción. Si ella no le concede otra cita más íntima, la vieja debe aplicar su ingenio al problema de lograr que se reúnan. Entonces el joven debe seducir a la joven por medios físicos —besos, caricias, abrazos—, aplicando un poco de fuerza, ya que las mujeres prefieren dar la impresión de no ceder sino después de la resistencia reglamentaria.

Para guardar el amor así ganado hay que dar muestras constantes de devoción, mantenerse físicamente en forma para hacer el amor (comiendo bien), ser discreto y guardar el secreto. El que pierde a la amada por su propia culpa merece sufrir para siempre las consecuencias de su estupidez. Quien quiere librarse de su amor, en cambio, debe estudiar detalladamente los defectos físicos de la amada para curarse de su obsesión. Si ella no los tiene hay que meditar sobre los malos efectos del amor en general, y sobre la caprichosidad del sexo femenino. Un recurso para asegurarse de la artificialidad de su belleza es presentarse un día inesperadamente, para sorprenderla desnuda y sin maquillaje. Para hastiarse, se hacen excesos en el amor.

Otra vez es un amor físico el que se busca, con el objeto de gozar de la mujer, hasta a expensas de ella; aunque se pretende que el goce es mutuo.

En el *Pamphilus,* el amante le pide consejos a la diosa Venus, no viendo otra esperanza sino la que puede ofrecerle ella, y Venus le enseña otro arte de amor en miniatura (vv. 71-142). La amada está ya elegida, por tanto, la diosa pasa directamente a hablar de la seducción. Hay que trabajar mucho, y porfiar en los esfuerzos, con audacia, y aplicar el método: frecuentar los sitios adonde suele ir la amada; mostrarse alegre al hablar con ella; servirla constantemente; vestirse bien (con ropa prestada si hace falta), y ocultar la propia pobreza; hacerse amigo de los amigos de ella y de los de su casa; aprovechar el buen momento para dominarla, empleando la fuerza si conviene; finalmente, emplear una tercera para mediar entre ellos, ya que los padres de Galathea impiden el trato libre entre los amantes.

Es un arte de seducción, a pesar de que el objeto declarado de Pamphilus es casarse con Galathea. Las diferencias social y económica entre las familias impiden a Pamphilus pedir la mano de ella de la manera convencional (vv. 47-52). Seducirla, en cambio, obligará a los padres a aceptarle como yerno. Por eso, Venus aconseja un método esencialmente parecido al de la *Seudo Ars Amatoria:* hacerse grato a la amada, con mentiras si hace falta, crear la impresión de ser el amante ideal, aplicar la fuerza si el momento parece bueno... En la práctica, quien organiza la seducción es la Vieja; pero Pamphilus no duda en explotar la oportunidad que ella le consigue, violando a Galathea. En la *comedia* más célebre del siglo XII, pues, el amor "ovidiano" se transforma en la cínica explotación de la ingenuidad de una joven, para ganarse una esposa rica.

En su versión, Juan Ruiz reproduce íntegros los consejos de Venus (cs. 607-648), subrayando en su *amplificatio* la necesidad de porfiar en el cortejo y de emplear todos los artificios. De suyo, añade que el amante debe fingir la melancolía y el miedo; también comenta que lo que impide a la mujer entregarse al amor, que ella desea, es la *vergüença.*

Pero, como reconoce la misma Venus (c. 608), la lección básica ya la ha dado su marido don Amor, y ella nos recuerda que esa lección se basa sobre Ovidio (612a). La cuestión de si Juan Ruiz conocía el *Ars Amatoria* directamente, o si había adquirido sus nociones ovidianas a través de imitaciones medievales o de citas de Ovidio por otros autores, ha suscitado bastante controversia. [37] Por ejemplo, la *Seudo Ars Amatoria* coincide más o menos con el *Libro* en imitar la misma docena de consejos, entre todos los que ofrece Ovidio; pero la falta de correspondencias textuales entre los tres textos, o de similaridad en el orden de presentación de las ideas, hace imposible identificar las dependencias. Don Amor está de acuerdo, pues, con ambos Ovidios, al aconsejar que el amante dé muchas promesas, que porfíe en el cortejo, que se haga amigo de los amigos de la amada, o del marido, y que haga alarde de sus talentos sociales. Pero don Amor también aconseja un par de cosas que no constan en la *Seudo Ars*: que oculte las infidelidades (cs. 564-565, *Ars Am.*, II, vv. 372-408), y que se abstenga de seducir a la tercera (c. 527, *Ars Am.*, I, vv. 375-380). Aquí también las correspondencias con Ovidio son imprecisas: la *casamentera* de 527a es muy distinta de la *ministra* de Ovidio. Lo que sí podemos afirmar es que Juan Ruiz sabía muy bien que sus consejos se derivaban de Ovidio, y quería que lo reconociesen sus oyentes.

Al discutir la selección de la amada (cs. 429-449), Juan Ruiz muestra su originalidad: ni la lista de lugares públicos donde las mujeres circulan (Ovidio), ni la clasificación según el estado civil (seudo Ovidio), sino la descripción fisonómica del tipo de mujer que conviene. Los críticos han señalado algunas diferencias entre los retratos idea-

---

[37] Entre los eruditos que han abogado por una dependencia directa entre el *Ars Amatoria* y la lección de don Amor, los principales son Rudolph Schevill, en *Ovid and the Renascence in Spain*, Berkeley, 1913, pp. 28-54, y Lecoy, *Recherches...*, cap. X, "L'Inspiration Ovidienne", I, "L'Art d'Aimer". Otro paralelo textual ha sido notado por Margherita Morreale, en "Más apuntes para un comentario literal del *Libro...*", *BRAE*, XLII (1968), página 239. Los críticos que niegan la dependencia directa han sido Julio Cejador, en su edición, nota a la c. 430; Edwin J. Webber, "Juan Ruiz and Ovid", *RomN*, IV (1962), pp. 54-57; Richard Burkard (véase la nota 13, arriba).

lizados de las heroínas de los *romans* franceses, etc., y la
"bella" de Juan Ruiz: las caderas anchas (445*c*), la nariz
aguileña (434*a*), los dientes separados (434*b*), los labios
delgados (434*d*). También don Amor menciona cosas que
no se discuten ni en las *Artes* ni en los *romans*: por ejem-
plo, las encías bermejas (434*c*) o los sobacos húmedos
(445*a*). Dámaso Alonso demostró que tales preferencias
parecen reflejar gustos árabes, y W. Mettmann indicó que
hay descripciones parecidas en obras traducidas del árabe
como *La historia de la donzella Teodor*. Finalmente, como
hemos indicado (pp. 35-36 y nota 28), fue Michalski quien
llamó la atención sobre la conexión entre esta descripción
y los tratados de fisonomía (que provienen de fuentes ára-
bes). [38] En la c. 446, don Amor resume el significado de la
descripción fisonómica: "En la cama muy loca, en la casa
muy cuerda, non olvides tal dueña...", y añade: "esto que
te castigo con Ovidio concuerda..." Es decir, la mujer de
temperamento sensual es la que mejor sirve para el amor
"ovidiano".

Don Amor interrumpe su descripción para introducir
la cuestión de la tercera: después de describir aquellos ras-
gos que el amante puede ver para sí (la estatura, la cabeza,
las facciones de la cara, cs. 431-435*b*), anuncia que para
informarse sobre los rasgos escondidos (los miembros, los
pechos, el cuerpo, los pies), debe buscar una medianera
que tenga ocasiones para penetrar en la casa de la mucha-
cha y verla en cueros (*en camisa*, 435*c*): una vieja de con-
fianza, como una partera o una vendedora ambulante...

Pero don Amor no le concede a la medianera más papel
que éste. A diferencia de la *Seudo Ars Amatoria,* pero como
en el *Ars* original, la campaña de seducción está en manos
del mismo amante. Éste debe estar constantemente pendien-
te de los caprichos de la amada, sirviéndola como amante,

---

[38] Dámaso Alonso, "La bella de Juan Ruiz", *Insula,* año VII,
número 79 (15 de julio, 1952), pp. 3 y 11; W. Mettmann, " 'An-
cheta de caderas': *Libro de buen amor,* c. 432 y ss.", *RomForsch*
LXXIII (1961), pp. 141-147; Michalski, "Description..." (véase la
nota 28, arriba).

dándole —o prometiéndole— joyas, y aceptando con humilde gratitud la menor cortesía que ella se digne hacerle. La pereza y el olvido son fatales en el amor. En cuanto una mujer pierde la *vergüença* es capaz de cualquier locura. El dinero lo compra todo, las mujeres son siempre codiciosas. El amante debe hacer alarde de cuantas habilidades posee, musicales, atléticas, etc., y debe disciplinarse física y moralmente, evitando los juegos y el trato con la gente vil. Que no sea malicioso ni celoso. No debe alabar a ninguna mujer excepto a la amada. Tampoco debe hablar demasiado en su presencia; debe ser un amante discreto, sobre todo respecto a sus propias infidelidades. Debe guardar el secreto del amor compartido, y nunca jactarse de haber hecho una conquista. [39]

En este marco "ovidiano" Juan Ruiz intercala digresiones sacadas de diversas fuentes. Ilustra la pereza y la negligencia con cuentos humorísticos; "prueba" la eficacia afrodisíaca del dinero con una sátira goliárdica sobre la venalidad de hombres y mujeres; las amonestaciones contra el vino incluyen un cuento moral religioso (el ermitaño que se emborracha) y una descripción de los malos efectos del vino basada en el *Secretum Secretorum*. [40] Si

---

[39] Los paralelos más interesantes entre la lección de don Amor y el *Ars Amatoria,* de Ovidio, son los siguientes: 1. Seleccionar primero la amada: *Libro* 430cd, *Ars* I, vv. 35-36; 2. Prometer, si uno no tiene nada que dar: *Libro* c. 451, *Ars.* I, vv. 443-452, 631-658, 3. Porfiar en el cortejo: *Libro* c. 452, cs. 517-520, 524-526, *Ars* I, vv. 469-478, II, vv. 177-184; 4. Mostrarse sumiso y obediente: *Libro* 453cd, *Ars* II, vv. 145-156, 197-202; 5. No ausentarse: *Libro* cs. 474-484, *Ars* II, vv. 357-372; 6. Ser amable con los amigos y familiares de ella: *Libro* cs. 488-489, *Ars* II, vv. 251-260; 7. Cantar o tocar instrumentos: *Libro* cs. 515, 518, *Ars* I, vv. 595-596, II, vv. 501-506; 8. Abtenerse de seducir a la medianera: *Libro* c. 527, *Ars* I, vv. 375-380; 9. No beber, o beber muy poco: *Libro* cs. 528-548, *Ars* I, vv. 589-594; 10. Ocultar los amoríos con otras: *Libro* cs. 564-565, *Ars* II, vv. 372-408; 11. Amar discretamente y no pregonar en público las relaciones: *Libro* c. 562, *Ars* I, vv. 487-498.

[40] Véase Luis Jenaro MacLennan, "Las fuentes de las estrofas 544-545 del *Libro de buen amor"*, *Vox Romanica,* XXI (1963), 300-314.

los consejos sobre la disciplina personal no provienen de ninguna fuente identificada, recuerdan los ideales del amor cortés, y en especial los consejos del dios de amor en el *Roman de la Rose* (vv. 2055-2748). De este modo, Juan Ruiz crea como un mosaico de recuerdos literarios, pero sin destrozar el mensaje "ovidiano" del conjunto. En medio del pasaje más cortés de la lección (cs. 550-572), nos choca el golpe cínico de la c. 564, puramente ovidiano: "De una cosa te guarda, quando amares una: non te sepa que amas otra muger alguna..."

Embelesados por el exotismo del *Ars Amatoria*, los clérigos medievales debían de sentirse al mismo tiempo muy inquietos ante la falta de la conciencia del pecado, porque ellos nunca podían olvidar del todo que el amor sexual era el pecado de la lujuria, ni tampoco que los pecados existían porque Eva escuchó las palabras seductoras del demonio, doctrina que justificaba el antifeminismo de tanta obra moralizadora (piénsese en el tercer libro de Andreas Capellanus, o en el *Arcipreste de Talavera*). La Iglesia reconocía la necesidad de estudiar textos paganos o seculares para aprender el latín clásico, y para refutar los errores que contenían. Pero condenaba la lectura de la literatura pagana por motivos hedonísticos. [41] Y la composición

---

[41] Véase, por ejemplo, el *Decretum Gratiani*, Pars Prima, Distinctio XXXVII: "Sed queritur an secularibus litteris oporteat eos esse eruditos? De his ita scribitur in Concilio Cartaginense IV: c.1. Libros gentilium non legat episcopus... c.2. Reprehenduntur sacerdotes qui omissis euangeliis legunt comedias. Item Ieronimus ad Damasum de prodigo filio...: 'Sacerdotes Dei omissis euangeliis et propheciis uidemus comedias legere, amatoria bucolicorum uersuum uerba cantare, tenere Virgilium, et id quod in pueris est causa necessitatis, crimen in se facere uoluptatis...' c.8. Non prohibeantur clerici seculares litteras legere... ii Pars. *Gratian.* Cur ergo legi prohibentur, que tam rationabiliter legenda probantur? Sed seculares litteras quidam legunt ad uoluptatem, poetarum figmentis et uerborum delectati; quidam uero ad eruditionem eas addiscunt, ut errores gentilium legendo detestantur, et utilia, quae in eis inuenerint, ad usum sacrae eruditionis deuote inuertant. Tales laudabiliter seculares litteras addiscunt." Es decir, contra la prohibición total de la lectura de literatura pagana y secular, se pretendía que era necesaria para los jóvenes (para apren-

de obras de espíritu pagano por los clérigos provocaba dudas no menos serias. Hasta los mismos autores llegaban a arrepentirse, en sus escritos posteriores, de haberse dado a tales excesos en la juventud. [42]

Después de la exposición teórica, la demostración práctica: aquí Juan Ruiz toma como modelo la comedia *Pamphilus*. ¿Por qué? Esta obra no se acomoda fácilmente para constituir un episodio en la carrera del Arcipreste. El deseo de Pamphilus, desde el principio, es casarse con Galathea. Y para lograr este fin, no sigue los consejos ovidianos expuestos por don Amor, sino que después de una sola entrevista con Galathea, lo deja todo en manos de la Vieja. Ésta no consigue la seducción de la muchacha por medio de argumentos, ni con regalos, sino que la engaña cínicamente, dejándola a solas con Pamphilus, quien, a su vez, no intenta persuadirla sino que la toma por fuerza. Luego la Vieja aconseja que se casen, para encubrir la pérdida por Galathea de su honra. Además, la comedia era tan conocida que Juan Ruiz no puede haber calculado que sus oyentes iban a tragar inocentemente la historia de Melón y Endrina creyéndola una obra original de Juan Ruiz.

Aquí, paradójicamente, creo que se halla la explicación. Juan Ruiz escogió la comedia como modelo precisamente porque los oyentes (algunos, al menos) la habían de reco-

---

der bien el latín, por supuesto), y que era admisible estudiarla para rechazar sus errores, y para aprovechar lo que tuviera de útil. Lo que se condenaba era la lectura de comedias y obras del mismo tipo sólo para disfrutar de ellas.

[42] Por ejemplo, Guibert, abad de Nogent-sur-Coucy, en su *De Vita Sua*, confiesa sus pecados y sus flaquezas juveniles, entre ellas la composición de poesías mundanas: "Inde accedit ut effervescente interiori rabie ad obscaenula quaedam verba devolverer et aliquas literulas minus pensi ac moderati habentes, immo totius honestatis nescias dictitarem" (Lib. I, Cap. xvii, p. 64, edición de G. Bourgin, París, 1927). También Pierre de Blois, en una carta, habla de su renunciación de sus composiciones tempranas ("nugis et cantibus uenereis"), añadiendo que su hermano Guillaume (autor de la comedia *Alda*, entre las más indecentes) también se divirtió con "comoediis et tragoediis", pero después las renunció (véase Gustave Cohen, *La Comédie Latine en France au XIIe siècle*, París, 1931, t. I, p. 113, nota).

nocer bajo el leve disfraz de los nombres cambiados. Y si
por acaso los hubiese tan tercos como para no caer en la
cuenta, insinúa una alusión a la comedia en la c. 698, y
en 891d niega abiertamente haber sido el autor. Quiere
que los aficionados a la comedia la viesen bajo una luz
diferente. En lugar de ser la demostración triunfante del
método ovidiano que los oyentes habían de esperar, al oír la
c. 580 (a pesar de las reservas expresadas en las cs. 576-
579), la historia de Melón y Endrina resulta ser un cuento
ejemplar. El mismo autor la llama *ensienplo* en la c. 909,
ofreciéndola como un aviso a las mujeres.

Hasta mediados del siglo xx, los eruditos que se intere-
saban en el episodio tendían a ponderar el virtuosismo de
la adaptación, sin preocuparse con la cuestión de su fun-
ción en el conjunto del *Libro*. Pero a partir de los años
cincuenta, una sucesión de críticos ha notado aspectos de
la versión de Juan Ruiz que los inducen a atribuirle una
intención didáctica. En primer lugar, el carácter simbólico
de los nombres: *Endrina* es la fruta que se coge de la
Rama (824c), también la que pierde fácilmente el vello
(la buena fama) al ser manoseada; *Melón* es soso y bobo,
pero también difícil de valorar ("Melón es el kasamiento,
ke solo la kala el tienpo", dice Gonzalo de Correas); o se-
gún Corominas, es el tejón, animal rapaz y robador de fru-
tas... Luego vienen los comentarios moralizadores que Juan
Ruiz introduce (no los hay en el *Pamphilus*): por ejemplo,
las cs. 685, 699-700, 704-705, 741, 790, 865-866, 881d,
882-884, más el epílogo (cs. 892-909). En tercer lugar, se
notan las imágenes asociadas con el amor o con los per-
sonajes, que deben inculcar en la mente del oyente medie-
val unas actitudes morales respecto a la historia: el amor
es una enfermedad, cs. 589, 592-595, etc.; es como domar
una bestia, 612c; es la destrucción, c. 618, o la caza, c. 619,
etcétera. La amada es la bestia domada, c. 633, el fuego
que se atiza para que arda más, c. 639, el caballo al que
hay que espolear, c. 641, la fruta que se goza, c. 678... El
amante es como el conejo, 666d, o el becerro, 730d, 874a,
símbolos de la lujuria, es un guerrero vencedor, 607d,

633*d,* etc., un devorador de manjares, 815*d;* pero también
es una víctima, cs. 603, 605, 794... [43]

Ya he hablado (p. 35) de la similaridad entre el des-
enlace del *Pamphilus* y la *Causa* 36 de la Segunda Parte
del *Decretum Gratiani.* En su epílogo, Juan Ruiz no pre-
cisa por qué las *dueñas* deben escarmentarse con el *ensien-
plo* de Endrina, y dado que ella se ha escapado del triste
destino que preveía para sí en la c. 885, casándose, el lec-
tor moderno queda perplejo. El oyente medieval se acor-
daría, tal vez, del carácter problemático de una boda entre
raptor y *rapta,* y vería a Endrina como una víctima del
loco amor, como el autor insinúa en la c. 904.

Algún crítico ha querido ver en el *Pamphilus* el modelo
para todos los episodios amorosos, ya que en todos inter-
viene un medianero o medianera. [44] Pero me parece más
prudente considerar esto como un aspecto típico del amor
"ovidiano", puesto que en la *Seudo Ars Amatoria* se re-
comienda, y en dos comedias al menos, el *Alda* y el *De
Nuncio Sagaci,* además de la *De Vetula,* intervienen me-
dianeros.

En los episodios de la carrera amorosa del Arcipreste
hay bastante variación: en el carácter de la amada (*dueñas*
de alto linaje, una vulgar panadera, viuditas, una monja,
una mora...); en el tono (sentencioso en el primero, bur-
lón y hasta obsceno en el segundo...); en el punto focal

---

[43] Véanse Fernando Lázaro, "Los amores de don Melón y doña
Endrina", *Arbor,* núm. 62, XVIII (1951), pp. 210-236; María Rosa
Lida, "Notas para la interpretación, influencia, fuentes y texto
del *Libro de buen amor*", *RFH,* II (1940), p. 106; Thomas R. Hart,
La alegoría en el 'Libro de buen amor', Madrid, 1959, cap. v;
Jorge Guzmán, *Una constante didáctico-moral del 'Libro de buen
amor',* México, 1963, cap. II; G. B. Gybbon-Monypenny, " 'Dixe
la por te dar ensienplo': Juan Ruiz's Adaptation of the *Pamphi-
lus*", *LBAS,* pp. 123-147; Gail Phillips, *The Imagery of the 'Libro
de buen amor',* Madison, 1983, cap. II; Dayle Seidenspinner-
Núñez, *The Allegory of Good Love: Parodic Perspectivism in the
'Libro de buen amor',* Univ. Calif. Publ. in Mod. Philol., 112,
1981, cap. 3.
[44] Más recientemente, Richard Burkard, en el cap. IV de su
tesis (véase la nota 13, arriba).

(infracción de las normas de la cortesía, juegos de palabras, insuficiencia de liberalidad, relaciones con la tercera...); en el desenlace (rechazo por la amada, que se muestra indignada, o inmoral, o codiciosa, o sencillamente indiferente, o la muerte prematura de la amada conquistada). Pero dos elementos parecen constantes: el objeto para el amante es la satisfacción sexual, sin considerar ni los intereses ni los sentimientos de la amada; y se acude siempre a una tercera persona para mediar en la seducción. Estos elementos relacionan la carrera del Arcipreste con la literatura "ovidiana".

Ésta constituye, pues, la fuente principal de los conceptos, temas y modelos eróticos empleados en el *Libro de buen amor*. Pero no es la única fuente: también encontramos ecos de la literatura cortés, en especial de su terminología. *Buen amor* no sólo recuerda el *bonus amor* de San Agustín, sino también la *bona amors* occitánica, o la *bonne amours* francesa, sinónimos de *fin' amors*. También Juan Ruiz usa *cortés* (108*c*, etc.), *cortesía* (670*a*, 948*a*, 1549*c*...), *cuita* o *coita* (la *cuita d' amor* de la lírica gallego-portuguesa: 691*c*, etc.), *doñear* ("cortejar", el occitánico *domnejar*, 450*b*, etc.) y sus derivados *doñeador, doñeguil, doñeo* (450*b*, 581*b*, 633*b*, 1614*d*), *entendedor* ("amante", 478*c*, 1399*c*, etc.), *mesura* (423*a*, 476*c*, 606*b*...).

En el primer episodio, el amante fracasa en su cortejo por haber infringido, al parecer, las normas de la cortesía: en 90*c*, el secreto del amor *(poridat)* se publica y, por consiguiente, la *dueña* es vigilada más de cerca; luego en las cs. 93-94, los calumniadores le cuentan a la *dueña* que el amante anda jactándose de su conquista. Después, en las cuartetas transicionales entre episodios, Juan Ruiz habla del servicio de las *dueñas* en términos muy corteses (cs. 107-109): las ha servido siempre, y nunca dice mal de ellas. Pero es significativo que lo diga en el momento en que el protagonista se comporta de una manera muy poco cortés: en cuanto la primera *dueña* le rechaza, en lugar de serle leal y sufrir, como haría el verdadero amante cortés, se marcha en busca de otra (c. 106).

Contrario a lo que creen algunos críticos, Juan Ruiz no distingue entre el amor cortés (*buen amor,* según ellos) y el *loco amor,* o amor desordenado, sino que borra las distinciones entre las varias clases del amor sexual literario, principalmente empleando términos del amor cortés en contextos muy poco corteses, como acabo de indicar. Otro ejemplo: en el cuento humorístico de Pitas Payas (cs. 474-484), la esposa abandonada "puebla la posada" con un *entendedor* (478c), y antes le ha dicho al marido en 476d: "fazet vuestra *mesura*".

La lección esencialmente "ovidiana" en el arte de amar se presenta en una forma tomada de la escuela francesa de *romans* eróticos didáctico-narrativos fundada por Guillaume de Lorris, con el *Roman de la Rose,* donde es el dios de amor mismo quien instruye al amante, como hemos dicho (p. 49). Es más; recordemos que el concepto de la "autobiografía" erótica como vehículo de la poesía lírica del autor evolucionó entre poetas corteses (Dante, Ulrich, Margival, Machaut...).

El amor es un tema predilecto de otra escuela poética medieval, la de los goliardos. A diferencia de los autores de poesías "ovidianas", quienes imitan la prosodia antigua de cuantidades silábicas y pies métricos, los goliardos emplean formas métricas del lenguaje vulgar para sus versos en latín, con cuenta de sílabas, rimas y división estrófica. Su poesía suele considerarse como un producto del espíritu estudiantil y rebelde de las escuelas y universidades.

En sus canciones, los poetas goliárdicos suelen expresar una apreciación hedonística del mundo, sobre todo de los dados, la taberna y el amor sensual. La poesía narrativa suele ser satírica, atacando ferozmente la venalidad y la inmoralidad, sobre todo entre la jerarquía eclesiástica. [45]

---

[45] Véanse Olga Dobiash-Rozhdestvenskaya, *Les Poésies des Goliards,* París, 1931; Ricardo Arias y Arias, *La poesía de los goliardos,* Madrid, Gredos, 1970; Ricardo García-Villoslada, *La poesía rítmica de los goliardos medievales,* Madrid, 1975. La más importante colección medieval es la *Carmina Burana,* edición de A. Hilka y O. Schumann, Heidelberg, 1930, 2 tomos.

La vena satírica es la que vemos reflejada en el *Libro de buen amor,* en tres pasajes en particular. Don Amor, al aconsejarle al Arcipreste que seduzca a la amada con regalos (c. 489), se permite la ya aludida digresión, de más de veinte cuartetas, sobre la eficacia del dinero en todos los aspectos de la vida, sobre todo entre la jerarquía eclesiástica, desde el papa para abajo. El tema es clásico de todos los tiempos, y en la poesía castellana su expresión más viva, probablemente, es la *letrilla* "Poderoso caballero es don Dinero", de Quevedo. Pero Lecoy demostró que Juan Ruiz tuvo un modelo específico, un poema de la colección de *Carmina Burana* que empieza "In terra summus rex est hoc tempore nummus" (*Recherches...*, pp. 237-243), y en que *nummus* ("moneda", o en castellano medieval, *dinero*) se emplea como un *leitmotiv,* repetido en cada uno de los 50 versos. Juan Ruiz hace una adaptación bastante libre (Lecoy, p. 240, cita una docena de paralelos, de valor desigual). [46]

Esta digresión no alude directamente al amor, pero de ella se desprende que para don Amor, el amor sexual es algo que se puede comprar. Un aspecto del amor es el tema de la otra pieza cuyos antecedentes goliárdicos se han identificado, la mal titulada "Cántica" de los clérigos de Talavera (ya mencionada en las pp. 11, 12, 17, 18): el amancebamiento entre el clero. Se basa sobre tres poemas satíricos recogidos en varios Mss. por Thomas Wright en su colección de poesías atribuidas al inglés del siglo XIII Walter Map (o Mapes), con el título colectivo de *Consultatio Sacerdotum.* [47] Los poemas parecen datar de principios del siglo XIII, y el motivo de su composición pudo haber sido las medidas contra el concubinato proclamadas en el cuarto Concilio Letrán de 1215. Aquí el amor se presenta

---

[46] El poema "In terra summus..." está copiado en el Ms. 94-22 de la Biblioteca de la Catedral de Toledo (f117ᵛ-f119ʳ), Ms. del siglo XIV que contiene, entre otras curiosidades, el tratado del llamado Virgilio de Córdoba. A. Bonilla y San Martín publicó esta copia del poema en *Anales de la literatura española,* Madrid, 1904, pp. 143-149.

[47] Véase la nota 7, arriba.

como una rebelión contra la autoridad de la Iglesia, una rotunda negativa a la doctrina del celibato, un deseo de vivir como cualquier laico, gozando una vida sexual normal, en lugar de aceptar humilde y alegremente la regla de la castidad absoluta. Un crimen exclusivamente eclesiástico.

En su adaptación —compuesta, al parecer, como un comentario sobre la situación contemporánea, las medidas proclamadas por el arzobispo Gil de Albornoz para corregir los mismos abusos en el archidiócesis— Juan Ruiz no altera ni el concepto ni el espíritu de sus modelos, pero demuestra su virtuosidad habitual al insinuar un ambiente castellano contemporáneo.

El tercer pasaje del *Libro* en que tanto Lecoy como otros eruditos suelen reconocer el espíritu de la poesía goliárdica es la llamada "Parodia de las Horas Canónicas" (cs. 373-387). Los poetas goliárdicos componían misas y oraciones paródicas, imitando de cerca la forma, pero invocando a Baco o a Venus en lugar del Señor, etc. Juan Ruiz hace algo muy distinto: nos hace ver cómo se comporta un amante (sin duda, un clérigo), prosiguiendo un amorío al compás de los siete oficios de las Horas. Éstas no se parodian: se toman citas de los salmos e himnos pertenecientes a cada oficio (maitines, laudes, prima, etc.), integrándolas en las actividades del amante, dándoles así un sentido equívoco, que depende, inevitablemente, del conocimiento que tenga el oyente del latín y de los salmos. Si tuvo Juan Ruiz un modelo goliárdico, se desconoce, pero el espíritu satírico de los goliardos late en este retrato de la hipocresía de muchos clérigos.

El pasaje puede considerarse como una variación irónica de la fórmula básica de los episodios amorosos en la carrera del protagonista —irónica porque es el mismo protagonista quien la cuenta como parte de su condenación general del amor—. El clérigo-amante del pasaje se diferencia del Arcipreste en que se le atribuye un éxito donjuanesco en sus amoríos (cs. 386-387). Pero el amor que persigue es la misma seducción con la ayuda de una tercera, y la grosera sensualidad de los fines se subraya a cada paso por los equívocos hasta obscenos a veces.

En el viaje por la sierra (cs. 950-1042), los cuatro encuentros con serranas les recordarían a algunos oyentes, sin duda, el género de la *pastorela*. Pero falta el ambiente cortés típico de estas canciones, y en los dos primeros, el amor es una grotesca caricatura de la sensualidad: el viajero es abordado por una serrana hombruna y agresiva, quien le exige primero el peaje para pasar el puerto, y después la satisfacción sexual. El viajero accede por miedo, viéndose obligado a hacer el amor con una mujer que no le apetece nada. En el tercer encuentro, una serrana "lerda" que tiene interés en casarse se deja burlar por las promesas del viajero, y cree, cuando él se marcha, que va en busca de la dote que ella le ha pedido. El amor físico apenas entra en juego. Del cuarto encuentro tenemos dos versiones distintas, la de la introducción narrativa y la de la canción. En la primera, la acción se limita al encuentro y la descripción de la serrana monstruosa, una visión de fealdad apocalíptica, el contrario de la descripción dada por don Amor, como hemos dicho (p. 36). En la *cantiga*, la serrana, nada fea (c. 1024), está dispuesta a llegar a un acuerdo sexual con el viajero, hasta que él confiesa no tener consigo ni regalos ni dinero, y propone que ella le dé hospedaje al fiado, propuesta que ella rechaza con el desprecio de una vendedora. Aquí, el amor se reduce a una especie de comercio entre gente desconfiada.

¿Qué reacción tendría el público de entonces al oír estas pequeñas historias? ¿Un escalofrío supersticioso al oír hablar de tales mujeres salvajes, que esperan en acecho para saltar sobre el viajero solitario? ¿Una risa entre salaz y desdeñosa ante la inversión de papeles sexuales, y la forzada sumisión del hombre? ¿Aprobación cínica de la broma gastada a expensas de la serrana lerda? Por lo menos, nadie podría caer en el error de suponer que aquí entraba en juego *buen amor*.

Los nueve episodios de la carrera amorosa del Arcipreste parecen ser originales, inventados por Juan Ruiz. Pero he sugerido (p. 53) que, a pesar de las variaciones de extensión, de tono, de desenlace, etc., todos ilustran el concepto básico del amor "ovidiano": la búsqueda egoísta por el hombre de la satisfacción sexual, contando con la ayuda de un medianero o medianera. Podría objetarse que esto no está demostrado, y que las diferencias de tono entre los dos primeros episodios indican que en el primero, por lo menos, el protagonista buscaba un amor más refinado y espiritual, más cortés; que siendo la panadera excepcional entre las amadas, por no ser ni *dueña* ni respetable, sólo merecía un amor excepcional por grosero.

En realidad, la narración suele ser tan parca, y el desenlace tan abrupto, que no aprendemos casi nada ni de las aspiraciones ni de las emociones del amante. Hasta en los casos en que parece obtener un éxito al menos parcial (cs. 910-944 y 1332-1507), el autor deja lugar a dudas. ¿Qué ocurre con la *dueña* del estrado cuando la vieja la hace "venir... al rrincón" (942*b*), después de haberle hecho perder los sesos mediante algún filtro peligroso (c. 941)? Muere "a pocos dias": ¿consecuencia del *loco amor*, o del filtro? Es lógico deducir que fue seducida, que el Arcipreste "acabó lo que quiso" (título anterior a la c. 871).

En el caso de doña Garoza, los críticos debaten la cuestión de si hay una consumación física del amor entre ella y el Arcipreste. Las cs. 1499-1502 indican que se enamoran los dos físicamente. Pero la esquiva monja logra contener al apasionado sacerdote en el grado de amante que los trovadores provenzales llamaban *entendedor* ("pretendiente acreditado"), persuadiéndole a aceptar la participación en actividades piadosas como sustituto de las sexuales. De aquí los comentarios ambivalentes del Arcipreste sobre las monjas como amadas, y su reacción equívoca a la muerte de Garoza ("... ove menos cuidados" en 1506*b*, pero "mucho quebranto" en 1507*d*). Buscaba la satisfacción física, pero se encuentra superado en la táctica. Y la muerte de la monja le deja libre para volver a la búsqueda.

La muerte de la *dueña* en ambos casos donde el Arcipreste logra desviarla —poco o mucho— del camino de la rectitud, no puede ser un mero detalle sin trascendencia: se insinúa la conexión entre el amor y la muerte. Y nótese que el dolor del amante parece ser de breve duración, y no le impide buscar pronto otro amor. Lo que sí le deja anonadado es la muerte de la tercera (c. 1519), porque arruina su carrera amorosa. Es el egoísmo del amor sensual.

Al lado de este retrato compuesto del amor sexual, sacado de fuentes literarias profanas, el autor yuxtapone alusiones a la doctrina de la Iglesia relativa al amor. En el prólogo contrasta explícitamente el "loco amor del pecado del mundo" con "el buen amor que es el de Dios", aludiendo, probablemente, al contraste que hace San Agustín entre *malus amor* y *bonus amor*. [48] En dos pasajes de exposición directa, Juan Ruiz alude al amor sexual como el pecado de la lujuria (cs. 257-269, 1592-93). Los siete pecados mortales nacen de la Codicia (c. 219), la cual es hija del amor. Puede ser una alusión, otra vez, al concepto agustiniano del *malus amor* o *amor inordinatus,* la perversión de la voluntad humana, o el amor mal dirigido. [49]

Tanto Juan Ruiz como sus oyentes sabían perfectamente que el único amor sexual admitido por la Iglesia como bueno era la procreación de hijos dentro del matrimonio. No hacía falta repetir a cada paso que el *amor loco* era un pecado, ni sería su intención enseñárselo a sus colegas. La lección que quería darles debía ser otra. El *Libro de buen amor* no es un sermón contra el pecado de la lujuria, dirigido al gran público para moderar su conducta en la vida. Tampoco es un intento subversivo de minar la doctrina cristiana sobre el amor, como ha querido, por ejemplo, Anthony Zahareas. [50] Hay que tener en cuenta tres factores: el público eclesiástico al que va dirigida la obra

---

[48] Prólogo, 11, 15-18. Véanse las notas 24 y 25, arriba.

[49] La cita "Recta itaque voluntas est bonus amor, et voluntas perversa malus amor" proviene de la *De Civitate Dei,* Lib. XIV, Capítulo 7. San Agustín resume más abajo: "Unde mihi videtur, quod definitio brevis et vera virtutis ordo est amoris; propter quod in sancto cantico canticorum cantat sponsa Christi, civitas Dei: 'Ordinate in me caritatem.' Huius igitur caritatis, hoc est dilectionis et amoris, ordine perturbato Deum filii Dei neglexerunt et filias hominum dilexerunt." De lo cual se desprende que se identifica el amor sexual con el amor desordenado.

[50] Zahareas, *The Art of Juan Ruiz...,* por ejemplo en las páginas 20 y 59-60.

en su conjunto; el carácter esencialmente literario del amor
que trata; y el fuerte elemento de ironía y ambigüedad que
predomina en muchos pasajes del texto.

c) *El sentido: la ambigüedad como sistema* [51]

En la p. 28 de la introducción a su edición del *Libro*,
Jacques Joset alude a "La ambigüedad del *Libro de buen
amor*, tan puesta de relieve por la crítica actual..." Pero
es curioso notar que hasta la aparición en 1965 de *The
Art of Juan Ruiz...*, de Anthony Zahareas, apenas se
encuentran alusiones a ambigüedades en el *Libro*. Desde
Amador de los Ríos hasta María Rosa Lida de Malkiel,
los grandes críticos debaten la cuestión de si Juan Ruiz
fue un moralista serio, cuyo objeto era la "reprobación"
del amor loco, o si en realidad fue un hedonista cuyas
moralizaciones no eran sino fingimiento, y cuyo verda-
dero deseo era celebrar el amor sexual. No plantean la
posibilidad de que la obra fuese intencionalmente am-
bigua. Hoy día —reflejo, sin duda, de la época incierta
y confusa en que vivimos— la crítica apenas concibe
que una obra de arte sea grande, a menos que revele, al
analizarla, una buena dosis de ambigüedades. Conviene,
pues, andar con precauciones al plantear la cuestión de
la ambigüedad en el *Libro de buen amor*. Una palabra,
una frase, un pasaje, un libro entero, pueden parecernos
ambiguos por razones ajenas al autor y su época: por
nuestra ignorancia del contorno lingüístico e intelectual;
por una transmisión del texto defectuosa que oscurece
el pensamiento del autor; o tal vez por la intervención
de conceptos anacrónicos, posteriores al autor. La inves-
tigación va eliminando algunas de estas ambigüedades ac-
cidentales. También va descubriendo otras, antes insos-
pechadas.

---

[51] En *The Allegory of Good Love...*, pp. 17-21, Dayle Seiden-
spinner-Núñez examina el *trobar clus* de los trovadores provenza-
les, como un caso paralelo de poesía conscientemente ambigua.

En el mismo momento en que instruye al lector sobre la manera en que debe interpretar el libro (cs. 44-70), el autor le advierte que el lenguaje se presta siempre a diversas interpretaciones, y que elegir entre las posibles es la responsabilidad del lector; y Juan Ruiz se abstiene de una manera muy patente de indicar cuál puede ser la buena. Es un aviso: el lector debe tener en cuenta siempre que en cualquier momento el texto puede significar algo distinto de lo que él supone. Lo dice textualmente en 986d: "Ca tú entenderás uno e el libro dize ál." Lo cual sólo es posible si el texto es ambiguo.

Esta insistencia sobre la ambigüedad del texto podría considerarse como una defensa legítima contra las acusaciones de mala fe o de intenciones inmorales, como han querido bastantes comentaristas. Pero también se puede interpretar como una especie de invitación: "Vamos a jugar, y a ver si me coges...", o hasta "a ver si caes en la trampa..."

Es un juego literario: la afirmación de que el lenguaje es ambiguo y que el libro se presta, por tanto, a interpretaciones diversas, refleja la misma preocupación con el proceso literario que vemos en el prólogo, cuando Juan Ruiz promete dar una lección de versificación (11. 88-90), o en las cs. 1513-17, donde discute el buen empleo de los instrumentos musicales. Y es el orgullo del autor, quien luce su virtuosidad ofreciendo, por ejemplo, no un solo "Gozos de Santa María" para introducir la obra, sino dos, demostrando cómo es posible decir lo mismo dos veces en formas métricas y con rimas totalmente distintas. El orgullo se refleja también en el desafío al oyente o lector: a ver si capta todos los dobles sentidos e indirectas; a ver en qué momento reconoce que Melón y Endrina son Pamphilus y Galathea un poco disfrazados; a ver si se despista creyendo que el *Libro* es un arte de amar, o un libro de *castigos*... A todos estos niveles hay ambigüedades conscientes: en el manejo de palabras y conceptos; en la utilización de fuentes; en la forma y estructura de la obra.

Los juegos de palabras eran recursos estilísticos que los retóricos recomendaban, no para crear ambigüedades, sino para embellecer el discurso y persuadir más eficazmente a los oyentes. Pero la semejanza de formas (la paronomasia) y los tropos (metáfora, sinécdoque, metonimia, ironía, etc.) se prestaban a ser explotados por un escritor como Juan Ruiz para despistar al oyente. El lenguaje no literario de todos los días también era rico en metáforas, eufemismos, etc., y es evidente que Juan Ruiz lo aprovechaba (no iba a aprender en las escuelas, ni en ningún *arte*, que *pan, conejo,* etc., eran eufemismos sexuales). En estos casos la ambigüedad se crea en el contexto: así, *pan* es ambiguo en 118*d,* pero no en 175*a; conejo* en 119*c,* pero no en 1359*c.* El latín medieval también tenía sus eufemismos sexuales: en 384*d, Virgam virtutis tuae* es una cita conocidísima del Salmo CIX, v. 2, que se rezaba en el oficio de Vísperas. Pero *virga* se empleaba corrientemente como un eufemismo por el órgano sexual masculino, hasta en textos serios: por ejemplo, el gran enciclopedista Vicente de Beauvais la usa en un contexto científico. [52] Lo chocante de 384*d* es que Juan Ruiz cite el salmo en un contexto que obliga al oyente a pensar en el sentido sexual de *virga,* creando así una ambigüedad moral muy evidente. En 1700*d,* Juan Ruiz cita un verso de uno de los poemas goliárdicos que le servían de modelos: *nobis est dimittere quoniam suave.* Aquí también, la cita proviene de un salmo, el CXXXIV, v. 3: *Psallite nomini ejus, quoniam suave,* donde *quoniam* tiene su sentido normal de "puesto que..." Pero como otros pronombres y conjunciones del latín, *quoniam* se había convertido en eufemismo sexual, y como tal se empleaba hasta en lengua vulgar. [53]

Del lenguaje popular Juan Ruiz debe haber tomado, como eufemismos conocidos, aparte *pan* y *conejo, pera*

---

[52] Véase mi nota al v. 384*d.*
[53] Lo pone Geoffrey Chaucer en la boca de la Comadre de Bath (véase mi nota al v. 1700*d*).

(154c, 160d), *rrosa* (378b), *luchar, lucha* (969d, 982c), *gualardón* (835c), *letuario* (1333 y ss.), *natura* (263c).

En otros casos, Juan Ruiz crea ambigüedad empleando una palabra o expresión en un contexto inesperado: *baile* en 1466d (¿"sayón" o "danza"?); *burlas* en 45b (¿cómo se han de identificar?); *natura* en 73c (¿"naturaleza" u "órgano sexual"?); *provar* en 950ab (San Pablo quiere decir "averiguar", Juan Ruiz implica "gozar" también); *santidad* en 493a (salta a la vista la ironía de su aplicación a la Santa sede en el contexto); *vanidat* en 105b y 106c (se emplea en dos sentidos diferentes, fingiendo que no). En 478c, *poblar la posada* adquiere un doble sentido erótico; en 912d, se emplea *el santo pasaje* (que recuerda el peregrinaje a Roma) en el sentido de un cortejo muy poco "santo"; en 983c y 992ab, *escotar la merienda* adquiere un sentido erótico, distinto del sentido metafórico en que se ha empleado *escotar* en 944d; en 1322d, *andar passos de caridat* es un modo muy irónico de decir "buscarle al Arcipreste una concubina".

No todos los equívocos apuntan a un doble sentido obsceno o sacrílego. Por ejemplo, en 10c el autor ruega "faz que todo se torne sobre los mescladores". Parece la queja de un hombre que sufre a manos de unos calumniadores, y por lo tanto, un apoyo de la tesis de la prisión "de cal y canto" de Juan Ruiz. Pero en sus *Allegoriae*, Rabanus Maurus explica que *calumniator* debe entenderse como "diablo", como en el Salmo LXXVII, v. 4: "Et humiliabis calumniatorem". [54] En 1623a, el Arcipreste le ruega a don Furón: "Busca me nueva funda". Alberto Blecua comenta en su nota sobre *funda*: "La metáfora es clara". Pues sí... Pero también Rabanus Maurus explica que en Job, por ejemplo, *funda* debe entenderse como "iglesia": "In stipulam ei versi sunt lapides fundae..." Detrás de la sinécdoque obscena, el oyente espabilado captaría el eco de la exégesis bíblica, tal vez con un ligero escalofrío en medio de sus risas.

---

[54] Véase la nota al v. 10c.

El caso más singular de la creación de ambigüedad por el modo de emplear un término es el de *buen amor*. [55] Después de aprender en el prólogo que significa "el amor de Dios" (1. 21, etc.), resulta desconcertante su asociación con la alcahueta en las cs. 443, 932, 933, 1331, 1452, 1578, sobre todo la declaración en la c. 933, "Por amor de la vieja... buen amor dixe al libro". Para el clérigo, la primera asociación debía ser con el *bonus amor* de San Agustín, del cual se derivarían lógicamente conceptos como "caridad" y "amor fraternal" (de ahí expresiones como *de muy buen amor*, "de buena gana"). Pero en la poesía trovadoresca provenzal, se empleaba *bona amors* como sinónimo de *fin' amors* ("amor cortés, refinado"), y los *trouvères* del norte de Francia decían *bonne amours*. Prueba de que esta acepción se había extendido hasta los poetas del *mester de clerecía* es el v. 629a del *Poema de Fernán González*, en que la Infanta doña Sancha le explica al conde lo que la ha inspirado a visitarle en secreto: "Buen conde, dixo ella, esto faz buen amor." En las cs. 66 y 68, Juan Ruiz dice en efecto que la interpretación del término no ha de ser la responsabilidad del oyente o lector. Pero ninguna de las acepciones que hemos mencionado debiera asociarse con la alcahueta, sino irónicamente.

Otra manera de crear ambigüedad, o una reacción confusa en los oyentes, es la invocación del nombre de Dios en la causa del amor: así cuando el amante habla de la ayuda de Dios que le ha de valer, en las cs. 683, 687 y 692, o cuando la vieja, en su *pitafio*, desea: "Sí Dios le bendiga, e síl de Dios buen amor e plazer damiga" (1578*ab*).

El protagonista no sólo invoca al Señor en espera de que salgan bien sus proyectos amorosos, sino que muestra unas tendencias didácticas muy acusadas: en apoyo de sus aspiraciones refiere once cuentos ejemplares en total, y es

[55] Véanse Brian Dutton, "*Buen amor*: its Meaning and Uses in some Medieval Texts", *LBAS*, pp. 95-121; Jacques Joset, "Le 'bon amours' occitan et le 'buen amor', de Juan Ruiz, Arcipreste de Hita", en *Actes du VIe Congrès International de Langue et de Littérature d'Oc et d'Etudes Franco-Provençales*, t. 2, Montpellier, 1971, pp. 349-368.

un refranista infatigable. Él es, también, quien pronuncia el largo "sermón" sobre los pecados capitales (cs. 217-387), extraña digresión en medio de su 'Querella' de amante.

Don Amor también emplea los recursos típicos del sermón, o de la literatura sapiencial: aparte la amonestación directa, refiere tres cuentos ejemplares (cs. 457-467, 474-485, 528-543), el último de una moralidad impecable, y cita casi cincuenta proverbios. En cuanto a la vieja tercera, cuenta un *enxienplo* en su cortejo de Endrina, y cinco en su debate con la monja Garoza; y en el curso de sus discusiones con el protagonista o con las varias *dueñas*, cita al menos setenta y cinco refranes. Es una persona de mentalidad sumamente didáctica.

De este modo el autor parece crear un ambiente de ambigüedad moral, ya que las verdades que enuncian estos personajes son intachables, como ha indicado Peter Dunn, [56] pero los motivos que los llevan a enunciarlos son en general inmorales.

Desconcertantes también son los comentarios que hace el "yo" (¿autor o protagonista?) como preludios a varios episodios, sobre todo las cs. 71-76, 105-110, 151-160. Cita a autoridades de gran peso en la tradición de la Iglesia, pero en defensa de su búsqueda de un amor tras otro: a Aristóteles en las cs. 71 y 166; a San Pablo (76c y 950a); a Salomón (c. 105); a Ptolomeo y a Platón (c. 124). Y en la misma defensa del amor suele haber notas contradictorias. En la c. 73 el "yo" justifica el amor alegando, con Aristóteles, que todas las criaturas hacen el amor de acuerdo con la naturaleza. Pero luego añade que el hombre, "*de mal seso* todo tienpo *sin mesura*... quiere fazer *esta locura*" (74cd), y "el omne quando *peca*, bien vee que desliza..." (75c), recurriendo inesperadamente al lenguaje del predicador. En las cs. 105-110, aparte el empleo ambiguo de *vanidat*, que hemos señalado ya, defiende su servicio

56 Peter N. Dunn, "Verdad y verdades en el *Libro de buen amor*", *Actas del III Congreso Internacional de Hispanistas*, edición de C. H. Magis, México, 1970, pp. 315-322.

de las damas alegando que hablar mal de ellas sería grosero (c. 108), y que rechazar la compañía que Dios le ha proporcionado es implicar, en efecto, que Dios no sabe lo que hace (c. 109). Luego vuelve al tema de la universalidad del instinto sexual, y la necesidad de juntarse macho y hembra. Pero al final remata la serie de símiles con un ejemplo absurdo, el de las berzas que no pueden vivir sin la noria (111d), nota de comicidad que tiende a desacreditar toda la postura del protagonista. [57]

En las cs. 151-154, el protagonista defiende su obsesión con el amor alegando que es su destino ineludible, olvidándose, al parecer, de lo que acaba de decir acerca de la eficacia de las oraciones y las obras de piedad (cs. 149-150), y empieza a alabar los efectos beneficiosos del amor (cs. 155-157). Al final del catálogo introduce como un beneficio más, y un mérito, la afirmación de que los enamorados no hacen caso de las tachas de la persona amada (cs. 158-159). Pero en las cs. 161-165, esto se convierte en un defecto muy grave, prueba de que el amor es mentiroso y destruye el discernimiento del que ama. Lo cual parece invalidar todo el argumento a favor del amor, y hace ilógica la conducta del protagonista cuando prosigue su carrera amorosa.

También cuando nos habla como autor, y no como protagonista (no olvidemos, sin embargo, que en una obra literaria la "voz del autor" es en cierto modo ficticia, una creación artística), Juan Ruiz yuxtapone contradicciones, las cuales suscitan dudas acerca de la intención didáctica que él mismo acaba de proclamar. El caso más notorio es el "Enpero..." del prólogo: después de justificar su nuevo libro recordándonos la función didáctica del arte y de la literatura, declara que su intención es revelar las artes engañosas de los seductores, para prevenir a hombres y mujeres contra el *loco amor*. Pero admite (1. 73) que para algunos oyentes estas revelaciones servirán, en efecto, como un arte de amar. El problema es real: hasta la Santa Bi-

---

[57] Véase A. D. Deyermond, "Some Aspects of Parody in the *Libro de buen amor*", *LBAS*, pp. 53-78, esp. la p. 68.

blia se puede leer con perversidad. Pero que el autor lo diga así tan descaradamente desconcierta. Es como si no le importara en absoluto que el oyente *non cuerdo* se instruya en el pecado, diga lo que diga después (11. 82-88).

Es más: en una obra poética destinada a ser recitada ante un público de oyentes, ¿cuál es la función de un prólogo en prosa? Su mera existencia plantea cuestiones. Como hemos visto, trata temas fundamentales de la filosofía cristiana que remontan a San Agustín (p. 32). Y adopta la forma de un sermón "universitario", como queda dicho (p. 39), género esencialmente relacionado con la discusión seria de cuestiones teológicas. Y, sin embargo, no se concibe cómo el prólogo de un poema puede ser literalmente un sermón erudito: forzosamente, tiene que ser una parodia, y los oyentes lo habían de reconocer como tal. Se crea así una tensión de ambigüedad entre el contenido serio y la forma paródica.

Cuando el autor se dirige a su público por última vez, en las cs. 1626-34, no se abstiene tampoco de crear ambigüedad, sobre todo en las cs. 1627-28: al parecer, sólo los que tienen una vida sexual insatisfactoria van a querer aceptar la lección moral del *Libro* y dedicarse al servicio de Dios. Punzante ironía que aun hoy choca las sensibilidades. ¿Quiere insinuar el autor que la religión no es más que un recurso psicológico que adoptan algunos para compensar su incapacidad para gozar la vida del mundo? O ¿es una manera irónica de decir que el mundo está lleno de hipócritas que sólo adoptan una postura religiosa para ocultar su conciencia de haber fracasado en la vida?

Luego vuelve a recordarnos que el tema del *Libro* es *buen amor* —pero sólo para elaborar un juego de palabras: puesto que es un libro de "buen amor", no se debe vender ni alquilar, sino poner en circulación *gratis* (c. 1630). Y repite las insinuaciones de las cs. 64-70 y 986 acerca del mensaje escondido de la obra, sin precisar dónde lo hemos de localizar (cs. 1631-32).

También crea ambigüedad una serie de anomalías en el curso de la "historia" del Arcipreste. Si bien en algún caso podría tratarse de un descuido de parte del autor, o deberse a su poca preocupación por la corrección de los detalles, en general hemos de atribuirlas a una especie de principio dirigente en toda la obra, que refleja el deseo del autor de "subrayar la oposición de lo aparente y lo real en cualquier momento de nuestra vida" (Joset, edición, p. xxvii). Un episodio, un personaje, una discusión, resultan ser algo distintos de lo que las primeras impresiones nos llevan a esperar.

Esto ocurre con más frecuencia en la primera mitad de la obra, precisamente porque superficialmente la estructura es más coherente y más lógica. Da la impresión de ser el aprendizaje amoroso del Arcipreste, quien, después de tres fracasos, se queja ante el maestro, oye una lección en el arte de cortejar, y vuelve al juego, esta vez con buenos resultados. Pero examinado más de cerca, el conjunto revela una serie de discrepancias entre la función aparente de un pasaje y su carácter real que sólo podemos indicar someramente aquí.

Las cs. 112-122 describen el segundo fracaso del protagonista, debido a su falta de discernimiento en la selección tanto de la amada como del medianero. Así en la superficie: en realidad, consiste en una canción burlona, cuya gracia reside en el juego de equívocos obscenos y sacrílegos. El breve marco narrativo elabora más el juego, amontonando alusiones sacrílegas (*cruiziar, echar el clavo, omillarse ante la Cruz*...), y da la impresión de que la canción es el núcleo, compuesta con fines muy distintos del de trazar la carrera del protagonista.

Las cs. 180-423 plantean otro problema. Es lógico que el amante frustrado increpe al amor por haberle causado tanto sufrimiento, y que luego el dios del amor le explique cómo evitar más fracasos. Pero no es lógico en el contexto de un *art d'aimer* que la queja del amante ocupe unas 240 cuartetas y la respuesta del dios sólo 150. Menos lógico aún es que el amante dedique las dos terceras partes de su diatriba a un sermón que atribuye al amor todos los pecados. Aparte un leve reproche por el tono sañudo, don Amor no alude siquiera al contenido de la diatriba, sino que va directamente al grano, a la lección sobre la técnica del cortejo. Pues si lo importante es la lección de don Amor, ¿por qué la presencia del "sermón"?, y ¿por qué se concede tanto espacio? Si lo esencial es el "sermón", ¿por qué se le concede al dios el derecho de contestar, y de desdeñar el contenido del sermón? Y ¿por qué prosigue el Arcipreste su carrera como si nada se hubiera dicho acerca de pecados? Al mismo tiempo, al terminar su lección y despedirse don Amor, ¿por qué es la reacción del Arcipreste tan escéptica (cs. 575-578)? Y ¿por qué comenta en 576*cd* que viene siguiendo los consejos de don Amor desde siempre, aunque sin éxito? Parece insinuar que este arte de amor ovidiano no le va a servir para nada.

En la aplicación práctica que sigue a esta exposición teórica, sin embargo, ¿no tiene éxito por fin el escéptico Arcipreste? Pues en realidad ¿qué ocurre? En primer lugar, ésta resulta no ser la *vita nova* del Arcipreste que las cs. 576-580 nos inducen a suponer, sino que el protagonista se metamorfosea en un tal don Melón de la Huerta, y va haciéndose evidente que se trata de una versión del *Pamphilus*. Y este Pamphilus/Melón no busca un amorío del tipo deseado por el Arcipreste, y para el cual ha sido elaborado el método de don Amor, sino que quiere casarse. La amada, doña Endrina, es más noble y más rica que él, y la descripción de ella (c. 581) no corresponde con la mujer fácil y sensual descrita por don Amor (cs. 431-449), sino con las *dueñas* anteriores (cfr. la c. 169).

El protagonista no sigue tampoco el método prescrito por don Amor, sino muy vagamente. Después del primer encuentro con Endrina, contrata a una tercera (la Vieja del *Pamphilus*), quien dirige toda la operación. Deja de ser cuestión de si el amante es capaz de seducir a la muchacha con sus encantos y habilidades: la seducción —mejor dicho, la violación— se efectúa gracias a una estratagema urdida por la Vieja que tiene muy poco que ver con el método ovidiano. Y el matrimonio se ofrece como el único proceder que puede salvar la honra de la desilusionada joven. Pero en su epílogo (cs. 892-909), el autor

no celebra este matrimonio como el esperado triunfo del
método, ni tampoco proclama, como Shakespeare, que
"All's well that ends well", sino que invita a las *dueñas*
a escarmentarse con el triste ejemplo de doña Endrina. [58]

En la segunda parte del *Libro*, el amor más importante
—y más ambiguo— del Arcipreste es el de la monja Ga-
roza (cs. 1331-1507). Hasta la estructura, la de un de-
bate en que la monja y la tercera cambian cuentos ejem-
plares, debate que ocupa las tres partes de la narración,
nos hace dudar si el elemento más importante es el marco
(la historia de la monja) o los cuentos. Y es de notar que
las dos mujeres pasan más tiempo discutiendo las relacio-
nes entre ellas que pesando los méritos y las desventajas
de un amorío entre Garoza y el Arcipreste.

La ambigüedad de doña Garoza es un reflejo de la ima-
gen ambigua que tiene la monja en la literatura medie-
val: ya nos lo deben sugerir las actitudes contradictorias
expresadas en las cs. 1255-58, y los comentarios no me-
nos contradictorios de Trotaconventos cuando habla de la
vida religiosa con el Arcipreste (cs. 1333-42) y con Garo-
za (cs. 1392-98). Según la tradición que se estudie, las
monjas son peritas en cosas de amor, conocedoras de Ovi-
dio (*Concilio de Remiremont,* poema latín del siglo XIII);
son lascivas e ingeniosas en los amoríos (los *fabliaux,* el
Decamerón de Boccaccio, etc.); se quejan de estar con-
denadas a la desagradable vida del convento y privadas
del amor (la tradición de la monja "pesarosa" aludida por
la señora de Malkiel); [59] son peligrosísimas en el amor:
inmorales, traidoras, avariciosas, destructoras del hombre
(Andreas Capellanus en su *De Amore,* el *Roman de la
Rose,* el *Arcipreste de Talavera, Lo Spill,* de Jacme Roig,
etcétera). [60]

---

[58] Cfr. pp. 35 y 52 arriba. No es imposible que la misma
ambigüedad que encontraba Graciano en el *corpus canonum* acerca
del matrimonio de un *raptor* con su *rapta* haya sido uno de los
motivos que indujeron a Juan Ruiz a presentar la "causa" de
doña Endrina y don Melón de esta manera.

[59] María Rosa Lida de Malkiel, "Nuevas notas...", pp. 65-66.

[60] Véase G. B. Gybbon-Monypenny, "¿'Ove nuevos cuidados'?

¿Qué motivo habrá tenido Garoza para emplear a una alcahueta (cs. 1344-45), si es "buena dueña" y de "buena vida" (1347*ab*)? El comentario parentético de la c. 1399 insinúa que ella está dispuesta a recibir un *entendedor*, y ella es quien pide un informe "fisonómico" sobre el Arcipreste (c. 1484); y se enamora de él al primer encuentro (cs. 1499-1502). Y, sin embargo, se nos dice que las relaciones entre estos amantes se limitan a la participación en deberes religiosos; de "locura del mundo", nada (cs. 1503-04). Pero de estos elogios de la conducta de Garoza al final, Juan Ruiz salta a una generalización sobre las monjas de efecto despreciativo: sólo valen para amores "beatos"; en el amor "del mundo" (físico) son muy malvadas. Finalmente, la reacción del Arcipreste a la muerte de Garoza es ambivalente: por una parte, sale libre de preocupaciones (1506*b*); por otra, el quebranto le impide componer una endecha adecuada (1507*ab*).

Finalmente, otra forma de ambigüedad es la creada por la presentación de temas serios y moralmente intachables en un contexto que parece desacreditarlos. Ya hemos hablado del "sermón" sobre los pecados capitales, pronunciado por el protagonista en medio de su "querella" de amante frustrado. En la segunda parte del *Libro* hay dos casos más. Al decirnos que el mañoso don Carnal intenta confesarse por escrito (cs. 1128-30), el autor introduce una digresión de treinta cuartetas sobre la penitencia y la cuestión de los pecados reservados. El tema es serio, y la discusión revela que Juan Ruiz está enterado sobre la cuestión. Pero el carácter paródico y humorístico del contexto ha llevado a varios críticos a deducir que la digresión es también una *burla*. [61] Más problemática aún es la larga digresión sobre la muerte (cs. 1520-67). El tema no puede ser más serio, y varios eruditos han creído sentir

¿'Ove menos cuidados'? Un problema textual y literario del *Libro de buen amor* (v. 1506*b*)", en *Homenaje a José Manuel Blecua*, Madrid, Gredos, 1983, pp. 295-305.

[61] Para su contenido serio, véase Rita Hamilton, "The Digression on Confession in the *Libro de buen amor*", *LBAS*, pp. 149-157.

en el pasaje el estallido de la angustia personal del autor. Pero el contexto elegido para su introducción es la apoteosis, si no del todo paródica, al menos muy equívoca, de la vieja Urraca. [62]

A todos los niveles de la comunicación, pues, desde la palabra individual hasta la estructura de la obra entera, Juan Ruiz infunde ambigüedades en el *Libro*. Es un aspecto fundamental de su concepto de la creación literaria. Es arriesgado, por lo tanto —hasta puede ser impertinente—, hablar de la intención, o las intenciones, del autor. En contraste con su gran coetáneo don Juan Manuel, en cuyas obras la intención didáctica está siempre muy clara (para nosotros puede resultar dudosa la moralidad básica del magnate, pero no su deseo de enseñarla), Juan Ruiz emplea con ironía hasta los mismos procedimientos didácticos, como hemos visto.

En cambio, no creo que se encuentre en el texto nada que desdiga la afirmación de Joset de que "las bases ideológicas del Arcipreste fueron muy firmes" (p. xxix). No hay el menor indicio de ideas heterodoxas, ni tampoco de una actitud rebelde hacia la doctrina de la Iglesia sobre la moralidad sexual, la cual se expone sin rodeos ni ironías en las cs. 217-372 y 1579-1605. Y los Gozos y Loores de Santa María, y las Pasiones de Nuestro Señor expresan una devoción sencilla y conformista, sin la menor sospecha de ironía ni escepticismo.

No debe haber sido el propósito de Juan Ruiz enseñar la doctrina de la Iglesia sobre el amor: la sabía muy bien el público de clérigos en que pensaba al escribir. Pero ellos también serían los que conocían la literatura erótica de donde Juan Ruiz toma su tema y su materia principales. Para esa literatura en especial reserva sus ironías y ambigüedades; implícitamente, también, para los que la cultivan. No discute directamente la literatura erótica, aunque sus alusiones a Ovidio y a Pánfilo, en las cs. 429, 446, 574 (en la versión del Ms. *G*), 612, 698, 891, constituyen un buen aviso para los espabilados. Y la demostración de la

[62] Véase la nota a las cs. 1520-68.

polisemia del signo (cs. 44-70) puede entenderse como una declaración de que hasta la literatura erótica puede guardar, para el que la estudie con todo el "entendimiento, voluntad e memoria" propio del *cuerdo*, verdades ni sospechadas, tal vez, por los mismos autores.

EL TEXTO

a) *Las relaciones entre los manuscritos* [63]

Es evidente que los manuscritos *G* y *T* representan una versión del texto del *Libro del buen amor* frente a otra, representada por el Ms. *S*. Los editores de las ediciones críticas recientes (Chiarini, Corominas, Joset, y también Alberto Blecua) [64] siguieron el método de crítica textual neo-lachmanniano, el cual los llevó a la conclusión de que ambas versiones se derivan de un solo Ms. arquetipo, que ya contenía errores y por lo tanto no sería el autógrafo del autor. [65] Éste no habría sido responsable de las dos versiones; las diferencias se deberían a la intervención, intencional o accidental, de los copistas.

Esta interpretación de los hechos les permitía enmendar el texto en contra del testimonio de ambas versiones (es decir, de *S* más *GT*, de *S* más *G*, o de *S* más *T*), cuando les pareciese oportuno, atribuyendo a los copistas cualquier lección que no les pareciese bien. Además, teniendo los dos ramos, *GT* y *S*, valor estemático igual, la selección entre las variantes se basa no tanto sobre una declarada preferencia de un Ms. a otro como sobre la aplicación de

[63] Para la descripción de los tres manuscritos principales, véase la Noticia Bibliográfica (pp. 79-80).

[64] Para los detalles de estas ediciones, véase la Noticia Bibliográfica.

[65] El método de crítica textual neo-lachmanniano ha sido descrito recientemente por Oreste Macrí, *Ensayo de métrica sintagmática (Ejemplos del 'Libro de buen amor' y del 'Laberinto' de Juan de Mena)*, Madrid, Gredos, 1969, Cap. I, y por Alberto Blecua, *Manual de crítica textual*, Madrid, Castalia, 1983.

principios como la *lectio difficilior* (al apartarse de su modelo, adrede e inconscientemente, los copistas tenderán siempre a trivializar) y el *usus scribendi* (las normas lingüísticas y estilísticas del autor). En cuanto a éste, sin embargo, la mayor antigüedad del Ms. *G*, más sus rasgos dialectales, que cuadran con los de Castilla la Nueva, supuesta patria del autor, y su tendencia hacia un lenguaje más popular, indujeron a los editores a preferir este Ms. sobre *S* en muchos casos.

El objeto, como lo expresa Joset, es "que el propio texto del *Libro de buen amor* sea restituido lo más aproximadamente posible al que nos dejó finalmente Juan Ruiz." (p. xliii). Pero esto presupone que el autor quiso dejar —y dejó— "finalmente" una versión definitiva de su obra, la versión "autorizada" e inalterable. A diferencia, sin embargo, de su coetáneo don Juan Manuel, quien avisa al lector en su Prólogo General que en caso de encontrar "alguna razón mal dicha", no le eche la culpa a don Juan Manuel antes de comprobar la lección en el "volumen" autorizado que contiene todas sus obras,[66] Juan Ruiz hasta entretiene tranquilamente la posibilidad de que otros poetas introduzcan, en el *Libro,* adiciones y enmiendas (c. 1629). Si bien ésta puede no ser sino la salida humorística e irónica de un autor consciente de su propio genio, como hemos dicho arriba, sugiere al menos que él no veía al *Libro* como un texto "cerrado", ofrecido al público en una versión definitiva. Es más: si yo he tenido razón al postular (p. 29) que el *Libro* evolucionó a través de varias versiones provisionales y que hubo una serie de lecturas públicas por el mismo autor durante ese proceso de elaboración, entonces es muy probable que él mismo haya guardado más de una versión de muchas secciones de la obra, y que los dos ramos de la tradición manuscrita conserven variantes debidas al autor, no gracias a su revisión estudiada de la obra entera, sino a la falta de atención con que hubiese juntado los papeles sueltos para hacer una

---

[66] Don Juan Manuel, *Obras completas*, ed. José Manuel Blecua, Madrid, Gredos, 1982-1983, t. I, pp. 32-33.

copia de la obra, al pedírsela alguna persona interesada, o
por el motivo que fuese.

En tal caso, el Ms. *S* representaría una versión del *Libro* más completa, y al parecer, algo posterior; pero no
necesariamente revisada verso por verso. De todas formas,
es la última versión que ha sobrevivido, y, lógicamente,
tiene más posibilidad de ofrecer las variantes que el autor
escogería para una versión "definitiva", si la hubiera de
preparar.

No hay que exagerar las diferencias. Unas 1.030 cuartetas de *cuaderna vía* (sobre 1.609 en total) están atestiguadas en ambas versiones. De éstas, 30 (3 por 100) son idénticas, aparte las variaciones ortográficas; unas 160 (15 por
100) tienen diferencias insignificantes; en 46 casos más
(4,5 por 100), es obvio que se derivan del mismo modelo.
Estas cuartetas efectivamente idénticas se distribuyen por
todas partes de la obra. En muchos casos más, hay cuartetas de uno, dos, o tres versos idénticos. Teniendo en cuenta
el enorme número de errores cometidos por los copistas,
debemos concluir que gran parte del tiempo ambas versiones remontan al mismo modelo.

Pero también hay muchos casos donde la decisión de si
son variantes del autor o errores de los copistas depende
más de la preferencia del editor que de hechos comprobables. Ni es posible negar la existencia de variantes del
autor, ni demostrar con seguridad que existen, ni en qué
versos ocurren. Por lo tanto, mientras que en muchos casos el método neo-lachmanniano parece dar buenos resultados —en la eliminación de *lectiones singulares* (por ejemplo, una lección de *T* no puede preferirse a una lección
común a *S* y *G*), y en la elección entre dos lecciones de
igual valor estemático— su aplicación demasiado rígida
(sobre todo del concepto de los errores del supuesto arquetipo) corre el peligro de crear un texto híbrido con excesiva intervención editorial.

He preferido, pues, volver al método "bedierista": elegir un manuscrito de base, y apartarme de sus lecciones
lo menos posible. Es el sistema recomendado por Lecoy,
tras su meticuloso análisis de "La Tradition du Texte"

(*Recherches...*, pp. 37-49). De este análisis (nunca des-
acreditado, que yo sepa, por la crítica posterior) se des-
prende que "toute édition du *Libro de buen amor* doit
être basée sur le manuscrit *S*" (p. 49). Para resumir las
razones:

(*a*) Es con mucho el Ms. más completo: sólo faltan
10 hojas de las 115 originales (*G* tiene 86 hojas, *T* 36).

(*b*) Representa, como hemos dicho, una versión más
extensa, y probablemente posterior a la de *G* y *T*.

(*c*) Según demuestra Lecoy, es con mucho el Ms. más
fidedigno en cuanto a la proporción de versos libres de
errores evidentes.

Tienen sus aspectos negativos, como se reconoce gene-
ralmente:

(*a*) Es más moderno que *G* y *T*, con una diferencia
de unos treinta años, al parecer.

(*b*) Tiene evidentes leonesismos atribuibles al copista,
mientras que *G* está escrito en el dialecto de Castilla la
Nueva, presunto dialecto del autor.

(*c*) Frente a la tendencia hacia el empleo de formas
populares evidente en *G, S* parece mostrar una preferen-
cia por formas cultas, más conformes con el gusto del si-
glo xv, y también ofrece versiones de varios versos que
parecen más pedantes y más prosaicas que las que ofrece *G*.

Pero no es cierto ni que toda preferencia por la forma
culta se deba atribuir al copista de *S*, ni que toda forma
arcaica o popular provenga del autor. En *S* encontramos
arcaísmos que contrastan con formas más modernas o más
cultas en *G*. Si por una parte *G* nos da *mintroso* frente a
mentiroso (417*b*, 1505*d*, etc.), *deprender* por *aprender*
(430*b*), *estodieron* y *estido* por *estovieron* y *estovo* (1098*a*,
1325*a*), *cuntir* por *contesçer* (1391*d*), *amos* por *ambos*
(1480*d*, etc.), también nos da *desçendió* por *diçió* en *S*
(42*c*), *signos* por *señas* (49*d*, etc.), *fazer* por *fer* (498*a*),
ensañarse por *asañarse* (908*c*, 1070*d*). En ambos Mss. hay

vacilación entre formas populares y formas más cultas, y cabe suponer que esta vacilación se deriva en parte del propio autor, quien buscaría la forma que más le convenía para el contexto individual.

A veces también *G* regulariza o banaliza: *conejo* por *gaçapo* (965*d*), *conpañero* por *conpañón* (970*f*), *fritos* por *friscos* (1085*c*), *lidiar* por *afrae* (1092 *c*). Pero aquí también cabe la sospecha de que ambas versiones se deban al mismo autor, quien habría variado su texto (tal vez sin darse cuenta) en distintas lecturas de la obra ante los amigos, creando así variantes que luego se hubieran de incorporar en distintas compilaciones del conjunto de la obra.

A pesar de sus inconvenientes, pues, resulta más satisfactorio en general tomar *S* como el Ms. de base.

b) Versificación: la 'cuaderna vía' de Juan Ruiz

En general, los críticos y los editores del *Libro de buen amor* están de acuerdo al admitir que la *cuaderna vía* de Juan Ruiz es mucho menos regular que la de Gonzalo de Berceo, que constituye el dechado de este metro.[67] Juan Ruiz compone versos híbridos (combinando hemistiquios de siete sílabas con hemistiquios de ocho); cuartetas híbridas (versos de 14 y de 16 sílabas mezclados); y pasajes de cuartetas octosilábicas alternando con pasajes de cuartetas heptasilábicas. Pero los editores suelen enmendar los versos híbridos, si ven la manera de hacerlo sin alterar el texto demasiado violentamente. Dan por sentado que cualquier desviación de las normas de la regularidad silá-

---

[67] Sobre la versificación de la *cuaderna vía* de Juan Ruiz, véanse Lecoy, *Recherches...*, cap. II; H. H. Arnold, "The Octosyllabic *cuaderna vía* of Juan Ruiz", *HR*, VIII (1940), pp. 125-137; Joan Corominas, Prólogo a su edición, pp. 38-63; Oreste Macrí, *Ensayo de sintagmática...*, cap. II; K. W. J. Adams, "Rhythmic Flexibility in the *Libro de buen amor*: a Linguistic Orientation with Particular Reference to Heptasyllabic Hemistichs", *Neophil.*, LIV (1970), páginas 369-380.

bica constituye un defecto, y que tal defecto no debe atri-
buirse al autor.

Los copistas parecen muchas veces insensibles al ritmo
del verso. Esto se revela sobre todo cuando dos Mss. dan
las mismas palabras en un verso, pero en orden diferente.
Y sin duda estropean muchos versos alterando la forma
de una palabra, o sustituyendo otra. Pero también hay mu-
chos casos donde el verso suena bien, aun si no respeta
cien por cien las normas métricas, donde apocopar una
forma llena, por ejemplo, no mejora el verso sino visual-
mente. Me parece que a veces Juan Ruiz se dejaba guiar
por el oído, por el ritmo del verso, a costa de la cuenta
exacta de las sílabas. Hasta de la cesura normal. Hay
versos defectuosos según la escansión "correcta", pero que
resultan tener el buen número de sílabas si se leen con
la cesura desplazada (dando un verso de 6 + 8, ó 7 + 9,
ó 10 + 6 sílabas, etc.), y en algún caso, sin cesura. [68]

Por lo tanto, en la enmienda de versos por razones pu-
ramente métricas, hay que andar con pies de plomo. Sólo
en los casos en que un verso es tan defectuoso que resulta
imposible creer que el autor lo quería así, y en que se
presenta una enmienda más o menos obvia, merece la
pena intentar sanarlo.

G. B. GYBBON-MONYPENNY

---

[68] Remito al lector al texto, llamándole la atención sobre los
siguientes ejemplos: *(a)* versos de 6+8 sílabas: 311*c*, 313*b*, 648*d*,
1270*d*; *(b)* 4+10 sílabas: 560*b* (en G); *(c)* 7+9 sílabas: 361*d*
en S (en G el orden está cambiado y da un ritmo bastante peor);
(d) 9+7 sílabas: 881*a* en *S*; en G parece ser de 10+6; *(e)* sin
cesura: 176*a*, 565*a*.

NOTICIA BIBLIOGRÁFICA

MANUSCRITOS

1. Ms. de Salamanca *(S)*: Biblioteca de la Universidad Antigua de Salamanca. Ms. núm. 2663. Un tomo, de 105 folios actualmente, de papel (278×205 mm.), encuadernación moderna. Letra de principios del s. xv. Escrita en tinta negra, con un calderón en tinta roja al principio de cada estrofa, títulos de las distintas secciones en tinta roja, numeración de los folios en tinta roja también, todo de la mano del copista. Por esta numeración se ve que faltan 10 folios. Después de la última estrofa (la actual 1709) una apostilla del copista, que identifica al autor como el "arçipreste de hita", y firma Alffon*sus* parati-nen[sis] (véase la p. 467 de esta edición).

2. Ms. de Gayoso *(G)*: Perteneció al bibliófilo del s. xviii D. Benito Martínez Gayoso, después al paleógrafo y calígrafo D. Francisco Xavier de Santiago Palomares, el cual lo regaló en 1787 a D. Tomás Antonio Sánchez, editor de la *Colección de Poesías Castellanas anteriores al Siglo XV* (Madrid 1779-90). Actualmente pertenece a la Real Academia Española. Un tomo, de 87 folios, mal ordenados y con grandes lagunas, de papel (220×150 mm.), encuadernación moderna. En la apostilla final del copista, después de la actual c. 1728, se dice que el libro fue acabado el jueves 23 de julio de 1389 (véase la p. 471). La letra es de finales del s. xiv. En algunas páginas hay intervención de una segunda mano.

3. Ms. de Toledo *(T)*: Perteneció a la Biblioteca de la Catedral de Toledo, donde lo catalogó en 1727 el P. Martín

79

Sarmiento. Después pasó a la Biblioteca Nacional (signatura Vª-6-1). Un tomo, de 48 folios actualmente, de los cuales 36 dan el texto del *Libro de buen amor*. En el *verso* del f. 37 empieza una obra en prosa, *La visión de Filiberto*. Papel (250×155 mm.). Por la numeración original se calcula que el texto del *Libro* ocupaba 126 folios. Letra de fines del s. XIV, de una sola mano. Lleva varias correcciones a mano, hechas al parecer en el año 1463 (el corrector, en una nota al lado de la c. 1634, dice que "son cxxxiiiiº años").

4. *Fragmentos*: se conservan varios trozos fragmentarios; los publican Criado de Val y Naylor (véase más abajo, "Ediciones"). El más importante es el llamado de Porto *(P)*, dos folios de una versión portuguesa del *Libro de buen amor*, que dan las cs. 60-78 (omitiendo la c. 75), 100-103, 105-110 y 123-130. Letra de fines del s. XIV.

FACSÍMILES

Edición facsímil del códice de Salamanca, Ms. 2663, ed. César Real de la Riva, 2 tomos (el t. II es una transcripción), Madrid, EDILÁN, 1975.

Edición facsímil del ms. Gayoso (1389) propiedad de la Real Academia Española, Madrid, Real Academia Española, 1974.

Edición facsímil del ms. de Toledo: es el t. I de *Libro de buen amor*, ed. M. Criado de Val y Eric W. Naylor, 3 tomos, Madrid, Espasa-Calpe, 1977.

EDICIONES PALEOGRÁFICAS

Libro de buen amor, ed. Jean Ducamin, Toulouse, Edouard Privat, 1901.

Libro de buen amor, ed. crítica por M. Criado de Val y Eric W. Naylor. Madrid, CSIC, 1965. En realidad no es una edición 'crítica', sino una transcripción de los tres mss. presentada en forma sinóptica. Después se dan transcripciones de todos los fragmentos conocidos.

EDICIONES CRÍTICAS

Libro de buen amor, ed. Giorgio Chiarini, Milano-Napoli, Riccardo Ricciardi, 1964.

Libro de buen amor, ed. Joan Corominas, Madrid, Gredos, 1967.

Libro de buen amor, ed. Jacques Joset, Madrid, Clásicos Castellanos (núms. 14 y 17), 1974. Reemplaza la vieja edición de Julio Cejador.

OTRAS EDICIONES

Libro de buen amor, selección, con estudio y notas. Ed. María Rosa Lida, Buenos Aires, 1941. Reeditada en *Selección del "Libro de buen amor" y estudios críticos* (por María Rosa Lida de Malkiel), Buenos Aires, Eudeba, 1973.

Libro de buen amor, edición y versión moderna por Lidia Pons Griera y Joaquín Rafel Fontanals, Barcelona, Bruguera, 1971; 2.ª ed., 1974. Reeditada en Colección Aubí, Barcelona, 1976.

Libro de buen amor, ed. con versión en prosa inglesa por Raymond S. Willis, Princeton, University Press, 1972.

Libro de buen amor, ed. crítica y artística por M. Criado de Val y Eric W. Naylor, Madrid, Aguilar, 1976.

Libro de buen amor, ed. Alberto Blecua, Barcelona, Planeta, 1983.

VERSIONES MODERNAS

Libro de buen amor, texto íntegro en versión de María Brey Mariño, Valencia, Castalia ("Odres Nuevos"), 1954; 5.ª ed. revisada, 1966.

Libro de buen amor, edición modernizada, estudio y notas por Nicasio Salvador Miguel, Madrid, EMESA, 1972.

BIBLIOGRAFÍA SELECTA

CONCORDANCIAS

Libro de buen amor: Glosario de la edición crítica, por M. Criado de Val, Eric W. Naylor y Jorge García Antezana, Barcelona, SERESA, 1973.

A Concordance to Juan Ruiz, Libro de buen amor, ed. por Rigo Mignani, Mario A. Di Cesare y George F. Jones, Albany, State University of New York Press, 1977.

GLOSARIOS

Aguado, José M.ª, *Glosario sobre Juan Ruiz,* Madrid, Espasa-Calpe, 1929.

Richardson, H. B., *Etymological Vocabulary to the "Libro de buen amor",* New Haven and London, Yale University Press, 1930. Nueva impresión, New York, AMS Press, 1973.

BIBLIOGRAFÍAS

José Simón Díaz, *Bibliografía de la literatura hispánica,* 2.ª ed., tomo III.1, Madrid, CSIC, 1963.

Mignani, Rigo, "Bibliografía compendiaria sul *Libro de buen amor",* CN XXV (1965), pp. 62-90.

Gybbon-Monypenny, G. B., "Estado actual de los estudios sobre el *Libro de buen amor",* AEM III (1966), pp. 575-605.

Gybbon-Monypenny, G. B., Eric W. Naylor y Alan D. Deyermond, "Bibliografía del *Libro de buen amor* a partir de 1965", en *Actas del I Congreso Internacional* (véase abajo), 1973, pp. 497-503.

Alan D. Deyermond, "Supplementary Bibliography", en Lecoy, *Recherches...* (véase abajo), 1974, pp. xxvii-xxxvii.

Naylor, Eric. W., G. B. Gybbon-Monypenny y Alan D. Deyermond, "Bibliography of the *Libro de buen amor* since 1973", en *La Corónica*, VII.2 (1979), pp. 123-135.

COLECCIONES DE ESTUDIOS

El Arcipreste de Hita: El libro, el autor, la tierra, la época. Actas del I Congreso Internacional sobre el Arcipreste de Hita, dirección M. Criado de Val. Barcelona, SERESA, 1973. = *Actas I Congreso*.

"Libro de buen amor" Studies, ed. G. B. Gybbon-Monypenny, London, Tamesis, 1970. = *LBAS*.

ESTUDIOS INDIVIDUALES

a) *El autor y la época*

Actas I Congreso, Secciones "El autor", "La tierra", "La época", pp. 325-494.

Criado de Val, Manuel, *Historia de Hita y su Arcipreste: Vida y muerte de una villa mozárabe*, Madrid, Ed. Nacional, 1976.

Criado de Val, Manuel, *Teoría en Castilla la Nueva: La dualidad castellana en los orígenes del español*, Madrid, Gredos, 1960, 2.ª ed. ampliada, 1969.

Hernández, Francisco J., "The Venerable Juan Ruiz, Archpriest of Hita", *La Corónica*, XIII.1 (1984), pp. 10-22.

Kelly, Henry A., *Canon Law and the Archpriest of Hita*, Binghamton, New York, Center for Medieval and Early Renaissance Studies, 1984.

Sáez, Emilio, "Juan Ruiz de Cisneros, autor del *Buen Amor*", *ABC*, ed. semanal, XXIV (núm. 1.238), 20 de septiembre de 1973. Véase también Emilio Sáez y José Trenchs, "Juan Ruiz de Cisneros (1295/1296-1351/1352), autor del *Buen Amor*", *Actas I Congreso*, 1973, pp. 365-368.

Moxó, Salvador de, "La sociedad en la Alcarria durante la época del Arcipreste", *BAH*, 171 (1974), pp. 200-265.

b) *El texto*

Ayerbe Chaux, Reinaldo, "La investigación del texto del *Libro de buen amor*", *Thesaurus (BICC)*, XXVI (1971), pp. 28-83.

Blecua, Alberto, *Manual de crítica textual*, Madrid, Castalia, 1983. (Los ejemplos se toman en gran parte del *Libro de buen amor*).

Gybbon-Monypenny, G. B., "The text of the *Libro de buen amor*: recent editions and their critics", *BHS*, XLIX (1972), pp. 217-235.

Lecoy, Félix, *Recherches sur le "Libro de buen amor"*, París, E. Droz, 1938. Reimpresión fotográfica con prólogo en inglés por Alan D. Deyermond, Farnborough, Gregg International, 1974. Véase el cap. I.

Macrí, Oreste, *Ensayo de métrica sintagmática (ejemplos del "Libro de buen amor" y del "Laberinto" de Juan de Mena)*, Madrid, Gredos, 1969. Véase la 1.ª parte.

Menéndez Pidal, Ramón, reseña a la edición de Jean Ducamin, *Romania*, XX (1901), pp. 434-440.

Morreale, Margherita, "Más apuntes para un comentario literal del *Libro de buen amor*, con otras observaciones al margen de la reciente edición de G. Chiarini", *BRAE*, XLVII (1967) y XLVIII (1968), pp. 213-482. (Sigo esta paginación en las notas).

——, "Más apuntes para un comentario literal del *Libro de buen amor*, sugeridas por la edición de Joan Corominas", *HR*, XXXVII (1969), pp. 131-163, y XXXIX (1971), páginas 271-313.

——, "Sobre la reciente edición del *Libro de buen amor* por J. Joset para Clásicos Castellanos", *Thesaurus* (BICC), XXXIV (1979), pp. 1-44.

Vàrvaro, Alberto, "Lo stato originale del *MS G* del *Libro de buen amor* di Juan Ruiz", *RPh*, XXIII (1969-70), pp. 549-556.

——, "Nuovi Studi sul *Libro de buen amor*, I: Problemi Testuali", *RPh*, XXII (1968-69), pp. 135-157.

c) *Lingüística*

Aguado, J. M., *Glosario...* (véase bajo GLOSARIOS), pp. 30-91.

Chiarini, G., edición (véase bajo EDICIONES), pp. xxxi-xxxvii.

Lecoy, F., *Recherches...* (véase bajo *El texto*), cap. IV, "La Langue".

Morreale, Margherita, "Apuntes para un comentario literal del *Libro de buen amor*", *BRAE*, XLIII (1963), pp. 249-371. (Véanse también la serie de estudios bajo *El texto*).

——, "Esquema para el estudio de la comparación en el *Libro de buen amor*", en *Studies in Honour of Tatiana Fotitch*, ed. Josep Sola-Solé, A. S. Crisafulli and S. A. Schulz, Washington D.C., Catholic Univ. of America Press, 1973, páginas 279-301.

——, "Glosario parcial del *Libro de buen amor*: palabras relacionadas por su posición en el verso", *Homenaje. Estudios de filología e historia literaria... Universidad Estatal de Utrecht*, La Haya, 1966, pp. 391-448.

Muñoz Garrigos, José, "El manuscrito *T* del *Libro de buen amor*", *Anales Univ. Murcia*, XXXV.1-4 (1976-77, ed. 1978), pp. 147-225.

d) *Métrica*

Adams, Kenneth W. J., "Juan Ruiz's Manipulation of Rhyme: Some Linguistic and Stylistic Consequences", en *LBAS*, pp. 1-28.

——, "Rhythmic Flexibility in the *Libro de buen amor*: A Linguistic Orientation with Particular Reference to Heptasyllabic Hemistichs", *Neophil.*, 54 (1970), pp. 369-80.

Aguado, J. M., *Glosario...*, pp. 93-175.

Arnold, H. H., "Juan Ruiz's Octosyllabic *cuaderna vía*", *HR*, VIII (1940), pp. 125-38.

Chiarini, G., edición, "Introduzione", pp. xxxviii-liii.

Corominas, J., edición, "Prólogo", pp. 39-68.

Hanssen, F., Los metros de los cantares de Juan Ruiz", *AUC*, CX (1902).

Lecoy, F., *Recherches...*, cap. II, "La versification: la *cuaderna vía*", y cap. III, "La versification: les formes lyriques".

Le Gentil, Pierre, *La poésie lyrique espagnole et portugaise à la fin du moyen âge*, 2 tomos, Rennes, Plihon, 1949-53. Véase el t. II.

Macrí, O., *Ensayo de métrica sintagmática...*, 2.ª parte.

McMillan, D., "Juan Ruiz's Use of the *estribote*", en *Hispanic Studies in Honour of I. González Llubera*, Oxford, Dolphin, 1959, pp. 183-192.

e) *Fuentes e influencias*

Alvarez, Nicolás E., "El recibimiento y la tienda de don Amor en el *Libro de buen amor* a la luz del *Libro de Alexandre*", *BHS*, LIII (1976), pp. 1-14.

Beltrán, Luis, *Razones de buen amor: oposiciones y convergencias en el libro del Arcipreste de Hita*, Valencia, Fundación Juan March/Castalia, 1977.

Bueno, Julián L., *La sotana de Juan Ruiz: Elementos eclesiásticos en el "Libro de buen amor"*, York, S. C., Spanish Literature Publications Co., 1983.

Castro, Américo, *La realidad histórica de España*, México, Porrúa, 1954, 2.ª ed., 1962. (Véase el cap. XIII).

Clarke, Dorothy C., "Juan Ruiz and Andreas Capellanus", *HR*, 40 (1972), pp. 390-411.

Chapman, Janet A., "Juan Ruiz's 'Learned Sermon'", *LBAS*, pp. 29-51.

Deyermond, A. D., y Roger M. Walker, "A Further Vernacular Source for the *Libro de buen amor*", *BHS*, XLVI (1969), pp. 193-200.

Dunn, Peter N., "'De las figuras del arçipreste'", *LBAS*, pp. 79-93.

Dutton, Brian, "*Buen amor*: Its Meaning and Uses in some Medieval Texts", *LBAS*, pp. 95-121.

Ferraresi, Alicia C. de, *De amor y poesía en la España medieval: prólogo a Juan Ruiz*, México, El Colegio de México, Serie "Estudios de Lingüística y Literatura", IV, 1976.

García Gómez, Emilio, *"El Collar de la paloma" de Ibn Hazm de Córdoba*, Madrid, Soc. de Estudios y Publicaciones, 1952. (Véase la Introducción, cap. III, pp. 51-56).

Gella Iturriaga, José, "Refranero del Arcipreste de Hita", *Actas I Congreso*, pp. 251-269.

Gerli, E. Michael, "*Recta voluntas est bonus amor*: St. Augustine and the Didactic Structure of the *Libro de buen amor*", *RPh*, XXXV.3 (1981-82), pp. 500-508.

Gómez Martínez, José Luis, *Américo Castro y el origen de los españoles: historia de una polémica*, Madrid, Gredos, 1975. (Véase el cap. V).

Green, Otis H., "On Juan Ruiz's Parody of the Canonical Hours", *HR*, 26 (1958), pp. 12-34. (Reeditado en *The Literary Mind of Medieval and Renaissance Spain*, Lexington, Studies in Romance Languages I, 1970).

——, *Spain and the Western Tradition: The Castilian Mind in Literature from "El Cid" to Calderón*, t. I, Madison, Univ. of Wisconsin Press, 1963. (Véase el cap. II).

Guzmán, Jorge, *Una constante didáctico-moral del "Libro de buen amor"*, México, 1963. (Reeditado en 1983).

Gybbon-Monypenny, G. B., "Autobiography in the *Libro de buen amor* in the Light of some Literary Comparisons", *BHS*, XXXIV (1957), pp. 63-78.

——, " 'Dixe la por te dar ensienpro': Juan Ruiz's adaptation of the *Pamphilus*, *LBAS*, pp. 123-147.

Hamilton, Rita, "The Digression on Confession in the *Libro de buen amor*", *LBAS*, pp. 149-157.

Jenaro MacLennan, Luis, "Los presupuestos intelectuales del prólogo al *Libro de buen amor*", *AEM*, IX (1974-79), pp. 151-186.

Joset, Jacques, "Le 'bon amours' occitan et le 'buen amor' de Juan Ruiz, Arcipreste de Hita", *Actes du VIᵉ Congrès International de Langue et Littérature d'Oc et d'Etudes Franco-Provencales*, Montpellier, 1971, II, pp. 349-368.

Kelly, H. A., *Canon Law...*, esp. caps. I, III y IV.

Kinkade, Richard P., "Arabic Mysticism and the *Libro de buen amor*", *Estudios literarios... ded. a Helmut Hatzfeld con motivo de su 80 aniversario*, Barcelona, Ediciones Hispam, 1974, pp. 51-70.

Kirby, Steven D., "Juan Ruiz and Don Ximio: the Archpriest's Art of Declamation", *BHS*, LV (1978), pp. 283-287.

Laurence, Kemlin M., "The Battle between Don Carnal and Doña Cuaresma in the Light of Medieval Tradition", *LBAS*, pp. 159-176.

Lázaro, Fernando, "Los amores de don Melón y doña Endrina", *Arbor*, XVIII.62 (1951), pp. 210-236.

Lecoy, Félix, *Recherches...*, Deuxième Partie, "Les Sources du Poème", caps. V-X.

Le Gentil, Pierre, *La poésie lyrique esp. et port...*, t. I, "Les Thèmes et les Genres".

Lida de Malkiel, María Rosa, "Nuevas notas para la interpretación del *Libro de buen amor*", *NRFH*, XIII (1959), pp. 17-82. (Reproducido en *Selección...*, 1973).

Menéndez Pidal, Ramón, *Poesía juglaresca y orígenes de las literaturas románicas: problemas de historia literaria y cultural*, Madrid, Instituto de Estudios Políticos, 1957. (Véase, en esp., el cap. VII, pp. 202-214).

Michael, Ian, "The Function of the Popular Tale in the *Libro de buen amor*", *LBAS*, pp. 177-218.

Oliver Asín, Jaime, "Historia y prehistoria del castellano *alaroza*", *BRAE*, XXX (1950), pp. 389-421.

Phillips, Gail A., *The Imagery of the "Libro de buen amor"*, Madison, Wisconsin, 1983.

Ricard, Robert, "Les péchés capitaux dans le *Libro de buen amor*", *Lettres Romanes*, XX (1966), pp. 5-37.

Rico, Francisco, "Sobre el origen de la autobiografía en el *Libro de buen amor*", *AEM*, IV (1967), pp. 301-325.

Rossi, T. M., "Para una lectura de las estrofas 1270-1300 del *Libro de buen amor*", *MR*, VI (1979), pp. 363-371.

Sánchez-Albornoz, Claudio, *España, un enigma histórico*, Buenos Aires, Ed. Sudamericana, 1956 (t. I, pp. 451-533).

——, "Originalidad creadora del Arcipreste (frente a la última teoría sobre el *Buen amor*)", *CHE*, XXXI-XXXII (1960), pp. 275-289.

Seidenspinner-Núñez, Dayle, *The Allegory of Good Love: Parodic Perspectivism in the "Libro de buen amor"*, Berkeley/Los Ángeles/Londres, Univ. California Press, 1981.

Ullmann, Pierre L., "Juan Ruiz's Prologue", *MLN*, LXXXII (1967), pp. 149-170.

Zahareas, Anthony N., *The Art of Juan Ruiz, Archpriest of Hita*, Madrid, Estudios de Literatura Española, 1965.

f) *Interpretación: estructura y sentido*

(En muchos estudios entre los nombrados en la sección *e*, hay importantes consideraciones sobre problemas de interpretación del *Libro de buen amor*. Véanse en especial los trabajos de Beltrán, Castro, Ferraresi, Green, Guzmán, Lecoy —en su "Conclusión"—, Lida de Malkiel, Phillips, Sánchez-Albornoz, Seidenspinner-Núñez, Zahareas).

Arias y Arias, Ricardo, *El concepto del destino en la literatura medieval española*, Madrid, Ínsula, 1970. "El *Libro de buen amor* y su visión de la vida", pp. 255-281.

Ayerbe-Chaux, Reinaldo, "La importancia de la ironía en el *Libro de buen amor*", *Thesaurus (BICC)*, 23 (1968), pp. 218-240.

Bandera Gómez, Cesáreo, "La ficción de Juan Ruiz", *PMLA*, 88 (1973), pp. 496-510.

90   BIBLIOGRAFÍA SELECTA

Benito Durán, Ángel, *La filosofía del Arcipreste de Hita: sentido filosófico del "Libro de buen amor"*, Alcoy, 1946.

Cabada Gómez, Manuel, "El autor del *Libro de buen amor*, crítico imposible de su obra", *Cu. Hisp.*, t. 100, núm. 298 (1975), pp. 82-98.

Cantarino, Vicente, "La cortesía dudosa de don Juan Ruiz", *Actas I Congreso*, pp. 78-83 (también en versión ampliada, *Rev. Hisp. Mod.*, XXXVIII (1974), pp. 7-29).

——, "La lógica falaz de don Juan Ruiz", *Thesaurus (BICC)*, XXIX (1974), pp. 435-456.

Casa, Frank P., "Toward an Understanding of the Archpriest's Lament", *Rom. Forsch.*, LXXIX (1967), pp. 463-475.

Catalán, Diego, con Suzy Petersen, " 'Aunque omne non goste la pera del peral...' (sobre la 'sentencia' de Juan Ruiz y la de su *Buen amor*)", *HR*, XXXVIII (1970), pp. 56-96.

Deyermond, Alan D., "The Greeks, the Romans, the Astrologers and the Meaning of the *Libro de buen amor*", *RomN.*, V (1963-64), pp. 1-4.

——, "Some Aspects of Parody in the *Libro de buen amor*", *LBAS*, pp. 53-78.

Dunn, Peter N., "Verdad y verdades en el *Libro de buen amor*", *Actas del III Congreso Internacional de Hispanistas*, ed. Carlos H. Magis, México, El Colegio de México, 1970, pp. 315-322.

Edwards, Robert, "Narrative Techniques in Juan Ruiz's History of Doña Garoza", *MLN*, LXXXIX (1974), pp. 265-273.

Gericke, Philip O., " 'Mucho de bien me fizo con Dios en linpio amor': Doña Garoça, Andreas Capellanus y el amor cortés en el *Libro de buen amor*", *Explicación de Textos Literarios*, 6, núm. 1 (1977), pp. 89-92.

Gybbon-Monypenny, G. B., "Guillaume de Machaut's Erotic 'Autobiography': Precedents for the Form of the *Voir-Dit*", *Studies in Medieval Literature and Languages in Memory of Frederick Whitehead*, Manchester U. P., 1973, pp. 133-152.

——, "The Two Versions of the *Libro de buen amor*: the Extent and Nature of the Author's Revision", *BHS*, XXXIX (1962), pp. 205-221.

Hart, Thomas R., *La alegoría en el "Libro de buen amor"*, Madrid, Rev. de Occidente, 1959.

Kellermann, W., "Zur Charakteristik des *Libro del Arcipreste de Hita*", *ZrPh*, LXVII (1951), pp. 225-254.

Kinkade, Richard P., " 'Intellectum tibi dabo': the Function of Free Will in the *Libro de buen amor*", *BHS*, XLVII (1970), pp. 296-315.

Lapesa, Rafael, "El tema de la muerte en el *Libro de buen amor*", *Estudios dedicados a James Homer Herriott*, Madison, Univ. Wisconsin Press, 1966, pp. 127-144 (Reproducido en *De la Edad Media a nuestros días: Estudios de historia literaria*, Madrid, Gredos, 1967, pp. 53-75).

Leo, Ulrich, *Zur dichterischen Originalität des Arcipreste de Hita*, Frankfurt, Analecta Romanica, 6, 1958.

Lida, María Rosa, "Notas para la interpretación, influencia, fuentes y texto del *Libro de buen amor*", *RFH*, II (1940), pp. 105-150. (Reproducido en *Selección del "LBA"*...).

Marmo, Vittorio, *Dalle Fonti alle Forme: Studi sul "Libro de buen amor"*, Nápoles, Liguori Editore, 1983.

Márquez Villanueva, F., "El buen amor", *Rev. de Occidente*, 2.ª época, IX (1965), pp. 269-291.

Menéndez Peláez, Jesús, *El "Libro de buen amor": ¿Ficción literaria o reflejo de una realidad?*, Gijón, Noega, 1980.

Michalski, André S., "Juan Ruiz's *troba cazurra*: 'Cruz cruzada panadera' ", *RomN.*, XI (1969-70), pp. 434-438.

Myers, Oliver T., "Symmetry of Form in the *Libro de buen amor*", *PQ*, 51 (1972) (*Hispanic Studies in Honour of Edmund de Chasca*), pp. 74-84.

Nepaulsingh, Colbert, "The Structure of the *Libro de buen amor*", *Neophil.*, 61 (1977), pp. 58-73.

Paiewonsky-Conde, Edgar, "Polarización erótica medieval y estructura del *Libro de buen amor*", *Bull. Hisp.*, 74 (1972), pp. 331-352.

Parker, Alexander A., "The Parable of the Greeks and the Romans in the *Libro de buen amor*", *Medieval Hispanic Studies Presented to Rita Hamilton*, ed. A. D. Deyermond, Londres, Támesis, 1976, pp. 139-147.

Riquer, Martín de, "La Cuaresma del Arcipreste de Hita y el problema de la doble redacción del *Libro de buen amor*", *Mélanges offerts à Rita Lejeune...*, I, Ed. J. Duculot., Gembloux, 1968, pp. 511-522.

Spitzer, Leo, "Zur Auffässung der Kunst des Arcipreste von Hita", *ZrPh*, LIV (1934), pp. 237-270. (Versión española, "En torno al arte del Arcipreste de Hita", en *Lingüística e historia literaria*, Madrid, Gredos, 1955, pp. 103-160).

Tate, R. B., "Adventures in the *sierra*", *LBAS*, pp. 219-229.

Ullmann, Pierre L., "Stanzas 140-150 of the *Libro de buen amor*", *PMLA*, LXXIX (1964), pp. 201-205.

Walker, Roger M., " 'Con miedo de la muerte la miel non es sabrosa': Love, Sin and Death in the *Libro de buen amor*", *LBAS*, pp. 231-252.

Willis, Raymond S., "Thirteen Years: Seedbed of Riddles in the *Libro de buen amor*", *KRQ*, XXI (1974), pp. 215-227.

——, "Two Trotaconventos", *RPh*, XVII (1963-64), pp. 353-362.

NOTA PREVIA

S I G O normalmente la lección de *S*. Cuando me veo obligado a apartarme de ella, lo indico con cursivas. Cuando omito una palabra, o palabras, que aparecen en *S*, indico la omisión con la señal +. Cuando el texto se toma de *G* (a causa de una laguna en *S*), adopto el mismo procedimiento, es decir, doy el texto en letra redonda, las enmiendas en cursiva, y señalo las omisiones con +. Las variantes —es decir, toda lección que dan los Mss. que no aparezca en el texto— se incluyen en un apéndice al final. [1]

Ortografía: Modernizo y regularizo la ortografía de los Mss. donde sus variaciones no tienen valor fonético.

(*a*) *Vocales*: *a, e* y *o* no varían. El sonido /i/ está representado en los Mss. por *i, i* larga y también *y*. Transcribo *i* siempre, salvo cuando *y* ocurre como una palabra entera: *ý* (< IBI), "allí", o *y* conjunción, en media docena de casos. Cuando *y* representa la semivocal inicial, pongo *y* (*yantar, yerva, yo*...). El sonido /u/ está representado tanto por *u* como por *v*; regularizo en *u*.

---

[1] Por razones tipográficas, no se indican con cursivas las diferencias entre el texto y la lección de los Mss. en los pasajes que se dan en negritas o versalitas (citas en latín, etc.).

Hago caso omiso de los leonesismos ortográficos del Ms. *S*. Son, en la mayoría de los casos, trueque de *r* por *l* y de *l* por *r* (7*a* fabrasen, Pról. 1. 4, pobledat, 1. 84 ensienpro, etc.) y de -*m* final por -*n* (56*c* arpom, 78*c* guardam, etc.).

(b) Consonantes: Los Mss. representan las bilabiales por *b, v* y *u.* Conservo siempre la *b* cuando ocurre; transcribo tanto *v* como *u* por *v.*

En el empleo de *f-* y *h-* iniciales, sigo los Mss. (aunque sin duda la *f-* representa con frecuencia una /h/ aspirada), salvo cuando la *f-* es un contrasentido, como en 517*b farre.*

Sigo los Mss. en el empleo de *l* y *ll,* especialmente cuando son iniciales (por ej., *levar* por *llevar*).

Conservo la *g* de los Mss., que representa /zħ/ (*coger, muger,* etc.), y la *x,* que representa /š/ (*dixo, troxo,* etc.).

Sigo los Mss. con respecto al empleo de *-r-* o *-rr-* intervocálicas. Cuando los Mss. tienen *-R-* intervocálica, transcribo *-rr-.* Los Mss. nunca emplean la *r-* inicial, sino siempre *rr-* o *R-.* Cuando la palabra requiere una inicial mayúscula (los nombres propios, etc.), transcribo *R-;* cuando requiere una inicial minúscula, transcribo siempre *rr-* (por ejemplo, *Roma,* pero *rromano*).

Para representar las sibilantes, los Mss. tienen las formas *ç, s, ſ, σ, ς.* Conservo siempre la *ç,* que representa /t͡s/, aun cuando el sonido debiera ser /d͡z/, como en *façer* (por *fazer*). Los copistas no mantienen tampoco la distinción entre /s/ sorda y /z/ sonora, escribiendo tanto *casa, cosa* como *cassa, cossa.* Los sigo en esta fluctuación, puesto que toda regularización sería arbitraria, y en la lengua moderna no hay distinción fonémica, y no debe haber confusión para el lector.

Para representar /d͡z/, *S* emplea tanto la sigma *σ* como la *ς,* equivalente de la *z* moderna: *faσer* o *façer.* El copista distingue cuidadosamente entre el valor intervocálico de la sigma, /d͡z/, y el valor inicial o final, /s/; nunca la emplea para representar /s/ o /z/ intervocálicas; un par de veces para representar la *s- inicial.* [2] Transcribo *ς* como *z* siempre, y *σ* como *z* cuando es intervocálica.

---

[2] Encuentro en *S* unos 23 casos en que parece haber una sigma con valor de /s/ medial, más diez con valor de /s/ inicial. Pero en la mayoría de estos casos, el copista parece haber escrito una

En *G*, en cambio, σ se emplea como *s* inicial, medial o final, y también como *z* (*fiσo, solaσ, amenaσar*, etc.); ς aparece con poca frecuencia. Por lo tanto, en los limitados pasajes en que el texto se toma de *G*, respeto esta indiferencia hacia el valor de la letra, y transcribo siempre *s*.

Reduzco a *f-* la *ff-* inicial, y a *s-* la *ss-* inicial (siempre con la *s* larga: ſſ-), ya que el uso de la consonante inicial doble es siempre caprichoso, y carece de todo valor fonético.

Conservo las agrupaciones *-nb-, -nf-, -np-,* ya que los copistas nunca escriben *-mb-* o *-mp-*.

Separación de palabras: los copistas borran con frecuencia la distinción entre palabras sueltas y partes de la misma palabra: así en *S: 270c, entierra* por *en tierra;* *271c, aferir* por *a ferir; 273b, lo cura* por *locura; 273c, de struye* por *destruye;* etc. En estos casos regularizo siempre.

Pero en ciertas construcciones, una preponderancia de casos demuestra que la norma es distinta de la moderna:

Los pronombres átonos clíticos van separados de la palabra de que dependen, la cual es la precedente, normalmente: *non me dixo, dixo me,* etc. Cuando el pronombre enclítico se apocopa, va siempre unido a la palabra precedente: *dixom, fizol,* etc. Cuando sigue a la partícula negativa *non,* o *nin,* los copistas escriben muchas veces *nonl, ninl,* o *nol, nil.* Transcribo *nol, nil.*

Los copistas separan (con un par de excepciones) el sufijo adverbial *mente* del adjetivo: *buena mente, verdadera mente,* etc. Conservo esta norma.

Los copistas separan los prefijos *bien* y *mal* de la palabra que califican: *bien andante, bien querençia, bien venido...,* *mal dezir, mal trecho, mal andante,* etc. Aquí también sigo a los Mss.

Puntuación y acentuación: no existen en los Mss. del *Libro.* Adopto las normas actuales, como se suele hacer.

Al final de varios versos se coloca un asterisco, y al pie del texto una nota correspondiente, la cual indica en qué

---

s larga (ſ), y luego haber prolongado la cola en una curva, creando algo así como una sigma grande.

manuscrito o manuscritos consta el pasaje que comienza con aquel verso. De la misma manera se indica la omisión, sin duda accidental, de versos sueltos (casi siempre se trata del Ms. de Gayoso), o de cuartetas enteras en *G* y *T*.

En un apéndice, se da una Tabla de correspondencias entre los varios pasajes del texto y los folios del manuscrito o manuscritos que los dan.

En un segundo apéndice se da una Lista de variantes, la cual cita toda lección dada por los manuscritos que no se adopta en la edición.

Se espera que con estos apéndices el lector interesado dispondrá de los medios adecuados, tanto para reconstituir la lección del manuscrito en todo caso, como para localizar fácilmente el pasaje que le interesa en los Mss. originales —o en las excelentes ediciones facsímiles ya existentes (véase la Bibliografía).

Las notas al texto demostrarán, creo, en que me he valido, durante la preparación de esta edición, de la "colaboración" —digámoslo así— de los editores que me han precedido, y también de la serie de "Apuntes" y reseñas a sucesivas ediciones publicada por Margherita Morreale. Me ha parecido no solamente útil para el lector sino una obligación de mi parte indicar tanto mis divergencias de las opiniones de estos eruditos como los mucho más frecuentes casos en que adopto sus sugerencias.

Es imposible recordar todas las situaciones ni las maneras en que he recibido la ayuda de distintas personas. Pero se destacan en mi conciencia dos lugares y dos grupos de amigos:

La acogida que me han ofrecido, año tras año, la dirección y el profesorado de los cursos de verano en Jaca de la Universidad de Zaragoza me ha creado un ambiente ideal en que trabajar, meditar y discutir. En especial, los consejos y el ejemplo de ese gran editor de textos, José Manuel Blecua, han sido una fuente de inspiración. Allí también, mi amigo de muchos años, Joaquín González Muela, me prestó su ayuda práctica en un momento muy importante de la realización de esta labor.

La invitación, de parte de los hispanistas de la Universidad de Oxford, a dar conferencias sobre el *Libro de buen amor* en sucesivos años a partir de 1983, no solamente me hizo posible la consulta de libros en las bibliotecas de esa universidad (John Wainwright de la Taylor Institution me atendía siempre con sus profundos conocimientos y su benevolencia incansable), sino que me animó a renovar y desarrollar mis ideas sobre varios aspectos del *Libro*. Pero mi deuda más grande y más personal, por una infinidad de cosas, es con dos amigos excepcionales, grandes filólogos y medievalistas, Fred Hodcroft e Ian Michael. Gracias a todos.

G. B. G.-M.

LIBRO DE BUEN AMOR

JESUS NAZARENUS RREX JUDEORUM

ESTA ES ORACIÓN QUEL AÇIPRESTE FIZO A DIOS QUANDO
COMENÇÓ ESTE LIBRO SUYO

1   Señor Dios, que a los jodíos, pueblo de perdiçión, *
    sacaste de cabtivo, del poder de Fa[raón],
    a Daniel sacaste del poço de Babilón,
    saca a mí coitado desta mala presión.

* Texto en S hasta el final del prólogo.

1-7 La forma de esta oración se deriva del *Ordo Commenda-
   tionis Animae* (Ritual de los agonizantes), según demostró
   F. Castro Guisasola, en su reseña al *Glosario*..., de
   J. M. Aguado, en *RFE*, XVI (1929), pp. 68-74. La forma
   ya había sido adoptada para fines literarios en el *Poema
   de Mio Cid*, vv. 331 y ss., en Gonzalo de Berceo, *Milagros
   de Nuestra Señora*, cs. 454-457, en el *Poema de Fernán
   González*, cs. 103-115, y la volvió a emplear el canciller
   Pero López de Ayala en el *Rimado de palacio*, cs. 762-773.
       En el Ms. las cs. 1-10 están escritas con dos versos al
   renglón, como si fueran coplas de versos de 14 ó 16 síla-
   bas pareados. Los encuadernadores han cortado la palabra
   final de los versos *b* y *d* de varias cuartetas. La mayoría
   se completan sin dificultad.
1c Véase *Daniel* VI, v. 16. *Babilón*: Corominas cree que aquí
   es adjetivo, y suprime la *de*, obteniendo así un hemistiquio

2   Señor, tú diste graçia a Ester la rreína;
    ante el rrey Asuero ovo tu graçia digna.
    Señor, da me tu graçia e tu merçed aína;
    saca me desta lazeria, desta presión...

3   Señor, tú que sacaste al *profeta* del lago,
    de poder de gentiles sacaste a Santiago,
    a Santa Marina libreste del vientre del drago,
    libra a mí, Dios mío, desta presión do ya[go].

---

heptasilábico; el sustantivo en castellano antiguo, según
él, es Babilonia, como en 305*b*. Pero en el *Libro de Ale-
xandre* se emplean ambas formas como sustantivo: *Babilón*,
88*a*, 97*b*, 1005*d*, 2430*c*; *Babilonia* en 1517*a* es, sin duda, por
la rima. El *Poema de Fernán González* tiene "rrey de Ba-
bilón", 107*c*.

1*d* *presión*: La controversia sobre si el autor alude a una pri-
sión "de cal y canto", o si es una metáfora, empieza con
Cejador, en la Introducción a su edición de 1913; hay no-
tables intervenciones de Leo Spitzer (1934), Dámaso Alon-
so (1957) y María Rosa Lida de Malkiel (1959), y última-
mente de Luis Beltrán (1977). A favor de la interpreta-
ción literal se citan las alusiones a "traidores" (7*d*), "mes-
cladores" (10*c*), a la "gente maliçiosa" (1665*h*), al estar
"agraviado / en esta çibdad seyendo" (1671*ab*), y "en pre-
sión sin meresçer" (1674*f*). Pero la frecuencia de su em-
pleo en textos medievales en sentido metafórico, aplicado
tanto a la condición humana y del alma, como al amor
sexual como aflicción (piénsese en el mismo título *La cárcel
de amor*, de Diego de San Pedro), nos impone la necesi-
dad de dejar la cuestión sin decidir.

2*a* *Libro de Ester*, I-X.

2*d* La última palabra, cortada por los encuadernadores, debe
haber sido un adjetivo que califica *presión*. Se han pro-
puesto *indina*, *malina* y *mesquina*. El lector elegirá...

3*a* Se viene interpretando este verso como una segunda alu-
sión a Daniel, aunque semejante repetición no ocurre en
otras versiones literarias del tema, y resulta artísticamente
insatisfactoria. Luis Beltrán (*Razones de buen amor*, p. 26
y nota 19) la relaciona con la segunda encarcelación de
Daniel (*Daniel*, XIV, vv. 30-41), comentando que en am-
bas ocasiones el profeta fue víctima de los "mescladores",
como también lo fueron Susaña y los tres "niños" de Is-
rael. Rosemary Head (*FMLS*, XX, 1984, pp. 360-362) iden-
tifica al profeta como Jeremías y cita *Jeremías*, XXXVIII,

4 Señor, tú que libreste a Santa Susaña
   del falso testimonio de la falsa conpaña,
   libra me, mi Dios, desta coíta tan maña,
   da me tu misericordia, tira de mí tu sa[ña].

5 A Jonas el *profeta* del vientre de la ballena,
   en que moró tres días, dentro en la mar ll[ena],
   sacaste lo tú sano, así commo de casa buena.
   Mexías, tú me salva, sin culpa e sin pena.

6 Señor, a los tres niños de muerte los *libreste,*
   del forno del grand fuego sin lisión...
   de las ondas del mar a Sant Pedro tomeste.
   Señor, de aquesta coíta saca al tu açipre[ste].

7 Aun tú que dixiste a los tus servidores
   que con ellos serías ante rreys dezidores,
   e les *dirías* palabras que fablasen mejores,
   Señor, tú sey comigo, guarda me de traid[ores]...

---

v. 6: "Tulerunt ergo Jeremiam et projecerunt eum in la-
cum Melchiae." *Lacus,* en el sentido de "pozo negro", se
emplea también en los vv. 7, 9, 10, 11, 13. Esta identifi-
cación me parece convincente, aunque cabe otra posibi-
lidad: en sus *Allegoriae in Universam Sacram* (Migne,
Bibl. Patr. Lat., CXII, col. 849 y ss.), Rabanus Maurus
glosa *lacus* como "infierno": "*Lacus,* infernus est, ut in
Isaia: 'Cum iis qui descenderunt in lacum...'" El verso
3*a* podría aludir a la bajada del Señor al infierno, de don-
de rescató a los santos del Antiguo Testamento (tema tra-
tado en las cs. 1560-64).
3*c* Como indican otros editores, la santa que sufrió esta pena
fue, en realidad, Margarita de Antioquía. La tradición erró-
nea también está en el *Fernán González,* 106*c*.
4*ab* Véase *Daniel,* XIII, vv. 1-64.
5*abc Libro de Jonás,* I-II.
6*ab* Véase *Daniel,* III. Son los tres israelitas a quienes Nabu-
codonosor metió en el horno. 6*b*: La palabra cortada es
probablemente *saqueste.*
6*c* Véase *Evangelio de San Mateo,* XIV, vv. 25-32.
7*abc* Véase *S. Mateo,* X, vv. 17-20, esp. v. 19: "Cum autem
tradent vos, nolite cogitare quomodo aut quid loquamini:
dabitur enim vobis in illa hora quid loquamini."

8   ... El nonbre profetizado fue grande Hemanuel,
     fijo de Dios muy alto, salvador de Is[rael].
     En la salutaçión el ángel Grabiel
     te fizo çierta desto, tú fueste çierta dél.

9   Por esta profeçía e por la salutaçión
     por el nonbre tan alto, Hemanuel salvaçión,
     Señora, da me tu graçia e da me consolaçión.
     gana me del tu fijo graçia e bendiçión.

10   Da me gracia, Señora de todos los señores;
     tira de mí tu saña, tira de mí rrencores;
     faz que todo se torne sobre los mescladores;
     ayuda me, Gloriosa, madre de pecad[ores].

Intellectum tibi dabo et instruam te in via hac qua gradieris; firmabo super te occulos meos. | ²El *profeta* David,
por Spiritu Santo fablando, a cada uno de nós dize, en el
psalmo triçésimo primo, | ³del verso dezeno, que es el que
primero suso escreví. En el qual verso entiendo yo tres

8-10 Estas cuartetas pertenecen, sin duda, a una segunda oración, dirigida a la Virgen. El copista parece haberse dado cuenta de que faltaba algo en su modelo (tal vez una hoja entera), porque entre las cs. 7 y 8 dejó un espacio más grande que en los demás casos. Es evidente que faltan una o más cuartetas al principio.
8 El poeta combina elementos de dos versiones: de *S. Mateo*, I, v. 23, el nombre Hemanuel, y de *S. Lucas*, I, vv. 26-38, el ángel Gabriel.
10c *mescladores*: "calumniadores". Según algunos críticos, serían los responsables del encarcelamiento del autor. Pero Rabanus Maurus, en sus *Allegoriae*, explica que se refiere al diablo: "*calumniator*, diabolus, ut in psalmo: 'Et humiliabis calumniatorem', id est, Christus diabolum superabit".
Prólogo: Sobre la forma de este prólogo y sus antecedentes intelectuales, véase la Introducción, pp. 32 y 39, y las notas 22, 23, 24, 25 y 33.
     Los números en el texto indican los renglones del manuscrito, y la numeración de las notas refiere a ellos.
1 *Salmo*, XXXI, v. 8. Es el *thema* del 'sermón'.

cosas, | ⁴las quales dizen algunos doctores philósophos que son en el alma e propia mente suyas; | ⁵son éstas: entendimiento, voluntad e memoria. Las quales, digo, si buenas son, que traen al | ⁶alma conssolaçión e aluengan la vida al cuerpo, e dan le onrra con pro e buena fa[ma]. [S f 1ʳ] ⁷Ca por el buen entendimiento entiende onbre el bien, e sabe dello el mal. E por ende una | ⁸de las petiçiones que demandó David a Dios, *por* que sopiese la su ley, fue ésta: «**Da michi in** | ⁹**tellectum, e çetera.**» Ca el omne, entendiendo el bien, avrá de Dios temor, el qual es comienço de | ¹⁰toda sabidoría; de que dize el dicho *profeta*: «**Iniçium sapiençie timor Domini.**» Ca luego | ¹¹es el buen entendimiento en los que temen a Dios. E por ende sigue la rrazón el dicho | ¹²David en otro lugar, en que dize: «**Intellectus bonus omnibus façientibus eum, e cetera.**» Otrosí, dize | ¹³Salamón en el Libro de la Sapiençia: «**qui timet Deum façiet bona,**» e esto se entiende en la | ¹⁴primera rrazón del verso que yo començé, en lo que dize: «**Intellectum tibi dabo.**» E desque | ¹⁵está informada e instruida el alma que se ha de salvar en el cuerpo linpio, | ¹⁶piensa e ama e

---

5 *entendimiento, voluntad e memoria*: Son las tres propiedades del alma que, según San Agustín, dirigen al hombre: *intelligentia, voluntas, memoria* (véase *De Trinitate*, Libro X, esp. caps. XI y XII; Lib. XV, esp. caps. XX y XXI).

8-9 *Salmo*, CXVIII, v. 34 .

10 *Salmo*, CX, v. 10.

12 *Salmo*, CX, v. 10.

13 Cfr. *Ecclesiasticus*, XV, v. 1: "Qui timet Deum faciet bona." Ducamin y Criado/Naylor leen *Dominum*, y los demás editores los siguen. Pero en el Ms., la abreviatura es d̄m, distinta de d̄nm en 1. 19 (o d̄ni en 1. 10). El hecho de que el tema de *Ecclesiasticus* sea la sapiencia puede haber provocado el error de atribuir esta sentencia al *Libro de la Sapiencia* de Salomón.

16 *el buen amor*: Primera aparición de la expresión que ha de formar el título de la obra. Aquí se define como "el amor de Dios", y parece ser eco del concepto de San Agustín: "Recta itaque voluntas est bonus amor et voluntas perversa malus amor." Véase la Introducción, p. 33, y la nota 25.

desea omne el buen amor de Dios e sus mandamientos.
E esto | [17]atal dize el dicho *profeta*: «**E meditabor in mandatis tuis que dilexi.**» E otrosí, des- | [18]echa e aborresçe el
alma el pecado del amor loco deste mundo. E desto dize |
[19]el salmista: «**Qui dilegitis Dominum odite malum, e çetera.**» E por ende se sigue luego la segunda | [20]rrazón del
verso, que dize: «**e instruam te.**» E desque el alma, con el
buen entendimiento | [21]e buena voluntad, con buena rremenbrança, escoge e ama el buen amor que es el de Dios, | [22]e
pone lo en la çela de la memoria por que se acuerde dello,
e trae al cuerpo a fazer bue- | [23]nas obras por las quales se
salva el omne. E desto dize Sant Joan apóstol en el | [24]Apocalipsi, de los buenos que mueren bien obrando: «**Beati
mortui qui in Domino moriuntur,** | [25]**opera enim illorum
secuntur illos.**» E dize otrosí el *profeta*: «**Tu reddes unicuique justa opera** | [26]**sua.**» E desto concluye la terçera rrazón

17 *Salmo,* CXVIII, v. 47: "Et meditabar in mandatis tuis,
   quae dilexi."
19 *Salmo* XCVI, v. 10: "Qui diligitis Dominum, odite ma-
   lum..."
22 *çela de la memoria*: Chiarini cita a San Isidoro, *Sententiae* 1. 13. 7: "Rerum omnium thesaurus memoria est",
   sententia imitada por Brunetto Latini. Pero más se parece
   la siguiente cita del "Epistolaris Prologus" del *Repertorium
   Aureum*, de Guillermo Durando (véase la nota a 1152a):
   "Protoplasti rubigine humana contaminata conditio, sic
   cellulae memorialis eclipsatur officio, ut perdat quod non
   saepe prospicit, vel iugiter meditatur..." El concepto básico
   parece remontar a S. Agustín, *Confessiones X*, por ejem-
   plo, cap. viii: "... praesto sunt imagines omnium quae dico
   ex eodem thesauro memoriae..." o cap. xxv: "¿Sed ubi
   manes in memoria mea, Domine...? ¿Quale cubile ('habi-
   táculo') fabricaste tibi?"
24-25 *Apocalipsis* XIV, v. 13. La cita es selectiva; el versículo
   entero es: "Et audivi vocem de caelo, dicentem mihi: 'Scri-
   be: Beati mortui qui in Domino moriuntur. Amodo jam
   dicit Spiritus, ut requiescant a laboribus suis: opera enim
   illorum sequuntur illos.'"
25-26 *Salmo* LXI, v. 13: "... quia tu reddes unicuique juxta
   opera sua". El error de *justa* por *juxta* ("según") puede ser
   del autor, o de un copista.

del *verso* primero, que dize: «In via hac | [27]qua gradieris, firmabo super te occulos meos.» E por ende devemos tener sin dubda | [28]que [*buenas*] obras sienpre están en la buena memoria, que con buen entendimiento e buena volun- | [29]tad escoje el alma e ama el amor de Dios, por se salvar por ellas. Ca Dios, | [30]por las buenas obras que faze omne en la carrera de salvación en que anda, firma sus | [31]ojos sobre él. E esta es la sentençia del verso que enpieça primero «breve». Como quier | [32]a las vegadas se acuerde pecado e lo quiera e lo obre, este desacuerdo non viene | [33] del buen entendimiento, nin tal querer non viene de la buena volun- tad, nin de la buena | [34]*memoria* non viene tal obra; ante viene de la flaqueza de la natura humana que | [35] es en el omne, que se non puede escapar de pecado. Ca dize Catón: «Nemo sine crimine | [36]vivit.» E dize lo Job: «Quis potest fazere mundum de imundo conçeptum semine?» | [37]Quasi dicat: «Ninguno salvo Dios.» E viene otrosí de la mengua del buen entendimiento; | [38]que lo non ha estonçe, por que omne piensa vanidades de pecado. E deste tal pe- | [39]nssamiento dize el salmista: «Cogitaçiones hominum vane sunt.» E dize otrosí a los | [40]tales mucho disolutos e de mal enten- dimiento: «Nolite fieri sicut equus e mulus, | [41]in quibus non est intellectus.» E aun digo que viene de la pobredat de la memoria, | [42]que non está instructa del buen entendi- miento, ansí que non puede amar el bien nin acordar se | [43]dello para lo obrar. E viene otrosí esto por rrazón que la natura umana que | [44]más aparejada e inclinada es al mal que al bien, e a pecado que a bien; esto | [45]dize el decreto.

---

28 *buenas*: Blecua enmienda "las buenas obras"; el artículo parece innecesario.

34 *memoria*: enmienda de Blecua.

35-36 *Disticha Catonis*, I, 5.

36 *Job*, XIV, v. 4.

39 *Salmo*, XCIII, v. 11: "Dominus scit cogitationes homi- num, quoniam vanae sunt."

40-41 *Salmo*, XXXI, v. 9. Este versículo sigue inmediatamente al que constituye el *thema* del "sermón" (véase arriba, 1. 1).

43-45 Ni esta *sententia*, ni las demás que el autor atribuye al "decreto", o al "derecho", se encuentran en el *Decretum*

E estas son algunas de las rrazones por que son fechos los
libros [S f 2ʳ] ⁴⁶de la ley e del derecho e de castigos e
costunbres e de otras çiençias. Otrosí fueron | ⁴⁷la pintura
e la escriptura e las imágenes primera mente falladas, por
rrazón | ⁴⁸que la memoria del omne deslesnadera es; esto
dize el decreto. Ca tener todas las | ⁴⁹cosas en la <u>memoria</u>
e non olvidar algo más es de la divinidat que de la umani- |
⁵⁰dad; esto dize el decreto. E por esto es más apropiada a
la memoria del alma | ⁵¹que es spíritu de Dios criado e
perfecto, e bive siempre en Dios. Otrosí dize David: |
⁵²«Anima mea illius vivet. Querite Dominum e vivet anima

Gratiani, como se viene suponiendo. Una fuente posible
es el Speculum Judiciale, de Guillermo Durando (D. G. Du-
randi Episc. Mimatensis, Speculum iuris…, Francofurti
MDXCII), Lib. II, Partic. I, De Exceptionibus & Replica-
tionibus, para. 4. Núm. 51 (apud "Index Rerum ac Senten-
tiarum"): "Natura humana prona est ad malum imitatrix-
que vitiorum, libentiusque malam quam bonam doctrinam
amplectitur." No sería necesariamente una fuente directa.

48 Cfr. Spec. iudic., Lib. I, Partic. IV, "De Aduocato", ap. 3,
núm. 5: "… Habito igitur negocii exemplo in scriptis, quia
hominum memoria labilis est." También en el Sínodo
Diocesano de Toledo del 25 de mayo de 1323, item 14:
"Cum hominis memoriam labilem experientia manifestat,
sancimus ne aliquis absque libro vel carta misse canonem
continente, et sine lumine, celebrare presumat" (Sánchez
Herrero, Concilios Provinciales…, pp. 173-180, ap. 14).

48-50 Jenaro MacLennan, "Los presupuestos intelectuales…", pá-
gina 168, cita el tercer prólogo, "De Confirmatione Diges-
torum", de la Digesta, de Justiniano, para. 13: "Si quid
autem in tanta legum compositione, quae ab inmenso li-
brorum numero collecta est, simile forsitan raro inveniatur
nemo hoc vituperandum exstimet, sed primum quidem in-
becillitati humanae, quae naturaliter inest, hoc inscribat,
quia omnium habere memoriam et penitus in nullo peccare
divinitatis magis quam mortalitatis est…": Corpus iuris ci-
vilis editio stereotypa altera, t. I, ed. Th. Mommsen, Ber-
lín, 1877.
Pero la sugerencia de que se enmiende decreto en Digesto
no es justificable, ya que no es necesariamente la fuente
directa.

52 Aquí Juan Ruiz combina citas de dos Salmos distintos:
Salmo XXI, v. 31, "Et anima mea illi vivet: et semen

vestra.» E non es apropiada | [53]al cuerpo umano, que dura
poco tiempo. Et dize Job: «Breves dies hominis sunt.» E
otrosí di- | [54]ze: «Homo natus de muliere, [brevi vivens tem-
pore repletur multis miseris].» Et dize sobre esto David: |
[55]«Anni nostri sicut aranea meditabuntur, e çetera.» Onde
yo, de mi poquilla çiençia e de | [56]mucha e grand rrudeza,
entendiendo quantos bienes fazen perder _al_ alma e al | [57]cuer-
po e los males muchos que les _apareja_ e _trae_ el amor loco
del pecado | [58]del mundo, escogiendo e amando con buena
voluntad salvaçión e gloria del | [59]paraíso para mi anima,
fiz esta chica escriptura en memoria de bien, e conpuse | 90
[60]este nuevo libro, en que son escriptas algunas maneras e
maestrías e sotilezas | [61]engañosas del loco amor del mundo
que usan algunos para pecar. Las quales, leyen- | [62]do las
e oyendo las omne o muger de buen entendimiento que se
quiera salvar, descogerá | [63]e obrar lo ha. E podrá dezir con
el salmista: «Viam veritatis, e çetera.» Otrosí, los de poco |
[64]entendimiento non se perderán, ca leyendo e coidando el
mal que fazen, o tienen en la | [65]voluntad de fazer, ⁺los por-
fiosos de sus malas maestrías, e descobrimiento | [66]publicado
de sus muchas engañosas maneras que usan para pecar e
engañar | [67]las mugeres, acordarán la memoria e non des-
preçiarán su fama. Ca mucho es | [68]cruel quien su fama me-
nos preçia; el derecho lo dize. E querrán más amar a sí

---

meum serviet ipsi"; _Salmo_ LXVIII, v. 33, "Videant paupe-
res et laetentur: quaerite Deum, et vivet anima vestra".
53 _Job_, XIV, v. 5.
54 _Job_, XIV, v. 1. Al parecer, el copista se equivocó, y vol-
vió a copiar la cita del renglón anterior, distraído sin du-
da por la repetición _breves / brevi._
57 _Apareja_ e _trae_: Enmienda de María Rosa Lida, _RFH_, II
(1940), p. 139.
63 _Salmo_, CXVIII, v. 30: "Viam veritatis elegi: judicia tua
non sum oblitus."
67-68 Compárese: "Fama est illese dignitatis status, vita ac mo-
ribus comprobatus... & qui hanc negligit crudelis est."
Speculum Judiciale, Lib. III, Partic. I, De Notor. Criminib.
ap. 3 Fama. También: "Famam propriam negligens crude-
lis est." Lib. I, De Aduoc. ap. 3. Nu. 6. 2. 5 (citado en
el "Index Rerum et Sententiarum" de la ed. de Frankfurt,
1592).

mes- | [69]mos que al pecado. Que la ordenada caridad de sí mesmo comiença; el decreto | [70]lo dize. E desecharán e aborresçerán las maneras e maestrías malas del | [71]loco amor, que faze perder las almas e caer en saña de Dios, apocando la | [72]vida e dando mala fama e deshonrra e muchos daños a los cuerpos. | [73]Enpero, por que es umanal cosa el pecar, si algunos, lo que non los conssejo, quisieren | [74]usar del loco amor, aquí fallarán algunas maneras para ello. E ansí este mi | [75]libro a todo omne o muger, al cuerdo e al non cuerdo, al que entendiere el bien | [76]e escogiere salvaçión e obrare bien, amando a Dios; otrosí al que quisiere el amor | [77]loco; en la carrera que andudiere, puede cada uno bien dezir: «**Intellectum tibi dabo**, | [78]**e çetera.**» E rruego e conssejo a quien lo *viere* e lo oyere que guarde bien las tres | [79]cosas del alma: lo primero, que quiera bien entender e bien juzgar la mi entençión | [80]por qué lo fiz, e la sentençia de lo que ý dize, e non al son feo de las palabras; e | [81]segund derecho, las palabras sirven a la intençión e non la intençión a las palabras. | [82]E Dios sabe que la mi intençión non fue de lo fazer por dar manera de pecar [**S f 2ᵛ**] [83]*nin* por mal dezir; mas fue por rreduçir a toda persona a memoria buena | [84]de bien obrar, e dar ensienplo de buenas constunbres e castigos de salvaçión; | [85]e por que sean todos aperçebidos e se puedan mejor guardar de tantas ma- | [86]estrías como algunos usan por el loco amor. Ca dize Sant Gregorio que me- | [87]nos firién al onbre los dardos que ante son vistos, e mejor nos podemos guardar | [88]de lo que ante hemos visto. E conpose lo otrosí a dar *a* algunos leçión e muestra de |

69-70 Juan Ruiz parece atribuir este proverbio muy conocido a una fuente jurídica, tal vez al *Speculum*, pero no lo he localizado hasta ahora.

73-74 Véanse mis comentarios en la p. 66 de la Introducción.

86-88 San Gregorio, *Homilía*, XXXV (Migne, Bibl. Patr. Lat. LXXVI, col. 1259 y ss.) ... "Dominus ac Redemptor noster perituri mundi praecurrentia mala denuntiat, ut eo minus perturbent venientia, quo fuerint praescrita. Minus enim jacula feriunt quae praevidentur; et nos tolerabilius mundi mala suscipimus, si contra haec per prescientiae clypeum munimur."

[89]metrificar e rrimar e de trobar. Ca trobas e notas e rrimas e ditados | [90]e versos que fiz conplida mente, segund que esta çiençia rrequiere. E por que [*de*] toda | [91]buena obra es comienço e fundamento Dios e la fe cathólica, e dize lo | [92]la primera decretal de las Clementinas, que comiença: «Fidei catholiçe funda- | [93]mento...» —e do éste non es çimiento, non se puede fazer obra firme nin fir- | [94]me hedifiçio, segund dize el apóstol— por ende començé mi libro en el | [95]nonbre de Dios, e tomé el verso primero del salmo que es de la Santa Trinidat e | [96]de la fe cathólica, que es «Quicunque vult,» el vesso que dize: «Ita Deus pater, Deus | [97]filius, e çetera.»

AQUÍ DIZE DE CÓMO EL AÇIPRESTE RROGÓ A DIOS QUE
LE DIESE GRAÇIA QUE PODIESE FAZER ESTE LIBRO

11   Dios padre, Dios fijo, Dios Spíritu Santo, *
      el que nasçió de la Virgen, esfuerçe nos de tanto
      que sienpre lo loemos en prosa e en canto;
      sea de nuestras almas cobertura e manto.

* Texto en *SG* hasta 74*d*.

92-93 *Clementinas*: Son las *Clementis V Papae Constitutiones*, Lib. I, Tít. I: "Fidei Catholicae fundamento, praeter quod teste Apostolo nemo potest aliud ponere..." (en *Corpus Juris Canonici*, ed. Richter y Friedburg, Leipzig, 1879-81, tomo II, p. 1133).

95-97 Como ya indicó Castro Guisasola (véase la nota a las cs. 1-7), en el Credo de San Atanasio se lee: "Quicumque vult salvus esse, ante omnia opus est ut teneat catholicam fidem...", etc.

11-19 Este pasaje tiene rasgos típicos de un comienzo de obra medieval: la invocación a Dios, pidiéndole que guíe al autor; la invitación al público, con la promesa de traerle un poema valioso, etc. En el Ms. *G* también, es la primera página (la hoja está encuadernada al revés actualmente), aunque no es imposible que hayan existido hojas anteriores cuando el Ms. estaba completo. En una versión primitiva de la obra, pues, puede haber sido el verdadero comienzo.

12   El que fizo el çielo, la tierra e el mar,
      él me done su graçia e me quiera alunbrar,
      que pueda de cantares un librete rrimar,
      que los que lo oyeren puedan solaz tomar.

13   Tú, Señor Dios mío, *que al* omne crieste,
      enforma e ayuda a mí el tu açipreste,
      que pueda fazer un libro de buen amor aqueste,
      que los cuerpos alegre e a las almas preste.

14   Si queredes, señores, oir un buen solaz,
      escuchad el rromançe, sosegad vos en paz;
      non vos diré mentira en quanto en él yaz,
      ca por todo el mundo se usa e se faz.

15   E por que mejor de todos sea escuchado,
      fablar vos he por *trobas* e *por* cuento rrimado;
      es un dezir fermoso e saber sin pecado,
      rrazón más plazentera, fablar más apostado.

16   Non tengades que es libro neçio de devaneo,
      nin creades que es chufa algo que en él leo,
      ca, segund buen dinero yaze en vil correo,
      ansí en feo libro está saber non feo.

13c Aunque ya había sugerido el crítico alemán Ferdinand Jo-
seph Wolf que el verdadero título de la obra estaba in-
dicado aquí y en la c. 933 (*Studien zur Geschichte der Spa-
nischen und portugiesischen Nationulliteratur*, Berlín, 1859,
página 135, n. 1), fue Ramón Menéndez Pidal quien con-
venció a la gran mayoría de los estudiosos que *Libro de
buen amor* debía considerarse el título (*RABM*, II, 1898,
páginas 106-109, reproducido en "Tres notas sobre el *Libro
de buen amor*", en *Poesía árabe y poesía europea*, Buenos
Aires, Col. Austral, 1941).

15c *saber sin pecado*: Parece eco del v. 2b del *Libro de Ale-
xandre*: "mester es sin pecado, ca es de clerecía", donde
se alude a la calidad de la versificación, más que a la
moralidad del tema.

16-18 Esta serie de comparaciones explota el tópico de "corteza
y meollo", muy difundida en la literatura medieval como

17 El axenuz de fuera más negro es que caldera;
es de dentro muy blanco, más que la peña vera;
blanca farina está so negra cobertera;
açucar *dulçe* e blanco está en vil caña vera.

18 Sobre la espina está la noble rrosa flor;
en fea letra está saber de grand dotor;
commo so mala capa yaze buen bevedor,
ansí so el mal tabardo está *el* buen amor.

19 E por que de todo bien es comienço e rraíz
la Virgen Santa María, por ende yo, Joan Roíz,
açipreste de Fita, della primero fiz
cantar de los sus gozos siete, que ansí diz:

GOZOS DE SANTA MARÍA

20 O + María,
luz del día,
Tú me guía
toda vía.

21 Gana me graçia e bendiçión,
e de Jesú consolaçión,
que pueda con devoçión
cantar de tu alegría.

---

expresión del concepto de la interpretación alegórica. Véa-
se, sobre todo, la Introducción a los *Milagros de Nuestra
Señora*, de Gonzalo de Berceo, donde al empezar a expli-
car la alegoría, anuncia: "tolgamos la corteza, al meollo
entremos..." (16c).
18d *tabardo*: Sobre la actitud hacia esta prenda de las autori-
dades eclesiásticas, véase la Introducción, p. 15, y la nota 10.
19bc Sobre la identidad del autor de la obra, véase la Intro-
ducción, pp. 7-10.
20-43 El tema de los Siete Gozos de la Virgen era muy popular
en la himnología medieval, tanto en latín como en lengua
vulgar. Es notable la predilección de Juan Ruiz por la
presentación de sus canciones religiosas en pares: véanse
las cs. 1049-66, 1635-49. Lo mismo hace con sus cantares
de escolares (1650-60) y ciegos (1710-28).

22   1)
El *primer* gozo ques lea:
en çibdad de Galilea—
Nazaret creo que sea—
oviste mensajería

23
Del angel que a ti vino,
Gabriel santo e digno;
troxo te *mensaj* divino:
dixo te: "¡Ave María!"

24
Tú, desque el mandado oíste,
omil mente rresçebiste;
luego virgen conçebiste
al fijo que Dios ⁺ enbía.

25   2)
En Belem acaesçió
el segundo, quando nasçió
e sin dolor aparesçió
de ti, Virgen, el Mexía.

26   3)
El terçero cuentan las leyes,
quando venieron los rreyes,
e adoraron al que veys,
en tu braço do yazía.

27
Ofreçiol *mirra* Gaspar;
Melchior fue ençienso dar;
oro ofreçió Baltasar;
al que Dios e omne seía.

28   4)
Alegría quarta e buena
fue quando la Madalena
te dixo, goço sin pena,
que el tu fijo vevía.

29   5)
El quinto plazer oviste
quando al tu fijo viste
sobir al çielo, e diste
graçias a Dios ó subía.

30   Madre, el tu gozo sesto,
        quando en los disçípulos presto
        fue Spíritu Santo puesto
        en tu santa conpañía.

31   Del septeno, Madre Santa,
        la iglesia toda canta:
        sobiste con gloria tanta
        al çielo e quanto ý avía.

32   Reinas con tu fijo quisto,
        nuestro Señor Jesú Cristo;
        por ti sea de nós visto
        en la gloria sin fallía.

GOZOS DE SANTA MARÍA

33   Tú, Virgen del çielo rreína,
        e del mundo melezina,
        quieras me oir: +
        que de tus gozos aína
        escriva yo prosa digna,
        por te servir;

34   Dezir de tu alegría,
        rrogando te toda vía
        yo, pecador,
        que a la grand culpa mía
        non pares mientes, María,
        mas al loor.

35   Tú siete gozos oviste:
        + primero, quando rresçebiste
        salutaçión
        del ángel; quando oíste
        "¡Ave María!", conçebiste
        Dios, salvación.

36 El segundo fue conplido
quando fue de ti nasçido,
e sin dolor.
De los ángeles servido,
fue luego conosçido
por salvador.

37 Fue el tu gozo terçero
quando vino el luzero
a demostrar
el camino verdadero;
a los rreyes conpañero
fue en guiar.

38 Fue tu quarta alegría
quando te dixo [+] María
que Grabiel
dixo que el tu fijo vevía,
e por señal te dezía
que viera a él.

39 El quinto fue de grand dulçor,
quando al tu fijo señor
viste sobir
al çielo a su padre mayor,
e tú fincaste con amor
de a él ir.

40 *Non es el sesto de olvidar*:
los disçípulos vino alunbrar
con espanto.
Tú estavas en ese lugar;
del çielo viste ý entrar
Spíritu Santo.

---

38 Para la reconstitución de esta estrofa, tan confusa en los Mss., véase R. S. Willis, "*Libro de buen amor*: the Fourth Joy of the Virgin Mary", *RPh*, XXII (1968-1969), pp. 510-514.

41   El septeno non ha par,
     quando por ti quiso enbiar
     Dios tu padre;
     al çielo te fizo pujar,
     con Él te fizo assentar,
     commo a madre.

42   Señora, oy al pecador,
     que tu fijo el Salvador
     por nós diçió
     del çielo, en ti morador;
     el que pariste, blanca flor,
     + por nós murió.

43   + Pecadores non aborrescas,
     pues por *ellos* ser merescas
     madre de Dios;
     antel con nusco parescas,
     nuestras almas le ofrescas,
     rruégal por nós.

AQUÍ FABLA DE CÓMO TODO OMNE ENTRE LOS SUS
CUIDADOS SE DEVE ALEGRAR, E DE LA DISPUTAÇIÓN QUE
LOS GRIEGOS E LOS RROMANOS EN UNO OVIERON

44   Palabras son de sabio, e dixo lo Catón,
     que omne a sus coidados que tiene en coraçón
     entreponga plazeres e alegre la rrazón,
     que la mucha tristeza mucho *pecado* pon.

44-70 Véase la Introducción, p. 60. Entre los estudios más
      recientes sobre este importante pasaje, destacan los de
      A. A. Parker (1976, véase la Bibliografía), Luis Beltrán,
      Razones de buen amor, cap. IV, y Gerli (1982).
44   *Catón*: Véanse *Disticha Catonis,* I, 18. En el Ms. de Ga-
      yoso, el copista intercala la cita en el latín original, entre
      los versos *a* y *b*: "interpone tuis interdam *(sic)* gaudia
      caris *(sic)*".

45   E por que de buen seso non puede omne rreir,
      avré algunas *burlas* aquí a enxerir;
      cada que las *oyeres*, non *quieras* comedir
      salvo en la manera del trobar e del dezir.

46   Entiende bien mis dichos e piensa la sentençia;
      non me contesca con tigo commo al doctor de
                                              [Greçia
      con *el* rribaldo rromano e con su poca sabiençia,
      quando demandó Roma a Greçia la çiençia.

47   Ansí fue que rromanos las leyes non avién;
      fueron las demandar a griegos que las *tenién*;
      rrespondieron los griegos que non las meresçién,
      nin las podrían entender, pues que tan poco sabién.

48   Pero si las querién para por ellas usar,
      que ante les convenía con sus sabios disputar
      por ver si las *entendién* e meresçían levar.
      —Esta rrespuesta fermosa davan por se escusar.

49   —Respondieron rromanos que les plazía de grado;
      para la disputaçión pusieron pleito firmado;
      mas, por que non entendrién el lenguaje non usado,
      que disputasen por señas, por señas de letrado.

46b La versión de *G*, "non acaesca con tigo commo al dotor
    de Greçia...", parece equiparar al lector con el sabio griego,
    quien se pone en ridículo atribuyendo pensamientos pro-
    fundos al rufián romano, lo cual cuadra bien con la c. 45.
    La versión de *S*, en cambio, hace al mismo autor equiva-
    lente del griego, lo cual sugiere que el lector torpe haría
    el papel del romano, al no comprender el sentido pro-
    fundo de las palabras del autor. Esta versión encaja me-
    jor con los comentarios de las cs. 64-70. La ambigüedad
    de las dos lecciones simboliza la del pasaje entero.
46d Para los antecedentes de este cuento, véase Lecoy, *Recher-
    ches...*, pp. 164-167. En un apéndice (pp. 365-368), Lecoy
    da el texto de la versión francesa del *Placidus et Timeo*
    (siglo XIII). Esta versión también reúne todos los elemen-
    tos paródicos que identifica A. D. Deyermond en la de
    Juan Ruiz (*LBAS*, pp. 57-61).
49d señas de letrado: Lecoy, *Recherches...*, pp. 367-368, re-

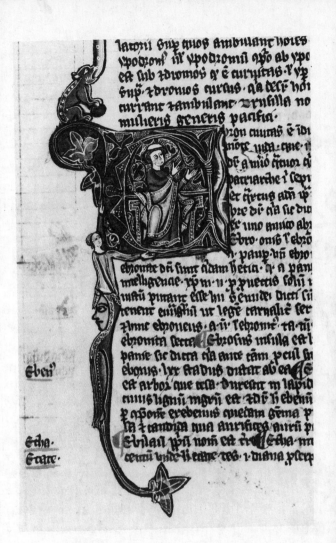

Ms. Exeter Coll. 42, f. 57ᵛ

"Vino aí un griego, doctor muy esmerado, …
Sobió en otra cathedra, todo el pueblo juntado,
e començó sus señas, commo era tratado."

(*Lba*, c. 54)

Ms. Canon Class. Lat. 52, f. 1ᵛ

" 'Si leyeres Ovidio, el que fue mi criado,
en él fallarás fablas que le ove yo mostrado: ...' "

(*Lba*, 429*ab*)

50 Pusieron día sabido todos por contender:
    fueron rromanos en coíta: non sabían qué se fazer,
    por que non eran letrados, nin podrían entender
    a los griegos doctores, nin al su mucho saber.

51 Estando en su coíta, dixo un çibdadano
    que tomasen un rribaldo, un vellaco rromano:
    segund + Dios le demostrase fazer señas con la
                                                      [mano,
    que tales las feziese; fue les conssejo sano.

52 Fueron a un vellaco muy grand e muy ardid:
    dixieron le: "Nós avemos con griegos *nuestro* conbit
    para disputar por señas: lo que tú quesieres pit,
    e nós dar te lo hemos; escusa nos desta lid."

53 Vistieron lo muy bien paños de grand valía,
    commo si fuese doctor en la filosofía.
    Subió en alta cathedra, dixo con bavoquía:
    "Doy mais vengan los griegos con toda su porfía." *

54 Vino aí un griego, doctor muy esmerado,
    escogido de griegos, entre todos loado.
    Sobió en otra cathedra, todo el pueblo juntado
    e començó sus señas, commo era tratado.

55 Levantó se el griego, sosegado, de vagar,
    e mostró solo un dedo, que está cerca del pulgar;
    luego se assentó en ese mismo lugar.
    Levantó se el rribaldo, bravo, de mal pagar.

* Faltan los vv. 53*d*-54*c* en *G.*

---

produce extractos del *De Rebus a se Gestis,* de Giraud de
Cambrai y los *Exempla,* de Jacques de Vitry, relacionados
con el empleo de señas en los monasterios donde existía
una regla de silencio.
53*d* *doy mais*: "a partir de este momento" (literalmente, "de
hoy más").

56 Mostró luego tres dedos, contra el griego tendidos:
el polgar con otros dos que con él son contenidos,
en manera de arpón, los otros dos encogidos.
Assentó se el neçio, catando sus vestidos.

57 Levantó se el griego: tendió la palma llana,
e assentó se luego, con su memoria sana.
Levantó se el vellaco, con fantasía vana:
mostró puño çerrado; de porfía avié gana.

58 A todos los de Greçia dixo el sabio griego:
"Meresçen los rromanos las leyes, ⁺non ge las
                                        [niego."
Levantaron se todos con paz e con sosiego:
grand onrra ovo Roma por un vil andariego.

59 Preguntaron al griego ⁺qué fue lo que dixiera
por señas al rromano, e qué le rrespondiera.
Diz: "Yo dixe que es un Dios: el rromano dixo
                                        [que era
uno e tres personas, e tal señal feziera.

60 "Yo dixe que era todo a la su voluntad;
rrespondió que en su poder tenié el mundo, e diz
                                        [verdat.
Desque vi que entendién e creyén la Trinidad,
entendí que meresçién de leyes çertenidad."

57b *memoria sana*: Aquí equivale a algo así como "concien-
    cia tranquila". En el prólogo, Juan Ruiz habla del papel
    de la memoria como guía del hombre hacia "el buen amor
    de Dios" (11. 5, 21-23, 28, 32-35, 41-51).
58-63 En la versión del cuento que da el *Placidus et Timeo* (véa-
    se la nota a 46*d*), los romanos les piden la explicación de
    las señas a ambos disputantes. Así ellos se percatan de la
    broma gastada a expensas de los griegos, pero éstos que-
    dan ignorantes de ella. En la versión de Juan Ruiz, en
    cambio, cada parte queda ignorante de la explicación dada
    por el disputante de la otra parte, lo cual subraya el men-
    saje central del *enxienplo*, la incomprensión mutua debida
    a la ambigüedad de las señas.

61   Preguntaron al vellaco quál fuera su antojo.
Diz: "Dixo me que con su dedo que me quebran-
[taría el ojo.
Desto ove grand pesar, e tomé grand enojo,
e rrespondí le con saña, con ira e con cordojo

62   "Que yo le quebrantaría ante todas las gentes
con dos dedos los ojos, con el pulgar los dientes.
Dixo me luego após esto que le parase mientes,
que me daría grand palmada en los oidos rreti-
[nientes.

63   "Yo le rrespondí que le daría una tal puñada
que en tienpo de su vida nunca la vies vengada.
Desque vio que la pelea tenié mal aparejada,
dexó se de amenazar do non ge lo preçian nada."

64   Por esto dize la pastraña de la vieja ardida:
"Non ha mala palabra si non es a mal tenida."
Verás que bien es dicha si bien fuese entendida.
Entiende bien mi dicho e avrás dueña garrida.

65   La *burla* que oyeres, non la tengas en vil;
la manera del libro, entiende la sotil;
que saber bien e mal dezir encobierto e doñeguil,
tú non fallarás uno de trobadores mill.

64d La enmienda "... e avrás buena guarida" propuesta por
Stephen Reckert (*RFE*, XXVII, 1953, pp. 227-237), evita-
ría la aparente frivolidad del verso. Pero enmendar contra
el testimonio de ambos Mss. es sólo justificable en el caso
de una lección realmente inaceptable. Aquí, como en otros
casos, el autor explota el efecto ambiguo del brusco cam-
bio de tono y de nivel moral. John Dagenais, *La Corónica*,
XV, 1 (1986), pp. 38-45, relaciona el verso con el colofón
que añaden muchos copistas al final de un texto, pidiendo
como galardón una *pulchra puella*.

65c La versión de G, "que saber el mal desir bien, encobierto,
doñeguil", altera sensiblemente el sentido: implica que el
autor presume de decir cosas malas, pero de una manera
elegante. La versión de S implica que sabe decirlo todo,
bueno o malo, siempre con elegancia.

66 Fallarás muchas garças, non fallarás un uevo;
    rremendar bien non sabe todo alfayate nuevo;
    a trobar con locura non creas que me muevo:
    lo que buen amor dize con rrazón te lo pruevo.

67 En general a todos fabla la escriptura:
    los cuerdos con buen sesso entendrán la cordura;
    los mançebos livianos guarden se de locura;
    escoja lo mejor el de buena ventura.

68 Las del buen amor son rrazones encubiertas:
    trabaja do fallares las sus señales ciertas.
    Si la rrazón entiendes o en el sesso açiertas,
    non dirás mal del libro que agora rrefiertas.

69 Do coidares que miente, dize mayor verdat;
    en las coplas pintadas yaze la falssedat;
    dicha buena o mala, por puntos la juzgat;
    las coplas con los puntos load o denostat.

66*ab* Estos dos proverbios forman una *expolitio* ("refinamiento")
de lo dicho en 65*cd*. La transición a la idea siguiente
—"No creas que yo hago locuras"— es bastante abrupta,
y parece contradecir lo implícito en 65*c*.

66*d* Aquí, creo, *buen amor* debe entenderse como el concepto
abstracto, y no el *Libro*: "te explico con razonamiento el
sentido de *buen amor*". Pero luego no explica nada...

67*bc* La antítesis *cuerdos / mançebos livianos*, y *entendrán la
cordura / guarden se de locura* no es perfecta. Pero el au-
tor parece indicar que mientras que no habrá dificultad
con los *cuerdos,* porque interpretarán las "señas" en el
buen sentido, puesto que los *mançebos livianos* las enten-
derán mal, lo único que puede aconsejarles es que eviten
la *locura*. Sería un disparate combidarles a interpretar mal
su obra —aunque sabe que lo harán.

68*a* *el buen amor* aquí parece ser el libro, más que el concepto,
ya que en el poema el concepto normalmente aparece sin
artículo, como en 66*d* (a diferencia del prólogo).

69*b* *pintadas*: "coloridas", o "decoradas" (también se decía
"palabras afeitadas"), por lo tanto "engañosas". *falssedat*:
Chi., Coro., Willis y Joset prefieren *fealdat* de *G.* El sen-
tido general de 69*ab* es que la elegancia de la dicción
puede ocultar cosas falsas (o feas), mientras que la verdad
se dice muchas veces de una manera que despista. En 69*cd*,

70   De todos instrumentos yo, libro, só pariente:
      bien o mal, qual puntares, tal te diré çiertamente.
      Qual tú dezir quisieres, ý faz punto, ý, ten te;
      si me puntar sopieres, sienpre me avrás en miente.

AQUÍ DIZE DE COMO SEGUND NATURA LOS OMNES E LAS OTRAS ANIMALIAS QUIEREN AVER CONPAÑÍA CON LAS FENBRAS

71   Commo dize Aristótiles, cosa es verdadera:
      el mundo por dos cosas trabaja: + la primera,
      por aver mantenencia; la otra cosa era
      por aver juntamiento con fenbra plazentera.

72   Si lo dixiese de mío, sería de culpar;
      dize lo grand filósofo, non só yo de rrebtar.
      De lo que dize el sabio non devemos dubdar,
      que por obra se prueva el sabio e su fablar.

---

el autor salta de *pintadas* a *puntos*, para introducir la metáfora musical que continuará en la c. 70: el lector debe juzgar cada una por los *puntos*, las notas de la melodía.

70a *instrumentos*: La metáfora musical parece clara: el lector sacará del libro la "música" que corresponda a sus capacidades como intérprete. Pero L. Jenaro MacLennan alega (*VoxRom.*, 42 (1983), en la p. 177) que *instrumentos* son documentos legales, como en la c. 355, e interpreta *puntar* como "puntuar", es decir, "analizar correctamente". El sentido general de la cuarteta no cambia, y ambas interpretaciones son posibles, desde luego. Pero la metáfora musical parece más viva.

70b *dirá*: la lección *diré* de *G* parece más lógica, después del *yo* de 70a, pero es *lectio facilior*.

71-76 Transición entre la introducción por el autor de la obra y la narración de sus aventuras por el protagonista. Para la identificación de la cita de Aristóteles con que se "justifica" la búsqueda del amor, véase Anthony Zahareas, *The Art of Juan Ruiz...*, pp. 181-188: se trata de *Liber de Animalibus*, V y VIII. Juan Ruiz falsea los argumentos de Aristóteles (esencialmente biológicos), pero al mismo tiempo desacredita la defensa del protagonista introduciendo expresiones como *mal seso, sin mesura, locura, peca, desliza*, recordándoles a sus oyentes la actitud oficial de la Iglesia hacia el amor sexual.

73 Que diz verdat el sabio clara mente se prueva:
omnes, aves, animalias, toda bestia de cueva,
quieren segund natura conpañía sienpre nueva,
e quanto más el omne, que a toda cosa se mueva.

74 Digo muy más del omne que de toda creatura:
todos a tienpo çierto se juntan con natura;
el omne, de mal seso, todo tiempo sin mesura,
cada que puede + quiere fazer esta locura.

75 El fuego sienpre quiere estar en la çeniza; *
commo quier que más arde, quanto más se atiza;
el omne, quando peca, bien vee que desliza,
mas non se parte ende, ca natura lo enriza.

76 E yo como soy omne commo otro pecador, **
ove de las mugeres a las vezes grand amor.
Provar omne las cosas non es por ende peor,
e saber bien e mal e usar lo mejor.

* La c. 75 en S solamente.
** Texto en SG hasta 89d.

75d enriza: Chi. y Joset leen entiza, "incitar, instigar". Coro.
defiende enrizar, "azuzar" (<IRRITIARE), y en el Ms. se lee
claramente enriza. En las Siete Partidas, VII. XV. xxi, se
lee: "... o si andudiese el can suelto et lo enrizase á alguno
en manera que trabase, ó mordiese, ó ficiere daño á algunt
home..." La única duda proviene del hecho que en S se
emplea -rr- después de -n- normalmente, por ejemplo, on-
rra, onrrar, etc., o enrroquezer (1546c).

76c Parece una alusión a la sentencia de San Pablo, "Omnia
probate, quod bonum este tenete" (Tesalon. I, cap. V, v. 21),
la cual se cita otra vez en 950a. Como dice Joset (nota a
76c), Juan Ruiz falsea la sentencia jugando con el sentido
de provar / probare, ya que el Apóstol sólo aconsejaba que
se estudiasen las cosas antes de elegir.

DE COMO EL ARÇIPRESTE FUE ENAMORADO

77 Assí fue que un tienpo una dueña me prisso;
    de su amor non fui en ese tienpo rrepiso;
    sienpre avía della buena fabla e buen rriso;
    nunca ál fizo por mí, nin creo que fazer quiso.

78 Era dueña en todo e de dueñas señora;
    non podía estar solo con ella una ora;
    mucho de omne se guardan allí do ella mora,
    más mucho que non guardan los jodíos la Tora.

79 Sabe toda nobleza de oro e de seda;
    conplida de muchos bienes, anda mansa e leda;
    es de buenas constunbres, sossegada e queda;
    non se podría vençer por pintada moneda.

80 Enbié le esta cantiga que es de yuso puesta,
    con la mi mensajera que tenía enpuesta.
    Dize verdat la fabla, que la dueña conpuesta,
    si non quiere el mandado, non da buena rrepuesta.

77-104 Primer episodio amoroso en la carrera del Arcipreste.
Como he indicado en la Introducción (p. 53), contiene ecos
del amor cortés de los trovadores, sobre todo en las causas
del fracaso del cortejo: la *poridat* ("el secreto") se hace
pública, y la *dueña* es sometida a una rigurosa vigilancia
(c. 90); luego los "mescladores" acusan al amante ante
la *dueña* de haberse jactado de su conquista (cs. 93-94).
Sobre el empleo de conceptos y términos de la poesía tro-
vadoresca en la *General Estoria* de Alfonso X, véase Olga
T. Impey, *RCEH*, 9.3 (1985), pp. 369-384.
78*cd* María Rosa Lida (*RFH*, II, 1940, p. 128) comenta el jue-
go de palabras entre *guardar se* en *c* y *guardar la Tora* en
d ("fijar los ojos en..."). Pero en *d*, también, *guardar* pue-
de tener el sentido de "proteger".
79*a nobleza*: Margherita Morreale (*BRAE*, XLVII-XLVIII, 1968,
páginas 220-221) indica que aquí vale "trabajo, obra es-
cogida" (de bordado, etc.).
80*a* Se anuncia que una canción sigue en el texto ("de yuso
puesta"), pero en ambos Mss. falta la canción. Lo mismo
ocurre en las cs. 104, 172, 915 (en *S*), 1021, 1319 (en *S*),
1507, 1625: se anuncian canciones que luego no aparecen,

[marginalia: a mención? part of an 2020]

81   Dixo la dueña cuerda a la mi mensajera:
      "Yo veo otras muchas creer a ti, parlera,
      e fallan se ende mal; castigo en su manera,
      bien commo la rraposa en agena mollera.

[marginalia: hist que cuenta de la dueña al mensajeros]

ENXIENPLO DE COMO EL LEÓN ESTAVA DOLIENTE, E LAS OTRAS ANIMALIAS LO VENÍAN A VER

82   "Diz que yazié doliente el león de dolor;
      todas las animalias vinieron ver su señor;
      tomó plazer con ellas, e sentió se mejor;
      alegraron se todas mucho por su amor.

83   "Por le fazer plazer e más le alegrar,
      conbidaron le todas quel darían a yantar;
      dixeron que mandase quáles quisiese matar:
      mandó matar al toro, que podría abastar.

84   "Fizo partidor al lobo, e mandó que a todos diese.
      El apartó lo menudo para el león que comiese,
      e para sí la canal, la mejor que omne viese;
      al león dixo el lobo que la mesa bendixiese.

---

aunque son las mismas frases con que se introducen la *troba cazurra* (114a) y las *cánticas de serrana* (958d, 986, 996ab). ¿Serán omisiones por los copistas? O ¿es que el autor nunca las compuso? Es de notar que en todos los casos, salvo el de la c. 1021, son canciones de amor las que se anuncian.

82-89 Este cuento, muy conocido en la Edad Media, según Lecoy (*Recherches...*, pp. 146-148), es de tipo esópico, aunque no consta en el *Phaedrus* latino. Tres *dueñas* de las que corteja el protagonista se defienden por medio de *enxienplos*: ésta, doña Endrina (cs. 766-781) y doña Garoza (cs. 1332-1507).

84a *partidor*: G tiene *echán*, que está documentado, por ejemplo, en el *Fuero de Brihuega* de c. 1242, y el *Duelo de la Virgen*, de Berceo, 39d (citas de Chi.). Podría considerarse como *lectio difficilior*, aunque tal vez no lo fuese para el copista de G.

85 "'Señor,' diz, 'tú estás flaco; esta vianda liviana,
come la tú, señor, que te será buena e sana;
para mí e a los otros la canal, que es vana.'
El león fue sañudo, que de comer avía gana.

86 "Alçó el león la mano por la mesa santiguar:
dio grand golpe en la cabeça al lobo por lo castigar;
el cuero con la oreja del *casco* le fue arrancar;
el león a la rraposa mandó la vianda dar.

87 "La gulpeja con el miedo, e commo es *muy* artera,
toda la canal del toro al león *la* dio entera;
para sí e *a* los otros todo lo menudo era.
Maravilló se el león de tan buena egualadera.

88 "El león dixo: 'Comadre, ¿quién vos mostró [+]
[partiçión
tan buena, tan aguisada, tan derecha con rrazón?'
Ella dixo: 'En la cabeça del lobo tomé yo [+] liçión;
en el lobo castigué qué feziese o qué non.'

89 "Por ende yo te digo, vieja e non mi amiga,
que jamás a mí non vengas, nin me digas tal *nemiga*.
Si non, yo te mostraré commo el león *santigua*;
que el cuerdo e la cuerda en mal ageno castiga."

90 E, segund diz Jesú Cristo, non ay cossa escondida [*]
que a cabo de tienpo non sea bien sabida;
fue la mi poridat luego a la plaça salida;
la dueña, muy guardada, fue luego de mí partida.

Se hizo público

[*] Las cs. 90-92 en *S* solamente.

88a *S* tiene ¿q. v. m. ha fazer p.?, *G* ¿q. te m. fazer p.? Chi.,
Coro. y Joset intentan sanar la hipermetría apocopando *te*
y reduciendo *fazer* a *far* o *fer*. Pero *fazer* debe haber es-
tado en el arquetipo (si lo hubo), o si no, debe haberse
introducido independientemente en ambos ramos de los
Mss. Por lo tanto, me parece mejor suprimir el infinitivo,
que alterarlo.
90-92 Estas cuartetas faltan en *G*, donde 93a sigue inmediata-

91 Nunca desde esa ora yo más la pude ver.
Enbió me mandar que punase en fazer
algún triste ditado, que podiese ella saber,
que cantase con tristeza, pues la non podía aver.

92 Por conplir su mandado de aquesta mi señor,
fize cantar tan triste commo este triste amor.
Cantava lo la dueña, creo que con dolor;
más que yo, podría ser dello trobador.

93 Diz el proverbio viejo: "Quien matar *quiere* su
[can, *
achaque le levanta por que non le dé del pan."
Los que quieren partir nos, como fecho lo han,
mesclaron me con ella, e dixieron le *de* plan

94 Que me loava della commo de buena caça,
e que profaçava della commo si fuese çaraça.
Diz la dueña sañuda: "Non ay paño sin rraça,
nin el leal amigo non es en toda plaça."

* Texto en *SG* hasta 99*a*.

---

mente a 89*d*. Los eruditos que no aceptan la teoría de las
dos versiones atribuyen la falta a los copistas. Pero es de
notar que la historia funciona bien sin ellas: el fracaso
del cortejo se debería a los que le "mesclaron con ella"
(93*cd*). El motivo del secreto de amor revelado habría
sido añadido en la versión representada por *S*, tal vez para
intensificar la falta de "cortesía" que el amante parece
mostrar.

90*ab* S. *Mateo*, X, v. 26: "Nihil enim est opertum, quod non
revelabitur; et occultum, quod non scietur."

92*d* Cejador sana la hipometría enmendando: "más que yo,
[ella] podría...", enmienda muy plausible, pero no esen-
cial.

93*d*-94*a* El encabalgamiento se impone aquí, como ejemplo rarí-
simo: Juan Ruiz suele tratar la cuarteta como una unidad
sintagmática y semántica.

94*b* çaraça: Coro. dice que *zaraza* tenía (y aún tiene) el sen-
tido traslaticio de "mujer de mala vida".

95 Commo dize la fabla, quando a otro someten,
   qual palabra te dizen tal coraçón te meten;
   posieron le grand saña, desto se entremeten.
   Diz la dueña: "Los novios non dan quanto pro-
   [meten."

96 Commo la buena dueña era mucho letrada,
   sotil *e* entendida, cuerda, bien mesurada,
   dixo a la mi vieja, que le avía enbiada,
   esta fabla conpuesta de Isopete sacada:

he tells her :

97 Diz: "Quando quier casar omne con dueña mucho
   [onrrada,
   promete e manda mucho; des que la ha cobrada,
   de quanto le prometió o le da poco o nada;
   faze commo la tierra quando estava finchada.

ENSIENPLO DE QUANDO LA TIERRA BRAMAVA

98 "Anssí fue que la tierra commençó a bramar;
   estava tan finchada que quería quebrar; *
   a quantos la oyén podié mal espantar;
   commo dueña en parto commençó se de coitar.

* Falta el v. 98*b* en *G.*

96*d* *Isopete*: Juan Ruiz alude aquí a su fuente para un cuento
ejemplar por primera y única vez. Para la fuente más pro-
bable de las fábulas esópicas, véase Lecoy, *Recherches...*,
cap. V, pp. 114-120. Lecoy intenta identificar la fuente de
cada cuento del *Libro* en los caps. V y VI. Véase, también,
Ian Michael, "The Function of the Popular Tale in the
Libro de buen amor", *LBAS*, pp. 177-218. Michael estu-
dia también la manera en que Juan Ruiz adapta los cuen-
tos para su función en el contexto de cada uno.
98-100 Fábula esópica; véanse Lecoy, *Recherches...*, pp. 120-122,
Michael, "The Function...", pp. 187-188.

99 "La gente que *bramidos atán grandes* oía,
    coidavan que era preñada, atanto se dolía; *
    penssavan que grand sierpe o grand bestia pariría,
    que a todo el mundo conbrié e estragaría.

100 "Quando ella bramava, penssavan de foir,
    e desque vino el día que ovo de parir,
    parió un mur topo, escarnio fue de rreir:
    sus bramuras e espantos en burla fueron salir.

101 "E bien ansí acaesçió a muchos e a tu amo:
    prometen mucho trigo e dan poca paja tamo;
    çiegan muchos con el viento, van se perder con
    [mal rramo.
    Ve te, dil que me non quiera, que nol quiero, *nil*
    [amo."

102 Omne que mucho fabla faze menos a vezes;
    pone muy grant espanto, chica cosa es dos nuezes;
    las cosas mucho caras alguna ora son rrafezes;
    las viles e las rrefezes son caras a las devezes.

103 Tomó por chica cosa aborrençia e grand saña;
    arredró se de mí, fizo me el juego *maña*.
    Aquel es engañado quien coída que engaña;
    desto fize troba de tristeza tan *maña*.

* Texto en *S* hasta 125c.

101b *paja tamo*: El sintagma de dos sustantivos es extraño.
    Coro. sugiere que es error por *paja e tamo*, pero el senti-
    do podría ser "paja [hecha] tamo".
101c *mal rramo*: Chi. cita la expresión *ramo de traición* en el
    Libro de Alexandre, 1675b (en la ed. de J. Cañas Murillo,
    Madrid, 1978). *Mal rramo* vuelve a ocurrir en 398b, abajo.
103b *fizo me el juego maña*: "me engañó". Cej. cita el *Guzmán
    de Alfarache*, I, 2, 10, "... haciéndole el juego maña", y
    Chi. a Villasandino, *Canc. cast. del s. XV*, II, 345a:
    "... Que non me fagades este juego maña."

(a Dios/ excusa)

104   Fiz luego estas cantigas de verdadera salva;
      mandé que ge las diesen de noche o al alva.
      Non las quiso tomar, dixe yo: "Muy mal va."
      Al tienpo se encoje mejor la yerva malva.

DE COMO TODAS LAS COSSAS DEL MUNDO SON VANIDAT
SINON AMAR A DIOS

105   Commo dize Salamón, e dize la verdat,
      que las cosas del mundo todas son vanidat;
      todas son pasaderas, van se con la hedat,
      salvo amor de Dios, todas son liviandat.

106   E yo, desque vi la dueña partida e mudada,
      dixe: "Querer do non me quieren, faría una nada;
      rresponder do non me llaman es vanidad provada."
      Partí me de su pleito, pues de mi es rredrada.

107   Sabe Dios que aquesta dueña, e quantas yo vi,
      sienpre quise *guardar* las e sienpre las serví;
      si servir non las pude, nunca las deserví;
      de dueña mesurada sienpre bien escreví.

104d Refrán de interpretación incierta. A. Blecua sugiere que
    alude a como la malva gira siguiendo el curso del sol.
    El sentido sería: "con el tiempo la malva aumenta su pro-
    piedad de girar las hojas", es decir, "vamos a esperar a
    que llegue el tiempo propicio".
105ab Véase *Eclesiastés*, I, v. 2: "Vanitas vanitatum, dixit Eccle-
    siastes, vanitas vanitatum, et omnia vanitas."
106c *vanidad provada*: Para el juego de conceptos, véase Zaha-
    reas, *The Art of Juan Ruiz...*, pp. 16-20.
107-110 La defensa de la mujer hace la transición desde el aban-
    dono del primer cortejo hasta la segunda aventura: es in-
    útil correr detrás de una mujer que te rechaza, pero eso
    no implica que todas son malas; Dios las creó para ser
    compañeras del hombre, y todos los hombres las quieren...
    pues, yo también. De camino, el empleo de términos del
    amor cortés: *mesurada, loçana, fermosa e cortés, servir
    dueñas* (cfr. el *service d'amours* francés).

108 Mucho sería villano, e torpe *pajés*,
si de la muger noble dixiese cosa rrefez;
ca en muger loçana, fermosa e cortés
todo bien del mundo e todo plazer es.

109 Si Dios, quando formó el omne, entendiera
que era mala cosa la muger, non la diera
al omne por conpañera, nin dél non la feziera;
si para bien non fuera, tan noble non saliera.

110 Si omne a la muger non la quisiesse bien,
non ternía tantos presos el amor quantos tien;
por santo nin *por* santa que seya, non sé quién
non cobdiçie conpaña, si solo se mantién.

111 Una fabla lo dize, que vos digo agora:
que "una ave sola nin bien canta nin bien llora";
el mastel sin la vela non puede estar toda ora,
nin las verças non se crían tan bien sin la noria.

112 E yo, commo estava solo, sin conpañía,
codiçiava tener lo que otro para sí tenía:
puse el ojo en otra, non santa mas *sandía*;
yo cruiziava por ella, otro la avié valdía.

108d El primer hemistiquio es hipométrico. Chi., Coro. y Joset
enmiendan "todo bien deste mundo...", basando la en-
mienda en la lección del fragmento portugués: *todo bem
daqueste mundo...*

111d A. D. Deyermond, *LBAS*, p. 68, señala cómo aquí el autor
hace el paso de lo sublime a lo trivial, introduciendo las
berzas y la noria como símil de la pasión. Quiere, tal vez,
subrayar la transición del ambiente cortés del primer epi-
sodio al tono "cazurro" del segundo. *Noria*: Chi. y Joset
enmiendan en *annora*, Coro. y Blecua en *nora*, ambas for-
mas bien documentadas.

112c *sandía*: en el Ms. *sentia*, lección que Blecua conserva. La
enmienda de Lida (*RFH*, II, 1940, p. 128) ha sido acep-
tada generalmente.

112d *cruiziava*: "sufría, me atormentaba". Se anticipa el juego
de palabras sobre la raíz de *cruz*, que es el nombre de la
panadera, desarrollado en la *troba*, y en la c. 121.

113   E por que yo non podía con ella ansí fablar,
      puse por mi (mensajero) coidando rrecabdar,
      a un mi conpañero; sopo me el clavo echar:
      él comió la vianda, e a mí fazié rrumiar.

114   Fiz con el gran pessar esta troba caçurra:
      la dueña que la oyere por ello non me aburra,
      ca devrién me dezir neçio e más que bestia burra,
      si de tan gran escarnio yo non trobase burla.

DE LO QUE CONTESÇIÓ AL ARÇIPRESTE CON FERRAND GARCÍA SU MENSSAJERO

115   Mis ojos non verán luz
      pues perdido he a Cruz.

116   Cruz cruzada, panadera,
      tomé por *entendedera,*
      tomé senda por carrera,
      commo *faze el* andaluz.

113c *echar el clavo:* "engañar". Cej. cita al *Tesoro...* de Cova-
rrubias, y el *Vocabulario de refranes,* de Correas, entre
otros textos. Bajo *clavo,* Covarrubias dice: *"echar clavo,*
es engañar" (ed. Riquer, p. 326). Correas da *klavar,* "de-
fraudar, engañar..." (ed. Combet, p. 716), también *klavár-
sela* (p. 702).

114b El autor se preocupa varias veces por la reacción que pue-
den tener las *dueñas* ante algo que él ha dicho o quiere
decir: 161b, 164d, 422d, 892a, 904a, 908c, 947cd, c. 948,
c. 1573.

115-120 Sobre la interpretación de esta *troba cazurra,* sobre todo
de los juegos de palabras, véanse Zahareas, *Art of Juan
Ruiz...,* pp. 75-79 (sigue siendo el estudio más valioso);
A. S. Michalski, *RomN.,* XI (1969-70), pp. 434-438; Bel-
trán, *Razones de buen amor,* pp. 87-106. Louise O. Vasvari,
NRFH, XXX. 2 (1983), pp. 299-324; E. Michael Gerli,
RCELH, IX. 2 (1985), pp. 220-227. Para una interpre-
tación del episodio como una alegoría seria y moraliza-
dora, con el tema de "per Crucem ad lucem", véase Ri-
cardo Molina, *Lettres Romanes,* 26 (1972), pp. 194-203.

116d "También por vez primera se habla de la manera de ser
de ciertos españoles..." (Américo Castro, *España en su*

117   Coidando que la avría,
        dixié lo a Ferrand Garçía,
        que troxiese la pletesía,
        e fuese pleités e duz. *duques*

118   Dixo me quel plazía de grado,
        e fizo se de la Cruz privado:
        a mi dio rrumiar salvado;
        el comió el pan más duz. *dulce*

119   Prometiol por mi consejo
        trigo que tenía *añejo*,
        e presentol un conejo, *no es lo q le prometió*
        el traidor falso, marfuz.

120   Dios confonda menssajero
        tan presto e tan ligero;
        non medre Dios tal conejero *"Coñejero"*
        que la caça ansí aduz.

121   Quando la Cruz veía, yo sienpre me omillava; *burlesca*
        (Castigar) santiguava me a ella do quier que la fallava;
        el conpaño de çerca en la Cruz adorava;
        del mal de la cruzada yo non me rreguardava.

---

historia, Buenos Aires, 1948, p. 372). Pero ¿quiénes serían estos 'andaluces' de la primera mitad del siglo XIV? Menos de un siglo después de la reconquista de Córdoba y Sevilla, ¿existiría ya en la conciencia popular una imagen de cómo eran los 'andaluces'?

118d *pan*: Eufemismo sexual bastante conocido, que permite al autor crear equívocos picantes haciendo de la amada una panadera. Según Michalski (*op. cit.*), las panaderas tenían ya mala fama.

119c *conejo*: Eufemismo sexual, normalmente del órgano femenino, pero aquí se aplica al miembro viril, al parecer.

120c *conejero*: "(perro) cazador de conejos".

121c *adorava*: Se ha propuesto una interpretación obscena, basada en la etimología, AD-OREM. No es imposible, pero me parece innecesario.

121d *cruzada*: Se piensa, naturalmente, en las Cruzadas a Tierra Santa (por ej., Coro.). Morreale (*BRAE*, XLIII, 1963,

122 Del escolar goloso, conpañero de cucaña,
     fize esta otra troba: non vos sea estraña,
     ca de ante nin después non fallé en España
     quien ansí me feziese de escarnio magadaña.

AQUÍ FABLA DE LA CONSTELAÇIÓN E DE LA PLANETA EN QUE
LOS OMES NASÇEN E DEL JUIZIO QUE LOS ÇINCO SABIOS
NATURALES DIERON EN EL NASCIMIENTO DEL FIJO DEL
RREY ALCAREZ

otro intento de justificación

123 Los antiguos astrólogos dizen en la çiençia
     de la astrología una buena sabiençia:
     quel omne, quando nasçe, luego en su naçençia,
     el signo en que nasçe le juzgan por sentençia.

---

página 261, y *HR*, XXXVII, 1969, pp. 156-157), piensa en
"una señal de la cruz hecha con los dedos, para subrayar
una amenaza". Beltrán, *Razones...*, pp. 101-103, cree que
es una alusión a los colectores de la *cruzada*, limosna para
los cruzados que iban a la guerra: Ferrant García sería
como un colector de cruzadas malversador. Kelly, *Canon
Law...*, p. 55, nota que en 1323 se nominó a los arcipres-
tes como colectores de la *cruzata*, un impuesto para man-
dar limosna a los cautivos (véase Sánchez Herrero, *Conci-
lios...*, pp. 183-184). Pero, podría ser sencillamente "el
mal de la aventura con la Cruz", o si se quiere, "de la
Demanda de la Cruz".

122a *de cucaña*: "pícaro". El sentido está claro; pero la rela-
ción con *cuco* (postulado por Morreale, *BRAE*, 1963, Joset
y otros), parece fortuito. *Cucaña* se deriva del francés *co-
qaigne*, "provecho (?)", lo mismo que el inglés *Cockaigne*.
Gente de cucaña sería "gente que aprovecha" (cfr. 341*b*,
concejo de cucaña). En inglés, *Land of Cockaigne* es un
país imaginario donde todo es fácil.

123-153 La segunda defensa por el protagonista de su porfía en
la busca del amor. La primera (cs. 71-76) se basa sobre la
naturaleza biológica del hombre. Ésta, sobre el carácter
ineludible de su destino individual. La tercera (cs. 166-167)
sobre la pertinacia de la costumbre. En cada caso se citan
autoridades. Aquí no es necesario suponer que el autor
conocía directamente las obras de Tolomeo o Platón.

124   Esto diz Tholomeo, e dize lo Platón;
       otros muchos maestros en este acuerdo son:
       qual es el asçendente, e la costellaçión
       del que nasçe, tal es su fado e su don.

125   Muchos ay que trabajan sienpre por clerezía;
       deprenden grandes tienpos, espienden grant quan-
                                                    [tía;
       en cabo saben poco, que su fado les guía;
       non pueden desmentir a la astrología. *

126   Otros entran en orden por salvar las sus almas; clero
       otros toman esfuerço en querer usar armas; soldado
       otros sirven señores con las *sus* manos anbas; trabajadore
       pero muchos de aquestos dan en tierra de palmas.

127   Non acaban en orden, nin son más cavalleros,
       nin han merçed de señores, nin han de sus dineros;
       por qué puede ser esto, creo ser verdaderos,
       segund natural curso, los dichos estrelleros.

128   Por que creas el curso destos signos atales,
       dezir té un juizio de çinco naturales,
       que judgaron un niño por sus çiertas señales; **
       dieron juizios fuertes de acabados males.

129   Era un rrey de moros, Alcaraz nonbre avía:
       nasçió le un fijo bello; más de aquél non tenía.
       Enbió por sus sabios, dellos saber querría
       el signo e la planeta del fijo quel nasçía.

   * Texto en *SG* hasta 139*a*.
   ** Falta el v. 128*c* en *G*.

129-139 Lecoy, *Recherches*..., pp. 160-163; Michael, "The Func-
       tion...", pp. 188-190. No se conoce otra versión que tenga
       la apariencia de un cuento oriental (129*a*); en la *Vita Mer-
       lini*, de Geoffroi de Monmouth, por ejemplo, es una de-
       mostración del poder de Merlín. Sobre la interpretación del
       cuento en su contexto, véanse Ullmann, "Stanzas 140-
       150..." (Bibliografía); Zahareas, *The Art of Juan Ruiz*...,
       cap. IV. II., pp. 188-201; Arias y Arias, *El concepto del
       destino*... (Bibliografía); R. P. Kinkade, " 'Intellectum tibi
       dabo'..." (Bibliografía).

130 Entre los estrelleros quel vinieron a ver,
vinieron çinco dellos de más conplido saber;
desque vieron el punto en que ovo de nasçer,
dixo el un maestro: "Apedreado ha de ser."

131 Judgó el otro e dixo: "Este ha de ser quemado."
El terçero dize: "El niño ha de *ser* despeñado."
El quarto dixo: "El infante ha de ser colgado."
Dixo el quinto maestro: "Morrá en agua afogado."

132 Quando oyó el rrey juizios desacordados,
mandó que los maestros fuesen muy bien guardados;
fizo los tener presos en logares apartados;
dio todos sus juizios por mintrosos provados.

133 Desque fue el infante a buena hedat llegado,
pidió al rrey su padre que le fuese otorgado
de ir a correr monte, caçar algún venado:
rrespondió le el rrey que le plazía de grado.

134 Cataron día claro para ir a caçar;
desque fueron en el monte, ovo se a levantar
un rrevatado nublo; començó de agranizar,
e a poca de ora, començó de apedrear.

135 Acordó se su ayo de commo lo judgaron
los sabios naturales que su signo cataron:
diz: "Vayamos nos, señor, que los que a vós fadaron
non sean verdaderos en lo que adevinaron."

136 Penssaron mucho aína todos de se acojer;
mas, commo es verdat e non puede fallesçer
en lo que Dios ordena, en commo ha de ser
segund natural curso, non se puede estorçer.

137 Façiendo la grand piedra, el infante aguijó;
pasando por la puente, un grand rrayo le dio;
foradó se la puente, por allí se despeñó;
en un árbol del rrío de sus faldas se colgó.

138   Estando ansí colgado, adó todos lo vieron,
       afogó se en el agua, acorrer non lo podieron.
       Los çinco fados dichos, todos bien se conplieron;
       los sabios naturales verdaderos salieron.

139   Desque vido el rrey conplido su pessar,
       mandó los estrelleros de la presión soltar; *
       fizo les mucho bien e mandó les usar
       de su astrología en que non avié que dubdar.

140   Yo creo los estrólogos verdad, natural mente;
       pero Dios, que crió natura e açidente,
       puede los demudar e fazer otra mente,
       segund la fe cathólica; yo desto só creyente.

141   En creer lo de natura non es mal estança,
       e creer muy más en Dios con firme esperança.
       Por que creas mis dichos, e non tomes dubdança,
       pruevo te lo breve mente con esta semejança:

142   Çierto es que el rrey en su rregno ha poder
       de dar fueros e leyes, e derechos fazer;
       desto manda fazer libros e quadernos conponer,
       para quien faze el yerro, qué pena deve aver.

143   Acaesçe que alguno faze grand traición,
       ansí que por el fuero deve morir con rraçón;
       pero por los privados que en su ayuda son,
       si piden merçed al rrey, da le conplido perdón.

---

* Texto en *S* hasta 329*d*.

140*b* *natura e açidente*: *açidente* (< ACCIDENS, el opuesto de
SUBSTANTIA) es la calidad no esencial de una cosa. *Natura*,
"naturaleza".

141*d* *semejança*: "comparación, símil"; cfr. don Juan Manuel,
Libro de los estados, I Parte, Cap. II: "Et por que los
omnes non pueden tan bien entender las cosas por otra
manera commo por algunas semejanças, conpus este libro
en manera de preguntas et respuestas que fazian entre si
vn rey et vn infante..." (*Obras completas*, ed. J. M. Ble-
cua, Madrid, 1982, I, p. 208).

144 O si por aventura aqueste que lo erró,
al rrey en algund tienpo atanto le servió
que piedat e serviçio mucho al rrey movió,
por que del yerro fecho conplido perdón le dio.

145 E ansí, commo por fuero avía de morir,
el fazedor del fuero non lo quiere conssentir:
dispensa contra el fuero e dexa lo bevir;
quien puede fazer leyes puede contra ellos ir.

146 Otrosí, puede el papa sus decretales far,
en que a sus súbditos manda çierta pena dar;
pero puede muy bien contra ellos dispenssar,
por graçia o por serviçio toda la pena soltar.

147 Veemos cada día pasar esto de fecho;
pero por todo eso, las leyes y el derecho,
e el fuero escripto, non es por ende desfecho;
ante es çierta çiença e de mucho provecho.

148 Bien ansí nuestro Señor Dios, quando el çielo crió,
puso en él sus signos, e planetas ordenó;
sus poderes çiertos e juizios otorgó,
pero mayor poder rretuvo en sí que les non dio.

149 Anssí que por ayuno e limosna e oración, } *actos de voluntad*
e por servir a Dios, con mucha contriçión, }
non ha poder mal signo nin su costellaçión;
el poderío de Dios tuelle la tribulaçión.

150 Non son por todo aquesto los estrelleros mintrosos,
que judgan segund natura, por sus cuentos fermo-
[sos;
ellos e la çiença son çiertos e non dubdosos,
mas non pueden contra Dios ir, nin son poderosos.

151 Non sé astrología, nin só ende maestro,
nin sé astralabio más que buey de cabestro;
mas, por que cada día veo pasar esto,   *experiencia*
por aqueso lo digo; otrosí veo aquesto:

*e/ la-
q aprende
de la experiencia*

152 Muchos nasçen en Venus, que lo más de su vida
    es amar las mugeres, nunca se les olvida;
    trabajan e afanan mucho, sin medida,
    e los más non rrecabdan la cosa más querida.

153 En este signo atal creo que yo nasçí:
    sienpre puné en servir dueñas que conosçí;
    el bien que me feçieron, non lo desagradesçí;
    a muchas serví mucho, que nada non acabesçí.

154 Commo quier que he provado mi signo ser atal,
    en servir a las dueñas punar, e non en ál,
    pero aunque omne non goste la pera del peral,
    en estar a la sonbra es plazer comunal.

155 Muchas noblezas ha en el que a las dueñas sirve:
    loçano, fablador, en ser franco se abive;
    en servir a las dueñas el bueno non se esquive,
    que si mucho trabaja, en mucho plazer bive.

154c *la pera del peral*: Aunque la comparación es válida al ni-
vel literal, *pera* era también un eufemismo sexual. Gail
Phillips, *The Imagery of the 'Libro de buen amor'*, p. 98,
n. 29, remite a L. Polak, *Romania*, XCIII (1972), pp. 303-
316. Marina S. Brownlee, *The Status of the Reading Sub-
ject in the 'Libro de buen amor'*, Chapel Hill, 1985, pp. 30-
33, cree que es una alusión irónica al episodio del "pe-
ral" en las *Confesiones* de San Agustín: del crimen del
robo de las peras (Lib. II. iv), el santo progresa hasta
la conversión debajo de la higuera (Lib. VIII. xii); en
cambio, el Arcipreste no abandona la sombra del peral.
Pero el santo no escribió *pirum* ni *pirus* (salvo la primera
vez), sino *pomum* y *pomus*, palabras que nunca adquirieron
el sentido concreto de "pera/peral", según los diccionarios
que he podido consultar. Por tanto, me parece muy du-
doso que Juan Ruiz pensase en las *poma* de San Agustín
al componer esta cuarteta.

155-157 Los efectos del amor sobre el enamorado forman un
tópico de la literatura del amor. Véase, por ejemplo, *El Co-
llar de la paloma*, de Ibn Hazm, Cap. II, "Sobre las seña-
les del amor" (en la versión de E. García Gómez, Madrid,
1952, p. 86): "Por el amor, los tacaños se hacen despren-
didos, los huraños desfruncen el ceño..." Jaime Oliver Asín,

efectos del amor

156 El amor faz sotil al omne que es rrudo;
faze le fablar fermoso al que antes es mudo;
al omne que es covarde faze lo muy atrevudo;
al perezoso *faze* ser presto e agudo.

157 Al mançebo mantiene mucho en mançebez,
e al viejo faz perder mucho la vejez;
faze blanco e fermoso del negro como pez;
lo que non vale una nuez, amor le da grand prez.

158 El que es enamorado, por muy feo que sea,
otrosí su amiga, maguer que sea muy fea,
el uno e el otro, non ha cosa que vea
que tan bien le paresca, nin que tanto desea.

159 El bavieca, el torpe, el neçio, el pobre,
a su amiga bueno paresçe e rrico onbre,
más noble que los otros; por ende todo onbre,
como un amor pierde, luego otro cobre.

160 Ca puesto que su signo sea de tal natura
commo es éste mío, dize una escriptura
que "buen esfuerço vençe a la mala ventura",
e a toda pera dura grand tienpo la madura.

161 Una tacha le fallo al amor poderoso,
la qual a vós, dueñas, yo descobrir non oso;
mas por que non me tengades por dezidor medroso,
es esta: que el amor sienpre fabla mentiroso.

"Historia y prehistoria del castellano *alaroza*", *BRAE*, XXX
(1950), pp. 402-407, señala la existencia del tópico en la
poesía trovadoresca (Aimeric de Peguilhan, etc.), citando
a Alfred Jeanroy, quien alude a "esas interminables leta-
nías de antítesis, a menudo forzadas y pueriles" (*Poésie ly-
rique des troubadours*, Toulouse, 1934, II, p. 100). El tó-
pico vuelve a aparecer en *El diálogo entre el Amor y un
viejo*, de Rodrigo de Cota, y en *El triunfo del Amor*, de
Juan del Encina.
158-60 Sobre el cambio de aspecto que se le da al amor aquí,
véanse mis comentarios en la Introducción, p. 66.

162   Ca segund vos he dicho en la otra consseja,
        lo que en sí es torpe con amor bien semeja;
        tiene por noble cosa lo que non vale una arveja;
        lo que semeja non es, oya bien tu oreja.

163   Si las mançanas sienpre oviesen tal sabor
        de dentro, qual de fuera dan vista e color,
        non avrié de las plantas fructa de tal valor;
        más ante pudren que otra, pero dan buen olor.

164   Bien atal es el amor, que da palabra llena:
        toda cosa que dize paresçe mucho buena;
        non es todo cantar quanto rruido suena;
        por vos descobrir esto, dueña, non aya pena.

165   Diz por las verdades se pierden los amigos,
        e por las non dezir se fazen desamigos.
        Anssí entendet sano los proverbios antiguos,
        e nunca vos creades loores de enemigos.

DE COMO EL AÇIPRESTE FUE ENAMORADO, E DEL ENXIENPLO DEL LADRÓN E DEL MASTÍN

166   Como dize el sabio, cosa dura e fuerte
        es dexar la costunbre, el fado e la suerte;
        <u>la costunbre</u> es otra⁺ natura, çierta mente;
        apenas non se pierde fasta que viene la muerte.

165c *sano*: Coro. glosa "por cierto", como *sane* en el latín
    clásico.
166a El sabio es Aristóteles (el Filósofo por antonomasia de
    Santo Tomás de Aquinas): cfr. *De Memoria et Reminis-
    centia*, cap. II. 199, "... Tam quam enim natura iam
    consuetudo est", y la glosa de Aquinas (*Commentarium...*,
    aps. 382-383): "... quia consuetudo est quasi quaedam na-
    tura..."

167 E por que es costunbre de mançebos usada
     querer sienpre tener alguna enamorada,
     por aver solaz bueno del amor con amada,
     tomé amiga nueva, una dueña ençerrada.

168 Dueña de buen linaje e de mucha nobleza,
     todo saber de dueña sabe con sotileza;
     cuerda e de buen seso, non sabe de villeza;
     muchas dueñas e otras, de buen saber las veza.

169 De talla muy apuesta e de gesto amorosa,
     loçana, doñeguil, plazentera, fermosa,
     cortés e mesurada, falaguera, donosa,
     graçiosa e donable, amor en toda cosa.

170 Por amor desta dueña fiz trobas e cantares:
     senbré avena loca rribera de Henares;
     verdat es lo que dizen los antiguos rretráheres:
     "Quien en el arenal sienbra non trilla pegujares."

171 Coidando la yo aver entre las benditas,
     dava le de mis *donas*: non paños e non çintas,
     non cuentas nin sartal, nin sortijas, nin mitas;
     con ello estas cantigas que son de yuso escriptas.

169d *donable*: Palabra desconocida. Coro. glosa, "parece ser
     'graciosa, garbosa, alegre", sin ofrecer explicaciones. Pero
     la forma es curiosa, ya que la formación de palabras con
     -able no era corriente en la Edad Media. En el latín clá-
     sico, DONABILIS significa "digno de recibir regalos", acepción
     que no caería mal aquí (cfr. la c. 171).
170b *senbré avena loca*: María Rosa Lida nota (*RFH*, II, 1940,
     página 116) que la avena es símbolo de la lujuria. En in-
     glés, sigue siendo proverbial "to sow one's wild oats", en
     el sentido de divertirse con amoríos cuando mozo. No
     conozco el trabajo en que Francisco Rico ha indicado que
     la frase se remonta a un antiguo tópico, según apunta
     Blecua (nota a 170b), pero el contexto sugiere que aquí
     el sentido es "perder el tiempo en un cortejo sin fruto".
171bcd Morreale (*BRAE*, XLIII, 1963, pp. 263-264) acepta la
     versión de María Brey Mariño (Odres Nuevos, Castalia,

172 Non quiso rreçevir lo, bien fuxo de avoleza;
    fizo de mí bavieca, diz: "Non muestran pereza
    los omnes en dar poco por tomar grand rriqueza.
    Levad lo e dezid le que mal mercar non es fran-
                                          [queza.

173 "Non perderé yo a Dios, nin al su paraíso,
    por pecado del mundo, que es sonbra de aliso.
    Non soy yo tan sin sesso; si algo he priso,
    'Quien toma dar deve', dize lo sabio enviso."

174 Anssí *contesçió* a mí con la dueña de prestar
    commo contesçió al ladrón que entrava a furtar,
    que falló un grand mastín; començó le de ladrar.
    El ladrón, por furtar algo, començó le a falagar:

175 Lançó medio pan al perro, que traía en la mano;
    dentro ivan las çaraças; varruntó lo el alano.
    Diz: "Non quiero mal bocado; non serié para mí
                                          [sano;
    por el pan de una noche non perderé quanto gano.

176 "Por poca vianda que esta noche çenaría,
    non perderé los manjares, nin el pan de cada día.
    Si yo tu mal pan comiese, con ello me afogaría;
    tú furtarías lo que guardo e yo grand traïción faría.

177 "Al señor que me crió non faré tal falsedat,
    que tú furtes su thesoro, que dexó en mi fealdat.
    Tú *levarías* el algo, yo faría grand maldat.
    ¡Ve te de aquí, ladrón! Non quiero tu poridad."

4.ª ed., 1965): "Regalos no faltaron de cosas infinitas: ni
telas, ni collar..." Joset piensa que es una manera irónica
de decir que hubo muchos regalos. Pero el contexto con-
cierne a un amante que fracasa por tacaño (cs. 172-173),
y, por tanto, la lista de regalos debe ser negativa. La iro-
nía está en el *con ello*, ya que la *dueña* sólo recibe las
canciones.

174-178 Fábula esópica. Lecoy, *Recherches...*, p. 122; Michael,
"The Function...", pp. 190-191.

178   Começó de ladrar mucho; el mastín era mazillero:
      tanto siguió al ladrón que fuyó de aquel çillero.
      Así conteçió a mí e al mi buen mensajero
      con aquesta dueña cuerda, e con la otra primero.

179   Fueron dares valdíos, de que ove manzilla.
      Dixe: "Uno coída el vayo e otro el que lo ensilla."
      Redré me de la dueña, e creí la fablilla
      que diz: "Por lo perdido non estés mano en me-
                                              [xilla."

180   Ca, segund vos he dicho, de tal ventura seo *(mi lado) mi tendencia*
      que, si lo faz mi signo o si mi mal asseo,
      nunca puedo acabar lo medio que desseo;
      por esto a las vegadas con el amor peleo.

                        Se queja ante el amor
                        irritación personal

DE COMO EL AMOR VINO AL ARÇIPRESTE E DE LA PELEA
      QUE CON ÉL OVO EL DICHO ARÇIPRESTE

                                              épico

181   Diré vos una pelea que una noche me vino:
      pensando en mi ventura, sañudo, e non con vino,
      un omne grande, fermoso, mesurado, a mí vino.
      Yo le pregunté quién era: Dixo: "Amor, tu vezino."

179d *Repite los sentimientos de la c. 106.*
180d *por esto a las vegadas*: Este verso da la impresión de que
      la *pelea* alegórica que sigue es una de varias. Pero si he-
      mos de tomar en serio 181d, debe ser la primera. Es más
      probable que entre *peleo* de 180d y *pelea* de 181a haya
      un juego de sentidos, y que 180d quiere decir que el
      amante se encuentra a veces reaccionando contra el amor.
181b *sañudo*: La saña del Arcipreste es la primera cosa que co-
      menta el Amor en su respuesta (423b). En el amor, el an-
      tagonismo es contraproducente...
181c Al dios del amor de la mitología clásica se le pinta como
      un niño travieso (véase, por ejemplo, el *Ars Amatoria*, I,
      vv. 7-10), hijo de Venus. Juan Ruiz le representa como
      ya adulto y, más tarde, como marido de Venus (608a).
      La señora de Malkiel creyó ver aquí la influencia del *Libro
      de delicias*, de Ibn Sabara, donde el protagonista es visi-

182 Con saña que tenía fui lo a denostar:
díxel: "Si Amor eres, non puedes aquí estar;
eres mentiroso falso, en muchos enartar;
salvar non puedes uno, puedes çient mill matar.

183 "Con engaños e lijonjas e sotiles mentiras,
enpoçonas las lenguas, enervolas tus viras;
al que mejor te sirve, a él fieres quando tiras;
partes lo del amiga al omne que aíras.

184 "Traes enloqueçidos a muchos con tu saber:
fazes les perder el sueño, el comer y el bever;
fazes a muchos omnes tanto se atrever
en ti fasta que el cuerpo e el alma van perder.

185 "Non tienes rregla çierta, nin tienes en ti tiento;
a las vegadas prendes con grand arrevatamiento,
a vezes poco a poco, con maestrías çiento;
de quanto yo te digo tú sabes que non miento.

186 "Desque los omnes prendes, non das por ellos nada;
traes los de oy en cras, en vida muy penada;
fazes al que te cree lazar en tu mesnada,
e por plazer poquillo andar luenga jornada.

187 "Eres tan enconado que, do fieres de golpe,
non lo sana mengía, enplasto nin xarope;
non sé fuerte nin rreçio que se con tigo tope,
que nol debatas luego, por mucho que se enforçe.

188 "De como enflaquezes las gentes, e las dapñas,
muchos libros ay desto, de commo las engañas
con tus muchos doñeos e con tus malas mañas;
sienpre tiras la fuerça, dizen lo en fazañas.

---

tado durante la noche por el gigantesco Enán (*NRFH*,
XIII, 1959, p. 25). Pero no es esencial acudir a las tradi-
ciones hebreas para explicar a don Amor: en el *Roman
de la Rose*, si bien se le describe como un adolescente,
se comporta como un hombre ya maduro, con su séquito
y su ejército compuesto de amantes, y en el *Dit de la Pan-
thère*, de Nicole de Margival, de c. 1300-1320, es el ma-
rido de Venus.

ENSSIENPLO DEL GARÇÓN QUE QUERÍA CASSAR CON TRES
MUGERES

189 "Era un garçón loco, mançebo, bien valiente;
non quería cassar se con una sola mente,
si non con tres mugeres, tal era su talente.
Porfiaron en cabo con él toda la gente.

190 "Su padre e su madre e su hermano mayor
afincaron le mucho que ya por su amor
con dos que se cassase, primero con la menor,
e dende a un mes conplido, casase con la mayor.

191 "Fizo su cassamiento con aquesta condiçión.
El primer mes ya pasado, dixieron le tal rrazón:
que al otro su hermano con una e con más non
quisiese que le casasen a ley e a bendiçión.

192 "Respondió el cassado que esto non feçiesen,
que él tenía muger en que anbos a dos oviesen
casamiento abondo, e desto le dixiesen;
de casar lo con otra non se entremetiesen.

193 "Aqueste omne bueno, padre de aqueste neçio,
tenía un molino, de grand muela de preçio;
ante que fuese casado, el garçón atan rreçio,
andando mucho la muela, tenía la con el pie quedo.

189-196 Lecoy, *Recherches...*, pp. 157-158, Michael, "The Func-
tion...", pp. 191-192; también Zahareas, *The Art of Juan
Ruiz...*, pp. 80-83. El cuento tiene evidente parecido con
los *fabliaux* franceses, y el *fabliau* de "Le Valet aux dou-
ze femmes" tiene el mismo argumento básico. Pero Lecoy
concluye que las diferencias son tan grandes que el *fa-
bliau* no puede haber sido la fuente directa. Zahareas sub-
raya la falta de misoginia en la versión de Juan Ruiz,
atribuyéndolo a su deseo de evitar la moralización y de
aumentar el humor de la situación en que se encuentra
el *garçón*. Pero aquí es el amor el blanco de la moraliza-
ción, y no las mujeres, y el cuento demuestra sobre todo
los malos efectos físicos del amor.

194 "Aquesta fuerça grande e aquesta valentía,
   ante que fuese casado ligero la fazía;
   el un mes ya pasado que casado avía,
   quiso provar commo ante, e vino allí un día.

195 "Provó tener la muela commo avía usado:
   levantó le las piernas, echó lo por mal cabo.
   Levantó se el neçio, maldixo le con mal fado:
   diz: '¡Ay molino rreçio! ¡Aun te vea casado!'

196 "A la muger primera el tanto la amó
   que a la otra donzella nunca más la tomó;
   non provó más tener la muela, sol non lo *asmó*.
   Ansí tu devaneo al garçón loco domó.

197 "Eres padre del fuego, pariente de la llama:
   más arde e más se quema qualquier que te más
                                         [ama.
   Amor, quien te más sigue, quemas le cuerpo e alma;
   destruyes lo del todo, commo el fuego a la rrama

198 "Los que te non provaron en buen día nasçieron:
   folgaron sin coidado, nunca entristeçieron;
   desque a ti fallaron, todo su bien perdieron;
   fue les commo a las rranas, quando el rrey pidie-
                                         [ron.

ENXIENPLO DE LAS RRANAS EN COMO DEMANDARON RREY A DON JUPITER

199 "Las rranas en un lago cantavan e jugavan;
   cosa non les nuzía, bien solteras andavan.
   Creyeron al diablo, que del mal se pagavan;
   pidieron rrey a don Júpiter, mucho ge lo rrogavan.

199-205 Lecoy, *Recherches...*, pp. 122-125, Michael, "The Func-
   tion...", pp. 192-193. Es una fábula esópica.

200 "Enbió les don Júpiter una viga de lagar,
la mayor quél pudo, cayó en ese lugar.
El grand golpe del fuste fizo las rranas callar,
mas vieron que non era rrey para las castigar.

201 "Suben sobre la viga quantas podían sobir;
dixeron: 'Non es este rrey para lo nós servir.'
Pidieron rrey a don Júpiter como lo solían pedir:
don Júpiter con saña ovo las de oir.

202 "Enbió les por su rrey çigüeña manzillera:
çercava todo el lago, ansí faz la rribera;
andando pico abierta, commo era *venternera,*
de dos en dos las rranas comía bien ligera.

203 "Querellando a don Júpiter, dieron boçes las rranas:
'¡Señor, señor, acorre nos, tú que matas e sanas!
El rrey que tú nos diste por nuestras bozes vanas,
da nos muy malas tardes, e peores las mañanas.

204 "'Su vientre nos sotierra, su pico nos estraga;
de dos en dos nos come, nos abarca e nos astraga.
Señor, tú nos defiende; señor, tú ya nos paga;
da nos la tu ayuda, tira de nós tu plaga.'

205 "Respondió les don Júpiter: 'Tened lo que pidistes;
el rrey tan demandado por quantas bozes distes
vengue vuestra locura, ca en poco tovistes
ser libres e sin premia: rreñid, pues lo quesistes.'

206 "Quien tiene lo quel cunple, con ello sea pagado;
quien puede ser suyo, non sea enajenado;
el que non toviere premia non quiera ser apremiado;
libertat e soltura non es por oro conprado.

207 "Bien ansí acaesçe a todos tus contrallos:
do son de sí señores, tornan se tus vasallos.
Tú después nunca piensssas si non por astragallos
en cuerpos e en almas, así todos tragallos.

208 "Querellan se de ti, mas non les vales nada,
que tan presos los tienes en tu cadena doblada
que non pueden partir se de tu vida penada.
Responde a quien te llama. ¡Ve te de mi posada!

209 "Non quiero tu conpaña, ve te de aquí, varón;
das al cuerpo lazeria, trabajo sin rrazón;
de día e de noche eres fino ladrón:
quando omne está seguro furtas le el coraçón.

210 "En punto que lo furtas luego lo enajenas;
das le a quien non le ama, tormentas le con penas;
anda el coraçón sin cuerpo en tus cadenas,
penssando e sospirando por las cosas ajenas.

211 "Fazes lo andar bolando como la golondrina;
rrebuelves lo a menudo, tu mal non adevina;
oras coída en Susaña, oras en Merjelina;
de diversas maneras tu quexa lo espina.

212 "En un punto lo pones a jornadas trezientas;
anda todo el mundo quando tú lo rretientas.
Dexas le solo e triste con muchas sobervientas;
a quien nol quiere nil ama sienpre ge la *emientas*.

213 "Varón, ¿qué as con migo? ¿Quál fue aquel mal
[debdo,
que tanto me persigues? Vienes me manso e quedo,
nunca me aperçibes de tu ojo nin del dedo;
das me en el coraçón, triste fazes del ledo.

211c *Merjelina*: Cej. sugiere que el nombre está relacionado con
el *Marjolaine* francés, y añade que se encuentra en el
Marcos de Obregón. Tanto Joset como Blecua creen que
contrasta con *Susaña*: según Joset, un nombre raro y el
otro corriente; según Blecua, la casta Susaña está contras-
tada con la esposa disoluta del emperador Claudio, Mesa-
lina, pero no va tan lejos como para enmendar el texto.

214 "Non te puedo prender, tanta es tu maestría,
e maguer te presiese, crey que te non mataría.
Tú, cada que a mí prendes, tanta es tu orgullía,
sin piedat me matas de noche e de día.

215 "Responde, ¿qué te fiz? ¿Por qué me non diste
                                               [dicha
en quantas que amé, nin de la dueña bendicha?
De quanto me prometié, luego era desdicha.
En fuerte punto te vi, la ora fue mal dicha.

216 "Quanto más aquí estás, tanto más me assaño:
más fallo que te diga, veyendo quánto dapño
sienpre de ti me vino con tu sotil engaño;
andas urdiendo sienpre cobierto so mal paño.

AQUÍ FABLA DEL PECADO DE LA COBDIÇIA

217 "Con tigo sienpre trahes los mortales pecados:
con *tu* mucha cobdiçia los omnes engañados,
fazes los cobdiçiar *e* mucho ser denodados,
passar los mandamientos que de Dios fueron dados.

218 "De todos los pecados es rraíz la cobdiçia:
ésta es tu fija mayor, tu mayordoma anbiçia;
ésta es tu alférez e tu casa offiçia;
ésta destruye el mundo, sostienta la justiçia.

217-372 La querella del protagonista deja de ser una diatriba tal
como pudiera expresarla cualquier amante decepcionado,
o cualquier moralista pagano, para convertirse en un "ser-
món" cristiano, cuyo blanco puede ser, ya no el amor
sexual en sí, sino el *amor inordinatus* de que habla San
Agustín (véase mi Introducción, pp. 32-33), raíz de todo
pecado. De este modo se explicaría cómo el dios del amor
ovidiano se transforma en el padre de la codicia, raíz de
los pecados mortales.
218a Cfr. San Pablo, *Epístola a Timoteo*, VI, v. 10: "Radix enim
omnium malorum est cupiditas."
218d *sostienta*: Morreale (*BRAE*, XLVII, 1968, pp. 226-227) cree
que aquí puede significar "tentar, sobornar", o si no, "resis-
tir, oponerse a...". Pero no veo por qué no ha de significar

219 "La sobervia e ira, que non falla do quepa;
avarizia e loxuria, que arden más que estepa;
gula, envidia, açidia, ques pegan commo lepra;
de la cobdiçia nasçen, es *dellas* rraíz e çepa.

220 "En ti fazen morada, alevoso, traidor;
con palabras muy dulçes, con gesto engañador,
prometen e mandan mucho los omnes con amor;
por conplir lo que mandan cobdiçian lo peor.

221 "Cobdiçian los averes que ellos non ganaron,
por conplir las promesas que con amor mandaron;
muchos por tal cobdiçia lo ajeno furtaron,
por que penan sus almas e los cuerpos lazraron.

222 "Murieron por los furtos de muerte sopitaña,
arrastrados e enforcados, de manera estraña.
En todo eres cuquero, e de mala picaña;
quien tu cobdiçia tiene, el pecado lo engaña.

223 "Por cobdiçia feçiste a Troya destroir
por la mançana escripta que se non deviera escrevir;
→ quando la dio a Venus París, por le induzir,
que troxo a Elena que cobdiçiava servir.

224 "Por tu mala cobdiçia los de Egipto morieron:
los cuerpos enfamaron, las ánimas perdieron;
fueron e son airados de Dios los que te creyeron;
de mucho que cobdiçiaron poca parte ovieron.

"mantener" aquí: la *cobdiçia* sería la motivación que hace
funcionar la justicia y, por tanto, la mantendría al mismo
tiempo que la pervertía.

223cd Parafraseando, "París dio la manzana a Venus, porque ella
le inducía a dársela [con la promesa de ganarle el amor
de Elena], a quien él llevó [después] a Troya..." *Por le
induzir* es anacoluto, según Blecua, y no equivalente de
"para inducirla".

223d *troxo*: Coro. alega que debiera leerse *rroxo*, < RAPSUIT,
"raptó".

224ab Alusión a la anegación del ejército egipcio en el Mar Rojo
(*Exodus*, XIV).

225 "Por la cobdiçia pierde el omne el bien que tiene:
    coída aver más mucho de quanto le conviene;
    non han lo que cobdiçian, lo suyo non mantienen;
    lo que contesçió al perro, a éstos tal les viene.

ENSIENPLO DEL ALANO QUE LLEVAVA LA PIEÇA DE CARNE
EN LA BOCA

es lo más imp pero es más corto

226 "Alano carniçero en un rrío andava;
    una pieça de carne en la boca passava;
    con la sonbra del agua dos tántol semejava;
    cobdiçió la abarcar, cayó se le la que levava.

227 "Por la sonbra mentirosa, e por su coidar vano,
    la carne que tenía perdió la el alano;
    non ovo lo que quiso, nol fue cobdiçiar sano;
    coidó ganar, e perdió lo que tenía en su mano.

228 "Cada día contesçe al cobdiçioso atal:
    coída ganar con tigo, e pierde su cabdal;
    de aquesta rraíz mala nasçe todo el mal;
    es la mala cobdiçia pecado mortal.

229 "Lo más e lo mejor, lo que es más preçiado,
    desque lo tiene omne çierto e ya ganado,
    nunca deve dexar lo por un vano coidado;
    quien dexa lo que tiene, faze grand mal rrecabdo.

AQUÍ FABLA DEL PECADO DE LA SOBERVIA

230 "Sobervia mucha traes, *adó* miedo non as:
    piensas, pues non as miedo, tú de qué pasarás;
    las joyas para tu amiga, de qué las comprarás;
    por esto rrobas e furtas, por que tú penarás.

226-227 Lecoy, *Recherches...*, p. 25, Michael, "The Function...",
páginas 193-194. Fábula esópica.

231   "Fazes con tu sobervia acometer malas cosas:
       rrobar a camineros las joyas preçiosas,
       forçar muchas mugeres, cassadas e esposas,
       vírgenes e solteras, viudas e rreligiosas.

232   "Por tales malefiçios manda los la ley matar:
       mueren de malas muertes, non las puedes tú quitar;
       lieva los el diablo por el tu grand abeitar;
       fuego infernal arde do uvias assentar.

233   "Por tu mucha sobervia feziste muchos perder:
       primero muchos ángeles, con ellos Luçifer,
       que por su grand sobervia e su desagradesçer,
       de las sillas del çielo ovieron de caer.

234   "Maguer de su natura buenos fueron criados,
       por la su gran sobervia fueron e son dañados;
       quantos por la sobervia fueron e son dañados,
       non se podrían escrevir en mill pliegos contados.

235   "Quantas fueron e son batallas e pelleas,
       injurias e varajas e contiendas muy feas,
       Amor, por tu sobervia se fazen, bien lo creas;
       toda maldat del mundo es do quier que tú seas.

236   "El omne muy sobervio e muy denodado,
       que non ha de Dios miedo, nin cata aguisado,
       ante muere que otro más flaco e más lazrado;
       contésçel commo al asno con el cavallo armado.

231cd Por las categorías de mujeres "forçadas", compárese, por
       ejemplo, *Las Siete Partidas*, VII. xx. Ley i: "Forçar o ro-
       bar virgen, o casada, o religiosa, o vibda que viva hones-
       tamente en su casa es yerro e maldat muy grande,..."
       (véase la nota 36 a la Introducción).
234bc La repetición del segundo hemistiquio parece ser un error
       del copista. Coro. enmienda 234c en *fueronse condemna-
       dos*, Joset propone o *fueronse enfamados* o *f. denodados*.
       Morreale (*BICC*, XXXIV, 1979, pp. 94-137, C. 3. 5. 3)
       duda que en tal sintagma la construcción pronominal *fue-
       ronse* sea aceptable. Blecua deja un blanco después de
       fueron. El sentido de la cuarteta está muy poco afectado.

ENSIENPLO DEL CAVALLO E DEL ASNO

237 "Iva lidiar en canpo el cavallo faziente,
     por que forçó la dueña el su señor valiente; —
     lorigas bien levadas, muy valiente se siente;
     mucho delantél iva el asno mal doliente.

238 "Con los pies e con las manos, e con el noble freno,
     el cavallo sobervio fazía tan grand sueno
     que a las otras bestias espanta como trueno;
     el asno con el miedo quedó, e nol fue bueno.

239 "Estava rrefusando el asno con la grand carga;
     andava mal e poco, al cavallo *enbarga;*
     derribó le el cavallo, en medio de la varga;
     diz: 'Don villano nesçio, buscad carrera larga.'

240 "Dio salto en el canpo, ligero, aperçebido;
     coidó ser vençedor, e fincó él vençido:
     en el cuerpo muy *fuerte* de lança fue ferido;
     las entrañas le salen, estava muy perdido.

237-244 Lecoy, *Recherches...*, pp. 125-126; Michael, "The Func-
tion...", pp. 194-195. Lecoy subraya la originalidad de la
versión de Juan Ruiz, y Michael llama la atención sobre las
dos alusiones al amor como factor en la ruina del caballo
(237*b* y 241*d*).

239*a* *rrefusando*: Coro. glosa "cejar, volver atrás, no poder más",
rechazando su propia definición (*DCELC*, II, 595*a*) de
"resistirse, recalcitrar". Joset, en cambio, prefiere ésta, co-
mo más propia del asno o mula reacio. Tal vez el si-
guiente pasaje del *Llibre de les dones*, de Jaume Roig, en
que Salomón habla de las mujeres, admita ambas inter-
pretaciones: "Per ser prenyades dien treballen, sofiren, ca-
llen, axí s'escusen mas no refusen ni se n'enugen, nunca
rebugen colps de guerrer. Per fills haver tot frau farien,
enganarien lo pare llur" (ed. Francesc Almela i Vives, Bar-
celona, "Els Nostres Classics", 1928, p. 133, l. 9 y ss.).
A favor de "recalcitrar" se podría citar el inglés moder-
no, por ejemplo: "The horse refused at the fence, and the
rider came off" ("El caballo se plantó ante la valla, y el
jinete se cayó").

241 "Desque salió del canpo non valía una çermeña;
     a arar lo pusieron, e a traer la leña;
     a vezes a la noria, a vezes a la açenia;
     escota el sobervio el amor de la dueña.

242 "Tenía del grand yugo desolladas las çerviçes;
     del *inojar* a vezes finchadas las narizes;
     rrodillas desolladas, faziendo muchas prizes;
     ojos fondos, bermejos, commo pies de perdizes.

243 "Los quadriles salidos, somidas las ijadas,
     el espinazo agudo, las orejas colgadas;
     vido lo el asno nesçio, rrixo bien tres vegadas;
     diz: 'Conpañero sobervio, ¿dó son tus enpelladas?

244 "'¿Dó es tu noble freno, e tu dorada silla?
     ¿Dó es tu sobervia? ¿Dó es la tu rrenzilla?
     Sienpre vivrás mesquino e con mucha manzilla;
     vengue la tu sobervia tanta mala postilla.'

245 "Aquí tomen ensienplo e liçión de cada día
     los que son muy sobervios, con su grand orgullía;
     que fuerça e hedat e onrra, salud e valentía
     non pueden durar sienpre, van se con mançebía.

AQUÍ FABLA DEL PECADO DE LA AVARIZIA

246 "Tú eres avarizia, eres escaso mucho;
     al tomar te alegras, el dar non lo as ducho;
     non te fartaría Duero con el su aguaducho;
     sienpre me fallo mal cada que te escucho.

247 "Por la grand escaseza fue perdido el rrico,
     que al pobre Sant Lázaro non dio solo un çatico;
     non quieres ver, nin amas, pobre grande nin chico;
     nin de los tus thesoros non le quieres dar un pico.

242a y c *desolladas*: La repetición podría deberse a un error del
     copista. Coro. enmienda 242a en *folladas las n.,* "encorva-
     das hacia bajo".

248 "Maguer que te es mandado por santo mandamiento
que vistas al desnudo, e fartes al fanbriento,
e des al pobre posada, tanto eres avariento
que nunca lo diste a uno, pidiendo te lo çiento.

249 "Mesquino tú, ¿qué farás el día de la afruenta,
quando de tus averes e de tu mucha rrenta
te demandare Dios de la despenssa cuenta?
Non te valdrán thesoros, nin rreinos çinquaenta.

250 "Quando tú eras pobre, que tenías grand dolençia,
estonçes sospiravas e fazías penitençia;
pidías a Dios que te *diese* salud e mantenençia,
e que partirías con pobres e non farías fallençia.

251 "Oyó Dios tus querellas e dio te buen consejo,
salud e grand rriqueza, e thesoro sobejo;
quando vees el pobre cae se te el çejo;
fazes commo el lobo doliente en el vallejo.

ENXIENPLO DEL LOBO E DE LA CABRA E DE LA GRULLA

252 "El lobo a la cabra comía la por merienda;
atravesó se le un ueso, estava en contienda;
afogar se quería; demandava corrienda
físicos e maestros, que quería fazer emienda.

253 "Prometió al que lo sacase thesoros e grand rri-
[queza;
vino la grulla de somo del alteza;

249a *el día de la afruenta*: "el Juicio final".
251c *cae se te el çejo*: "frunces el ceño" (glosa de Blecua). Jo-
set cita el *Rimado de palacio,* 315ab: "pónense solepne-
mente e luego abaxan el çejo" (ya citado por Chi.).
252-254 Lecoy, *Recherches...,* pp. 126-127; Michael, "The Func-
tion...", pp. 195-196. Fábula esópica, que suele tomarse
como ilustración de la ingratitud; pero Juan Ruiz lo rela-
ciona con la avaricia haciendo que el lobo se niegue a
pagar.
253b Verso hipométrico. La enmienda de Joset, *Vino allí la
grulla,* adoptada por Blecua, parece mejor que la de Coro.,
Vino la grulla a él.

sacó le con el pico el ueso con sotileza;
el lobo fincó sano para comer sin pereza.

254 "Dixo la grulla al lobo quel quisiese pagar.
El lobo dixo: '¿Cómo? ¿Yo non te pudiera tragar
el cuello con mis dientes, si quisiera apertar?
Pues sea te soldada, pues non te quise matar.'

255 "Bien ansí tú lo fazes, agora que estás lleno
de pan e de dineros que forçáste de lo ageno;
non quieres dar al pobre un poco de çenteno.
Mas ansí te secarás como rroçío e feno.

256 "En fazer bien al malo cosa nol aprovecha:
omne desagradesçido bien fecho nunca pecha;
el buen conosçemiento, mal omne lo dessecha;
el bien que omne le faze diz que es por su derecha.

AQUÍ FABLA DEL PECADO DE LA LUXURIA

257 "Sienpre está loxuria adó quier que tú *seas*:
adulterio e forniçio toda vía desseas;
luego quieres pecar, con qual quier que tú veas;
por conplir la loxuria, *en guiñando* las oteas.

258 "Feçiste por loxuria al profeta David
que mató a Urías, quando le mandó en la lid
poner en los primeros, quando le dixo: 'Id,
levad esta mi carta a *Joab* e venid.'

259 "Por amor de Berssabé, la muger de Urías,
fue el rrey David omeçida e fizo a Dios fallías;

256d *derecha*: Al parecer, por "derecho", por la rima.
257d *en guiñando*: Enmienda adoptada generalmente (Joset suprime la *en* por el metro). Pero Blecua conserva *enguinando* del Ms., y postula un verbo *enginar*, "ingeniar, maquinar".
258ab *Feçiste... que mató*: Anacoluto por *feçiste matar*. El episodio, muy popular con los pintores, está en II *Samuel*, XI (y no en II *Reyes*, XI, como indican Chi., Joset y Blecua).

por ende non fizo el tenplo en todos los sus días;
fizo grand penitençia por las tus maestrías.

260 "Fueron por la loxuria çinco nobles çibdades
quemadas e destruídas, las tres por sus maldades,
las dos non por su culpa, mas por las veçindades;
por malas vezindades se pierden eredades.

261 "Non te quiero por vezino, nin me vengas tan
[presto;
al sabidor Virgilio, commo dize en el testo,
engañó lo la dueña, quando lo colgó en el çesto,
coidando que lo sobía a su torre por esto.

262 "Por que le fizo desonrra e escarnio del rruego,
el grand encantador fizo le muy mal juego:
la lunbre de la candela encantó, e el fuego,
que quanto era en Roma en punto morió luego.

263 "Ansí que los rromanos, fasta la criatura,
non podían aver fuego, por su desaventura,
si non lo ençendían dentro en la natura
de la muger mesquina; otro non les atura.

264 "Si dava uno a otro fuego o la candela,
amatava se luego, e venién todos a ella;
ençendién allí todos commo en grand çentella;
anssí vengó Virgilio su desonrra e querella.

265 "Después desta desonrra e de tanta *vergüeña*,
por fazer su loxuria Vergilio en la dueña,

260 Las cinco ciudades, entre ellas Sodom y Gomorrah, fueron
destruidas cuando los ángeles sacaron a Lot y a su fami-
lia de Sodom (*Génesis*, XIX); también se mencionan en
Sapiencia, X, v. 6, y *Hosea*, XI, v. 8.
261-268 La figura de Virgilio se convirtió en la Edad Media en
una especie de mago, a quien se atribuían en las leyendas
toda clase de aventuras e invenciones. Véanse los estudios
clásicos de D. Comparetti, *Virgilio nel Medio Evo*, Livor-
no, 1872, y J. W. Spargo, *Virgil the Necromancer*, Cam-
bridge Mass., 1934.

descantó el fuego, que ardiese en la leña.
Fizo otra maravilla quel omne nunca ensueña:

266   "Todo el suelo del rrío de la çibdad de Roma,
Tiberio, agua cabdal que muchas aguas toma,
fizo le suelo de cobre, rreluze más que goma.
A dueñas tu loxuria desta guisa las doma.

267   "Desque pecó con ella, sentió se escarnida;
mandó fazer escalera de torno, enxerida
de navajas agudas, por que a la sobida
que sobiese Vergilio, acabase su vida.

268   "El sopo que era fecho por su escantamente;
nunca más fue a ella, nin la ovo talente;
ansí por la loxuria es verdadera mente
el *mundo* escarnido e muy triste la gente.

269   "*Sé* muchos *a* que matas, non sé uno que sanes:
quantos en tu loxuria son grandes varraganes,

266   Lecoy, *Recherches...*, pp. 170-171, sugiere que el *suelo de
cobre* de 266c es el resultado de la mala comprensión del
"pontem aerium" que había escrito Alejandro de Neckam
(especie de puente aéreo que le permitía a Virgilio tras-
ladarse a todas partes), al creer que *aerium* se deriva de
aes, aeris, "cobre". Pero apunta que el geógrafo árabe Idri-
si alude a un río de Roma cuyo cauce estaba cubierto
de láminas de cobre. Parece que se confundieron dos le-
yendas distintas.
266c   *goma*: *Coro*, sugiere que se alude a las gotas de resina que
brillan sobre la corteza de un árbol bajo el sol.
266d   *desta guisa*: Lo del suelo de cobre no parece tener nada
que ver con la lujuria. Y en el cuento de la *dueña*, ella es
la víctima de la venganza de Virgilio más que de su luju-
ria, de modo que esta especie de moraleja no parece muy
atinada.
267   Según Lecoy, p. 170, esta trampa ideada por la *dueña* ven-
gativa no se encuentra en ninguna versión conocida de la
historia de Virgilio.
267b   *escalera de torno*: Blecua sugiere que se trata de una es-
calera caracol: acepto la sugestión, y puntúo conforme con
esta interpretación.

matan se a sí mesmos, los locos alvardanes;
contesçe les commo al águila con los nesçios tru-
[hanes.

ENSIENPLO DEL ÁGUILA E DEL CAÇADOR

270 "El águila cabdal canta sobre la faya;
todas las otras aves, de allí las atalaya;
non ay péndola della que en tierra caya;
si vallestero la falla, preçia la más que saya.

271 "Saetas e quadrillos que trae amolados,
con péndolas de águila los ha enpendolados;
fue commo avía usado a ferir los venados:
al águila cabdal dio le por los costados.

272 "Cató contra sus pechos el águila ferida,
e vido que sus péndolas la avían escarnida.
Dixo contra sí mesma una rrazón temida:
'De mí salió quien me mató e me tiró la vida.'

273 "El loco, el mesquino, que su alma non cata,
usando tu locura e tu mala barata,
destruye a su cuerpo e a su alma mata,
que de sí mesmo sale quien su vida desata.

270-272 Lecoy, *Recherches...*, p. 145; Michael, "The Function...",
páginas 197-198. No aparece este cuento en las colecciones
esópicas medievales, aunque sí en colecciones árabes.
270a Cej. alega que aquí *faya* quiere decir "crestones y salien-
tes de piedra", como en salmantino; pero Coro. insiste que
faya, < *FALLIA, no puede ocurrir en castellano, y que
aquí se trata del árbol. Blecua, sin embargo, acepta la
interpretación de Cej. y añade que las águilas no cantan
y por consiguiente, hay que enmendar *canta* en *cata*: "el
águila observa encima de la roca". Una enmienda muy
ingeniosa, pero no hemos de creer necesariamente que Juan
Ruiz tuvo un conocimiento científico de las aves, aparte
la "ciencia" de los bestiarios...

274   "Omne, ave o bestia a que amor rretiente,
desque cunple luxuria, luego se arrepiente;
entristeze en punto, luego flaqueza siente;
acorta se la vida; quien lo dixo non miente.

275   "¿Quién podrié dezir quantos tu loxuria mata?
¿Quién dirié tu forniçio e tu mala barata?
Al que tu ençendimiento e tu locura cata,
el diablo lo lieva, quando non se rrecabda.

AQUÍ FABLA DEL PECADO DE LA INVIDIA

276   "Eres pura enbidia, en el mundo non ha tanta;
con grand çelo que tienes, omne de ti se espanta;
si el tu amigo te dize *della* fabla yaquanta,
tristeza e sospecha tu coraçón quebranta.

277   "El çelo sienpre nasçe de tu enbidia pura,
temiendo que a tu amiga otro le fabla en locura;
por esto eres çeloso e triste con rrencura;
sienpre coídas en çelos, de otro bien non as cura.

278   "Desque uvia el çelo en ti arraigar,
sospiros e corages quieren te afogar;
de ti mesmo nin de otro non te puedes pagar;
el coraçón te salta, nunca estás de vagar.

---

274   Joset cita a propósito el dicho: "Post coitum omne animal
triste." Otros han aludido a Ovidio, *Remedia amoris*,
vv. 413-418, menos apropiadamente, ya que allí Ovidio le
aconseja al amante que contemple el cuerpo de la amada
inmediatamente después del coito, para convencerse de
cuán repugnante es el amor.

275d *rrecabda*: La enmienda *recata*, propuesta por Cej., ha sido
adoptada en general. Pero *recatar* no ocurre en ningún
Ms. del *Libro*, y Corominas sólo lo documenta (en el *Breve
diccionario...*) a partir de 1495. En cambio, *rrecabdar*,
ya en Berceo (*Martirio de San Lorenzo*, c. 68) ocurre en
las siguientes cuartetas del *Libro*, siempre con rima imper-
fecta: 229, 398, 560, 663, 742, 1398, 1624. De hecho debe
ser casi imposible encontrar cuatro palabras que rimen en
-abda o *-abdo*.

279   "Con çelo e sospecha a todos aborresçes:
      levantas les baraja, con çelo enflaquesçes;
      buscas malas contiendas, fallas lo que meresçes;
      contesçe te como acaesçe en la rred a los peces:

280   "Entras en la pelea, non puedes della salir;
      estás flaco e sin fuerça, non te puedes rrefertir;
      nin la puedes vençer, nin puedes ende foir;
      estorva te tu pecado, façe te allí morir.

281   "Por la envidia Caín a su hermano Abel
      mató lo, por que yaze dentro en Mongibel;
      Jacob a Esaú, por la envidia dél,
      furtó le la bendiçión, por que fue rrebtado dél.

282   "Fue por la enbidia mala traído Jesú Cristo,
      Dios verdadero e omne, fijo de Dios muy quisto;
      por enbidia fue preso e muerto e conquisto.
      En ti non es un bien nin fallado nin visto.

281b *Mongibel*: En italiano, Mongibello, o sea, el Monte Etna,
      célebre volcán de Sicilia. De donde sacó Juan Ruiz la idea
      de que fuese símbolo del infierno (al que parece aludir
      como si fuese una cosa muy sabida), queda por descubrir.
      En la mitología clásica es donde el dios Vulcano tiene su
      fragua. Pero no se asocia con el infierno. Y si Dante alude
      a Mongibello en el *Inferno* (Canto XIV, v. 56), es sólo
      con referencia al mito de Vulcano. Tampoco Pietro Bembo,
      quien subió a Etna en el año 1493, alude al infierno en
      el *De Aetna*, relato de su hazaña, aunque sí a la mitología
      clásica. La forma *Mongibel*, más las relaciones históricas
      entre Aragón y Sicilia, sugieren un origen catalán o va-
      lenciano. Con respecto a lo cual es interesante la asocia-
      ción de ideas en el siguiente pasaje del *Llibre de les dones*,
      donde Salomón expresa en una serie de imágenes la lo-
      cura de los que se fían de las mujeres: "Doncs qui no
      squiva ferir les roques ab semblants coques, naus, carave-
      les, sens rems e veles, carta, govern; en foc d'infern que
      es vol calfar, dins en lo Far prop Mongibell, l'Estràngol,
      vell volcam fumós..." (ed. "Els Nostres Classics", p. 132,
      1. 8 y ss.).

283   "Cada día los omnes por cobdiçia porfían:
      con envidia e çelo omnes e bestias lidian;
      adó quier que tú seas, los çelos allí crían;
      la enbidia los *pare,* enbidiosos los crían.

284   "Por que tiene tu vezino más trigo que tú paja,
      con tu mucha envidia levantas le baraja;
      anssí te acaesçe, por le levar ventaja,
      como con los paveznos contesçió a la graja:

ENXIENPLO DEL PAVÓN E DE LA CORNEJA

285   "Al pavón la corneja vídol fazer la rrueda:
      dixo con gran envidia: 'Yo faré quanto pueda
      por ser atan fermosa.' Esta locura *cueda;*
      la negra por ser blanca contra sí se denueda.

286   "Peló todo su cuerpo, su cara e su çeja;
      de péndolas de pavón vistió nueva pelleja;
      fermosa e non de suyo, fue se para la iglesia.
      Algunas fazen esto que fizo la corneja.

287   "Graja enpavonada, como pavón vestida,
      vido se bien pintada e fue se enloqueçida;
      a mejores que non ella era desagradesçida;
      con los paveznos anda la tan desconosçida.

283d *pare*: La enmienda casi se impone por la antítesis *pare/
    crían;* es de Morreale, *BRAE,* XLIII (1963), p. 270. *Parte*
    del Ms., en el sentido de "repartir", sería aceptable en el
    contexto, pero mucho menos apta. Cfr. 1600c.
285-288 Lecoy, *Recherches...,* p. 127-128; Michael, "The Func-
    tion...", p. 198. Fábula esópica. La variación *corneja/graja*
    parece un reflejo de Walter el inglés, quien pone tanto
    GRACULUS COMO CORNICULA.
286c *iglesia*: Cej. enmienda en *igreja,* vulgarismo que Castillo
    Solórzano pone todavía en la boca de un alcalde de pue-
    blo (*BAE,* t. XLV, p. 312c), según Joset. Pero la rima im-
    perfecta no me parece fuera de los límites que se permite
    Juan Ruiz.

288 "El pavón de tal fijo espantado se fizo;
vido el mal engaño e el color apostizo;
peló le toda la pluma e echó la en el carrizo;
más negra paresçía la graja que el erizo.

289 "Anssí con tu envidia fazes a muchos sobrar:
pierden lo que ganaron por lo ageno cobrar;
con la envidia quieren por los cuerpos quebrar;
non fallarán en ti si non todo mal obrar.

290 "Quien quiere lo que non es suyo, e quiere otro
[paresçer,
con algo de lo ageno a ora rresplandesçer,
lo suyo e lo ageno todo se va a perder;
quien se tiene por lo que non es, loco es, va a
[perder.

AQUÍ FABLA DEL PECADO DE LA GULA

291 "La golossina traes, goloso, laminero:
querriés a quantas vees gostar las tú primero;
enflaquesçes *pecando;* eres grand venternero:
por cobrar la tu fuerça eres lobo carniçero.

292 "Desque te conosçí nunca te vi ayunar;
almuerças de mañana, non pierdes la yantar;
sin mesura meriendas, mejor quieres cenar;
si tienes qué, o puedes, a la noche çahorar.

293 "Con la mucha vianda e vino, creçe la flema:
duermes con tu amiga, afoga te postema;
lieva te el diablo, en el infierno te quema;
tú dizes al garçón que coma bien e non tema.

290cd La repetición de *va a perder* se debe, probablemente, a un
error del copista, según dice atinadamente Coro., pero cual-
quier enmienda no puede ser sino muy conjetural.

294 "Adán, el nuestro padre, por gula e tragonía,
    por que comió del fruto que comer non devía,
    echó le del paraíso Dios en aquesse día;
    por ello en el infierno, desque morió, yazía.

295 "Mató la golosina muchos en el desierto,
    de los más mejores que ý eran por çierto;
    el profeta lo dize, esto que te rrefierto;
    por comer e tragar, sienpre estás boca abierto.

296 "Feçiste por la gula a Lot, noble burgés,
    bever tanto que yugo con sus fijas; *pues ves*
    a fazer tu forniçio, ca do mucho vino es,
    luego es la loxuria e todo mal después.

297 "Muerte muy rrebatada trae la golossina,
    al cuerpo muy goloso e al alma mesquina;
    desto ay muchas fablas e estoria paladina:
    dezir te lo he más breve por te enbiar aína.

ENSSIENPLO DEL LEÓN E DEL CAVALLO

298 "Un cavallo muy gordo pasçía en la defesa;
    venié el león de caça, pero con él non pesa;
    el león tan goloso al cavallo sopessa:
    'Vassallo', dixo, 'mío, la mano tú me besa.'

295ab Alusión a los israelitas en el desierto con Moisés (*Exodus*,
    XVI, y *Salmo*, LXXVIII, vv. 24-31).
296 *Génesis*, XIX.
296b *pues ves*: En el Ms., *puez vez*. Morreale (*BICC*, XXXIV,
    1979, C. 3.5.2) dice que se trata de *ver a hacer algo* ("ver
    la manera de hacer..."). La enmienda de Coro., *por vez*,
    "por turno", es innecesaria.
298-302 Lecoy, *Recherches...*, pp. 128-129; Michael, "The Func-
    tion...", pp. 198-199. Fábula esópica. La versión de Juan
    Ruiz es muy independiente: en la tradición, el león finge
    ser médico para lograr acercarse al caballo, y no muere
    del golpe que le da éste, sino que se aleja reprochándose
    por haber intentado la decepción.

299 "Al león gargantero rrespondió el cavallo:
diz: 'Tú eres mi señor, e yo *só* tu vasallo;
en te besar la mano, yo en eso me fallo;
mas ir a ti non puedo, que tengo un grand con-
[trallo:

300 "'Ayer, do me ferrava un ferrero maldito,
echó me en este pie un clavo tan fito,
enclavó me; ven, señor, con tu diente bendito,
saca me lo e faz de mí como de tuyo quito.'

301 "Abaxó se el león por le dar algund confuerto
al cavallo ferrado; contra sí fizo tuerto:
las coçes el cavallo lançó fuerte en çierto;
dio le entre los ojos, echó le frío muerto.

302 "El cavallo con el miedo fuyó *a* aguas bivas;
avía mucho comido de yervas muy esquivas;
iva mucho cansado, tomaron lo adivas.
Anssí mueren los locos golosos do tú ý vas.

303 "El comer sin mesura e la grand venternía,
otrossí mucho vino con mucha beverría,
más mata que cuchillo, Ipocrás lo dezía.
Tú dizes que quien bien come bien faze garçonía.

300c *enclavó me*; cfr. *Fuero de Baeza*, ed. Jean Roudil, La Ha-
ya, 1962, 881(a): "Si el ferrero bestia ferrare & la enclaua-
re, si licencia.l uiniere por end, peche la." Morreale (*BRAE*,
XLIII, 1963, p. 272) recuerda el uso metafórico, "enga-
ñar"; pero todas las citas que da son de *echar un clavo*,
y aquí el sentido literal es requerido por el contexto.
301b *al cavallo*: la enmienda es de Morreale (*BRAE*, XLIII, 1963,
página 272).
302a *a aguas bivas*: *aguas vivas* son "a. corrientes", según de-
mostró Chi. con citas de Juan de Mena y Rodrigo de Cota.
Blecua piensa que el caballo huye hacia los torrentes de
la montaña.
302d *do tú ý vas*: El Ms. trae *do tu yvas*, que tiene menos sentido
aquí.
303d Cfr., *Seudo Ars Amatoria*, vv. 181-184: "Tempore quo sto-
machus sit prosperitate repletus / Spiritibus letis, potibus
atque cibis, / Anxius hanc adeat, veneris solacia querat, /
Tunc etenim melius diligit omnis homo."

AQUÍ FABLA DEL PECADO DE LA VANA GLORIA

304 "Ira e vana gloria traes, en el mundo non ay *tan*
                                                        [*maña;*
más orgullo e más brío tienes que toda España;
si non se faze lo tuyo, tomas ira e saña;
enojo e mal querençia anda en tu conpaña.

305 "Por la grand vana gloria Nabucodonossor,
donde era poderoso, e de Babilonia señor,
poco a Dios preçiava, nin avía dél temor;
tiró le Dios su poderío e todo su honor.

306 "El fue muy vil tornado e de las bestias egual:
comía yervas montessas commo buey, paja e ál,
de cabellos cobierto, como bestia atal;
uñas crió mayores que águila cabdal.

307 "Rencor e homeçida criados de ti son:
'Vós ved que yo soy Fulano, de los garçones gar-
                                                    [çón.'
Dizes muchos baldones, así que de rrondón
matan se los baviecas, desque tú estás, follón.

308 "Con la grand ira Sanssón, que la su fuerça perdió,
quando su muger Dalida los cabellos le cortó,
en que avía la fuerça, e desque la bien cobró,
a sí mesmo con ira e a otros muchos mató.

305-306 *Daniel*, IV, esp. v. 33.
307a *homeçida*: Chi., Coro. y Joset enmiendan en *omeçidio*, por-
que en 259b *omeçida* tiene el sentido de "asesino", como
el *homicida* moderno. Pero *S* vuelve a dar *omeçida* en 540c,
donde *G* tiene *umiçidio*, "asesinato". Blecua trata *Home-
çida* como personalización. Aquí, pues, conservo la lección
del Ms.
307c *de rrondón*: Coro., "sin miramiento alguno". El *Dicciona-
rio Vox* glosa el uso moderno como "intrépidamente y sin
reparo".
308 *Jueces*, XVI.

309 "Con grand ira e saña Saúl, que fue rrey,
el primero que los jodíos ovieron en su ley,
el mesmo se mató con su espada; pues vey
si devo fiar en ti: ¡a la fe! non, ansí lo crey.

310 "Quien bien te conosçiere de ti non fiará;
el que tus obras viere de ti se arredrará;
quanto más te usare menos te preçiará;
quanto más te provare menos te amará.

ENSIENPLO DEL LEÓN QUE SE MATÓ CON IRA

311 "Ira e vana gloria al león orgulloso,
que fue a todas bestias cruel e muy dañoso—
mató a sí mesmo, irado et muy sañoso;
dezir te he el enxienplo, sea te provechoso.

312 "El león *orgulloso,* con ira e valentía,
quando era mançebo todas las bestias corría:
a las unas matava e a las otras fería;
vino le grand vejedat, flaqueza e peoría.

313 "Fueron aquestas nuevas a las bestias cosseras;
fueron muy alegres por que andavan solteras;
contra él vinieron todas por vengar sus denteras,
aún el asno nesçio venié en las delanteras.

314 "Todos en el león ferién e non poquillo:
el javalín sañudo dava le del colmillo;
ferían lo de los cuernos el toro y el novillo
el asno pereçoso en él ponié su sillo.

309 *I Samuel,* XXXI.
311-315 Lecoy, *Recherches...,* p. 129; Michael, "The Function...",
página 199. Según éste, en la versión de Juan Ruiz hay
más ira que vanagloria; pero podemos deducir que lo que
sufre el león en su vejez es la consecuencia del orgullo y
vanagloria que manifestó en su juventud.
311*ab* El sentido está claro, pero hay que suponer aquí un ana-
coluto: *ab* quedan sin completarse gramaticalmente.
314*d sillo:* Aquí vale "sello". Cfr. Walter el inglés: "Saevit ase-
llus iners et frontem calce sigillat" (nota de Joset).

315   "Dio le grand par de coçes, en la fruente ge las pon;
el león con grand ira travó de su coraçón;
con sus uñas mesmas murió e con ál non;
ira e vana gloria dieron le mal gualardón.

316   "El omne que tiene estado, onrra e grand poder,
lo que para sí non quiere, non lo deve a otros fazer,
que mucho aína se puede todo su poder perder,
e lo quél fizo a otros, dellos tal puede aver.

AQUÍ DIZE DEL PECADO DE LA AÇIDIA

317   "De la açidia eres messonero e posada;
nunca quieres que *omne* de bondat faga nada;
desque lo vees baldío, das le vida penada;
en pecado *comiença*, e en *tristeza* acabada.

318   "Nunca estás baldío: aquel que una vez atas,
fazes le penssar engaños, muchas malas baratas;
deleita se en pecados e en malas baratas;
con tus malas maestrías almas e cuerpos matas.

319   "Otrosí con açidia traes ipocresía:
andas con grand sinpleza, penssando pletisía;
pensando estás triste, tu ojo non se erzía;
do vees la fermosa, oteas con rraposía.

320   "De quanto bien pedricas, non fazes dello cosa:
engañas todo el mundo con palabra fermosa;
quieres lo que el lobo quiere de la rraposa;
abogado de fuero, ¡oy fabla provechosa!

318bc *malas baratas*: La repetición se debe al copista, sin duda.
Pero es imposible decidir en cuál de los versos está el
error, ni adivinar qué puso el autor.
320d *abogado de fuero*: Como dice Coro., es el abogado perito
en la ley consuetudinaria de los fueros. El autor le llama
también *abogado de rromançe* en 353d; *rromançe* se opo-
ne a *latín*, como *fuero* se opone a *derecho romano*. Parece
que aquí el autor avisa que está a punto de introducir una
lección sobre el derecho romano, todavía bastante nuevo
en Castilla.

AQUÍ FABLA DEL PLEITO QUEL LOBO E LA RRAPOSA QUE
OVIERON ANTE DON XIMIO ALCALDE DE BUGÍA

321 "Furtava la rraposa a su vezina el gallo;
veía lo el lobo, mandava le dexallo;
dezía que non devía lo ageno *furtallo;*
él non veía la ora que estoviese en tragallo.

322 "Lo que él más fazía, a otros lo acusava;
a otros rretraía lo quél en sí loava;
lo que él más amava, aquello denostava;
dezié que non feziesen lo *que él* más usava.

323 "Enplazó la por fuero el lobo a la comadre:
fueron ver su juizio ante un sabidor grande,.
don Ximio avía por nonbre, de Buxía alcalde;
era sotil e sabio, nunca seía de balde.

324 "Fizo el lobo demanda en muy buena manera:
acta e bien formada, clara e bien çertera.

321-372 Véase la Introducción, p. 34, y la nota 26, sobre los
elementos jurídicos en el *Libro,* y en este cuento. Lecoy,
Recherches..., pp. 129-130, discute las versiones medievales
en latín de esta fábula esópica. Son muy escuetas, y en
ellas faltan completamente los elementos jurídicos; es una
aportación de Juan Ruiz.
323a *enplazó*: Cfr. *Siete Partidas,* III. VII, "De los emplazamien-
tos", Ley i: "Emplazamiento tanto quiere decir como llama-
miento que facen á alguno que venga ante el judgador á
facer derecho ó á cumplir su mandamiento;..."
323c *Buxía*: Parece ser el puerto argelino de Bugía. Joset sub-
raya la importancia de Bugía en la época, centro estraté-
gico para el comercio mediterráneo. Coro. indica que en
catalán, *bogiot, bogia* eran los nombres del mono, por-
que los monos se exportaban desde allí.
324a *demanda*: Cfr. *Siete Partidas,* III. II. Ley i: "Demandador
derechurero es aquel que face demanda en juicio para al-
canzar derecho, quier por razón de debda, ó de tuerto que
ha rescebido..."
324b *acta*: En el derecho romano se hablaba de ACTIO APTA O
ACTIO INEPTA ("acción, acusación, etc., bien o mal presen-
tada"), por ejemplo, "Item [iudex] absoluit reum si inepta
actio est proposita..." (*Spec. iudic.* I, Partic. I, "De officio

Tenié buen abogado, ligero e sotil era:
galgo, que de la rraposa es grand abarredera.

325 " 'Ante vós, el mucho honrrado e de grand sabi-
[doría,
don Ximio, ordinario alcalde de Bugía,
yo el lobo me querello de la comadre mía:
en juizio propongo contra su malfetría '

326 " 'E digo que agora, en el mes que pasó de febrero,
era de mill e trezientos, en *el* año primero,
rregnante nuestro señor el león mazillero,
que vino a nuestra çibdat por nonbre de monedero,

---

omnium iudicum", ap. 6, Núms. 16-17). Pero también se
decía: "Si vero male actum esset in hoc iudicio, possit ite-
rum agi in alio..." *(ibidem).* La expresión *acta e bien for-
mada* podría resultar de la confusión de estos dos términos
jurídicos. En 352*b*, *G* tiene *abta.*

324*d* abarredera: "red de pescar". Cfr. *Fuero de Baeza,* ed. Rou-
dil, 806*a*: "E el pescador que en derredor del molino fasta
en .x. passos o de .N. fasta en .H. pescase con barredera
o con transmaio, pecte .xx. morauedis." También el *Fuero
de Sepúlveda,* 219.

325*b* ordinario alcalde: Cfr. *Spec. iudic.* I, Partic. I, "De Offi-
cio ordinarii" 1. "Ordinarius est qui iure suo, vel princi-
pis beneficio vniuersaliter iurisdictionem exercere potest..."
Siete Partidas, III. IV. i: "... Et todos estos jueces que
habemos dicho llámanlos en latín *ordinarios,* que muestra
tanto como homes que son puestos ordenadamente para
facer su oficio sobre aquellos que han de judgar cada uno
en los lugares que tienen..."

325*d* malfetría: Término jurídico, empleado aquí con bastante
exactitud. Cfr. *Las Siete Partidas,* VII. XIV. i: "Furto es
malfetria que facen los homes que toman alguna cosa
mueble agena ascondidamente sin placer de su señor..."

326 *Era de 1301* es el año 1263. Se ha querido identificar al
león mazillero con un rey de Castilla histórico. Por la fe-
cha tendría que ser Alfonso X, bastante *monedero* en rea-
lidad. Pero Alfonso XI era mucho más "león": como se-
ñala Joset, se le llama "león" varias veces en el *Poema
de Alfonso Onceno* (103*d*, 243*a*, 245*a*, 269*b*, etc.). Pero los
que quieren ver alusiones históricas en el episodio ten-
drían que explicar cómo hace de juez en Castilla un al-
calde de Bugía.

327   " 'En cassa de don Cabrón, mi vassallo e mi quin-
                                  [tero,
        entró a furtar de noche por çima del fumero;
        sacó furtando el gallo, el nuestro pregonero;
        levó lo e comió lo a mi pessar en tal ero.

328   " 'De aquesto la acuso ante vós, el buen varón.
        Pido que la condenedes, por sentençia e por ál non,
        que sea enforcada e muerta como ladrón.
        Esto me ofresco provar, so pena del talión.'

329   "Seyendo la demanda en juizio leída,
        fue sabia la gulpeja e bien aperçebida:
        'Señor', diz, 'yo só sienpre de poco mal sabida;
        dat me un abogado que fable por mi vida.'

330   "Respondió el alcalde: 'Yo vengo nueva mente *
        a esta vuestra çibdat, non connosco la gente;
        pero yo te dó de plazo que fasta días veinte
        ayas tu abogado; luego al plazo ven te.'

331   "Levantó se el alcalde esa ora de judgar.
        Las partes cada una pensaron de buscar
        quál dineros, quál prendas para al abogado dar;
        ya sabía la rraposa quién le avía de ayudar.

    * Texto en *SG* hasta 366*d*.

328*d pena del talión*: En el derecho romano era la punición del
    crimen mediante algún sufrimiento parecido: por ejemplo,
    al incendiario se le quemaba. También al acusador que
    resultase falso se le castigaba con la pena apropiada del
    crimen de que acusaba a otro. Véanse también *Las Siete
    Partidas*, IV. IX. xiii, etc.
330*cd Siete Partidas*, VII. I. xiv: "Et el judgador debe recebir
    tal acusación, ... et despues desto debe aplazar al acusado
    et darle traslado de la demanda, señalandol plazo de vein-
    te días á que venga responder á ella."

332   "El día era venido del plazo asignado:
vino doña Marfusa con un grand abogado,
un mastín ovejero, de *carranças* çercado;
el lobo quando lo vio fue luego espantado.

333   "Este grand abogado propuso por su parte:
'Alcalde señor don Ximio, quanto el lobo departe,
quanto demanda e pide, todo lo faz con arte,
que él es fino ladrón, e non falla quel farte.

334   " 'E por ende yo propongo contra él *exeución*
legítima e buena, por qué su petiçión
non deve ser oída, nin tal acusaçión
él fazer non la puede, ca es fino ladrón.

335   " 'A mí acaesçió con él muchas noches e días
que levava furtadas de las ovejas mías;
vi que las *degollava* en aquellas erías;
ante que las comiese, yo ge las tomé frías.

332d *espantado*: Los demás editores prefieren *enbaçado* de G,
"pasmado, embarazado", sin duda por ser una palabra
más anticuada. Pero *espantar, espantado*, etc., son corrien-
tes en el *Libro*.

334a *propongo... exeución*: Cfr. *Spec. iudic.* I. Partic. IV: "De
Advocato. Summarium: ap. 11. Aduocatus proponens excep-
tionem dilatoriam, qua poena puniri debeat..." El copista
de S pone el término correcto *proponer*, como también pone
correctamente *opongo* en 337a; el copista de G pone equi-
vocamente *apongo* en ambos casos. En cambio, G tiene
exeución, la cual parece ser una forma semiculta de *ex-
cepción*. S tiene *esención*, de EXEMPTIO, imposible en el
contexto. La excepción jurídica es una alegación de parte
del acusado o demandado de algo que debe inhabilitar
la acusación, por razones ajenas al caso en sí —por ejem-
plo, el carácter del acusado, como en el caso presente.
Véase mi estudio " 'Exeución prouada': on Legal Termi-
nology in the *Libro de buen amor*", *Medieval and Renais-
sance studies in Honour of Robert Brian Tate*, Oxford,
Dolphin, 1986, pp. 39-46.

336   " 'Muchas vezes de furto es de juez condenado
       por sentençia, e *así* por derecho es [+] enfamado;
       por ende non deve ser dél ninguno acussado,
       nin en vuestra abdiençia oído nin escuchado.

337   " 'Otrosí le opongo que es descomulgado,
       de mayor descomunión por costitución de legado,
       por que tiene barragana pública, e es casado
       con su muger doña Loba, que mora en Vilforado.

338   " 'Su mançeba es la mastina, que guarda *las* ovejas;
       por ende los sus dichos non valen dos arvejas,
       nin le deven dar rrespuesta a sus malas conssejas;
       asolved a mi comadre: vaya se de las callejas.'

336b *enfamado*: Cfr. *Siete Partidas,* VII. VI. "De los enfama-
       dos"... Ley v: ... "Et aun decimos que aquel que es falla-
       do faciendo furto ó alguno de los otros yerros que desuso
       dixiemos... es enfamado por ende."
336d *abdiençia*: En el *Encyclopedic Dictionary of Roman Law,*
       edición Adolf Berger, Philadelphia, 1953, AUDIENTIA se de-
       fine como: "... legal proceedings, the judgement included."
       Aquí, tal vez, se debe traducir por "conducta del proceso".
337a *opongo*: Cfr. *Spec. iudic.* I. Partic. II. "De Actore: Sum-
       marium, 13", ap. 13: "Opponi potest actori in quacunque
       parte litis, quod est excommunicatus." Cfr. también *Decre-
       tum Gratiani,* Pars Secunda, Causa IV, Quaestio 1, c. 1:
       "Ad accusandum non admittitur qui in excommunicatione
       perseuerat."
337b *costitución de legado*: Cfr. *Spec. iudic.,* Lib. I. Partic. I.
       "De Legato", ap. 7. 10: "Excommunicare an possit legatus
       extra provinciam suam existens..." El legado se define en
       Lib. I. Partic. I: "Legatus est seu dici potest, quicunque
       ab alio missus est... siue a principe, siue a papa ad alios..."
337d *Vilforado*: Parece ser el actual Belorado, de la provincia
       de Burgos, que se llama Byl Forado en el *Poema de Fer-
       nán González,* 665b y 681a (nota de Joset). Pero también,
       sin duda, se hace juego con el sentido de *vil forado.*
338d *vaya se de las callejas*: Coro. glosa como "salga de manos
       de la justicia". Joset llama la atención sobre el paralelis-
       mo con 366a, *vaya se a la salvagina.*

339   "El galgo e el lobo estavan encogidos:
       otorgaron lo todo con miedo e amidos.
       Diz luego la marfusa: 'Señor, sean tenidos:
       en rreconvençión pido que mueran, e non + oídos.'

340   "Ençerraron rraçones de toda su *porfía*:
       pidieron al alcalde que les asignase día
       en que diese sentençia, qual él por bien tenía;
       e asignó les plazo después de la Epifanía.

341   "Don Ximio fue a su *casa,* con él mucha conpaña:
       con él fueron las *partes,* conçejo de cucaña;
       aí van los abogados de la mala picaña,
       por bolver al alcalde; ninguno non lo engaña.

342   "Las partes cada una a su abogado *escucha*:
       presentan al alcalde, qual salmón e qual trucha,
       qual copa *e* qual taza, en poridat aducha;
       arman se çancadilla en esta falsa lucha.

339d *rreconvençión*: Cfr. *Spec. iudic.* II. Partic. I. "De Recon-
ventione", Rubrica. "Quia saepe praestitis cautionibus reus
vult actorem reconvenire, & sic fiunt hincinde mutuae pe-
titiones..." *Siete Partidas*, III. IV. ley xx: "... Et aun de-
cimos que despues quel demandado haya respuesto a la
demanda de su contendor antel juez delegado, si él qui-
siere facer otra demanda al demandador delante ese mismo
juez, que lo puede facer en manera de reconvención, et
ha poderio el delegado de oir tal pleyto..."
340a *ençerraron rraçones*: Cfr. el *Ordenamiento de Alcalá* de
1348, XII, 2: "Desque fueren raçones ençerradas en los
pleytos para dar sentençia interlocutoria o definitiva, el
judgador sea tenudo de dar la interlocutoria fasta seis dias
e la definitiva fasta veinte...", y XIII, 2: "Los nuestros
Alcalles, desque son raçones encerradas en los pleytos...
ponen plaço a las partes para dar sentençia en dia cierto"
(citado por G. Tilander, *Fueros de Aragón*, Lund, etc.,
1937, Glosario, *apud enserrar*). Es decir, las partes termi-
nan y resumen sus argumentos como intervención final,
antes que el juez decida la sentencia. Kelly, *Canon Law*...,
página 98, comprende mal el término, por no haber con-
sultado los fueros españoles.

343 "Venido es el día para dar la sentençia:
     ante el juez las partes estavan en presençia;
     dixo el buen alcalde: 'Aved buena abenençia,
     ante que yo pronunçie e vos dé la sentençia.'

344 "Pugnan los avogados e fazen su poder,
     por saber del alcalde lo que *quiere* fazer;
     qué sentençia daría, o quál podría ser;
     mas non podieron dél cosa saber nin entender.

345 "De lexos le fablavan por le fazer dezir
     algo de la sentençia, ⁺ su coraçón descobrir;
     él mostrava los dientes, mas non era rreír;
     coidavan que jugava, e todo era rreñir.

346 "Dixieron *le* las partes *e* los sus abogados
     que non podrían ser en una acordados,
     nin querían abenençia, para ser despechados;
     piden que por sentençia fuesen de allí librados.

347 "El alcalde letrado e de buena çiençia
     usó bien de su oficio e guardó su conçiençia:

343c *abenençia*: Parece ser una formación castellana sobre el
verbo ADVENIRE/*abenir*. Du Cange da ADVENIMENTUM (*Glos-
sarium ad Scriptores Mediae et Infimae Latinitatis*). Se tra-
ta el tema en *Las Siete Partidas*, III. IV. leyes xxiii-xxxv.
Véase en esp. ley xxiv: "... Otrosí decimos que si alguna
cosa fuere demandada en juicio delante el judgador ordi-
nario..., si aquel pleyto quisiesen meter en poder dél en
tal manera que lo librase por avenencia de las partes ó
en otra guisa qual él toviese por bien asi como amigo co-
munal, entonce decimos que lo podrie rescebir el juez
ordinario..."
346c *para ser despechados*: "para no tener que pagar las cos-
tas". Si las partes se pusieran de acuerdo, sin esperar la
sentencia del juez, tendrían que pagarlas. Como dice Mo-
rreale (*BRAE*, XLIII, 1963, pp. 276-277), *despechados* vie-
ne de *pechar*, "pagar tributos, impuestos, etc.", y nada
tiene que ver con *despecho*.
347b *usó bien de su ofiçio*: Alusión al OFFICIUM IUDICIS, que
el *Encyclopedic Dictionary* (véase 336dn), define como
"The complex of legal and customary rules which the pri-
vate judge (IUDEX) had to observe in his judicial activity,

estando assentado + en la su abdiençia,
rrezó él, por sí mesmo escripta, tal sentençia:

348 " 'En el nonbre de Dios', el judgador dezía,
'yo don Ximio, ordinario alcalde de Bugía,
vista la demanda que el lobo fazía,
en que a la marfusa furto le aponía,

349 " 'E vistas las escusas e las defensiones
que puso la gulharra en su *exeuçiones*,
e vista la rrespuesta e las rreplicaçiones
que propuso el lobo en todas sus rrazones,

---

in addition to the binding instructions of the formula im-
posed upon him." En el *Spec. iudic.*, Lib. I. Partic. I. "De
officio Ordinarii", ap. 3: "Officium ordinarii & cuius li-
bet iudicis est latissimum... De officio omn. judicum" ap. 2.
"Iudicis officium loco principalis actionis proponitur, cum
alia actio ordinaria deficit." También *Las Siete Partidas*,
III. IV. ley i: "Los judgadores que facen sus oficios como
deben han nombre con derecho jueces."

347cd Cfr. *Spec. iudic.* Lib. II. Partic. III. "De Sententia" ap. 5,
"... Deinde est ferenda sententia, iudice sedente pro tri-
bunali in loco consueto vel alias honesto..., sententia prius
in scriptis redacta, & correcta...", *Siete Partidas*, III. XXII.
ley v. "... débelo ante facer escribir en las actas, et débelo
él mesmo leer públicamente si sopiere leer, seyendo asen-
tado en aquel logar do suele oir los pleytos..."

348c, etc.: *vista, vistas*: La fórmula en el derecho romano era
VISIS..., VISIS...

348d *aponía*: No encuentro APPONERE en el *Encyclopedic Dic-
tionary*. En el *Spec. iudic.* lo he encontrado sólo en el
contexto de imprimir el sello a un documento, por ejem-
plo, Lib. II, Partic. I, "De Citatione", ap. 5, núm. 14:
"Sed nec videtur praemissa protestatio sufficere, nisi &
is, cuius sigillum apponitur dicat in ipsa charta, se illud
apposuisse..." En el sentido de "acusar", *aponer* puede ha-
ber originado como sinécdoque: aponer el sello a la de-
manda equivaldría, en efecto, a hacer la acusación.

349a *defensiones*: *Spec. iudic.* Lib. II. Partic. I, "De Excep. &
replicat.", ap. 1, núm. 4: "Haec enim & similes dicuntur
proprie defensiones, & non exceptiones... quia licet defen-
dant reum & per consequens repellant agentem, non ta-
men excludunt actionem, cum nulla sit ibi actio; sed ex-
ceptio excludit actionem, ut dixi." La *defensión* es una
defensa que debe exculpar al acusado, pero que no exclu-

350 " 'E visto lo que pide en su rreconvençión
la comadre contra el lobo, çerca la conclusión,
visto todo el proceso e quantas rrazones + son,
e las partes que piden sentençia e al non,

351 " 'Por mí examinado todo el proçeso fecho,
avido mi conssejo, que me fizo provecho,
con omnes sabidores en fuero e en derecho,
Dios ante *los* mis ojos *e non* rruego nin pecho,

352 " 'Fallo que la demanda del lobo es bien çierta,
bien acta e bien formada, bien clara e abierta;
fallo que la rraposa + en parte bien *açierta*
en sus deffenssiones e escusa e rrefierta:

353 " 'La *exeuçión* primera es en sí perentoria;
mas la descomunión es aquí dilatoria;
diré un poco della, que es *de* grand estoria;
¡abogado de rromançe, esto ten en memoria!

ye la posibilidad de una acción. La *excepción,* en cambio,
interrumpe la acción. Juan Ruiz conserva esta distinción,
aunque *Las Siete Partidas* emplean *defensión* en lugar de
excepción, palabra que no aparece. (Por ej., III. III. leyes
ix y xi.)

350b *conclusión*: Sobre los problemas que suscita esta cuarteta,
véase Kelly, *Canon Law...*, pp. 98-100. En el *Spec. iudic.*,
CONCLUSIO parece ser la terminación de la presentación
de sus argumentos por las partes: "Et scias quod post
conclusionem nulla admittitur exceptio, vel allegatio facti,
neque testis, vel instrumentum" (Lib. II, Partic. II, "De
Renunciatione & Conclusione", núm. 3).

351bc Cfr. *Spec. iudic.* II. Partic. III. De Sententia..., ap. 5,
núm. 1: "... Et quidem iudex ante omnia debet diligenter
cuncta, quae fuerunt in iudicio acta, discutere, & cum
peritis deliberare..., postmodum partes citandae sunt ad
sententiam audiendam." *Siete Partidas,* III. XXII. ley xi,
"...et por ende decimos que quando los judgadores dub-
daren en qué manera deben dar sus juicios en razon de
las pruebas et de los derechos que amas las partes mos-
traron ante ellos, que entonce deben preguntar a los ho-
mes sabidores de aquellos logares do judgan que sean sin
sospecha, et mostrarles todo el fecho así como pasó ante
ellos."

353ab *Spec. iudic.* II. Partic. I, "De Exceptionibus", ap. 1, núm. 1:

354   " 'La *exeución* primera muy bien fue *alegada;*
        mas la descomunión fue un poco errada,
        que la costitución deviera ser nonbrada,
        e fasta nueve días deviera ser provada.

355   " 'Por cartas o por testigos, o por buen instrumente,
        de público notario deviera sin fallimiente
        esta tal dilatoria provar se clara mente;
        si *se* pon perentorio esto *es* otra mente.

356   " 'Quando la descomunión por dilatoria se pone,
        nueve días *a* de plazo para el que se opone;
        por perentoria *más;* esto, guarda non te encone,
        que a muchos abogados se olvida e se pospone.

357   " 'Es toda perentoria la *descomunión* atal,
        si se pon contra testigos en pleito *prinçipal,*

"Exceptiones peremptoriae vocantur, quae actionem peri-
munt, seu verius elidunt..., ap. 2, núm. 8. Porro exceptio
excommunicationis potest quoad hoc anomala dici, quia
quamvis dilatoria sit, potest tamen in omni parte litis &
ante contestationes, & post sententiam opponi." La excep-
ción dilatoria interrumpía el proceso durante un tiempo li-
mitado, mientras que la perentoria lo suprimía definitiva-
mente. Para una discusión detallada de la ley de las excep-
ciones en relación con el pleito ante don Ximio, véase
Kelly, *Canon Law...,* pp. 102-112. Es de notar que en
Las Siete Partidas perentoria y *dilatoria* se introducen como
términos latinos, con definiciones en castellano (III. III.
leyes ix y xi).

354c La *costitución,* según Kelly (*Canon Law...,* pp. 103-104),
       será la CONSTITUTIO que se citó al pronunciarse la exco-
       munión.

355ab *instrumente:* Cfr. *Spec. iudic.* II. Partic. II. "De instru-
       mentorum edit.", ap. 1: "Instrumentum est scriptura ad
       assertionem seu probationem alicuius rei facta. Vel sic,
       publicum instrumentum est solemnis & rite ordinata scrip-
       tura per authenticae personae manum publice causa me-
       moriae facta..." *Siete Partidas,* III. XVIII. ley i., "... et
       hay otra escritura que llaman estrumento publico que
       es fecho por mano de escribano público".

357b *prinçipal:* Kelly, *Canon Law...,* pp. 106-107, dice que la
       excepción de la excomunión se hacía perentoria cuando
       se proponía durante la acción principal del proceso, y,

o contra juez publicado, que su proçeso non val;
quien de otra guisa lo pone yerra lo e faze mal.

358 " 'Fallo + que la gulpeja pide más que non deve
                                        [pedir:
que de egual, en criminal, non puede rreconvenir;
por *exeuçión* non puedo yo condepnar nin punir,
nin deve el abogado tal petiçión comedir.

359 " 'Maguer contra la parte, o contra el mal testigo,
sea *exeuçión* provada, nol farán otro castigo;
desecharán su demanda, su dicho non val un figo;
la pena ordinaria non avrá, yo vos lo digo—

360 " 'Si non fuere testigo falso, o si lo vieren variar,
ca entonçe el alcalde puede lo atormentar;
non por la *exeuçión,* mas por que lo puede far
en los pleitos criminales; su ofiçio ha grant lugar.

361 " 'Por *exeuçión* se puede la demanda desechar,
e pueden se los testigos tachar e rretachar;
por *exeuçión* non puedo yo condepnar nin matar,
nin puede el alcalde más que el derecho mandar.

---

además, no había diferencia entre pleitos civiles y pleitos
criminales en este respecto. Por tanto, *prinçipal* de *G* es
preferible a *criminal* de *S*.

357c Kelly, p. 107, dice que se trata de una excepción alegada
contra un juez que haya sido excomulgado públicamente
(*iudex publice excommunicatus*), y quiere enmendar el tex-
to en "e contra juez publicada". Pero en la jerga de los
juristas, ¿no puede haber existido la abreviatura IUDEX
PUBLICE..., castellanizada en *juez públiçe?* También es po-
sible que se haya hablado de un *juez publicado* (de un
juez contra quien se hubiera publicado la excomunión).
Por tanto, no enmiendo el texto.

358 Sobre el argumento jurídico dado aquí, véase Kelly, *Canon
Law...,* p. 108. El juez no podía punir a un testigo por
un crimen que se hubiera descubierto por medio de una
excepción alegada contra él como testigo.

362   " 'Pero, por quanto yo fallo por la su confesión
      del lobo, ante mi dicha, e por otra cosa non,
      fallo que es provado lo que la marfusa pon;
      por ende pongo silençio al lobo en esta saçón.

363   " 'Pues por su confesión e su costunbre e uso,
      es magnifiesto e çierto lo que la marfusa puso,
      pronunçio que la demanda quél fizo e propuso
      non le sea rresçebida, segund dicho he de suso.

364   " 'Pues el lobo confiesa que fizo lo que acusa,
      e es magnifiesto e cierto que él por ello usa,
      non le deve rresponder en juizio la marfusa;
      rresçibo sus defensiones e la buena escusa. *

365   " 'Non le preste lo que dixo, que con miedo e que-
                                              [xura
      fizo la confesión, cogido en angostura,
      ca su miedo era vano e non dixo cordura,
      que adó buen alcalde judga, toda cosa es segura.

366   " 'Do liçençia a la rraposa: vaya se a la salvagina;
      pero que non la asuelvo del furto atan aína,
      pero mando que non furte el gallo a su vezina'.
      Ella diz que no lo tenié, mas que le furtaría la ga-
                                              [llina.

---

* Falta el v. 364d en G.

362a confesión: Cfr. Spec. iudic., Lib. II, Partic. II, "De Con-
   fessionibus", ap. 3, núm. 22: "Quid si actum est de furto
   ciuiliter, & reus confessus est, nunquid ex tali confessione
   condemnabitur in iudicio criminali postmodum contra eum
   instituto?"
366a a la salvagina: Coro. glosa, "vaya a cazar animales monta-
   races" (¿en lugar de robar los domésticos?), y Joset y Ble-
   cua le siguen (éste con dudas). No sé si está documenta-
   da salvagina en el singular, con el sentido de "animales en
   conjunto", en textos medievales. Noto, por ejemplo, que
   en Tirant lo Blanc, I, xliv, se dice: "... e anam tots ab lo
   Rei a caça fent gran matança de salvatgines".

367 "Non apellaron las partes, del juizio son pagados, *
     por que non pagaron costas, nin fueron condenados.
     Esto fue por que non fueron de las partes deman-
                                              [dados,
     nin fue el pleito *contestado*, por que fueron escu-
                                              [sados.

368 "Allí los abogados dixieron contra el juez
     que avía mucho errado e perdido el su buen prez,
     por lo que avía dicho e suplido esta vez;
     non ge lo preçió don Ximio quanto vale una nuez.

369 "Dixo les que bien podía él en su pronunçiaçión
     suplir lo que es derecho e de constituçión,
     que él de fecho ageno non fazía menzión.
     Tomaron los abogados del Ximio buena liçión.

370 "Dixieron le otrosí una derecha rraçón:
     que fecha la conclusión en criminal acusaçión,
     non podía dar liçençia para aver conpusiçión:
     menester la sentençia çerca la conclusión.

* Texto en *SGT* hasta 379*b*.

367*a* apellaron: Del latín APPELLARE, es término del derecho ro-
     mano. En los fueros, y también en *Las Siete Partidas*, se
     emplea *alzarse*, y *alzada* por *apelación*. Cfr. III. XXIII.
     ley i: "Alzada es querella que alguna de las partes face
     de juicio que fuese dado contra ella, llamando et recorrién-
     dose a emienda de mayor juez."
367*abcd* Coro. nota que los participios en *-ados* hacen una *con-
     cordantia ad sensum* con *las partes*.
369*a* pronunçiaçión: Cfr. *Encyclopedic Dictionary*, PRONUNTIATIO:
     "With reference to judicial trials... declarations by both
     the magistrate and the judge in the bipartite procedure...
     pronuntiare adversus ———, 'to pronounce a judgement
     against ———'." *Spec. iudic.*, Lib. I, Partic. I, "De as-
     sessore", ap. 4, n. 2, "Iudex volens pronunciare, delibera-
     bit seu conferet cum assessore."
369*b* suplir de *G* es mejor que *conplir* de *S*, porque responde
     a 368*c*.
370*c* conpusición: *Encyclopedic Dictionary*, COMPOSITIO: "To
     settle a dispute by a compromise."
370*d* La sentencia debe pronunciarse sin demora después de la
     CONCLUSIO (véase 350*b*).

371   "A esto dixo el alcalde una sola rresponsión:
que él avié poder del rrey en su comisión,
espeçial para todo esto, e conplida jurisdiçión.
Aprendieron + abogados en esta disputación.

AQUÍ FABLA DE LA PELEA QUEL ARÇIPRESTE OVO CON DON AMOR

372   "Tal eres como el lobo, rretraes lo que fazes;
estrañas a los otros + el lodo en que yazes.
Eres mal enemigo a todos quantos plazes;
fablas con grand sinpleza por que muchos enlazes.

373   "A obra de piedad tú nunca paras mientes:
nin visitas los presos, nin quieres ver dolientes,
si non solteros sanos, mançebos e valientes;
si loçanas encuentras, fablas les entre + dientes.

374   "Rezas muy bien las oras con garçones folguines,
CUM HIS QUI ODERUNT PAÇEM, fasta que el salterio
                                                 [afines;

372-387 Véase la Introducción, p. 56. Los estudios más interesantes sobre este pasaje han sido Lecoy, Recherches..., páginas 214-219; Otis H. Green, Spain and the Western Tradition, Madison, 1963, cap. I, pp. 27-71; Zahareas, The Art of Juan Ruiz..., pp. 105-112.

372b La lección de S, e. lo que ves e non e. l. e. q. y., no es inaceptable, pero como comentario sobre la hipocresía, es menos mordaz.

373d Cfr. Libro de Alexandre, 13a: "Los unos con los otros fablavan entre dientes": Es decir, "cuchicheaban, murmuraban".

374 Completas.

374b Salmo, CXIX, v. 7: "Cum his qui oderunt pacem [eram pacificus: cum loquebar illis, impugnabant me gratis]." Aquí las palabras que Juan Ruiz cita son suficientes en sí para cuadrar con su contexto.

diçes ECCE QUAM BONUM con sonajas e baçines,
IN NOTIBUS ESTOLITE; después vas a matines.

375   "Do tu amiga mora comienças a levantar
      'DOMINE LABIA MEA', en alta boz a cantar;
      PRIMO DIERUM ONIUM los estormentos tocar,
      NOSTRAS PREÇES UT AUDIAT, e fazes los despertar.

376   "Desque sientes a ella, tu coraçón espaçias;
      con + maitinada 'CANTATE' en las *friuras* laçias;

374c *Salmo,* CXXXII, v. 1: "Ecce quam bonum [et quam ju-
      cundum habitare fratres in unum]." Aquí el sentido sólo
      se entiende por completo recordando las palabras no ci-
      tadas.

374d *Salmo,* CXXXIII, v. 1: "[Qui statis in domo Domini, in
      atriis domus Dei nostri,] (v. 2) In noctibus extollite [ma-
      nus vestras in sancta, et benedicite Dominum...]" Aquí
      también, las palabras citadas no tienen sentido sacadas del
      contexto del salmo.

375   *Maitines.*

375a *levantar*: *levadar* de G queda excluido como *lectio singula-
      ris* (T da *levantar* también). El sentido de "excitación se-
      xual" que ve Green aquí no está documentado, que yo
      sepa, en el español antiguo; además, se esperaría una cons-
      trucción pronominal en tal caso. Lo más verosímil parece
      ser que la frase del salmo que sigue es complemento di-
      recto de *levantar*.

375b *Salmo,* L, v. 17: "Domine labia mea [aperies: et os meum
      annuntiabit laudem tuam]."

375c Según Chi., la cita es el comienzo del himno de San Gre-
      gorio, en el oficio de maitines: "Primo dierum omnium
      [Quo mundus extat conditus...]." Interpretar *estormentos*
      como "órganos sexuales" aquí (como hacen algunos) es an-
      ticipar indebidamente la c. 384.

375d La cita es del mismo himno. *Fazes los despertar*: *las* de S
      carece de antecedente en el contexto; *los* parece referirse
      a los instrumentos. Aquí, no estaría del todo fuera de lu-
      gar una insinuación acerca de la excitación sexual, pero
      sólo como *arrière-pensée*.

376a *espaçias*: "alivias, alegras". Chi. cita: "Pues liévate, buena
      dueña, et vete para el rey et espacia su coraçón, et conór-
      talo et aconséjalo"; *Calila e Dimna,* ed. Cacho Blecua y
      Lacarra, Madrid, Castalia, 1984, p. 284.

376b *Salmo,* CXLIX, v. 1: "Cantate [Domino canticum novum]."
      Laçias: Coro. postula una derivación de GLACIES, "hielo",

laudes, 'AURORA LUCIS'; das le grandes graçias;
con 'MISERERE MEI' mucho te le engraçias.

377   "En saliendo el sol, comienças luego prima:
      'DEUS IN NOMINE TUO' rruegas a tu xaquima
      que la lieve por agua e que dé a todo çima;
      va en achaque de agua a ver te la mala esquima.

378   "E si es tal que non usa andar por las callejas,
      que la lieve a las uertas por las rrosas bermejas;
      si cree la bavieca sus dichos e conssejas,
      'QUOD EVA TRISTIS' trae, de 'QUICUNQUE VULT' rre-
                                                    [druejas.

y traduce "glacial". Pero el sentido normal, derivado de
FLACCIDUS, se entiende bien aquí: "los fríos que entorpe-
cen".

376c Laudes.
      Aurora luçis: Lecoy identifica dos himnos como fuentes
      posibles: el que se cantaba los domingos durante Laudes:
      "Ecce iam noctis tenuatur umbra / lucis aurora rutilans
      coruscat…"; u otro que se cantaba en Pascuas; "Aurora
      lucis rutilat, / caelum laudibus intonat…" (Recherches…,
      página 227).

376d Salmo, L, v. 3: "Miserere mei [Deus, secundum magnam
      misericordiam tuam.]"

377   Prima.

377b Salmo, LIII, v. 3: "Deus in nomine tuo [salvum me fac;
      et in virtute tuo judica me.]" Después de rondar la casa
      de la chica durante la noche, el clérigo-amante manda a la
      alcahueta a hablar con ella con el pretexto de llevarla a
      buscar agua.

377d mala esquima: "mala cosecha, mal fruto", aludiendo a la
      amada, al parecer.

378b rrosas bermejas: Detrás del sentido literal (de ir a coger
      flores a las huertas), parece haber una alusión sexual —a
      la pérdida de su 'rosa' por la chica (véase J. E. Gillet,
      HR, XVIII, 1950, p. 179).

378cd O sea, "si la tonta cree las palabras de la alcahueta, trae
      lo que trajo Eva…, redrojos de quienquiera (los frutos
      amargos de la seducción)". Lecoy, Recherches…, p. 227,
      identifica un himno de Laudes (fuera de su sitio aquí):
      "Quod Eva tristis [abstulit, Tu reddis almo germine]",
      y el "Símbolo atanasio": "Quicumque vult [salvus esse, ante
      omnia opus est…]"

379 "E si es dueña tu amiga que desto non se conpone,
tu católica a ella cata manera que la trastorne;
'OS, LINGA, MENS', la envade, seso con ardor pos-
[pone; *
va la dueña a terçia, caridat 'A LONGE' pone.

380 "Tú vas luego a la iglesia, por le dezir tu rrazón
más que por oir la missa, nin ganar de Dios perdón;
quieres la misa de + novios, sin gloria e sin son;
coxqueas al dar ofrenda, bien trotas al comendón.

* Texto en SG hasta 435a.

379a "Si, por ser dueña, la amada no se presta a tales escapa-
das…"
379b católica: La palabra consta en los tres Mss. (catlyca en T).
Parece un apodo humorístico e irónico de la alcahueta,
apta en este contexto de piedad externa, máscara de acti-
vidades poco cristianas.
379c Himno de Tercia: "Os, lingua, mens, [sensus, vigor, con-
fessionem personent]" (Lecoy, p. 227). La invasión de la
mente de la chica por el engatusamiento de la alcahueta
la hace perder el seso, con el ardor que siente.
379d Tercia: Hay preferencia entre los editores por la lección
de G, "en caridat legem pone", del Salmo, CXVIII, v. 33:
"Legem pone [mihi, Domine, viam justificationum tua-
rum…]" Pero Beltrán, Razones de buen amor…, pp. 162-
163, cree que se continúa con el himno de Tercia, que si-
gue: "Flammescat igne caritas, / Accendet ardor proximos."
La amada, encendida por el amor, aleja de sí la caridad.
Beltrán añade que ambas versiones son buenas, y ambas
podrían ser del autor.
380 Misa.
380c sin gloria e sin son: Según Morreale (HR, XXXVII, 1969,
página 140), debe ser la misa que se reza rápidamente, sin
cantar la gloria, y sin canto antifonal.
380d comendón: Según Daniel Devoto (citado por Morreale,
BICC, XXXIV, 1979, B.), es el canto final de la Misa de
rito hispano. Es decir, el amante se muestra muy letárgico
para entregar la debida ofrenda, pero sale corriendo en
cuanto la misa toca a sus momentos finales.

381   "Acabada ya la missa, rrezas tan bien la sesta,
      que la vieja te tiene a tu amiga presta;
      comienças 'IN VERBUM TUUM', e dizes tú de aquésta:
      'FACTUS SUM SICUD UTER' por la grand misa de fiesta.

382   "Dizes: 'QUOMODO DILEXI nuestra fabla, varona;
      SUSCIPE ME SECUNDUM, que para la mi corona,
      LUCERNA PEDIBUS MEIS es la vuestra persona.'
      Ella te dize: '¡QUAM DULCIA! Que rrecubdas a la
                                                    [nona.'

383   "Vas a rrezar la nona con la dueña loçana;
      'MIRABILIA' comienças; dizes de aquesta plana:
      'GRESSUS MEOS DIRIGE'; rresponde doña Fulana:
      'JUSTUS ES, DOMINE.' Tañe a nona la canpana.

381 Sexta.
381c Salmo, CXVIII, v. 81: "[Defecit in salutare tuum anima
      mea: et] in verbum tuum [superspuravi...]" de aquesta, "en
      este momento".
381d Salmo, CXVIII, v. 83: "[Quia] factus sum sicut uter [in
      pruina.]"
382a Salmo, CXVIII, v. 97: "Quomodo dilexi [legem tuam, Do-
      mine? Tota die meditatio mea est.]"
382b Salmo, CXVIII, v. 116: "Suscipe me secundum [eloquium
      tuum, et vivam: et non confundas me ab expectatione
      mea.]" para la mi corona: según Coro., "Jura por su ton-
      sura."
382c Salmo, CXVIII, v. 105: "Lucerna pedibus meis [verbum
      tuum, et lumen semitis meis.]"
382d Salmo, CXVIII, v. 103: "Quam dulcia [faucibus meis
      eloquia tua, super mel ori meo.]"
383 Nona.
383b Salmo, CXVIII, v. 129: "Mirabilia [testimonia tua: ideo
      scrutata est ea anima mea.]" de aquesta plana: Es decir,
      "... citando de la misma página del Salterio". Todas estas
      citas provienen de versículos muy próximos del mismo sal-
      mo. Las explicaciones de Morreale (BRAE, XLVII, 1968,
      páginas 234 y 297) y Beltrán (Razones..., p. 166) me pa-
      recen rebuscadas e innecesarias. Coro. quisiera leer en esta
      plana, "en esta página", pero no lo pone.
383c Salmo, CXVIII, v. 133: "Gressus meos dirige [secundum
      eloquium tuum: et non dominetur mei omnis injustitia.]"

384 "Nunca vi sancristán que a vísperas mejor tanga: *(toque)*
todos los instrumentos *tocas* con la chica manga;
la que viene a tus vísperas, por bien que se *arre-*
[con la fuerza de tu poder]   [manga,
con 'VIRGAM VIRTUTIS TUE' fazes que [+] aí *rremanga.*

385 " 'SEDE A DESTRIS MEIS' dizes a la que viene; *[estoy a mi lado] [que allegrasse]*
cantas 'LETATUS SUM', si allí se detiene;
'ILLIC ENIM ASCENDERUNT' a qual quier que allí se
[por allí subieron]   [atiene.
La fiesta de seis capas con tigo la Pascua tiene.
[curas?]

383d *Salmo,* CXVIII, v. 137: "Justus es, Domine: [et rectum judicium tuum.]" *Tañe... la canpana*: El sentido literal de las palabras forma una parte lógica de la narración. Lo cual no excluye la posibilidad de una alusión erótica (como postula Joset).

384b *con la chica manga*: "con los menores medios", según Cej., apoyando su interpretación con citas de Correas (ed. Combet, 272b, 420b, 421c, 633a). Pero la cuarteta entera rebosa de insinuaciones sexuales: *los instrumentos* deben ser los órganos sexuales femeninos, y *manga* el masculino.

384c *por bien que se arremanga*: "... por más que se disponga a resistir".

384d *Vísperas.*
Salmo, CIX, v. 2: "Virgam virtutis tuae [emittet Dominus ex Sion: dominare in inimicorum tuorum.]" Equívoco sacrílego y obsceno patente. *Virga* se empleaba corrientemente en el latín medieval en el sentido del órgano sexual masculino, hasta en un texto científico, por ejemplo, "Spermati vero tria sunt necessaria... Tertium est spiritus, qui virgam erigit ut semen expellat" (Vicente de Beauvais, *Speculum naturale,* Lib. XXXI, cap. X).

385a *Salmo,* CIX, v. 1: "[Dixit Dominus Domino meo:] 'Sede a dextris meis, [donec ponam inimicos tuos, scabellum pedum tuorum.']"

385b *Salmo,* CXXI, v. 1: "Laetatus sum [in his, quae dicta sunt michi: in domum Domini ibimus.]"

385c *Salmo,* CXXI, v. 4: "Illuc enim ascenderunt [tribus, tribus Domini:]"

385d *fiesta de seis capas*: Según Morreale (*BRAE,* XLIII, 1963, página 279), "... por el número de cantores que la llevaban en las ceremonias de las catedrales, etc."

386   "Nunca vi cura de almas que tan bien diga conple-
                                           [tas;
       vengan fermosas o feas, quier blancas quier prietas,
       digan te 'CONVERTE NOS', de grado abres las puertas.
       Después, 'CUSTODI NOS' te rruegan las encubiertas.

387   "Fasta el 'QUOD PARASTI' non *las* quieres dexar;
       'ANTE FACIEM OMNIUM' sabes las alexar;
       'IN GLORIAM PLEBIS TUE' fazes las aveitar;
       'SALVE, REGINA', dizes si de ti se *han de* quexar.

AQUÍ FABLA DE LA PELEA QUE OVO EL ARÇIPRESTE CON DON AMOR

388   "Con açidia traes estos males atantos,
       muchos otros pecados, antojos e espantos;
       non te pagas de omnes castos, nin dignos *e* santos;
       a los tuyos das obras de males e quebrantos.

386 *Completas.*
386c *Salmo,* LXXXIV, v. 5: "Converte nos [Deus salutaris nos-
      ter: et averte iram tuam a nobis.]"
386d Lecoy, *Recherches...,* p. 228, identifica esta cita como el
      versículo que sigue la lectura del capítulo: "Custodi nos,
      [Domine, ut pupillam oculi.]" *Las encubiertas*: las tapa-
      das, quienes le piden protección al amante.
387 Todas las citas de esta cuarteta provienen de *Lucas,* II,
      vv. 29-32: "[Nunc dimittis servum tuum..., quia viderunt
      oculi mei salutare tuum], quod parasti ante faciem om-
      nium [populorum... lumen ad revelationem Gentium, et]
      gloriam plebis tuae [Israël]. Salve, Regina, [mater miseri-
      cordiae]."
388 Especie de resumen de la sección anterior y prólogo a la
      que sigue. La última parte de la diatriba del Arcipreste
      contra el Amor se aleja de argumentos explícitamente cris-
      tianos, volviendo hacia una lección moral práctica: la ve-
      leidad y la duplicidad del amor; la caprichosidad que in-
      duce en las jóvenes (cs. 394-397); su espíritu de destruc-
      ción; los catastróficos enlaces de parejas incompatibles que
      inspira (cs. 407-416)...

389 "El que tu obra trae es mintroso *perjuro*:
    por conplir tus deseos fazes lo erege duro;
    más cree tus lisonjas el neçio fadeduro
    que non la fe de Dios; ve te, yo te conjuro.

390 "Non te quiero, Amor, nin Cobdiçio, tu fijo;
    fazes me andar de balde, dizes me: 'Digo, digo';
    tanto más me aquexas quanto yo más aguijo;
    non me val tu vana gloria un vil grano de mijo.

391 "Non as miedo nin vergüença de rrey nin rreína;
    mudas te do te pagas cada día aína;
    huésped eres de muchos, non duras so cortina;
    como el fuego andas de vezina en vezina.

392 "Con tus muchas promesas a muchos enveliñas;
    en cabo son muy pocas a quien bien adeliñas;
    non te menguan lisonjas, más que fojas en viñas;
    más traes neçios locos que ay piñones en piñas.

393 "Fazes como folguín en tu mesma manera:
    atalayas de lexos e caças la primera.
    Al que quieres matar, sacas *lo* de carrera;
    de logar encobierto sacas çelada fiera.

390b *digo digo*: Blecua enmienda en 'Di jo, di jo' (el '¡so!' del
    arriero). Pero el Amor no anima al amante a detenerse,
    sino a continuar a *andar de balde*, tras el fuego fatuo del
    amor. Tal vez la interpretación menos disparatada sea la
    de Coro.: el Amor le dice, con el tono imperioso del due-
    ño mandando al criado: "Digo, digo…!"
391c *so cortina*: Chi. cita a Jaufre Rudel, quien habla de "dinz
    vergier o sotz cortina" como sitios ideales para el amor,
    y glosa "encubierto". Coro. glosa "escondido". Blecua, en
    cambio, interpreta "en un lugar fijo", al parecer por el
    contexto, pero sin explicaciones.
393c La lección de *G*, "A la que matar quieres, sacas la de ca-
    rrera", cuadra mejor con el contexto, a primera vista. Pero
    una manera de "matar" a los *neçios locos* sería juntarlos
    con una joven caprichosa, y así arruinar a los dos, como
    se dice en 398b. Conservo la lección de *S*, pues.

394 "Tiene omne su fija de coraçón amada,
loçana e fermosa, de muchos deseada,
ençerrada e guardada, e con viçios criada;
do coída *tener* algo en ella, tiene nada.

395 "Coídan se la cassar como las otras gentes,
por que se onrren della su padre e sus parientes;
como mula *camuça* aguza *rrostro* e dientes;
rremeçe la cabeça, a mal seso tiene mientes.

396 "Tú le rruyes a la oreja, e das le mal conssejo,
que faga tu mandado e *siga* tu trebejo;
los cabellos en rrueda, el peine e el espejo,
que aquel Mingo Oveja non es della parejo.

397 "El coraçón le tornas de mill guisas a la ora:
si oy cassar la quieren, cras de otro se enamora;
a las vezes en saya, a las vezes en alcandora;
rremira se la loca adó tu locura mora.

398 "El que más a ti cree, anda más por mal cabo:
a ellos e a ellas, a todos das mal rramo;
de pecado dañoso, de ál non, te alabo;
tristeza e flaqueza, ál de ti non rrecabdo.

399 "Das muerte perdurable a las almas que fieres;
das muchos enemigos al cuerpo que rrequieres;
fazes perder la fama al que más amor dieres;
a Dios pierde e al mundo, Amor, el que más quieres.

396d La lección de S viene apoyada por el hecho de que el
copista corrigió *amigo* en *mingo,* al percatarse de su pro-
pio error, como señaló Chi. *Mingo Oveja* es una manera
de aludir a un tipo de paleto. Joset y Blecua citan ejem-
plos de su empleo: *Canc. Baena,* núm. 167; Fr. Martín de
Córdoba, *Tratado contra Fortuna, BAE,* t. CLXXI, p. 14;
Torres Naharro, un personaje de *Trofea.* Aquí, el Amor
le insinúa a la joven la idea de que el "paleto" es inferior
a ella.

399b *rrequieres:* "visitas", < REQUAERERE, según Morreale (*BRAE,*
XLVII-XLVIII, 1968, p. 305).

400 "Estruyes las personas, los averes estragas;
    almas, cuerpos e algos, commo huerco las tragas;
    de todos tus vassallos fazes neçios fadragas;
    prometes grandes cosas, poco e tarde pagas.

401 "Eres muy grand gigante al tienpo del mandar;
    eres enano chico quando lo as de dar;
    luego de grado mandas, bien te sabes mudar;
    tarde das e amidos, bien quieres demandar.

402 "De la loçana fazes muy loca e muy bova;
    fazes con tu grand fuego commo faze la loba:
    al más astroso lobo, al *enatío,* ajoba;
    aquél da de la mano e de aquél se encoba.

403 "Ansí muchas fermosas contigo se enartan;
    con quien se les antoja, con aquél se apartan;
    quier feo quier natío, aguisado non catan;
    quanto más a ti creen, tanto peor baratan.

404 "Fazes por muger fea perder omne apuesto;
    pierde se por omne torpe dueña de grand *rrepuesto;*
    plaze te con qual quier, do el ojo as puesto;
    bien te pueden dezir 'antojo' por denuesto.

405 "Natura as de diablo, adó quier que tú mores:
    fazes tenblar los omnes e mudar sus colores,
    perder seso e fabla, sentir muchos dolores;
    traes los omnes çiegos, que creen en tus loores.

406 "A bretador semejas quando tañe su brete:
    + canta dulçe con engaño, al ave pone abeite,
    fasta que le echa el laço, quando el pie dentro mete;
    assegurando matas. Quita te de mí, ve te.

402c Es una vieja creencia folklórica que la loba se deja cubrir
por el lobo más feo y más ruin. Lida, *RFH,* II, 1940, Chi.
y Joset citan varios textos medievales que la repiten, en-
tre ellos el *Trésor,* de Brunetto Latini, y el *Roman de la
Rose...*

ENSIENPLO DEL MUR TOPO E DE LA RRANA

407 "Contesçe cada día a tus amigos con tigo
commo contesçió al topo que quiso ser amigo
de la rrana pintada, quando lo levó con sigo;
entiende bien la fabla e por qué te lo digo.

408 "Tenía el mur topo cueva en la rribera;
creció tanto el rrío que maravilla era:
çercó toda su cueva, que non salía + fuera.
Vino a él cantando la rrana cantadera.

409 " 'Señor enamorado', dixo al mur la rrana,
'quiero ser tu amiga, tu muger e tu çercana;
yo te sacaré a salvo, agora por la mañana;
poner te he en el otero, cosa para ti sana.

410 " 'Yo sé nadar muy bien, ya lo ves por el ojo;
ata tu pie al mío, sube en mi inojo;
sacar te he bien a salvo, non te faré enojo;
poner te he en el otero, o en aquel rrastrojo.'

411 "Bien cantava la rrana con fermosa rraçón;
mas ál tiene pensado en el su coraçón;
creó se lo el topo, en uno atados son:
atan los pies en uno, las voluntades non.

407-414 Lecoy, *Recherches...*, pp. 130-131; Michael, "The Func-
tion...", pp. 201-202. Fábula esópica.
408d *cantando*: Los demás editores prefieren el *baylando* de G,
sospechando que S anticipa inconscientemente *cantadera*.
Pero puede ser la figura retórica *traductio*; dos o más pa-
labras de la misma raíz en la misma frase; por ejemplo,
59c, *diz-dixe-dixo*, 67b, *cuerdo-cordura*, 70bcd, *puntares-
punto-puntar*.
411b *pensado*: G, t. *en pienso*. Chi, cita casos de *pienso* en el
sentido de "pensamiento", pero ninguno de *en pienso*.
Morreale (*BRAE*, XLVII-XLVIII, 1968, p. 369) no ve por
qué debe considerarse *lectio difficilior* la de G.

412 "Non guardando la rrana la postura que puso,
     dio salto en el agua, somié se fazia yuso;
     el topo quanto podía tirava fazia suso;
     qual de yuso, qual *de* suso, andavan a mal uso.

413 "Andava ý un milano, volando *desfanbrido,*
     buscando qué comiese; esta pelea vido,
     abatió se por ellos, *silvó* en apellido;
     al topo e a la rrana levó los a su nido.

414 "Comió los a entranbos, non le quitaron la fanbre.
     Así faze a los locos tu falsa vedeganbre:
     quantos tienes atados con tu mala estanbre,
     todos por ti peresçen, por tu mala enxanbre.

415 "A los neçios e neçias que una vez enlaças,
     en tal guisa les travas con tus fuertes mordaças,
     que non han de Dios miedo, nin de sus amenazas;
     el diablo los lieva presos en tus tenazas.

416 "Al uno e al otro eres destroidor,
     tan bien al engañado como al engañador;
     commo el topo e la rrana, peresçen o peor.
     Eres mal enemigo, fazes te amador.

417 "Toda maldad del mundo e toda pestilençia,
     sobre la falsa lengua *mintrosa* aparesçençia,
     dezir palabras dulzes que traen abenençia,
     e fazer malas obras e tener mal querençia.

418 "Del bien que omne dize, si a sabiendas mengua,
     es el coraçón falso e *mintrosa* la lengua;
     confonda Dios al cuerpo do tal coraçón fuelga,
     lengua tan enconada, Dios del mundo la tuelga.

419 "Non es para buen omne *en* creer de ligero:
     todo lo quel dixieren, piense lo bien primero;
     non le conviene al bueno que sea *lisongero;*
     en el buen dezir sea ⁺ firme e verdadero.

420 "So la piel ovejuna traes dientes de lobo;
al que una vez travas, lievas te lo en rrobo;
matas al que más quieres, del bien eres encobo;
echas en flacas cuestas grand peso e grand ajobo.

421 "Plaze me, bien te digo, que algo non te devo:
eres de cada día logrero e das a rrenuevo;
tomas la grand vallena con el tu poco çevo.
Mucho más te diría, salvo que non me atrevo,

para que me ayudes desp.

422 "Por que de muchas dueñas mal querido sería,
e mucho garçón loco de mí profaçaría;
por tanto non te digo el diezmo que podría.
Pues, calla te e callemos. Amor, ¡ve te tu vía!"

AQUÍ FABLA DE LA RRESPUESTA QUE DON AMOR DIO AL ARÇIPRESTE

423 El Amor con mesura dio me rrespuesta luego:
diz: Arçipreste, sañudo non seas, yo te rruego.
Non digas mal de amor, en verdat nin en juego,
que a las vezes poca agua faze abaxar grand fuego.

424 "Por poco mal dezir se pierde grand amor;
de pequeña pellea nasçe muy grand rrencor;
por mala dicha pierde vassallo su señor;
la buena fabla sienpre faz de bueno mejor.

425 "Escucha la mesura, pues dixiste baldón;
non deve amenaçar el que atiende perdón;
do bien eres oido, escucha mi rrazón;
si mis *castigos* fazes, non te dirá muger non.

421b La variante de *G*, ...*logrero de rrenuevo*, preferida por otros editores, parece tautológico; la de *S* ofrece una figura retórica, la *expolitio* ("refinamiento"), que hace algo menos ripioso el verso.

423a con mesura: la *mesura* de don Amor ya es señalada en 181c: en el amor cortés, la "prudencia, moderación" era una virtud esencial.

426   "Si tú fasta agora cosa non *rrecabdeste*
de dueñas e de otras que dizes que ameste,
torna te a tu culpa, pues por ti lo erreste,
por que a mí non veniste, nin viste, nin *proveste*.

427   "Quisiste ser maestro ante que disçípulo ser,
e non sabes la manera como es de aprender.
Oye e leye mis castigos, e sabe los bien fazer;
rrecabdarás la dueña, e sabrás otras traer.

428   "Para todas mugeres tu amor non conviene:
non quieras amar dueñas que a ti non aviene; *
es un amor baldío, de grand locura viene;
sienpre será mesquino quien amor vano tiene.

429   "Si leyeres Ovidio, el que fue mi criado,
en él fallarás fablas que le ove yo mostrado;
muchas buenas maneras para enamorado;
Pánfilo e Nasón, yo los ove castigado.

430   "Si quisieres amar dueñas o otra qual quier muger,
muchas cosas avrás primero de aprender,
para que ella te quiera en su amor querer.
Sabe primera mente la muger escoger.

431   "Cata muger fermosa, donosa e loçana,
que non sea mucho luenga, otrosí non enana;
si podieres, non quieras amar muger villana,
que de amor non sabe, es como bausana.

* Falta el v. 428*b* en *G*.

429*a* *Ovidio*: Sobre la influencia de Ovidio sobre la literatura
    erótica medieval, véase la Introducción, pp. 40-49.
429*d* *Pánfilo e Nasón*: Sobre la comedia *Pamphilus,* fuente de
    las cs. 580-891, véase la Introducción, pp. 45 y 50-52;
    Nasón (NASO) era el COGNOMEN (nombre de familia) de
    Ovidio.
431-450 Sobre la descripción de la mujer deseable para el amor,
    véase la Introducción, pp. 35-36 y 46-47.
431*cd* Era un tópico de la literatura del amor cortés que la gente
    de baja categoría social no sabía amar. Andreas Capellanus

432   "Busca muger de talla, de cabeça pequeña;
       cabellos amarillos, non sean de alheña;
       las çejas apartadas, luengas, altas en peña;
       ancheta de caderas; esta es talla de dueña.

433   "Ojos grandes, *someros,* pintados, rreluzientes,
       e de luengas pestañas, bien claras, *paresçientes;*
       las orejas pequeñas, delgadas; páral mientes
       si ha el cuello alto, atal quieren las gentes.

434   "La nariz afilada, los dientes menudiellos,
       eguales e bien blancos, un poco apartadillos;

---

dice, por ejemplo: "Dicimus enim vix contingere posse,
quod agricolae in amoris inveniantur curia militare, sed na-
turaliter sicut equus et mulus ad Veneris opera promoven-
tur..." (*De Amore,* I, cap. XI).

432a *talla:* No está claro si es *muger de talla* ("mujer de cali-
dad", ¿o "de buen porte"?), *muger de talla... pequeña*
(aunque ya en 431b se ha dicho que no sea ni alta ni baja),
o *muger de talla de cabeça pequeña* ("mujer de cabeza pe-
queña"), como sugiere Blecua.

432d *ancheta de caderas:* en *G, angosta de cabellos.* Ambas
lecciones son sospechosas; la de *S* trae un rasgo del torso
en medio de la descripción de la cabeza (y, además, se
repite en su debido lugar en 445c); la de *G* parece dispa-
ratada, aunque Beltrán la defiende (*Razones...,* pp. 187-
188), creyendo que alude a la finura de los pelos de las
cejas. Alarcos Llorach (*Actas I Congreso,* pp. 171-174) pro-
pone enmendar en *angosta de carriellos,* "de mandíbula es-
trecha, pequeña" (432a introduce la *talla de cabeza,* 435d
la *talla del cuerpo*). Parece que el copista de *S* suplió *an-
cheta de caderas,* tal vez porque tenía algo ilegible en su
modelo.

433a *someros* de *G* parece preferible a *fermosos* de *S.* Los ojos
someros ("saltones" —también, tal vez, "atrevidos, miro-
nes") contrastan lógicamente con los *ojos fondos* de la cuar-
ta serrana (1012c), perfecto compendio de la fealdad feme-
nina. Cfr. también 610a, "Toda muger que mucho otea..."

433b *paresçientes:* La lección de *S, rreyentes,* se aplicaría sola-
mente a los ojos, y en este verso se describen las pestañas.

434b *apartadillos:* Como demostró Dámaso Alonso (véase la In-
troducción, nota 38), es un reflejo de gustos árabes, muy
diferente de *les denz menu serree* de la tradición francesa
y europea.

las enzivas bermejas, los dientes agudillos;
los labros de la boca bermejos, angostillos.

435 "La su boca pequeña, así de buena guisa;
la su faz sea blanca, sin pelos, clara e lisa. *
Puña de aver muger que la *vea* sin camisa,
que la talla del cuerpo, te dirá esto a guisa.

436 "+ La muger que enbiares de ti sea parienta; **
que bien leal te sea, non sea su servienta;
non lo sepa la dueña, por que la otra non mienta;
non puede ser quien mal casa que non se arrepienta.

437 "Puña en quanto puedas que la tu mensajera
sea bien rrasonada, sotil e costumera;
sepa mentir fermoso, e siga la carrera,
ca más fierbe la olla con la su cobertera.

* Los vv. 435*bcd* en *S* solamente.
** Texto en *G* hasta 451*d*.

434c Las descripciones europeas no mencionan las encías normalmente. Las encías bermejas son una señal de un temperamento sensual.

435c *vea*: Desde que se propuso por primera vez (M. de Riquer en *BRAE*, XLVII, 1967, pp. 115-124), parece tan obvia la enmienda que cuesta creer que nadie la haya pensado antes (véase también mi propia nota independiente, en *RomN*, XI, 1969-70, pp. 195-200). Desde luego, es innecesario el cambio en el orden de estrofas introducido en su edición por Coro.

435d *a guisa*: La enmienda de 435c hace evidente que el sujeto del verbo *dirá* es la *muger*, y que *a guisa* es una modificación adverbial, que quiere decir algo así como "de la debida manera".

436c Morreale, *BRAE*, XLVII (1968), p. 239, relaciona este verso con Ovidio, *Ars Am.*, I, vv. 397-398: "Sed bene celetur; si celabitur index, / notitiae suberit semper amica tuae." Es decir, "si guardas el secreto, tu amiga quedará siempre sujeta a tu conocimiento de lo que pasa". Juan Ruiz dice, más bien, "que la dueña no se entere, para que la otra (la tercera) no tenga que mentir".

438   "Si parienta non tienes atal, toma *de unas* viejas
      que andan las iglesias e saben las callejas,
      grandes cuentas al cuelo, saben muchas consejas;
      con lágrimas de Moisén escantan las orejas.

439   "Son grandes maestras aquestas paviotas:
      andan por todo el mundo, por plaças e *por* cotas;
      a Dios alçan las cuentas querellando sus coítas.
      ¡Ay! ¡Quánto mal saben estas viejas arlotas!

440   "Toma de unas viejas que se fasen erveras:
      andan de casa en casa e llaman se parteras;
      con polvos e afeites e con alcoholeras
      echan la moça en ojo e çiegan bien de veras.

441   "E busca mensajera de unas negras *patas*,
      que usan mucho fraires, monjas e beatas;
      son mucho andariegas e meresçen las çapatas;
      estas trotaconventos fasen muchas baratas.

442   "Do estas mugeres usan mucho se *alegrar*,
      pocas mugeres pueden dellas se despagar;
      por que a ti non mientan, sabe las falagar,
      ca tal escanto usan que saben bien çegar.

438d *lágrimas de Moisén*: "cuentas de cristal", o algo parecido.
      Véanse Germán Colón, en *RFE*, LIII (1970/1972), pp. 293-
      304, y Nicasio Salvador Miguel, en *Actas del I Congreso...*,
      páginas 175-184, quienes localizan (independientemente) la
      expresión en la *Crónica de Miguel Lucas*, donde se trata
      de paramentos de caballo bordados de ellas. Joset nota la
      expresión en Correas (ed. Combet, p. 648b).
440d *echan la moça en ojo*: En vista de los *polvos*, etc., de 440c,
      tal vez haya que interpretar "le echan polvo a los ojos",
      y no "la aojan". En inglés moderno se dice "to throw dust
      in someone's eyes", precisamente en el sentido de "cegar,
      engañar".
441a *patas*: El Ms. tiene *pecas*. Me parece preferible esta en-
      mienda de Chi. a otras que se han propuesto (*pegatas, pe-
      caças*...). Puede ser una alusión a las plantas de los pies,
      negras de tanto andar descalzas, y no a ninguna prenda
      negra.
442b *despagar*: Coro. enmienda en *despegar*, sin explicaciones.
      En Chi. aparece *despegar* como un error de imprenta, ya

443 "De aquestas viejas todas, ésta es la mejor;
    rruega que te non mienta, muéstral buen amor,
    que mucha mala bestia vende buen corredor,
    e mucha mala rropa cubre buen cobertor.

444 "Si dixier que la dueña non tiene mienbros muy
                               [grandes,
    nin los braços delgados, tú luego le demandes
    si ha los pechos chicos; si dise 'Sí', demandes
    contra la fegura toda, por que más çierto andes.

445 "Si dis que los sobacos tiene un poco mojados,
    e que ha chicas piernas e luengos los costados,
    ancheta de caderas, pies chicos, socavados,
    tal muger non la fallan en todos los mercados.

446 "En la cama muy loca, en *la* casa muy cuerda,
    non olvides tal dueña, mas della te *acuerda;*
    esto que te castigo con Ovidio concuerda,
    e para aquésta, cata la fina avancuerda.

---

que no se incluye en el aparato. Joset la adopta. El sen-
tido sería "separarse". Pero en 467d, donde la rima indica
que *se despaga* es la buena lección, el sentido de "no estar
contenta" es evidente, y cuadra bien en 442b también.

443b *buen amor*: Aquí, evidentemente, vale "caridad, afecto".
Pero no se pierde la ironía de asociar a la alcahueta con el
término (con sus ecos de San Agustín).

444a *Si dixier que*: En dos cuartetas se resume lo que la *vieja*
debe decirle al Arcipreste sobre cómo es el cuerpo de la
chica debajo de la ropa. *Mienbros*: en el Ms., *obras* está
corregido en *mienbros*, por el mismo copista (así opinó Du-
camin). Blecua cree que la lección original fue *onbros,* y
enmienda así, añadiendo que aquí *mienbros* no tiene mu-
cho sentido. Pero compárense, en el lugar correspondiente
de la descripción, *los huesos mucho grandes* de 1016a, y los
mienbros grandes de 1485b (cfr. también 544c). Además,
no veo cómo el copista, habiéndose percatado de su error,
obras por *onbros*, iba a cometer la estupidez de tacharlo
y sustituir *mienbros*.

446a Morreale (*BRAE*, XLVII-XLVIII, 1968, pp. 242-243) pre-
gunta: "¿Alabanza o vituperio?" En apoyo del segundo,
cita a Correas: "A la noche putas, y a la mañana coma-
dres", etc. Si la ilustre profesora hubiera consultado con

447   "Tres cosas non te oso agora descobrir:
      son tachas encobiertas, de mucho mal desir;
      pocas son las mujeres que dellas pueden salir;
      si las yo dexiese, començarién a rreír.

448   "Guar te que non sea bellosa nin barbuda;
      atal media pecada el huerco la saguda;
      si ha la mano chica, delgada, bos aguda,
      atal muger, si puedes, de buen seso la muda.

449   "En fin de las rrasones, fas le una pregunta:
      si es muger alegre, de amor se rrepunta,
      si a sueras frías, si demanda quanto barrunta;
      al omne si *dise* 'sí', a tal muger te ayunta.

---

algunos colegas o alumnos masculinos, sospecho que la vo-
tación a favor de la primera hubiera sido unánime. De to-
das formas, se encuentra la misma antítesis entre *cama* y
casa en la c. 1609, en evidente espíritu de elogio.

446c Es decir, la descripción que acaba de dar don Amor cua-
      dra bien con los consejos de Ovidio sobre el arte de cor-
      tejar. En el *Ars Amatoria*, Ovidio no ofrece ninguna des-
      cripción de la mujer, ya que todas valen; es cuestión del
      gusto individual, y de saber dónde buscarlas (*Ars. Am.*, I,
      vv. 41 y ss.).

448b *media pecada*: "semidiabla". *Saguda*: parece ser subjuntivo
      de *sagudir*, y no indicativo de *sagudar*. Cfr. *Libro de Ale-
      xandre*, 1319b, "uno solo de nós sagudirá más de çiento".

448cd Los rasgos descritos en 448a y c deben ser las *tachas* de
      447b. El sentido de 448d, pues, parece ser "cámbiala (por
      otra) prudentemente". La interpretación "apártala del buen
      seso" (es decir, "enamórala") cuadra mal con el que sean
      tachas los rasgos indicados.

449b Al parecer, el sentido es "si se 'acusa' (con orgullo, por
      supuesto) de ser muy amorosa".

449c *si a sueras frías*: La enmienda sugerida por Cej., *si afuera
      es fría*, es innecesaria. *Sueras* (< SUDARIA) son "gualdrapas,
      o colgaduras", tales como llevaría la caballería de una dama
      noble (véase la nota a 1340d). Lo que no se explica es en
      qué manera una dama va a tener las sueras o frías o ca-
      lientes (la explicación de Beltrán en *Razones*..., pp. 192 y
      siguientes, me parece muy rebuscada). Quien lleva las gual-
      drapas puestas es el caballo, y según su temperamento las
      llevará frías, o calientes, o empapadas de sudor... Aquí,
      creo, don Amor compara a la *dueña* con las caballerías:

450   "Atal es de servir, e atal es de amar;
       es muy más plasentera que otras en doñear;
       si tal saber podieres e la quisieres cobrar,
       fas mucho por servir la en desir e en obrar.

451   "De tus joyas fermosas, cada que dar podieres...;
       quando dar non quisieres, o quando non tovieres,
       promete e manda mucho, *maguer* non ge lo dieres;
       luego estará afusiada, fará lo que quisieres.

452   "Sirve la, non te enojes; sirviendo el amor crece; *
       el serviçio en el bueno nunca muere nin peresçe;
       si se tarda, non se pierde, el amor nunca falleze,
       que el grand trabajo *sienpre* todas las cosas vençe.

---

* La c. 452 en *S* solamente.

---

       si no es de las que se ponen demasiado nerviosas, será
       buena para 'montar'...
       si demanda quanto barrunta: Si el texto está bien, es la
       dueña quien pide todo lo que barrunta. Tal vez sea un
       indicio de un temperamento sensual y agresivo y, por tan-
       to, dispuesto al amor.
451a   Es una construcción típicamente elíptica, como dice Joset.
       Entiéndase algo así como "Dale de tus joyas todo lo que
       puedas..."
451bcd Para una lista de correspondencias entre los consejos de
       don Amor y los de Ovidio, véase la nota 39 a la Intro-
       ducción.
452   Esta cuarteta es idéntica a la c. 611, que consta en ambos
       Mss. Alberto Blecua (*Manual de crítica textual,* Madrid,
       Castalia, 1983, p. 167) explica cómo pudo haberse produ-
       cido el error de copiarla dos veces: en el modelo del que
       fue copiado *S*, el copista anterior, copiando cuadernos suel-
       tos, habría cogido por descuido el cuaderno del que la c. 611
       era la primera cuarteta, y la habría copiado después de la
       c. 451. Luego, al darse cuenta de su error, habría cogido el
       cuaderno bueno, cuya primera cuarteta sería la 453, y la
       habría copiado, a continuación, sin tachar la falsa c. 452.
       Pero hay otros casos de cuartetas repetidas: 699-700/937-
       938; 169/581. Incluyo aquí la c. 452, pues, aunque con du-
       das sobre su autenticidad.

453 "Gradesçe ge lo mucho, lo que por ti feziere: *
pon ge lo en mayor *preçio* de quanto ello valiere;
non le seas rrefertero en lo que te pediere;
nin le seas porfioso contra lo que te dixiere.

454 "Requiere a menudo a la que bien quisieres;
non ayas miedo della quanto tienpo tovieres;
vergüença non te enbargue quando con ella
[estodieres;
perezoso non seas adó buena azina vieres.

455 "Quando la muger vee al perezoso covardo,
dize luego entre sus dientes: '¡*Ox te!* ¡Tomaré mi
[dardo!'
Con muger non enpereçes, nin te enbuelvas en
[tabardo:
del vestido más chico sea tu ardit alardo.

456 "Son en la grand pereza miedo e covardía,
torpedat e vileza, suziedat e astrossía;
por la pereza pierden muchos la mi conpanía;
por pereza se pierde muger de grand valía.

ENSIENPLO DE LOS DOS PEREZOSOS QUE QUERÍAN CASSAR CON UNA DUEÑA

457 "Desir té la fasaña de los dos perezosos
que querían casamiento, e andavan acuziossos;
amos por una dueña estavan codiçiosos;
eran muy bien apuestos, e verás quán fermosos.

* Texto en *SG* hasta 476*b*.

455c *nin te enbuelvas en tabardo*: Véase mi nota a 18d. Morreale (*BRAE*, XLVII-XLVIII, p. 246) relaciona este verso con el *desbuelve te de aqués hato* de 971d.
455d Blecua parafrasea: "El vestido corto sea tu más astuta presentación." Recuérdese que el tabardo se llevaba muy largo, y, por tanto, mereció la desaprobación de las autoridades eclesiásticas (nota a 18d).
457-467 Lecoy, *Recherches...*, pp. 155-157; Michael, "The Function...", pp. 202-203. Cuento de origen desconocido; de tipo moral, pero con elementos groseramente humorísticos.

458   El uno era tuerto del su ojo derecho;
       rronco era el otro, de la pierna contrecho;
       el uno del otro avía muy grand despecho,
       coidando que tenían su cassamiento fecho.

459   "*Respondió* les la dueña que ella quería casar
       con el más perezoso, e aquél quería tomar;
       esto dezié la dueña queriendo los abeitar.
       Fabló luego el coxo, coidó se adelantar.

       que es rronco - y va más de prisa

460   "Dixo: 'Señora, oíd primero la mi rrazón:
       yo soy más perezoso que éste mi conpañón;
       por pereza de tender el pie fasta el escalón,
       caí del escalera, finqué con esta ligión.

461   "'Otrossí yo passava nadando por el rrío;
       fazía la siesta grande, mayor que omne non vido;
       perdía me de sed, tal pereza yo crío,
       que por non abrir la boca + perdí el fablar mío.'

462   "Desque calló el coxo, dixo el tuerto: 'Señora,
       chica es la pereza que éste dixo agora;
       dezir vos he la mía, non vistes tal ningund ora,
       nin ver tal la puede omne que en Dios adora.

463   "'Yo era enamorado de una dueña en abril; *lluvia*
       estando delante ella, sossegado e muy omil,
       vino me desçendimiento a las narizes muy vil; * *moco*
       por pereza de alinpiar me, perdí la dueña gentil.

464   "'Más vos diré, Señora: una noche yazía
       en la cama despierto, e muy fuerte llovía;
       dava me una gotera del agua que fazía; **
       en el mi ojo muy rrezia amenudo fería.

   * El v. 463*c* falta en *G*.
   ** El v. 464*c* falta en *G*.

461*b* *siesta*: "el calor del mediodía" (la sexta hora).
461*c* *crío*: Joset glosa: "tal pereza tengo yo (desde el nacimien-
     to)". Mejor, tal vez, "yo mantengo (o cultivo) tal pereza..."

465   "'Yo ove grand pereza de la cabeça rredrar;
       la gotera que vos digo, con su mucho rrezio dar,
       el ojo de que soy tuerto, ovo me lo de quebrar.
       Devedes por más pereza, dueña, con migo casar.'

466   "'Non sé,' dixo la dueña, 'destas perezas grandes,
       quál es la mayor dellas; anbos pares estades;
       veo vos, torpe coxo, de quál pie coxeades;
       veo *vos*, tuerto suzio, que sienpre mal catades.

467   "'Buscad con quien casedes, que la dueña non se
                                                    [paga
       de perezoso torpe, nin que vileza faga.'
       Por ende, mi amigo, en tu coraçón non yaga
       nin tacha nin vileza de que dueña se despaga.

468   "Faz le una vegada la vergüença perder:
       por aquesto faz mucho, si la *quieres* aver;
       desque una vez pierde vergüença la muger,
       más diabluras faze de quantas omne quier.

469   "Talente de mugeres, ¡quién lo podría entender,
       sus malas maestrías e su mucho mal saber!
       quando son ençendidas e mal quieren fazer,
       alma e cuerpo e fama, todo lo dexan perder.

470   "Desque la vergüenza pierde el tafur al tablero,
       si el pellote *juega*, jugará el braguero;
       desque la cantadera dize el cantar primero,
       sienpre le bullen los pies, e mal para el pandero.

471   "Texedor e cantadera nunca tienen los pies quedos
       en el telar e en la dança sienpre bullen los dedos;
       la muger sin vergüença por dar le diez Toledos,
       non dexaría de fazer sus antojos azedos.

470d *pandero*: Detrás del sentido literal, que se impone en el
     contexto, se puede percibir una alusión eufemística al sexo
     de la mujer (Morreale, *BRAE*, XLVII-XLVIII, pp. 248-249).

472 "Non olvides la dueña, dicho te lo he de suso;
muger, molino e huerta sienpre querié grand uso;
non se pagan de *disanto,* en poridat nin a escuso;
nunca quiere olvido, *trovador* lo conpuso.

473 "Çierta cossa es esta: quel molino andando gana;
huerta mejor labrada da la mejor mançana;
muger mucho seguida sienpre anda loçana.
Do estas tres guardares non es tu obra vana.

ENXIENPLO DE LO QUE CONTEÇIÓ A DON PITAS PAYAS PINTOR DE BRETAÑA

474 "Del que olvidó la muger te diré la fazaña:
si vieres que es burla, di me otra tan *maña.* *
Era don Pitas Pajas un pintor de Bretaña;
casó se con muger moça, pagava se de conpaña.

---

* El v. 474*b* falta en *G.*

474-484 En *Ars. Am.,* II, vv. 357-372, Ovidio aduce como ejem-
plo el adulterio de Elena con París, debido a la ausencia
de su marido Menelao. El paralelo con el *enxienplo* de Pitas
Payas es bastante exacto.
Lecoy, *Recherches...,* pp. 158-160, Michael, "The Func-
tion...", pp. 203-204, Zahareas, *The Art of Juan Ruiz...,*
páginas 85-91. Cuento tradicional, parecido a una *fabliau,*
que existe en varias versiones (en especial, *Le Bât,* de La
Fontaine). Pero la versión de Juan Ruiz es la más antigua
que se conoce. Otro cuento que trata el adulterio de la
esposa durante la larga ausencia del marido existe en va-
rias versiones en latín, en especial el *Ridmus de mercatore:*
véase G. Cohen, *La Comédie Latine en France au XIIe
Siècle,* París, 1931, t. II, pp. 275-278.
474*c Bretaña:* Este nombre ha inducido a varios críticos a supo-
ner que lo que hablan el pintor y su esposa es una mala
parodia del francés. Pero Coro., con su inmenso conoci-
miento de la filología románica, indica que las formas em-
pleadas corresponden a lo que sería de esperar en la zona
fronteriza entre el NO. de Cataluña, el NE. de Aragón y
la zona occitánica del otro vertiente del Pirineo. ¿Por qué
Bretaña, pues? Es lógico pensar en una alusión irónica a los

475 "Ante del mes conplido, dixo él: 'Nuestra dona,
     yo volo ir a Frandes; portaré muita dona.'
     Ella diz: 'Mon señer, andat en ora bona.
     Non olvidedes *vostra* casa, nin la mi persona.

476 "Dixo don Pitas Pajas: 'Dona de fermosura,
     yo volo fazer en vós una bona figura,
     por que seades guardada de toda altra locura.' *
     Ella diz: 'Monssener, fazet vuestra mesura.'

477 "Pintol so el onbligo un pequeño cordero.
     Fue se don Pitas Pajas a ser novo mercadero.
     Tardó allá dos años, mucho fue tardinero;
     fazía se a la dona un mes año entero.

478 "Commo era la moça nueva mente casada,
     avié con su marido fecha poca morada;
     tomó un entendedor e pobló la posada;
     desfizo se el cordero, que dél non fincó nada.

* Texto en *S* hasta 489*b*.

---

romances del famoso ciclo bretón, aunque no se ve bien
por qué. Pero es un curioso hecho que en la *Crónica geral
de Espanha de 1344* (ed. F. Lindley Cintra, Lisboa, 1954),
t. II, cap. xxiii, pp. 52-53, se habla "do termho de Bretaña",
entre los de Lérida y Huesca. En las versiones castellanas,
se lee "término de Bretaña", y en su edición (*Crónica general
de España de 1344*, Madrid, 1971, cap. xxxix, pp. 48-49),
Diego Catalán supone que en el Ms. original de la versión
portuguesa, se leería *Boltaña*. Pero en vista de la coinci-
dencia de que Juan Ruiz hiciese hablar un dialecto apro-
piado a la zona de Boltaña a un pintor "de Bretaña", he-
mos de plantear la cuestión de si la confusión se extendía
más allá de los copistas de la *Crónica*.

475*a* *Nuestra dona*: *Dona* es la forma catalana de *dueña*, y Coro.,
Joset y Blecua imprimen *nostra*, lo cual parece lógico. Pero
los Mss. tienen n͞ra, la abreviación normal de *nuestra* en
los Mss. castellanos. En los tres casos, 475*a*, 475*d*, 476*d*, *S*
tiene n͞ra, v͞ra y v͞ra. *G* tiene *enra* en 475*a* y *vostra* en 475*d*.
Elijo *vostra* en 475*d*, donde consta en uno de los dos Mss.,
y la forma castellana en los otros casos.

478*c* *pobló la posada*: El amante no fue a vivir con la esposa,
al parecer (según se entiende por 479*b*). Por tanto, como
concluye Coro., la expresión debe entenderse metafórica-
mente, en un sentido sexual.

479 "Quando ella oyó que venía el pintor,
mucho de priessa enbió por el entendedor;
dixo le que le pintase commo podiese mejor
en aquel logar mesmo un cordero menor.

480 "Pintó le con la grand priessa un eguado carnero,
conplido de cabeça, con todo su apero.
Luego en ese día vino el menssajero,
que ya don Pitas Pajas désta venía çertero.

481 "Quando fue el pintor de Frandes venido,
fue de la su muger con desdén rresçebido.
Desque en el palaçio con ella estudo,
la señal quel feziera non la echó en olvido.

482 "Dixo don Pitas Pajas: 'Madona, si vos plaz,
mostrat me la figura e *ajam* buen solaz.'
Diz la muger: 'Monseñer, vós mesmo la catat;
fey ý ardida mente todo lo que vollaz.'

483 "Cató don Pitas Pajas el sobre dicho lugar,
e vido un grand carnero con armas de prestar.
'¿Cómo es esto, madona? O, ¿Cómo pode estar?
Que yo pinté corder, e trobo este manjar.' *carnero*
mejor comida
cordero

484 "Commo en este fecho es sienpre la muger
sotil e mal sabida, diz: '¿Cómo, monsseñer?
¿En dos anos petid corder non se fazer carner?
Vós veniéssedes tenprano e trobaríades corder.'

485 "Por ende te castiga, non dexes lo que pides;
non seas Pitas Pajas, para otro non errides;
con dezires fermosos a la muger conbides; *not the*
desque te lo prometa, guarda non lo olvides. *real point*

480b *apero*: Aquí es la cornamenta del carnero. Desde luego, el
público se acordaría de que los cuernos son el símbolo del
marido "cornudo".

486   "Pedro levanta la liebre e la mueve del covil;
       non la sigue nin la toma; faze commo cazador vil;
       otro Pedro que la sigue e la corre más sotil
       toma la. Esto contesçe a caçadores mill.

487   "Diz la muger entre dientes: 'Otro Pedro es aquéste,
       más garçón e más ardit quel primero que ameste.
       El primero apost déste non vale más que un feste;
       con aquéste e por éste faré yo, sí Dios me preste.'

488   "Otrosí, quando vieres a quien usa con ella,
       quier sea suyo o non, fabla le por amor della;
       si podieres, dal *algo*, non le ayas querella,
       ca estas cosas pueden a la muger traella.

489   "Por poquilla cosa del tu aver quel dieres,
       servir te ha lealmente, fará lo que quisieres;
       fará por los dineros todo quanto le pidieres; *
       que mucho o *que* poco, dal cada que podieres.

ENXIENPLO DE LA PROPIEDAT QUEL DINERO HA

490   "Mucho faz el dinero e mucho es de amar:
       al torpe faze bueno e omne de prestar;
       faze correr al coxo e al mudo fablar;
       el que non tiene manos dineros quiere tomar.

491   "Sea un omne nesçio e rrudo labrador,
       los dineros le fazen fidalgo e sabidor;
       quanto más algo tiene, tanto es más de valor;
       el que non ha dineros non es de sí señor.

492   "Si tovieres dineros, avrás consolaçión,
       plazer e alegría, del papa rraçión;
       conprarás paraíso, ganarás salvaçión;
       do son muchos dineros está mucha bendiçión.

* Texto en *SG* hasta 547*d*.

490-512 Sobre este pasaje, véase la Introducción, p. 55, y la nota 46.

493   "Yo vi en corte de Roma, do es la santidad,
      que todos al dinero fazen grand homildat;
      grand onrra le fazían con grand solepnidat;
      todos a él se omillan, commo a la magestat.

494   "Fazié muchos priores, obispos e abbades,
      arçobispos, doctores, patriarcas, potestades;
      a muchos clérigos nesçios dava les dinidades;
      fazié de verdat mentiras, e de *mentiras* verdades.

495   "Fazía muchos clérigos e muchos ordenados,
      muchos monges e *monjas,* rreligiosos sagrados;
      el dinero los dava por bien examinados;
      a los pobres dezían que non eran letrados.

496   "Dava muchos juizios, mucha mala sentençia;
      con muchos abogados era su mantenençia,
      en tener pleitos malos e fazer abenençia;
      en cabo por dineros avía penitençia.

497   "El dinero quebranta las cadenas dañosas;
      tira çepos e *grillos* e *presiones* peligrosas;
      El que non tiene dineros, echan le las *esposas;*
      por todo el mundo faze cosas maravillosas.

498   "Yo vi fer maravillas do él mucho usava:
      muchos meresçían muerte, que la vida les dava;
      otros eran sin culpa, e luego los matava;
      muchas almas perdía, e muchas salvava.

493a Ya nadie supone que este verso es autobiográfico: quien
     habla es don Amor y, en todo caso, como indica Lecoy
     (*Recherches...*, pp. 240-241), el *yo vi...* imita una fórmula
     de los poemas latinos: "Vidi cantantem Nummum...", "Vi-
     di, vidi caput mundi...", etc. El mismo Juan Ruiz la repite
     en 498a, 501a y 503a.
496b *mantenençia*: Morreale (*BRAE*, XLVII-XLVIII, 1968, pá-
     ginas 300-301) interpreta como "mantenencia de compañía".
497 En *G*, esta cuarteta sigue a la c. 501.
497b *cadenas* en *S* (por *presiones*) parece una repetición errónea
     de *cadenas* en el v. *a.*

499 "*Faze* perder al pobre su casa e su viña;
sus muebles e rraízes, todo lo desaliña;
por todo el mundo anda su sarna e su tiña;
do el dinero juega, allí el ojo guiña.

500 "El faze cavalleros de neçios aldeanos,
condes e rricos omnes de algunos villanos;
con el dinero andan todos los omnes loçanos;
quantos son en el mundo le besan oy las manos.

501 "Vi tener al dinero las mejores moradas,
altas e muy costosas, fermosas e pintadas;
castillos, heredades, e villas entorreadas,
todas al dinero sirven e suyas son conpradas.

502 "Comía muchos manjares de diversas naturas;
vistía los nobles paños, doradas vestiduras;
traía joyas preçiosas en viçios e folguras,
guarnimientos estraños, nobles cavalgaduras.

503 "Yo vi a muchos monges en sus predicaçiones
denostar al dinero e a sus tenptaçiones;
en cabo por dinero otorgan los perdones;
asuelven el ayuno, ansí fazen oraçiones.

504 "Pero que le denuestan los monges por las plaças,
guardan lo en convento en vasos e en taças;
con el dinero cunplen sus menguas e sus rraças;
más *condesijos* tienen que tordos nin picaças.

505 "Commo quier que los frailes non toman los
[dineros,
bien les dan de la çeja do son sus parçioneros;
luego los toman prestos sus omnes despenseros.
Pues que se dizen pobres, ¿qué quieren thessoreros?

499c *anda*: Los demás editores prefieren *cunde* de *G*, como *lectio difficilior.*
500b *algunos*: Blecua cree que el valor de indefinido no tiene sentido en el contexto; interpreta "poseídos de *algos*", "ricos", citando *Fuente Ovejuna*, v. 163, y *Peribáñez*, v. 3067.
505-506 En estas dos cuartetas, sigo el orden que se da en *G*. En

506 "Monges, frailes, clérigos, + que aman a Dios servir,
si varruntan que el rrico está ya para morir,
quando oyen sus dineros que comiençan a rretenir,
quál dellos lo *levará* comiençan luego a rreñir.

507 "Allí están esperando quál avrá más rico tuero;
non es muerto, ya dizen: 'Pater Noster' a mal
[agüero;
commo los cuervos al asno, quando le desuellan el
[cuero:
'Cras, cras nós lo avremos, que nuestro es ya por
[fuero.'

508 "Toda muger del mundo e dueña de alteza
paga se del dinero e de mucha rriqueza;
yo nunca vi fermosa que quisiese pobreza.
Do son muchos dineros, ý es mucha nobleza.

509 "El dinero es alcalde e juez mucho loado;
éste es conssejero e sotil abogado,
alguaçil e merino, bien ardit, esforçado;
de todos los ofiçios es muy apoderado.

510 "En suma te lo digo, toma lo tú mejor:
el dinero del mundo es grand rrebolvedor;
señor faze del siervo, de señor servidor;
toda cosa del siglo se faze por su amor.

511 "Por dineros se muda el mundo e su manera;
toda muger cobdiçiosa de algo es falaguera;
por joyas e dineros salirá de carrera;
el dar quebranta peñas, fiende dura madera.

S, la confusión es evidente: invierte el orden de las dos
cuartetas, excepto por el primer hemistiquio de cada una.
Sobre la controversia que existía acerca de los entierros y
los privilegios del clero, véase Kemlin Laurence, en *BHS*,
XLIX (1972), pp. 1-6.

512 "Derrueca fuerte muro e derriba grant torre;
a coíta e a grand priessa el mucho dar acorre;
non ha siervo cabtivo que el dinero non le aforre;
el que non tiene que dar, su cavallo non corre.

513 "Las cosas que son graves, faze las de ligero;
por ende a tu vieja sé franco e llenero;
que poco o que mucho, non vaya sin *loguero;*
non me pago de joguetes do non anda el dinero.

514 "Si algo non le dieres, cosa mucha o poca,
sey franco de palabra, non le digas rrazón loca;
quien non tiene miel en la orça, tenga la en la boca.
Mercador que esto faze bien vende e bien troca.

515 "Si sabes estromentos bien tañer o tenplar,
si sabes o avienes en fermoso cantar,
a las vegadas poco, en onesto lugar
do la muger te oya, non dexes *de* provar.

516 "Si una cosa sola a la muger non muda,
muchas cosas juntadas façer te han ayuda;
desque lo oye la dueña, mucho en ello coída;
non puede ser que a tienpo a bien non te rrecubda.

517 "Con una flaca cuerda non alçarás grand *tranca,*
nin por un solo '¡harre!' non anda bestia manca;
a la peña pesada non la mueve una palanca;
con cuños e almadanas, poco a poco se arranca.

518 "Prueva fazer ligerezas e fazer valentía;
quier lo vea o non, saber lo ha algún día;
non será tan esquiva que non ayas mejoría.
Non cansses de seguir la: vençerás su porfía.

513c *loguero:* En S *logrero,* en G *logero;* enmienda de Chi. *Loguer* ocurre en Berceo, *Santo Domingo,* 144c, y en *San Millán,* 226b; también en el *Libro de Apolonio,* 429b. Tiene el sentido general de "paga".

514c *miel en la orça:* Frase proverbial, al parecer: Chi. la documenta en un texto italiano del siglo XIII, y Joset en el refranero de Hernán Núñez. *Orça* es "vasija".

519   "El que la mucho sigue, el que la mucho usa,
      en el coraçón lo tiene, maguer se le escusa;
      pero que todo el mundo por esto le acusa,
      en éste coída sienpre, por éste faz la musa.

520   "Quanto es más sosañada, quanto es más corrida,
      quanto *es más por omne majada* e ferida,
      tanto más por él anda loca, muerta e perdida;
      non coída ver la ora que con él sea ida.

521   "Coída su madre cara que por la sosañar,
      por corrella e ferilla, e por la denostar,
      que por ende será casta, e la fará estar;
      estos son aguijones que la fazen saltar.

522   "Devía pensar su madre de quando era donzella,
      que su madre non quedava de ferir la e corrella,
      que más la ençendía; e pues devía por ella
      judgar todas las otras e a su fija bella.

523   "Toda muger nasçida es fecha de tal massa:
      lo que más le defienden, aquello ante passa;
      aquello la ençiende e aquello la traspassa.
      Do non es tan seguida, anda más floxa, *lasa*.

524   "A toda cosa brava, grand uso la amansa:
      la çierva montesina mucho corrida canssa;
      caçador que la sigue toma la quando descanssa;
      la dueña mucho brava usando se faz manssa.

---

521   Joset encuentra conceptos similares en unos versos de Ri-
      chard de Fournival (*Chansons*, ed. Raynard, p. 805), y pre-
      gunta si es mera casualidad.
523c   Morreale (*HR*, XXXIX, 1971, p. 291n.) relaciona *traspassa*
      con el concepto de las flechas del amor, citando a Plauto,
      Persa, v. 25, "Sagitta Cupido cor meum transfixit".
524b   La imagen de la cierva como presa está en *Ars. Am.*, I,
      v. 45: "Scit bene uenator, ceruis ubi retia tendat", pero el
      contexto es distinto.
524c   La enmienda *es cansa* (sugerido por Chi. y adoptada por
      Coro. y Joset) se basa en la lección *escasa* de G. Pero, como
      comenta Blecua, *descansa* es más apropiado en el contexto:
      la cierva se cansa en 524b, y por eso *descansa* en 524c.

525   "Por una vez al día que omne ge lo pida,
      çient vegadas de noche de amor es rrequerida;
      doña Venus ge lo pide por él toda su vida;
      en lo quel mucho piden anda muy ençendida.

526   "Muy blanda es el agua, mas dando en piedra dura;
      muchas vegadas dando faze grand cavadura;
      por grand uso el rrudo sabe grand letura; *
      muger mucho seguida olvida la cordura.

527   "Guarda te non te abuelvas a la casamentera:
      doñear non la quieras, ca es una manera
      por que te faría perder a la *entendedera,*
      ca una congruença de otra sienpre tiene dentera.

DE COMO EL AMOR CASTIGA AL ARÇIPRESTE QUE AYA EN
SÍ BUENAS COSTUMBRES E SOBRE TODO QUE SE GUARDE
DE BEVER MUCHO VINO BLANCO E TINTO

528   "Buenas costunbres deves en ti sienpre aver.
      Guarda te sobre todo mucho vino bever;
      que el vino fizo a Lot con sus fijas bolver,
      en vergüença del mundo, en saña de Dios caer.

---

  * El v. 526c falta en *G.*

526ab Cfr. *Ars. Am.,* I, vv. 475-476. Pero la imagen se convirtió
      en lugar común: no sólo se usa en *Seudo Ars. Am.,* v. 72,
      sino que pasó al lenguaje proverbial. Lecoy, *Recherches...,*
      página 306, cita: "Gutta cavat lapidem, non vi sed saepe
      cadendo; / Sic addiscit homo, non vi, sed saepe legendo."
527   Véase la Introducción, p. 46. Extraña un poco el em-
      pleo de *casamentera* en 527a, ya que no se trata de buscar-
      se una esposa. La *ministra* de Ovidio es la doncella o cria-
      da de una dama.
527d *congrueça:* En *G, conlueça,* forma que se relaciona más di-
      rectamente con la moderna *combleza,* "concubina de hom-
      bre casado" (Moliner, *Dic. de uso*), y preferida por Coro.,
      quien admite la posibilidad de *congrueça* también. Chi. y Jo-
      set adoptan la *conblueça* de Cej.
528b Ovidio también recomienda la moderación en la bebida:
      "Certa tibi a nobis dabitur mensura bibendi..." (*Ars. Am.,*
      I, vv. 589-594).
528c *Génesis,* XIX, vv. 30-38.

529 "Fizo cuerpo e alma perder a un hermitaño,
que nunca lo beviera: provó lo por su daño;
rretentó lo el diablo con su sotil engaño;
fizo le bever el vino; oye ensienplo estraño.

530 "Era un hermitaño: quarenta años avía
que en todas sus obras en yermo a Dios servía;
en tienpo de su vida nunca él vino bevía;
en santidat e en ayuno e en oración bevía.

531 "Tomava grand pesar el diablo con esto:
pensó commo podiese partir le de aquesto.
Vino a él un día con sotileza presto:
'Dios te salve, buen omne', díxol con sinple gesto.

532 "Maravilló se el monge, diz: 'A Dios me acomiendo.
Di me qué cosa eres, que yo non te entiendo.
Grand tienpo ha que estó aquí a Dios serviendo;
nunca ví aquí omne. Con la cruz me defiendo.'

533 "Non pudo el diablo a su persona llegar.
Seyendo arredrado, començó lo a rretentar.
Diz: 'Aquel cuerpo de Dios que tú deseas gustar,
yo te mostraré manera por que lo puedas tomar.

534 " 'Non deves tener dubda que del vino se faze
la sangre verdadera de Dios; en ello yaze
sacramento muy *santo;* prueva *lo* si te plaze.'
El diablo al monge arma do lo enlaze.

529-543 Lecoy, *Recherches...*, pp. 150-154; Michael, "The Func-
tion...", pp. 204-205. La versión de Juan Ruiz combina dos
temas distintos, los efectos de la embriaguez (que conduce
a otros pecados) y la tentación suscitada por el espectáculo
del gallo con la gallina. Hay un resumen del cuento en el
Libro de Apolonio, cs. 54-55, y hay cuentos parecidos en el
Libro de los enxenplos por a.b.c. de Clemente Sánchez de
Vercial. Michael señala los números 92, 176 y 404. Joset
cree que sólo el número 127 ofrece un paralelo importante.
534d O sea, "El diablo arma la manera de enlazarle al monje."

535 "Dixo el hermitaño: 'Non sé qué es vino.'
Respondió el diablo, presto por lo que vino;
diz: 'Aquellos taverneros que van por el camino
te darán asaz dello; ve por ello festino.'

536 "Fizo le ir por el vino, e desque fue venido,
dixo: '*Santigua* e beve, pues *qu*e lo as traído.
Prueva un poco dello, e desque ayas bevido,
verás que mi conssejo te será por bien avido.

537 "Bevió el hermitaño mucho vino sin tiento;
commo era fuerte, puro, sacol de entendimiento.
Desque vido el diablo que ya *echara* çemiento,
armó sobrel su casa e su aparejamiento.

538 " 'Amigo,' diz, 'non sabes de noche nin de día,
quál es la ora çierta, nin el mundo como se guía;
toma gallo que te muestre las oras cada día;
con él alguna fenbra, que con ellas mejor cría.'

539 "*Creyó* su mal consejo, ya el vino usava;
él estando con vino, vido commo se juntava
el gallo a las fenbras, con ellas se deleitava;
cobdiçió fazer forniçio, desque con vino estava.

540 "Fue con él la cobdiçia, rraíz de todos males,
loxuria e sobervia, tres pecados mortales,
luego el *omeçidio,* estos pecados tales,
trae el mucho vino a los *descomunales.*

541 "Desçendió de la hermita, forçó a una muger;
ella dando muchas bozes non se pudo defender;
desque pecó con ella, temió mesturado ser:
mató la el mesquino, e ovo se de perder.

536b *santigua*: La versión de *S, saca dello e beve,* es perfectamente aceptable, pero ripioso en comparación. Parece ser una *lectio facilior* por un copista que leía mal su modelo. Pero también podría ser una variante del mismo autor, quien hubiera recitado el cuento muchas veces.
540d *descomunales*: "anormales, inmoderados", aquí con el matiz de "malvados".

542 "Commo dize el proverbio, palabra es bien çierta,
que non ay encobierta que a mal non rrevierta,
fue la su mala obra en punto descobierta;
esa ora fue el monge preso e en rrefierta.

543 "Descobrió con el vino quanto mal avía fecho;
fue luego justiçiado, commo era derecho;
perdió cuerpo e alma el cuitado mal trecho.
En el bever demás yaz todo mal provecho.

544 "Faze perder la vista e acortar la vida;
tira la fuerça toda, sis toma sin medida;
faze tenblar los mienbros, todo seso olvida;
ado es el mucho vino toda cosa es perdida.

545 "Faze oler el fuelgo, que es tacha muy mala;
uele muy mal la boca, non ay cosa quel vala;
quema las assaduras, el fígado trascala;
si amar quieres dueñas, *el* vino *non* te *incala*.

546 "Los omnes enbriagos aína envejeçen;
en su color non andan, secan se e enmagresçen;
fazen muchas vilezas, todos los aborresçen;
a Dios lo yerran mucho, del mundo desfallesçen.

542*ab* Cfr. *Libro de Alexandre,* 1905*ab* (ed. Jesús Cañas Murillo,
Madrid, 1978): "Como diz' el proverbio que non ha encu-
bierta / que en cabo de cosa a mal non se rrevierta..."
543*a Descobrió*: "Reveló, confesó", *con el vino,* "estando borra-
cho".
544-545 Según L. Jenaro MacLennan (*Vox Rom.,* XXI, 1962,
páginas 300-314), la fuente esencial de estas cuartetas es el
Secretum Secretorum (los supuestos consejos secretos man-
dados por Aristóteles a Alejandro Magno). Joset cita tres
pasajes del *Secretum* que corresponden a 544*a,* 544*b* y 544*c*.
545*ab* La alusión al mal aliento debido al vino no proviene del
Ars. Am., I, vv. 589-594, como indica Joset —ni lo dijo Mo-
rreale (*BRAE,* XLVII-XLVIII, 1968, p. 252), como Joset da
a entender. En el *Ars Am.,* I, v. 521, hay alusión al olor
de la boca, pero en el contexto del aseo personal, no del
beber.
546 Adopto el orden de versos de *G*; *S* los da en el orden *a,
c, b, d*.

547 "Adó más puja el vino quel seso dos meajas,
fazen rroído los beodos commo puercos e grajas;
por ende vienen muertes, contiendas e barajas;
el mucho vino es bueno en cubas e en tinajas.

548 "Es el vino muy bueno en su mesma natura: *
muchas bondades tiene, si se toma con mesura;
al que demás lo beve, saca lo de cordura:
toda maldat del mundo fase, e toda locura.

549 "Por ende fuy del vino e fas buenos gestos.
Quando fablares con *dueña,* dile doñeos apuestos;
los fermosos rretráheres tien para desir aprestos;
sospirando le fabla, ojos en ella puestos.

550 "Non fables muy apriesa, nin otrosí muy paso;
non seas rrebatado, nin vagoroso, laso;
de quanto que pudieres, non le seas escaso;
de lo que le prometieres, non la trayas a traspaso.

551 "Quien muy aína fabla, ninguno non lo entiende;
quien fabla muy paso, enoja se quien le atiende.
El grant arrebatamiento con locura contiende;
el mucho vagaroso de torpe non se defiende.

552 "Nunca omne escaso rrecabda de ligero,
nin acaba quanto quiere, si le veyen costumero;
a quien de oy en cras fabla non dan por verdadero;
al que manda e da luego, a esto *loan* primero.

---

* Texto en *G* hasta 563*d.*

550-551 También hay consejos acerca de la manera de hablar en
Ars Am., I, vv. 457-468, aunque son distintos.
550*b* Morreale (*BRAE,* XLIII, 1963, p. 288) cree que *vagaroso
laso* es un solo sintagma, señalando casos similares en 301*d,*
543*c,* 650*d,* etc.

553   "En todos los tus fechos, en fablar e en ál,
      escoge la mesura e lo que es cumunal;
      commo en todas cosas poner mesura val,
      así sin la mesura todo paresçe mal.

554   "Non quieras jugar dados nin seas tablajero,
      ca es mala ganançia, peor que de logrero;
      el judío al año da tres por quatro; pero
      el tablax de un día dobla el su mal dinero.

555   "Desque los omnes están en juegos ençendidos,
      despojan se por dados, los dineros perdidos;
      al tablagero fincan dineros e vestidos;
      do non les comen se rrascan los tahures amidos.

556   "Los malos de los dados, dise lo maestre Roldán:
      todas sus maestrías e las tachas que an;
      más alholís rrematan, pero non comen pan,
      que corderos la Pascua, nin ansarones San Juan.

557   "Non uses con vellacos, *nin* seas peleador;
      non quieras ser caçurro, nin seas escarnidor;
      nin seas de ti mismo e de tus fechos loador;
      ca el que mucho se alaba de sí mismo es denostador.

558   "Non seas mal desiente, nin seas enbidioso;
      a la muger que es cuerda non le seas çeloso;
      si algo *nol* provares, nol seas despechoso;
      non seas de su algo pedidor codiçioso.

555d "Los tahures se rascan sin querer, donde no los comen (don-
     de no los pican los bichos)." Se rascan, pues, por andar des-
     nudos (555bc), para calentarse. Interpretación de Blecua,
     que me parece buena.
556a *maestre Roldán*: Autor del *Libro de tafurerías* de Alfonso
     el Sabio (c. 1276). Joset cita a Nicolás Antonio, *Bibliotheca
     Vetus*, t. II, 1.8, cap. 4, núm. 226. *Los malos de los dados*:
     "los malvados dados", personificados, como si fueran ellos
     mismos los responsables.

559   "Ante ella non alabes otra de paresçer,
      ca en punto la farás luego entristeçer;
      cuidará que a la otra querrías ante vençer;
      poder te ía tal achaque tu pleito enpeesçer.

560   "De otra muger non le digas, mas a ella alaba;
      el trebejo, dueña non lo quiere en otra aljaba;
      rrasón de fermosura en ella la alaba;
      quien contra esto faze, tarde o non rrecabda.

561   "Non le seas mintroso, sey le muy verdadero;
      quando juegas con ella, non seas tú parlero.
      Do te fablare de amor, sey tú plasentero,
      ca el que calla e aprende, éste es mansellero.

562   "Ante otros de açerca tú *mucho* non la cates;
      non le fagas *señales,* a ti mismo non mates;
      ca muchos lo entienden que lo provaron antes;
      de lexos algarea quedo, non te arrebates.

563   "Sey commo la paloma, linpio e mesurado;
      sey commo el pavón, loçano, sosegado;
      sey cuerdo e non sañudo, nin triste nin irado;
      en esto se esmera el que es enamorado.

560b Coro. interpreta: "La dueña no quiere el trebejo (pieza de
      ajedrez) en otro bolso (en que se guardaban las piezas)".
      Coro. y Joset ven un sentido erótico en la frase, pero no es
      necesario entender más que "la dueña no quiere que jue-
      gues con otra".
560c *rrasón de fermosura*: Morreale (*HR*, XXXVII, 1969, pá-
      ginas 147-148) interpreta la frase como "la circunstancia
      de ser hermosa". *alaba*: es sospechosa la repetición de la
      palabra rima en *a* y *c*, aunque cuadra bien en ambos
      versos.
562   En *Ars Am.*, I, vv. 487-498, se trata de acercarse disimu-
      lando a la litera en que va la dama, y hablar con ella de
      modo que otros no oigan las palabras. En el *Seudo Ars
      Am.*, vv. 179-180: "Sepe superciliis vel nutu longius instet,
      / si prope non audet voce sonante loqui."

564 "De una cossa te guarda, quando amares una: *
non te sepa que amas otra muger alguna;
si non, todo tu afán es sonbra de luna,
e es como quien sienbra en rrío o en laguna.

565 "Pienssa si consintirá tu cavallo tal freno,
que tu *entendedera* amase a frey Moreno;
pues piensa por ti mesmo e cata bien tu seno,
e por tu coraçón judgarás el ajeno.

566 "Sobre todas las cosas fabla de su bondat;
non te alabes della, que es grand torpedat;
muchos pierden la dueña por dezir neçedat;
que quier que por ti faga, ten lo en poridat.

567 "Si *mucho* le ençelares, mucho fará por ti;
do fallé poridat, de grado departí;
de omne mesturero nunca me entremetí;
a muchos de las dueñas por *esto* los partí.

568 "Como tiene tu estómago en sí mucha vianda,
tenga la poridat, que es mucho más blanda;
Catón, sabio rromano, en su libro lo manda:
diz que la + poridat en buen amigo anda.

* Texto en SG hasta 574d.

564-565 Véase la Introducción, pp. 48-49, y la nota 39. Es un
consejo muy "ovidiano" en medio de consejos de cortesía.
566-571 Cfr. *Seudo Ars Am.*, vv. 187-190: "Diligat oculte, cum
non est vilis amica, / cum sit fortivus dulcior omnis amor.
/ Gaudia que sumpsit, studeat celare modeste, / Nec no-
men domine publicet ipse palam." Siendo normalmente
adúltero el amor físico (esp. en la poesía trovadoresca), la
importancia del "secreto" y el peligro constituido por las
malas lenguas eran temas constantes, como en el primer
episodio (cs. 77-104).
568ab Morreale (*BRAE*, XLVII-XLVIII, 1968, p. 253) cita ejem-
plos clásicos y castellanos del empleo de la imagen del es-
tómago en alusiones metafóricas, y Joset cita a Fray Lope
Fernández de Minaya (*BAE*, t. CLXXI, p. 269b), quien
compara la absorción de la lección de la Santa Escritura
a la digestión. Puede no ser sino una coincidencia, pues,
que en *Seudo Ars. Am.*, vv. 181-184 se declara que el buen

569   "*Travando* con sus dientes descubre se la çarça:
       echan la de la viña, de la huerta e de la haça;
       alçando el cuello suyo descobre se la garça;
       buen callar çient sueldos val en toda plaça.

570   "A muchos faze mal el omne mesturero:
       a muchos desayuda, e a sí *de* primero;
       rresçelan dél las dueñas e dan le por fazañero;
       por mala dicha de uno pierde todo el tablero.

571   "Por un mur muy pequeño que poco queso priso,
       diçen luego: 'Los mures han comido el queso.' *
       Sea él mal andante, sea él mal apresso,
       quien a sí e a ⁺ muchos estorva con mal sesso.

572   "De tres cossas que le pidas a la muger falaguera,
       dar te ha la segunda si le guardas la primera;
       si las dos bien guardares, tuya es la terçera;
       non pierdas a la dueña por tu lengua parlera.

573   "Si tú guardar sopieres esto que te castigo,
       cras te dará la puerta quien te oy çierra el postigo;
       la que te oy desama cras te querrá amigo;
       faz conssejo de amigo, fuye de loor de enemigo.

---

* El v. 571*b* falta en *G*.

---

momento para hacer el amor es "tempore quo stomachus
sit prosperitate repletus" (véase la nota a 303*d*).
568*cd Disticha Catonis,* II, núm. 22: "Consilium arcanum tacito
committe sodali."
569*a Travando*: La lección *tirando* de *S* no es inaceptable, in-
cluso podría defenderse como *lectio difficilior.* La compara-
ción con la zarza "no es casual", según Morreale (*BRAE,*
XLVII-XLVIII, 1968, p. 253), quien cita a Correas: "No
ai kosa ke tanto asga komo la zarza. Alegoria de las malas
kondiziones" (ed. Combet, p. 242*a*) y "Mentir, hixa, mas
no tanto, ke no pika la zarza tan alto" (p. 548*b*).
571*a priso*: Cej. enmendó en *preso,* por la rima. Pero en ambos
Mss. se lee *priso,* con la abreviatura normal de *ri. Priso*
ocurre seis veces en *S* como 3.ª persona de indefinido, mien-
tras que *preso* sólo ocurre como participio.
573*b* La misma imagen se emplea en 1519*d*, en una forma dis-
tinta.

574 "Mucho más te diría si podiese aquí estar;
mas tengo por el mundo otros muchos de pagar;
pesa les por mi tardança, a mí pessa del vagar;
castiga te castigando, e sabrás a otros castigar."

575 Yo Johan Ruiz, el sobre dicho açipreste de Hita, *
pero que mi coraçón de trobar non se quita,
nunca fallé tal dueña como a vós Amor pinta,
nin creo que la falle en toda esta cohita.

DE CÓMO EL AMOR SE PARTIÓ DEL ARÇIPRESTE E DE CÓMO
DOÑA VENUS LO CASTIGÓ

576 Partió se Amor de mí e dexó me dormir. **
Desque vino el alva començé de comedir
en lo que me castigó, e por verdat dezir,
fallé que en sus castigos sienpre usé bevir.

577 Maravillé me mucho, desque en ello penssé,
de commo en servir dueñas todo tienpo non cansé;
mucho las guardé sienpre, nunca me alabé.
¿Quál fue la rraçón negra por que non rrecabdé?

* La c. 575 en S solamente.
** Texto en SG hasta 579d.

574cd Las diferencias entre G y S en estos dos versos no se
pueden explicar como debidas a errores mecánicos e in-
conscientes de los copistas. Son dos versiones distintas, y
me parece más fácil atribuir las diferencias al mismo autor
que a la intervención de otra persona. Un motivo impor-
tante por el cambio pudo ser la supresión de la alusión a
Pánfilo en 574c, alusión que sirve en efecto para identi-
ficar la fuente del episodio de doña Endrina. En la versión
de S, la primera indicación se da en 698c, y solamente
al final del episodio, en la c. 891, se declara abiertamente
la autoría del cuento.
575 La ausencia en G de esta cuarteta ha inducido a varios eru-
ditos, a partir de Cejador, a dudar de su autenticidad. En
realidad la cuestión es si su falta en G debe atribuirse a un
descuido del copista, o si pertenece a una versión revisada,
posterior a la de G. A favor de esta hipótesis viene la apa-
rente alteración de 574cd: el autor hubiera introducido la
nueva cuarteta al mismo tiempo que cambiaba la otra.

578   Contra mi coraçón yo mesmo me torné;
       porfiando le dixe: "Agora yo te porné
       con dueña falaguera, e desta vez terné
       que si bien non abengo, nunca más aberné."

579   Mi coraçón me dixo: "Faz lo e rrecabdarás.
       Si oy non rrecabdares, torna ý luego cras;
       lo que en muchos días acabado non as,
       quando *tú* non coidares, a otra ora lo avrás."

580   Fasaña es usada, proverbio non mintroso: *
       "Más val rrato acuçioso que día peresoso."
       Partí me de tristesa, de cuidado dañoso;
       busqué e fallé dueña de qual só deseoso.

581   De *talla* muy apuesta, de gestos amorosa,
       doñegil, muy loçana, plasentera e fermosa,
       cortés e mesurada, falagera, donosa,
       graçiosa e rrisueña, amor de toda cosa.

582   La más noble figura de quantas yo aver pud:
       biuda, rrica es mucho, e moça de juventud,
       e bien acostunbrada, es de Calataút;
       de mí era vesina, mi muerte e mi salut.

---

* Texto en *G* hasta 595*d*.

580*d* Coro. interpreta: "[fallé] dama tal cual la deseo", inter-
       pretación que cuadra con el contexto y con la sintaxis.
581-891 El episodio de doña Endrina y don Melón. Véase la In-
       troducción, pp. 18, 29, 35, 38, 41, 50-52, 69-70, nota 43.
       Cuando me parece oportuno, doy en la nota correspon-
       diente el número del verso, o versos, del *Pamphilus* que
       son la fuente del texto de Juan Ruiz: por ejemplo, 584*a*:
       P 23. A veces conviene dar el texto del *Pamphilus* tam-
       bién.
581   Cfr. la c. 169. La repetición subraya la convencionalidad
       de la descripción.
582*c* Joset se pregunta por qué la *dueña* es de Calatayud, y
       sospecha que tiene que ver con "alguna tradición 'amo-
       rosa'". Lo curioso es que sea una ciudad aragonesa, aunque

583   Fija de algo en todo e de alto linaje,
        poco salié de casa, segunt lo an de usaje.
        Fui me a doña Venus, que le levase mensaje,
        ca ella es comienço e fin deste viaje.

q#19 la Virgen

584   Ella es nuestra vida e ella es nuestra muerte:
        enflaqueçe e mata al rresio e al fuerte;
        por todo el mundo tiene grant poder e suerte;
        todo por su consejo se fará adó apuerte.

585   "Señora doña Venus, muger de don Amor,
        noble dueña, omillo me yo, vuestro servidor;
        de todas cosas sodes vós e el Amor señor;
        todos vos obedesçen commo a su fasedor.

586   "Reys, duques e condes, e toda criatura,
        vos temen e vos *sirven* commo a vuestra fechura.
        Conplit los mis deseos e dat me dicha e ventura;
        non me seades escasa, nin esquiva nin dura.

587   "Non vos pidré grant cosa para vós me la dar,
        pero a mí cuitado es me grave de far;
        sin vós yo non la puedo començar *nin* acabar;
        yo seré bien andante por lo vós otorgar.

---

sin duda para los alcarreños tenía cierta importancia como
lugar importante en la ruta que conectaba la cuenca del
Tajo con la del Ebro. También es legítimo preguntar cuán-
tas ciudades había entonces que terminaban en *-ud* o *-ut*.

584a   P 23.

585a   El que Juan Ruiz llame a Venus "muger de don Amor"
cuadra con la descripción del dios como "un omne grande,
fermoso, mesurado" (véase la nota a 181c).

586b   *commo a vuestra fechura*: Coro. glosa "como hechura (crea-
ción) vuestra", señalando como analogía el catalán *com a*,
"en calidad de". En el Ms. se lee *como a̅v̅r̅a̅ fechura*, que
podría entenderse como *commo avrán fechura*. Pero *aver
fechura* no parece tener sentido.

587a   P 30

588 "Só ferido e llagado, de un dardo só perdido:
en el coraçón lo trayo ençerrado e ascondido.
Non oso mostrar la laga, matar me a si la olvido,
e aun desir non oso el nonbre de quien me *a ferido*.

589 "La llaga non se me dexa a mí catar nin ver;
ende mayores peligros *espero* que an de seer;
rreçelo he que mayores dapños me podrán rrecreçer;
física nin melesina non me puede pro tener.

590 "¿Quál carrera tomaré que me non vaya matar?
¡Cuitado yo! ¿Qué faré, que non la puedo yo catar?
Derecha es mi querella, rrasón me fase cuitar,
pues que non fallo *consejo* nin qué me pueda
                                    [prestar.

591 "E por que muchas de cosas me enbargan e enpeçen,
he de buscar muchos cobros segunt que me perte-
                                    [nesçen;
las artes muchas vegadas ayudan, oras fallesçen;
por las artes biven muchos, por las artes peresçen.

592 "Si se descubre mi llaga, quál es, dónde fue venir,
si digo quién me ferió, puedo tanto descobrir
que perderé melesina so esperança de guarir;
la esperança con conorte sabes' a las veses fallir.

593 "E si encubre del todo su ferida e su dolor,
si ayuda non demanda por aver salut mijor,
por ventura me vernía otro peligro peor:
morría de todo en todo; nunca vi cuita mayor.

588 P 1-3.
589 P 4-6.
590 P 7-10.
590d *consejo*: La palabra falta en el Ms.: enmienda de Aguado.
591 P 11-12, ampliado con la añadidura de 591*b*[2] y 591*d*.
592 P 13-16.
593 P 17-20.

594 "Mijor es mostrar el omne su dolençia e su quexura
al *menge* e al buen amigo, quel darán por aventura
melesina e consejo por do pueda aver *folgura,*
que non el morir sin dubda e bevir en grant
[rrencura.

595 "El fuego más fuerte quexa ascondido, encobierto,
que non quando se derrama esparsido e descobierto;
pues éste es camino más seguro e más çierto,
en vuestras manos pongo el mi coraçón abierto.

596 "Doña Endrina, que mora aquí en mi vezindat, *
de fermosura e donaire e de talla e de beldat
sobra e vençe a todas quantas ha en la çibdat;
si el amor non me engaña, yo vos digo la verdat.

597 "Esta dueña me ferió de saeta enarbolada;
atraviesa me el coraçón, en él la tengo fincada;
con toda *la* mi *grant* fuerça *non puede ser arran-*
[cada;
la llaga va creziendo, del dolor non mengua nada.

* Texto en *SG* hasta 623*d.*

594*a* P 21. El resto de la cuarteta es de Juan Ruiz.
594*b* Gail Phillips, *The Imagery...,* p. 97, nota 18, defiende la
lección *monge* del Ms., primero porque es *lectio difficilior,*
y después porque, como decía Aguado, era normal entonces
acudir a los monasterios en busca de cura, especialmente
tratándose de enfermedades del alma.
595*a* P 22. El resto de la cuarteta es de Juan Ruiz.
596*a* *Endrina:* palabra desconocida en aragonés, según me in-
forma el filólogo Juan Antonio Frago; en ese dialecto la
fruta se ha llamado siempre *arañón* (cfr. 582*c*).
597*c* P 42: "Tela nec inde queo vi removere mea." La versión
de *S,* "toda mi fuerça pierdo e del todo me es tirada", co-
rresponde a *P* 44: "Decrescitque decor, uisque colorque
meus." Podría ser una "variante del autor", no necesaria-
mente una alteración deliberada.

598   "A persona deste mundo yo non la oso fablar,
      por que es de grand linaje e dueña de grand solar;
      es de mejores parientes que yo, e de mejor lugar;
      en le dezir mi deseo non me oso aventurar.

599   "Con arras e con dones rruegan le cassamientos:
      menos los preçia todos que a dos viles sarmientos;
      adó es el grand linaje, aí son los alçamientos;
      adó es el mucho algo, son los desdeñamientos.

600   "*Rica* muger e fija de un porquerizo vil
      escogerá marido qual quisiere entre dos mill.
      Pues ansí aver non puedo a la dueña gentil,
      aver la he por trabajo e por arte sotil.

601   "Todas aquestas noblezas me *la* fazen querer;
      por aquesto a ella non me oso atrever;
      otro cobro non fallo que me pueda acorrer
      si non vós, doña Venus, que lo podedes fazer.

602   "Atreví me con locura e con amor afincado:
      muchas vezes ge lo dixe, que finqué mal denostado;
      non *me preçiava* nada; muerto me trae, coitado;
      si non fuese tan mi vezina, non sería tan penado.

603   "Quanto más está omne al grand fuego allegado,
      tanto muy más se quema que quando está alongado;
      tanto mal non me sería si della fuese arredrado;
      así, señora doña Venus, sea de vós ayudado.

598 *P* 45 y 47-48.
599c *P* 50: "Et decus et dotes copia saepe rogat." Es posible, a
      la luz de este *rogat*, que haya que entender *alçamientos* en
      el sentido jurídico de "apelaciones" (véase la nota a 367*a*).
      El sentido moderno de "puja hecha en una subasta" cua-
      draría, pero debe ser anacrónico.
600ab *P* 53-54.
600cd *P* 51-52, bastante modificados. 600*d* parece mala traduc-
      ción de *P* 52, "Sed quod habere queo, quero labore meo."
601b *P* 56.
603bc *P* 37-38. La versión de *G* de 603*c* parafrasea *P* 38, "Me, si
      mota foret, lederet ipsa minus." La de *S*, "esto me trae
      muerto, perdido e penado", se parece a 832*d*, verso que
      no tiene correspondencia en *P*.

604 "Ya sabedes nuestros males e nuestras penas pa-
                                                   [rejas;
     sabedes nuestros peligros, sabedes nuestras con-
                                                   [ssejas.
     ¿Non me dades rrespuesta, nin me *oyen* vuestras
                                                   [orejas?
     Oít me vós mansa mente las mis coítas sobejas.

605 "¿Non veen los vuestros ojos la mi triste catadura?
     ¡*Tirat* de mi coraçón tal saeta e tal ardura!
     ¡Conortad me esta llaga con juegos e folgura!
     ¡Que non vaya sin conorte mi llaga e mi quexura!

606 "¿Quál es la dueña *del mundo* tan brava e tan dura
     que al su servidor non le faga mesura?
     Afinco vos pidiendo con dolor e tristura;
     el grand amor me faze perder salud e cura.

607 "El color he ya perdido, mis sesos desfallesçen;
     la fuerça non la tengo, mis ojos non paresçen;
     si vós non me valedes, *mis mienbros enflaquesçen.*"
     Respondió doña Venus: "*Los* servidores vençen.

608 "Ya fueste conssejado del Amor, mi marido:
     dél en muchas maneras *fueste* aperçebido;
     por que le *fueste* sañudo, con tigo poco estudo;
     de lo quél non te dixo de mí te será rrepetido.

604*ab* P 61: 604*c* P 63; 604*d* P 62 (muy aproximadamente).
605*bc* P 65-66, excepto que Juan Ruiz suprime la alternativa:
    "Aut tu tolle tuas nostro de corde sagittas, / Aut tu seua
    tuis uulnera pasce modis."
606 Esta cuarteta es una añadidura por Juan Ruiz.
607*ab*[1] P 44; 607*b*[2]*c* son añadiduras por Juan Ruiz.
607*d* Corresponde a P 71: "Tunc Venus hec inquit: 'Labor im-
    probus omnia uincit." Juan Ruiz ha puesto en boca de la
    diosa, sin embargo, un refrán castellano de forma variable:
    G tiene "Los seguidores vençen." En el *Libro del Cava-
    llero Zifar* leemos: "... e por eso dizen que sofridores
    vençen" (ed. J. González Muela, Madrid, Castalia, 1982,
    p. 258). Juan Ruiz traduce P 71 más de cerca en 611*d*.
608-609 Interpolación de Juan Ruiz, para hacer aceptable la re-
    petición de la lección en el arte de amar. Nótese que tam-

609 "Si algo por ventura de mí te fuere mandado
de lo que mi marido te ovo conssejado,
serás dello más çierto, irás más segurado;
mejor es el conssejo de muchos acordado.

610 "Toda muger que mucho otea o es rrisueña,
dil sin miedo tus deseos, non te enbargue vergüeña;
apenas de mill una te lo niegue, mas desdeña;
amar te ha la dueña, que en ello pienssa e sueña.

611 "Sirve la, non te enojes, sirviendo el amor creçe;
serviçio en el bueno nunca muere nin pereçe;
si se tarda, non se pierde, el amor non falleçe;
el grand trabajo *sienpre* todas las cosas vençe.

612 "El amor leó a Ovidio en la escuela,
que non ha muger en el mundo, nin grande nin
[moçuela,
que trabajo e serviçio non la traya al espuela,
que tarde o que aína, crey que de ti se duela.

613 "Non te espantes della por su mala rrespuesta:
con arte o con serviçio ella la dará apuesta;
que siguiendo e serviendo en este coidado es puesta;
el omne mucho cavando la grand peña acuesta.

---

bién en el *Dit de la Panthère* de Nicole de Margival ambos
dioses, Amours y Vénus (aquí también marido y mujer),
aconsejan independientemente al poeta-amante.
610*bc* P 73-74. 610*a* y *d* son ampliaciones de Juan Ruiz.
611-612 Interpolación por Juan Ruiz (salvo 611*d*, ya aludido).
612*a* Los demás editores prefieren la versión de *G*, por el me-
tro. Pero suprimiendo la cesura se obtienen 14 sílabas en
S. Leó se suele entender como "instruyó", y Lecoy alude
a *Ars Am.*, I, vv. 269-270, de los cuales 612*bc* podrían
considerarse una paráfrasis muy libre. Pero 612*a* puede ser
un recuerdo del comienzo del *Ars. Am.*, donde Ovidio
declara que Venus le nombró preceptor del joven Cupido:
"Me Venus artificem tenero praefecit Amori; Tiphys et
Automedon dicar Amoris ego..." (I, vv. 7-8).
613*ab* P 81-82.

614 "Si la primera onda *de la* mar airada
espantase al marinero, quando viene torbada,
nunca en la mar entrarié con su nave ferrada;
non te espante la dueña la primera vegada.

615 "Jura muy muchas vezes el caro vendedor
que non *da la merchandía* si non por grand valor;
afincando *le* mucho el artero conprador,
lieva la *merchandía* por el buen corredor.

616 "Sirve la con *grand* arte e mucho te achaca:
el can que mucho lame sin dubda sangre saca;
maestría e arte de fuerte faze flaca;
el conejo por maña doñea a la vaca.

animaliza la dueña → *engaño no arte de ama*

617 "A la muela pesada de la peña mayor,
maestría e arte la arrancan mejor;
anda por maestría ligera enderedor:
mover se ha la dueña por artero servidor.

614*abc* P 79-80 (con algún cambio en el orden de los elementos).
615   P 77-78.
616*b* Morreale (*BRAE*, XLVII-XLVIII, 1968, pp. 254-255) cita
a Correas (ed. Combet, p. 371*a*): "kan ke mucho lame,
saka sangre", y comenta; "Es buena su lengua para lamer
llagas". Añade que todavía en zonas rurales existe la cos-
tumbre de curar las llagas haciendo que las lama un perro.
Pero aquí el símil es de la porfía en el cortejo, y creo
que quiere decir que la aspereza de la lengua del perro es
tal que con el mucho lamer ha de romper la piel del
hombre.
616*d* Morreale (*BRAE*, XLVII-XLVIII, p. 255) cita a Correas:
"por arte enpreñó el konexo a la vaka" (ed. Combet, pá-
gina 470*b*), y cree que aquí *doñea* tiene el sentido etimo-
lógico de "dominar", y así "empreñar". Pero en este con-
texto es más apropiado el sentido de "cortejar, seducir".
617   La cuarteta no tiene correspondientes versos en *P*, ni se
ha identificado ninguna fuente hasta la fecha.

618   "Con arte se quebrantan los coraçones duros;
       toman se las çibdades, derriban se los muros,
       caen las torres altas, alçan se pesos duros;
       por arte juran muchos e por arte son perjuros.

619   "Por arte los pescados se toman so las ondas,
       e los pies bien enxutos corren por mares fondas;
       con arte e con ofiçio muchas cosas abondas;
       por arte non ha cosa a que tú non rrespondas.

620   "Omne pobre con arte pasa con chico ofiçio;
       el arte al culpado salva lo del malefiçio;
       el que llorava pobre canta rrico en viçio;
       façe andar de cavallo al peón el serviçio.

621   "Los señores irados de manera estraña,
       por el mucho serviçio pierden la mucha saña;
       con buen serviçio vençen cavalleros de España;
       pues vençer se la dueña non es cosa tan maña.

622   "Non pueden dar los parientes al pariente por
                                                    herençia
       el mester e el oficio, el arte e la sabiençia;
       nin pueden dar a la dueña el amor e la querençia;
       todo esto da el trabajo, el uso e la femençia.

618ab P 83-84. En 618b, Morreale (BRAE, XLVII-XLVIII, pági-
       na 255) defiende G, tornan se..., más cerca del latín, "Ars...
       diruit urbes (P 83)", y con el sentido de "trastornarse". De-
       trás de las lecciones de los Mss. (toman se y tornan se) puede
       haber, en la versión original, torvan se ("estorbar").
618c   Blecua defiende la lección de G, alçan se los haduros; pesos
       duros sería una trivialización. Los demás substantivos,
       coraçones, çibdades, muros, torres, llevan el artículo. Ha-
       duros son "fardos, cargas pesadas."
619abc P 85-87.
620   P 88, y 91-92.
621ab P 89-90.
622a   al pariente: Coro. insiste que pariente sólo significaba
       "padre" o "madre" en la Edad Media, que al pariente es
       un error del arquetipo, y que hay que enmendarlo; parientes
       equivale a parentes en P 93. Pero en 395b, tenemos su

623 "Maguer te diga de non, e aun que se ensañe,
non canses de seguir la, tu obra non se dañe;
faziendo le serviçio tu coraçón se bañe;
non puede ser ques' non mueva canpana que se
[tañe.

624 "Con aquesto podrás a tu amiga sobrar: *
la que te era enemiga mucho te querrá amar.
Los logares a do suele cada día usar,
aquellos deves tú mucho amenudo andar.

625 "Si vieres que ay lugar, di le jugetes fermosos,
palabras afeitadas con gestos amorosos;
con palabras muy dulçes, con dezires sabrosos,
creçen mucho amores, e son más deseossos.

626 "Quiere la mançebía mucho plazer con sigo;
quiere la muger al omne alegre por amigo;
al sañudo e al torpe non lo preçia un figo;
tristeza e rrenzilla paren mal enemigo.

* Texto en S hasta 659d.

---

padre e sus parientes, donde parientes debe tener el sentido moderno. El profesor Ian Michael me ha llamado la
atención sobre tres casos de parientes en la Primera crónica general donde el sentido moderno es evidente: en
la ed. de R. Menéndez Pidal, 1955, Cap. 732, 429a.10;
Cap. 751, 447a.2; Cap. 751, 448a.21. Juan Ruiz no tenía
necesariamente que saber que en el latín parens sólo se
usaba en el sentido de "padre".
623ab P 95-96 (una versión muy libre).
623c tu coraçón se bañe: Se repite el modismo en 638c. Lida
(RFH, II, 1940, p. 115) cita otros ejemplos del Cancionero
de Baena, con el mismo sentido de "deleitarse el corazón".
Chi. cita textos que indican cómo el baño se consideraba
un lujo y un deleite en la Edad Media (cfr. 1698d).
624 P 97-99.
625a P 100. Lo demás es de Juan Ruiz.
625c palabras: Coro. cree que la repetición es errónea, y enmienda en razones.
625d P 102.
626a P 101. El resto de la cuarteta es de Juan Ruiz.

627 "El alegría al omne faze lo apuesto e fermoso,
más sotil e más ardit, más franco e más donoso;
non olvides los sospiros, en esto sey engañoso.
Non seas mucho parlero, non te tenga por mintroso.

628 "Por una pequeña cosa pierde amor la muger,
e por pequeña tacha que en ti podría aver
tomará grand enojo, que te querrá aborresçer;
a ti mesmo contesçió e a otros podrá acaesçer.

629 "Adó fablares con ella, si vieres que ay lugar,
un poquillo como a miedo non dexes de jugar;
muchas vezes cobdiçia lo que te va negar;
dar te ha lo que non coídas, si non te das vagar.

630 "Toda muger los ama, omnes aperçebidos:
más desea tal omne que todos bienes conplidos;
han muy flacas las manos, los calcañares podridos;
lo poco e lo mucho, fazen lo como amidos.

631 "Por mejor tiene la dueña de ser un poco forçada,
que dezir: 'Faz tu talente', como desvergonçada;
con poquilla de fuerça finca *más* desculpada;
en todas las animalias ésta es cosa provada.

627a P 104 (P 103 no se traduce).
627d P 105 (muy adaptado).
628a P 106. Lo demás es de Juan Ruiz (P 107-108 no se traducen).
629a, cd P 109, 112, 110. 629b es de Juan Ruiz; P 111 se parafrasea en 634ab.
629b *como a miedo*: Chi. glosa "iniciar juegos (amorosos) con cautela"; Coro., "como si lo hicieses con miedo", que me parece mejor.
630c Blecua glosa: "simulan que no tienen fuerza ni pueden correr."
631ab P 113-114. 631cd es una glosa por Juan Ruiz.
631c en S, *finca mal desculpada*, que no cuadra con el contexto. La sugerencia de Venus de que se aplique un poco de fuerza para efectuar la conquista podría tomarse como la justificación teórica de la conducta del amante al final.

632 "Todas *las* fenbras han en sí estas maneras;
al comienço del fecho sienpre son rreferteras;
muestran que tienen saña e son *muy* rregateras;
amenazan, mas non fieren; en çelo son arteras.

633 "Maguer que faze bramuras la dueña que se doñea,
nunca el buen doñeador por esto enfaronea;
la muger bien sañuda e quel omne bien guerrea,
los doñeos la vençen, por muy brava que sea.

634 "El miedo e la vergüença faze a las mugeres
non fazer lo que quieren, bien como tú lo quieres;
non finca por non querer; cada que podieres,
toma de la dueña lo que della quisieres.

635 "De tuyo o de ageno ve le bien apostado;
guarda non lo entienda que lo lievas prestado,
que non sabe tu vezino lo que tienes condesado;
encubre tu pobreza con mentir colorado.

636 "El pobre con buen seso, e con cara pagada,
encubre su pobreza e su vida lazrada;
coge sus muchas lágrimas en su boca çerrada;
más val que fazer se pobre a quien *nol* dará nada.

637 "Las mentiras a las devezes a muchos aprovecha;
la verdat a las de vezes muchos en daño echa;
muchos caminos ataja desviada estrecha;
ante salen a la peña que por carrera derecha.

632-633 Estas dos cuartetas son añadiduras por Juan Ruiz.
634*ab* P 111. Lo demás es de Juan Ruiz.
634*c non finca por non querer*: Chi. cree que el sujeto de *finca*
es la *dueña;* pero Coro. glosa: "No es por falta de que-
rerlo por lo que lo dejan de hacer."
635*ab* P 115-116, muy alterados. En *P*, el sentido es: "Si tu ropa
es exigua, ten cuidado que ella no sepa que es tuya, ni
se entere de tu pobreza." 635*c* corresponde a *P* 121, "Plu-
rima mundus habet sua que uicinia nescit".
636*abc* P 117-118. 636*d* es ampliación por Juan Ruiz.
637*ab* P 123-124. P 119, 120 y 122 no se traducen. 637*cd* es am-
pliación por Juan Ruiz.
637*d carrera derecha*: "el camino regular, oficial."

638   "Quando vieres algunos de los de su conpaña,
       faz les muchos plazeres, fabla les bien con maña;
       quando esto *oye* la dueña, su coraçón se baña;
       servidor *lijongero* a su señor engaña.

639   "Adó son muchos tizones e mucho tizonadores,
       mayor será el fuego e mayores los ardores;
       adó muchos le dixieren tus bienes e tus loores,
       mayor será tu quexa et sus desseos mayores.

640   "En quanto están ellos de tus bienes fablando,
       luego está la dueña en su coraçón penssando
       si lo fará o non, en esto está dubdando;
       desque vieres que dubda, ve la tú afincando.

641   "Si nol dan de las espuelas al cavallo farón,
       nunca pierde faronía, nin vale un pepión;
       asno coxo quando dubda, corre con el aguijón;
       a muger que está dubdando afinque la el varón.

642   "Desque están dubdando los omnes qué han de
                                                    [fazer,
       poco trabajo puede sus coraçones vençer;
       torre alta, desque tienbla, non ay si non caer;
       la muger que está dubdando ligera es de aver.

638*abc* P 125-128. 638*d* es una glosa por Juan Ruiz, quien intro-
    duce el elemento de engaño.
638*c* Véase la nota a 623*c*.
639   Ampliación introducida por Juan Ruiz.
639*d et*: Así en el Ms. La forma *et* es bastante corriente en
    obras contemporáneas, y en don Juan Manuel es la norma.
    Ocurre en el Prólogo, 1. 53, *et dize Job*, y en 311*c*.
639*d mayor será tu quexa*: "mayor será el efecto de tus quejas
    de amante".
640   P 129-131.
641   Ampliación por Juan Ruiz. 641*d* repite el pensamiento de
    640*d*, en términos más generales.
642   En efecto reemplaza P 133-134. P 132 no se traduce.

643   "Si tiene madre vieja tu amiga de beldat,
       non la consintirá fablar con tigo en poridat;
       es de la mançebía çelosa la vejedat;
       sabe lo e entiende lo por la antigüedat.

644   "Mucho son mal sabidas estas viejas *rriñosas*;
       mucho son de las moças guardaderas çelosas;
       sospechan e barruntan todas aquestas cosas;
       bien sabe las paranças quien pasó por las losas.

645   "Por ende busca una buena medianera,
       que sepa sabia mente andar esta carrera,
       que entienda de vós anbos bien la vuestra manera;
       qual don Amor te dixo, tal sea la trotera.

646   "Guarda te non la tengas la primera vegada;
       non acometas cosa por que finque espantada;
       sin su plazer non sea tañida nin trexnada;
       una vez echa le çevo, que venga segurada.

647   "Asaz te he ya dicho, non puedo más aquí estar;
       luego que tú la vieres, comiénçal de fablar;
       mill tienpos e maneras podrás después fallar;
       el tienpo todas cosas trae a su lugar.

643*bc* P 138 y 137 (invirtiendo el orden). 643*a* y *d* son amplia-
       ciones por Juan Ruiz.
644   Ampliación por Juan Ruiz.
644*a* *rriñosas*: En el Ms., *rrisoñas*, error evidente del copista.
645*a* P 135. 645*c*: P 136 (modificado).
645*d* alude a las cs. 436-443, lo cual hace, como observa Joset,
       que el protagonista sea el mismo Arcipreste que "peleó"
       con don Amor —hasta aquí, al menos.
646   Ampliación por Juan Ruiz.
646*a* *non la tengas*: "no la detengas (físicamente)", en el sentido
       etimológico de *tener*. No hace falta enmendar en *tangas*,
       ya que se habla de *tañer* en 646*c*.
647*a* P 141. 647*b*: P 139. 647*c*: P 142. P 140 no se traduce.

648   "Amigo, en este fecho, ¿qué quieres más que te
                                            [diga?
       Sey sotil e acuçioso e avrás tu amiga;
       non quiero aquí estar; quiero me ir mi vía."
       Fue se doña Venus, a mí dexó en *fadiga*.

649   Si le conortan, non lo sanan al doliente los joglares;
       el dolor creçe e non mengua oyendo dulçes cantares;
       consejó me doña Venus, mas non me tiró pesares;
       ayuda otra non me queda si non lengua e parlares.

650   Amigos, vo a grand pena e só puesto en la fonda;
       vo a fablar con la dueña, quiera Dios que bien me
                                            [rresponda;
       puso me el marinero aína en la mar fonda;
       dexó me solo e señero, sin rremos con la brava
                                            [onda.

651   ¡Coitado! ¿Si escaparé? Grand miedo he de ser
                                            [muerto.
       Oteo a todas partes e non puedo fallar puerto;
       toda la mi esperança e todo el mi confuerto
       está en aquélla sola que me trae penado e muerto.

648   Es añadidura por Juan Ruiz.
649a   Substituye a *P* 143 (reemplazando el concepto del hombre
       sano que consuela al enfermo con el de los juglares que
       no le curan). 649*b*: *P* 144. 649*c*: *P* 145. 649*d* es añadidura
       por Juan Ruiz.
650*ab* Añadidura por Juan Ruiz. 650*cd*: *P* 149. *P* 146-148 no se
       traducen.
650*cd* Chi. llama la atención sobre el empleo de la misma metá-
       fora por Andreas Capellanus: "... Saepe suos nautas valida
       reliquit in unda." (*De Amore*, I, cap. IV).
651*a* Morreale (*BRAE*, XLVII-XLVIII, 1968, p. 362) se pregun-
       ta si sería mejor puntuar "Coitado, si escapare, grand mie-
       do...". No muy convincente el "Coitado, ¡sí escaparé!
       Grand miedo..." de Joset.
651*bcd* *P* 150-151.

652 Ya vo rrazonar con ella, quiérol dezir mi quexura,
por que por la mi fabla venga a fazer mesura;
deziendo le de mis coítas, entenderá mi rrencura;
a vezes de chica fabla *viene* mucha folgura.

AQUÍ DIZE DE COMO FUE FABLAR CON DOÑA ENDRINA
EL ARÇIPRESTE

653 ¡Ay Dios, e quán fermosa viene doña Endrina por
[la plaça!
¡Qué talle, qué donaire, qué alto cuello de garça!
¡Qué cabellos, qué boquilla, + qué color, qué buen
[andança!
Con saetas de amor fiere quando los sus ojos alça.

654 Pero tal lugar non era para fablar en amores:
a mí luego me venieron muchos miedos e tenblores;
los mis pies e las mis manos non eran de sí señores;
perdí seso, perdí fuerça, mudaron se mis colores.

655 Unas palabras tenía pensadas por le dezir;
el miedo de las conpañas me façían al departir;
apenas me conosçía, nin sabía por dó ir;
con mi voluntat mis dichos nin se podían seguir.

656 Fablar con muger en plaça es cosa muy descobierta:
a bezes mal perro atado tras mala puerta abierta;
bueno es jugar fermoso, echar alguna cobierta;
adó es lugar seguro, es bien fablar cosa çierta.

652a P. 152. 652bcd es añadidura por Juan Ruiz.
653a P 153. 653bcd es añadidura por Juan Ruiz.
654 P 154-157 (modificado).
655abc P 159-161. 655d es de Juan Ruiz.
656 Añadidura por Juan Ruiz. 656b suena a refrán: Morreale
(BRAE, XLVII-XLVIII, 1968, p. 257) cita a Correas:
"Dios te guarde de perro atado i de onbre determinado"
(ed. Combet, p. 328a). Blecua cree que no es típico del
estilo paremiológico de Juan Ruiz, porque falta el verbo.

657   "Señora, la mi sobrina que en Toledo seía,
      se vos encomienda mucho, mill saludes vos enbía;
      si oviés lugar e tienpo, por quanto de vós oía,
      desea vos mucho ver, e conosçer vos querría.

658   "Querían allá mis parientes cassar me en esta saçón
      con una donçella muy rrica, fija de don Pepión;
      a todos dí por rrespuesta que la non quería, non;
      de aquella sería mi cuerpo que tiene mi coraçón."

659   Abaxé más la palabra, díxel que en juego fablava,
      por que toda aquella gente de la plaça nos mirava.
      Desque ví que eran idos, que omne aí non fincava,
      començél dezir mi quexura del amor que me afin-
                                                    [cava.

660   . . . .
      . . . .
      "... otro non sepa la fabla, desto jura fagamos; *
      do se çelan los amigos, son más *fieles* entramos.

* Texto en *G* hasta 691*d*.

657 *P* 163-166. Juan Ruiz substituye el nombre de Toledo por
    el incoloro "alterius uille" de *P*.
658 *P* 167-172 (muy alterado).
659*a P* 173. En *P*, parece que es Galathea quien habla. Juan
    Ruiz cambia el sentido, afirmando el Arcipreste que habla
    en juego como precaución. En *P* es una acusación de mala
    fe lanzada por Galathea. 659*bcd* es de Juan Ruiz.
660 660*c* corresponde a *P* 176, "Dictaque, preter nos, nesciat
    alter homo." Entre 659*d* y 660*c*, pues, sólo falta lo corres-
    pondiente a *P* 175 (tal vez a *P* 174 también). La lacuna de
    S empieza con la c. 660, y *G* suple el texto a partir del
    equivalente a *P* 176, lo cual indica que sólo se han per-
    dido 660 *a* y *b*.

661   "En el mundo non es cosa que yo ame a par de
                                              [vós;
      tienpo es ya pasado de los años más de dos
      que por vuestro amor me pena. ¡Amo vos más que
                                              [a Dios!
      Non oso poner *persona* que lo fable entre nós.

662   "Con la grant pena que paso, vengo a vos desir mi
                                              [quexa:
      vuestro amor *e* deseo, que me afinca e me aquexa,
      nos' me tira, nos' me parte, non me suelta, non
                                              [me dexa;
      tanto *más* me da la muerte quanto más se me *alexa*.

663   "Reçelo he que non me oídes esto que vos he
                                              [fablado;
      fablar mucho con el sordo es mal seso e mal
                                              [rrecabdo;
      cret que vos amo tanto que non *é* mayor cuidado;
      esto sobre todas cosas me traye más afincado.

664   "Señora, yo non *me atrevo* desir vos más rrasones,
      fasta que me rrespondades a estos pocos sermones;
      desit me vuestro talante, veremos los coraçones."
      Ella dixo: "Vuestros dichos non los preçio dos
                                              [piñones.

661 *P* 180-182. *P* 177-179 no se traducen. El que el protago-
    nista lleve más de dos años queriendo a Endrina no cuadra
    con lo que se dice en la c. 580.
662 Añadidura por Juan Ruiz.
662*d más* es enmienda de Chi., *alexa* es enmienda de Cej.
663*acd* Ampliación de Juan Ruiz alrededor de 663*b*, que traduce
    P 183.
664*ab P* 185-186. 664*c* parece introducir aquí *P* 175, "Sed modo
    dicamus cordis secreta uicissim." 664*d* es original de Juan
    Ruiz.

665 "Bien así engañan muchos a otras muchas Endrinas;
el omne tan engañoso así engaña a sus vesinas;
→non cuidedes que só loca por oír vuestras parlillas;
buscat a quien engañedes con vuestras falsas es-
[pinas."

666 Yo le dixe: "Ya sañuda, anden fermosos trebejos;
son los dedos en las manos, pero non son todos
[parejos;
todos los omnes non somos de unos fechos nin con-
[sejos;
la peña tienen blanco e prieto, pero todos son co-
[nejos.

667 "A las vegadas lasran justos por pecadores;
a muchos enpeesçen los ajenos errores;
fas mal culpa de malo a buenos e a mejores;
deven tener la pena a los sus fasedores.

665 P 187-192 (abreviando mucho 189-192).
665b *el omne tan engañoso* parece un eco fonético de *ingenio-
sus amor* (P 188), a expensas de la equivalencia semántica.
La substitución cuadra bien con lo que se dice de los hom-
bres en 881d, c. 885 y c. 909. Véase también 846a.
666 Cuarteta interpolada por Juan Ruiz.
666a *ya*: Interjección de vocativo, de derivación árabe (véanse
también 676a, 670f, 1509b).
666c Tal vez convenga suprimir el *son* del segundo hemistiquio,
por el metro. Nótese el contraste entre lo que dice el aman-
te aquí y el cinismo de la tercera en 881d. No debe ser
casual.
666d *tienen*: Los demás editores parecen creer, con Aguado,
que el Ms. da *tiene*, y enmiendan en *tien*, por el metro.
Pero no sólo el contexto requiere el verbo en plural (los
conejos), sino que el Ms. da *tiene*, con el tilde muy claro.
667a P 193. Lo demás es de Juan Ruiz.
667a *lasran*: Las demás ediciones, tanto paleográficas como crí-
ticas, imprimen *lastan*, "pagan", y *lastarás* en 1169c. Pero
lastar no está documentado, que yo sepa, sino bastante más
tarde. En 1169c, los dos Mss. escriben la palabra de la
misma manera, con una sigma (σ), seguida de una r: En
S la sigma medial representa siempre z: la palabra es *laz-
raras*, pues. En G, tanto en 667a como en 1169c, se trata

668 "El yerro que otro fiso a mí non faga mal:
avet por bien que vos fable allí so aquel portal;
non nos vean aquí todos *los* que andan por la *cal*;
aquí vos fablé uno, allí vos fablaré ál."

669 Paso a paso *doña* Endrina so el portal es entrada,
bien loçana e orgullosa, bien mansa e sosegada;
los ojos baxo por tierra, en el poyo asentada.
Yo torné en la mi fabla que tenía començada.

670 "Escuche me, señora, la vuestra cortesía,
un poquillo que vos diga la muerte mía.
Cuidades que vos fablo en engaño e en folía,
e non sé qué me faga contra vuestra porfía.

671 "A Dios juro, señora, para aquesta tierra,
que quanto vos he dicho de la verdat non yerra;
estades enfriada más que la nief de la sierra,
e sodes atán moça que esto me atierra.

672 "Fablo en aventura con la vuestra moçedat;
cuidades que vos fablo *lisonja* e vanidat;
non me puedo entender en vuestra chica hedat;
querriedes jugar con la pella más que estar en
[poridat.

---

de una *r* después de una sigma (la cola demasiado larga
para que sea una *t*). Como *G* no distingue entre *s* y *z* al
emplear la sigma, imprimo *lasran* aquí y *lazrarás* en 1169c.
Lazrar está bien documentado, a partir del *Poema de Mio
Cid*, por ej., ocho veces en el *Libro de Alexandre*.

668a P 194. Tanto el resto de la cuarteta como 669 son una pe-
queña escena inventada por Juan Ruiz, introduciendo la
insinuación de un ambiente castellano.

669c *baxo*: Coro. imprime *baxó* ("bajó los ojos al suelo"), tal
vez con razón.

670ab P 195-196. Juan Ruiz introduce, sin embargo, el concepto
de la *muerte*: P 196: "Et liceat domine pauca referre mee."
670cd son de Juan Ruiz.

671ab P 197-198. P 199-200 no se traducen; en su lugar, como
en 670cd, Juan Ruiz introduce una impresión de la reac-
ción de Endrina, como la ve el amante.

672-673 P 201-206. Pero Juan Ruiz transforma el sentido: en *P*,
el amante comenta que Galathea es muy joven para saber

673   "Pero sea más noble para plasentería
        e para estos juegos hedat e mançebía,
        la vegedat en seso lieva la mejoría;
        a entender las cosas el grand tienpo *la* guía.

674   "A todas las cosas fase el grand uso entender;
        el arte e el uso muestra todo el saber;
        sin el uso e arte ya se va pereçer;
        do se usan los omnes pueden se connoçer.

glas
(hábito)

675   "Id e venit a la fabla otro día, por mesura,
        pues que oy non me creedes, o non es mi ventura;
        it e venid a la fabla: esa creençia atán dura,
        usando oír mi pena, entenderedes mi quexura.

676   "Otorgat me, ya señora, aquesto de buena miente,
        que vengades otro día a la fabla sola miente;
        yo pensaré en la fabla e sabré vuestro talente;
        ál non oso demandar vos, venid segura mente.

677   "Por la fabla se conosçen los más de los coraçones;
        yo entenderé de vós algo e oiredes *las* mis rrasones.
        It e venit a la fabla, que mugeres e varones
        por las palabras se conosçen e son amigos e con-
                                                    [pañones.

---

distinguir entre lo útil y lo nocivo, aunque la juventud sue-
le ser más viva y más perspicaz que la edad. Aunque jo-
ven, ella debe tratar de comprender quién es él, y de qué
condición, y cómo es su amor.

673b *hedat e mançebía*: Le enmienda de Cej., *hedat de mançe-
bía,* me parece innecesaria; entiéndase "la edad (apropiada)
y (las cualidades de) la juventud".

674ab P 207-208. 674cd es una ampliación sobre el tema por Juan
Ruiz.

675 De P 209, Juan Ruiz toma "Ire, uenire, loqui...", y amplía
el concepto a su modo.

676 Invención de Juan Ruiz.

677ab P 211-212 (muy modificados).

677c La vuelta a este *leitmotiv* después del intervalo es un buen
ejemplo de como Juan Ruiz sabe explotar lo que en *P* es
poco más que una sugerencia.

678 "Pero que omne non coma nin *comiençe* la mançana,
es la color e la vista alegría palançiana;
es la fabla e la vista de la dueña tan loçana
al omne conorte grande e plasentería bien sana."

679 Esto dixo doña Endrina, esta dueña de prestar:
"Onrra es e non desonrra en cuerda miente fablar;
las dueñas e las mugeres deven su rrespuesta dar
a qual quiere que las fablare o con ellas rrasonare.

680 "Quanto esto vos otorgo, a vós o a otro qual quier:
fablat vós, salva mi onrra, quanto fablar vos
[*quisier*;
de palabras en juego diré las si las oyere;
non vos consintré engaño cada que lo entendiere.

681 "Estar sola con vós solo, esto yo non lo faría;
non deve la muger estar sola en tal conpañía;
naçe dende mala fama; mi desonrra sería.
Ante testigos que nos veyan fablar vos he algund
[día."

682 "Señora, por la mesura que agora prometedes,
non sé graçias que lo valan quantas vós mereçedes;
a la merçed que agora de palabra me fasedes
egualar non se podrían ningunas otras mercedes.

---

678 Ampliación del tema por Juan Ruiz, volviendo al sentimiento expresado en 154*cd*, con la imagen del peral.
679 La acotación de 679*a* es de Juan Ruiz. 679*bcd* corresponden a *P* 215-216. Juan Ruiz, habiendo empleado el *leitmotiv* "Ire, uenire, loqui..." ya tres veces, salta *P* 213-214, donde lo aprovecha Galathea a su vez.
680*ab* *P* 217-218. 680*cd*: *P* 221-222 (Juan Ruiz no traduce *P* 219-220).
680*b quanto fablar vos quisier*: "todo lo que yo quiera hablar con usted".
681 *P* 223-226.
682 *P* 227-230 (muy parafraseados).

683   "Pero fío de Dios que aun tienpo verná
    que quál es el buen amigo por las obras paresçerá;
    querría fablar —non oso— tengo que vos pesará…"
    Ella dixo: "Pues desildo, e veré qué tal será."

684   "Señora, que me prometades de lo que de amor
                                [queremos,
    que si oviere lugar e tienpo, quando en uno estemos,
    segund que lo yo deseo, vós e yo nos abraçemos.
    Para vós, non pido mucho, ca con esto pasaremos."

685   Esto dixo doña Endrina: "Es cosa muy provada
    que por sus besos la dueña finca muy engañada;
    ençendemiento grande pone el abraçar al amada;
    toda muger es vençida desque esta joya es dada.

686   "Esto yo non vos otorgo salvo la fabla, de mano.
    Mi madre verná de misa, *quiero* me ir de aquí
                                 [tenprano;
    non sospeche contra mí que ando con seso vano;
    tienpo verná que podremos fablar nos, vós e yo,
                               [este verano."

683*abc* P 231-233. 683*d* es una interpolación por Juan Ruiz.
684*a* Reemplaza P 234: "Quamuis te peterem pauca libenter
    adhuc:…"
684*bc* P 236 y 235. 684*c* es una añadidura por Juan Ruiz; la pro-
    mesa de no ir más allá del abrazo falta en P.
685   P 237-238, ampliados.
686   P 239-243. Juan Ruiz omite el último verso de la despedi-
    da de Galathea, P 244: "Et memor alterius quisque sit in-
    terea." Más importante, Galathea concede lo que pide
    Pamphilus, mientras que Endrina niega el abrazo.
686*a* de mano: "de momento".
686*d* El verso tiene 18 sílabas: la enmienda preferida es la su-
    presión de *vós e yo*. Pero en G es raro que ocurran añadi-
    duras por los copistas. Para sanar la hipermetría, me pare-
    ce preferible algo así como *tienpo verná de fablar nos, vós
    e yo, este verano.* Pero doy la lección del Ms.

687 Fue se *la* mi señora de la fabla su vía.
Desque yo fue naçido nunca vi mejor día,
solás tan plasentero e tan grande alegría;
quiso me Dios bien *guiar* e la ventura mía.

688 Cuidados muchos me quexan a que non fallo con-
[sejo:
si mucho uso la dueña con palabras de trebejo,
puede seer tanta la fama que salrría a conçejo;
así perdería la dueña, que será pesar sobejo.

689 Si la non sigo, non uso, el amor se perderá:
si veye que la olvido, ella otro amará;
el amor con uso creçe, desusando menguará;
do la muger olvidares, ella te olvidará.

690 Do añadieres la leña, creçe sin dubda el fuego;
si la leña se tirare, el fuego menguará luego;
el amor e la bien querençia creçe con usar juego;
si la muger olvidares, poco preçiará tu rruego.

691 Cuidados tan departidos creçen me de cada parte:
con pensamientos contrarios el mi coraçón se parte,
e a la mi mucha cuita non sé consejo nin arte;
el amor, do está firme, todos los miedos departe.

692 Muchas vezes la ventura, con su fuerça e poder, *
a muchos omnes non dexa su propósito fazer;
por esto anda el mundo en levantar e en caer;
Dios e el trabajo grande pueden los fados vençer.

* Texto en *SG* hasta 755d.

687a acotación por Juan Ruiz. 687*bcd* corresponden a *P* 245 y
247, saltando *P* 246.
687b *fue*: Por *fui* (no raro en textos medievales).
688*abc P* 253-256 (*P* 248-252 se omiten). 688*d* es una glosa por
Juan Ruiz.
689*abc P* 257-259. 689*d* reemplaza la generalización de *P* 260.
690*ab P* 261-262. 690*cd* vuelven al tema de *P* 259-260.
691*abc P* 263, 264 y 266. 691*d* es una añadidura por Juan Ruiz.
692-693 *P* 267-272 (una versión libre: 692*c* y 693*c* son interpola-
ciones por Juan Ruiz).

693   Ayuda la ventura al que bien quiere guiar,
      e a muchos es contraria, puede los mal estorvar;
      el trabajo e el fado suelen se aconpañar;
      pero sin Dios todo esto non puede aprovechar.

694   Pues que sin Dios non puede prestar cosa que sea,
      El guíe la mi obra, él mi trabajo provea,
      por que el mi coraçón vea lo que dessea;
      el que "amén" dixiere lo que cobdiçia lo vea.

695   Hermano nin sobrino non quiero por ayuda;
      quando aquel fuego *viene,* todo coraçón muda;
      uno a otro non guarda lealtad, nin la cuda;
      amigança, debdo e sangre, la muger lo muda.

696   El cuerdo con buen seso pensar deve las cosas:
      escoja las mejores e dexe las dañosas;
      para mensajería, personas sospechosas
      nunca son a los omnes buenas nin provechosas. *

697   Busqué trotaconventos qual me mandó el amor;
      de todas las *maestras* escogí la mejor;
      Dios e la mi ventura, que me fue guiador—
      açerté en la tienda del sabio corredor.

---

* El v. 696*d* falta en *G.*

694*b* P 273-274. 694*cd*: ampliación por Juan Ruiz.
695*abc* P 275, 278 y 277. 695*d* es ampliación por Juan Ruiz.
696 reemplaza P 279 y 280.
697 Interpolación narrativa por Juan Ruiz.
697*a* trotaconventos: Aquí todavía, como en 441*d,* es nombre
genérico de la profesión.
697*cd* Evidente anacoluto; ambos Mss. dan la misma lección.
Açerté en la tienda: tal vez una alusión al desenlace (861
y ss.), que tiene lugar en la tienda de la tercera. En tal caso,
del sabio corredor parece un error; es posible que Juan Ruiz
haya escrito *de la sabia corredor,* conservando la forma an-
ticuada del femenino por la rima.

698   Fallé una *tal* vieja qual avía menester:
       artera e maestra e de mucho saber;
       doña Venus por Pánfilo non pudo más fazer
       de quanto fizo aquésta por me fazer plazer.

699   Era vieja buhona destas que venden joyas:
       éstas echan el laço, éstas cavan las foyas;
       non ay tales maestras commo estas viejas troyas;
       éstas dan la maçada —si as orejas, oyas.

700   Como lo han *de* uso estas tales buhonas,
       andar de casa en casa vendiendo muchas donas,
       non se rreguardan dellas, están con las personas;
       fazen con el mucho viento andar las *atahonas*.

701   Desque *fue* en mi casa esta vieja sabida,
       dixe le: "Madre señora, tan bien seades venida;
       en vuestras manos pongo mi salud e mi vida;
       si vós non me acorredes, mi vida es perdida.

702   "Oí dezir *de vós sienpre* mucho bien e aguisado,
       de quantos bienes fazedes al que a vós viene coi-
                           [tado,
       como ha bien e ayuda quien de vós *es* ayudado;
       por la vuestra buena fama *yo he* por vós enbiado.

---

698 Continúa la interpolación narrativa; aquí corresponde a *P* 281-282.

698*cd* Esta alusión a la fuente del episodio es irónica, ya que los más espabilados oyentes debían de haberse dado cuenta hacía tiempo que oían una versión del *Pamphilus*.

699-700 Esta descripción de la típica tercera se repite en las cs. 937-938.

699*b laço*: Chi. cita a Rabanus Maurus, *Allegoriae*...: "Laqueus est suggestio... demonum tentantium."

701 Interpolación por Juan Ruiz.

702*ab P* 285-286 (*P* 281-284 es el final del soliloquio de Pamphilus, al que Juan Ruiz substituye 697-701). 702*cd* es ampliación de 702*ab*.

703   "Quiero fablar con vusco bien en como penitençia:
      toda cosa que vos diga oíd la en paçiençia.
      Si non vós, otro non sepa mi quexa e mi do-
                                        [lençia."
      Diz la vieja: "Pues dezid lo, e aved en mí creençia.

704   "Con migo segura mente vuestro coraçón fablad;
      faré por vós quanto pueda, guardar vos he lealtat;
      ofiçio de corredores es de mucha poridat:
      más encubiertas encobrimos que mesón de vezindat.

705   "Si a quántas desta villa nós vendemos las alfajas
      sopiesen unos de otros, muchas serían las barajas;
      muchas bodas ayuntamos, que vienen a rrepantajas;
      muchos panderos vendemos que non suenan las
                                        [sonajas."

706   Yo le dixe: "Amo una dueña sobre quantas yo vi;
      ella, si me non engaña, paresçe que ama a mí.
      Por escusar mill peligros, fasta oy lo encubrí;
      toda cosa deste mundo temo mucho e temí.

ismos

707   "De pequeña cosa nasçe fama en la vezindat;
      desque nasçe tarde muere, maguer non sea verdat;
      sienpre cada día cresçe con enbidia e falsedat;
      poca cosa le enpeçe al mesquino en mesquindat.

703bc P 287-288.
703a en como: Chi remite a 136c y 1194a; Joset invierte, como
    en...; Blecua enmienda en como en... El sentido está claro:
    "como se hace en el confesonario".
703d-705 Una interpolación: en P el discurso de Pánfilo no se in-
    terrumpe.
705a quántas: Coro. insiste en que en G se lee quantos, pero la
    lección de ambos Mss. es quantas, sin lugar a dudas. El
    sentido parece ser: "Si unos (amantes) supiesen de otros
    a quántas (amadas) vendemos las alhajas,..."
705d panderos: La metáfora sirve, sin duda, para indicar el fra-
    caso de muchos enlaces matrimoniales. Pero detrás, se vis-
    lumbra otra alusión menos 'inocente', a las novias que re-
    sultan no ser vírgenes al casarse (véase la nota a 470d).
706 P 289-292.
707ab P 293-294. 707c es ampliación por Juan Ruiz. 707d: P 295.
707c La versión de G, sienpre con enbidia algunos levantan gran

708   "Aquí es bien mi vezina: rruego vos que allá
                                                [vayades,
       e fablad entre nós anbos, lo mejor que entendades;
       encobrid todo aquesto lo más mucho que podades;
       açertad aqueste fecho, pues que vierdes las vo-
                                                [luntades."

709   Dixo: "Yo iré a su casa de esa vuestra vezina,
       e le faré tal escanto e le daré tal atalvina
       por que esa vuestra llaga sane por mi melezina.
       Dezid me, ¿quién es la dueña?" Yo le dixe: "Doña
                                                [Endrina."

710   Dixo me que esta dueña era bien su conosçienta.
       Yo le dixe: "Por Dios amiga, guardat vos de sober-
                                                [vienta."
       Ella diz: "Pues fue casada, creed que se non arre-
                                                [pienta,
       que non ay mula de alvarda que la troxa non
                                                [consienta.

711   "La çera que es mucho dura e mucho brozna e
                                                [elada,
       desque ya entre las manos una vez está maznada,
       después con el poco fuego cient vezes será doblada;
       doblar se ha toda dueña que sea bien escantada.

---

       falsedat, se explica difícilmente como variante de copista;
       podría ser del mismo autor.
708*bc* P 297-298 (708*a* y *d* son añadiduras por Juan Ruiz).
708*c* G tiene *encobrit aqueste pleyto*, lo cual se aproxima más a
       P 298, "Deprecor ut nostrum crimen eundo tegas".
709-712 Todo está añadido por Juan Ruiz.
       En *S*, las cs. 710 y 711 están en el orden inverso, proba-
       blemente ya en el modelo de *S*. Cuando éste se ve obligado
       a añadir una cuarteta que ha omitido accidentalmente,
       como en los casos de cs. 198 y 320, pone un signo de inter-
       calación. Pero aquí copia directamente.

712 "Mienbre se vos, buen amigo, de lo que dezir se
[suele:
que çivera en molino, el que ante viene muele;
mensaje que mucho tarda a muchos omnes des-
[muele;
el omne aperçebido nunca tanto se duele.

713 "Amigo, non vos durmades, que la dueña que
[dezides,
otro quiere casar con ella, pide lo que vós pedides.
Es omne de buen linaje, viene donde vós venides.
Vayan ante vuestros rruegos que los ajenos conbites.

714 "Yo lo trayo estorvando, por quanto non lo afinco,
ca es omne muy escaso, pero que es muy rrico:
mandó me por vestuario una piel e un pellico;
dio me lo tan bien parado que nin es grande nin
[chico.

715 El presente que se da luego, si es grande de valor,
quebranta leyes e fueros e es del derecho señor;
a muchos es grand ayuda, a muchos estorvador;
tienpo ay que aprovecha, e tienpo ay que faz peor.

716 "Esta dueña que dezides mucho es en mi poder:
si non por mí, non la puede omne del mundo aver;
yo sé toda su fazienda e quanto ha de fazer;
por mi conssejo lo faze, más que non por su querer.

713ab P 299. 713c: el primer hemistiquio corresponde a P 301;
lo demás de la cuarteta es de Juan Ruiz.
714 P 300, 302-304. 714d substituye una ironía por otra, la de
P 304. Según Morreale (BRAE, XLVII-XLVIII, 1968, pá-
ginas 261-262), que nin es grande nin chico quiere decir "no
es nada — no hay tal don".
715ab P 305-306. 715cd es una ampliación por Juan Ruiz.
716 P 307-310.

717   "Non vos diré más rrazones, que asaz vos he
                                              [fablado;
       de aqueste ofiçio bivo, non he de otro coidado;
       muchas vezes he tristeza del lazerio ya pasado,
       por que me non es agradesçido, nin me es gualar-
                                              [donado.

718   "Si me diéredes ayuda de que passe algún poquillo,
       a esta dueña e a otras moçetas de cuello albillo
       yo faré con mi escanto que se vengan paso a pasillo;
       en aqueste mi farnero las traeré al sarçillo."

719   Yo le dixe: "Madre señora, yo vos quiero bien
                                              [pagar,
       el mi algo e mi casa a todo vuestro mandar;
       de mano tomad pellote e id, nol dedes vagar;
       pero ante que vayades, quiero vos yo castigar.

720   "Todo el vuestro cuidado sea en aqueste fecho:
       trabajat en tal manera por que ayades provecho;
       de todo vuestro trabajo avredes ayuda e pecho;
       pensat bien lo que fablardes, con seso e con
                                              [derecho.

717a P 311. Juan Ruiz omite P 312-328 (el resto del discurso de
     la Vieja, con la intervención de Pánfilo en 313-320), y subs-
     tituye otro discurso de Trotaconventos, muy distinto, has-
     ta 718d.
717b otro: Morreale (HR, XXXIX, 1971, p. 276) cree que otro
     equivale a "otra cosa". No veo por qué no debe compren-
     derse "otro oficio".
718d farnero: Morreale (BICC, 34, 1979, Sección A) alude a los
     "usos mágicos" del harnero, "desde los tiempos más remo-
     tos", y remite a Julio Caro Baroja, Algunos mitos españo-
     les, Madrid, 1974, pp. 257 y ss., y a Daniel Devoto, "El
     harnero de Trotaconventos", en Studia Hispanica in Hono-
     rem R. Lapesa, Madrid, 1972, I, pp. 219-227. Devoto rela-
     ciona el harnero con el aventador, símbolos los dos de la
     fecundidad.
719ab P 329-330. 719cd reemplazan P 331-332.
720-722 P 333-336. Los consejos del amante a la medianera son
     parecidos, pero la presentación es muy independiente.

721   "Del comienço fasta el cabo, pensat bien lo que
                                              [digades:
      fablad tanto e tal cosa que non vos arrepintades;
      en la fin está la onrra e la desonrra, bien creades;
      do bien acaba la cosa allí son todas bondades.

722   "Mejor cosa es al omne, al cuerdo e al entendido,
      callar do non le enpeçe e tienen le por sesudo,
      que fablar lo que non le cunple, por que sea
                                              [arrepentido;
      o piensa bien lo que fablas, o calla, faz te mudo."

723   La buhona con farnero va taniendo cascaveles,
      meneando de sus joyas, sortijas e *alheleles*;
      dezía: "Por fazalejas conprad aquestos manteles."
      Vido la doña Endrina, dixo: "Entrad, non rreçe-
                                              [ledes."

724   Entró la vieja en casa, dixo le: "Señora fija,
      para esa mano bendicha quered esta sortija.
      Si vós non me descobrierdes, dezir vos he una
                                              [pastija
      que penssé aquesta noche." (Poco a poco la aguija.)

725   "Fija, sienpre estades en casa ençerrada;
      sola envejeçedes; quered alguna vegada
      salir, andar en la plaça con vuestra beldat loada;
      entre aquestas paredes non vos prestará nada.

726   "En aquesta villa mora muy fermosa mançebía:
      mançebillos apostados e de mucha loçanía;
      en todas buenas costunbres creçen de cada día;
      nunca *veer pudo* omne atán buena conpañía.

723-725 Escena de transición interpolada por Juan Ruiz.
723c Según Morreale (*BRAE*, XLIII, 1963, p. 299), la buhonera
      quiere efectuar un canje de artefactos con la clientela.
726 P 339-341 (726b es una interpolación por Juan Ruiz).

727 "Muy bien me rresçiben todos, con aquesta po-
[bredat.
El mejor e el más noble de linaje e de beldat
es don Melón de la Uerta, mançebillo de verdat;
a todos los otros sobra en fermosura e bondat.

728 "Todos quantos en su tienpo en esta tierra nas-
[çieron,
en rriquezas e en costunbres tanto como él non
[creçieron;
con los locos faze se loco, los cuerdos dél bien
[dixieron;
manso más que un cordero, nunca pelear lo vieron.

729 "El sabio vençer al loco con *seso* non es tan poco:
con los cuerdos estar cuerdo, con los locos fazer se
[loco;
el cuerdo non enloqueçe por fablar al rroça poco;
yo lo piensso en mi pandero muchas veçes que lo
[toco.

727 P. 342-344.
727c Donde aparece por primera vez el nombre de *Pamphilus*
(P 344), aprendemos el verdadero nombre del protagonista
de este episodio. Cfr. la nota a 645d. Sobre el simbolismo
del nombre Melón han escrito, en particular, la señora de
Malkiel (*NRFH*, XIII, 1959, pp. 56-58); Coro., nota a 727c;
Joset, nota a 727c; Beltrán, *Razones...*, pp 235-238. La teo-
ría de Coro., que *melón* es aquí "tejón" y no la fruta, con-
cuerda con el concepto del amante como animal voraz y
dañino, robador de frutas como la endrina. Seidenspinner-
Núñez, *The Allegory of Good Love...*, pp. 42-45, indica
que el tejón *(melota)* era un símbolo de la hipocresía en
textos medievales. Pero toda la tradición paremiológica es-
pañola apoya la interpretación tradicional: el melón era un
símbolo de la necedad, de la cualidad imprevisible, etc. Por
ejemplo, Correas (ed. Combet, p. 114b) cita: "El melón i el
kasamiento, azertamiento."
728c P 345. Lo demás es una ampliación por Juan Ruiz.
729a P 346 (algo distinto: "Stulticie sapiens iure resistit homo.").
729bcd es una ampliación por Juan Ruiz.
729d el *pandero* es aquí el instrumento que la buhonera toca por
la calle para llamar la atención de los clientes. Pero que

730 "Mançebillo en la villa atal non se fallará:
   non estraga lo que gana, *mas* antes lo guardará;
   creo bien que tal fijo al padre semejará;
   en el bezerillo verá omne el buey que fará.

731 "El fijo muchas vezes como el padre prueva:
   en semejar fijo al padre non es cosa tan nueva;
   el coraçón del omne por *la obra* se prueva;
   grand amor e grand saña, non puede ser que non
                                 [se mueva.

732 "Omne es de buena vida, e es bien acostunbrado;
   creo que casaría él con vusco de buen grado;
   si vós lo bien sopiésedes quál es e quán preçiado,
   vós *querríades* aquesto que yo vos he fablado.

---

el público medieval pensase en otras cosas no sería nada
extraño, habiendo ya oído 470*d* y 705*d*.

730*ab* P 347-348. 730*c*-731: P 349-352 (sólo en el sentido general;
por ejemplo, la metáfora de 730*d* reemplaza P 350, "Arbore
de dulci dulcia poma cadunt"). Juan Ruiz omite P 353-362,
en que la Vieja finge darse cuenta de que Galathea la está
escuchando desde el portal de su casa, y le da un resumen
de lo dicho acerca de Pánfilo en 339-352. Trotaconventos
ya se ha ganado la atención de Endrina por otros medios,
en las cs. 723-725.

731*a* *prueva*: G tiene *El fijo como el padre muchas vezes aprue-*
va, lección preferida por los demás editores. S escribió lo
mismo, y empezó el verso siguiente *aprueua e...* Luego lo
tachó todo y volvió a empezar la cuarteta, escribiendo lo
que doy en el texto. Coro. afirma que el copista hizo la
corrección a órdenes del "catedrático sabiondo (quimera de
su propia imaginación) que seguía los pasos de éste (el co-
pista)". Después cita el inglés *proves to be...*, y el catalán
allò li prova, no en apoyo de *prueva* (como sería lógico),
sino en apoyo de *aprueva*. El caso es que el copista de S
se tomó la molestia de volver a copiar el verso entero, y
es lógico deducir que la segunda versión es lo que tenía
en su modelo. La repetición de *prueva* es explicable por el
hecho de que se emplea en dos sentidos distintos.

732*bcd* P 363-364. En P la Vieja dice: "Yo quisiera..."

733 "A veçes luenga fabla tiene chico provecho:
quien mucho fabla yerra, dize lo el derecho;
a vezes cosa chica faze muy grand despecho,
e de comienço chico viene granado fecho.

734 "E a vezes pequeña fabla bien dicha, e chico
[rruego,
obra mucho en los fechos, a vezes rrecabda luego;
e de chica çentella nasçe grand llama de fuego;
e vienen grandes peleas a vezes de chico juego.

735 "Sienpre fue mi costunbre e los mis pensamientos
levantar yo de mío e mover cassamientos,
fablar como en juego tales somovimientos,
fasta que yo entienda e vea los talentos.

736 "Agora, señora fija, dezit me vuestro coraçón:
esto que vos he fablado, si vos plaze o si non.
Guardar vos he poridat, çelaré vuestra rraçón;
sin miedo fablad con migo *todas* quantas cosas son."

737 Respondió le la dueña con mesura e bien:
"Buena muger, dezid me quál es ése, o quién,
que vós tanto loades, e quántos bienes tien;
yo penssaré en ello, si para mi convien."

733 Ampliación por Juan Ruiz, anticipando 734*ab*. En *S*, el or-
den de los versos es *abdc*, orden preferido por Morreale
porque da un efecto de *crescendo* más satisfactorio (*BRAE*,
XLIII, 1963, p. 300).
734 P 370-372.
735 P 373-374: "Mens mea concepit harum primordia rerum,
Atque loqui nostris cepimus ingeniis." Juan Ruiz convierte
en generalización lo que en *P* alude a los amores de Pánfilo
y Galathea.
736 P 375-378. Juan Ruiz omite *P* 379-380, en que la Vieja alu-
de al *pudor* como obstáculo estúpido.
737 y ss.: A partir de aquí, hasta 782*c* (= *P* 450), la versión
de Juan Ruiz se independiza completamente del modelo.

738 Dixo Trotaconventos: "¿Quién ⁺ es, fija señora?
Es aparado bueno que Dios vos traxo agora:
mançebillo guisado, en vuestro barrio mora,
don Melón de la Uerta. ¡Quered lo en buen ora!

739 "Creed me, fija señora, que quantos vos deman-
[daron,
a par deste mançebillo ningunos non llegaron;
el día que vós nasçistes fadas alvas vos fadaron,
que para esse buen donaire atal cosa vos guar-
[daron."

740 Dixo doña Endrina: "Callad ese predicar,
que ya esse parlero me coidó engañar:
muchas otras vegadas me vino a rretentar;
mas de mí él nin vós non vos podredes alabar.

741 "La muger que vos cree las mentiras parlando,
e cree a los omnes con *amores* jurando,
sus manos se contuerçe, del coraçón travando,
que mal se lava la cara con lágrimas llorando.

742 "Dexa me de tus rroídos, que yo tengo otros coi-
[dados,
de muchos que me tienen los mis algos forçados;
non *me* viene en miente desos malos rrecabdos,
nin te cunple agora dezir me esos mandados."

739c *fadas alvas*: "hados favorables". Morreale (*HR*, 37, 1969,
p. 135) comenta que para una muchacha la 'buena suerte'
se refería exclusivamente al matrimonio. El matrimonio es
lo que la tercera le propone a Endrina (véanse en especial
las cs. 758-761).
740 Esta reacción de Endrina, alegando que Melón ya le ha
cortejado *muchas otras vegadas*, es toda invención de Juan
Ruiz. Concuerda con 602b, *muchas vezes ge lo dixe* (tam-
poco en *P*), y 661bc (= *P* 181). Esta insistencia sobre la
historia previa del amor entre Melón y Endrina no cuadra
en absoluto con la introducción del episodio (cs. 576-580).
Véase también la Introducción, p. 50, sobre la incompati-
bilidad del episodio con la carrera del Arcipreste.
742 y ss.: El que Endrina sea una viuda debe constituir un ele-
mento básico en el concepto que tiene Juan Ruiz de la

743 "A la fe," dixo la vieja, desque vos veen *biuda,*
     sola, sin conpañero, non sodes tan temida;
     es la *biuda tan* sola más que vaca corrida;
     por ende aquel buen omne vos ternía defendida.

744 "Este vos tiraría de todos esos pelmazos,
     de pleitos e de afruentas, de vergüenças e de plazos;
     muchos dizen que coídan parar vos tales lazos,
     fasta que non vos dexen en las puertas llumazos.

745 "Guardat vos mucho desto, señora doña Endrina;
     si non, contesçer vos puede a vós mucho aína
     commo *al* abutarda, quando la golondrina
     le dava buen conssejo, commo buena madrina:

ENXIENPLO DE LA ABUTARDA E DE LA GOLONDRINA

746 "Era se un caçador, muy sotil paxarero;
     fue senbrar cañamones en un viçioso ero,
     para fazer sus cuerdas e sus lazos el rredero;
     andava el abutarda çerca en el sendero.

747 "Dixo la golondrina a tórtolas e a pardales,
     e más al abutarda, estas palabras tales:
     'Comed aquesta semiente de aquestos eriales,
     que es aquí *senbrada* por nuestros *grandes males.'*

---

historia, ya que todos los argumentos de Trotaconventos
para convencerla de que Melón será para ella el marido
ideal se centran en los problemas que le ha traído la viu-
dez. Aquí, por ejemplo, Endrina se queja de los cuidados
que tiene a causa de los bienes, heredados del marido di-
funto (véase la c. 760), y de los que quieren apoderarse de
ellos.
743 *biuda*: Chi. y Joset acentúan *bíuda.* Morreale (*BICC,*
    XXXIV, 1979, D. 4. 1) comenta que en tal caso sería
    mejor transcribir *bivda.*
746-753 Lecoy, *Recherches...,* pp. 131-132; Michael, "The Func-
    tion...", p. 206. Fábula esópica, que como dice Michael,
    cuadra muy bien aquí y no necesita modificarse.

748 "Fezieron grande escarnio de lo que les fablava;
dixieron que se fuese, que locura chirlava.
La semiente nasçida, vieron como rregava
el caçador el cáñamo e non las espantava.

749 "Tornó la golondrina e dixo al abutarda
que arrancase la yerva, que era ya pujada;
que quien tanto la rriega e tanto la escarda
por su mal lo fazía, maguera que se tarda.

750 Dixo el abutarda: '¡Loca, sandía, vana!
Sienpre estás chirlando locura de mañana;
non quiero tu consejo; ve te para villana,
dexa me *en esta vega* tan fermosa e tan llana.'

751 "Fue se la golondrina a casa del caçador:
fizo allí su nido quanto pudo mejor;
commo era gritadera e mucho gorjeador,
plogo al paxarero, que era madrugador.

752 "Cogido ya el cáñamo e fecha la parança,
fue se el paxarero, commo solía, a caça;
prendió al abutarda, levó la a la plaça;
dixo la golondrina: 'Ya sodes en pelaça.'

753 "Luego los ballesteros pelaron le las alas:
non le dexaron *péñolas*, si non chicas e rralas;
non quiso buen conssejo, cayó en fuertes palas.
Guardat vos doña Endrina destas paranças malas.

754 "Que muchos se ayuntan e son de un conssejo,
por astragar lo vuestro e fazer vos mal trebejo;
juran que cada día vos levarán a conçejo;
commo al abutarda, vos pelarán el pellejo.

753b *cayó en fuertes palas*: No se ha documentado ningún sen-
tido de *pala* que explique su empleo aquí.

755   "Mas éste vos defenderá de toda esta contienda:
        sabe de muchos pleitos, e sabe de leyenda;
        ayuda e deffiende a quien se le encomienda;
        si él non vos defiende, non sé quien vos defienda."

756   Començó su escanto la vieja coitral: *
        "Quando el que buen siglo aya seía *en este* portal,
        dava sonbra a las casas, e rrelusié la cal;
        mas do non mora omne, la casa poco val.

757   "Así estades, fija, biuda e mançebilla,
        sola e sin conpañero, commo la tortolilla;
        deso creo que estades amariella e magrilla,
        que do son *todas* mugeres, nunca mengua rrensilla.

758   "Dios bendixo la casa do el buen omne cría;
        sienpre an gasajado, plaser e alegría;
        por ende tal mançebillo para vós lo querría;
        ante de muchos días veriedes la mejoría."

* Texto en *G* hasta 765*c*.

756*a escanto*: No veo por qué la tercera empieza su *escanto*
solamente aquí, y no antes, a partir de la c. 724, tanto si
debe entenderse en el sentido literal de "hechizo", como
si es una metáfora.

756*b el que buen siglo aya*: es decir, el marido difunto.

756*c sonbra*: Chi. cita a Rabanus Maurus, *Allegoriae...*, *Umbra*:
"protectio Christi, ut in cantico: 'Sub umbra illius quem
desideravi.'", más dos citas bíblicas recogidas por Spitzer,
en que *umbra* vale "protección". *Cal*: "calle" (mejor, según
me parece, que "cal" en el sentido moderno).

757*b* La tórtola era un símbolo de la fidelidad conyugal, sobre
todo de la viuda que no vuelve a casarse. Como indica
Chi., ya se describía así en el *Physiologus* (fuente principal
de los bestiarios medievales), y la idea se recoge en el *De
Animalibus* de Alberto Magno, el *Speculum naturale* de
Vicente de Beauvais, etc. Véase Néstor A. Lugones, "Algo
más sobre la viuda tortolica", *RABM*, LXXX (1977),
pp. 99-111.

759 *Respondió* le la dueña, diz: "Non me estaría bien
casar ante del año, que a biuda non convien,
fasta que pase el año de los lutos que tien,
casar se, ca el luto con esta carga vien.

760 "Si yo ante casase, sería enfamada:
perdería la manda que a mí es mandada;
del segundo marido non sería tan onrrada;
ternié que *non* podría sofrir grand tenporada."

761 "Fija," dixo la vieja, "el año ya es pasado;
tomad aqueste marido por omne e por velado.
Andemos lo, fablemos lo, tengamos lo çelado.
¡Hado bueno que vos tienen vuestras fadas fadado!

762 "¿Qué provecho vos tien vestir ese negro paño,
andar envergonçada e con mucho sosaño?
Señora, dexar duelo e faset el cabo de año;
nunca la golondrina mejor consejó ogaño.

759-760 Cfr. *Siete Partidas,* IV. XII, ley iii: "...Pero el fuero de
los legos defiéndeles que non casen fasta un año, et póne-
les pena á las que ante casan: et la pena es esta, que es
despues de mala fama, et debe perder las arras et la dona-
ción quel fizo el marido finado et las otras cosas quel ho-
biese dexadas en su testamento..." La Iglesia, en cambio,
no prohibía a la viuda volver a casarse sin intervalo: *De-
cretales de Gregorio IX,* Lib. IV, tit. XXI, cap. iv: "Mulier
nubens infra annum lugubrem, infamiam non incurrit."
760a *enfamada*: Véase la nota a 336b.
760b *la manda*: "la herencia o porción que le corresponde a
uno". (Moliner, *Diccionario de uso*).
761b Sería más lógico *tomad aqueste omne por marido e por
velado,* pero no me parece imprescindible la enmienda.
761c *andemos lo*: Coro. y Joset suponen que *lo* es el amante;
pero Morreale (*HR,* XXXVII, 1969, pp. 146-147) duda que
andar tuviese jamás como complemento directo una perso-
na. *Lo* debe ser algo así como "el caso".
762c *cabo de año*: Morreale (*BRAE,* XLVII-XLVIII, 1968, pá-
gina 265; "*Fazer cabo de año* es el oficio de difuntos que
se celebra al año de la defunción y tras la cual la viuda
podía volver a casarse."

763 "Xergas por mal señor, burel por mal marido,
a cavalleros e a dueñas es provecho vestido;
mas deven lo traer poco e faser chico rroído;
grand plaser e chico duelo es de todo omne que-
[rido."

764 Respondió doña Endrina: "Dexat; non osaría
faser lo que me desides, nin lo que él querría.
Non me digas agora más desa ledanía;
non me afinques tanto luego el primero día.

765 "Yo non quise fasta agora mucho buen casamiento
que quantos me rrogaron; sabes tú más de çiento.
Si agora tú me sacas de buen entendimiento...

. . . .

766 "Assentó se el lobo, estudo atendiendo: *
los carneros valientes vinieron bien corriendo;
cogieron le al lobo en medio, en él feriendo;
él cayó quebrantado, ellos fueron fuyendo.

* Texto en S hasta 794b.

763a Como comenta Joset, jergas y burel eran paños de luto.
763b Morreale (BICC, XXXIV, 1979, C. 2. 2.) defiende la lec-
ción provecho, < PROFECTUS, como adjetivo.
765-766 La laguna entre 765c y 766a parece ser de 25 versos, el
último de la c. 765 más seis cuartetas, según se desprende
de la numeración original de S, que salta de XLVIII a L.
766-779 Lecoy, Recherches..., pp. 148-149, Michael, "The Func-
tion...", pp. 206-207. Fábula de tipo esópico, aunque no
consta en el Romulus. La versión que da el Ysopete historia-
do, editado en 1489, nos deja reconstruir el comienzo de
la versión de Juan Ruiz en sus líneas generales: un lobo,
al estornudar una mañana, cree que es un buen agüero, y
sale en busca de la fortuna. Ve un trozo de tocino, pero lo
desdeña y sigue más adelante. Acepta hacer de árbitro en-
tre dos carneros en una carrera, y los carneros corren ha-
cia él... Quien cuenta la fábula es Endrina, reaccionando
en parte, sin duda, a las palabras de la vieja en 761d.

767   "A cabo de grand pieça levantó se estordido.
      Dixo: 'Dio me el diablo el ageno rroído;
      yo ove buen agüero, Dios avía me lo conplido;
      non quise comer tozino, agora soy escarnido.'

768   "Salió de aquel prado, corrió lo más que pudo.
      Vio en unos fornachos rretoçar amenudo:
      cabritos con las cabras, mucho cabrón cornudo;
      'A la fe,' diz, 'agora se cunple el estornudo.'

769   "Quando vieron al lobo fueron mal *espantados*;
      salieron a rresçebir le los más adelantados:
      '¡Ay señor guardiano!', dixieron los barbados,
      'Bien venido seades a los vuestros criados.

770   "'Quatro de nós queríamos ir vos a conbidar
      que nuestra santa fiesta veniésedes a onrrar,
      dezir nos buena missa e tomar buena yantar;
      pues que Dios vos aduxo, quered la oy cantar.

771   "'*Fiesta* de seis capas e de grandes clamores
      fazemos bien grande, sin perros e sin pastores;
      vós cantad en boz alta: rresponderán los cantores.
      Ofreçeremos cabritos, los más e los mejores.'

772   "Creó se los el neçio, començó de aullar,
      los cabrones e las cabras en alta boz balar;
      oyeron lo los pastores, aquel grand apellidar;
      con palos e con mastines vinieron los a buscar.

773   "Salió más que de passo, fizo ende rretorno;
      pastores e mastines troxieron lo en torno;
      de palos e de pedradas ovo un mal sojorno.
      Dixo: 'Dio me el diablo cantar missa en forno.'

769c *guardiano*: Según Morreale (*BRAE*, XLIII, 1963, p. 305),
      sería el superior de un convento de frailes menores; los
      barbados serían los legos de una orden monástica.
771a *fiesta de seis capas*: Véase la nota a 385d.
773d *forno*: Aquí, probablemente, lo mismo que *fornacho*, pero
      con una insinuación infernal, como sugiere Morreale (*BRAE*,

774 "Fue se más adelante çerca de un molino;
falló ý una puerca con mucho buen *cochino*;
'¡Ea!', diz, 'ya désta tan buen día me vino,
que agora se cunple el mi buen adevino.'

775 "Dixo luego el lobo a la puerca bien ansí:
'Dios vos dé paz, comadre, que por vós vine yo
[aquí;
vós e vuestros fijuelos, ¿qué fazedes por aí?
Mandad vós e faré yo; después governad a mí.'

776 "La puerca, que se estava so los sauzes loçanos,
fabló contra el lobo, dixo *dichos* non vanos:
diz: 'Señor abbad conpadre, con esas santas manos,
bautizat a mis fijuelos, por que mueran cristianos.

777 "'Después que vós *ayades* fecho este sacrifiçio,
ofreçer vos los he yo en graçias e en serviçio,
e vós faredes por ellos un salto sin bolliçio;
conbredes e folgaredes a la sonbra, al viçio.'

778 "Abaxó se el lobo, allí so aquel sabze,
por tomar el cochino que so la puerca yaze;
dio le la puerca del *rrostro*, echó le en el cabçe;
en la canal del molino entró, que mal le plaçe.

779 "*Troxo* lo *enderredor* a mal andar el rrodezno;
salió mal quebrantado, paresçía pecadezno.
Bueno le fuera al lobe pagar se con torrezno;
non oviera tantos males, nin perdiera su prezno.

XLIII, 1963, p. 305), quien encuentra *el forno del fuego*
con ese sentido en la *Biblia romanceada*.
775d *governad*: Además del sentido de "mandar", *gobernar* te-
nía el de "dar de comer": véase don Juan Manuel, *Obras
completas*, ed. J. M. Blecua, Madrid, 1982-83, I, 89.80, II,
176.36. Aquí Juan Ruiz juega con los dos sentidos.
779b *pecadezno*: Diminutivo humorístico de *pecado*, en el sen-
tido de "diablo".
779d *prezno*: Voz desconocida, que parece equivaler a "prez".
Podría ser una forma inventada por Juan Ruiz, para re-

780 "Omne cuerdo non quiera el ofiçio dañoso;
non deseche la cosa de que está deseoso;
de lo quel pertenesçe non sea desdeñoso;
con lo quel Dios diere pase lo bien fermoso.

781 "Algunos en sus cassas passan con dos sardinas;
en agenas posadas demandan gollorías;
desechan el carnero, piden las adefinas;
dizen que non conbrían tozino sin gallinas..."

. . . .

782 "Fijo, el mejor cobro de quantos vós avedes
es olvidar la cosa que aver non podedes;
lo que *non* puede ser, nunca lo porfiedes;
lo que fazer se puede, por ello trabajedes."

783 "¡Ay de mí, con qué cobro tan malo me venistes!
¡Qué nuevas atán malas, tan tristes me troxistes!
¡Ay vieja mata amigos! ¿Para qué me lo dixistes?
¡Tanto bien non me faredes quanto mal me fezistes!

---

solver el problema de la rima. Coro. imprime *prez, ¡no!,*
que no es imposible.
780b Coro. interpreta como sigue: "... no debe ella desechar la
manda que a ella le dejó el difunto por correr tras la ilu-
soria riqueza de don Melón, ..."
781-782 La antigua numeración de *S* salta de L a LIII, es decir,
faltan dos hojas, o 32 cuartetas. Pero dadas las diferen-
cias entre las dos versiones de la entrevista entre la vieja
y la joven, es imposible adivinar el contenido de esas 32
cuartetas. En *P* 427-440, Galathea, tras confesar la atrac-
ción que siente hacia Pánfilo, ruega a la vieja que someta
al joven a muchas pruebas, y que observe su reacción. La
vieja le dice a Pánfilo que según los indicios, preparan
unas bodas en casa de Galathea: lo sensato para él es
abandonar la caza. Algo parecido habrá dicho Trotacon-
ventos a Melón.
782cd *P* 450.
783-784 Ampliación por Juan Ruiz. Sobre los *colores rhetorici* que
se emplean en esta lamentación del amante, véase la Intro-
ducción, pp. 37-39.

784 "¡Ay viejas pitofleras, mal apresas seades!
El mundo rrevolviendo a todos engañades:
mintiendo, aponiendo, desiendo vanidades,
a los nesçios fazedes las mentiras verdades.

785 "¡Ay que todos mis mienbros comiençan a tremer!
Mi fuerça e mi seso e todo mi saber,
mi salud e mi vida e todo mi entender—
por esperança vana todo se va a perder.

786 "¡Ay coraçón quexoso, cosa desaguisada!
¿Por qué matas el cuerpo do tienes tu morada?
¿Por qué amas la dueña que non te preçia nada?
Coraçón, por tu culpa bivirás *vida* penada.

787 "Coraçón, que quisiste ser preso e tomado
de dueña que te tiene por de más olvidado,
posiste te en presión e sospiros e cuidado.
¡Penarás, ay coraçón, tan olvidado, penado!

788 "¡Ay ojos, los mis ojos! ¿Por qué vos fustes poner
en dueña que non vos quiere nin catar nin ver?
Ojos, por vuestra vista vos quesistes perder;
penaredes, mis ojos, penar e amortesçer.

789 "¡Ay lengua sin ventura! ¿Por qué queredes dezir?
¿Por qué quieres fablar? ¿Por qué quieres departir
con dueña que te non quiere nin escuchar nin oír?
¡Ay cuerpo tan penado, cómo te vas a morir!

790 "¡Mugeres alevosas, de coraçón traidor,
que non avedes miedo, mesura nin pavor
de mudar do queredes el vuestro falso amor!
¡Ay muertas vos veades, de tal rravia e dolor!

787c Nótese el empleo de *presión* en un sentido metafórico: "la
cárcel de amor".
788d Como apuntan Morreale (*HR*, XXXIX, 1971, pp. 278-279),
y Blecua, *penar e amortesçer* son complementos substanti-
vados de *penaredes*.

791 "Pues que la mi señora con otro fuer casada,
la vida deste mundo yo non la preçio nada;
mi vida e mi muerte ésta es señalada;
pues que aver non la puedo, mi muerte es llegada."

792 Diz: "Loco, ¿Qué avedes, que tanto vos quexades?
Por ese quexo vano *vós* nada non ganades;
tenprad con el buen seso el pesar que *ayades*;
alinpiat vuestras lágrimas, pensad qué fagades.

793 "Grandes artes demuestra el mucho menester:
pensando los peligros podedes estorçer;
quiçá el grand trabajo puede vos acorrer;
Dios e el uso grande fazen los fados bolver."

794 Yo le dixe: "¿Quál arte, quál trabajo, quál sentido
sanará golpe tan grand, de tal dolor venido?
Pues a la mi señora cras le dan marido, *
toda la mi esperança pereçe e yo só perdido.

795 "Fasta que su marido pueble el çementerio,
non casaría con migo, ca sería adulterio;
en nada es tornado todo el mi laçerio;
veo el daño grande e de más el haçerio."

796 Dixo la buena vieja: "En ora muy chiquilla
sana dolor muy grande e sale grande postilla;
después de las muchas luvias viene *la* buen orilla;
en pos de los grandes nublos grand sol e *grant*
[sonbrilla.

* Texto en *SG* hasta 872c.

791c P 461: "Causa mee mortis hec est et causa salutis."
792 P 463-466.
793 P 467-470 (la adaptación es muy libre).
794 P 471-472.
794c dan: G davan. Cej. enmienda en *darán*.
795abc P 473-476. 795d parece reemplazar P 476.
796 P 479-481. P 477-478 no se traducen.

797 "Viene salud e vida después de grand dolençia;
vienen muchos plazeres después de la tristençia.
Conortad vos, amigo, e tened buena creençia:
çerca son vuestros gozos de la vuestra querençia.

798 "Doña Endrina es vuestra e fará mi mandado;
non quiere ella casar se con otro omne nado;
todo el su desseo en vós está firmado;
si mucho la amades, más vos tiene amado."

799 "Señora madre vieja, ¿qué me dezides agora?
Fazedes commo madre quando el moçuelo llora,
que le dize falagos por que calle esa ora;
por eso me dezides que es mía mi señora.

800 "Ansí fazedes, madre, vós a mí, por ventura,
por que pierda tristeza, dolor e amargura,
por que tome conorte, e por que aya folgura.
¿Dezides me joguetes, o fablades me en cordura?"

797 P 482-484 (versión muy libre).
797b *tristençia:* Según demuestra Morreale (*HR*, XXXVII, 1969,
    p. 140), la forma no es una invención del imaginario cate-
    drático de *S*, como pretende Coro.; la erudita profesora en-
    cuentra ejemplos en *Los buenos proverbios*, como de otras
    palabras que terminan en *-ençia*; otras que justifican la for-
    ma *alegrança* de 1230b.
797d La versión de *G*, *çerca son grandes gozos*, se aproxima
    más a *P* 484, "Sunt prope magna tue gaudia tristicie".
798a P 485-486 (pero abreviándolo), 798bcd es ampliación substi-
    tuida por Juan Ruiz.
798a Coro. prefiere *nuestra* de *G*, porque subraya la "participa-
    ción y solidaridad" de la vieja "en el triunfo próximo".
799-800 P 487-490 (ampliados por Juan Ruiz).
799 Raymond S. Willis, en su edición y versión inglesa de 1972,
    imprime la cuarteta entera en la forma de tres preguntas
    seguidas; una interpretación plausible, pero no esencial.

801 *"Conteçe,"* dixo la vieja, "ansí al amador,
commo al ave que sale de manos del astor:
en todo logar tiene que está el caçador,
que la quiere levar sienpre tiene temor.

802 "Creed que verdat digo, e ansí lo fallaredes,
si verdat *me* dixistes e amor le avedes;
ella verdat me dixo, quiere lo que vós queredes;
perdet esa tristeza, que vós lo provaredes.

803 "La fin muchas de vezes non puede rrecudir
con el comienço suyo, nin se puede seguir;
el curso de los fados non puede omne dezir;
sólo Dios e non otro sabe qué es por venir.

804 "Estorva grandes fechos pequeña ocasión;
desesperar el omne es perder coraçón;
el grand trabajo cunple quantos deseos son;
muchas vezes allega rriquezas a montón.

805 "Todo nuestro trabajo e nuestra esperança
está en aventura, está en la balança;
por buen comienço espera omne la buena andança;
a vezes viene la cosa, pero faga tardança."

---

801 *P* 491-492.
801b *manos del astor*: *G unas* (sic) *de açor*, que parece tener el
apoyo de *P* 492: *"Accipitris uolucris elapsus ab ungue fero-
ci."* Pero Juan Ruiz no traduce exactamente el verso. Ade-
más, emplea *mano* con frecuencia al hablar de animales:
86a, 227d, 238a, 298d, 1414c...
802a *P* 494 (Juan Ruiz pasa por alto *P* 493). 802bcd es una am-
pliación por Juan Ruiz, salvo que incorpora *P* 495 en el
discurso de la tercera, adaptándolo. En *P*, 495-498 son una
intervención por Pánfilo.
803 *P* 497-500 (al eliminar la intervención del amante, Juan
Ruiz adapta 497 y 498, haciendo que lo diga la vieja).
804a Interpolación por Juan Ruiz. 804bcd: *P* 501-502.
805 *P* 503-504 (ampliados en 805d).

806 "Madre, ¿vós non podedes conosçer o asmar
si me ama la dueña, o si me querrá amar?
Que quien amores tiene non los puede çelar
en gestos, o en sospiros, o en color o en fablar."

807 "Amigo," diz la vieja, "en la dueña lo veo
que vos quiere e vos ama e tiene de vós desseo.
Quando de vós le fablo e a ella oteo,
todo se le demuda, el color e el *aseo*.

808 "Yo a las de vegadas mucho canssada callo;
ella me diz que fable e non quiera dexallo;
fago que me non acuerdo, ella va començallo;
oye me dulçe mente, muchas señales fallo.

809 "En el mi cuello echa los sus braços entranbos:
ansí una grant pieça en uno nós estamos;
sienpre de vós dezimos, en ál nunca fablamos;
quando alguno viene, otra rrazón mudamos.

810 "Los *labros* de la boca tienblan le un poquillo;
el color se le muda bermejo e amarillo;
el coraçón le salta, ansí amenudillo;
aprieta me mis dedos, en sus manos, quedillo.

811 "Cada que vuestro nonbre yo le estó deziendo,
otea me e sospira e está comediendo;
aviva más el ojo e está toda bulliendo;
paresçe que con vusco non se estaría dormiendo.

806 P 505-506 (ampliados en 806*d*).
807*ab* Interpolación por Juan Ruiz. 807*cd*: P 507-508.
808-812 corresponden a P 507-516, alterados y ampliados. De las
añadiduras de Juan Ruiz, las más interesantes son los ver-
sos 808*c*, 809*bcd*, 810*a*, *cd*, 811*d*, 812*cd*.
811-812 Un caso excepcional: ambos Mss. dan lecciones idénticas
de cada verso.

812 "En otras cosas muchas entiendo esta trama;
ella non me lo niega, ante diz que vos ama.
Si por vós non menguare, abaxar se ha la rrama,
e verná doña Endrina si la vieja la llama."

813 "Señora madre vieja, la mi plazentería,
por vós mi esperança siente ya mejoría;
por la vuestra ayuda creçe mi alegría;
non canssedes vós, madre, seguilda cada día.

814 "Tira muchos provechos a vezes la pereza;
a muchos aprovecha un ardit sotileza;
conplid vuestro trabajo e acabad la nobleza;
perder la por tardança sería grand avoleza."

815 "Amigo, segund creo, por mí avredes conorte;
por mí verná la dueña andar al estricote.
Mas yo de vós non tengo si non este pellote;
si buen manjar queredes, pagad bien el escote.

816 "A vezes non façemos todo lo que dezimos,
e quanto prometemos quizá non lo conplimos;
al mandar somos largos e al dar escasos primos;
por vanas promisiones trabajamos e servimos."

817 "Madre, vós non temades que en mentira vos ande,
ca engañar al pobre es pecado muy grande;
yo non vos engañaría, nin Dios nunca lo mande;
si vos yo engañare, Él a mí lo demande.

812a *trama*: Morreale (*HR*, XXXVII, 1969, p. 137) sugiere la
glosa "complicación amorosa."
813-814 *P* 517-522. 813a y d son ampliaciones por Juan Ruiz, y
en 814, cambia el orden y modifica el sentido de *P* 519-520.
815-816 corresponden a *P* 523-528. Pero Juan Ruiz omite *P* 528
("Cum fueris felix nil michi forte dabis?"), y añade 815b y
d, y convierte la "promissa res" todavía no dada, en *este
pellote*, recordando así 719c. También añade 816c.
815b *andar al estricote*: Cfr. *Coplas que fizo Puerto Carrero...*
(Foulché-Delbosc, Cancionero castellano del siglo xv, II, nú-
mero 1097 (p. 679b): "Que me pagueys ell escote de traer-
me en estricote."
817-818 corresponden a *P* 529-534. Pero 817a es de Juan Ruiz, y

818 "En lo que nós fablamos, fiuza dever avemos;
en la firme palabra es la fe que tenemos;
si en algo menguamos de lo que prometemos,
es vergüença e mengua, si conplir lo podemos."

819 "Eso," dixo la vieja, "bien se dize fermoso;
mas el *pueblo pequeño* sienpre está temeroso
que será soberviado del rrico poderoso;
por chica rrazón pierde el pobre e el coitoso.

820 "El derecho del pobre pierde se muy aína;
al pobre e al menguado e a la pobre mesquina,
el rrico los quebranta, su sobervia los enclina;
non son más preçiados que la seca sardina.

821 "En toda parte anda poca fe e grand fallía;
encubre se en cabo con mucha artería;
non ha el aventura contra el fado valía;
a las vezes espanta la mar e faze buen *día*.

822 "Lo que me prometistes, pongo lo en aventura;
lo que yo vos prometí tomad, e aved folgura.
Quiero me ir a la dueña, rrogar le he por mesura
que venga a mi posada a vos fablar segura.

la c. 818 reemplaza en efecto *P* 531-534, aunque trata el
mismo tema.
819-823 corresponden a *P* 535-548. Juan Ruiz amplía el texto con
la añadidura de 819*a* y *d* y 820*bcd*.
819*b pueblo pequeño*: lección de *G*, que viene apoyada por *P*
535, *Plebs ... parua*, aunque *el pobre cuitado* de *S* sería tam-
bién aceptable.
819*c soberviado*: "dominado", probablemente (cfr. P. 535 *su-
perari*); glosa de Morreale (*HR*, XXXVII, 1969, p. 137).
Joset sugiere "atropellado", que también cuadra con el con-
texto.
822*d a mi posada*: *P* 544, "ut ueniat huc", lo cual da la im-
presión de que esta segunda entrevista entre la Vieja y
Pánfilo tiene lugar en casa de ella, y no en la del aman-
te, ya que en *P* 647 y ss. ella invita a Galathea a su propia
casa. Juan Ruiz ha visto la necesidad de cambiar este deta-
lle importante, porque la entrevista tiene lugar en casa de
Melón.

823   "Si por aventura yo solos vos podiés juntar,
      rruego vos que seades omne, do fuer lugar;
      el su coraçón della non sabe ál amar;
      dar vos ha en chica ora lo que queredes far."

824   Fue se a casa de la dueña, dixo: "¿Quién mora
                                                [aquí?"
      Respondió le la madre: "¿Quién es que llama ý?"
      "Señora doña Rama, yo, que por mi mal vos vi,
      que las mis fadas negras non se parten de mí."

825   Dixo le doña Rama: "¿Cómo venides, amiga?"
      "¿Cómmo vengo, señora? Non sé cómo me lo diga:
      corrida e amarga, que me diz toda enemiga
      uno, non sé quién es, mayor que aquella viga.

826   "Anda me todo el día como a çierva corriendo;
      commo el diablo al rrico omne, ansí me anda se-
                                              [guiendo,
      quel lieve la sortija que traía vendiendo.
      Está lleno de doblas fascas que non lo entiendo."

823b *do fuer lugar*: Lección apoyada por *P* 546, "Dum locus
      affuerit...", a pesar de que a Morreale "no me parece muy
      feliz" (*BRAE*, XLIII, 1963, p. 309).
823d *chica ora*: Cfr. *P* 548, "Paruaque forte tibi quod petis hora
      dabit." Es decir, "un rato breve te dará lo que quieres".
824-829 La escenita de doña Rama es toda invención de Juan
      Ruiz. Sirve para aclarar los movimientos de la tercera, y
      subrayar sus *maestrías e sotilezas*. Los padres de Galathea
      no aparecen en la comedia, aunque se mencionan: *P* 241,
      405, 448, 595.
824c *que por mi mal vos vi*: María Rosa Lida (en su edición,
      nota) considera que este hemistiquio y el verso *d* deben ser
      un aparte de la vieja, ya que ésta no iba a dirigirse así a la
      madre.
826d *doblas*: El verso es idéntico en los dos Mss., pero difícil
      de explicar. *Doblas* son "monedas de oro", pero el contexto
      requiere algo así como "mentiras" o "contradicciones". En
      el lenguaje moderno, *doblado* puede significar "que finge
      y disimula", lo que sugiere que Juan Ruiz jugaba con dos
      acepciones distintas.

827 Desque oyó *aquesto* la *rrensellosa* vieja,
dexó la con la fija e fue se a la calleja.
Começó la buhona a dezir otra consseja:
a la rraçón primera tornó le la pelleja.

828 Diz: "Ya levase el uerco a la vieja *rriñosa,*
que por ella con vusco fablar omne non osa.
Pues, ¿Qué, fija señora? ¿Cómo está nuestra cosa?
Veo vos bien loçana, bien gordilla e fermosa."

829 *Preguntó le* la dueña: "Pues, ¿qué nuevas de
[aquél?"
Diz la vieja: "¿Qué nuevas? ¿Qué sé yo qué es dél?
Mesquino e magrillo, non ay más carne en él
que en pollo envernizo después de Sant *Miguel.*

830 "El grand fuego non puede *encobrir* la su llama,
nin el grande amor non puede encobrir lo que ama;
ya la vuestra manera entiende la ya mi alma;
mi coraçón con dolor sus lágrimas derrama,

831 "Por que veo e conosco en vós cada vegada
que sodes de aquel omne *loca* mente amada;
su color amarillo, la su faz *demudada,*
en todos los sus fechos vos trahe antojada.

832 "E vós dés non avedes nin coíta nin enbargo;
dezides me 'non' sienpre, *maguer que* vos encargo
con tantas de mesuras de aquel omne tan largo,
que lo traedes muerto, perdido e *amargo.*

829d *pollo envernizo:* "un pollo nacido después de San Miguel
(el 29 de septiembre)".
830 P 549-552 (el comienzo del discurso de la Vieja dirigido a
Galathea).
830c G omite el segundo *ya,* lo cual parece mejorar el verso.
Pero una omisión accidental es más probable que una in-
serción deliberada (en S).
831 P 553-556. El "non sapienter amatis" de P 553 indica que
la descripción de las señales de amor en el principio se
aplica a ambos.
832-833 Interpolación por Juan Ruiz, ampliando la descripción
del Melón 'cuitado'.

833 "Si anda o si queda, en vós está pensando,
los ojos façia tierra, non queda sospirando,
apretando sus manos, en su cabo fablando.
¡Raviosa vos veades! ¡Doled vos! ¿Fasta quándo...?

834 "El mesquino sienpre anda con aquesta tristeza.
¡Par Dios, mal día él vido la vuestra grand dureza!
De noche e de día trabaja sin pereza,
mas non le aprovecha arte nin sotileza.

835 "De tierra mucho dura fruta non sale buena:
¿Quién, si non el mesquino, sienbra en el arena?
Saca gualardón poco, grand trabajo e grand pena;
anda devaneando el pez con la ballena.

836 "Primero por la talla él fue de vós pagado;
después con vuestra fabla fue mucho enamorado;
por aquestas dos cosas fue mucho engañado;
de lo que le prometistes non es cosa guardado.

837 "Desque con él fablastes, más muerto lo trahedes.
Pero que aun vos callades, tan bien commo él
[ardedes;
descobrid vuestra llaga; si non, ansí morredes;
el fuego encobierto vos mata, e penaredes.

833*c es su cabo fablando*: "hablando a solas".
833*d* La puntuación es la adoptada por Coro.
834*abc* P 557-559. 834*d* es ampliación por Juan Ruiz.
835*ab* P 560-561. Juan Ruiz omite P 562, y añade por su cuenta
835*cd*.
836 P 563-565. *G* invierte el orden de 836*b*^{2} y 836*c*^{2}. P 563
parece favorecer esta versión, pero más en la apariencia
que en la realidad, ya que *fue mucho enamorado* ha sido
introducido por Juan Ruiz, sin duda para darle otra rima.
("Hunc tua forma prius et post tua lingua fefellit").
837*a* es de Juan Ruiz. 837*bcd*: P 568-570 (saltando P 566-567).

838 "Dezid me de todo en todo bien vuestra voluntad:
¿Quál es vuestro talante? Dezid me la verdat.
O bien *bien* lo fagamos, o bien *bien* lo dexat;
que venir + cada día non sería poridat."

839 "El grand amor me mata, el su fuego parejo;
pero quanto me fuerça apremia me sobejo;
el miedo e la vergüença defienden me el trebejo;
a la mi quexa grande non le fallo conssejo."

840 "Fija, perdet el miedo, que se toma sin rrazón:
en casar vos en uno aquí non ay traición;
este es su deseo, tal es su coraçón,
de cassar se con vusco a ley e a bendición."

841 "Entiendo su grand coíta en más de mill maneras:
dize a mí llorando palabras muy manzelleras:
'Doña Endrina me mata, e non sus conpañeras;
ella sanar me puede, e non las cantaderas.'

842 "Desque veo sus lágrimas, e quán bien lo departe,
con piedat e coíta yo lloro por quel farte;
pero en mi talante alegro me en parte,
por que veo que vos ama e vos quiere sin arte.

838ab P 571-572. 838cd introducen algo así como una nota de
protesta de parte de Trotaconventos.
839 P 573-576.
839a *parejo*: Aquí con valor adverbial, al parecer: "de la misma
manera".
839b *pero quanto me fuerça*: "mientras me fuerza", o "forzán-
dome". La lección de *G, pero que non me fuerça*, destruye
el sentido.
840 P 577-580. Es de notar que en *P*, la Vieja no habla direc-
tamente del matrimonio, sólo de la unión: "Vt tuus existat
hoc tantum Pamphilus optat" (*P* 579).
841 P 581-584. *... e non las cantaderas* es una añadidura por
Juan Ruiz, como ya en 649a introdujo el concepto del po-
der curativo del canto.
842a Interpolación por Juan Ruiz. 842bcd: P 585-587 (el último
verso sólo traduce el sentido, y no las palabras).

843   "En todo paro mientes, más de quanto coidades,
      e veo que entre amos por egual vos amades;
      con el ençendimiento morides e penades;
      pues el amor lo quiere, ¿por qué non vos juntades?"

844   "Lo que tú me demandas, yo *aquello* cobdiçio,
      si mi madre *quisiere* otorgar el ofiçio;
      más que nós ál queramos, por vos fazer serviçio,
      tal lugar non avremos para plazer e viçio.

845   "Que yo mucho faría por mi amor de Fita;
      mas guarda me mi madre, de mí nunca se quita."
      Dixo Trotaconventos: '¡A la vieja pepita
      ya la Cruz la levase con el agua bendita.'

846   "El amor cobdiçioso quiebra caustras e puertas:
      vençe a todas guardas e tiene las por *muertas*.
      Dexa el miedo vano e sospechas non çiertas;
      las fuertes çerraduras le paresçen abiertas."

843a Interpolación por Juan Ruiz. 843*bcd*: *P* 588-590.
844 *P* 591-594. Donde Endrina habla de su madre, Galathea ha-
      bla de "uterque parens", y en *P* 593 dice "no conviene a
      nuestra aventura que se haga esto".
844c *más que*: "por más que...".
845ab *P* 595-596. 845*cd* es una interpolación por Juan Ruiz.
845a *mi amor de Fita*: Blecua quiere que se trate de una frase
      adverbial, *de fita*, "de apremiada (que estoy)". De otro
      modo, tenemos que aceptar que el autor ha creado más
      confusión acerca de la identidad del protagonista del epi-
      sodio. Ninguna explicación ha resultado satisfactoria, y si-
      gue ofendido el gusto del lector moderno por la lógica na-
      rrativa.
845c *pepita*: Parece ser la enfermedad que afecta a las gallinas,
      empleada aquí como metáfora por doña Rama. Véase tam-
      bién 977*b*.
846abc *P* 597-599. 846*d* reemplaza *P* 600, "Mecum dulcis amor te
      petit ut venias".
846a *cobdiçioso*: En *G* engañoso, eco de *P* 597 y 598, *ingenio-
      sus amor*. Cfr. 665*b*, donde el *engañoso* de *G* cuadra con el
      contexto. Aquí no: no parece la mejor manera de persua-
      dir a Endrina de que el amor es deseable, llamarlo "enga-
      ñoso". Sería preferible el latinismo *ingenioso* propuesto por
      Morreale (*BICC*, XXXIV, 1979, B. 9. 1).

847 Dixo doña Endrina a la mi vieja paga:
"Mi coraçón te he dicho, mi desseo e mi llaga;
pues mi voluntad vees, conseja me qué faga;
por me dar tu conssejo vergüença en ti non aya."

848 "Es maldat e falsía las mugeres engañar,
grand pecado e desonrra en las ansí dañar.
Vergüença que fagades, yo *la* he de çelar;
mis fechos e la fama, esto me faz dubdar.

849 "Mas el que contra mí por acusar me venga,
tome me por palabra, a la peor se *atenga*;
faga quanto podiere, *a osadas* se *tenga*;
o callará vençido, o vaya se por Menga.

847a Acotación por Juan Ruiz. 847*bcd*: P 601, 603 y 604, omitiendo 602.
847a *a la mi vieja paga*: Suele interpretarse como "a la mi vieja contenta, satisfecha" (tratando *paga* como un participio fuerte, como ocurre en portugués). Otra posibilidad sería interpretarlo como un paréntesis "(a la mi vieja le gusta)".
848ab P 605-606. En P suelen considerarse como el final del discurso de Galathea, lo cual podría ser el caso aquí también.
848cd P 607-608, pero bastante alterados. Doy una versión de P, para que se comparen más fácilmente: "Yo no esconderé avergonzada mi cabeza ante la fama locuaz, y mis acciones atestiguan como te he ayudado."
849 P 609-612. Juan Ruiz ha alterado bastante el sentido. Doy una versión de P otra vez: "El que quiera oponerse a mí en este asunto, / que proclame todo lo que pueda injuriar. / ¡Venga a luchar conmigo con todas sus fuerzas! / ¡O calle vencido, o váyase pronto vencedor!"
849c *a osadas se tenga*: Esta lección de G parece algo más satisfactoria que la de S, *en ello se atenga*. P 611 no aclara nada.
849d *vaya se por Menga*: En G, *vaya se por do venga* parece una trivialización (P 612, *aut cito uictor eat*, no nos ayuda). *Vaya se por Menga* parece significar "¡Váyase al diablo!", aunque es problemático el empleo de *por*.

850 "Venga se qual se quier comigo a departir:
todo lo peor diga que podiere dezir;
que aquel buen mançebo, dulçe amor e sin fallir,
él será en nuestra ayuda, que lo fará desdezir.

851 "La fama non sonará, que yo la guardaré bien:
el mormullo e el rroído, que lo digan non ay quien.
Sin vergüença es el fecho, pues tantas carreras tien;
maravillo me, señora, esto por qué se detién."

852 "¡Ay Dios!" dixo la dueña, "el coraçón del amador
¡en quántas guisas se buelve, con miedo e con
[temor!
Acá e allá lo trexna el su quexoso amor,
e de los muchos peligros non sabe quál es el peor.

853 "Dos penas desacordadas canssan me noche e día:
lo que el amor desea, mi coraçón lo querría;
grand temor ge lo defiende, que mesturada sería.
¿Quál coraçón tan seguido de tanto non canssaría?

854 "Non sabe qué se faga, sienpre anda descaminado;
rruega e rrogando creçe la llaga del amor penado;
con el mi amor quexoso fasta aquí he porfiado;
mi porfía, él la vençe, es más fuerte apoderado.

855 "Con aquestos pesares trae me muy quebrantada;
su porfía e su grand quexa ya me trahe cansada;
alegro me con mi tristeza, lasa mas enamorada;
más quiero morir su muerte que bevir vida penada."

---

850 P 613-616, pero muy alterados. El sentido general es el
mismo, sin embargo.
851abc P 617-618. 851d es un comentario añadido por Juan Ruiz.
852abc P 619-620. 852d es una ampliación por Juan Ruiz.
853abc P 621-622. 853d es una ampliación por Juan Ruiz.
854abc P 623-625 (es de notar que rruega e rrogando reemplaza
P 624 errat et errando). 854d corresponde a P 626, "Meque
repugnantem forcius urget amor", lo que sugiere que el su-
jeto de él la vençe debe ser el amor.
855ab P 627 (ampliándolo). 855c es una interpolación por Juan
Ruiz. 855d: P 628.
855d su muerte: Es decir, la muerte que trae el amor.

856 "Quanto más malas palabras omne dize e las en-
                                              [tiende,
     tanto más en la pelea se abiva e ⁺ *contiende*;
     quantas más dulçes palabras la dueña de amor
                                              [atiende,
     atanto más doña Venus la *enflama* e la ençiende.

857 "E pues que vós non podedes amatar la vuestra
                                              [llama,
     façed bien su mandado del amor que vos ama.
     Fija, la vuestra porfía a vós mata e derrama;
     los plazeres de la vida perdedes si non se *atama*.

858 "Vós de noche e de día lo vedes, bien vos digo,
     en el vuestro coraçón al omne vuestro amigo;
     él a vós ansí vos trahe en su coraçón con sigo;
     acabad vuestros desseos, *matan* vos *commo a* ene-
                                              [migo.

859 "Tan bien a vós commo a él este coidado vos
                                              [atierra;
     vuestras fazes e vuestros ojos andan en color de
                                              [tierra;
     dar vos ha muerte a entranbos la tardança e la
                                              [*desyerra*;
     quien non cree los mis dichos, más lo falle e más
                                              [lo yerra.

856 P 629-632. Pero Juan Ruiz ha cambiado el sentido: en *P*,
    "Como los incendios se aumentan por su propio movimien-
    to, y la lucha y la ira crece con la resistencia, así Venus,
    haciéndose daño con sus propias guerras, surge y fomenta
    querellas contrarias".
856b *contiende*: enmienda de Coro. Morreale (*BICC*, XXXIV,
    1979, D. 1. 1.) comenta que muchas veces los errores me-
    cánicos de *G* facilitan la enmienda del texto. *G* tiene *con-
    tide* en el verso *c*.
857a P 633. P 634 se omite: 857*bcd* corresponden a *P* 635-637,
    pero modificándolos.
858*abc* P 639-640. 858*d*: P 642. P 641 no se traduce.
859 es una ampliación por Juan Ruiz.

860 "Mas çierto, fija señora, yo creo que vós cuidades
     olvidar o escusar aquello que más amades;
     esto vós non lo penssedes nin cuidedes nin creades,
     que si non la muerte sola non parte las voluntades.

861 "Verdat es que los plazeres conortan a las de vezes;
     por ende, fija señora, id a mi casa a vezes:
     jugaremos a la pella e a otros juegos rraezes;
     jugaredes e folgaredes, e dar vos he ¡ay qué nuezes!

862 "Nunca está mi tienda sin fruta a las loçanas:
     muchas peras e duraznos, ¡qué çidras e qué mança-
                                                [nas!
     ¡Qué castañas, qué piñones e qué muchas avellanas!
     Las que vós queredes mucho, éstas vos serán más
                                                [sanas.

863 "Desde aquí a la mi tienda non ay si non una pa-
                                                [sada;
     en pellote vós iredes commo por vuestra morada.
     Todo es aquí un barrio e vezindat *bien* poblada;
     poco a poco nos iremos, jugando sin rreguarda.

864 "Id vos tan segura mente con migo a la mi tienda,
     commo a vuestra casa, a tomar buena merienda.
     Nunca Dios lo quiera, fija, que de allí nasca con-
                                                [tienda;
     iremos calla callando, que *otro* non nos lo entienda."

860*abd* P 643-644. 860*c* es una ampliación por Juan Ruiz.
861 P 646-647. P 645, "Parce iuuentuti, complectere gaudia
   uite.", no se traduce. En cambio Juan Ruiz amplía mucho
   el incoloro "ueni... ludere mecum" de P 647.
862 P 649-650, muy ampliados con los nombres de los frutos.
863-872*c* P 651 corresponde a 872*c*; los 39 versos que intervienen
   son de Juan Ruiz.
864*b* *buena merienda*: Para Endrina estas palabras tendrán su
   sentido literal, pero en la mente de la vieja hay otra in-
   tención, sin duda. La comparación del amor con la comi-
   da es una imagen frecuente en el *Libro*. Gail Phillips, *The
   Imagery of the 'Libro de buen amor'*, p. 238, alista 25 casos.

865 Los omnes muchas vegadas, con el grand afinca-
[miento,
otorgan lo que non deven, mudan su entendimiento;
quando es fecho el daño, viene el arrepentimiento.
Çiega es la muger seguida, non tiene seso nin tiento.

866 Muger *e* liebre seguida, mucho corrida, conquista,
pierde el entendimiento, çiega e pierde la vista;
non vee rredes nin lazos, en los ojos tiene arista;
andan por escarneçer la, coída que es amada e
[quista.

867 Otorgó le doña Endrina de ir con ella fablar,
a tomar de la su fruta e a la pella jugar.
"Señora", dixo la vieja, "cras avremos buen vagar:
yo me verné para vós, quando viere que ay logar."

868 Vino me Trotaconventos, alegre con el mandado:
"Amigo", diz, "¿cómo estades? Id perdiendo coi-
[dado;
⁺ encantador malo saca la culebra del forado;
cras verná fablar con vusco, yo lo dexo rrecabdado.

865-866 Aquí suena la voz del autor: los sentimientos aquí expre-
sados no deben atribuirse a Melón. Es el caso más signifi-
cante de la interpolación en la narración de un comenta-
rio moral: la imagen de la mujer como una presa, y del
amor como una caza, empleando redes y lazos, subraya el
aspecto cínico y despiadado de la conducta del hombre.
Véanse Dayle Seidenspinner-Núñez, *The Allegory of Good
Love...*, pp. 48-53, y cap. IV, y Gail Phillips, *The Imagery of
the 'Libro de buen amor'*, pp. 79-80, 118-119.
868c *forado*: Coro. se empeña en creer que la lección de *G* es
foraco, y no el "inexistente *forato de Du[camin]*". Pero
tanto Criado / Naylor, en su edición paleográfica, como yo,
hemos visto *forato*, palabra que sí existe, en un documento
aragonés del siglo x (véase Gifford and Hodcroft, *Textos
lingüísticos...*, núm. 89, p. 175). De todos modos, la lec-
ción de *S* es *forado*, palabra que ocurre ocho veces en el
Libro, y es la forma requerida por la rima.

869   "Bien sé que diz verdat vuestro proverbio chico,
       que el rromero fito que sienpre saca çatico.
       Sed cras omne *en todo*, non vos *tenga* por teñico:
       fablad, mas rrecabdat quando ý yo non finco.

870   "Catad non enperezedes, acordad vos de la fablilla:
       'Quando te dan la cabrilla, acorre con la soguilla.'
       Recabdat lo que queredes, non vos tenga por çes-
                                                   [tilla,
       que más val vergüença en faz que en coraçón man-
                                                   [zilla."

869c *teñico*: Se han propuesto varias enmiendas, basadas en la
      suposición de que en los Mss. se lee *tenico: cenico, cenizo,
      enico* (< INIQUUS), *étnico*. Coro. conserva *tenico*, y dice
      que debe equivaler, más o menos, a la *çestilla* de 870c,
      dado el paralelismo entre las dos cuartetas. Pero lo que
      yo leo en ambos Mss. es *teñico*. Pues en 869c, el contexto
      requiere un concepto que contraste de algún modo con
      omne, o sea, debe indicar un ser flojo e ineficaz. La deri-
      vación de TEGNOSUS, "fraudulento", propuesta por Blecua,
      no parece oportuna en tal contexto. *Teñico* no está docu-
      mentado hasta la fecha. Cualquier sugerencia es peligrosa,
      pues. Pero podría ser una forma derivada de TINEA, "oru-
      ga, gusano", que en castellano dio *tiña*, pero en aragonés
      teña. Además, *-ico* es un sufijo típico en aragonés. *Teñico*
      valdría, pues, "gusanillo" u "oruguita". Recuérdese, de
      paso, que Endrina es de Calatayud. Semánticamente el con-
      cepto de "gusano" es oportuno aquí, siendo un bicho hu-
      milde y débil. En inglés, *worm*, "gusano", se emplea mucho
      para designar una persona floja, tímida y despreciable, por
      ejemplo, en el refrán, "Even the worm will turn", "hasta
      el gusano se vuelve (para defenderse)".
870b Cfr. Correas, *Vocabulario...*, (ed. Combet, p. 447a): "Kuan-
      do te dieren la kochinilla, akorre kon la sogilla. Otros di-
      zen: 'Kuando te dieren la vakilla...', otros: '... la kabri-
      lla...'." Chi. recoge (en *RFE*, XIII, p. 368) una versión del
      siglo XIV: "Quando te dan la cabriella, prenlla con la so-
      guiella."
870c *çestilla*: Según Morreale (*HR*, XXXVII, 1969, p. 134), es
      símbolo de la torpeza, cfr. *Canc. Baena*, núm. 362, v. 18.
      Joset cita a Correas en apoyo de esta interpretación: 422a
      y 742b ("Vender zestos. Por: venir a ser kornudo, i, komo
      zesto, tragar kosas i tranpantoxos ke hará la muxer.").
870d Chi. localiza el refrán en Juan de Mena: "... más vale ver-

DE COMMO DOÑA ENDRINA FUE A CASA DE LA VIEJA E EL
ARÇIPRESTE ACABÓ LO QUE QUISO

871   Después fue de Santiago otro día seguiente:
      a ora de medio día, quando yanta la gente,
      vino doña Endrina con la mi vieja sabiente;
      entró con ella en su tienda bien sosegada mente.

872   Commo la mi vejezuela me avía aperçebido,
      non me detove mucho, para allá fui luego ido.
      Fallé la puerta çerrada, mas la vieja bien me vido:
      "¡Yuy!" diz, "¿Qué es aquello que faz aquel rroí-
                                                    [do? *

873   "¿Es omne o es viento? Creo que es omne — ¡Non
                                                [miento!
      ¿Vedes, vedes cómo otea el pecado carboniento?
      ¿Es aquél? ¿Non es aquél? El me semeja, yo lo
                                                [siento...
      ¡A la fe, aquél es don Melón! Yo lo conosco, yo
                                                [lo viento.

* Texto en S hasta 880d.

---

güença en cara Que mancilla en corazón." (*Canc. cast.
s. XV*, ed. Foulché-Delbosc, I, p. 218, vv. 3-4).
871-872c Acotaciones por Juan Ruiz, explicando la transición. *P*
651 sigue directamente a *P* 650 (véase la c. 862).
872d P 651: "Sed modo nescio quis uir fortiter hostia mouit."
873-876 P 652-660. Juan Ruiz sigue las etapas del discurso de la
vieja en el modelo: las dudas fingidas, el reconocimiento
del amante, las protestas, la admisión... Pero le impone el
sello de su propia personalidad artística.
873b *el pecado carboniento*: "el diablo negro como carbón". Jo-
set cita el *Poema de Fernán González*, 384cd: "... más feos
que Satán con todo su convento, quando sal del infyerno
suzio e carvoniento."

874   "Aquélla es la su cara e su ojo de bezerro.
      ¡Catat, catat cómmo assecha! ¡Barrunta nos com-
                                           [mo perro!
      ¡Allí rraviaría agora, que no puede tirar el fierro!
      ¡Mas quebrantaría las puertas: menea las commo
                                           [çençerro!

875   "Çierto aquí quiere entrar. Mas, ¿por qué yo non le
                                           [fablo?
      Don Melón, tirad vos dende, ¿troxo vos ý el diablo?
      ¡Non quebrantedes mis *puertas*! Que del abbad de
                                           [Sant Paulo
      las ove ganado; non posistes aí un clavo.

876   "Yo vos abriré la puerta… ¡Esperat, non la que-
                                           [bredes!
      E con bien e con sosiego dezid si algo queredes.
      Luego vos id de mi puerta, non nos alhaonedes.
      Entrad mucho en buen ora, yo veré lo que faredes."

874a *ojo de bezerro*: Según Gail Phillips, *The Imagery of the
     'Libro de buen amor'*, p. 121, y nota 28 al cap. III, el be-
     cerro era un símbolo de la lujuria en la tradición me-
     dieval.
874c En *P* 655, Pánfilo logra abrir la puerta por sí solo: "Arte
     seram retro paulatim uique reducit…"
874d Coro. enmienda en *ménalas,* por el metro, alegando que
     menear es una forma tardía.
875cd En *P* 658, la Vieja dice que ha comprado con su propio
     dinero las trancas que Pánfilo está destruyendo. ("Emptas
     nempe meo destruis ere seras"). Lo del abad de San Pablo
     es un detalle inventado por Juan Ruiz.
876c *non nos alhaonedes*: El verbo es desconocido. El contexto
     requiere algo así como "no nos molestéis" o "no nos hagáis
     mal". Las enmiendas e interpretaciones de Cej., Coro., Jo-
     set y Blecua no convencen.

877   "¡Señora doña Endrina! ¡Vós, la mi enamorada!
      Vieja, ¿por esto teníades a mí la puerta çerrada?
      ¡Tan buen día es oy éste, que fallé a tal çellada!
      Dios e mi buena ventura me la tovieron guarda-
                                                 [da..."

. . . .

878   "... Quando yo salí de casa, pues que veíades las
                                                 [rredes,
      ¿por qué fincávades con él sola entre estas paredes?
      A mí non *rrebtedes,* fija, que vós lo meresçedes.
      El mejor cobro que tenedes, vuestro mal que lo ca-
                                                 [lledes.

877a P 661 (muy alterado). 877*bcd* es ampliación por Juan Ruiz.
877-878 Faltan dos hojas en S, los núms. LIX y LX; es decir,
    32 cuartetas. La falta de las hojas LI y LII entre las cs. 781
    y 782 nos indica que, en un cuaderno de seis pliegos (o
    doce hojas), LI y LX formarían un pliego y LII y LIX for-
    marían el siguiente. Alguien arrancó dos hojas, y con el
    tiempo se cayeron y se perdieron las dos correspondientes.
    Es lógico suponer que se arrancaron LIX y LX, que con-
    tenían el clímax del episodio, la violación de Endrina, y
    que LI y LII, por quedar sueltas, se perdieron por descui-
    do. Lo mismo pasó en G, donde la laguna, entre 872*c* y
    881*a*, podría ser de tres hojas, aunque la falta de numera-
    ción antigua y la irregularidad del Ms. impide cálculos fide-
    dignos. También faltan en G las cuartetas entre 765 y 794,
    una laguna de 60 cuartetas, si se tiene en cuenta la de
    32 cuartetas que tuvo S entre 781 y 782. En G, la laguna
    entre 872*c* y 881 es de 40 cuartetas, más o menos. No
    hay la misma correspondencia, pues, entre las dos que en-
    contramos en S. Es lógico, sin embargo, suponer que al-
    guien arrancó de G las tres hojas que contenían el clímax
    del episodio, y que se cayeron por descuido las tres co-
    rrespondientes de la laguna anterior, quedándose por expli-
    car la falta de unas 20 cuartetas más.
878a Está hablando la vieja. Su discurso corresponde a lo que
    dice la Vieja en P 741-750, aunque es muy diferente. En
    P 751-756 interviene Pánfilo, mientras que Melón se calla.
    Por lo tanto es difícil estimar hasta qué punto las 32 cuarte-
    tas perdidas siguieron con fidelidad los 80 versos corres-
    pondientes de P. Pero parece que Trotaconventos empleó
    el mismo truco (o algo parecido) que la Vieja para ausen-

879 "Menos de mal será que esto poco çeledes,
que non que vos descobrades e ansí vos pregonedes.
Casamiento que vos venga por esto non lo perde-
[redes.
Mejor me paresçe esto que non que vos enfamedes.

880 "E pues que vós dezides que es el daño fecho,
defienda vos e ayude vos a tuerto e a derecho.
Fija, a daño fecho aved rruego e pecho;
callad, guardat la fama, non salga de so techo.

881 "Si non parlase la picaça más que la codorniz, *
non la colgarían en + plaça, nin rreirían de lo que
[diz.
Castigad vos, ya amiga, de otra tal contraíz,
que todos los omnes fazen commo don Melón
[Ortiz."

* Texto en *SG* hasta 900d.

---

tarse y dejar a Endrina a solas con Melón: fingir que la
llamaba una vecina. Es evidente también que Melón apro-
vechó la ocasión (que fue "omne en todo"—869c), y tomó
a Endrina por fuerza.
879d *enfamedes*: Cfr. 336b, nota. Trotaconventos le aconseja a
Endrina que no publique la pérdida de su buena fama
acusando a Melón de haberla violado, porque así perdería
la posibilidad de casarse, sea con él, sea con otro.
880b El sujeto de los dos verbos parece ser Melón. No hay nada
en *P* que lo aclare.
880c Joset cita a Correas (ed. Combet, p. 10b): "A lo hecho,
rruego i pecho, o A lo hecho, brazo i pecho. Puner buen
terzero i dincro." O sea, para remediar lo ocurrido, busca
un buen medianero, y gasta dinero...
881c *contraíz*: El sentido del hemistiquio parece ser "id en di-
rección contraria a la tomada por otra tal". La enmienda
cocatriz, de Coro. (que él traduce extrañamente por "coco-
drilo" —¿no sería el animal heráldico que en inglés se lla-
ma *cockatrice*?), es pura fantasía. La de Willis, *cantatriz*
(*Actas, I Congreso*, pp. 161-163), es ingeniosa, y la apoya
en cierto modo *contratris* de *G*: el sentido sería "no seas
como otro pájaro que canta —y así causa su propia des-
trucción".
881d Compárese este comentario sobre los hombres con lo que
la tercera dice de Melón en las cs. 727-755.

882   Doña Endrina le dixo: "¡Ay viejas tan perdidas!
      A las mugeres trahedes engañadas *e* vendidas.
      Ayer mill cobros me davas, mill artes, mill *salidas;*
      oy, que só escarnida, todas me son fallidas.

883   "Si las aves lo podiesen bien saber e entender
      quántos laços les paran, non las podrían prender;
      quando el lazo veen, ya las lievan a vender;
      mueren por el poco çevo, non se pueden defender.

884   "Sí los peçes de las aguas: quando veen el anzuelo,
      ya el pescador los tiene e los trahe por el suelo.
      La muger vee su daño quando ya finca con duelo;
      non la quieren los parientes, padre, madre nin
                                                  [avuelo.

885   "El que la ha desonrrada dexa la, non la mantiene;
      va se perder por el mundo, pues otro cobro non
                                                  [tiene;
      pierde el cuerpo e el alma, a muchos esto aviene.
      Pues otro cobro yo non he, así fazer me conviene."

886   Está en los antiguos seso e sabiença;
      es en el mucho tienpo el saber e la çiençia.
      La mi vieja maestra ovo ya conçiençia,
      e dio en este pleito una buena sentença:

887   "El cuerdo grave mente non se deve quexar
      quando el quexamiento non le puede pro tornar;
      lo que nunca se puede rreparar nin emendar,
      deve lo cuerda mente sofrir e endurar.

882*c* P 761.
883*ab* P 764. 883*cd* es ampliación por Juan Ruiz.
884*ab* P 763. 884*c* es una aclaración añadida por Juan Ruiz.
   884*d*: P 766.
885*b* corresponde a P 767, "Meciar hac illac oculis uigilantibus
   orbem". El resto de la cuarteta es de Juan Ruiz.
886 Interpolación por Juan Ruiz.
886*d* Nótese el empleo de una metáfora jurídica: la alcahueta,
   responsable del crimen, adopta la manera de un juez pru-
   dente y benévolo.
887 P 769-771.

888   "A las grandes dolençias, a las desaventuras,
       a los acaesçimientos, a los yerros de locuras,
       deve buscar conssejo, melezinas e curas;
       el sabidor se prueva en coítas e en presuras.

889   "La ira, la discordia, a los amigos mal faz:
       pone sospechas malas en *el* cuerpo do yaz.
       Aved entre vós anbos *concordia* e paz;
       el pesar e la saña tornad lo en buen solaz.

890   "Pues que por mí dezides que el daño es venido,
       por mí quiero que sea el vuestro bien avido:
       vós sed muger suya e él vuestro marido.
       Todo vuestro deseo es bien por mí conplido."

891   Doña Endrina e don Melón en uno casados son:
       alegran se las conpañas en las bodas con rrazón.
       Si villanía he dicho, aya de vós perdón,
       que lo *feo* de *la* estoria diz Pánfilo e Nasón.

888c P 774 (modificado). 888*abd* son de Juan Ruiz.
889 P 775-777.
890 P 778-780. P 780, el último verso, reza: "Per me felices,
este mei memores."
891 Juan Ruiz termina la historia por su cuenta. La suya es
la única versión de la historia en que se dice que la pareja
se casó (cfr., aparte la comedia *Pamphilus*, la versión ve-
neciana del siglo XIII, y *Pamphile et Galatée*, por Jehan
Brasdefer, de c. 1300). Esta insistencia sobre el casamiento,
buscado por el amante y la tercera, y logrado por las 'maes-
trías' de ésta, indica que para Juan Ruiz constituía un ele-
mento básico de la historia. Coro. pretende que lo que se
celebra públicamente en esta cuarteta no es un casamiento
legítimo sino un "abarraganamiento". Que el lector repase
las cs. 596-600, 732, 735, 759-762, 764-765, 791-798, 840,
844, y juzgue por su cuenta si es cuestión de un "abarra-
ganamiento", o de un casamiento "a ley e a bendiçión"
(840*d*). Casarse con Endrina es el deseo del protagonista
desde el principio: el gran obstáculo es la diferencia social
y económica entre ellos. El plan adoptado para salvar este
obstáculo es la seducción, para obligar a la familia de ella

DEL CASTIGO QUEL ARÇIPRESTE DA A LAS DUEÑAS E DE LOS NONBRES DEL ALCAYUETA

892   Dueñas, aved orejas, oíd buena liçión:
entendet bien las fablas, guardat vos del varón;
guardat vos non vos contesca commo con el león
al asno sin orejas e sin su coraçón.

893   El león fue doliente, dolía le *la tiesta;*
quando fue sano della, que la traía enfiesta,
todas las animalias, un domingo en la siesta,
vinieron antel *todas* a fazer buena fiesta.

894   Estava ý el burro, fezieron dél joglar:
commo estava bien gordo. començó a rretoçar,
su atanbor taniendo, bien alto a rrebuznar;
al león e a los otros quería los atronar.

---

a aceptar el enlace con un hombre de rango inferior. La seducción se convierte en violación —al menos en la versión original— y no hay motivo para sospechar que Juan Ruiz quisiera cambiar ese aspecto del argumento.

892-909 Véanse las pp. 35 y 52 de la Introducción. No sólo es Juan Ruiz el único narrador de la historia en declarar que la boda se celebró, sino que también es el único narrador (o comentador) en añadir una moraleja. Y en dicha moraleja previene a las mujeres contra el loco amor, evidentemente porque, a su modo de ver, el matrimonio así conseguido es un desastre. Según el derecho canónico, un *raptor* no podía casarse con su víctima sino después de purgar el crimen mediante la penitencia adecuada, y sólo con el consentimiento de ella y de sus padres.

893-903 Lecoy, *Recherches...*, pp. 140-142, Michael, "The Function...", pp. 207-208. Juan Ruiz parece haber combinado elementos tomados de distintas tradiciones para lograr que el cuento ilustre la moraleja que le interesa, equiparando el asno con las *dueñas* necias que no oyen las amonestaciones de los moralistas. La fábula se encuentra también en *Calila e Dimna* (ed. Cacho Blecua y Lacarra, Madrid, Castalia, 1984, cap. VII, pp. 259-261).

893c *siesta*: Aquí es la HORA SEXTA del latín, es decir, el mediodía.

895 Con las sus caçurrías el león fue sañudo:
     quiso abrillo todo, alcançar non lo pudo;
     su atanbor taniendo, fue se, más ý non estudo;
     sentióse por escarnido el león del orejudo.

896 El león dixo luego que merçed le faría;
     mandó que lo llamasen, que la fiesta onrraría;
     quanto él demandase, tanto le otorgaría;
     la gulhara juglara dixo quel llamaría.

897 Fue se la rraposilla *adó* el asno andava
     paçiendo en un prado, tan bien lo saludava:
     "Señor", dixo, "confrade, vuestro solaz *onrrava*
     a todos, e agora non vale una fava.

898 "Más valía vuestra *albuérbola* e vuestro buen solaz,
     vuestro atanbor sonante, los sonetes que faz,
     que toda nuestra fiesta. Al león mucho plaz
     que tornedes al juego en salvo e en paz."

899 Creó falsos falagos, él escapó peor:
     tornó se a la fiesta bailando el cantador;
     non sabía la manera el burro de señor;
     escota juglar neçio el son del atanbor.

900 Commo el león tenía sus monteros armados,
     prendieron a don Burro como eran castigados;
     al león lo troxieron, abriol por los costados;
     de la su segurança son todos espantados.

901 Mandó el león al lobo, con sus uñas parejas, *
     que lo guardase todo mejor que las ovejas.
     Quanto el león traspuso una o dos callejas,
     el coraçón el lobo comió e las orejas.

---

* Texto en *SGT* hasta 909*d*.

901*a uñas parejas*: Coro. glosa "emparejadas" o "implacables";
   Morreale (*BRAE*, XLVII-XLVIII, 1968, p. 269), "par, igual",
   o tal vez "tal". ¿No podría tratarse de un detalle zoológi-

902 Quando el león vino, por comer saborado,
   pidió al lobo el asno que le avía encomendado:
   sin coraçón e sin orejas troxo lo desfigurado;
   el león contra el lobo fue sañudo e irado.

903 Dixo al león el lobo quel asno tal nasçiera;
   que si él coraçón e orejas toviera,
   entendiera sus mañas e sus nuevas oyera;
   mas que lo non tenía e por *ende* veniera.

904 Assí, señoras dueñas, entended el rromançe:
   guardat vos de amor loco, non vos prenda nin al-
                  [cançe;
   abrid vuestras orejas, vuestro coraçón se lance
   en amor de Dios linpio, *loco amor* nol trançe.

905 La que por desaventura es o fue engañada,
   guarde se que non torne al mal otra vegada;
   de coraçón e de orejas non quiera ser menguada;
   en ajena cabeça sea bien castigada.

906 En muchas engañadas castigo e seso tome;
   non *quiera* amor falso, loco rriso non asome;
   ya oístes que asno de muchos, lobos lo comen;
   non me maldigan algunos que por esto se *concomen*.

907 De fabla chica, dañosa, guarde se muger *falaguera*,
   que de un grano de agraz se faze mucha dentera;
   de una nuez chica nasçe grand árbor de [+] noguera,
   e muchas espigas nasçen de un grano de çivera.

---

co? El lobo tendrá las uñas dispuestas de una manera que
haría distintas sus huellas de las del león, detalle que les
sería bastante familiar a los que andaban por el campo
entonces.

902a *saborado*: "dispuesto a saborear" (Morreale, *BRAE*, XLVII-
  XLVIII, 1968, p. 340). Pero Joset se pregunta si no podría
  entenderse *manjar saborado* ("sabroso"), como complemen-
  to de *comer*.

906c Cfr. Correas (ed. Combet, p. 62a): "asno de muchos, lobos
  le komen".

908 Andan por todo el pueblo della muchos dezires;
    muchos después la enfaman con escarnios e rreíres.
    Dueña, por te dezir esto, non te asañes nin te aíres:
    mis fablas e mis fazañas, rruego te que bien las
                        [mires.

909 Entiende bien mi estoria de la fija del endrino:
    dixe la por te dar ensienplo, non por que a mí vino.
    Guarda te de falsa vieja, de rriso de mal vezino;
    sola con omne non te fíes, nin te llegues al espino.

                            consejos de Don Amor

910 Seyendo yo, después desto, sin amor e con cui-
                               [dado, *
    vi una apuesta dueña ser en su estrado;
    mi coraçón en punto levó me lo forçado;
    de dueña que yo viese nunca fui tan pagado.

---

* Texto en *S* hasta 949*d*.

909 De todas las aventuras amorosas del "yo", ésta es la única
seguida de una moraleja abiertamente expresada y resumi-
da por el autor. Va dirigida a las mujeres, porque en este
caso, es la mujer quien sufre las consecuencias del amor
loco. En las demás aventuras, el elemento más importante
es la experiencia del "yo", sea buena o mala.
910-949 Estas cuartetas sólo constan en *S*: *G* salta de 909*d* a 950*a*
en medio del folio 45 *recto*, *T* en medio del f. 2 *verso*.
Faltaban las 40 cuartetas, pues, en el sub-arquetipo del que
se derivan *G* y *T*. Este hecho ofrece uno de los argumen-
tos más sólidos a favor de la teoría de las dos redacciones
del *Libro*. Chi., siguiendo a H. H. Arnold, profiere como
argumento en contra el que sea aquí (919*c*, 923*a*, 942*b*) don-
de la vieja recibe el nombre de Urraca, y que la ausencia
de estas cuartetas de una versión del *Libro* haría incom-
prensible la aparición del nombre en 1576*a*. En cambio,
R. S. Willis, *RPh*, XVII, 1963-1964, pp. 353-362) cree
que la introducción en la segunda redacción tanto de estas
cuartetas como de las cs. 1315-31 hace confusa la imagen
de la tercera, que en la versión primitiva estaba clara.
En *KRQ*, XXI (1974), pp. 215-227, Willis alega que son las
interpolaciones de la versión de 1343 en general lo que
crea las anomalías estructurales del *Libro*, y que el autor
las introdujo sin volver a meditar con cuidado sobre la es-

911   De talla la mejor de quantas yo ver pud:
niña de pocos días, rrica e de virtud,
fermosa, fija dalgo e de mucha joventud;
nunca vi tal commo ésta, sí Dios me dé salud.

912   Apuesta e loçana, e dueña de linaje,
poco salía de casa, era como *salvaje*.
Busqué trotaconventos que siguiese este viaje,
que *éstas* son comienço para el santo pasaje.

913   Sabed que non busqué otro Ferrand García,
nin lo coído buscar para mensajería;
nunca se omne bien falla de mala conpañía;
de mensajero malo guarde me Santa María.

914   Aquesta mensajera fue vieja bien leal:
cada día llegava la fabla, más non ál;
en este pleitesía puso femençia tal
que çerca de la villa puso el arraval.

---

tructura de la obra, porque no le concedía importancia a
ese aspecto. Yo me limito a sugerir que estas cuartetas no
se incluyeron en la versión del *Libro* representada por *G*
y *T*, o porque no se habían compuesto todavía, o porque el
autor no siempre incluía todo lo que tenía compuesto en
toda redacción de la obra que hacía copiar.

912-913 Puede extrañar esta alusión a la busca de una tercera, y
al fracaso de las cs. 112-122, ya que en el episodio de Me-
lón y Endrina parece haberse introducido la tercera 'defi-
nitiva', Trotaconventos. La mención de Ferrant García po-
dría deberse al hecho de que el episodio de la panadera se
hubiera compuesto poco antes y que se hubiera añadido al
Libro sólo al redactar la versión representada por *S*. Pero
el desorden de las hojas en *G*, más la irregularidad del nú-
mero de versos por página, hace imposible estimar cuántas
hojas pueden faltar entre 99*a* y 125*d*. En cuanto a la *trota-
conventos* de 912*c*, no es necesariamente la misma Trota-
conventos del episodio de Melón y Endrina.

914*d* Coro. interpreta el verso más o menos literalmente: la vieja
iba con tanta frecuencia desde el arrabal donde vivía a casa
de la *dueña* que, en efecto, reducía la distancia. Joset pro-
pone una interpretación metafórica, la realización de algo
difícil, casi imposible. Sugiero que quiere decir que la vie-
ja estuvo a punto de efectuar la seducción de la *dueña*.

915   Luego en el comienço fiz aquestos cantares;
      levó ge los la vieja con otros adamares.
      "Señora", diz, "conprad me aquestos almajares."
      La dueña dixo: "Plaz me, desque me los mostrares."

916   Començó a encantalla, dixo le: "Señora fija,
      catad aquí que vos trayo esta preçiosa sortija,
      dan vós esta *çinta*." Poco a poco la aguija.
      "Si me non mesturardes, diré vos una pastija."

917   Diz: "Yo sé quién vos querría más cada día ver
      que quien le diese esta villa con todo su aver.
      Señora, non querades tan horaña ser:
      quered salir al mundo a que vos Dios fizo nasçer."

918   Encantó la de guisa que la enveleñó;
      dio le aquestas cantigas, la çinta le çinió;
      en dando le la sortija del ojo le guiñó;
      somovió la ya quanto e bien lo adeliñó.

919   Commo dize la fabla que del sabio se saca,
      que çedaçuelo nuevo tres días en *estaca*,
      dixo me esta vieja (por nonbre ha Urraca)
      que non querría ser más rrapaça nin vellaca.

920   Yo le dixe commo en juego: "¡Picaça parladera!
      Non tomes el sendero e dexes la carrera;
      sirve do avrás pro, pues sabes la manera,
      que non mengua cabestro a quien tiene çivera."

916c El Ms. tiene un espacio después de *esta,* como si el copista
    hubiera encontrado ilegible la palabra en su modelo, y la
    hubiera dejado sin copiar. Chi. enmienda *datme vós esta
    mano,* enmienda aceptada por Joset. Más convincente es la
    enmienda de Blecua, que es la que adopto. *Dam* por *dan*
    sería uno de tantos leonesismos de *S* (cfr. 1252c, *dam* por
    dan), y en 918c se habla de la cinta como ya mencionada.
919b Joset remite a Correas (ed. Combet, p. 299b): "zedazillo
    nuevo, tres días bueno. zedazillo nuevo, tres días en estaka.
    —De lo ke le dura poko la bondad; i más en el ke entra
    dilixente a servir i afloxa presto".
920b Cfr. 116c, *tomé senda por carrera.*

921 Non me acordé estonçe desta chica parlilla,
que juga jugando dize el omne grand manzilla:
fue sañuda la vieja tanto que amaravilla;
toda la poridat fue luego descobrilla.

922 Fue la dueña guardada quanto su madre pudo:
non la podía aver ansí tan amenudo.
Aína yerra omne que non es aperçebido:
o piensa bien qué fables, o calla, faz te mudo.

923 Prové lo en Urraca, dó te lo por consejo,
que nunca mal rretrayas a furto nin en conçejo,
desque tu poridat yaze en tu pellejo,
que commo el verdadero non ay tan mal trebejo.

924 A la tal mensajera nunca le digas maça;
bien o mal commo gorgee, nunca le digas picaça,
señuelo, cobertera, almadana, coraça,
altaba, trainel, cabestro nin almohaça.

921d Cfr. 90c fue la mi poridat luego a la plaça salida.
922b La enmienda de Cej., non la podía ver, merece considera-
ción: la lógica de la narración requiere que el amante sólo
posea a la dueña a partir de la c. 942, y no veo otra inter-
pretación plausible de aver.
923d "No hay tan mala broma como la que es verdad."
924-927 Los nonbres del alcayueta (como reza el título) son 42, de
los cuales falta uno (en 925b, el copista parece haber omi-
tido una palabra, aunque no deja un espacio). Juan Ruiz
se entretiene inventando una lista de metáforas por las fun-
ciones de la alcahueta, las cuales se pueden clasificar como
sigue: "golpear", maça, almadana, altaba, porra, trechón;
"estimular, avivar", aguzadera, aguijón, abejón; "atrapar",
garavato, señuelo, tenazas, anzuelo, losa, alcayata (?); "ha-
cer ruido, parlotear", picaça, canpana, taravilla, rregistro (?),
glosa (?); "conducir, sujetar", trainel, cabestro, cordel, avan-
cuerda, freno, xáquima, traílla, adalid, guía; "encubrir, ta-
par, proteger", cobertera, coraça, tía, cobertor; "frotar, ras-
car, limar", almohaça, escofina, rrascador; "cavar", pala,
badil; "andar, trotar", corredor, handora, trotera; "dar ac-
ceso", escalera. Compárese al análisis que hace Coro.

925 Garavato nin tía, cordel nin cobertor,
   escofina, avancuerda..., nin rrascador,
   pala, aguzadera, freno nin corredor,
   nin badil nin tenazas, nin anzuelo pescador.

926 Canpana, taravilla, *alcayata* nin porra,
   xáquima, adalid, nin guía nin handora;
   nunca le digas trotera, aun que por ti corra;
   creo que si esto guardares, que la vieja te acorra.

927 Aguijón, escalera, nin abejón nin losa,
   traílla, nin trechón, nin rregistro nin glosa;
   dezir todos sus nonbres es a mí fuerte cosa,
   nonbres e maestrías más tienen que rraposa.

928 Commo dize un derecho que coíta non ay ley,
   coitando me amor, mi señor e mi rrey,
   doliendo me de la dueña mucho, esto me crey,
   que estava coitada commo oveja sin grey,

929 Ove con la grand coíta rrogar a la mi vieja
   que quisiese perder saña de la mala consseja;
   la liebre del covil saca la la comadreja;
   de prieto fazen blanco *bolviendo* le la pelleja.

930 "A la he", diz, "Açipreste, vieja con coíta trota,
   e tal fazedes vós por que non tenedes otra;
   tal vieja para vós guardad la, que conorta;
   que mano besa omne que la querría ver corta.

926a *alcayata*: El Ms. trae *alcahueta*, que cuadra mal con el juego
de metáforas. La enmienda es de Coro.
928a *un derecho*: Cfr. el prólogo, 1. 68, *el derecho lo dize;* 1. 81,
e segund derecho...; 733b, *dize lo el derecho.* En el prólo-
go debe tratarse de algún manual de derecho, como el *Spe-
culum judiciale.* Por tanto, dudo que aquí el sentido sea
precisamente "refrán, dicho, frase", como supone Joset. Chi.
cita a San Agustín (*Soliloquia,* cap. II): "Legem non habet
necessitas."
930a Chi. cita varias versiones medievales del refrán, en latín e
italiano. La cita más apropiada es del *Libro de Alexandre*
(ed. Cañas Murillo, 588c): "Como dizen que cuita faze vieja
trotar."

931 "Nunca jamás vos contesca, e lo que dixe apodo;
yo lo desdiré muy bien e lo desfaré del todo,
así como se desfaze entre los pies el lodo;
yo daré a todo çima e lo traheré a rrodo.

Trdac.
932 "Nunca *digades* nonbre malo nin de fealdat;
llamat me Buen Amor e faré yo lealtat;
ca de buena palabra paga se la vezindat;
el buen dezir non cuesta más que la nesçedat."

933 Por amor de la vieja, e por dezir rrazón,
'buen amor' dixe al libro, e a ella toda saçón;
desque bien la guardé ella me dio mucho don;
non ay pecado sin pena, nin bien sin gualardón.

934 Fizo grand maestría e sotil travesura:
fizo se loca pública, andando sin vestidura;
dixo luego la gente: "¡Dé Dios mala ventura
a vieja de mal seso que faze tal locura!"

931a *apodo*: El sentido general de *apodar* parece ser "estimar,
calcular", o, según Morreale, "comparar"; pero sigue siendo
incierta la interpretación de este verso. Es de notar que las
tres veces que ocurre en el *Libro*, *apodar* es una palabra de
rima (aquí, 1329a y 1534c). En la c. 1534 se emplean las
mismas palabras que aquí: *todo, rrodo, apodo, lodo.* De-
bían de ser pocas las rimas en *-odo.* Aquí, creo, hay que
entender: "tengo en cuenta lo que dije antes, y lo desdiré
todo".
932-933 Aquí Juan Ruiz juega con la ambigüedad del término *buen
amor*, con sus varias acepciones, desde el *bonus amor* de
San Agustín hasta la *bona amors* de la poesía occitánica, o
el *Buen Amor* usado como apodo en las canciones tradi-
cionales castellanas (véase la *Antología de la poesía caste-
llana: poesía de tipo tradicional,* ed. Dámaso Alonso y
J. M. Blecua, Madrid, 1956, núm. 60: "Buen Amor, no me
deis guerra..."; núm. 92: "encontré a mi buen amor"; nú-
mero 118: "Buscad, Buen amor, / con qué falagades, / ... y
vos, Buen Amor, con otra holgando..." El 'mensaje' de es-
tas dos cuartetas es que la práctica del *buen amor* es inse-
parable del trato íntimo con la alcahueta, y eso es por lo
que el *Libro* se llama *de buen amor.*

935   Dizen por cada cantón: "¡Que sea mal apreso
      quien nunca *a* vieja loca creyese tal mal seso!"
      De lo que ante creían fue cada uno rrepiso;
      dixe yo: "En mano de vieja nunca di mejor beso."

936   Fue a pocos de días amatada la fama;
      a la dueña non la guardan su madre nin su ama;
      torné me a mi vieja commo a buena rrama;
      quien tal vieja toviere, guarde la commo al alma.

937   Fizo se corredera de las que venden joyas:
      ya vos dixe que éstas paran cavas e foyas;
      non ay tales maestras commo estas *viejas* troyas;
      éstas dan la maçada — si as orejas, oyas.

938   Otrosí vos dixe que estas tales buhonas
      andan de casa en casa vendiendo muchas donas;
      non se *guardan* dellas, están con las personas;
      fazen con el su viento andar las atahonas.

939   La mi leal Urraca, ¡que Dios me la mantenga!,
      tovo en lo que puso: non lo faz toda Menga.
      Diz: "Quiero me aventurar a que quier que me
                                                    [venga,
      e fazer que la pella en rrodar non se tenga.

937-938 Cfr. las cs. 699-700.
938c El Ms. tiene *guarda: non se guarda dellas,* con sujeto inde-
      finido, no extrañaría como construcción en el español mo-
      derno, pero en el siglo XIV sí. En 700c se lee *non se rreguar-
      dan dellas,* lo cual casi nos asegura de que aquí se debe
      leer *guardan.*
939b "porfió en lo que propuso hacer". Morreale (*HR,* XXXVII,
      1969, pp. 150-151) cita ejemplos de *tener en...* en el *Libro
      de Apolonio:* 358b: "Si en esto toviéredes, seredes engan-
      yada"; 607b: "Tovo en su porfía como antes tenié." *Menga:*
      Aquí "fulana, cualquiera".

940 "Agora es el tienpo, pues que ya non la guardan:
con mi *buhonería* de mí non se guardan;
quanto de vós dixieron, yo faré que lo padan,
ca do viejos non lidian, los cuervos non *se* gradan."

941 Si la enfichizó, o si le dio atincar,
o si le dio rrainela, o si le dio mohalinar,
o si le dio ponçoña, o algund adamar,
mucho aína la sopo de su seso sacar.

942 Como faze venir el señuelo al falcón,
así fizo venir Urraca la dueña al rrincón;
ca *dixe* vos, amigo, que las fablas verdat son;
sé que 'el perro viejo non ladra a tocón'.

943 Como es natural cosa el nasçer e el morir,
ovo por mal pecado la dueña a fallir:
murió a pocos días, non lo puedo dezir;
Dios perdone su alma e quiera la rresçebir.

944 Con el triste quebranto e con el grand pesar,
yo caí en la cama e coidé peligrar;
pasaron bien dos días que me non pud levantar;
dixe yo: "Qué buen manjar si non por el escotar."

940*d* *non se gradan*: Falta *se* en el Ms. Morreale (*HR*, XXXVII, 1969, p. 139) insiste en que hay que suplir el pronombre, y cita a R. Menéndez Pidal, *Cantar de Mio Cid*, 340.42. Pero, si bien se lee "grádanse Rachel e Vidas..." (*CMC*, v. 172), también en el v. 200 se lee "gradó exir de la posada...", y en el v. 2685, "d'aqueste casamiento que grade el Campeador". Acepto la enmienda para sanar la hipometría, pero no me parece esencial sintácticamente.

941 Los arabismos de esta cuarteta *(atincar, rainela, mohalinar)* han sido estudiados por F. Márquez Villanueva, en *Actas I Congreso*, pp. 202-207.

942*b* *al rrincón*: Evidente eufemismo para decir que el Arcipreste "acabó lo que quiso" (véase el título antes de la c. 871).

942*c* Cfr., por ejemplo, 80*c*, 170*c*, 869*a*.

944*d* Cfr. 815*d*: *si buen manjar queredes, pagad bien el escote.*

DE LA VIEJA QUE VINO A VER AL ARÇIPRESTE E DE LO QUE LE CONTESÇIÓ CON ELLA

945   El mes era de março, salido el verano:
       vino me ver una vieja, dixo me luego de mano:
       "¡Moço malo, moço malo, más vale enfermo que
       [sano!"
       Yo travé luego della e fablé le en seso vano.

946   Con su pesar la vieja dixo me muchas vezes:
       "Açipreste, más es el rroído que las nuezes."
       Dixel yo: "Dio me el diablo estas *viejas* rrahezes;
       desque han bevido el vino dizen mal de las fezes."

947   De toda *esta* lazeria e de todo este coxixo
       fiz cantares caçurros de quanto mal me dixo;
       non fuyan dello las dueñas, nin los *tengan* por lixo,
       ca nunca los oyó dueña que dellos mucho non rrixo.

948   A vós, dueñas señoras, por vuestra cortesía,
       demando vos perdón, que sabed que non querría
       aver saña de vós, ca de pesar morría.
       Conssentid entre los sessos una tal bavoquía.

945-949 Este pequeño episodio no ha sido explicado bien por na-
       die. ¿De qué vieja se trata?... ¿En qué consiste el *seso vano*
       de 945d?... En 946b, la vieja parece quejarse porque el pro-
       tagonista ha resultado decepcionante (¿como amante, o como
       cliente que no paga?...), y él la maldice por haber tomado
       y después haberse quejado de lo dado (946d). Se ha suge-
       rido que 945d cuenta un intento de seducir a la vieja, y que
       podría ser una alusión irónica al episodio de la vieja en la
       De Vetula ("Ovidio", creyendo haberse citado con la ama-
       da, se mete en la cama en tinieblas, para encontrarse abra-
       zado por la vieja). Pero es solamente una posibilidad.
948d *los sesos*: "las cosas serias", como glosa Morreale (*BRAE*,
       XLVII-XLVIII, 1968, p. 321). El verso recuerda 45*ab*.

Folio del manuscrito del códice salmantino del *Libro de Buen Amor*. En el margen izquierdo aparecen los dibujos de dos manos señalando con los dedos índices desmesuradamente alargados. Véanse las cuadernas 950-957.

centuris uiso �7 eusebius epi macedoni. Multis
argumentis piobitur talem bigamum reputari. Quia
ḡ iste cuius eā impresentie agitur ante baptm lyuit
unā �7ꝑ baptm altam. bigamū reputatur: �7 licet uir-
te merito �7 industria sciencie polleat: in eṕm tñ
ordinari nõ ꝓt. Incipit ruṕ. cā. ꝫ

nunciatū ē mulieri qd a filio cuiusdā nobilis pe-
teretur in coniuge. prebuit illa adsensum. Alius
uō quidā ignobilis atqꝫ seruilis conditiois noie il-
luis se ipm obtulit: atqꝫ eam in coniugem accepit il-

Ms. Lyell. 41, f. 199ᵛ

"Esto yo non vos otorgo salvo la fabla de mano…"

(*Lba*, 686*a*)

949   Por me lo otorgar, señoras, escrevir vos he grand
                                              [saçón,
      de dicho e de fecho e de todo coraçón,
      non puede ser que non yerre omne en grand rraçón;
      el oidor cortés tenga presto el perdón.

                                    que haga digresiones

DE COMO EL ARÇIPRESTE FUE A PROVAR LA SIERRA, E DE
LO QUE LE CONTESCIÓ CON LA SERRANA

950   Provar todas las cosas, el Apóstol lo manda: *
      fui a provar la sierra e fiz loca demanda;   *— algo malo*
                Experimentar   *no relig.*
                                       loco amor
      * Texto en *SGT* hasta 953*d*.   *no va vestido de*
                                                    arcipr

950-1042 El viaje del "yo" por la sierra es un elemento ajeno al
concepto básico del *Libro,* es decir, a las aventuras del Ar-
cipreste en busca del amor de alguna *dueña.* Aquí se trata
de un viajero miedoso, aterrorizado por la montaña y por
el tiempo glacial, acometido por serranas agresivas o mons-
truosas. En las cuatro canciones hay un elemento de paro-
dia del género de la *pastorela,* con la inversión de la clásica
situación en que el poeta, pasando por los prados en pri-
mavera, encuentra a una pastora guapa, y la corteja con pa-
labras corteses (cfr. las *serranillas* del marqués de Santillana).
Sobre los posibles modelos de las *cánticas de serrana,* véase
Pierre Le Gentil, *La Poésie lyrique Espagnole et Portugaise
à la Fin du Moyen Âge,* Rennes, 1949-1953, I, pp. 543-550,
y "À propos des *Cánticas de serrana* de l'Arcipreste de Hi-
ta", en *Wort und Text,* XXXV (Festschrift für Fritz Schalk),
Frankfurt, 1963, pp. 133-141. Sobre el realismo geográfico
del pasaje, véase M. Criado de Val, *Teoría de Castilla la
Nueva,* Madrid, Gredos, 2.ª ed., 1969, pp. 194-203, 236-242.
Sobre las relaciones internas del pasaje, entre canciones y
narración, véase R. B. Tate, "Adventures in the Sierra",
LBAS, pp. 219-229. Para interpretaciones alegóricas, véanse
Joaquín Casalduero, "El sentimiento de la naturaleza en la
Edad Media española", *Clavileño,* IV-22 (1953), pp. 17-19;
T. R. Hart, *La alegoría en el 'Libro de buen amor',* Madrid,
1959, cap. IV; Luis Beltrán, *Razones de buen amor,* pp. 262-
274.
  950*a* Véase la nota a 76*c.* También parodiaron al Apóstol los go-
  liardos: "In hac secta scriptum est: 'Omnia probate'..." Véa-
  se Dobiash-Rezhdestvenskaya, *Les poésies...,* pp. 196-201.

luego perdí la mula, non fallava vianda;
quien más de pan de trigo busca sin + seso anda.

951 El mes era de março, día de Sant Meder:
pasada de Loçoya, fui camino prender;
de nieve e de granizo non ove do me asconder;
quien *busca* lo que non pierde lo que tiene deve
[perder.

952 En çima deste puerto vi me en *grant* rrebata:
fallé una vaqueriza çerca de una mata;
pregunté le quien era, rrespondió me: "La Chata;
yo só la Chata rrezia que a los omnes ata.

953 "Yo guardo el portadgo e el peaje *cojo;*
el que de grado me paga, non le fago enojo;
el que non quiere pagar, priado lo despojo.
Paga me, si non verás commo trillan rrastrojo."

950d *pan de trigo:* Como símbolo de lo mejor, la usa Berceo, como
demuestra Chi.: *Milagros,* 341c: "mas tú andas buscando
mejor de pan de trigo", y 759c: "mas fui demandar mejor
de pan de trigo". En 659c, la Virgen es "Madre del pan de
trigo".

951a *Sant Meder:* San Emeterio (3 de marzo), Beltrán, *Razones...,*
página 264, comenta que "San Emeterio no es un mal san-
to para en su día ponerse en marcha". Al parecer, San
Emeterio hizo dos viajes con su hermano Celedonio, la segun-
da vez, después de martirizados, "sólo de cuello para arriba".

952cd Morreale (*BICC,* XXXIV, 1979, pp. 94-137, D. 4. 3) protes-
ta ante el empleo de la C mayúscula en *chata:* es un nom-
bre común, que ella glosa como "serrana". Coro. glosa como
"labriega, pastora", glosa que Joset acepta, aunque defien-
de el uso de la mayúscula, creyéndolo nombre propio. Ble-
cua glosa "la serrana por excelencia".

953d Coro. afirma que *rrastrojo* se aplicaba "al residuo de las
mieses que queda en la tierra", y no sólo al campo después
de segado. Aquí, pues, el sentido será "trillar la paja, o tal
vez la mies misma".

954 Detovo me el camino, commo era estrecho: *
una vereda *angosta,* vaqueros la avían fecho;
desque me vi en coíta, arrezido, mal trecho,
"Amiga", dixel, "amidos faze el can barvecho.

955 "Dexa me passar, amiga, dar te he joyas de sierra:
si quieres, di me quáles usan en esta tierra;
ca segund es la fabla, quien pregunta non yerra,
e por Dios da me possada, que el frío me atierra."

956 Respondió me la Chata: "Quien pide non escoge;
promete me qué quiera antes que me enoje;
non temas, *sim* das algo, que la nieve mucho moje;
conssejo te que te abengas antes que te despoje."

957 Commo dize la vieja, quando beve su madexa,
"Comadre, quien más non puede, amidos morir se
[dexa",
yo, desque me vi con miedo, con frío e con quexa,
mandé le *prancha* con broncha, e con çorrón de
[coneja.

* Texto en *SG* hasta 982*d*.

954*b* *angosta*: En *S*, *estrecha* parece ser repetición por descuido
de *estrecho* en 954*a*. *Vaqueros*: Joset y Blecua prefieren *ha-
rruqueros*, de *G*.
954*d* Joset remite a Correas (ed. Combet, p. 108*b*: "El perro en
el barvecho, ladra sin provecho", pero comenta que la glosa
de Correas, "Porke no aí ké guardar", no es apropiado aquí.
Interpreta "de mala gana el can aterido pasea por el bar-
becho". Coro. supone que en el barbecho el perro no iba
a encontrar caza ni nada y, por tanto, no quisiera pasar la
noche ahí.
957*a* Blecua glosa "cuando chupa el hilo, al hilar".
957*b* No veo gran diferencia entre la glosa de Morreale, "no pue-
de hacer otra cosa" (*BRAE,* XLVII-XLVIII, 1968, p. 273, y
otra vez en *BICC,* XXXIV, 1979, A.) y la de Joset, "n'en
pouvoir plus". El adagio citado por Morreale, "Longius
obstarem si longius ipse valerem. Dicam ergo invitus: 'Mors
inimica veni' ", parece apoyar la glosa de Joset más que la
suya.

958   Echó me a su pescueço por las buenas rrespuestas,
      e a mí non me pesó por que me llevó a cuestas;
      escusó me de passar los arroyos e las cuestas.
      Fiz de lo que ý passó las coplas de yuso puestas.

CÁNTICA DE SERRANA

959   Passando una mañana
         + el puerto de Malangosto,
           salteó me una serrana
           a la asomada del rrostro.
           "Fademaja", diz, "¿dónde andas?
           ¿Qué buscas, o qué demandas
           por aqueste puerto angosto?"

960   Dixe le yo a la pregunta:
           "Vo me fazia Sotos Alvos."
           Diz: "El pecado *te barrunta*
           en fablar verbos tan bravos,
           que por esta encontrada
           que yo tengo guardada
           non pasan los omnes *salvos*."

961   Paró se me en el sendero
           la gaha rroín, heda.
           "A la he", diz, "escudero,
           aquí estaré yo queda

ella lo llama así
pq va de pie

959b *Puerto de Malangosto*: Puerto que conecta la zona de Lo-
      zoya con Segovia y con Sotosalbos. Hoy día, al menos, es
      un páramo abierto y fácil de pasar.
960c "El demonio debe de estar siguiendo muy de cerca, inspi-
      rándote a hablar así."
961c R. B. Tate, "Adventures in the sierra", *LBAS*, p. 223, su-
      giere que la identidad del viajero no es necesariamente la
      misma en todas las canciones, ya que aquí se llama *escu-
      dero*, en la tercera es un campesino que busca una novia, y
      en la última es un *hidalgo*, ya casado (1028b), lo cual apoya
      la idea de que las canciones fuesen creaciones independien-
      tes en su origen.

fasta que algo me prometas;
por mucho que te arremetas,
non pasarás la vereda."

962   Dixe le yo: "Por Dios, vaquera,   *no amiga*
      non mi estorves mi jornada;
      tira te de la carrera,
      que non trax para ti nada."
      Ella diz: "Dende te torna,
      por Somosierra trastorna,
      que no avrás aquí passada."

963   La Chata endiablada
      (¡Que Sant Illán la confonda!)
      arrojó me la cayada
      e rrodeó me la fonda,
      enaventó me el *pedrero.*
      Diz: "*Par* el Padre verdadero,
      tú me pagarás oy la rronda."

964   Fazía nieve e *granizava.*
      Dixo me la Chata luego,
      fascas que me amenazava:
      "*Pagam,* si non verás juego."
      Dixel yo: "Par Dios, fermosa,
      dezir vos he una cosa:
      más querría estar al fuego."

965   Diz: "Yo *te* levaré a casa,
      e mostrar te he el camino;
      fazer te he fuego e brasa;
      dar te he del pan e del vino.
      ¡A la é! *promete* me algo,
      e tener te he por fidalgo.
      ¡Buena mañana te vino!"

965e *A la é*: En *G alaúd*, lección preferida por Coro., Joset y Ble-
     cua (¿como *lectio difficilior*?), quienes la defienden con alu-
     sión a 1511c. Pero allí *alaúd* es adverbial, y el contexto en-

966   Yo, con miedo e arrezido,
                prometil una garnacha,
                e mandel para el vestido
                una *broncha* e *una prancha*.
                Ella diz: "Dam más, amigo.
                Anda acá, trete con migo,
                non ayas miedo al escacha."

967   Tomó me rrezio por la mano,
                en su pescueço *me* puso,
                commo a çurrón liviano,
                e *levom* la cuesta ayuso;
                "*Hadeduro,* non te espantes,
                que bien te daré que yantes,
                commo es de la sierra uso."

968   Pusso me mucho aína
                en una venta con su enhoto;
                dio me foguera de enzina,
                mucho gaçapo de soto,
                buenas perdizes asadas,
                fogaças mal amassadas,
                e buena carne de choto.

969   De buen vino un quartero,
                manteca de vacas mucha,
                mucho queso assadero,
                leche, natas e una trucha.

---

tero es arabizante, mientras que aquí se trata de una inter-
jección, paralela a la de 961c y además el contexto no pide
arabismos.

968b *enhoto*: Morreale (*BRAE,* XLVII-XLVIII, 1968, p. 313) in-
siste que *con su enhoto* "no se refiere a la comodidad de la
cabaña de la serrana, sino a la energía y aplomo de ésta",
y cita a Correas: " 'enfotarse' es tomar bríos i determinar-
se" (ed. Combet, p. 236b). Si ello es así, se impone otra
puntuación: *Pusso me mucho aína / en una venta; con su
enhoto, / dio me foguera...*

> Dize luego: "Hadeduro,
> comamos deste pan duro;
> después faremos la lucha."

970   Desque fui un poco estando,
      fui me desatiriziendo;
      commo me iva calentando,
      ansí me iva sonrriendo;
      oteó me la pastora,
      diz: "Ya conpañón, agora
      creo que vo entendiendo."

971   La vaquera traviessa
      diz: "Luchemos un rrato:
      lieva te dende apriesa,
      desbuelve te de aqués hato."
      Por la muñeca me priso,
      ove de fazer quanto quiso;
      creo que fiz buen barato.

DE LO QUE CONTESÇIÓ AL ARÇIPRESTE CON LA SERRANA

972   Despúes desta ventura fui me para Segovia;
      non a comprar las joyas para la Chata *troya*:
      fui ver una costilla de la serpiente *groya*
      que mató al viejo Rando, segund dize en Moya.

969g *faremos la lucha*: Eufemismo patente por el comercio se-
xual. Chi. cita a Propercio, 2. I. 13, "Seu nuda erepto me-
cum luctatur amictu", y 12. 3, "Nam modo nudatis mecum
est luctata papillis"; también *luitier* se emplea en el mismo
sentido en alguna *pastourelle* francesa. Merece recordarse,
sin embargo, la observación de Ester Pérez de King (*His-
pania, Calif.*, XXI, 1938, pp. 85-104) que hasta en tiempos
modernos se ha practicado la lucha como deporte entre
hombres y mujeres en fiestas rurales. Si lo mismo ocurría
ya en tiempos de Juan Ruiz, el equívoco de su empleo eufe-
místico sería aun más picante.

972b *troya*: Aquí parece usarse como adjetivo, mientras que en
699c y 937c parece más bien un sustantivo.

972c *groya*: Chi. cree que será un provenzalismo, con el sentido
de "amarillo"; Coro. lo considera una variante de *croya*, "ás-

973   Estude en esa çibdat, e espendí mi cabdal;
      non fallé *pozo* dulçe nin fuente *perenal;*
      desque vi[+] la mi bolsa que se parava mal,
      dixe: "Mi casilla e mi fogar çient sueldos val."

974   Torné para mi casa luego al terçer día;
      mas non vine por Loçoya, que joyas non traía;
      coidé tomar el puerto que es de la Fuent Fría;
      erré todo el camino, commo quien lo non sabía.

975   Por el pinar ayuso fallé una vaquera,
      que guardava sus vacas en aquesa rribera.
      "Omillo me", dixe yo, "serrana fallaguera;
      o morar me he con vusco o mostrad me la carrera."

976   "Semejas me", diz, "sandío, que ansí te conbidas;
      non te *llegues* a mí, ante te lo comidas;
      si non, yo te faré que mi cayada midas;
      si en lleno te cojo, bien tarde la olvidas."

---

pera, cruda, dura"; Joset duda entre *roya, groga* y *groya,* sin
decidirse. Podría tratarse de un nombre propio, o apodo, ba-
sado en una palabra extranjera.

972*cd* Tomás Calleja Guijarro (*Actas I Congreso,* pp. 380-381) su-
giere que la *costiella de la serpiente groya* pudo ser una
parte del famoso acueducto que se hubiera desprendido y
así muerto al viejo Rando. Señala la existencia de un "prao
Rando" en la ruta de Valdevacas a Segovia. *Moya* (*Maya*
en *G*): El único Moya que se conoce es un lugar del par-
tido de Cañete, en la provincia de Cuenca.

973*b pozo dulce, fuente perenal*: Imágenes bíblicas, de 'bienes
inagotables y felicidad' (Joset). Lida (*Lba selección,* Buenos
Aires, 1940, p. 40), cita a San Pedro Damián, "Ad perennis
vitae fontem mens sitivit arida". La imagen vuelve a usar-
se en 1160*a,* y en su nota a dicho verso, Chi. alude a
Juan, IV, v. 14: "fons aquae salientis in vitam aeternam".

973*cd* Me parecen innecesarias las enmiendas al orden de las pa-
labras por Chi., Joset y Blecua. Si se lee 973*d* (en *S*) como
verso sin cesura, resulta tener las 14 sílabas deseadas.

974*c Fuent Fría*: El actual puerto de Fuenfría está situado al sur
de Segovia, un poco al oeste del puerto de Navacerrada.

977 Commo dize la fabla del que de mal nos quita,
    'escarva la gallina e falla su pepita';
    prové me de llegar a la chata maldita;
    dio me con la cayada en la oreja ficta.

978 Derribó me + cuesta ayuso e caí estordido;
    allí prové que era mal golpe el del oído.
    "Confonda Dios", dixe yo, "çigüeña en el exido,
    que de tal guisa coje çigoñinos en nido."

979 Desque ovo en mí puesto las sus manos iradas,
    dixo la descomulgada: "Non pises las aradas;
    non te ensañes del juego, que esto a las vegadas,
    cohieren se en uno las buenas dineradas.

980 + "Entremos a la cabaña, Ferruzo non lo entienda;
    meter te he por camino e avrás buena merienda;
    lieva te dende, cornejo, non busques más contien-
                                              [da."
    Desque la vi pagada, levanté me corrienda.

977*b* Correas (ed. Combet, p. 148*a*): "Eskarva la gallina i halla
    su pepita. 'Pepita' es enfermedad ke da la las gallinas den-
    tro del piko, en la lengua, kon ke se enflakezen; demás ke
    tanbién es pepita de legunbres, i otras kosas."
977*d* *ficta*: Ducamin y Criado / Naylor leen *fyera*. Pero al con-
    sultar el Ms. original, yo leí *fycta*, la *t* escrita sobre un ras-
    go erróneo.
978*cd* Cej. cita a Valdecebro (*Aves*, c. 20): "Es bien singular lo
    que á este pájaro generoso sucede: y es que paga el diezmo
    de sus polluelos, arrojándole del nido, como en religioso
    feudo, al dueño de la torre donde anidan."
979*c* Coro. imprime *está a las vegadas*, y glosa "estar a la recí-
    proca", es decir, ahora le toca al viajero dar los golpes.
    Joset, en cambio, remite a 180*d, por esto a las vegadas...*
    Pero tanto el contexto como la sintaxis son diferentes. Pa-
    rece haber un anacoluto: el sentido sería algo así como
    "... porque a veces ocurre que se cohieren..."
980*c* En *G ca dise la pastrana quien yerra non emienda.* Morrea-
    le (*HR*, XXXIX, 1971, p. 306) cree que ambas versiones son
    buenas, y que forman parte de una estrofa de cinco versos.
    Blecua sospecha que el copista de *G* inventó el verso *c* para

981   Tomó me por la mano, e fuemos nos en uno;
       era nona passada e yo estava ayuno;
       desque en la choza fuimos, non fallamos ninguno;
       dixo me que jugásemos el juego por mal de uno.

982   "Par Dios", dixe yo, "amiga, más querría almozar,
       que ayuno e arreçido, non omne podría solazar;
       si ante non comiese, non podría bien luchar."
       Non se pagó del dicho e quiso me amenazar.

983   Penssó de mí e della. Dixe yo: "Agora se prueva *
       que pan e vino juega, que non camisa nueva."
       Escoté la merienda e partí me dalguueva;
       dixe le que me mostrase la senda, que es nueva.

       * Las cs. 983-984 en S solamente.

---

suplir el que faltaba en su modelo. Coro. cree que se trata
de dos redacciones. *cornejo*: Morreale cree que es un nom-
bre propio, Cornelio, pero no explica por qué la serrana
iba a llamar al viajero por su nombre.

981d *el juego por mal de uno*: Morreale (*BRAE*, XLIII, 1963,
página 320) remite a 262b, *fizo le muy mal juego*. Aquí la
víctima del juego sería el marido ausente. Joset comenta:
"aun más irónica si el uno representara el *(sic)* propio ca-
minante". Sospecho que se trata de los malos efectos físi-
cos del amor, como en el caso del *garçón loco* (cs. 189-196),
un juego en que siempre pierde el hombre.

982a *almozar*: sic en ambos Mss. (="almorzar").

982c Cfr. 303d y nota.

983-984 Según la teoría de las dos redacciones del *Libro*, estas dos
cuartetas se hubieran añadido en la de 1343. H. H. Arnold
y Chi. creen, en cambio, que son imprescindibles para la
coherencia del relato (Chi., Introducción, p. xxvii). En rea-
lidad, la versión de *G* es coherente: en 982, el viajero dice
que quiere comer antes de "luchar", y la serrana se enfada;
en 985, le lleva directamente (sin comer ni nada) a la en-
crucijada de *dos senderos*, y le deja. En la versión de *S*,
le da de comer, y él se lo paga de la manera deseada; pero
se niega a satisfacer los deseos de ella como ella quiere;
ella se enfada, pero le lleva a la encrucijada... La versión
de *S* cuadra mejor con la canción que sigue; y 992ab, que
corresponden a la c. 983, están en *G*. Pero que no le im-
portaba al autor demasiado hacer que fuesen idénticas las
versiones narrada y cantada de cada encuentro, lo demuestra
ampliamente la cuarta aventura. No se trata aquí, creo, de

984 Rogó me que fincase con ella esa tarde,
    ca mala es de amatar el estopa, de que arde;
    dixe le yo: "Estó de priessa, sí Dios de mal me
                                              [guarde."
    Assañó se contra mí; rresçelé e fui covarde.

985 Sacó me de la choça e llegó me a dos senderos: *
    anbos son bien usados e anbos son camineros.
    Andé lo más que pud aína los oteros;
    llegué con sol tenprano al aldea de Ferreros.

986 Desta burla passada fiz un cantar atal:
    non es mucho fermoso, creo, + nin comunal;
    fasta que el libro entiendas, dél bien non digas nin
                                              [mal,
    ca tú entenderás uno e el libro dize ál.

CÁNTICA DE SERRANA

987 Sienpre se me verná miente
    desta serrana valiente, (serval)
    Gadea de Río Frío.

* Texto en *SG* hasta 1006*d*.
_____

una revisión cuidadosa por el autor, en una segunda redac-
ción, sino de dos versiones de la parte narrada que se co-
piaron en distintas ocasiones, o por descuido o por el pru-
rito de variar.
983*c* *dalgueva*: Podría ser *de Algueva* (nombre propio de la se-
rrana), pero el nombre es desconocido. Si es una lección
errónea por el copista, nadie ha propuesto ninguna enmien-
da plausible. Véase J. E. Gillet, en *HR*, XXIV (1956), p. 64.
984*b* *estopa*: En 219*b* ocurre la misma imagen, con *estepa* en la
rima. Tal vez se debiera enmendar en *estepa* aquí, aunque
ambas formas se encuentran en Correas (ed. Combet,
página 182*a*).
985*d* *Ferreros*: Existe hoy un Otero de Herreros, pueblo situa-
do a unos 20 kilómetros de Segovia, hacia el suroeste.
986*cd* Vuelta inesperada al tema de la interpretación del *Libro*
(cfr. 65, 68*cd*...). La intención puede ser la de avisar al
oyente o lector que estos episodios serranos no se deben
aislar del resto de la obra, sino que forman un elemento
integral del conjunto.
987*c* *Río Frío*: El actual Riofrío está a unos 10 kilómetros al sur
de Segovia.

988   *Allá* fuera desta aldea,
             la que aquí he nonbrado,
             encontré me con Gadea:
             vacas guarda en el prado.
             Yol dixe: "En buena ora sea
             de vós, cuerpo tan guisado."
             Ella me rrespuso: "¡Ea!
             La carrera as errado,
             e andas commo rradío."

989   "Radío ando, *serrana,*
             en esta grand espessura.
             A las vezes omne gana
             o pierde por aventura.
             Mas quanto esta mañana,
             del camino non he cura,
             pues vos yo tengo, hermana,
             aquí en esta verdura,
             rribera de aqueste rrío."

990   Rió me como rrespuso
             la serrana tan sañuda;
             desçendió la cuesta ayuso,
             commo era atrevuda;
             dixo: "Non sabes el uso
             comos doma la rres muda;
             quiçá el pecado puso
             esa lengua tan aguda.
             Sí la cayada te enbío."

988f *cuerpo*: Morreale (*BRAE*, XLIII, 1963, pp. 320-321) cita a
     Berceo, *Milagros*, 472c: "la gloriosa, es cuerpo adonado",
     designando así a la persona.
990a *Rió me*: Los demás editores modernos imprimen *Ríome,*
     "Me río". Joset glosa: "Me puse a reir al entender la res-
     puesta..." Cej. imprimió *Ryome,* que parece indicar que él
     entendió "ella me rio". Me parece menos rara la sintaxis
     si leemos *Rió me* ("me rio al contestar..."). Además, el via-
     jero no tiene motivos para reírse en este momento, ni al re-
     cordar el momento después.
990i *Sí*: "Así." Coro. afirma que es el *si* condicional, como en

991   Enbió me la cayada,
aquí tras el pastorejo;
fizo me ir la cuesta lada,
derribó me en el vallejo.
Dixo la endiablada:
"Así *apiuelan* el conejo.
Sobar té, diz, "el alvarda
si non partes del trebejo.
Lieva te, ve te, sandío."

992   Hospedó me e dio me vianda,
mas escotar me la fizo;
por que non fiz *quanto* manda,
diz: "¡Roín, gaho, envernizo!
¡Commo fiz loca demanda
en dexar por ti el vaquerizo!
Yot mostraré, si non ablandas, *
cómmo se pella el erizo,
sin agua e sin rroçío."

---

* Los vv. 992*gh* faltan en *G*.

---

    las fórmulas de amenaza elípticas, y Joset cita a Correas
(ed. Combet, p. 670*b*) en apoyo. Pero en 991*a*, la serrana
le *enbió* la cayada en realidad, lo cual me induce a optar
por *sí*.

991*f* *apiuelan*: En *S apilan* (evidentemente mal), en *G enpiuelan*,
que podría ser la buena lección. Se suele interpretar como
el *apiolar* moderno, "atar los pies de un animal muerto en
la caza". Pero Blecua, guiado sin duda por 991*a-d*, glosa "ma-
tar con un golpe tras la oreja". No sé si está documentada
tal acepción en algún texto medieval.

991*g* "te golpearé la albarda".

992*hi* Coro. interpreta "como se apelotona el erizo (al sentirse
amenazado)". Morreale (*BRAE*, XLVII-XLVIII, 1968, p. 302)
entiende "que el erizo [de la castaña] se pela, aun 'sin
agua y sin rocío'... a fuerza de pisotones y palos..." ¿Por
qué no ha de ser el animal el que se expone al peligro de
ser pelado de manera tan brutal?

DE LO QUE CONTESÇIÓ AL ARÇIPRESTE CON LA SERRANA

993   Lunes antes del alva començé mi camino:
       fallé çerca el Cornejo, do tajava un pino,
       una serrana lerda. Diré vos qué me avino:
       coidós cassar con migo commo con su vezino.

994   Preguntó me muchas cosas, coidós que era pastor;
       por oír de mal rrecabdo, dexós de su lavor;
       coidós que me traía rrodando en derredor;
       olvidó se la fabla del buen consejador

995   Que dize a su amigo, queriéndol consejar: *
       "Non dexes lo ganado por lo que as de ganar;
       si dexas lo que tienes por mintroso coidar,
       non avrás lo que quieres, poder te has engañar."

996   De quanto que pasó fize un cantar serrano,
       éste de yuso escripto que tienes *so* la mano.
       Façía tienpo muy fuerte, pero era verano;
       pasé *de* mañana el puerto por sosegar tenprano.

---

* El v. 995a falta en *G.*

993-1005 R. B. Tate ("Adventures in the sierra", *LBAS,* pp. 221-
    222 y 224), demuestra que si se lee la *cántica* sola, olvidán-
    dose de la introducción, le falta el elemento burlón o gro-
    tesco: parece cualquier canción de cortejo rural (Tate cita
    Canc. Baena, núm. 252, de Pero González de Mendoza, y
    "Egloga representada en requesta de amores..." de Juan del
    Encina, en *Cancionero,* f. cxii verso). Es la introducción la
    que convierte a la serrana en víctima de una burla.
996b El viaje por la sierra es la sección del *Libro* que más se
    aproxima a aquella alternancia de prosa recitada y verso
    cantado de la *chantefable* francesa que don Ramón Menén-
    dez Pidal vio como análoga a la exposición del *Libro* por
    los juglares (*Poesía juglaresca...,* 6.ª ed., Madrid, 1957, pá-
    gina 212). No deja de extrañar, pues, este verso, en que el
    autor alude con tanta claridad a la imagen del lector que
    tiene el texto *so la mano,* y a la colocación de los versos so-
    bre la página (véanse mis comentarios en la Introducción,
    páginas 28-29).

CÁNTICA DE SERRANA

997   Do la casa del Cornejo,
       primer día de *semana,*
       en comedio de vallejo
       encontré una serrana,
       vestida de buen vermejo,
       e buena çinta de lana.
       Dixe le yo: + "Dios te salve, hermana."

998   Diz: "¿Qué buscas por esta tierra?
       ¿Cómmo andas descaminado?"
       Dixe: "Ando por esta sierra,
       do querría cassar de grado."
       Ella dixo: "Non lo yerra
       el que aquí es cassado;
       busca e fallarás *rrecabdo.*

999   "Mas, pariente, tú te cata
       si sabes de sierra algo."
       Yol dixe: "Bien sé guardar *mata;*
       yegua en çerro cavalgo;
       sé el lobo cómmo se mata;
       quando yo en pos él salgo,
       antes lo alcanço quel galgo.

1000   "Sé muy bien tornear vacas,
       e domar bravo novillo;
       sé maçar e fazer natas,
       e fazer el odrezillo;
       bien sé guitar las abarcas,
       e tañer el caramillo,
       e cavalgar bravo potrillo.

1000a *tornear*: Se han propuesto varias glosas: Cej., "echarle gra-
no (al ganado)"; Aguado, "domar"; Lida (*RFH,* II, 1940,
página 143), "derribar"; Coro., "rodear, encerrar en un ro-
deo". La conexión con *torneo* parece evidente, y sugiero
que el sentido debe ser muy poco diferente del de *torear.*

1001   "Sé fazer el altibaxo
              e sotar a qual quier muedo;
              non fallo alto nin baxo
              que me vença, segund cuedo;
              quando a la lucha me abaxo,
              al que una vez travar puedo,
              derríbol si me denuedo."

1002   Diz: "Aquí avrás casamiento
              tal qual tú demandudieres:
              casar me he de buen talento *
              con tigo, si algo dieres;
              farás buen entendimiento."
              Dixel⁺: "Pide lo que quisieres,
              e dar te he lo que pidieres."

1003   Diz: "Da me un *prendedero*
              que sea de bermejo paño,
              e da me un bel pandero,
              e seis anillos de estaño,
              un *çamarrón* disantero,
              ⁺ garnacho para entre el año,
              e non fables en engaño.

1004   "*Dam* çarçillos de hevilla,
              de latón bien rreluziente;
              e da me toca amarilla,
              bien listada en la fruente,
              çapatas fasta rrodilla,
              e dirá toda la gente:
              "¡Bien casó Menga Lloriente!"

1005   Yol dixe: "Dar te he esas cosas,
              e aun más, si más comides,
              bien loçanas e fermosas.
              A tus parientes conbides;

* Los vv. 1002*cdef* faltan en *G*.

luego fagamos las bodas,
e esto non lo olvides,
que ya vo por lo que pides."

DE LO QUE CONTESÇIÓ AL ARÇIPRESTE CON LA SERRANA, E DE LAS FIGURAS DELLA

1006   Sienpre ha la mala manera la sierra e la altura:
si nieva o si yela, nunca da calentura.
Bien en çima del puerto fazía orrilla dura:
viento con grand elada, rrozío con grand friura.

1007   Commo omne non siente tanto frío si corre, *
corrí la cuesta ayuso, ca diz: "Quien da a la torre,
antes dize la piedra que sale el alhorre."
Yo dixe: "Só perdido si Dios non me acorre."

* La c. 1007 en S solamente.

1006-42 Aquí la diferencia entre la introducción narrativa y la
cántica (1022-42) es enorme. Ésta describe una situación
que, aparte el lugar y el tiempo espantosos, se parece mucho
a la de cualquier pastorela: el encuentro del viajero con una
campesina convencionalmente hermosa (1024cde), el diálogo
que empieza en un tono cortés. Sólo al final (1040-42) se
asoma la agresión de las primeras serranas, y el poeta insi-
núa que la apariencia de la muchacha ha perdido su atrac-
tivo (1040a). La introducción, en cambio, consiste en la des-
cripción de un monstruo, el opuesto, rasgo por rasgo, de la
mujer ideal descrita por don Amor (cs. 431-449).
1007bc La interpretación de este refrán depende del sentido de
alhorre: si se trata de alforre, "halcón", habrá que entender
"antes cae la piedra que sale el halcón (de su nido en la
torre, por supuesto)". Si es alhorre, "cardenal de un golpe"
(según Aguado: Moliner glosa "erupción de la piel"), enton-
ces el sentido será algo así como "antes cae la piedra que
aparece el cardenal (que ha producido el golpe de la pie-
dra)". La alusión a la torre se explicaría, tal vez, por el
hecho de que la piedra se lanzase contra algún defensor de
una torre.

1008   Nunca desque nasçí pasé tan grand peligro *
    de frío: al pie del puerto fallé me con vestiglo,
    la más grande fantasma que ví en este siglo:
    yeguarisa trifuda, talla de mal çeñiglo.

1009   Con la coíta del frío e de aquella grand elada,
    rroguel que me quisiesse ese día dar posada;
    dixo me quel plazía, sil fuese bien pagada;
    tove lo a Dios en merçed, e levó me a la Tablada.

1010   Sus mienbros e su talla non son para callar,
    ca bien creed que era ⁺ grand yegua cavallar;
    quien con ella luchase, non se podría bien fallar;
    si ella non quisiese, non la podría aballar.

1011   En el Apocalipsi, Sant Johan Evangelista
    non vido tal figura nin de tan mala vista;
    a grand hato daría lucha e grand conquista;
    non sé de quál diablo es tal fantasma quista.

1012   Avía la cabeça mucho grande sin guisa;
    cabellos *chicos e* negros, más que corneja lisa;
    ojos fondos, bermejos, poco e mal devisa;
    mayor es que de yegua la patada do pisa.

1013   Las orejas mayores que de añal burrico;
    el su pescueço negro, ancho, velloso, chico;
    las narizes muy gordas, luengas, de çarapico;
    bevería en pocos días cabdal de buhón rrico.

---

* Texto en *SG* hasta 1015*d*.

1009*d La Tablada*: El actual Puerto de Guadarrama.
1012*d yegua*: En *G, osa,* animal que por cierto se cazaba en la
    zona (según la descripción que da el *Libro de la montería*
    de Alfonso XI de la Guadarrama). Pero como término de
    comparación, me parece preferible sólo si se considera *lectio
    difficilior.*
1013*d buhón*: Puede haber aquí un juego de conceptos: además de
    buhón, "vendedor, mercader", existía, según Coro., *buhón*
    (< * BUDONE), "laguna, charca, abrevadero". Morreale (*HR,*

1014   Su boca de alana, e los rrostros muy gordos;
        dientes anchos e luengos, asnudos e moxmordos;
        las sobreçejas anchas e más negras que tordos;
        los que quieren casar se aquí non sean sordos.

1015   Mayores que las mías tiene sus prietas barvas.
        Yo non vi en ella ál; mas si tú en ella escarvas,
        creo que fallarás de las chufetas darvas;
        valdría se te más trillar en las tus parvas.

1016   Mas en verdat sí, bien vi fasta la rrodilla: *
        los huesos mucho grandes, la çanca non chiquilla;
        de las cabras de fuego una grand manadilla;
        sus tovillos mayores que de una añal novilla.

1017   Más ancha que mi mano tiene la su muñeca:
        vellosa, pelos grandes, pero non mucho seca;
        boz gorda e gangosa, a todo omne enteca,
        tardía como rronca, desdonada e hueca.

---

* Las cs. 1016-20 en *S* solamente.

XXXVII, 1969, p. 150) cree que hay una serie de asociacio-
nes mentales: *pico* > *beber* > *caudal* > *buhón* "char-
ca" > *buhón* "mercader" > *rico*.

1015c *de las chufetas darvas*: Parece ser una construcción partiti-
va, cosa rara en el *Libro*. *Chufetas* son "chistes, bromas";
darvas es voz desconocida, cuyo sentido está por adivinar.
En *G daivas*, lo que inspiró la lección *d'aivas*, "de cuali-
dad", por Coro., solución no aceptada por otros.

1016-20 *G* salta de 1015d a 1021a en la mitad de la página. Sin
estas cuartetas, la descripción de la serrana queda algo trun-
cada, limitada a los detalles de la cabeza. Además, el para-
lelismo entre esta descripción y la de la mujer ideal (cs. 431-
449) depende de la inclusión de las cs. 1016-20. Aun así,
la versión truncada de *G* no es inaceptable, y la c. 1015 tie-
ne el aire de ser una conclusión, mientras que 1016a pare-
ce indicar un nuevo comienzo. Si no hubo una omisión
accidental en *G*, entonces la diferencia se debe al autor. Pero
no a una cuidadosa revisión después de trece años (según
la teoría de las dos versiones), sino más bien a los méto-
dos que usaba el autor en la composición, presentación y
conservación de sus poesías, y a su concepto de la obra
como no cerrada.

1018 El su dedo chiquillo mayor es que mi pulgar:
pienssa de los mayores si te podrías pagar;
si ella algund día te quisiesse espulgar,
bien sentiría tu cabeça que son viga de lagar.

1019 Por el su garnacho tenía tetas colgadas:
davan le a la çinta pues que estavan dobladas;
ca estando senzillas, dar l' ién so las ijadas;
a todo son de çítola andarían sin ser mostradas.

1020 Costillas mucho grandes en su negro costado;
unas tres vezes conté las, estando arredrado.
Digo te que non vi más, nin te será más contado,
ca moço mesturero non es bueno para mandado.

1021 De quanto que me dixo, e de su mala talla, *
fize bien tres cantigas, más non pud bien pintalla;
las dos son chançonetas, la otra de trotalla;
de la que te non pagares, vey la e rríe e calla.

* Texto en *SG* hasta 1127*d*.

1018*c* *espulgar*: El espulgo era un servicio que las damas medieva-
les les prestaban a sus esposos y amantes. Por ejemplo, en
el *Libro del Cavallero Zifar* (ed. J. González Muela, Ma-
drid, Castalia, 1983, p. 114): "E después que ovieron comi-
do, acostóse el cavallero un poco en el regaço de su mu-
ger, e ella espulgándole, dormióse." En el *Conde Lucanor*,
Ex. XLII: "Et luego que su muger lo vio, reçibiólo meior
que los otros dias de ante, et dixol... que se echase çerca
della et que pusiesse la cabeça en su regaço et ella quel es-
pulgaría." En su célebre estudio del pueblo pirineo francés
del siglo XIV, *Montaillou, village occitan de 1294 à 1324*
(París, Gallimard, 1975), Emmanuel LeRoy Ladurie comenta
(cap. VIII, "Le geste et le sexe", p. 204): "On notera que
l'épouillage est toujours exécuté par une femme, sans que
celle-ci soit nécessairement servante de bas statut (Béatrice
de Planissoles, noble personne, n' hésite point à se livrer
à cette activité, sur le crâne d'un prêtre chéri)."
1021 De las tres *cantigas* mencionadas en 1021*b*, una puede ser
la cuarta *cántica de serrana*, pero no es cierto. No sabemos
cómo eran ni una *chançoneta* ni una *cantiga de trotalla*. En
la canción que sigue, no hay ningún intento de "pintar"

CÁNTICA DE SERRANA

1022   Çerca la Tablada,
        la sierra passada,
        fallé me con *Alda*
        a la madrugada.

1023   En çima del puerto,
        coidé *me* ser muerto
        de nieve e de frío,
        e dese rroçío,
        e de grand elada. *

1024   A la deçida,
        di una corrida;
        fallé una serrana
        fermosa, loçana
        e bien colorada.

1025   Dixe yo a ella:
        "Omillo me, bella."
        Diz: "Tú que bien corres,
        aquí non te engorres;
        anda tu jornada". **

1026   Yol dixe: "Frío tengo,
        e por eso vengo
        a vós, fermosura;
        quered por mesura
        oy dar me posada."

* El v. 1023*e* falta en *G*.
** El v. 1025*e* falta en *G*.

a la serrana monstruosa de la introducción. Es posible, pues,
que las tres *cantigas* aludidas nunca existieran.

1027   Dixo me la moça:
       "Pariente, mi choça,
       el que en ella posa
       con migo desposa,
       o me da soldada."

1028   Yol dixe: "De grado,
       mas *yo só* cassado
       aquí en Ferreros;
       mas de mis dineros
       dar vos he, amada."

1029   Diz: "Trota con migo."
       Levó me con sigo,
       e *diom* buena lunbre,
       commo es de costunbre
       de sierra nevada.

1030   Dio me pan de çenteno,
       tiznado, moreno,
       e *diom* vino malo,
       agrillo e rralo,
       e carne salada.

1027e En *S e dam grand soldada,* lo que parece menos lógico: la
     serrana admitirá a su choza solamente al hombre que esté
     dispuesto o a casarse con ella, o a pagarle bien los servicios
     sexuales, según indica la respuesta del viajero en 1028. Des-
     graciadamente, la c. 1038 crea más confusión, apoyando la
     lección de *S* en 1027e.
1029a En *G Vete comigo,* lección que induce a Chi. a enmendar
     en *trete con migo.* Joset comenta que *trota* se relaciona con
     trotalla de 1021c.
1029ç *diom:* En *S dion,* en *G dio me.* Lo mismo ocurre en 1030c,
     1031a, 1034e, 1035a, 1036a, 1037a: *G* da la forma plena, *S*
     parece no reconocer la forma apocopada y escribe *dion, sin,
     dan...* Esto sugiere que la forma apocopada es la buena en
     estos casos.

1031
    Diom queso de cabras.
    "Fidalgo", diz, "abras
    ese braço e toma
    un canto de soma
    que tengo guardada."

1032
    Diz: "Huesped, almuerça
    e beve, e esfuerça;
    calienta te e paga;
    de mal *nos'* te faga
    fasta la tornada.

1033
    "Quien dones me diere
    quales yo pediere,
    avrá bien de çena,
    e lechiga buena,
    que nol coste nada."

1034
    "Vós que eso dezides,
    ¿por qué non pedides
    la cosa çertera?"
    Ella diz: "Maguera;
    e ¿sim será dada?

1035
    "Pues, *dam* una çinta
    bermeja, bien tinta,
    e buena camisa
    fecha a mi guisa,
    con su collarada.

1036
    "E *dam* buenas sartas
    de estaño, e fartas,
    e da me halía
    de buena valía,
    pelleja delgada.

1034*de* José Luis Rivarola (*NRFH*, XXV.1, 1976, pp. 83-86) pun-
    túa como sigue: *Ella diz, maguera: "¿E sim' será dada?..."*
    Maguera valdría "sin embargo".

1037   "E *dam* buena toca
        listada de cota,
        e da me çapatas
        de cuello bien altas,
        de pieça labrada.

1038   "Con aquestas joyas
        —quiero que lo oyas—
        serás bien venido;
        serás mi marido,
        e yo tu velada."

1039   "Serrana señora,
        tanto algo agora
        non trax, por ventura;
        mas faré fiadura
        para la tornada."

1040   Dixo me la heda:
        "Do non ay moneda
        non ay merchandía, *
        nin ay tan buen día,
        nin cara pagada.

1041   "Non ay mercadero
        bueno sin dinero;
        e yo non me pago
        del que *nom* da algo,
        nin le do la posada.

1042   "Nunca de omenaje
        pagan ostalaje;
        por dineros faze
        omne quanto plaze,
        cosa es provada."

---

* Los vv. 1040*cd* faltan en *G*.

1040-42 En *G* faltan 1040*cd*; 1041*ab* están copiados en su lugar,
    y luego 1041*cd* se dan como los dos primeros versos de 1042,
    seguidos de 1042*ab* y *cd*. Los tres estribillos de 1040, 1041
    y 1042 están copiados a mano derecha. El efecto es de una
    estrofa final de seis versos pareados con dos estribillos.

DEL DITADO QUEL ARÇIPRESTE OFFREÇIÓ A SANTA MARÍA DEL VADO

1043 Santiago apóstol diz *que* todo bien conplido
e todo don muy bueno de *Dios* bien' escogido.
E yo, desque salí de todo aqueste rroído,
torné rrogar a Dios que me non diese a olvido.

1044 Çerca de aquesta sierra ay un logar onrrado,
muy santo e muy devoto, Santa María del Vado:
fui tener ý vigilia, commo es acostunbrado;
a onrra de la Virgen ofreçí le este ditado:

1043-66 La combinación de introducción narrativa y canciones,
más la situación geográfica de Santa María del Vado (véan-
se los indicios dados por Criado de Val en *Teoría de Castilla
la Nueva*, pp. 240-242), crean la impresión de que esta sec-
ción forma una parte del viaje por la sierra. Y, sin embar-
go, tiene un carácter tan distinto que cabe sospechar que
la conexión entre estas *Pasiones* y la aventura de las serra-
nas es arbitraria, establecida únicamente por las cs. 1043-
44, ya que no hay otra alusión al santuario, y las *Pasiones*
pertenecen más bien al repertorio general de canciones re-
ligiosas del autor.
Sobre las *Pasiones,* véase Margherita Morreale, "Una lectu-
ra de las 'pasiones' de Juan Ruiz...", *BRAE*, LV (1975),
pp. 331-381, estudio que demuestra con qué virtuosismo
Juan Ruiz logra tratar el mismo tema de dos modos real-
mente distintos.

1043ab Ambos Mss. tienen *de todo bien conplido,* y G omite *diz,*
tratando la frase como calificación adjetival de *Santiago.*
El error (si en realidad lo es) se explica fácilmente por la
existencia de la frase, documentada en otros textos: Por
ejemplo, *Poema de Fernán González,* 628a: "La infant doña
Sancha, de todo bien conplida, ..." En el mismo *Libro de
buen amor,* 79b, leemos "conplida es de todos bienes". Por
tanto, no es necesariamente un error conjuntivo derivado del
supuesto arquetipo, ya que fácilmente se podía haber pro-
ducido independientemente en las dos familias de los Mss.
La cita es de la *Epístola de S. Jaime,* I, v. 17.

1045   *A ti,* noble Señora, madre de piedat,
        luz luziente al mundo, del cielo claridat,
        mi alma e mi cuerpo, ante tu magestat,
        ofresco con cantigas, e con grand omildat.

1046   Omillo me, Reína,
                Madre del Salvador,
                Virgen santa e dina,
                oye a mí pecador.

1047   Mi alma *en ti cuida*
                e en tu alabança;
                de ti non se muda
                la mi esperança;
                Virgen, tú me ayuda,
                e *sin* detardança
                rruega por mi a Dios,
                tu fijo, mi señor.

1048   Por que en grand gloria
                estás, e con plazer,
                yo en tu memoria
                algo quiero fazer:
                la triste estoria
                que a Jesú yazer
                fizo en presiones
                en penas e en dolor.

DE LA PASIÓN DE NUESTRO SEÑOR JESÚ CHRISTO

1049   Miércoles a terçia,
                el cuerpo de Cristo,
                Judea lo apreçia,
                esa ora fue visto.
                ¡Quán poco *lo* preçia
                al tu fijo quisto
                Judas, el quel vendió,
                su disçípulo traidor!

1050
Por treinta dineros
fue el vendimiento,
quel caen *señeros*
del noble ungento;
fueron plazenteros
del pleiteamiento:
dieron le algo
al falso vendedor.

1051
A ora de maitines,
dando le Judas paz,
los *judíos golhines,*
commo si fuese rrapaz,
aquestos mastines,
así ante su faz,
travaron dél luego,
todos en deredor.

1052
Tú con él estando
a ora de prima,
viste lo levando,
feriendo que lastima;
Pilatos judgando,
escupen le en çima
de su faz tan clara,
del çielo rresplandor.

1053
A la terçera ora
Cristos fue judgado:
judgó lo el atora,

1051d Cfr. *Lucas,* XXII, v. 52: "... quasi ad latronem" ("como contra un ladrón").
1052d En *G e feridas lastima,* que no tiene sentido. La enmienda de Joset (quitar la *e*) ayuda poco. Blecua se lava las manos, tildando de incomprensibles ambas lecciones. Pero la de *S* no me lo parece: *lastima* es de *lastimar,* y el sentido debe ser "feriéndole que da lástima", o "feriéndolo hasta hacerle daño".
1053c *atora*: Aquí es el Sanedrín, Concejo Supremo de los judíos.

pueblo porfiado;
por aquesto morrá,
en cabtivo dado,
del cual nunca saldrá
nin avrá librador.

1054   Diziendo le: "Vaya",
lievan lo a muerte;
sobre la su saya
echaron le suerte,
quál dellos la aya,
pesar atán fuerte.
¿Quién lo dirié, Dueña,
quál fue destos mayor?

1055   A ora de sesta
fue puesto en la cruz.
Grand coíta fue aquesta
por el tu fijo duz;
mas al mundo presta,
que dende vino luz,
claridat del çielo,
por sienpre durador.

1056   A ora de nona
morió, e *contesçió*
que por su persona
el sol escuresçió;
dándol del ascona,
la tierra estremeçió;
sangre e agua salió,
del mundo fue dulçor.

1057   A la vesperada,
de cruz fue desçendido;

1053e *morrá*: En *G moran*. Coro., Joset y Blecua enmiendan en
mora, mejor para la rima.
1054a Coro. puntúa: *"Deziéndole vaya..."*, interpretando *vaya* como
sustantivo, "mofa, burla".
1057b *desçendido* está en ambos Mss., pero da un verso hipermé-

> *cunpleta* llegada,
> de unguente ungido;
> de piedra tajada
> en sepulcro metido;
> çenturio fue dado
> luego por guardador.

1058
> Por aquestas llagas
> desta santa pasión,
> a mis coítas fagas
> aver consolaçión;
> Tú que a Dios pagas,
> da me tu bendiçión,
> que sea yo tuyo
> por sienpre servidor.

DE LA PASIÓN DE NUESTRO SEÑOR JESÚ CHRISTO

1059
> Los que la ley *avemos*
> *de Cristos* de guardar,
> de su muerte devemos
> doler nos e acordar.

1060
> Cuentan *las profiçías*
> lo que se ovo a conplir:
> primero Jeremías
> como ovo de venir;
> diz luego Isaías
> que lo avía de parir

---

trico. Aguado propuso la enmienda *deçido,* que fue adop-
tada por Chi., Coro. y Joset. Preferible me parece la en-
mienda de Cej., quitando *fue,* lo cual establece el paralelo
sintáctico con los versos *bcde.*
1057g *çenturio*: Morreale (*BRAE,* XLIII, 1963, p. 323) alega que
se entendía como nombre propio (por ej., Berceo, *Sacrificio
de la misa,* 119a), lo que explica la falta de artículo aquí.
Pero nótese que en esta estrofa no hay más artículo que
en el v. *a.*

la Virgen que sabemos
Santa María estar.

1061   Dize otra proffeçía
de aquella vieja ley
que el cordero vernía
e salvaría la *grey;*
Daniel lo dezía,
Por Cristos nuestro rrey;
en Davit lo leemos
segund el mi coidar.

1062   Commo profetas dizen,
esto ya se conplió:
vino en Santa Virgen,
e de Virgen nasçió
al que todos bendiçen;
por nós todos morió,
Dios e omne que veemos
en el santo altar.

1063   Por salvar fue venido
el linaje umanal;
fue de Judas vendido
por *muy* poco cabdal;
fue preso e ferido
de los jodíos mal,
este Dios en que creemos,
fueron *lo* açotar.

1060h *estar*: Morreale (*BRAE*, XLIII, 1963, p. 323) cita a Berceo, *Milagros*, 548c: "E non devie por nada abadessa estar", como ejemplo del empleo de *estar* con atributo sustantival, y pregunta: "¿... para subrayar la identidad? o ¿para traducir con más énfasis un *esse* latino?" Coro. sugiere que es la influencia de la lírica gallega. En el lenguaje moderno suele haber un elemento de colocación o estado, por ejemplo, "está en Burgos monja". Aquí ¿no puede tratarse de *estar virgen*?

1061d Ambos Mss. tienen *ley,* probablemente un error mecánico. *Grey* es la enmienda de T. A. Sánchez en su edición de 1790.

1064   En su faz escopieron,
            del çielo claridat;
            espinas le pusieron
            de mucha crueldat;
            en la cruz lo sobieron
            sin toda piedat;
            destas llagas tenemos
            dolor e grant pessar.

1065   Con clavos enclavaron
            las manos e pies dél;
            la su set abebraron
            con vinagre e fiel.
            Las llagas quel llagaron
            son más dulçes que miel
            a los que en él avemos
            esperança sin par.

1066   En cruz fue ⁺ por nós muerto,
            ferido e llagado;
            e después fue abierto
            de ascona su costado;
            por estas llagas çierto
            es el mundo salvado;
            a los que *en El* creemos,
            El nos quiera salvar.

DE LA PELEA QUE OVO DON CARNAL CON LA QUARESMA

1067   Açercando se viene un tienpo de Dios santo:
          fui me para mi tierra por folgar algund quanto.
          Dende a siete días era Quaresma tanto;
          puso por todo el mundo miedo e grand espanto.

1067-1209 Sobre esta sección, véanse Lecoy, *Recherches...*, cap. IX.
1 (pp. 245-252); Kemlin Laurence, *LBAS*, pp. 159-176; Bel-
trán, *Razones de buen amor*, pp. 280-301. Sobre los elementos
paródicos en la *pelea*, véase A. D. Deyermond, *LBAS*, pá-
ginas 64-65.
1067c *tanto*: Prefiero la puntuación y explicación de Morreale

1068   Estando a la mesa con don Jueves Lardero,
         truxo a mí dos cartas un ligero trotero;
         dezir vos he las notas, ser vos *he* tardinero,
         ca las cartas leídas, di las al menssajero.

1069   "De mí, Santa Quaresma, sierva del Salvador,
         enbiada de Dios a todo pecador,
         a todos los açiprestes e clérigos *sin* amor,
         salud en Jesú Cristo fasta la Pasqua Mayor.

1070   "Sabed que me dixieron que ha çerca de un año
         que anda don Carnal sañudo, muy estraño,
         astragando mi tierra, faziendo mucho dapño,
         vertiendo mucha sangre, de lo que más me asaño.

1071   "E por aquesta rrazón, en vertud *de* obediençia,
         vos mando firme mente, so pena de sentençia,
         que por mí e por mi ayuno e por mi penitençia
         que lo desafiedes luego con mi carta de creençia.

1072   "Dezid le de todo en todo que de oy *en* siete días,
         la mi persona mesma e las conpañas mías
         iremos pelear con él e con todas sus porfías;
         creo que se me non *tenga* en las carneçerías.

1073   "Dad la al mensajero, esta carta leída;
         lieve la por la tierra, non la traya escondida,
         que non diga su gente que non fue aperçebida. *
         Dada en Castro de Ordiales, en Burgos rresçebida."

---

* El v. 1073*c* falta en *G*.

(*BRAE*, XLVII-XLVIII, 1968, p. 273, y *BICC*, XXXIV,
1979, D. 3) a las adoptadas por Chi., Coro. y Joset: es de-
cir, *tanto* modifica *Dende a siete días,* como en 1692*b*, *bien
tanto pesa a mí,* y no anticipa *miedo e grand espanto* de
1067*d.*
1069*c* En *S con amor,* lo cual en efecto contradice la c. 1077.
1071*c* Morreale (*BICC*, XXXIV, 1979, D. 4. 3) duda que debie-
     ran llevar mayúscula inicial *ayuno* y *penitençia,* ya que el
     empleo del posesivo indica que no son personificaciones.
1073*d* Castro de Urdiales ya era un pueblo pesquero importante:
     el ejército de doña Quaresma se compone de pescado.

1074 Otra carta traía, abierta e sellada,
una concha muy grande de la carta colgada;
aquel era el sello de la dueña nonbrada;
la nota es aquesta — a Carnal fue *enbiada*:

1075 "De mí, doña Quaresma, justiçia de la mar,
alguaçil de las almas que se han de salvar,
a ti, Carnal goloso, que te non coídas fartar,
enbío te el Ayuno por mí desafiar:

1076 "Desde oy en siete días tú e tu almohalla,
que seades con migo en el canpo *a la* batalla,
fasta el sábado santo dar vos he lid sin falla;
de muerto o de preso, non podrás escapalla."

1077 Leí amas las cartas, entendí el ditado:
vi que venía a mí el un fuerte mandado,
ca non tenía amor, nin era enamorado;
a mí e a mi huésped puso nos en coidado.

1078 Do tenía a don Jueves por huésped a la mesa,
levantó se bien alegre, de lo que non me pesa;
dixo: "Yo só el *alférez* contra esta mal apresa;
yo justaré con ella, que cada año me sopesa."

1079 Dio me muy muchas graçias por el *mi* buen conbid.
Fue se, e yo fiz mis cartas, dixe le al Viernes: "Id
a don Carnal mañana, e todo esto le dezit:
que venga aperçebido el martes a la lid."

1080 Las cartas rresçebidas, don Carnal argulloso
mostró en sí esfuerço, pero estava medroso;
non *quiso* dar rrespuesta, vino a mí acuçioso;
truxo muy grand mesnada, commo era poderoso.

1081 Desque vino el día del plazo señalado,
vino don Carnal ⁺ ante; estava esforçado,
de gentes muy guarnidos muy bien aconpañado;
serié don Alexandre de tal rreal pagado.

1082   Pusso en la *delantera* muchos buenos peones:
         gallinas e perdizes, conejos e capones,
         ánades e lavancos e gordos anssarones;
         fazían su alarde çerca de los tizones.

1083   Estos traían lanças de peón delantero:
         espetos muy conplidos de fierro e de madero;
         escudavan se todos con el grand tajadero;
         en la buena yantar éstos venían primero.

1084   En pos los escudados están *los* ballesteros:
         las ánsares çeçinas, costados de carneros,
         piernas de puerco fresco, los jamones enteros;
         luego en pos de aquestos están los cavalleros.

1085   Las puestas de la vaca, lechones e cabritos;
         allí andan saltando e dando grandes gritos;
         luego los escuderos, muchos quesuelos friscos,
         que dan de las espuelas a los vinos bien tintos.

1086   *Venía* buena mesnada rrica de infançones:
         muchos buenos faisanes, los loçanos pavones;
         venían muy bien guarnidos, enfiestos los pendones;
         traían armas estrañas e fuertes guarniçiones.

1087   Eran muy bien labradas, tenpradas e bien finas:
         ollas de puro cobre traían por capellinas;
         por adáragas calderas, sartenes e cozinas;
         rreal de tan grand preçio non tenían las sardinas.

1085c *quesuelos friscos*: En *G*, *fresuelos fritos*, lección adoptada
por Chi. y Blecua, aunque *fresuelos* es voz no documenta-
da. Coro. prefiere la lección de *S*, explicando bien *friscos*, y
considerando *fresuelos* como un error de copista (diplolo-
gía de *fr-*). Joset combina *fresuelos* y *friscos*. Josefa Mar-
tínez Álvarez (*Archivum*, XXXI-XXXII, 1981-1982, pp. 483-
491) cree que *fresuelos* puede derivarse de un cruce de
foliola (que dio *hojuela*) y *frixu*, y cita formas asturianas
como *freixolo*, *freisolo*. Extraña su comentario (p. 485),
"... ¿Cómo puede aducirse un queso fresco como estimu-
lante especial para beber vino?", ya que es muy corriente
servir el queso con vino; el queso aguza el gusto para
beber.

1088 Vinieron muchos gamos, e el fuerte javalí;
"Señor," diz, "non me escusedes de aquesta lid
[a mí,
que ya muchas vegadas lidié con don Alí;
usado só de lid, sienpre por ende valí."

1089 Non avía acabado dezir bien su verbo,
ahé vos adó viene muy ligero el çiervo;
"Omillo me", diz, "señor, yo el tu leal siervo;
por te fazer serviçio, non fui por ende siervo."

1090 Vino presta e ligera al alarde la liebre;
"Señor," diz, "a la dueña yo le metré la fiebre;
dalle he la sarna e diviesos, que de lidiar nol mien-
[bre;
más querría mi pelleja, quando alguno le quiebre."

1091 Vino el cabrón montés con corços e torcazas,
deziendo sus bramuras e muchas amenazas;
"Señor," diz, "a la dueña, si con migo la enlazas,
non te podrá enpesçer con todas sus espinaças."

1088c *don Alí*: Como dice Joset, debe tomarse como nombre ge-
nérico de los moros. La enemistad del jabalí con los mo-
ros se debería al hecho de que para todo musulmán la car-
ne del cerdo es inmunda.
1089d Los demás editores hacen del segundo hemistiquio una pre-
gunta: *¿non fui por ende siervo?* "Juego de palabras evi-
dente", comenta Joset. No lo veo. En cambio, si leemos
1089*d²* como una negación, es evidente que se oponen dos
acepciones de *siervo*.
1090c Se creía que el contacto con la piel de la liebre causaba in-
fecciones en la piel del hombre.
1090d "[Yo] más querría tener mi pelleja [que la suya], cuando
algún *divieso* le reviente." Esta interpretación (de Coro.)
me parece mucho mejor que la de Morreale (*BRAE*, XLIII,
1963, p. 324): "[Ella] más querría tener mi pelleja que la
suya, cuando alguien le quebrante la carne (es decir, 'la
viole')."
1091c *enlazas*: "si conmigo la juntas en combate", pero también
insinuando, tal vez, que se trata de otro tipo de "lucha",
como sugiere Joset.

1092 Vino su paso a paso el buey viejo lindero:
"Señor," diz, "a herrén me echa oy el *yuguero;*
non só para afrae en carrera nin *en* ero,
mas fago te serviçio con la carne e cuero."

1093 Estava don Toçino con mucha otra çecina:
çidiérbedas e lomos, finchida la cozina,
todos aperçebidos para la lid malina.
La dueña fue maestra: non vino tan aína.

1094 Commo es don Carnal muy grand enperador,
e tiene por todo el mundo poder commo señor,
aves e animalias, por el su grand amor,
vinieron muy omildes, pero con grand temor.

1095 Estava don Carnal rrica mente assentado
a messa mucho farta en un rrico estrado;
delante sus juglares, commo omne onrrado;
desas muchas viandas era bien abastado.

1096 Estava delante dél su alférez homil,
el inojo fincado, en la mano el barril;
tañía amenudo con él el añafil;
parlava mucho el vino, de todos alguaçil.

1097 Desque vino la noche, mucho después de çena,
que tenía cada uno ya la talega llena,
para entrar en la fazienda con la dueña serena,
adormieron se todos dcspués de la ora buena.

1092c *afrae*: En *G lidiar,* que parece una *lectio facilior. Afrae* no
está documentada, pero H. B. Richardson acertó, me parece,
al derivarla del francés *affrai* (más bien *effrei, esfrei* o *es-
froi*), "ruido, alboroto", voz que dio en inglés *affray*, "lu-
cha, reyerta, etc.", todavía viva, sobre todo en el lenguaje
jurídico. La etimología parece ser < *affrayer / effrayer*,
"romper la paz", < latín tardío EXFRIDARE, < Franc. FRIDU,
"paz".

1097d *después de la ora buena*: En *BRAE*, XLVII-XLVIII (1968),
página 274, Morreale glosaba "demasiado tarde (para ir a

1098   Essa noche los gallos con grand miedo estovieron:
      velaron con espanto, nin punto non dormieron;
      non avía maravilla, que sus mugeres perdieron;
      por ende se alboroçaron del rroído que oyeron.

1099   Faza la media noche, en medio de las salas,
      vino doña Quaresma: "¡Dios Señor, Tú me valas!"
      dieron bozes los gallos, batieron de las alas;
      llegaron a don Carnal aquestas nuevas malas.

1100   Commo avía el buen omne sobra mucho comido,
      con la mucha vianda mucho vino ha bevido;
      estava apezgado e estava adormido;
      por todo el su rreal entró el apellido.

1101   Todos amodorridos fueron a la pelea;
      pusieron las sus *azes,* ninguno non pletea;
      la conpaña del mar las sus armas menea;
      vinieron se a ferir, deziendo todos: "¡Ea!"

1102   El primero de todos que ferió a don Carnal
      fue el puerro *cuello* alvo, e ferió lo muy mal;
      fizo le escopir flema, ésta fue grand señal;
      tovo doña Quaresma que era suyo el rreal.

1103   Vino luego en ayuda la salada sardina:
      firió muy rrezia mente a la gruesa gallina;
      atravesó se le en el pico, afoga la aína;
      después a don Carnal falsol la capellina.

1104   Vinién las grandes mielgas en esta delantera;
      los verdeles e xibias guardan la costanera;
      buelta es la pelea de muy mala manera:
      caía de cada cabo mucha buena mollera.

---

lidiar la mañana siguiente)". En *BICC,* XXXIV (1979), B.,
se pregunta: "¿fórmula que se diría al levantarse de co-
mer?", basándose, al parecer, en la lección de *G, después
de en ora buena.* La lección de *S* admite ambas interpre-
taciones.

1105   De parte de Valençia *venían* las anguillas,
       salpresas e trechadas, a grandes manadillas;
       davan a don Carnal por medio de las costillas;
       las truchas de Alverche davan le en las mexillas.

1106   Aí andava el atún commo un bravo león:
       falló se con don Tozino, dixo le mucho baldón;
       si non por doña Çeçina, quel desvió el pendón,
       diera le a don *Lardo* por medio del coraçón.

1107   De parte *de* Bayona venién muchos caçones:
       mataron las perdizes, castraron los capones.
       Del rrío de Henares venían los camarones:
       fasta en *Guadalquivir* ponían *sus* tendejones.

1108   Allí con los lavancos lidian barvos e peçes:
       diz la pixota al puerco: "¿Dó estás, que non pa-
                                                [resçes?
       Si ante mí te paras, dar te he lo que meresçes;
       ençierra te en la mesquita, non vayas a las prezes."

1109   Allí vino la lixa en aquel desbarato:
       traía muy duro cuero con mucho garavato;
       e a costados e a piernas dava les negro rrato;
       ansí *travava* dellos como si fuese gato.

1110   Recudieron del mar, de piélagos e charcos,
       conpañas mucho estrañas e de diversos marcos;
       traían armas muy fuertes e ballestas e arcos;
       más negra fue aquesta que non la de *Alarcos*.

1108*b* Coro. sugiere que aquí tanto *pixota* como *puerco* tienen un
       sentido traslaticio detrás del literal, basándose en la glosa
       "pudendum muliebre" que se da al PORCUS del latín clási-
       co. Pero habría que demostrar que esa acepción de PORCUS
       se conocía lo bastante entre los clérigos medievales para
       que fuese posible un chiste parecido.
1108*d* una salida irónica, basada en la prohibición de la carne
       del cerdo entre musulmanes.
1110*d* Alusión a la batalla de Alarcos, de 1105.

1111   De Santander vinieron las bermejas langostas:
       traían muchas saetas en sus aljavas postas;
       fazían a don Carnal pagar todas las costas;
       las plazas que eran anchas fazían se le angostas.

1112   Fecho era el pregón del año jubileo:
       para salvar sus almas avían todos desseo;
       quantos son en la mar vinieron al torneo;
       arenques e vesugos vinieron de Bermeo.

1113   Andava ý la utra con muchos conbatientes,
       feriendo e matando de las carnosas gentes;
       a las torcaças matan las sabogas valientes;
       el dolfín al buey viejo derribó le los dientes.

1114   Sávalos e albures e la noble lanprea
       de Sevilla e de Alcántara venían a levar prea;
       sus armas cada uno en don Carnal enplea;
       non le valía nada *desçeñir* la correa.

1115   Bravo andava el tollo, un duro villanchón:
       tenía en la su mano grand maça de un trechón;
       dio en medio de la fruente al puerco e al lechón;
       mandó que los echasen en sal de Villenchón.

1112a El primer año jubileo fue promulgado por el papa Bonifa-
cio VIII en 1300. Se celebró otro en 1350. Pero Cejador,
siguiendo a Mariana, relaciona esta cita con la concesión
por el papa de 'Cruzada y jubileo' a los que sirviesen tres
meses en la campaña del Salado en 1339. M. de Riquer
(*Mélanges... Rita Lejeune,* I, pp. 518-519, según Joset) piensa
en la promesa de indulgencias hecha a los cruzados que iban
a la conquista de Granada en 1330. En realidad, como en
el caso de la c. 326, no hay nada en el contexto que haga
más apropiada una fecha que otra.
1113a *utra*: En *G. hurta.* Chi. glosa "specie di pagro" (*urta* en
andaluz). Coro. rechaza *hurta* y dice que debe ser la *nutria.*
Pero, como comenta Joset, la *nutria* es un mamífero que co-
me pescado y, por tanto, se encontraría aquí en el ejército
que no le correspondía. A menos que resultara que los
castellanos del siglo XIV creyesen que la nutria era una es-
pecie de pez...

1116 El pulpo a los pavones non les dava vagar,
nin *aun* a los faisanes non dexava bolar;
a cabritos e a gamos quería los afogar;
como tiene muchas manos, con muchos puede lidiar.

1117 Allí lidian las ostias con todos los conejos;
con la liebre justavan los ásperos cangrejos;
della e *della* parte dan se golpes sobejos;
de escamas e de sangre van llenos los vallejos.

1118 Allí lidia el Conde de Laredo muy fuerte,
congrío çeçial e fresco: mandó *le* mala suerte,
a don Carnal seguiendo, llegándol a la muerte;
estava mucho triste, non falla quél confuerte.

1119 Tomó ya quanto esfuerço, e tendió su pendón;
ardiz e denodado fue se contra don Salmón;
de Castro de Urdiales llegava esa saçón;
atendió le el fidalgo, non le dixo de non.

1120 Porfiaron grand pieça e pasaron grand pena;
si a Carnal dexaran, dieral mal estrena;
mas vino contra él la gigante ballena:
abraçó se con él, echó lo en la arena.

1121 Las más de sus conpañas eran le ya fallesçidas;
muchas dellas murieron e muchas eran foídas;
pero ansí apeado fazía grandes acometidas; *
deffendió se quanto pudo con manos enflaqueçidas.

---

* El v. 1121c falta en *G*.

1117c *della e della parte*: "de una y otra parte". Joset lo llama
"hemistiquio épico", citando el *Poema de Mio Cid*, vv. 1965,
2079, 3139.

1122 Commo estava ya con muy pocas conpañas,
el javalín e el çiervo fuyeron a las montañas;
todas las otras rreses fueron le muy estrañas;
los que con él fincaron non valían dos castañas. *

1123 Si non fuese la çeçina, con el grueso tocino,
que estava amarillo, de días mortezino,
que non podía de gordo lidiar sin el buen vino,
estava muy señero, çercado e mesquino.

1124 La mesnada del mar fizo se un tropel:
fincaron las espuelas, dieron todos en él;
non lo quisieron matar, ovieron duelo dél;
a él e a los suyos metieron en un cordel.

1125 Troxieron los atados por que non escapasen;
dieron los a la dueña ante que se aforrasen;
Mandó luego la dueña que a Carnal guardasen,
e a doña Çeçina con el Toçino colgasen.

1126 Mandó los colgar altos, bien como atalaya,
e que a descolgallos ninguno ý non vaya;
luego los enforcaron de una viga de faya;
el sayón iva deziendo: "Quien tal fizo tal aya."

1127 Mandó a don Carnal *quel* guardase el Ayuno,
e *él fuese carçelero, que* non lo *viese* ninguno,
si non fuese doliente, o confesor alguno,
e quel diesen a comer al día manjar uno.

---

* El v. 1122d falta en G.

1122c *estrañas*: Morreale (*BRAE*, XLIII, 1963, p. 325, y XLVII-
XLVIII, p. 300) glosa "crueles"; Blecua "ingratos".
1126d *Quien tal fizo tal aya*: Joset compara a Berceo, *Milagros*,
250d: "Qui tal faze tal prenda, fuero es e iusticia", y Co-
rreas (ed. Combet, p. 410a): "Kien tal haze, ke tal page:
alza la mano i dale. Imitazión del pregón de los azotados."
Era la frase ritual que se pronunciaba al ejecutar la sen-
tencia.
1127b La versión de S, *e que lo toviesen ençerrado, a do non lo
vea ninguno,* sería perfectamente aceptable, si se quitase
ençerrado.

DE LA PENITENÇIA QUEL FLAIRE DIO A DON CARNAL E DE COMMO EL PECADOR SE DEVE CONFFESSAR, E QUIEN HA PODER DE LO ABSOLVER

1128   Vino luego un fraile para lo convertir: *
començó le a predicar, de Dios a departir;
ovo se don Carnal luego mucho a sentir,
demandó penitençia con grand arrepentir.

1129   En carta, por escripto, le dava sus pecados,
con sello de poridat çerrados e sellados;
rrespondió le el *fraile* quel non serían *tomados*.
Çerca desto le dixo muchos buenos ditados.

1130   Non se faze penitençia por carta nin por escripto,
si non por la boca misma del pecador contrito;
non puede por escripto ser asuelto nin quito:
menester es la palabra del confesor bendito.

1131   Pues que de penitençia vos fago mençión,
rrepetir vos querría una buena liçión:
devedes creer firme mente con pura devoçión
que por la penitencia avredes salvaçión.

1132   Por que la penitençia es cosa *tan* preçiada,
non devedes, amigos, dexar la olvidada;
fablar en ella mucho es cosa muy loada;
quanto más la seguiéremos, mayor es la soldada.

---

* Texto en *SGT* hasta 1152*d*.

1131-60 Acerca de esta digresión sobre la confesión y la penitencia,
véanse Lecoy, *Recherches...*, pp. 194-199, y Rita Hamilton,
en *LBAS*, pp. 149-157.

1131*ab* Aquí parece haber un eco consciente de Graciano, quien
introduce el tema de la penitencia, también como una di-
gresión: "Quia uero de penitencia semel cepit haberi sermo,
aliquantulum altius repetendum uidetur..." (*Decretum Gra-
tiani*, Pars Secunda, Causa XXXIII, Qu. III, Dis. ii, 1 Pars).

1133 Es me cosa muy grave en tan grand fecho fablar:
     es piélago muy fondo, más que todo el mar;
     só rrudo e sin çiençia, non me oso aventurar,
     salvo un poquillo que oí disputar.

1134 E por aquesto que tengo en coraçón de escrevir,
     tengo del miedo tanto quanto non puedo dezir;
     con la çiençia poca he grand miedo de fallir;
     señores, vuestro saber quiera mi mengua conplir.

1135 Escolar só mucho rrudo, nin maestro nin doctor: *falsa*
     aprendí e sé poco para ser demostrador;   *modesti*
     aquesto que yo dixiere, entendet lo vós mejor;
     so la vuestra emienda pongo el mi error.

1136 En el santo Decreto ay grand disputaçión
     si se faze penitençia por la sola contriçión:
     determina al cabo *que* es la confesión
     menester de todo en todo, con la satisfaçión.

1137 Verdat es todo aquesto do puede omne fablar,
     do ha tienpo e vida para lo emendar;
     do aquesto fallesçe, bien se puede salvar
     por la contriçión sola, pues ál non puede far.

1138 Quito quanto a Dios, que es Sabidor conplido;
     mas, quanto a la Iglesia, que non judga de ascon-
                                                    [dido,
     es menester que faga por gestos e gemido
     sinos de penitençia que es arrepentido.

1136ab Cfr. *Decretum*, II, Causa XXXIII, Qu. III, Dis. i. 1 Pars:
      "Utrum sola cordis contritione, et secreta satisfactione, abs-
      que oris confessione quisque possit Deo satisfacere redea-
      mus...
1136cd "...Ex his itaque apparet quod sine confessione oris et
      satisfactione operis peccatum non remittitur" (*ibidem*, c. LX,
      4 Pars).

1139   En sus pechos feriendo, a Dios manos alçando,
        sospiros dolorosos muy triste sospirando,
        signos de penitençia de los ojos llorando;
        do más fazer non puede, la cabeça enclinando.

1140   Por aquesto es quito del infierno, mal lugar,
        pero que a purgatorio lo va todo a purgar;
        allí faz la emienda purgando el su errar
        con la misericordia de Dios que lo quiere salvar.

1141   Que tal contriçión sea penitençia bien llena,
        ay en la Santa Iglesia mucha prueva e buena:
        por contriçión e lágrimas la Santa Madalena
        fue quita e absuelta de culpa e de pena.

1142   Nuestro señor Sant Pedro, tan santa criatura,
        negó a Jesú Cristo con miedo e quexura;
        sé yo que lloró lágrimas *tristes* con amargura;
        de satisfaçión otra non fallo escriptura.

1143   El rrey don Ezechías, de muerte condenado,
        lloró mucho contrito, a la pared tornado;
        de Dios tan piadoso luego fue perdonado;
        quinçe años de vida añadió al culpado.

1144   Muchos clérigos sinples, que non son tan letrados,
        oyen de penitençia a todos los errados;
        quier a sus parrochianos, quier a otros culpados,
        a todos los absuelven de todos sus pecados.

1142 Cfr. *Decretum*, II, Causa XXXIII, Qu. III, Dis. i, 1 Pars:
    "Sunt enim qui dicunt, quemlibet criminis ueniam sine con-
    fessione ecclesiae et sacerdotali iudicio posse promereri, iux-
    ta illud Ambrosii super Lucam: 'Petrus doluit et fleuit,
    quia errauit, ut homo. Non inuenio quid dixerit; scio, quod
    fleuerit. Lacrimas eius lego, satisfactionem non lego'..." Lo
    de *sé yo...* es una cita de Graciano, quien cita a Ambrosio,
    quien lee a Lucas.
1143a *Ezechías*: II *Reyes*, XX, v. 1 y ss. El rey fue curado de una
    enfermedad mortal.
1144a *clérigos sinples*: El *clericus simplex*, o *sacerdos simplex* se-
    ría el ordenado que no tuviese otro cargo o beneficio más

1145   En esto yerran mucho, que lo non pueden fazer;
       de lo que fazer non pueden non se deven entre-
                                            [meter;
       si el çiego al çiego adiestra, o lo quier traer,
       en la foya dan entranbos e dentro van caer.

1146   ¿Qué poder ha en Roma el juez de Cartajena?
       o ¿qué juzgará en França el alcalde de Requena?
       Non deve poner omne su foz en miese ajena;
       faze injuria e dapño, e meresçe grand pena.

1147   Todos los casos grandes, fuertes, agraviados,
       a arçobispos e a bispos e a mayores prelados,
       segund común derecho, *les* son encomendados,
       salvo los que del papa son en sí rreservados.

1148   Los que son rreservados del papa *espiçiales,* *
       son muchos en derecho dezir quántos e quáles;
       serié mayor el rromançe más que dos manuales;
       quien saber los quisiere, oya las decretales.

* El v. 1148*a* falta en *G*.

_____

alto. Cfr. Guillermo Durando, *Repertorium sive Breviarium
aureum super corpus juris canonici*, p. 65, col. 2; "De pe-
nitentis et remissionibus... An sacerdos simplex uel laicus
solenniter penitentem in necessitate absoluere potest..."
Concilium Salmanticense (1335), tít. xi, ap. 33, "De Segun-
dis Nuptiis: Sane quia certe didicimus, quod plerique sim-
plices clerici & rectores quandoque per juris ignorantiam
secundas nuptias benedicunt..." (Mansi, t. XXV, p. 1055).
1145*cd Mateo*, XV, v. 14: "Caecus autem, si caeco ducatum
praestet, ambo in foveam cadunt." Cfr., también, *Lucas*,
VI, V, 39. Pero Graciano también emplea la imagen, "ne
ambo in foueam cadant, quam stultus euitare noluit", al
hablar de la necesidad de buscar un confesor entendido
(*Decretum*, II, Causa XXXIII, Qu. III, Dis. vi, 1 Pars).
1146*c* Cfr. *Decretum Gratiani*, II, Causa VI, Qu. III, c. 1, donde
cita a Gregorio, *respons. IX ad Augustinum Anglorum Epis-
copum*: "Scriptum est in lege: 'Per alienam messem tran-
seuns falcem mittere non debes, sed manu spicas conterere
et manducare.'"

1149   Pues que el arçobispo, bendicho e conssagrado,
       de palio e de blago e de mitra onrrado,
       con pontifical non es destos apoderado,
       ¿por qué el sinple clérigo es desto tan osado?

1150   Otrosí, del obispo e de los sus mayores
       son otros casos muchos de que son oidores;
       pueden bien asolver los e ser dispenssadores;
       son mucho defendidos a clérigos menores.

1151   Muchos son los primeros, e muchos son aquéstos;
       quien *quisiere* saber los, estudie do son puestos;
       trastorne bien los libros, las glosas e los testos;
       el estudio a los rrudos faze sabios maestros.

1152   Lea en el Espéculo e en el su *Repertorio,*
       los libros de Ostiense, que son grand parlatorio,
       el Inoçençio Quarto, un sotil consistorio,
       el Rosario de Guido, Novela e *Directorio.*

1152a *Espéculo*: El *Speculum judiciale* (o *juris*) de Guillermo Du-
       rando, obispo de Mende, de h. 1270, manual procedural del
       derecho romano y canónico. *Repertorio*: el *Repertorium sive
       Breviarium aureum super corpus juris canonici*, del mismo
       autor. En la ed. del *Speculum iuris* de Frankfurt, 1592, se
       incluye el *Repertorium.*
1152b *Ostiense*: Henricus de Bartholomaeis, o de Segusio, Carde-
       nal de Ostia, autor de la *Summa aurea,* o *Summa super ti-
       tulis decretalium*. parlatorio: cfr. *Libro de Alexandre,* 376b:
       "tribunal" (?).
1152c *Inoçençio Quarto*: El *Apparatus, seu quinque libri Decreta-
       lium,* del papa Inocencio IV, de c. 1250. *Consistorio*: debe
       aludir a la colección de *Decretales* de Inocencio IV, y no al
       papa mismo, como pensaba Coro. *Consistorio* se decía de
       las juntas del papa con los cardenales, etc. Es posible que
       Juan Ruiz haya aplicado el término, en sentido traslaticio,
       al libro, como si fuera una asamblea de autoridades cuyas
       opiniones sobre cuestiones de derecho canónico se reunían.
1152d *Rosario de Guido*: El *Rosarium Decreti* de Guido de Bai-
       sio, de c. 1300, comentario y glosa sobre el *Decretum Gra-
       tiani*. *Novela*: la palabra significa "nuevas" o "novedades",
       y se aplicaba a los textos que servían de apéndice a otros
       textos, tales como las constituciones adicionales, etc. Según
       Kelly, *Canon Law and the Archpriest of Hita,* pp. 23 y ss.,

1153 *Dotores* más de çiento, en libros e en questiones, *
con *fuertes* argumentos e con sotiles rrazones,
tienen sobre estos casos diversas opiniones;
pues, por non dezir tanto, non me rrebtedes, va-
[rones.

1154 Vós, don clérigo sinple, guardat vos de *error*:
de mi parrochiano non seades confesor;
de poder que non avedes non seades judgador;
non querades vós penar por ajeno pecador.

1155 Sin poder del prelado, o sin aver liçençia
del su clérigo cura, non le dedes penitençia;
guardat non lo absolvades, nin dedes la sentençia
de los casos que non son en vuestra pertenençia.

1156 Segund común derecho, aquesta es la verdat;
mas en ora de muerte o de grand neçesidat,
do el pecador non puede aver de otro sanidat,
a vuestros e ajenos oíd, absolved e quitad.

1157 En tienpo de peligro, do la muerte *arrapa*,
vós sodes para todo arçobispo e papa;
todo el su poder está so vuestra capa;
la grand neçesidat todos los casos atapa.

---

* Texto en *SG* hasta 1177*b*.

debe ser la *Novella in Decretales Gregorii IX*, de Johannes
Andreae, acabada en Boloña en 1338. *Directorio*: En *S*,
Diratorio; en *G*, *Decretorio*; Kelly lo identifica como el
Directorium juris, de Petrus Quesnel, de h. 1320-22, espe-
cie de guía de confesores.
1154*b* Cfr. Guillermo Durando, *Repertorium...* (ed. de 1474),
Lib. V, fol. cii *recto*: "...Si parrochianus meus delinquit
in alterius parrochia vel diocese, a quo recipit peniten-
tiam..."; *Summa aurea*, ap. 46 (342.4): "Qualiter sacerdos se
debet habere erga confitentem. Et quidem primo conside-
rare oportet, utrum sit parrochianus suus & tunc ipsum au-
diat: vel extraneus, & tunc ipsum remittat: nisi in casibus
quos non s̃. e. *(sic)*."

1158   Pero que aquéstos tales, devedes les mandar
        que si antes que *mueran,* si podieren *fablar,*
        e puedan aver su cura para se confesar,
        que lo fagan e cunplan, para mejor estar.

1159   E otrosí mandat le a este tal doliente
        que si dende non muere, quando fuere valiente,
        que de los casos grandes que vós distes ungente,
        que vaya a lavar se al rrío o a la fuente.

1160   Es el papa, sin dubda, la fuente perenal,
        ca es de todo el mundo vicario general;
        los rríos son los otros que han pontifical:
        arçobispos e obispos, patriarca, cardenal.

1161   El fraile sobre dicho, que ya vos he nonbrado,
        era del *papo* papa, e dél mucho privado;
        en la grand nesçesidat *a* Carnal aprisionado
        absolvió le de todo quanto estava ligado.

1162   Desque el santo *fraire* ovo *a* Carnal confesado,
        dio le esta penitençia: que por tanto pecado
        comiese cada día un manjar señalado,
        e non comiese más, e sería perdonado.

1160a *fuente perenal:* Véase la nota a 973b.
1161b *era del papo papa:* S omite *papo,* y si no existiera la lección
    de *G,* la crítica supliría, sin duda, algo así como *era del
    papa* [*vassallo*],... La lección de *G* difícilmente se produci-
    ría por un error del copista, y la explicación de Morreale
    (*BRAE,* XLIII, 1963, p. 326) es convincente: *papa* tendría,
    además del sentido normal, el de "campeón de tragones". Ya
    Lida (*RFH,* II, 1940, p. 127) había citado el chiste goliár-
    dico de "Papa... solus vult pappare". *Papo,* "boca", es por
    metonimia "comida" (¿mejor, "el acto de comer"?). El
    verso se glosa, pues: "Era campeón de la tragonía, y muy
    íntimo con el papa."
1162-71 Sobre la práctica de imponer una penitencia dietética,
    véase Lecoy, *Recherches...,* p. 195, nota. Lecoy encuentra un
    paralelo en un libro francés del siglo XVI, *Le Quadragésimal
    spirituel,* y cita unas cuartetas; pero nada más antiguo.

1163   "El día del domingo, por tu cobdiçia mortal,
conbrás garvanços cochos con azeite e non ál;
irás a la iglesia e non estarás en la cal,
que non veas el mundo nin cobdiçies el mal.

1164   "En el día del lunes, por la tu sobervia mucha,
conbrás de las arvejas, mas non salmón nin trucha;
irás oír las oras, non provarás la lucha,
nin bolverás pelea segund que la as ducha.

1165   "Por tu grand avariçia mando te que el martes
que comas los formigos e mucho non te *fartes;*
el terçio de tu pan comerás, o las dos partes;
para por Dios lo otro ⁺ te mando que apartes.

1166   "Espinacas conbrás el miércoles, non espesas,
por la tu grand loxuria, comerás muy pocas desas;
non guardaste casadas, nin *a monjas* profesas;
por conplir adulterio fazías grandes promesas.

1167   "El jueves çenarás, por la tu mortal ira,
e por que te perjuraste deziendo la mentira,
lentejas con la sal; en rrezar te rremira;
quando mejor te sepan, por Dios de ti las tira.

1168   "Por la tu mucha gula e tu grand golosina,
el viernes pan e agua comerás, e non cozina;
fostigarás tus carnes con santa disçiplina;
aver te ha Dios merçed, e saldrás de aquí aína.

1169   "Come el día del sábado las fabas e non más;
por tu envidia mucha, pescado non comerás;
commo quier que algund poco en esto lazrarás,
tu alma pecador ansí la salvarás.

(1163-70) Por segunda vez se explota el tema de los Siete Pecados
Capitales: la tercera será en las cs. 1583-1605. En esta lista
falta la Acidia —a menos que se acepte que la c. 1170 trata
dicho pecado sin nombrarlo. Pero aquí tampoco se indican
los *manjares* prescritos para combatir el pecado. Sobre las
relaciones entre los varios tratamientos del tema en el *Li-
bro*, véase J. L. Bueno, *La sotana de Juan Ruiz...*, pp. 85-94.

1170 "Anda en este tienpo por cada çiminterio;
visita las iglesias rrezando el salterio;
está ý muy devoto al santo *ministerio;*
ayudar te ha Dios, e avrás pro del lazerio."

1171 Dada la penitençia, fizo la confesión;
estava don Carnal con muy grand devoçión,
deziendo "mía culpa"; dio le la absoluçión.
Partió se dél el fraile, dada la bendiçión.

1172 Fincó allí ençerrado don Carnal el coitoso;
estava de la lid muy flaco e lloroso,
doliente e mal ferido, costribado e dolioso;
non lo vee ninguno cristiano rreligioso.

DE LO QUE SE FAZE MIÉRCOLES CORVILLO
E EN LA QUARESMA

1173 Desque ovo la dueña vençido la fazienda,
movió todo el rreal, mandó coger su tienda;
andando por el mundo, mandó fazer emienda
los unos a los otros, non se paga de contienda.

1174 Luego el primero día, el miércoles corvillo,
en las casas do anda, çesta nin canistillo
non dexa, tajador, baçín nin cantarillo,
que todo non lo *munda* sobre linpio librillo.

1175 Escudillas, sartenes, tinajas e calderas,
espetos e griales, ollas e coberteras,
cañadas e varriles, todas cosas caseras,
todo lo fizo lavar a las sus lavanderas.

1176 Repara las moradas, las paredes rrepega;
dellas faze de nuevo, e dellas enxalvega;
adó ella ver lo puede, suzedat non se llega;
salvo a don Carnal, non sé a quién non plega.

1175 En común con otros editores, elijo el orden de los versos
que da G, por más satisfactorio: S da el orden *a, c, d, b.*

1177 Bien commo en este día para el cuerpo rrepara,
 así en este día por el alma se para;
 a todos los cristianos llama con buena cara *
 que vayan a la iglesia con conçiençia clara.

1178 A los que allá van con el su buen talente,
 con çeniza los *cruza* de rramos en la fruente;
 dize les que se conoscan, e *les* venga *en* miente
 que son çeniza, e tal tornarán çierta mente.

1179 Al cristiano cathólico da le el santo signo,
 por que en la *quaresma* biva linpio e digno;
 da mansa penitençia *al* pecador indigno;
 ablanda rrobre duro con el su blando lino.

1180 En quanto ella anda estas obras faziendo,
 don Carnal el doliente iva salud aviendo;
 iva se poco a poco de la cama irguiendo;
 pensó como feziese commo fuese rreyendo.

1181 Dixo a don Ayuno, el domingo de rramos:
 "Vayamos oír misa, señor, vós e yo anbos;
 vós oiredes misa, yo rrezaré mis salmos;
 oiremos pasión, pues que baldíos estamos."

1182 Respondió le don Ayuno que desto le plazía.
 Rezio es don Carnal, mas flaco se fazía;
 fueron a la iglesia, non a lo quél dezía;
 de lo que dixo en casa allí se desdezía.

* Texto en *SGT* hasta 1183*d*.

1178-79 Estas cuartetas han sido explicadas por Rita Hamilton
 (*MLR*, L, 1975, pp. 504-506): en 1178*b* se trata de marcar
 una cruz en la frente con ceniza de los ramos quemados
 en el Domingo de Ramos. En 1179*d*, el *blando lino* es el
 lignum crucis, y se alude a la invocación "Ecce lignum cru-
 cis" al levantar el crucifijo, el Viernes Santo. Conservo la
 forma *lino*, porque los tres Mss. coinciden en darla. No es,
 como supone Chi., un error del arquetipo, sino un reflejo
 de la pronunciación popular.

1183 Fuyó de la iglesia, fue se a la jodería;
rresçibieron lo muy bien en su carneçería;
pascua de pan çenzeño, *estonçe* les venía;
plogo a ellos con él, e él vido buen día.

1184 Luego lunes de mañana, don rrabí Açebín, *
por le poner *en* salvo, enprestó le su rrozín;
puso se muy privado en estremo de Medellín;
dixieron los corderos: "¡Vedes aquí la fin!"

1185 Cabrones e cabritos, carneros e ovejas, **
davan grandes balidos, dizién estas consejas:
"Si nos *lieva* de aquí Carnal por las callejas,
a muchos de nos otros tirará las pellejas."

1186 Prados de Medellín, de Caçres, de Troxillo,
la Bera de Plasençia fasta Val de Morillo,
e toda la Serena, el presto mançebillo
alboroçó aína, fizo muy grand portillo.

---

* La c. 1184 falta en *T.*
** Texto en *SGT* hasta 1263*d*.

1183*c* *estonçe*: *S* y *T* tienen *estos*, *G* *entonçe*. La lección original tal vez fuese *estonz*, lo cual explicaría la coincidencia en el error de *S* y *T*: una sigma final, y la *n* representada por un tilde (fácilmente omitido: $\overline{estos}$). Pero *estonz* daría un hemistiquio hipométrico, y la palabra no ocurre en ningún verso del *Libro*. Por tanto, *estonçe* parece la enmienda más prudente.

1184*a* *Açebín*: Los demás editores optan por la forma *Açelín*, basándose en la supuesta lección de *S*. José Luis Lacave cree que se trata de un célebre doctor rabínico, R. Aser b. Yehiel, conocido también por "el Ašerí", muerto en 1327 (*Actas I Congreso*, pp. 479-482). Pero en *S*, yo no leo *açelyn*, sino *açebyn*, que es también la lección de *G*.

1184*d* La lección de *G*, *be he aquí la fin*, es preferida por otros por su carácter onomatopéyico. Pero *vedes* tiene valor onomatopéyico también, a la vez que tiene sentido propio.

1186-87 Según Criado de Val, *Teoría...* (1969), pp. 242-244, y Tomás Calleja, *Actas I Congreso*, pp. 384-386, las cañadas que llevaban los rebaños desde los Campos de Medellín, Cáce-

1187 El canpo de Alcudia e toda Calatrava,
el canpo de Fazálvaro, en *Valsavín* entrava;
en tres *días* lo andudo, semeja que bolava;
el rroçín del rrabí con miedo bien andava.

1188 Désquel vieron los toros, irizaron los çerros,
los bueys e *las* vacas rrepican los çençerros;
dan grandes apellidos terneras e beçerros:
"¡Aba aba, pastores, acorred nos con los perros!"

1189 Enbió las *sus* cartas *adó* andar non pudo;
él por esas montañas en la sierra estudo,
e contra la Quaresma estava muy sañudo,
pero de venir solo non era atrevudo.

1190 Estas fueron las cartas, el testo e la glosa:
"De nós, don Carnal fuerte, *matador* de toda cosa,
a ti, Quaresma flaca, magra e muy sarnosa,
non salud mas sangría, commo a mala flemosa.

1191 "Bien sabes commo somes tu mortal enemigo.
Enbiamos nós a ti al Almuerzo, nuestro amigo,
que por nós te lo diga commo seremos con tigo
de oy en quatro días, que será el domingo.

---

res, Trujillo y la Serena se juntaban para cruzar con la
cañada de León en el Campo de Hazálvaro (entre Segovia
y Ávila, al sur de Villacastín), y pasaban por Valsaín, unos
kilómetros al sur de Segovia, cerca de La Granja.

1187d Según Kenneth Brown, *La Corónica*, XII. 2 (1984), pági-
nas 204-210, el miedo del *rroçín* se explicaría por el sexto
canon del Concilio de Zamora de 1312, que prohibía a los
judíos aparecer en público desde el Miércoles de Tinieblas
de Semana Santa hasta el Sábado de Gloria.

1190d En *G como a fea flemosa*, en *T como a seca e flemosa*.
Morreale (*BRAE*, XLIII, 1963, p. 329) cree que la *seca* es
el "ganglio infectado", que necesitaría sangrarse, y que la
buena lección es *como a seca flemosa*. La confusión entre
fea y *seca* (con la s larga) es fácil, pero ¿cuál sería la lec-
ción del sub-arquetipo? De todos modos, el juego de con-
ceptos tan admirado por la erudita profesora se produce
también en la versión de *S*: a toda persona flemosa la san-
grarían, sin duda, no solamente los ganglios infectados.

1192   "Commo ladrón veniste, de noche a lo escuro,
        estando nós dormiendo, yaziendo nós seguro;
        non te nos defenderás en castillo nin en muro,
        que de ti non ayamos el *tu* cuero maduro."

1193   La nota de la carta venía a todos nós:
        "Don Carnal poderoso, por la graçia de Dios,
        a todos los cristianos e moros e jodiós,
        salud con muchas carnes sienpre de nós a vós.

1194   "Bien sabedes, amigos, en commo, mal pecado,
        oy ha siete semanas que fuemos desafiado
        de la falsa Quaresma e *del* mar airado;
        estando nós seguro, fuemos della arrancado.

1195   "Por ende vos mandamos, vista la nuestra carta,
        que la desafiedes antes que dende parta;
        guardat la que non fuya, que todo el mundo enarta;
        enbiat ge lo dezir con doña Merienda farta.

1196   "E vaya el Almuerzo, que es más aperçebido:
        diga le que el domingo, antes del sol salido,
        iremos lidiar con ella, faziendo grand rroído;
        si muy sorda non fuere, oirá nuestro apellido.

1197   "Nuestra carta leída, tomad della traslado:
        dalda a don Almuerzo, que vaya con el mandado;
        non se detenga ý, vaya luego privado.
        Dada en Tornavacas, nuestro lugar amado."

1192a Chi. cita I *Thessal.*, V, v. 2: "Dies Domini, sicut fur in
      nocte, ita veniet." El empleo de esta imagen por don Car-
      nal tiene su ironía.
1197d *Tornavacas*: En *G. Valdevacas*. Tornavacas está en la carre-
      tera N. 110, entre Plasencia y el Barco de Ávila, a unos
      40 kilómetros de Plasencia. Valdevacas de Montejo está al
      este de Turégano, a 35 kilómetros al noreste de Segovia.
      Cej. menciona un "monte de Valdevacas", cerca de Naval-
      morcuende, a unos 20 kilómetros de Talavera de la Reina.
      Tomás Calleja (*Actas I Congreso,* pp. 373 y 384-385) insis-

1198   Escriptas son las cartas, todas con sangre biva.
Todos con el plazer, cada uno do iva,
dezían a la Quaresma: *"¿Dó* te asconderás, cativa?"
Ella esta rrazón avía la por esquiva.

1199   *Por* que ella non avía las cartas rresçebidas.
Mas, desque ge las dieron e le fueron leídas,
rrespondió mucho flaca, las mexillas caídas,
dixo: "Dios me *guardara* destas nuevas oídas."

1200   Por ende cada uno esta fabla decuere:
"Quien a su enemigo popa, a las sus manos muere;
el que a su enemigo non mata, si podiere,
su enemigo matará a él, si cuerdo fuere."

1201   Dizen los naturales que non son solas las vacas,
mas que todas las fenbras son de coraçón flacas,
para lidiar non firmes quanto en afrecho estacas,
salvo si son vellosas, ca estas son *berracas.*

1202   Por ende doña Quaresma de flaca conplisión,
rresçeló de la lid muerte o grand presión;
de ir a Jerusalén avía fecho promisión;
para pasar la mar puso muy grand misión.

1203   La dueña en su *rriepto* puso día sabido
fasta quando lidiasen, bien lo avedes oído;
por ende non avía por qué lidiar con su vençido:
sin vergüença se pudo ir, el plazo ya venido.

---

te en que la buena lección es Valdevacas: Tornavacas im-
plicaría una vuelta ilógica por donde había venido don
Carnal. Añade que no se trata de Valdevacas de Montejo,
sino de V. de El Guijar, puesto que la cañada que llevaba
los rebaños a V. de Montejo pasaba por Somosierra, y no
por Hazálvaro ni Valsaín. Lo desconcertante de esta afir-
mación es que en el Mapa Oficial de Carreteras, encuentro
V. de Montejo, al lado mismo de El Guijar...

1202d *puso... misión:* "hacer esfuerzo". Joset cita a Berceo, *Mila-
gros,* 627b, "Por sobir en grand preçio fasie grand misión",
y *Libro de Apolonio,* 448d, "Non pudo echar lágrima por
ninguna misión".

1204 Lo ál, es ya verano e non venían del mar
los pescados a ella para la ayudar;
otrosí, dueña flaca non es para lidiar.
Por todas estas rrazones, non quiso esperar.

1205 El viernes de indulgençias vistió nueva *esclavina;*
grande sonbrero rredondo, con mucha concha ma-
[rina;
bordón lleno de imágenes, en él la palma fina;
esportilla e cuentas para rrezar aína;

1206 Los çapatos rredondos e bien sobre solados;
echó un grand *dobler* entre los sus costados;
gallofas e bodigos lieva ý condesados;
destas cosas *rromeros* andan aparejados.

1207 De yuso del sobaco va la mejor alfaja:
calabaça bermeja más que pico de graja;
bien cabe su azunbre e más una meaja;
non andan los rromeros sin aquesta sofraja.

1208 Estava demudada desta guisa que vedes;
el sábado por noche saltó por las paredes;
diz: "Vós que me guardades, creo que non me
[tomedes,
que a todo pardal viejo *nol* toman en todas rredes."

1209 Salió mucho aína de todas aquestas calles;
diz: "Tú, Carnal sobervio, meto que non me falles."
Luego aquesa noche llegó a Ronças Valles.
Vaya, e Dios la guíe por montes e por valles.

1205*a esclavina*: En *S esclamina,* forma rechazada con unanimi-
dad, hasta con desprecio, por editores y comentaristas. Sin
duda con razón; pero noto que en la *Biblia romanceada
medieval judeo-cristiana,* I, ed. P. José Llamas, Madrid, 1950,
se da *esclamina,* glosada por el editor como "manto".

DE COMO DON AMOR E DON CARNAL VENIERON E LOS SALIERON A RRESÇEBIR

1210 Vigilia era de Pascua, abril çerca pasado:
el sol era salido, por el mundo rrayado;
fue por toda la tierra grand rroído sonado
de dos enperadores que al mundo han llegado.

1211 Estos dos enperadores Amor e Carnal eran:
a rresçebir los salen quantos que los esperan;
las aves e los árbores noble tienpo averan;
los que Amor atienden sobre todos se esmeran.

1212 A don Carnal rresçiben todos los carniçeros,
e todos los rrabís, con todos sus aperos;
a él salen triperas taniendo sus panderos;
de muchos que corren monte llenos van los oteros.

1213 El pastor lo atiende fuera de la carrera,
taniendo su çanpoña, e los albogues espera;
su moço el caramillo, fecho de caña vera;
taniendo el rrabadán la çítola trotera.

1211c *averan*: Morreale (*BRAE*, XLIII, 1963, p. 330) deriva este
verbo de *vero*, y supone que tendrá el sentido de "reali-
zar". Coro. cree que se trata de *agüeran*, de *agorar*, "pre-
decir, anunciar", aunque admite la posibilidad de que exis-
ta *averar*. En *Los fueros de Aragón*, ed. G. Tilander, Lund
etc., 1937 (233.5), se lee: "... si quier el destin sea feito en
escripto o sin escripto, deuen auerar aquellos cabeçaleros
el ordenamiento e la uoluntad d'aquel qui destinó". Aquí,
al parecer, *averar* significa "averigüar". En 1211c tal vez haya
que glosar "confirman".
1213ab La puntuación adoptada por otros editores me parece iló-
gica: "El pastor lo atiende por fuera de carrera: / taniendo
su çanpoña e los albogues, espera;..." ¿Cómo va el pastor
a tocar una zampoña y varios albogues al mismo tiempo,
siendo todos instrumentos de viento? No. El pastor tañe su
zampoña y espera a que se reúnan con él los que tocan
los albogues.
1213cd Tal vez mejor el orden *d, c*, que dan *G* y *T*: de ese modo,
el moço lo será del rabadán, y no del pastor.

1214 Por el puerto asoma una seña bermeja,
en medio una figura, cordero me semeja;
vienen derredor della balando mucha oveja,
carneros e cabritos con su chica pelleja.

1215 Los cabrones valientes; muchas vacas e toros:
más vienen çerca della que en Granada ay moros;
muchos bueys castaños, otros hoscos e loros;
non lo conpraría Dario con todos sus thesoros.

1216 Venía don Carnal en carro muy preçiado,
cobierto de pellejos e de cueros çercado;
el buen enperador está arremangado
en saya, faldas en çinta, e sobra bien armado.

1217 Traía en la su mano una. segur muy fuerte;
a toda quatropea con ella da la muerte;
cuchillo muy agudo: a las rreses acomete,
con aquél las degüella e a desollar se mete.

1218 En derredor traía, çenida de la su çinta,
una blanca rrodilla, está de sangre tinta;
al cabrón que está gordo él muy *mal* ge lo pinta:
fázel fazer be *quadrado* en boz + doble *e* quinta.

1219 Tenía coffia en la cabeça, quel cabello nol salga;
queça tenié vestida, blanca e rrabigalga;
en el su carro otro a par dél non cavalga;
a la *liebre* que sale luego le echa la galga.

1220 En derredor de sí trahe muchos alanes:
vaqueros e de monte, e otros muchos canes;
sabuesos e podencos, quel comen muchos panes,
e muchos nocherniegos que saltan matacanes.

1218d *be quadrado*: La lección del hemistiquio es la de *T* (salvo
que el Ms. tiene *b quadrado*); en *G* y *S*, confusión total.
Como explica Chi., la nota *sí* se representaba en los Mss,
medievales por una *b* cuadrada.

1221   Sogas para las vacas, muchos pessos e pessas,
       tajones e garavatos, grandes tablas e mesas,
       para las *sus* triperas gamellas e artesas,
       las alanas paridas en las cadenas presas.

1222   Rehalas de Castilla, con pastores de Soria,
       rreçiben lo en sus pueblos, dizen dél grand estoria,
       taniendo las canpanas en diziendo la gloria;
       de tales alegrías non ha en el mundo memoria.

1223   *Posó* el enperante en sus carneçerías;
       venían a obedeçer le villas e alcarías;
       dixo con grand orgullo muchas bravas grandías;
       començó el fidalgo a fazer cavallerías.

1224   Matando e degollando, e dessollando rreses,
       dando a quantos venían, castellanos e ingleses;
       todos le dan dineros, e dellos le dan torneses;
       cobra quanto ha perdido en los pasados meses.

DE COMO CLÉRIGOS E LEGOS E FLAYRES E MONJAS E DUEÑAS
    E JOGLARES SALIERON A RREÇEBIR A DON AMOR

1225   Día era muy santo de la Pascua Mayor:
       el sol *salía* muy claro e de noble color;
       los omnes e las aves e toda noble flor,
       todos van rresçebir cantando al Amor.

1222c *la gloria*: Según Morreale (*BRAE*, XLVII-XLVIII, 1968,
     página 321), sería "la oración de la Misa". Para Cej., Coro.
     y Joset, es más bien toda la gloria de sábado santo (que
     también se dice "sábado de gloria").
1224b *ingleses*: Blecua resume las consideraciones que se han te-
     nido sobre esta mención de los ingleses: "Según Cejador,
     se aludiría a la alianza con los ingleses durante el cerco
     de Algeciras en 1342, o a la fama de los ingleses como
     comedores de carne. ¿No aludirá a ganado traído de Ingla-
     terra?" Puede que los *castellanos e ingleses* sean ganaderos,
     pero no veo cómo pueden ser ganado.
1225-46 Sobre esta recepción de don Amor, véanse Lecoy, *Recher-
     ches...*, pp. 252-263, y J. L. Bueno, *La sotana de Juan Ruiz...*,
     páginas 72-74. Lecoy estudia los antecedentes del "triunfo"

1226   Resçiben lo las aves, gayos e rruy señores,
        calandrias, papagayos mayores e menores;
        dan cantos plazenteros e *de* dulçes sabores;
        más alegría fazen los que son más mejores.

1227   Resçiben lo los árbores con rramos e con flores
        de diversas maneras, de diverssas collores;
        rresçiben lo *los* omnes e dueñas con amores;
        con muchos instrumentos salen los atanbores.

1228   Allí sale gritando la guitarra morisca,
        de las bozes aguda e de los puntos arisca;
        el corpudo laúd, que tiene punto a la trisca;
        la guitarra latina con ésos se aprisca.

1229   El rrabé gritador, con la su alta nota,
        cab' él el orabín taniendo la su rrota;
        el salterio con ellos, más alto que la mota;
        la viuela de péndola con aquéstos ý sota.

---

del dios de amor, empezando con los *Amores* de Ovidio, I,
II, vv. 23-52, y alistando varios ejemplos de la literatura
medieval francesa. También estudia otros tratamientos de
los temas de las aves, de los instrumentos musicales, y de
las procesiones litúrgicas paródicas. Bueno encuentra para-
lelos entre la recepción de don Amor y las procesiones
con las que se recibía a los prelados y obispos, y cita unas
instrucciones dadas para la recepción de un nuevo abad, en
que se indicaba, por ejemplo, que había que cantar "Bene-
dictus qui venit..." y "Te, Deum, laudamus...". En el fondo,
como da a entender Juan Ruiz en 1225a, son las procesiones
del Domingo de la Resurrección las que se parodian.

1228-34 El estudio fundamental de los instrumentos musicales de
este pasaje es el de Felipe Pedrell, en su *Organografía es-
pañola* de 1901. Véase ahora Ramón Perales de la Cal,
Actas I Congreso, pp. 398-406.

1229b *cab' él el orabín*: En *G cabel el alboraynba*, en *T cabel el
garavi*. La lección de *S* parece ser la más satisfactoria, aun-
que la aparente alusión al Orabí, músico que pertenecía a
cierto bando de aficionados árabes del siglo IX, es sor-
prendente. Blecua tiene sus reservas, ya que la enumera-
ción es de instrumentos personificados. Pero el segundo he-
mistiquio (idéntico en *S* y *G*) es un fuerte indicio de que
se trata de un músico.

1229c *mota*: "montículo": que sea una alusión al Castillo de la
Mota de Medina del Campo parece menos plausible.

1230   Medio canón e harpa, con el rrabé morisco;
       entrellos alegrança, el galipe françisco;
       la flauta diz con ellos, más alta que un rrisco;
       con ella el tanborete; sin él non vale un prisco.

1231   La viuela de arco faz dulçes devailadas:
       adormiendo a vezes, muy alto a las vegadas;
       bozes dulzes, saborosas, claras e bien *puntadas;*
       a las gentes alegra, todas las tiene pagadas.

1232   Dulçe canón entero sal con el panderete:
       con sonajas de azófar fazen dulçe sonete;
       los órganos ý dizen chançones e motete;
       la hadedura alvardana entre ellos se entremete.

1233   Dulçema e axabeba, el finchado albogón;
       çinfonia e baldosa en esta fiesta son;
       el francés odreçillo con estos se conpón;
       la neçiacha *vandurria* allí faze su son.

1230*b* Adopto la puntuación propuesta por Morreale (*HR,*
XXXIX, 1971, p. 286), interpretando *alegrança* como un sus-
tantivo, "alegría" (véase la nota a 797*b*). Según Alcover
(*Dicc. catalá-valenciá-balear*), tanto *alegrança* como *alegran-
çar,* "alegrar, divertir", existen en mallorquí. Pero en la
ausencia de toda documentación para el castellano, parece
prudente tratarlo como un sustantivo aquí. La ingeniosa en-
mienda de Blecua, *Entre ellos sal' e grança* ("grazna")...,
me parece innecesaria. *Galipe*: Palabra desconocida. Según
comenta Blecua, el contexto requiere que sea un instru-
mento musical, más que una danza o melodía. Coro. alude
al "oc. ant. *garip* y el it. ant. *garibo*", ambos con el sentido
de "danza o composición musical". Según me comunica ama-
blemente el profesor Frank Pierce, en catalán existen *gàlib,*
"calibre o modelo, esp. del casco de un barco", y *galip,*
"especie de cigarro (¿o pipa?)". Si bien ésta parece ser
una palabra moderna (según el *Diccionari etimològic* de
Corominas), aquélla consta, por ejemplo, en *Tirant lo Blanc*
(capítulo CIV, "lo galip de la nau"). No es imposible que,
por alguna semejanza de la forma, se haya aplicado esta
voz a un instrumento musical.

1234 Tronpas e añafiles salen con atanbales;
non fueron, tienpo ha, plazenterías tales,
tan grandes alegrías, nin atán comunales;
de juglares van llenas cuestas e eriales.

1235 Las carreras van llenas de grándes proçesiones:
muchos omnes ordenados que otorgan perdones;
los *clérigos* segrales con muchos clerizones;
en la proçesión iva el abad de Borbones.

1236 Órdenes de *Çistel,* con las de Sant Benito;
la orden de Cruzniego, con su abat bendito; *
quantas órdenes son, non las puse en escripto;
"VENITE EXULTEMUS" cantan en alto grito.

1237 Orden de Santiago, con la del Ospital;
Calatrava e Alcántara, con la de Buenaval;
abbades beneditos en esta fiesta tal;
"TE AMOREM LAUDEMUS" le cantan e *non* ál.

1238 Allí van de Sant Paulo los sus predicadores;
non va ý Sant Françisco, mas van flaires menores;
allí van agostines e dizen sus cantores:
"EXULTEMUS E LETEMUR, ministros e priores."

* El v. 1236*b* falta en *G.*

1235*d Borbones*: En *G bordones,* en *T berdones.* Como nombre
propio es desconocido, y los copistas tampoco lo recono-
cían, al parecer. Blecua pregunta si no es, en realidad, cues-
tión de un *abad de bordones,* es decir, de un "abad de pe-
regrinos".

1236*b Cruzniego*: En *T Cruniego* (el verso falta en *G*). Morreale
(*BRAE,* XLVII-XLVIII, 1968, pp. 383-384) insiste en que se
conserve la lección de *S,* por el juego de palabras, *cruz
niego.* Son los cluniacenses.

1237*d Te Amorem laudemus*: No me parece necesario enmendar
en *laudamus,* ni mucho menos tratar *laudemus* como error
conjuntivo del arquetipo. Podría haberse producido inde-
pendientemente en ambas versiones. También podría ser una
modificación de la cita por el autor.

1238*d Salmo,* CXVIII, v. 24.

1239   Los de la Trinidat, con los frailes del Carmen,
       e los de Santa Eulalia, por que non se ensanen;
       todos *mandan* que digan, que canten e que llamen
       "BENEDICTUS QUI VENIT"; rresponden todos:

                                          ["AMEN".

1240   Frailes de Sant Antón van en esta quadrilla:
       muchos buenos cavallos, e mucha mala silla;
       ivan los escuderos en la saya cortilla,
       cantando "¡ANDELUYA!" anda toda la villa.

1241   Todas dueñas de orden, las blancas e las prietas:
       de Çistel predicaderas e muchas menoretas;
       todas salen cantando, diziendo chançonetas:
       "MANE NOBISCUM, DOMINE, que tañe a conpletas."

1242   De la parte del sol vi venir una seña,
       blanca, rresplandeçiente, más alta que la peña;
       en medio figurada una imagen de dueña;
       labrada es de oro, non viste estameña.

1239b *Santa Eulalia*: En *G Santolalla*, en *T Santa Olalla*. La pre-
       ferencia por la forma popular, tanto en *G* y *T* como entre
       la crítica moderna, no ha de ser necesariamente la del
       autor. La forma culta incluso podría tildarse de *lectio diffici-
       lior. Ensanen*: *G* y *T desamen*. Morreale (*BRAE*, XLIII,
       1963, p. 331) prefiere ésta, porque subraya la ironía.
1239c *mandan*: En S *manda*, lección preferida por Coro. como
       lectio difficilior.
1239d *Benedictus qui venit*: El clamor con el que se saludó a Je-
       sucristo al entrar él en Jerusalén: *S. Mateo*, XXI, v. 9;
       S. Marcos, XI, v. 9; *S. Lucas*, XIII, v. 35; *S. Juan*, XII, v. 13.
1240c *ivan*: Blecua interpreta *ý van los escuderos...* (sugerencia
       de Chi.), igualmente posible.
1240d Blecua defiende la forma *Andeluya*, porque así se repite
       -and- en tres palabras seguidas.
1241d El verso entero es como una cita macarónica de *S. Lucas*,
       XXIV, v. 29: "Mane nobiscum, Domine, quoniam advespe-
       rascit et inclinata est iam dies." Por tanto, debe tratarse
       todo como cantado por las *dueñas* (véase Louise O. Vas-
       vari, en *La Corónica*, XII.2, 1984, pp. 195-203).

1243   Traía en su cabeça una noble corona,
        de piedras de grand preçio con amor se adona;
        llenas trahe las manos de mucha noble dona;
        non conprara la seña París nin Barçilona.

1244   A cabo de grand pieça vi al que la trayé
        estar rresplandeçiente, a todo el mundo rrié;
        non conpraría Françia los paños que *vistié;*
        el cavallo, de España, muy grand preçio valié.

1245   Muchas *conpañas* vienen con el grand enperante:
        açiprestes e dueñas, éstos vienen delante;
        luego el mundo todo, e quanto vos dixe ante;
        de los grandes rroídos es todo el val sonante.

1246   Desque fue ý llegado don Amor el loçano,
        todos *inojos* fincados besaron le la mano;
        al que ge la non besa tenían lo por villano.
        Acaesçió grand contienda luego en ese llano.

1247   Con quáles posarié ovieron grand porfía:
        querría levar tal huésped luego la clerizía;
        fueron le muy contrarios quantos tienen *freilía;*
        tan bien ellas commo ellos querrían la mejoría.

1248   Dixieron allí luego todos los [+] ordenados:
        "Señor, nós te daremos monesterios honrrados,
        rrefitorios muy grandes e manteles parados;
        los grandes dormitorios de lechos bien poblados.

1246c Lecoy, *Recherches...,* p. 265, nota el parecido entre este
      verso y los vv. 273-274 de *Elena e María:* "Bien se tiene
      por villano / quien le non besa la mano." Pero, como co-
      menta Joset, no es necesariamente una imitación directa;
      la expresión puede haber sido un lugar común.
1247b y d La versión de estos dos versos que da *S* es muy diferente
      de la de *G* y *T.* La diferencia se explica mejor, creo, como
      debida a 'variantes del autor' que como errores de los co-
      pistas.
1248c *rrefitorios muy grandes:* En *G rr. pintados,* versión preferida
      por Morreale (*BRAE,* XLIII, 1963, p. 333) porque así se yux-
      taponen en el verso los elementos que componen la palabra
      pintiparado.

1249 "Non quieras a los clérigos por *huéspedes* de aques-
[ta,
ca non tienen moradas do toviésedes la fiesta;
señor, chica morada a grand señor non presta;
de grado toma el clérigo, e amidos enpresta.

1250 "Esquilman quanto pueden a quien se les allega;
non han de qué te fagan *serviçio* que te *plega;*
a grand señor conviene grand palaçio e grand vega;
para grand señor non es posar en la bodega."

1251 "Señor", dizen los clérigos, "non quieras vestir lana:
estragarié un fraile quanto el convento gana;
la su possadería non es para ti sana;
tienen muy grand galleta e chica la canpana.

1252 "Non te farán serviçio en lo que dicho han;
mandan lechos sin rropa e manteles sin pan;
tienen cozinas grandes, mas poca carne dan;
coloran su mucha agua con poco açafrán."

1253 "Señor, sey nuestro huésped", dizién los cavalleros;
"Non lo fagas, señor", dizen los escuderos,
"dar te han dados plomados, perderás tus dineros;
al tomar vienen prestos, a la lid tardineros.

1254 "Tienden grandes alfámares, ponen luego tableros
pintados de jaldetas commo los tablajeros;
al contar las soldadas ellos vienen primeros;
para ir en frontera muchos ay costumeros.

1251d *galleta:* "cántaro" (donde se echaba el vino). *La canpana chica* indica metafóricamente que los frailes rezan poco. Posiblemente, como sospecha Aguado, *canpana* tiene también un sentido obsceno.

1252b *lechos sin rropa:* Morreale (*HR,* XXXVII, 1969, pp. 154-155) relaciona esta expresión con el empleo eufemístico de *buena rropa* en el sentido de "prostituta", aludiendo al estudio de D. McGrady, *RPh,* XXI, 1967, pp. 183-185). Naturalmente, el sentido literal debe entenderse aquí también.

1255   "Dexa todos aquéstos, toma de nós serviçio",
       las monjas le dixieron, "señor, non avrías viçio;
       son pobres bahareros de mucho mal bolliçio;
       señor, ve te con nusco, prueva nuestro çeliçio."

1256   Allí rresponden todos que non ge lo conssejavan,
       que amavan falsa mente a quantos las amavan;
       son parientas del cuervo, de cras en cras andavan;
       tarde cunplen o nunca lo que afiuziavan.

1257   Todo su mayor fecho es dar muchos sometes,
       palabrillas pintadas, fermosillos afeites;
       con gestos amorosos e engañosos jugetes;
       trahen a muchos locos con sus falsos rrisetes.

1258   Mío señor don Amor, si él a mí creyera,
       el conbid de las monjas, aquéste rresçibiera:
       todo viçio del mundo e todo plazer oviera;
       si en dormitorio entrara, nunca se arrepentiera.

1259   Mas commo el grand señor non deve ser vandero,
       non quiso rresçebir el conbid rrefertero;
       dio les muchas graçias, estava plazentero;
       a todos prometió merçed, e a mí primero.

1260   Desque vi a mi señor que non tenía posada,
       e vi que la contienda era ya sosegada,
       finqué los mis inojos antél e su mesnada:
       demandé le merçed, aquésta señalada:

1256c *de cras en cras*: Aquí la conexión con el cuervo es pura-
    mente onomatopéyica, creo, ya que se trata aquí de la con-
    ducta dilatoria de las monjas, y no de símbolos de la
    muerte.
1257a *sometes*: Coro. supone que es algún tipo de golosina, caldo
    o pan de afrecho fino. Acierta mejor Joset, creo, al rela-
    cionar la palabra con *someter*, "trabar conversación (para
    engañar)". Cfr. 95a, *quando a otro someten.*
1260d Morreale (*HR*, XXXIX, 1971, pp. 284-285) quisiera pun-
    tuar *demandé le merçed aquesta, señalada*. Si *aquesta* ha de
    ser interpretada como un adjetivo, y no como un pronom-
    bre, ¿no sería mejor *merçed aquesta señalada*?

1261 "Señor, tú me oviste de pequeño criado;
      el bien, si algo sé, de ti me fue mostrado;
      de ti fui aperçebido e de ti fui castigado;
      en esta santa fiesta sey de mí ospedado."

1262 Su mesura fue tanta que oyó mi petiçión:
      fue a la mi posada con esta proçesión;
      todos le aconpañan con grand conssolaçión;
      tienpo ha que non andude tan buena estaçión.

1263 Fueron se a sus posadas las más de aquestas gentes,
      pero que en mi casa fincaron los instrumentes;
      mi señor don Amor en todo paró mientes,
      ca vido pequeñas cassas para tantos servientes.

1264 Diz: "Mando que mi tienda finque en aquel pra-
                                             [do: *
      si me viniere a ver algund enamorado,
      de noche e de día allí sea el estrado,
      ca todo tienpo *quiero* a todos ser pagado."

1265 Desque ovo yantado, fue la tienda armada:
      nunca pudo ver omne cossa tan acabada;
      bien creo que de ángeles fue tal cosa obrada,
      que omne terrenal desto non faría nada.

  * Texto en *SG* hasta 1275*d*.

1262*d estaçión*: Según Morreale (*BRAE,* XLIII, 1963, p. 334), aquí
    vale "camino", pero con irónica alusión a su sentido reli-
    gioso.
1263*d pequeñas cassas*: Douglas J. Gifford (*Actas I Congreso,*
    página 135) cree que puede aludir a las "chocitas, casas
    minúsculas, que les alquilaban las hostaleras del partido
    [a las prostitutas],…". Aquí, sin embargo, se trata de la falta
    de alojamiento para el séquito de don Amor. Puede haber
    un juego de palabras, pero no veo bien cuál sería la alusión.

1266 La obra de la tienda vos querría contar:
aver se vos ha un poco a tardar la yantar;
es una grand estoria, pero non es de dexar;
muchos dexan la çena por fermoso cantar.

1267 El mastel en que se arma es blanco de color:
un marfil ochavado, núncal vistes mejor,
de piedras muy preçiosas çercado en derredor;
alunbra se la tienda de su grand rresplandor.

1268 En la çima del mastel una piedra estava;
creo que era rrobí, al fuego semejava;
non avía menester sol, tanto de sí alunbrava;
de seda son las cuerdas con que ella se tirava.

1269 En suma vos lo cuento por non vos detener:
do todo se *escriviese,* en Toledo non ay papel;
en la obra de dentro ay tanto de fazer
que si lo dezir puedo, meresçía el bever.

1270 Luego a la entrada, a la mano derecha,
estava una messa muy noble e muy fecha;
delante ella grand fuego, de sí grand calor echa;
tres comen a ella, uno a otro assecha.

1266 Esta cuarteta es una imitación de la c. 2548 del *Libro de
Alexandre,* la cual introduce la descripción de la tienda de
Alejandro Magno: "Querría a la obra de la tienda en-
trar: / en estas menudençias non querría tardar; / avemos
una estonda asaz que deportar; / yr se nos ha aguisando tan
de mientre la yantar (Ms. *P*)." Sobre la relación entre las
dos descripciones, véase N. E. Álvarez, *BHS,* LIII (1976),
páginas 1-14.
1270-1300 *Las ocupaciones de los meses*: Véase Julio Caro Baroja,
"Representaciones y nombres de meses (a propósito del me-
nologio de la catedral de Pamplona)", *Príncipe de Viana,*
número XXV, año VII (1946), pp. 629-653. Sobre este pa-
saje del *Libro,* véanse también, aparte el estudio de Álva-
rez, E. Forastieri Braschi, "La descripción de los meses en
el *Libro de buen amor*", *RFE,* LV (1972), pp. 213-232, y
H. Salvador Martínez, "La tienda de amor...", *NRFH*

1271 Tres cavalleros comían todos a un tablero,
asentados al fuego, cada uno señero;
non se alcançarién con un luengo madero,
e non cabrié entrellos un canto de dinero.

1272 El primero comía las primeras cherevías;
comiença a dar çanahoria a bestias de establías;
da primero farina a bueys de erías;
faze días pequeños e *madrugadas* frías.

XXVI (1977), pp. 56-95. El tema formaba parte de los gran-
des programas esculturales de las catedrales (en Chartres
hay dos versiones, en portales distintos). También se veía
en los portales de humildes parroquias como la de Beleña
de Sorbe o Campisábalos. Figuraba en los calendarios de
los libros de horas, etc. Normalmente se asociaba con el
zodíaco, y había un alto grado de conformidad en cuanto
a la ocupación que se atribuía a cada mes en todo tipo de
representación visual. Como tema literario, en cambio, hubo
muy poca conformidad entre las versiones medievales, des-
de el *Calendario de Córdoba* del siglo x hasta las versio-
nes tardías y modernizadas de la *Historia de la Donzella Teo-
dor* (véase la ed. de Walter Mettmann, Mainz, 1962, pp. 112-
115 y 135-140). Si bien Juan Ruiz imita el *Alexandre* al uti-
lizar el tema de los meses para la descripción de la tien-
da, la descripción en sí se aparta del 'modelo' en tantos as-
pectos que resulta incongruo hablar de 'modelo e imita-
ción'. El elemento más original del concepto de Juan Ruiz
es, tal vez, la adivinanza que se plantea: ¿Quiénes son los
cavalleros, los *fijos dalgo*, etc.?, y que se explica en la
c. 1300.
1270b *muy fecha*: Como supone Blecua, la lección original era pro-
bablemente *e muy bien fecha*.
1271 El invierno (el copista de *G* pone *inverno* en el margen).
1272 Noviembre. Lecoy, *Recherches...*, pp. 283-284, cree que Juan
Ruiz debió de empezar el año con este mes porque corres-
pondía al año litúrgico en el rito mozárabe, donde el 11 de
noviembre (San Martín) era el primer día. Álvarez alega
que en el *Alexandre* el año agrícola empieza en noviembre
(c. 2400). Martínez sugiere que noviembre es el mes de la
siembra, y también que Juan Ruiz sigue las cuatro esta-
ciones litúrgicas: Adviento, Septuagésima, Cuaresma, Pas-
cua.

1273 Comía nuezes primeras e asava las castañas;
mandava senbrar trigo e cortar las montañas,
matar los gordos puercos e desfazer las cabañas;
las viejas tras el fuego ya dizen las pastrañas.

1274 El segundo comía *toda* carne salpresa;
estava enturbiada con la niebla su mesa;
faze nuevo azeite, con la brasa nol pesa;
con el frío a las de vezes en las sus uñas besa.

1275 Comié el cavallero el toçino con verças;
enclaresçe los vinos con anbas sus almuezas;
anbos visten çamarras, querrién calientes quezas;
en pos deste estava uno con dos cabeças.

1276 A dos partes otea aqueste cabeçudo; *
gallinas con capirotada comía amenudo;
fazía çerrar sus cubas, fenchir las con enbudo,
echar de yuso *yergos,* que guardan vino agudo.

1277 Faze a sus collaços fazer los valladares,
rrefazer los pesebres, linpiar los alvañares,
çerrar los silos del pan e seguir los pajares;
más *querrié* estonçe peña que non loriga *en* ijares.

1278 Estavan tres fijos dalgo a otra noble tabla;
mucho estavan llegados, uno a otro non fabla;
non se podrían alcançar con las vigas de gaola;
non cabría entre uno e otro un cabello de paula.

* Texto en *SGT* hasta 1317d.

1273b *montañas:* Según Coro., se trata de las praderas montañe-
sas, donde se cortaría la hierba que hubiera vuelto a crecer
después de cortarla en verano.
1273c *cabañas:* aquí, los "rebaños reunidos de varios dueños".
1274 *diciembre.*
1276 *enero.*
1277c *seguir los pajares: Seguir* en *S* y *G, pajares* en *S* y *T,* lo
cual, según el método neo-lachmanniano, excluye (como
lectiones singulares) fynchyr de *T* y *panares* de *G.* Y aquí
no hay motivos convincentes para abandonar ese principio.
El sentido de la frase queda oscuro.
1278 *Primavera:* (*G* tiene *verano* en el margen).

1279   El primero de aquestos era chico enano:
        oras triste, sañudo, oras seyé loçano;
        tenía las yervas nuevas en el prado ançiano;
        parte se del invierno, e con él viene el verano.

1280   Lo más que éste andava era viñas podar,
        e enxerir de escoplo e gavillas amondar;
        mandava poner viñas para buen vino dar;
        con la chica alhiara *nol* pueden abondar.

1281   El segundo enbía a viñas cavadores:
        echan muchos mugrones los amugronadores;
        vid blanca fazen prieta buenos enxeridores;
        a omnes, aves e bestias mete los en amores.

1282   Este tiene tres diablos presos en su cadena:
        el uno enbiava a las dueñas dar pena;
        pesa *les* en el lugar do la muger es buena;
        desde entonçe comiença a pujar el avena.

1283   El segundo diablo entra en los abades,
        açiprestes e dueñas: fablan sus poridades
        con este conpañero, que les *da* libertades,
        que *pierdan* las obladas e fablen vanidades.

1278d *paula*: Voz desconocida. Poco convincente la noción de que
        sea un nombre propio.
1279   *febrero.*
1280b *gavillas*: Coro. dice que no hay en febrero, y que, por
        tanto, *amondar gavillas* no es una actividad apropiada a la
        temporada. Joset sugiere que se trata de limpiar el viñedo
        arrancando las hierbas apretadas "como en gavillas".
1281   *marzo.*
1282c En *S pésal en el lugar...*, lección seguida por otros editores.
        Willis interpreta: "el diablo está mal contento dondequiera
        que hay una mujer virtuosa". Coro.: "pésale en el lugar
        [ese lugar que todos sabemos] cuando la mujer es ardien-
        te". Joset comenta solamente: "sin comentario". Me parece
        preferible la lección de *GT*, y gloso: "Pésales [a las muje-
        res] en el lugar donde la mujer da gusto." Es la temporada
        de entrar en celo.
1283d El sentido parece ser "de modo que pierdan las ofrendas
        [o por distraídos, o por dárselas a sus queridas] y hablen
        necedades [de amor, etc.]".

1284 Antes viene cuervo blanco que pierdan asnería:
todos *ellos* e ellas andan en modorría;
los diablos do se fallan llegan se a conpanía;
fazen sus diabluras e su *truhanería*.

1285 Enbía otro diablo en los asnos entrar:
en las cabeças entra, non en otro lugar;
fasta que pasa agosto non dexan de rrebuznar;
desde allí pierden seso; esto puedes provar.

1286 El terçero fidalgo está de flores lleno:
con los vientos que faze grana trigo e çenteno;
faze poner estacas que dan azeite bueno;
a los moços medrosos ya los espanta el trueno.

1287 Andan tres rricos onbres allí en una dança:
entre uno e otro non cabe punta de lança;
del primero al segundo ay una grand labrança;
el segundo al terçero con cosa non le alcança.

1288 El primero los panes e las frutas *granava*:
fígados de cabrones con rruy barvo *almorzava;*
fuían dél los gallos, a todos los matava;
los barvos e las truchas amenudo çenava.

1284b *modorría*: Según Coro. aquí no vale "somnolencia", sino
"necedad, alocamiento".

1285b *non en otro lugar*: Es decir, no en ese otro lugar menciona-
do en 1282c. Los asnos se ponen a rebuznar, pero no hacen
nada más... hasta agosto.

1286 *abril*: 1286a: En la tradición iconográfica, abril es el mes
florero, representado por una figura (de hombre o de mu-
jer) que lleva un ramo de flores en la mano.

1286c *estacas*: Según Morreale (*BRAE*, XLIII, 1963, p. 335) son
ramas de olivo que se plantan dejando visible sólo la punta.

1287 *verano*: El orden de los versos en *GT*, *a, c, d, b*, es más
lógico que el de *S*, pero no se impone como el único po-
sible.

1288 *mayo*.

1289 Buscava cassa fría, fuía de la siesta;
      la calor del estío doler faze la tiesta;
      anda muy más loçano que pavón en floresta; *
      busca yervas e aires en la sierra enfiesta.

1290 El segundo tenía en su mano la foz,
      segando las çevadas de todo el alfoz;
      comié las bebras nuevas e cogía el arroz;
      agraz nuevo comiendo, enbargó le la boz.

1291 Enxería los árbores con ajena corteza;
      comía nuevos *panales,* sudava sin pereza;
      bolvía las aguas frías de su naturaleza;
      traía las manos tintas de la mucha çereza.

1292 El terçero andava los çentenos trayendo,
      trigos e todas mieses en las eras tendiendo;
      estava de los árbores las frutas sacodiendo;
      el távano al asno ya le iva mordiendo.

1293 Comiença a comer las chiquitas perdiçes;
      sacar varriles fríos de los pozos helizes;
      la mosca mordedor faz traher las narizes
      a las bestias por tierra e abaxar las çerviçes.

---

* El v. 1289c falta en *G.*

1289 *G* y *T* dan la cuarteta en el orden *a, b, d, c* (falta *c* en *G*):
      orden ligeramente preferible, pero no esencial.
1290 *junio:* En la tradición iconográfica es el mes de la siega del
      heno.
1290d Joset explica: "estuvo afónico por comer mucha uva toda-
      vía en agraz".
1291c *bolvía:* En *GT bevía,* lección adoptada por los demás edito-
      res, a pesar de ser una evidente *lectio facilior,* y de indu-
      cir explicaciones bastante rebuscadas. Leamos con *S:* "Divertía
      las aguas frías de su curso natural", o sea, hacía funcionar
      las acequias. Cfr. 341d y 793d, para ejemplos de *bolver* en
      el sentido de "desviar, divertir".
1292 *julio.*
1293b *pozos helizes:* Coro. interpreta como "pozos de hielo", y le
      siguen Morreale, Joset y Blecua. Chi., en cambio, cree que

1294   Tres labradores vinién todos una carrera:
       al segundo atiende el que va en delantera;
       el terçero al segundo atiéndel en frontera;
       el que viene non alcança al otro quel espera.

1295   El primero comía *las* uvas ya maduras;
       comía maduros figos de las figueras duras;
       trillando e ablentando aparta pajas puras;
       con él viene otoño con dolençias e curas.

1296   El segundo adoba e rrepara carrales;
       estercuela barvechos e sacude nogales;
       comiença a vendimiar uvas de los parrales;
       esconbra los rrastrojos e çerca los corrales.

1297   Pissa los buenos vinos el labrador terçero;
       finche todas sus cubas commo buen bodeguero;
       enbía derramar la *simiente* al ero.
       Açerca se el invierno, bien commo de primero.

1298   Yo fui maravillado desque vi tal visión:
       coidé *me* que soñava, pero que verdat son;
       rrogué a mi señor que me diese rraçón
       por do yo entendiese qué era o qué non.

1299   El mi señor don Amor, commo omne letrado,
       en sola una *copla* puso todo el tratado;
       por do el que lo oyere será çertificado.
       Esta fue *su* rrespuesta, su dicho abreviado:

---

se trata de una especie de noria a hélices, siguiendo a
Spitzer, quien relacionaba la palabra con el latín HELIX.
Chi. cita a Du Cange: *elix, elices*: "sulci aquarii per quos
aqua collecta educitur e liris..."
1294 *otoño.*
1295 *agosto.*
1296 *septiembre*: En *G* y *T* el orden de los versos es *a, d, b, c.*
1297 *octubre.*

1300 "El tablero, la tabla, la dança, la carrera,
son quatro tenporadas del año del espera;
los omnes son los meses, cosa es verdadera;
andan e non se alcançan, atienden se en rribera."

1301 Otras cossas estrañas, muy graves de creer,
vi muchas en la tienda; mas, por non vos detener,
e por que *enojoso* non vos querría ser,
non quiero de la tienda más prólogo faser.

1302 Mío señor, desque fue su tienda aparejada,
vino dormir a ella, fue poca su estada.
Desque se levantó, non vino su mesnada:
los más con don Carnal fazían su morada.

1303 Desque lo vi de espaçio, commo era su criado,
atreví me e preguntel que el tienpo pasado,
cómmo nunca me viera, o dó avía morado;
rrespondió me con sospiro e commo con coidado.

1304 Dixo: "En la invernada visité a Sevilla,
toda el Andaluzía, que non fincó ý villa;
allí toda persona de grado se me omilla,
andando mucho viçioso, quanto fue maravilla.

1300a *tablero*: En este pasaje no hay distinción semántica percepti-
ble entre *mesa, tabla* y *tablero*.
1300b *año del espera*: *espera* es "esfera, órbita de las planetas".
Como explica Joset, se trata del año solar, o astronómico.
1300d *rribera*: Aquí vale "frontera". Tal vez tenga razón Joset,
al glosar: "Los meses de un año, confundidos todos, se es-
peran y se agrupan al límite del año siguiente."
1301d *prólogo*: Según Morreale (*BRAE*, XLVII-XLVIII, 1968,
página 278, y *HR*, XXXVII, 1969, p. 158, nota), es un la-
tinismo, con el valor de "relato innecesario".
1302c *vino*: Sic en *S* y *T*; en *G vido*, que tal vez sea preferible,
pero que es *lectio singularis*.
1303-12 No conozco ningún modelo literario para esta narración
por el dios de amor de sus andanzas durante el invierno,
aunque sería imprudente aseverar que es todo una inven-
ción de Juan Ruiz.
1303a *de espacio*: "tranquilo, sin preocupaciones". Joset cita la
*Cárcel de amor, e*d. K. Whinnom, Clás. Castalia, 1971: "...y
como la vista no estava despacio, vi que..." (p. 120).

1305 "Entrada la quaresma, vine me para Toledo:
coidé estar viçioso, plazentero e ledo;
fallé grand santidat, fizo me estar quedo;
pocos me rresçebieron, nin me fezieron del dedo.

1306 "Estava en un palaçio pintado de almagra;
vino a mí mucha dueña, de mucho ayuno magra;
con muchos pater nostres e con mucha oración agra;
echaron me de la çibdat por la puerta de Visagra.

1307 "Aun quise porfiar: fui me para un monasterio;
fallé por la caustra, e por el çiminterio
muchas rreligiosas rrezando el salterio,
vi que non podía sofrir aquel lazerio.

1308 "Coidé en otra orden fallar cobro alguno
do perdiese lazerio: non pud fallar ninguno;
con oración e limosna, e con mucho ayuno
rredravan me de sí commo si fuese lobuno.

1309 "En caridat fablavan, mas non me la fazién;
yo veía las caras, mas non lo que dezién;
mercado falla omne en que gana si se detién;
rrefez es de coger se el omne do se falla bien.

1305d *nin me fazieron del dedo*: "ni me hicieron señas con el
dedo".
1306c *oración ugra*: "oración perseverante". Coro. y Joset citan
oportunamente la frase *orationibus acrius instare*.
1306d *Visagra*: La antigua puerta árabe, "por donde se salía a los
campos" (Blecua).
1309cd El sentido general parece ser: "Un hombre encuentra ne-
gocios provechosos, si se queda y se empeña; es una tonte-
ría marcharse de un sitio donde uno se encuentra bien."
Véase Morreale, *HR*, XXXIX (1971), p. 291, n. 48. La eru-
dita profesora parece leer *cogerse* en el sentido de
sentido de "alejarse", véase el *Poema de Mio Cid*, vv. 588-
589: "Mio Çid, quando los vio fuera, cogiós' commo de
arrancada, / coiós' Salón ayuso..."

1310 "Andando por la çibdat rradío e perdido,
dueñas e otras fenbras fallava amenudo;
con sus 'Ave Marías' fazían me estar mudo;
desque vi que me mal iva, fui me dende sañudo.

1311 "Salí desta lazeria, de coíta e de lastro;
fui tener la quaresma a la villa de Castro:
rresçebieron me muy bien a mí e a mi rrastro;
pocos allí fallé que me non llamasen *padrastro*.

1312 "Pues Carnal es venido, quiero perder lazeria:
la Quaresma católica do *la a Santa* Quiteria;
quiero ir ver Alcalá, moraré aí la feria;
dende andaré la tierra, dando a muchos materia."

1311b *La Villa de Castro*: Entre los varios Castros que han exis-
tido, dos en particular se han propuesto como la villa alu-
dida aquí: Castro Urdiales y Castro del Río, al sudeste de
Córdoba. Si Juan Ruiz aludía a un pueblo real, sin embar-
go, debía ser uno que tuviera fama en cosas de amor.

1311d *padrastro*: La interpretación ha de depender de cuál de las
dos versiones se prefiera, la de *S*, que es la que doy, o la
de *GT*. En *T*, *algunos ý fallé que me llamavan padrastro*
(*G*, *a. ay fallavan q. m. ll. p.*). Joset comenta "debe de en-
tenderse en sentido peyorativo de 'mal padre' o quizá de
'estorbo, obstáculo, impedimento'". Remite a Morreale
(*BRAE*, XLVII-XLVIII, 1968, p. 279, y *HR*, XXXVII, 1969,
página 136). Pero Morreale retiene entera la lección de *S*,
mientras que Joset suprime la *non*. La versión de *S* se enten-
dería perfectamente si pudiéramos estar seguros de que en
el verso *c muy bien* es una ironía.

1312b Coro. interpreta *do la a Santa Quiteria* como "me la quito
de encima". Tal vez sea algo así como "... la mando a hacer
puñetas".

1312c *Alcalá*: Cej. comenta que la feria de Alcalá era muy im-
portante en "aquellos tiempos". Joset añade que la tierra
del protagonista, a la que vuelve en 1067b, no puede ser
ni Alcalá, ni Toledo, "de donde viene el Amor". Pero de
donde viene el Amor es de la Villa de Castro, lugar en que
ha pasado la Cuaresma (1311b), y su vuelta triunfal (cs. 1225
y ss.) bien puede haber sido a Toledo...

1312d *dando a muchos materia*: Coro. glosa, "dándoles que ha-
blar...", con citas de Cervantes y Garcilaso en que *materia*
vale "materia para hablar".

1313 Otro día mañana, antes que fues de día,
movió con su mesnada Amor, e fue su vía;
dexó me con cuidado, pero con allegría;
este mi señor sienpre tal costunbre avía.

1314 Sienpre, do quier que sea, pone mucho coidado,
con el muy grand plazer al su enamorado;
sienpre quiere alegría, plazer e ser pagado;
de triste e de sañudo non quiere ser ospedado.

DE COMO EL ARÇIPRESTE LLAMÓ A SU VIEJA QUE LE CATASE ALGUND COBRO

1315 Día de Quasimodo, iglesias e altares
vi llenos de alegrías, de bodas e cantares;
todos avién grand fiesta, fazién grandes yantares;
andan de boda en boda clérigos e juglares.

1316 Los que ante son solos, desque eran casados,
veía los de dueñas estar aconpañados;
pensé cómmo oviese de tales gasajados,
ca omne que es solo sienpre *piensa* cuidados.

1317 Fiz llamar Trotaconventos, la mi vieja sabida:
presta e plazentera de grado fue venida;
rroguel que me catase alguna tal garrida,
ca solo, sin conpaña, era penada vida.

1315a *Día de Quasimodo*: El domingo que sigue al de la Pascua,
día en que tradicionalmente se celebraban fiestas.
1317c *garrida*: En *G guarda*, en *T guarida*. S. Reckert (*RFE*,
XXXVII, 1953, pp. 227-237) defendió la lección de *GT* lla-
mando la atención sobre la sinonimia entre *guarida* y el
cobro del título en *S*. Parece, pues, que el copista de *S*
no se percató de esta relación, y puso *garrida* en lugar de
guarida. Lo cual sería muy raro si él mismo fue el respon-
sable de los títulos. Si *garrida* es un error, no lo cometió el
que compuso los títulos; si *guarida* en *GT* es un error, la
sinonimia con *cobro* es fortuita.

1318   Dixo me que conosçía una biuda loçana, *
       muy rrica e bien moça, e con mucha ufana;
       diz: "Açipreste, amad ésta: yo iré allá mañana,
       e si ésta rrecabdamos, nuestra obra non es vana."

1319   Con la mi vejezuela enbié le ya qué;
       con ellas estas çantigas que vos aquí rrobré.
       Ella non la erró, e yo non le pequé;
       si poco ende trabajé, muy poco ende saqué.

1320   Assaz fizo mi vieja, quanto ella fazer pudo,
       mas non pudo trabar, atar nin dar nudo;
       tornó a mí muy triste e con coraçón agudo;
       diz: "Do non te quieren mucho, non vayas ame-
                     [nudo."

* Texto en *S* hasta 1331*d*.

1318-31 Estos dos breves episodios amorosos no constan en *G* ni
    en *T*: en ambos, 1332*a* sigue inmediatamente a 1317*d*. Arnold
    (citado por Chi., Intro., p. xxvii) alega que su omisión debe
    atribuirse a los copistas porque en la c. 1332 la vieja le re-
    comienda al protagonista que corteje a alguna monja, pues
    non se casará luego, y el episodio que acaba de contarse
    fracasó precisamente porque la *dueña* se casó con otro. Pero
    la advertencia de que las monjas no se casan podría ocu-
    rrírsele a cualquiera. Además, la sugestión de que la amada
    está a punto de casarse con otro, que se hace para asustar
    al amante, ya se ha explotado en el episodio de Melón y
    Endrina (cs. 782 y ss.), y bien podría haber sido lo que
    inspiró el comentario de 1332*c*.

1319*b* *ellas*: Chi., Coro., Joset y Blecua enmiendan en *ello,* siendo
    el antecedente el *ya qué* de 1319*a*. No me parece esencial
    la enmienda: *ellas* puede ser una concordancia *ad sensum,*
    representando el *ya qué* algo así como *"donas"* o "cosas".

1319*c* Chi. cita dos ejemplos de *errar* con complemento directo
    recogidos por Corominas (*DCELC*, II, p. 315): el *Conde Lu-
    canor,* Ex. XLVIII (*Obras completas,* ed. J. M. Blecua,
    II, p. 396.34): "... que nunca le errarien por quexa, nin
    por mengua..." (Blecua glosa "defraudar"), y *Rimado de
    Palacio* (ed. Jacques Joset, Madrid, 1978, 507*d*): "ca todos
    bien sabemos que a sinrazón vos yerra", donde el contexto
    indica que vale "hacerle daño o injuria a alguien". Aquí el
    sentido parece ser: "[La vieja] no le hizo mal a ella (o tal
    vez, 'no la desvió de la virtud'), y yo no pequé con ella."

DE COMO EL ARÇIPRESTE FUE ENAMORADO DE UNA DUEÑA
QUE VIDO ESTAR FAZIENDO ORAÇIÓN

1321   Día era de Sant Marcos, fue fiesta señalada:
        toda la santa iglesia faz proçesión onrrada,
        de las mayores del año, de cristianos loada;
        acaeçió me una ventura, la fiesta non pasada:

1322   Vi estar una dueña, fermosa de veltad,
        rrogando muy devota ante la magestad;
        rrogué a la mi vieja que me oviese piadat,
        e que andudiese por mí passos de caridat.

1323   Ella fizo mi rruego, pero con antipara;
        dixo: "Non querría ésta que me costase cara,
        commo la marroquía que me corrió la vara;
        mas el leal amigo al bien e al mal se para."

1324   Fue con la pleitesía, tomó por mí afán;
        fizo se que vendié joyas, ca de uso lo han;
        entró en la posada, rrespuesta non le dan;
        non vido a la mi vieja omne, gato nin can.

1321a *Día de Sant Marcos*: El 25 de abril.
1322a *de veldat*: "de beldad". O es un complemento 'circunstan-
      cial' de *fermosa* ("hermosa en su belleza"), o es una frase
      adjetival: *dueña de veldat*.
1323bc Aquí el autor parece hacer alusión al encuentro de la vie-
      ja con la mora (cs. 1508-12), como en la c. 913 alude al
      desastre sufrido a manos de Ferrant García. Pero así con-
      funde la cronología formal de las aventuras, algo que se
      suele explicar como consecuencia de haber compuesto este
      episodio para la segunda redacción, y haberse olvidado de
      que lo de la mora ha de venir después. Pero, en realidad,
      la cronología de todo el *Libro* a partir de la c. 910 es tan
      imprecisa y tan poco cuidada, que resulta ocioso hacer con-
      jeturas.

1325 Díxol por qué iva, e dio le aquestos verssos.
"Señora", diz, "conprad traveseros e aviesos".
Dixo la buena dueña: "Tus dezires traviesos,
entienden los, Urraca, todos, ésos y ésos."

1326 "Fija", dixo la vieja, "¿osar vos he fablar?"
Dixo la dueña: "Urraca, ¿por qué lo has de dexar?
Señora, pues yo digo de casamiento far,
ca más val suelta estar la viuda que mal casar.

1327 "Más val tener algún cobro mucho ençelado;
ca más val buen amigo que mal marido velado,
fija, qual vos yo daría, que vos serié mandado,
muy loçano e cortés, sobre todos esmerado."

1328 Si rrecabdó o non, la buena menssajera
vino me muy alegre, dixo me de la primera:
"El que al lobo enbía, ¡a la fe!, carne espera."
Estos fueron los versos que levó mi trotera:...

1325a *verssos*: La rima favorece una enmienda en *viessos*, forma
cuya existencia Joset señala en el *Poema de Alfonso Once-
no, 1927c, 1928b*... Pero *viesso* no aparece en ninguno de
los tres Mss. del *Libro* (en el prólogo, 1. 90, se lee *uersos*,
lo cual hace probable que en 1. 96, *uesso* es un error por
uerso y no por *uiesso*). La mezcla de rimas en *-ié-* y *-é-*
ocurre, por ejemplo, en las cs. 676, 886, 1430... Por tanto,
me parece prudente no enmendar.

1325b *aviesos*: "Debe ser alguna prenda de la cama, quizá los
embozos de las sábanas (véase Cor., p. 496n.) o las mismas
sábanas" (Joset). En Judith S. Conde, *'Poridat de las pori-
dades': vocabulario etimológico*, ALP Medieval Studies,
Norman, Illinois, 1981, se glosa *avieso* como "consejo"
(¿mal?).

1325d *ésos y ésos*: El antecedente de estos pronombres podría ser
o *todos* (sujeto del verbo) o *dezires* (complemento del verbo).

1327c *qual vos yo daría*: El antecedente de *qual* debe ser *buen
amigo*, a pesar de la violenta separación.

1328c Joset indica que el refrán aparece en Santillana, Hernán
Núñez y Pedro Vallés. Aquí, el *lobo* debe ser la misma vie-
ja, quien le trae "carne" al Arcipreste...

1328-29 Joset supone que 1329abc deben ser los *versos* anunciados
en 1325a y 1328d. Blecua, con más razón, sospecha que se

Son los versos q' manda?

1329   ... Fabló la tortolilla en el rregno de Rodas,
diz: "¿Non avedes pavor, vós las mugeres todas,
de mudar vuestro amor por aver nuevas bodas?"
Por ende casa la dueña con cavallero, apodas.

a proposito

1330   E desque fue la dueña con otro ya casada,
escusó se de mí, e de mí fue escusada,
por non fazer pecado, o por non ser osada;
toda muger por esto non es de omne usada.

1331   Desque me vi señero e sin fulana, solo,
enbié por mi vieja: ella dixo: "¿Adó lo?"
Trotaconventos   Vino a mí rreyendo, diz: "Omillo me, don Polo:
dice: fe aquí buen amor, qual buen amiga buscó lo."

la 2ª aventura → amor limpio

---

ha perdido parte del texto entre 1328*d* y 1329*a*. Si realmente faltan una o más cuartetas, entonces la c. 1329 podría formar parte de las explicaciones del fracaso de sus esfuerzos que ofrece la vieja. En cuyo caso, tal vez fuese mejor puntuar en 1329*d*: "...¿apodas?" Lo que no explica ninguna de estas dos teorías es por qué las palabras de la tortolilla (1329*bc*) hubieran de inducir a la dueña a casarse con otro, siendo aquélla el símbolo de la fidelidad conyugal, hasta en la viudez.

1331*b* Acotación por Coro.: "Entra jovialmente Urraca preguntando '¿Dónde está (ese diantre de hombre)?'" Tal vez...

1331*c* *Don Polo*: Parece ser un apodo irónico que la vieja aplica al protagonista, amante fracasado y frustrado. Pero hasta la fecha nadie lo ha explicado bien. Relacionarlo con el dios Apolo (Dorothy C. Clarke, en *HR*, XXXVII, 1969, p. 134) o con los polos geográficos, con connotaciones fálicas (Beltrán, *Razones de buen amor,* pp. 327-328), me parece más inventivo que sensato.

1331*d* O sea, "Aquí tienes buen amor (lo que te traigo), tal como lo buscó una buena amiga (la vieja)." El autor explota, una vez más, la ambigüedad del término *buen amor;* la interpretación de la naturaleza del amor que ha de traer la alcahueta dependerá del juicio del lector. Aquí no puede tratarse de un apodo de la vieja, como en las cs. 932 y 933, porque quedaría sin sentido el segundo hemistiquio.

amor limpio / relig.

DE COMO TROTACONVENTOS CONSSEJÓ AL ARÇIPRESTE QUE
AMASE ALGUNA MONJA E DE LO QUE LE CONTESÇIÓ CON ELLA

1332   Ella dixo: "Amigo, oíd me un poquiello: *
       amad alguna monja, creed me de conssejo;
       non se casará luego, nin saldrá a conçejo;
       andarés en amor de grand dura sobejo.

1333   "Yo *las* serví un tienpo, moré ý bien diez años;
       tienen a sus amigos viçiosos, sin sosaños;
       ¿quién dirié los manjares, los presentes tamaños,
       los muchos letuarios, nobles e tan estraños?

1334   "Muchos de letuarios les dan muchas de vezes:
       diaçitrón, codonate, letuario de nuezes;
       otros de más quantía, de çahanorias rrahezes,
       enbían *unas a* otras cada día a rrevezes.

* Texto en *SGT* hasta 1414*d*.

1332*b* *creed me de conssejo*: Coro. glosa: "creer lo que aconseja
(alguno)".
1332*c* Morreale (*HR*, XXXVII, 1969, p. 155) interpreta *casarse*
aquí como "unirse carnalmente fuera del matrimonio"; cor-
tejar a una monja trae como consecuencia una conquista
lenta y discreta. No veo por qué el sentido normal de *casarse*
no ha de ser el que vale aquí: las monjas son deseables
como amadas precisamente porque no se casan "a ley e a
bendición". Que el lector vuelva a leer las cs. 794-795 y
1330: para este protagonista la mujer casada es el fruto
prohibido. *Saldrá a conçejo*: La misma frase se emplea en
688*c*.
1334-38 Véase José Pérez Vidal, en *Actas I Congreso*, pp. 473-478
(no he podido consultar el libro del señor Pérez Vidal so-
bre el mismo tema, *Medicina y dulcería en el 'Libro de buen
amor'*, Madrid, 1981). Adopto más o menos la ortografía
que emplea en su artículo, y me guío por él en gran parte
respecto a las definiciones.
1334*d* En *S enbyan e otras* (se ha comido una palabra); en *GT
enbian unos a otros*. La enmienda que adopto implica que
las monjas cambian *letuarios* entre ellas constantemente. La
de Joset, *enbían unos e otros*, implica que mandan los dos
tipos de letuarios (los finos y los cuantiosos). Ambas lec-
ciones me parecen válidas.

1335   "Cominada alixandria, con el buen diagargante;
        el diaçitrón abatis, con el fino gengibrante; *
        miel rrosado, diaçiminio, diantioso va delante;
        e la *rrosata* novela, que deviera dezir ante.

1336   "*Adragea* e alfenique, con el estomatricón,
        e la *garriofileta,* con diamargaritón;
        triasándalix muy fino, con *diasaturión,*
        que es para doñear preçiado e noble don.

1337   "Sabed que de todo açucar allí anda: *bolado,*
        polvo, terrón e candi, e mucho del rrosado;
        açucar de confites e açucar violado,
        e de muchas otras guisas que yo he olvidado.

1338   "Monpesler, Alexandria, la nonbrada Valençia,
        non tienen de letuarios tantos nin tanta espeçia;
        los más nobles presenta la dueña ques más preçia;
        en noblezas de amor ponen toda su femençia.

1339   "E aun vos diré más de quanto aprendí:
        do an vino de Toro, non enbían valadí.
        Desque me partí dellas, todo este viçio perdí;
        quien a monjas non ama non vale un maravedí.

1340   "Sin todas estas noblezas, han muy buenas maneras:
        son mucho encobiertas, donosas, plazenteras;
        más saben e más valen sus moças cozineras
        para el amor todo que dueñas de sueras.

---

* El v. 1335*b* falta en *G.*

1337*a* bolado: En *S bolando,* en *G bollando,* en *T baldonado.*
        Coro. enmienda en *ballonado,* "derrochado"; le siguen Joset
        y Blecua. Más lógica me parece la enmienda de Chi., que
        adopto. Es muy natural que los copistas conviertan la pa-
        labra en gerundio inmediatamente después de *anda.* El mis-
        mo Coro. define *bolado* (*DCELC,* I, p. 482) como "azuca-
        rillo". Pérez Vidal no alude a *bolado,* sin duda porque cree
        que es un verbo.
1340*d* Véase la nota a 449*c.* Las *dueñas de sueras* serían las due-
        ñas de categoría bastante elevada como para tener gual-
        drapas colgadas sobre el palafrén, según elucidó Cejador, ci-

1341   "Commo imágenes pintadas, de toda fermosura;
        fijas dalgo muy largas e francas de natura;
        grandes demandaderas, amor sienpre les dura, *
        comedidas, conplidas, e con toda mesura.

1342   "Todo plazer del mundo e todo buen doñear,
        solaz de mucho sabor e el falaguero jugar;
        todo es en las monjas más que en otro lugar; **
        provad lo esta vegada, e quered ya sossegar."

1343   Yo le dixe: "Trotaconventos, escucha me un po-
                             [quillo:
        ¿yo entrar cómo puedo a do non sé tal portillo?"
        Ella diz: "Yo lo andaré en pequeño rratillo; ***
        quien faze la canasta fará el *canastillo.*"

1344   Fue se a una monja que avía servida.
        Dixo me quel preguntara: "¿Quál fue la tu venida?
        ¿Cómmo te va, mi vieja? ¿Cómo pasas tu vida?"
        "Señora", dixo la vieja, "así *a* comunal *medida.*

       Trota habla a la monja

1345   "Desque me partí de vós, a un açipreste sirvo:
        mançebo, bien andante; de su ayuda bivo.
        Para que a vós sirva cadal día lo abivo;
        señora, del convento non lo fagades esquivo."

    * El v. 1341*c* falta en *G*.
   ** El v. 1342*c* falta en *G*.
 *** El v. 1343*c* falta en *G*.

---

    tando un ordenamiento de las Cortes de Alcalá de 1348:
    "E las que Nos tenemos por bien que puedan andar en
    sueras, e non otras ningunas, son las mujeres fijas dalgo..."
1341*c demandaderas*: En *T doneaderas* (el verso falta en *G*), lec-
    ción adoptada por los demás editores. En apoyo de la idea
    de que ellas también *doñean,* Joset cita 450*b*: *...es muy
    más plazentera que otras en doñear.* Pero creo que ahí *en
    doñear* quiere decir "para el que la corteja..." *Demandade-
    ras,* "exigentes", implica que las monjas valen para un
    amor difícil de lograr pero duradero.
1345*d non lo fagades esquivo*: "no le hagáis esquivarse del con-
    vento". Cfr. Berceo, *Santo Domingo,* 352*a* (nota de Chi.).

1346   Díxol doña Garoça: "¿Enbió te él a mí?"
       Dixo le: "Non, señora, mas yo me lo comedí,
       por el bien que me fezistes en quanto vos serví;
       para vós lo querría, ¡tal que mejor non ví!"

1347   Aquesta buena dueña avié seso bien sano:
       era de buena vida, non de fecho liviano;
       diz: "Así me contesçería con tu consséjo vano
       como con la culebra contesçió al ortolano.

ENXIENPLO DEL ORTOLANO E DE LA CULUEBRA

1348   "Era un ortolano bien sinple e sin mal:
       en el mes de enero, con fuerte tenporal,
       andando por su huerta, vido so un peral
       una culebra chica, medio muerta atal.

1349   "Con la nieve e con el viento, e con la elada fría,
       estava la culebra medio amodorrida;
       el omne piadoso, que la vido aterida,
       dolió se mucho della, quiso le dar la vida. *

1350   "Tomó la en la falda e levó la a su casa;
       puso la çerca del fuego, çerca de buena brasa.
       Abivó la culebra: ante que la él asa,
       entró en un forado desa cozina rrasa.

1351   "Aqueste omne bueno dava le cada día
       del pan e de la leche e de quanto él comía;
       creçió con el grand viçio e con el + bien que tenía,
       tanto que sierpe grande a todos paresçía.

---

* El v. 1349d falta en *G*.

1348-53 Lecoy, *Recherches...*, p. 132, Michael, "The Function...",
        página 208. Fábula esópica.
1350b *çerca del fuego*: Los demás editores adoptan la lección de
        T, *cabe el fuego*, sin duda porque filológicamente, es más
        'interesante'. Joset justifica la preferencia sugiriendo que los
        copistas de *S* y *G* anticiparon la *çerca* del hemistiquio si-
        guiente. Pero *cabe* no deja de ser *lectio singularis*, y la
        de *S* y *G* no es de descartar sin muy buenas razones.

1352   "Venido es el estío, la siesta affincada,
        que ya non avía miedo de viento nin de elada;
        salió de aquel forado sañuda e airada;
        començó de enponçoñar con venino la posada.

1353   "Dixo le el ortelano: 'Ve te de aqueste lugar:
        non fagas aquí dapño. Ella fue se ensañar:
        abraçó lo tan fuerte que lo *quería* afogar,
        apretando lo mucho, cruel mente *a silvar*.

1354   "Alegra se el malo en dar por miel venino,
        e por fructo dar pena al amigo e al vezino,
        por piedat engaño, donde bien le avino;
        ansí derecha mente a mí de ti me vino.

1355   "Tú estavas coitada, pobre, sin buena fama;
        ónde ovieses cobro non tenías adama;
        ayudé te con algo, fui grand tienpo tu ama;
        conssejas me agora que pierda la mi alma."

1356   "Señora", dixo la vieja, "¿por qué só baldonada?
        Quando trayo presente, só mucho falagada;
        vine manos vazías, finco mal estultada;
        conteçe me como al galgo viejo que non caça nada.

1352a *siesta*: Aquí, "el calor del mediodía veraniego".
1353d *a silvar*: En *S syn vagar*. La lección de *GT* tiene el apoyo
    de la versión de Gualterio el inglés, como dice Joset: "am-
    plectensque virum sibila dira movet" (*Romulus*, X, 8).
1355b *adama*: Morreale (*HR*, XLVII, 1969, pp. 133-134) glosa
    "cariño" o "confianza", aludiendo a la forma *dama/dame*
    que ocurre en refranes de Hernán Núñez y Correas. Coro.
    deduce "será 'cariño, persona que te quisiera', derivado del
    verbo *adamar*..." En las *Siete Partidas*, VII, tít. I, Ley ix,
    se lee: "... ca maguer ficiese adama de se trabajar de facer
    tal yerro como éste, non debe home asmar que lo podrie
    cumplir..." (en el otro Ms., *ademan*). El sentido parece
    ser "proyecto" o "noción" (*ademán* sería una *lectio facilior*).
    En este verso, pues, sugiero que el sentido es: "no tenías
    (la menor) idea de dónde obtuvieses protección".
1356c *estultada*: Me parece que Coro. acierta al leer *estultada,* y no
    escultada, como hacen Ducamin y Criado / Naylor. Aunque

ENXIENPLO DEL GALGO E DEL SEÑOR

1357 "El buen galgo *lebrero*, corredor e valiente,
avía, quando era joven, pies ligeros, corriente;
avía buenos colmillos, buena boca e *buen* diente;
quantas liebres veía, prendía las ligeramente.

1358 "Al su señor él sienpre algo le presentava;
nunca de la corrida vazío le tornava;
el su señor por esto mucho le falagava;
a todos sus vezinos del galgo se loava.

1359 "Con el mucho lazerio fue muy aína viejo:
perdió luego los dientes e corría poquiello;
fue su señor a caça e salió un conejo:
prendiol e *nol* pudo tener, fue se le por el vallejo.

1360 "El caçador al galgo firió lo con un palo;
el galgo, querellando se, dixo: '¡Qué mundo malo!
Quando era mançebo dizían me «halo, halo»;
agora que só viejo dizen que poco valo.

1361 " 'En mi joventud caça por pies non se me iva;
a mi señor la dava, quier muerta o quier biva;
estonçes me loava; [+] *ya* viejo me esquiva;
quando non le trayo nada, non me falaga, nin me
                                                    [silva.

en realidad, ambas *t*'s podrían ser *c*'s, tanto en S como en
G. Con el sentido de "reprendida, inculpada", forma una
antítesis lógica con *falagada* en 1356b.

1357-66 Lecoy, *Recherches*..., pp. 132-133, Michael, "The Func-
    tion...", pp. 208-209. La extensa moraleja que Juan Ruiz
    pone en boca del galgo (1360b-1366) sigue de cerca el mo-
    delo, en Gualterio el inglés.

1357d *ligeramente*: Es un caso, muy raro en los Mss., de la unión
    del sufijo -mente con el adjetivo que modifica.

1359d *vallejo*: Coro. sugiere que aquí, más bien que "valle", debe
    significar "foso, zanja de desagüe" (< VALLUM, "foso").

1361a *por pies*: "corriendo, a pie". No me convence la glosa de
    Joset: *írseles por pies*: "escapársele por entre los pies".

1362   " 'Los bienes e los loores muchos de *mançebez*
        defienden la flaqueza, culpa de la vejez;
        por ser el omne viejo non pierde por ende prez;
        el seso del buen viejo non se mueve de rrefez.

1363   " 'En amar al mançebo e a la su loçanía,
        e desechar al viejo e fazer le peoría,
        es torpedat e mengua e maldat e villanía;
        en el viejo se loa su buena mançebía.

1364   " 'El mundo cobdiçioso es de aquesta natura:
        si el amor da fructo, dando mucho atura;
        non dando nin serviendo, el amor poco dura;
        de amigo sin provecho non ha el omne cura.

1365   " 'Bien quanto da el omne, en tanto es preçiado;
        quando yo dava mucho, era mucho loado;
        agora que non dó algo, só vil e despreçiado;
        non ay mençión nin grado de serviçio ya pasado.

1366   " 'Non se *mienbran* algunos del mucho bien antiguo;
        quien a mal omne sirve, siénprel será mendigo;
        el malo a los suyos non les presta un figo;
        apenas quel pobre viejo falla ningund amigo.'

1367   "E, señora, con vusco a mí atal acaesçe:
        serví vos bien e sirvo, en lo que contesçe;
        por que vin sin presente la vuestra saña cresçe,
        e só mal denostada, segund que ya paresçe."

1368   "Vieja", dixo la dueña, "çierto, yo non mentí:
        por lo que me dixiste, yo mucho me sentí;
        de lo que yo te dixe luego me arrepentí,
        por que talente bueno entiendo yo en ti.

1362*ab* Coro. y Joset citan el texto correspondiente en Gualterio
(xxvii, 79): "Defendit senii culpam laus ampla juventae."
"Los elogios recibidos en la juventud defienden contra la
culpa que se le echa a la senilidad." Juan Ruiz introduce
los bienes y *la flaqueza* como complementos de *defienden*.

1369 "Mas temo me e rreçelo que mal engañada sea:
non querría que me fuese commo al mur del aldea
con el mur de la villa, yendo a fazer enplea;
dezir te he la fazaña, e finque la pelea.

ENSIENPLO DEL MUR DE MONFERRADO E DEL MUR
DE GUADALFAJARA

1370 "Mur de Guadalajara un lunes madrugava:
fue se a Monferrado, a mercado andava;
un mur de franca barva rresçibiol en su cava;
conbidol a yantar, e dio le una fava.

1371 "Estava en mesa pobre buen gesto e buena cara;
con la poca vianda buena voluntad para;
a los pobres manjares el plazer los rrepara;
pagós del buen talente mur de Guadalajara.

1372 "La su yantar comida, el manjar acabado,
conbidó el de la villa al mur de Monferrado
que el martes quisiese ir ver el su mercado,
e como él fue suyo, fuese él su conbidado.

1373 "Fue con él a su casa, e diol mucho de queso,
mucho tozino lardo, que non era salpreso,
enxundias e pan cocho, sin rraçión e sin peso;
con esto el aldeano tovos por bien apreso.

1370-83: Lecoy, Recherches..., pp. 133-134, Michael, "The Func-
tion...", pp. 209-210. Fábula esópica, de las mejor conoci-
das. Según Lecoy, Juan Ruiz sigue muy de cerca a Gualte-
rio. Michael comenta que no había necesidad de cambiar
nada, el cuento ya le servía perfectamente.
1370b Se ha identificado el pueblo con el moderno Mohernando
(prov. de Guadalajara) y, por tanto, Coro. y Joset prefieren
Monferrando de T. Pero en la c. 1372 rima con -ado, y aun-
que éste no es un factor decisivo, prefiero atenerme a la
forma que le da S.

1374   "Manteles de buen lienço, una blanca talega,
        bien llena de farina; el mur allí se allega;
        mucha onrra le fizo e serviçio quel plega;
        alegría, buen rrostro con todo esto se llega.

1375   "Está en mesa rrica mucha buena vianda:
        un manjar mejor que otro amenudo ý anda,
        e, de más, buen talente: huésped esto demanda;
        solaz con yantar buena todos omnes ablanda.

1376   "Do comían e folgavan, en medio de su yantar
        la puerta del palaçio començó a sonar;
        abría la su señora, dentro *quería* entrar;
        los mures con el miedo fuxieron al andar.

1377   "Mur de Guadalajara entró en su forado;
        el huésped acá e allá fuía deserrado;
        non tenía lugar çierto do fuese anparado;
        estovo a lo escuro, a la pared arrimado.

1378   "Çerrada ya la puerta e pasado el temor,
        estava el aldeano con miedo e con tremor;
        falagával el otro, deziéndol: 'Amigo señor,
        alegra te e come de lo que as más sabor.

1374b y d Me atengo a la versión de *S.* En 1374b, *GT* tienen *apega*,
        semánticamente preferible, tal vez. En 1374d, *G* repite *ape-*
        ga, *T* tiene *allega*. Habría que seguir o a *S* o a *T*, y no
        mezclar los Mss.
1376d *al andar*: Así en los tres Mss. Interpretar el sintagma como
        una frase adverbial, "corriendo", me parece algo torpe, a pe-
        sar de la explicación de ello que da Morreale (*BRAE*,
        XLVII-XLVIII, 1968, p. 345). Me parece acertada la inter-
        pretación por R. S. Willis (*Actas I Congreso*, pp. 168-170):
        "... al suelo". *Andar* quiere decir "suelo" en portugués desde
        hace siglos, y Willis encontró en ediciones antiguas del
        Diccionario de la Academia, *andar* glosado como sustanti-
        vo, con el sentido de "suelo o pavimento". El texto de Gual-
        terio, *fugiunt longe*, no ayuda mucho.

1379 " 'Este manjar es dulçe, sabe como la miel.'
Dixo el aldeano[+]: 'Venino yaze en él;
el que teme la muerte, el panal le sabe fiel;
a ti solo es dulçe, tú solo come dél.

1380 " 'Al omne con el miedo nol sabe dulçe cosa;
non tiene voluntad clara, la vista temerosa;
con miedo de la muerte la miel non es sabrosa;
todas cosas amargan en vida peligrosa.

1381 " 'Más quiero rroer fava seguro e en paz,
que comer mill manjares corrido e sin solaz;
las viandas preçiadas con miedo son agraz;
todo es amargura do mortal miedo yaz.

1382 " '¿Por qué tanto me tardo? Aquí todo me mato
del miedo que he avido; quando bien me lo cato,
commo estava solo, si viniera el gato,
allí me alcançara e me diera mal rrato.

1383 " 'Tú tienes grandes casas, mas ay mucha conpaña;
comes muchas viandas, aquesto te engaña;
buena es mi pobreza en segura cabaña,
que mal pisa el omne, el gato mal rrascaña.'

1384 "Con paz e segurança es buena la pobreza;
al rrico temeroso es pobre la rriqueza;
sienpre tiene rreçelo e con miedo tristeza;
la pobredat alegre es segura nobleza.

1382*ab* La interpretación de estos versos es variable, y se refleja
en la puntuación adoptada por distintos editores. Las dife-
rencias de la mía más importantes son la de tratar el pri-
mer hemistiquio como una oración causal, y puntuar des-
pués de *mato*.
1384*d* En *G l. p. a. e. muy noble rriqueza*, versión que sería pre-
ferible, por la antítesis entre *pobredat* y *rriqueza*, si no fuera
por la repetición sospechosa de *rriqueza*.

1385   "Más vale en convento las sardinas saladas,
       e fazer a Dios serviçio con las dueñas onrradas,
       que perder la mi alma con perdizes assadas,
       e fincar escarnida con otras deserradas."

1386   "Señora", diz la vieja, "desaguisado façedes:
       dexar plazer e viçio, e lazeria queredes;
       ansí commo el gallo, vós ansí escogedes:
       dezir vos he la fabla e non vos enojedes.

ENXIENPLO DEL GALLO QUE FALLÓ EL ÇAFIR
EN EL MULADAR

1387   "Andava en el muladar el gallo ajevío:
       estando escarbando mañana con el frío,
       falló çafir culpado, mejor omne non vido;
       espantó se el gallo, dexol como sandío.

1388   " 'Más querría de uvas o de trigo un grano
       que a ti nin a çiento tales en la mi mano.'
       El çafir diol rrespuesta: 'Bien te digo, villano,
       que si me conosçieses, tú andarías loçano.

1387-89 Lecoy, *Recherches...*, p. 134; Michael, "The Function...",
       página 210. Fábula esópica. Lecoy cree que el hacer hablar
       al zafiro es un recurso original de Juan Ruiz. También ha
       cambiado la lección moral: en Gualterio, el gallo rechaza
       la perla porque para él es inútil; Juan Ruiz emplea el cuen-
       to para ilustrar la incapacidad de los tontos para percibir
       el valor de las cosas.
1387a *ajevío*: En *G aviando*, en *T çerca un rrio*, evidentemente
       mal en ambos casos: Coro. cree leer algo como *anjandeo*
       en *G* y enmienda en *anjandío*, que él interpreta "ángel de
       Dios". Joset sugiere que *ajevío* podría derivarse del lat. *alle-
       vare*, "aliviar, disminuir", y valer "leve de seso", traducien-
       do el *stultus* de la fuente. Blecua comenta que tanto el con-
       texto como la versión latina indican que el gallo tendría
       hambre, y no que fuese tonto. Yo añadiría que en *G* yo,
       como Ducamin y Criado / Naylor, leo *auiando* (la *i* tiene
       una cola larga y curva).

1389 " 'Si a mí oy fallase quien fallar me devía,
si aver me podiese el que me conosçía,
al que el estiércol cubre mucho rresplandesçería;
non conosçes tú nin sabes quánto yo meresçría.'

1390 "Muchos leen el libro toviendo lo en poder,
que non saben qué leen, nin lo pueden entender;
tienen algunas cosas preçiadas e de querer,
que non les ponen onrra la qual devían aver.

1391 "A quien da Dios ventura e non la quiere tomar,
non quiere valer algo, nin saber, nin pujar;
aya mucha lazeria e coíta e trabajar;
contescal commo al gallo que escarva en el muladar.

1392 "Bien así acaesçe a vós, doña Garoza:
queredes en convento más agua con la orça,
que con taças de plata e estar alaroça
con este mançebillo que vos tornaría moça.

1393 "Comedes en convento sardinas e camarones,
verçuelas e lazeria, e los duros caçones;
dexades del amigo perdizes e capones;
perdedes vós, coitadas, mugeres sin varones.

1390a *toviendo*: En *GT e tienen lo e. p.* Chi., Joset y Blecua im-
primen *toviéndolo*, sin comentar la forma. Coro. opta por
e tienen lo, sin comentar *toviendo* tampoco. Morreale (*BRAE*,
XLVII-XLVIII, 1968, p. 280) cambia la lección en *tenién-
dolo* (¿sin darse cuenta?). No sé si se han documentado
otros ejemplos de gerundios formados sobre la raíz del pre-
térito indefinido, o si se trata sencillamente de una aberra-
ción por el copista.

1392c *alaroça*: Es ya clásica la explicación dada por Jaime Oliver
Asín (*BRAE*, XXX, 1950, pp. 389-421): *alaroça* es *al-'arūsa*,
"la novia" en árabe, y *Garoça* es *'arūsa*, sin el artículo. Y,
sin embargo, si estuviera sólidamente documentada *a la
roça* como expresión castellana, tal vez fuese preferible im-
primirla así. De esa manera se obtendría un doble sentido
picante: la insinuación no sólo de que una monja se rozase
con un hombre, sino de que se dejase tratar como una no-
via musulmana.

1394 "Con la mala vianda, con las saladas sardinas,
con sayas de estameñas comedes vós, mesquinas;
dexades del amigo las truchas, las gallinas,
las camisas fronçidas, los paños de Mellinas."

1395 Díxol doña Garoça: "Oy más non te diré;
en lo que tú me dizes, en ello pensaré;
ven cras por la rrespuesta e yo te la daré;
lo que mejor yo viere, de grado lo faré."

1396 Otro día la vieja fue se a la mongía,
e falló a la dueña que en la misa seía;
"¡Yuy, yuy", dixo, "señora, qué negra ledanía!
En aqueste rroído vos fallo cada vía.

1397 "O vos fallo cantando, o vos fallo leyendo,
o las unas con las otras contendiendo, rreñiendo;
nunca vos he fallado jugando nin rreyendo;
verdat dize mi amo, a como yo entiendo.

1398 "Mayor rroído fazen, más bozes sin rrecabdo,
diez ánsares en laguna que çient bueyes en prado;
dexat eso, señora, diré vos un mandado;
pues la misa es dicha, vayamos al estrado."

1399 Alegre va la monja del coro al parlador;
alegre va el fraile de terçia al rrefitor;
quiere oír la monja nuevas del entendedor;
quiere el fraile goloso entrar en el tajador.

1394b *comedes*: En *G pasades*, que debe rechazarse como *lectio
singularis;* y en el contexto *comedes* podría ser *lectio diffici-
lior.* Lo cual no les impide a los demás editores optar por
pasades. Comedes se entiende perfectamente.
1394d *Mellinas*: Malinas, de Flandes. Joset nota que *Mellinas* ocu-
rre también en el *Rimado de Palacio, 300a, 310b, 357c.*

1400   "Señora", diz la vieja, "diré vos un juguete:
non me contesca commo al asno + con el blanchete,
que él vio con su señora jugar en el tapete;
diré vos la fablilla, si me dades un rrisete.

ENXIENPLO DEL ASNO E DEL BLANCHETE

1401   "Un perrillo blanchete con su señora jugava:
con su lengua e boca las manos le besava;
ladrando e con la cola mucho la fallagava;
demonstrava en todo grand amor que la amava.

1402   "Ante ella e sus conpañas en pino se tenía;
tomavan con él todos solaz e plazentería;
dava le cada uno de quanto que comía;
veía lo el asno esto de cada día.

1403   "El asno de mal seso pensó e tovo mientes:
dixo el burro nesçio ansí entre sus dientes:
'Yo a la mi señora e a todas sus gentes
más con provecho sirvo que mill tales blanchetes.

1404   " 'Yo en mi espinazo les *trayo* mucha leña;
trayo les la farina que comen del açeña;
pues tan bien *terné* pino e falagaré la dueña,
commo aquel blanchete que yaze so su peña.'

1400b El verso está mal en los tres Mss. Doy las palabras que tie-
nen en común S y G, suprimiendo *contesçió* de S y co-
nusco de G.
1401-06 Lecoy, *Recherches...*, pp. 134-135, Michael. "The Func-
tion...", pp. 210-211, Linda Davidson, *RPh*, XXXIII (1979-
1980), pp. 154-160.
1401a *blanchete*: Coro. enmienda en *branchete*, derivándolo del
fr. *brachet*, y citando el catalán antiguo *branxet*. Joset, sin
embargo, recuerda que *blanchete* es la forma en Santillana:
"... en sus faldas los blanchetes" ("Cantar que fizo el mar-
qués... a sus fijas...", *Obras completas*, I, ed. M. Durán,
Madrid, Castalia, 1975, p. 63).
1404d *peña*: "manto de pieles" (cfr. 1277d).

1405 "Salió bien rrebuznando de la su establía;
commo garañón loco el nesçio tal venía,
rretoçando e faziendo mucha de caçorría;
fue se para el estrado do la dueña seía.

1406 "Puso en los sus onbros entranbos los sus braços;
ella dando sus bozes, vinieron los collaços;
dieron le muchos palos, con piedras e con maços,
fasta que ya los palos se fazían pedaços.

1407 "Non deve ser el omne a mal fazer denodado,
nin dezir nin cometer lo que non le es dado;
lo que Dios e natura han vedado e negado,
de lo fazer el cuerdo non deve ser osado.

1408 "Quando coída el bavieca que diz bien e derecho,
e coída fazer serviçio e plazer con su fecho,
dize mal con neçedad, faze pesar e despecho;
callar a las de vegadas faze mucho provecho.

1409 "E por que ayer, señora, vos tanto arrufastes,
por lo que yo dezía por bien vos ensañastes,
por ende non me atrevo a preguntar qué pensastes;
rruego vos que me digades en lo que acordastes."

1410 La dueña dixo: "Vieja, mañana *madrugueste*
a dezir me pastrañas de lo que ayer me fableste;
yo non lo consentría commo tú me lo rrogueste,
que conssentir non devo tan mal juego como éste.

1405b *garañón*: En los tres Mss. *garanon*. ¿Omisión coincidental
en los Mss., o forma usada por el autor?
1406c *palos*: En *T d. l. m. golpes c. palos e. c. m.,* lo cual es
lectio singularis, y parece ser una trivialización.

1411 "Sí dixo la comadre, quando el çirugiano
el coraçón querría sacar le con su mano;
dezir te he su enxienplo agora por de mano;
después dar te he rrespuesta qual devo e bien de
[llano.

ENXIENPLO DE LA RRAPOSA QUE COME LAS GALLINAS EN LA ALDEA

1412 "Contesçió en una aldea de muro bien çercada
que la presta gulhara ansí era vezada
que entrava de noche, la puerta ya çerrada,
comía las gallinas de posada en posada.

1413 "Tenían se los del pueblo della por mal chufados:
çerraron los portillos, finiestras e forados;
desque se vido ençerrada, diz: 'Los gallos furtados,
désta creo que sean pagados e escotados.'

1414 "Tendió se a la puerta del aldea nonbrada,
fizo se commo muerta, la boca rregañada,
las manos encogidas, yerta e desfigurada;
dezían los que pasavan: '¡Ten te esa trasnochada!'

1411a *Sí*: "Así" (del lat. *sic*).
1411c *por de mano*: "inmediatamente". Cfr. 719c, *de mano tomad
pellote*.
1412-20 Lecoy, *Recherches...*, pp. 138-140, Michael, "The Func-
tion...", p. 211. Fábula de origen oriental, se encuentra en
el *Libro de los siete sabios*, pero no en la versión española
conocida por *Libro de los engaños...* Es el Ex. XXIX del
Conde Lucanor.
1414d Morreale (*BRAE*, XLIII, 1963, p. 340) trata *trasnochada* co-
mo un sustantivo, y parafrasea lo que dicen los transeún-
tes: "¡Sufre las consecuencias de tu noche de actividad!"
(dirigiéndose a la zorra). Si estuviera documentado en es-
pañol antiguo el uso de *trasnochado* como adjetivo, quisie-
ra proponer que se entendiese: "Comentaban *los que pasa-
van*, unos a otros: '¡Mira esa demacrada!'" Blecua glosa
Tente... como "Mira ahí...", pero sin decir nada de *trasno-
chada*.

1415 "Passava de mañana por ý un çapatero: *
'O', diz, '¡Qué buen cola! Más vale que un dinero:
faré trainel della para calçar ligero.'
Cortó la, e estudo más queda que un cordero.

1416 "El alfajeme passava, que venía de sangrar:
diz: 'El colmillo desta puede aprovechar
para quien dolor tiene en muela o en quexar.'
Sacó le, e estudo queda, sin se más quexar.

1417 "Una vieja passava, quel comió su gallina:
diz: 'El ojo de aquésta es para melezina
a moças aojadas, e que han la madrina.'
Sacó lo, e estudo sosegada la mesquina.

1418 "El físico pasava por aquella calleja:
diz: '¡Qué buenas orejas son las de la gulpeja
para quien tiene venino o dolor en la oreja!'
Cortó las, e estudo queda más que un oveja.

1419 "Dixo este maestro: 'El coraçón del rraposo
para el tremor del coraçón es mucho provechoso.'
Ella diz: '¡Al diablo catedes vós el polso!'
Levantó se corriendo, e fuxo por el coso.

1420 "Dixo: 'Todas las coítas puede omne sofrir;
mas el coraçón sacar e muerte rresçebir,
non lo puede ninguno, nin deve, consentir;
lo que emendar non se puede non presta arrepentir.'

* Texto en *ST* hasta 1422*d*.

1420-21 La moraleja que enuncia la zorra en la c. 1420 es la mis-
ma que declara Patronio en la versión de don Juan Manuel,
y es la que era de esperar. La que añade doña Garoza en
la c. 1421 sólo se puede extraer de este cuento si se inclu-
ye en la narración el detalle de la trampa o emboscada ur-
dida por los *mal chufados* aldeanos (c. 1413). Dicho detalle
falta en la versión de don Juan Manuel.

1421   "Deve catar el omne con seso e con medida
        lo que fazer quisiere, que aya dél salida,
        ante que façer cosa quel sea rretraída;
        quando teme ser preso, ante busque guarida.

1422   "Desque ya es la dueña de varón escarnida,
        es dél menos preçiada e en poco tenida;
        es de Dios airada e del mundo aborrida;
        pierde toda su onrra, la fama e la vida.

1423   "E pues tú a mí dizes rrazón de perdimiento *
        del alma e del cuerpo e muerte e enfamamiento,
        yo non quiero fazer lo; ve te sin tardamiento,
        si non dar te he gualardón qual tu meresçimiento."

1424   Mucho temió la vieja deste bravo dezir:
        "Señora", diz, "¡mesura! Non me querades ferir;
        puede vos por ventura de mí grand pro venir,
        commo al león vino del mur en su dormir.

ENXIENPLO DEL LEÓN E DEL MUR

1425   "Dormía el león pardo en la frida montaña:
        en espesura tiene su cueva soterraña;
        allí juegan de mures una presta conpaña;
        al león *despertaron* con su burla tamaña.

1426   "El león tomó uno e quería lo matar;
        el mur con el grand miedo començol a *falagar*:
        'Señor', diz, 'non me mates, que non te podré
                                                    [fartar;
        en tú dar me la muerte non te puedes onrrar.

---

    * Texto en *S* hasta 1434*d*.

1425-34 Lecoy, *Recherches...*, pp. 135-136, Michael, "The Func-
    tion...", pp. 211-212. Fábula esópica.

1427 " '¿Qué onrra es al león, al fuerte, al poderoso,
en matar un pequeño, al pobre, al coitoso?
Es desonrra e mengua, e non vençer fermoso;
el que al *menor* vençe, es loor vergonçoso.

1428 "Por ende vençer es onrra a todo omne nasçido,
es maldad e pecado vençer al desfallido;
el vençedor ha onrra del preçio del vençido;
su loor es atanto quanto es el debatido.'

1429 "El león destos dichos tovo se por pagado:
soltó al morezillo; el mur, quando fue soltado,
dio le muy muchas graçias, e quel sería mandado:
en quanto él podiese, quel sirvirié de grado.

1430 "Fue se el mur al forado; el león fue a caçar;
andando en el monte, ovo de entropeçar;
cayó en grandes rredes, non las podía rretaçar;
enbuelto pies e manos, non se podía alçar.

1431 "Començó a querellar se, oyó lo el murizillo:
fue a él, díxol: 'Señor, yo trayo buen cochillo;
con aquestos mis dientes rrodré poco a poquillo;
do están vuestras manos, faré un grand portillo.

1427b *en matar*: Enmienda de Morreale (*BRAE,* XLVII, XLVIII,
1968, p. 337). Cfr. 256a, *En fazer bien al malo, cosa nol
aprovecha.*

1428a *Por ende*: Extraña esta frase adverbial en el contexto. Coro.
enmienda en *pero*, "aunque". Joset y Blecua defienden la
lección del Ms., alegando que aquí también significa "aun-
que", pero sin aducir otros ejemplos que lo confirmen.

1429c Hay que entender aquí "... e [dixo] quel sería mandado".
Mandado: "agradecido", o tal vez, como propone Morreale
(*BRAE,* XLIII, 1963, pp. 340-341), "obediente".

1430d *non se podía alçar*: Joset sugiere que en lugar de su sen-
tido literal, *alçarse* puede tener aquí el de "refugiarse", y
cita el *Poema de Mio Cid,* 2286b, "non vio allí dós' alçasse",
o el *Fernán González,* 86c, "alçaron se en Castilla, assy se
defendieron". Pero el sentido literal se impone en el con-
texto.

1432   " 'Los vuestros brazos fuertes, por allí los sacaredes:
abriendo e tirando las rredes rresgaredes;
por mis chiquillos dientes vós oy escaparedes;
perdonastes mi vida, e vós por mí bivrredes.

1433   " 'Tú, rrico, poderoso, non quieras desechar
al pobre, al menguado, non lo quieras de ti echar;
puede fazer serviçio quien non tiene qué pechar;
el que non puede más, puede aprovechar.

1434   " 'Puede pequeña cossa e de poca valía
fazer mucho provecho e dar grand mejoría;
el que poder non tiene, oro nin fidalguía,
tenga manera e seso, arte e sabidoría.' "

1435   Fue con esto la dueña ya quanto más pagada; *
"Vieja", dixo, "non temas, está bien segurada;
non conviene a dueña de ser tan denodada;
mas rresçelo me mucho de ser mal engañada.

1436   "Estas buenas palabras, estos dulçes falagos,
non querría que fuesen a mí fiel e amargos,
commo fueron al cuervo los dichos, los encargos
de la falsa rraposa con sus malos trasfagos.

ENXIENPLO DE LA RRAPOSA E DEL CUERVO

1437   "La marfusa un día con la fanbre andava;
vido al cuervo negro en un árbol do estava;
grand pedaço de queso en el pico levava.
Ella con su *lisonja* tan bien lo saludava:

* Texto en *ST* hasta 1439*d*.

1434*d* *manera*: Aquí vale algo así como "sutileza", como en el
prólogo, 1. 60: *algunas maneras e maestrías e sotilezas enga-
ñosas del loco amor...* Coro. aduce ejemplos en el catalán
medieval.
1437-41: Lecoy, *Recherches...*, p. 136, Michael, "The Function...",
página 212. Fábula esópica muy conocida. La versión de don

1438 " 'O cuervo tan apuesto, del çisne eres pariente,
en blancura, en dono, fermoso, rreluziente;
más que todas las aves cantas muy dulçe mente;
si un cantar dixieres, diré yo por él veinte.

1439 " 'Mejor que la calandria, nin *que* el papagayo,
mejor gritas que tordo, nin rruiseñor nin gayo;
si agora cantasses, todo el pesar que trayo
me tirariés en punto, más que otro ensayo.'

1440 "Bien se coidó el cuervo que con el gorgear *
plazié a todo el mundo más que con otro cantar;
creyé que la su lengua e el su mucho gadnar
alegrava las gentes más que otro juglar.

1441 "Començó a cantar, la su boz a erçer:
el queso de la boca ovo se le a caer;
la gulhara en punto se lo fue a comer;
el cuervo con el dapño ovo de entristecer.

1442 "Falsa onrra e vana gloria y el rrisete falso
dan pessar e tristeza e dapño sin traspaso;
muchos cuidan que guarda el viñadero + el paso,
e es la magadaña que está en el cadahalso.

* Texto en *SGT* hasta 1453*d*.

Juan Manuel (*Conde Lucanor*, Ex. V) me parece superior
a la de Juan Ruiz en varios aspectos, por ejemplo, en el
empleo por el zorro de la verdad para engañar al cuervo.
Pero la de Juan Ruiz brilla por la extravagancia de los
elogios con que la zorra abruma al cuervo (ya en parte en
el modelo Gualterio). Véase también la comparación de las
dos versiones por R. Menéndez Pidal, en "Tres notas sobre el
Libro de buen amor", incluidas en *Poesía árabe y poesía eu-
ropea*, Buenos Aires, Austral, 1941, pp. 118-123.
1440*c gadnar*: En *G gasnar*, en *T grajar*. Los demás editores en-
miendan en *gradnar*. Pero la coincidencia de la falta de la
r en *S* y *G* favorece la lección de *S*.

1443 "Non es cosa segura creer dulçe lijonja:
de aqueste dulçor suele venir amarga lonja;
pecar en tal manera non conviene a monja;
rreligiosa non casta es *podrida* toronja."

1444 "Señora", diz la vieja, "esse miedo non tomedes;
el omne que vos ama, nunca lo esquivedes;
todas las otras temen eso que vós temedes;
el miedo de las liebres, las monjas lo avedes.

ENXIENPLO DE LAS LIEBRES

1445 "Andavan se las liebres en las selvas llegadas:
sonó un poco la selva e fueron espantadas;
fue sueno de laguna, ondas arrebatadas;
las liebres temerosas en uno son juntadas.

1446 "*Catan* a todas partes, non podían quedas ser;
dezién con el grand miedo que se fuesen a esconder;
ellas esto fablando, ovieron de *veer*
las rranas con su miedo so el agua meter.

1447 "Dixo la una liebre: 'Conviene que esperemos:
non somos nós señeras que miedo vano tenemos;
las rranas se esconden de balde, ya lo veemos;
las liebres e las rranas vano miedo tenemos.

1443b *amarga lonja*: Coro. supone que se trata de "rebanada o
gajo de fruta". El sentido metafórico está claro.
1445-49 Lecoy, *Recherches...*, pp. 36-137, Michael, "The Func-
tion...", pp. 212-213. Lecoy indica que en la versión de
Gualterio, las liebres aprenden por el ejemplo de las ranas
a ser más valientes y quedarse. En la versión de Juan Ruiz,
a pesar de que una de las liebres se da cuenta, al ver cómo
se comportan las ranas, de lo tontas que son, se pone ella
misma a huirse (1449a). Pero el autor no nos explica por
qué.
1446a *Catan*: En S andavan, que cuadra bien con el contexto, pero
es probablemente un error mecánico del copista, repitiendo
andavan de 1445a.
1447b y d *tenemos*: Esta repetición induce a Chi. a enmendar en

1448 " 'A la buena esperança nos conviene atener;
faze tener grand miedo lo que non es de temer;
somos de coraçón flaco, ligeras en correr;
non deve temor vano en sí omne traer.'

1449 "Acabada ya su fabla, *començó* de foír:
esto les puso miedo e fizo a todos ir. *
En tal manera tema el que bien quiere bevir
que non pierda el esfuerço por miedo de morir.

1450 "El miedo es muy malo sin esfuerço, ardid;
esperança e esfuerço vençen en toda lid;
los covardes fuyendo mueren, deziendo: 'Foíd!'
biven los esforçados deziendo: '¡Daldes, ferid!'

1451 "Aquesto acaesçe a vós, señora mía,
e a todas las monjas que tenedes freilía:
por una sin ventura muger que ande rradía,
temedes vós que todas irés por esa vía.

1452 "Tened buena esperança, dexad vano temor;
amad al buen amigo, quered su buen amor;
si más ya non, *fablalde* como a chate pastor;
dezid le: 'Dios vos salve'; dexemos el pavor."

* El v. 1449b falta en G.

---

temememos en 1447d. Coro., Joset y Blecua enmiendan en *ave-
mos* en 1447b. Pero los tres Mss. dan *tenemos* en ambos
versos, y el sentido general no está afectado.
1448b *tener grand miedo*: Chi. enmienda en *temer g. m.*, basando
la enmienda en Gualterio, v. 8: "Saepe facit metui non me-
tuenda metus." Aquí también, sin embargo, los tres Mss.
tienen *tener*.
1449a *començó*: En S y T *començaron*, que parece destruir la ló-
gica de la narración, y puede ser un error mecánico coinci-
dental en ambas familias de los Mss.
1452c El sentido del verso parece bien elucidado por Coro., a
quien sigue Blecua: "Al menos salúdale como harías con
un rústico." *Chate*: Así en S y G. Como dice Blecua, puede
ser un 'doblete' de *chato*, "rústico", o un error por *chato*.
Pero *chato* en T debe ser una trivialización.

1453 "Tal eres", diz la dueña, "vieja, commo el diablo,
que dio a su amigo mal consejo e mal cabo:
puso lo en la forca, dexó lo ý en su cabo;
oye buena fabla, non quieras mi menoscabo.

ENXIENPLO DEL LADRÓN QUE FIZO CARTA AL DIABLO DE SU ÁNIMA

1454 "En tierra sin justiçia eran muchos ladrones; *
fueron al rrey las nuevas, querellas e pregones;
enbió allá su alcalde, merinos e sayones;
al ladrón enforcavan por quatro pepiones.

1455 "Dixo el un ladrón dellos: 'Ya yo só desposado
con la forca, que por furto ando desorejado;
si más yo só con furto del merino tomado,
él me fará con la forca ser del todo casado.'

* Texto en *ST* hasta 1466*c*.

1453*d* Prefiero la lección de *S*, porque si se lee con la cesura después de *fabla,* tiene las 14 sílabas debidas.

1454-75: Lecoy, *Recherches...*, pp. 154-155, Michael, "The Function...", p. 213. En el *Conde Lucanor* es el Ex. XLV. Lecoy refiere varias versiones medievales de la historia, por ejemplo, en las colecciones de Marie de France y Jacques de Vitry. El tema del pacto faustiano con el diablo es también la base del Milagro de Teófilo (núm. 25 de los *Milagros* de Berceo).

1455*b* *desorejado*: La pericia jurídica que lucc Juan Ruiz en el pleito ante don Ximio (cs. 320-372) sugiere que el desorejamiento debía ser una pena corriente en casos de robo. En las *Siete Partidas,* sin embargo, VII. XIV. xviii, se lee: "... mas por razon de furto non deben matar nin cortar miembro á ninguno, fueras ende si fuese ladron conoscido..." Nuestro ladrón bien puede entrar en la categoría de *ladron conoscido,* pero en VII. XXXI. vi, se lee: "Pero algunas maneras son de penas que las non deben dar á ningunt home por yerro que haya fecho, asi como señalar á alguno en la cara quemándolo con fierro caliente, nin cortándole las narices, nin sacándole los ojos, nin dándole otra manera de pena en ella de que finque señalado. Et esto es porque la cara del home fizo Dios á su semejanza;..."

1456 "Ante que el desposado penitençia presiese,
vino a él un diablo por que non lo *perdiese*:
díxol que de su alma la carta le feçiese,
e furtase sin miedo quanto furtar podiese.

1457 "Otorgó le su alma, fizo le dende carta;
prometió le el diablo que dél nunca se parta;
desta guisa el malo sus amigos enarta.
Fue el ladrón a un canbio, furtó de oro gran sarta.

1458 "El ladrón fue tomado, en la cadena puesto:
llamó a su amigo quel conssejó aquesto;
vino el mal amigo, diz: 'Fe me aquí presto;
non temas, ten esfuerço, que non *morrás* por esto.

1459 " 'Quando a ti sacaren a judgar oy o cras,
aparta al alcalde, e con él fablarás;
pon mano en tu seno e *dal* lo que fallarás;
amigo, con aquesto en salvo escaparás.'

1460 "Sacaron otro día los presos a judgar:
él llamó al alcalde, apartol e fue fablar;
metió mano en el seno e fue dende sacar
una copa de oro muy noble, de preçiar.

1461 "Dio ge la en presente callando al alcalde;
diz luego el judgador: 'Amigos, el rribalde,
non fallo por qué muera; prendistes le de balde;
yo le dó por quito suelto; vós, merino, soltalde.'

1456c *carta*: Es el término corriente que se emplea en los docu-
mentos de compra y venta en la Edad Media (véase, por
ejemplo, R. Menéndez Pidal, *Documentos lingüísticos de
España I: Reino de Castilla*, Madrid, 1966, *passim*). Lo usa
Berceo en el Milagro 25, 741*cd*, como recuerda Joset: "Fizo
con él su carta e fízola guarnir / de su seiello mismo que
nol podrie mentir."

1462   "Salió el ladrón suelto sin pena de presión.
       Usó su mal ofiçio grand tienpo e grand sazón;
       muchas vezes fue preso, escapava por don;
       enojó se el diablo, fue preso su ladrón.

1463   "Llamó su mal amigo así commo solía;
       vino el malo e dixo: '¿A qué me llamas cada día?
       Faz ansí como sueles, non temas, en mí fía;
       darás cras el presente, saldrás con arte mía.'

1464   "Apartó al alcalde + segund lo avía usado;
       puso mano a su seno e falló negro fallado:
       sacó una grand soga, dio la al adelantado;
       el alcalde diz: 'Mando que sea enforcado.'

1465   "Levando lo a la forca, vido en altas torres
       estar su mal amigo, diz: '¿Por qué non me acorres?'
       Respondió el diablo: 'E tú, ¿por qué non corres?
       Andando e fablando, amigo, non te engorres.

1462b *mal ofiçio*: Morreale (*BRAE*, XLVII, 1963, p. 342) defiende
la lección de *T*, *malfretía* (corrige en *malfetría*), alegando
que *S* "evita el vocablo arcaico". El argumento es falso: en
325*d*, *S* tiene *mal fetría* (correctamente). Ambos términos,
malfetría y *ofiçio*, son jurídicos. Aquí creo que el autor da
un eco irónico de 347*b*, *usó bien de su ofiçio* (véase mi
nota). El copista de *T* puede haber completado el término
en la forma que esperaba, siendo *malfetría* más lógico en
el contexto. *Mal ofiçio* es *lectio difficilior*, no *facilior*, como
cree Coro.

1464c *adelantado*: Cfr. *Siete Partidas*, III. IV. i: "Otros hi ha que
son puestos sobre regnos ó sobre otras tierras señaladas, et
llámanlos adelantados por razon que el rey los adelanta
para judgar sobre los jueces de otros lugares." Joset tam-
bién cita, como indicio de las funciones judiciales del ade-
lantado, *Partida* II. IX. xxii, y *Rimado de Palacio*, c. 444.

1466 " 'Luego seré con tigo desque ponga un fraile
con una freila suya que me dize: «Tray le, tray le.»
Engaña a quien te engaña, a quien te fay, fay le.
Entre tanto, amigo, ve te con ese baile.' *

1467 "Çerca el pie de la forca començó de llamar:
'¡Amigo, val me, val me, que me quieren enforcar!'
Vino el malo e dixo: '¡Ya te viese colgar!
Que yo te ayudaré, commo lo suelo far.

1468 " 'Suban te, non temas, cuelga te a osadas,
e pon tus pies entranbos sobre las mis espaldas,
que yo te soterné segund que otras vegadas;
sotove a mis amigos en tales cavalgadas.'

1469 "Entonçes los sayones al ladrón enforcaron;
coidando que era muerto, todos dende derramaron;
a los malos amigos en mal lugar dexaron;
los amigos entranbos en uno rrazonaron.

1470 "El diablo quexó se, diz: '¡Ay, qué mucho pesas!
¡Tan caros que me cuestan tus furtos e tus presas!'
Dixo el enforcado: 'Tus obras mal apresas
me troxieron a esto por que tú me sopesas.'

1471 "Fabló luego el diablo, diz: 'Amigo, otea
e di me lo que vieres, toda cosa que sea.'
El ladrón paró mientes, diz: 'Veo cosa fea:
tus pies descalabrados, e al non sé que vea.

* Texto en *SGT* hasta 1471*d*.

_____

1466*c a quien te fay, fay le*: Joset cita a Correas (ed. Combet, página 20*b*): "A kien te la fai, faila", y "A kien te la faz, fazla".
1466*d baile*: "sayón (oficial que cogía a los malhechores)", pero el juego de palabras es obvio.

1472 "'Beo un monte grande de muchos viejos çapatos, *
suelas rrotas, e paños rrotos, e viejos hatos;
e veo las tus manos llenas de garavatos;
dellas están colgadas muchas gatas e gatos.'

1473 "Respondió el diablo: 'Todo esto que dixiste, **
e mucho más dos tanto que ver non lo podiste,
he rroto yo andando en pos ti, segund viste;
non *puedo* más sofrir te, ten lo que mereçiste.

1474 " 'Aquellos garavatos son las mis arterías;
los gatos e las gatas son muchas almas mías
que yo tengo travadas; mis pies tienen sangrías
en pos ellas andando las noches e los días.'

1475 "Su rrazón acabada, tiró se, dio un salto;
dexó a su amigo en la forca tan alto.
Quien al diablo cree, trával su garavato;
él le da mala çima e grand mal en chico rrato.

1476 "El que con el diablo faze la su criança,
quien con amigo malo pone su amistança,
por mucho que se tarde, mal galardón *alcança;*
es en amigo falso toda la mal andança.

---

* La c. 1472 en *S* solamente.
** Texto en *SGT* hasta 1544*d.*

1472 La falta de esta cuarteta en el sub-arquetipo del que se
derivan *G* y *T* debe ser accidental, puesto que en 1473-74
el diablo explica las cosas que el ladrón dice haber visto.
El ojo del copista habrá saltado, tal vez, del *al non sé que
vea* de 1471*d* al *Respondió el diablo...* de 1473*a.*

1472*a* Lecoy indica que el detalle de los zapatos está también en
la versión de Jacques de Vitry, aunque explotado de otra
manera.

1476*d mal andança*: En *G mala andança*; *T* omite el adjetivo.
Esto apoya la separación en dos palabras, en contra de lo
que quisiera Morreale (*Glosario parcial del "Libro de buen
amor"*, en *Homenaje: estudios de filología...,* La Haya, 1966,
página 428), y lo que imprimen Joset y Blecua. Nótese tam-
bién *buena andança* en 1477*a* (*S* y *G*).

1477 "El mundo es texido de malos arigotes;
en buena andança el omne tiene muchos galeotes,
parientes apostizos, amigos paviotes;
desque le veen en coíta, non dan por él *dos* motes.

1478 "De los malos amigos vienen malos escotes;
non viene dellos ayuda más que de unos *arlotes,*
si non falssas escusas, lisonjas, *amagotes;*
guarde vos Dios, amigos, de tales amigotes.

1479 "Non es dicho amigo el que da mal conssejo,
ante es enemigo e mal queriente sobejo;
al que te dexa en coíta, *nol* quieras en trebejo;
al que te mata so capa, *nol* salves en conçejo."

1480 "Señora", diz la vieja, "muchas fablas sabedes;
mas yo non vos conssejo eso que vós creedes,
si non tan sola mente ya vós que lo fabledes:
abenid vos entre anbos, desque en uno estedes."

1481 "Farías", dixo la dueña, "segund que ya te digo,
que fizo el diablo al ladrón su amigo:
dexar m' ías con él sola, çerrarías el postigo;
sería mal escarnida, fincando él con migo."

1482 Diz la vieja: "Señora, ¡qué coraçón tan duro!
De eso que vós rresçelades ya vos yo asseguro,
e que de vós non me parta en vuestras manos juro;
si de vós me partiere, a mí caya el perjuro."

1483 La dueña dixo: "Vieja, non lo manda el fuero
que la muger comiençe fablar de amor primero;
cunple otear firme que es çierto menssajero."
"Señora, el ave muda" diz, "non faze agüero."

1484 Díxol doña Garoça: "Que ayas buena ventura
que de ese arçipreste me digas su figura:
bien atal qual sea, di me toda su fechura;
non rrespondas en escarnio do te preguntan cor-
[dura."

DE LAS FIGURAS DEL ARÇIPRESTE

1485   "Señora", diz la vieja, "yol veo amenudo:
       el cuerpo ha bien largo, mienbros grandes, e tre-
                                              [fudo;
       la cabeça non chica, velloso, pescoçudo;
       el cuello non muy luengo, *cabelprieto,* orejudo.

1486   "Las çejas apartadas, prietas como *carbón;*
       el su andar enfiesto, bien como de pavón;
       su paso sosegado e de buena rrazón;
       la su nariz es luenga, esto le desconpón.

1487   "Las *encías* bermejas e la fabla tunbal;
       la boca non pequeña, labros al comunal,
       más gordos que delgados, bermejos como coral;
       las espaldas bien grandes, las muñecas atal.

1485-89 *Las figuras del arçipreste*: Véase, sobre todo, Peter
       N. Dunn, en *LBAS*, pp. 79-93. Dunn demuestra que, a pe-
       sar de reunir rasgos positivos del amador sensual y eficaz,
       según los fisonomistas (orejas y nariz grandes, voz baja,
       labios gordos, cuerpo grande y fuerte...), también se insi-
       núan en este retrato algunos rasgos siniestros que no le pro-
       meten a la amada mucha felicidad: la cabeza grande, la tez
       saturnina, los ojos pequeños, el cuello corto, los pechos
       delanteros, los pies chicos (y feminiles)... O sea, un aman-
       te destinado al fracaso, a pesar de su temperamento sen-
       sual.
1486a *carbón*: El *cabron* de S parece ser un error mecánico, pero
       también cabe la posibilidad de que *carbon* en *G* y *T* sea
       lectio facilior, ya que en el v. siguiente hay otra compara-
       ción con un animal.
1486d La nariz *luenga* era una señal de la potencia sexual, y de
       un miembro viril grande. E. K. Kane, *MLN*, XLV (1930),
       cita dos refranes en latín: *si vis cognoscere fusum, aspice
       nasum,* y *noscitur a labiis quantum sit virginis antrum; nos-
       citur a naso quanta sit hasta viro.* Pero Dunn recuerda lo
       que dice Vicente de Beauvais (*Speculum naturale,* XXVIII,
       lii): "Narium extremitas longa et subtilis festinationem,
       stultitiam ac levitatem [significat]." ...*esto le desconpón*
       puede tener un doble sentido, pues: no sólo es feo, sino
       que tiene un temperamento inestable.

1488   "Los ojos ha pequeños; es un poquillo baço;
        los pechos delanteros; bien trifudo el braço;
        bien conplidas las piernas, del pie chico pedaço.
        Señora, dél non vi más; por su amor vos abraço.

1489   "Es ligero, valiente, bien mançebo de días;
        sabe los instrumentos e todas juglerías;
        doñeador alegre, para las çapatas mías;
        tal omne como este non es en todas erías."

1490   A la dueña mi vieja tan bien que la enduxo:
        "Señora, diz la fabla del que de feria fuxo:
        'La merca de tu uço, Dios es que la aduxo.'
        Amad, dueñas, amalde, tal omne qual debuxo.

1491   "Sodes las monjas guarrdadas, deseosas, loçanas;
        los clérigos cobdiçiosos desean las ufanas;
        todos nadar desean, los peçes e las rranas;
        a pan de quinçe días, fanbre de tres selmanas."

1488a Según Dunn (p. 85), el fisonomista árabe Rhazes dice que
    los ojos pequeños indican "homo... malus et stultus" (ca-
    pítulo xxviii), y que la tez verdosa (baço) indica la influen-
    cia de Saturno (con posibles insinuaciones de una sexuali-
    dad pervertida).
1488b los pechos delanteros pueden indicar un parlanchín poco
    sensato.
1488c el pie chico puede indicar diferentes cosas, entre ellas la
    afeminación.
1489c para las çapatas mías: Chi. y Joset citan el Libro de Ale-
    xandre, 1822b, por las çapatas mías (palas ç. m. en el Ms.
    O), como juramento bastante difundido. Joset y Blecua im-
    primen par l. ç. m. (enmienda de Aguado).
1490c la merca de tu uço: "El negocio [que se ofrece] a tu
    puerta."
1491a deseosas: Morreale (BRAE, XLIII, 1963, p. 343) glosa "po-
    bres", y cita a textos ladinos: "los deseosos de tu pueblo",
    etcétera (Ms. esc. I-j-3, E3, Ex. 23.11). Aquí mejor, tal vez,
    "necesitadas".
1491d Joset cita a Correas (ed. Combet, p. 22b): "A pan de kinze
    días, hambre de tres semanas" (La ref. ya en Cej.). En el
    contexto parece un comentario no muy halagüeño ni para
    Garoza ni para el Arcipreste.

1492   Díxol doña Garoça: "Ver me he, da *me* espaçio."
       "¡A la he!" dixo la vieja, "amor non sea laçio.
       Quiero ir a dezir ge lo. ¡Yuy, cómo me engraçio!
       Yol faré cras que venga aquí a este palaçio."

1493   La dueña dixo: "Vieja, ¡guarde me Dios de tus ma-
                                                    [ñas!
       Ve dil que venga cras ante buenas conpañas:
       fablar me ha buena fabla, non burla nin picañas;
       e dil que non me diga de aquestas tus fazañas.

1494   Vino la mi leal vieja, alegre, plazentera:
       ante del 'Dios vos salve', dixo la mensajera:
       "Sé que el que al lobo enbía, a la fe carne espera,
       que la buena corredera ansí faze carrera.

1495   "Amigo, Dios vos salve: folgad, sed plazentero;
       cras dize que vayades; fablad la, non señero;
       mas catad non le digades chufas de pitoflero,
       que las monjas non se pagan del abbad fazañero.

1496   "De lo que cunple al fecho, aquesto le dezit;
       lo que cras le fablardes, vós oy lo comedit;
       a la misa de mañana vós en buena ora id;
       enamorad a la monja, e luego vos venid."

1497   Yol dixe: "Trotaconventos, rruego te, mi amiga,
       que lieves esta carta, ante que ge lo yo diga;
       e si en la rrespuesta non te dixiere enemiga,
       puede ser que de la fabla otro fecho se siga."

1498   Levol una mi carta a la missa de prima;
       troxo me buena *rrespuesta* de la fermosa rrima;
       guardas tenié la *monja* más que la mi esgrima,
       pero de buena fabla vino la buena çima.

1494c Cfr. 1328b.
1498b *rrima*: Morreale (*BRAE*, XLVII-XLVIII, 1968, p. 283) de-
       fiende su idea de que sea la misma amada, y de que no
       tenga que ver con la versificación de la *carta*. Blecua su-

Ms. Douce. 118, f. 85ʳ
"En el nombre de Dios fui a misa de mañana:
vi estar a la monja en oración loçana, …"

(*Lba,* 1499*ab*)

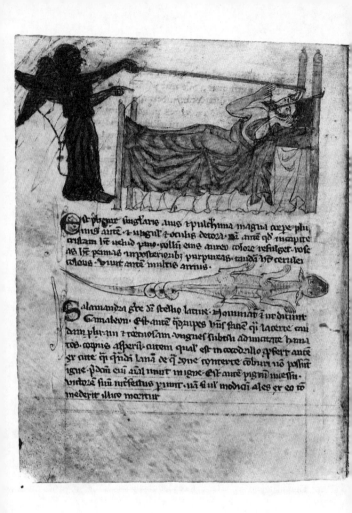

Est phenix singularis auis et pulcherrima magna corpe phi-
ennis aute[m] et u[n]gul[as] et oculos decora. C[ap]ut aut[em] q[uo]d i[n]capi-
te cristam h[ab]et uelud p[r]no. colli[i] eius aureo colore refulget. rose-
us h[ab]et p[r]imas i[m]p[er]iorib[us] p[ur]pureas. cauda h[ab]et ceruleo
colore. v[n]unt aute[m] multis annis.

Salamandra g[r]ece dr. stelio latine. Hominat[ur] et uocitatur
Camaleon. Est aut[em] q[ua]drupes uit[is] sane q[u]i lacerte cui-
dam pl[ur]i[m] et uerinosam. u[n]gues subtili adimatur[?] hami-
tos. corpus asper[us]. aurem qual[is] est in crocodillo app[ar]et aute[m]
ex aute q[ua] c[on]di lana de q[ua] zone cu[m] terre c[om]buri no[n] possit
igne. q[uo]d cu[m] a[nim]al uinit i[n] igne. Est aute[m] pigrid[a] miessu.
undore su[m] refectus p[er]unt. na[m] si ui[r] modici ales ex eo co-
mederit illico mor[it]ur.

Ms. Douce. 88, f. 121ᵛ
"Muerte, al que tu fieres, lievas te lo de belmez: ..."
                                        (*Lba*, 1521*a*)

1499   En el nonbre de Dios fui a missa de mañana:
        vi estar a la monja en oración loçana,
        alto cuello de garça, color fresco de grana:
        ¡Desaguisado fizo quien le mandó vestir lana!

1500   ¡Val me Santa María! Mis manos aprieto.
        ¿Quién dio a blanca rrosa ábito, velo prieto?
        Más valdrié a la fermosa tener fijos e nieto
        que atal velo prieto nin que ábitos çiento.

1501   Pero que sea errança contra nuestro Señor
        el pecado de monja a omne doñeador,
        ¡Ay Dios, e yo lo fuese, aqueste pecador,
        que feziese penitençia *deste* fecho error!

1502   Oteó me de unos ojos que paresçían candela:
        yo sospiré por ellos, diz mi coraçón: "¡Hé la!"
        Fui me para la dueña, fabló me e fablé la:
        enamoró me la monja e yo enamoré la.

---

        giere que la "fermosa rrima" es la *amiga* (la "fea rima"
        sería la *enemiga* de 1497c).
1498c   *esgrima*: las *guardas* de *esgrima* serían los "movimientos
        para defenderse con la espada" —o sea, la monja tiene más
        astucias para defenderse que él para defenderse con la es-
        pada. O posiblemente, *esgrima* podría ser metonimia por
        la espada, y las *guardas* serían la guarnición de ella.
1499d   *vestir lana*: Metonimia por "meterse monja". Pero también
        puede haber eco de las *Allegoriae* de Rabanus Maurus:
        "*Lana* est simplicitas, ut in *Deuteronimo*: 'Non induas ves-
        tem lino lanaque contextam', id est, non ostendas de foris
        simplicitatem, et intus habeas duplicitatem."
1501ab "Aunque sea una ofensa contra Dios para el galán pecar
        con un monja..."
1501d   Blecua conserva *desto* de *S*, y puntúa: *que feziese peni-
        tençia desto, fecho error* ("ya cometido el error").
1502d   Coro.: "... se trata... del amor tal como lo entiende Urra-
        ca". Morreale (*HR*, XXXVII, 1969, p. 155) y Joset supo-
        nen que quiere decir que el amor se consuma físicamente,
        y rechazan tal interpretación. Yo añadiría que dicha inter-
        pretación destroza la lógica del episodio y, en especial, de
        las cuartetas que ahora siguen.

1503 Resçibió me la dueña por su buen servidor:
siénprel fui mandado e leal amador;
mucho de bien me fizo con Dios en linpio amor;
en quanto ella fue biva, Dios fue mi guiador.

1504 Con mucha oración a Dios por mí rrogava;
con la su abstinençia mucho me ayudava;
la su vida muy linpia en Dios se deleitava;
en locura del mundo nunca se trabajava.

1505 Para tales amores son las rreligiosas:
para rrogar a Dios, con obras piadosas;
que para amor del mundo mucho son peligrosas,
e son las escuseras perezosas, mentirosas.

1506 Atal fue mi ventura que, dos messes pasados,
murió la buena dueña: ove menos cuidados;
a morir han los onbres que son o serán nados;
Dios perdone su alma, e los nuestros pecados.

1505d escuseras: Morreale (*HR*, XXXVIII, 1969, p. 135) glosa
"hipócritas".
1506b ove menos cuidados: En *G o. nuevas cuytadas*, que es *lec-*
tio singularis. Véase mi artículo (*Homenaje a José Manuel*
Blecua, Madrid, 1983, pp. 295-305). La enmienda *ove nuevos*
cuidados, introducida por Cej., se impuso de tal manera
que los demás editores la adoptan sin comentario siquiera
(excepto Blecua), olvidándose, parece, de los Mss., y sin
plantear la cuestión de lo que podría significar *ove menos*
cuidados en este contexto. El episodio entero de doña Ga-
roza está lleno de ironía y ambigüedades, sobre todo en la
actitud que toma el protagonista / autor hacia las monjas
(véase la Introducción, p. 58). En la literatura erótica me-
dieval, la figura de la monja era siempre equívoca, a lo
más: desde las eruditas del poema en latín *El Concilio de*
Remiremont, peritas en la ciencia ovidiana, hasta las peli-
grosas tentadoras, causa de la perdición del hombre, con-
tra quienes fulmina Andreas Capellanus (*De Amore*, Li-
ber I, cap. VIII), sin olvidarnos de las ingeniosas perse-
guidoras del amor ilícito de los *fabliaux* o de los cuentos
de Boccaccio.

1507 Con el mucho quebranto fiz aquesta endecha:
con pesar e tristeza non fue tan sotil fecha;
emiende la todo omne, e quien buen amor pecha,
que yerro e mal fecho emienda non desecha. *(falsa modestia)*

todo se pde emendar

DE COMO TROTACONVENTOS FABLÓ CON LA MORA DE PARTE DEL ARÇIPRESTE, E DE LA RRESPUESTA QUE LE DIO

1508 Por olvidar la coíta, tristeza e pessar,
rrogué a la mi vieja que me quisiese casar: *unir*
fabló con una mora, non la quiso escuchar;
ella fizo buen seso, yo fiz mucho cantar.

1509 Dixo Trotaconventos a la mora por mí:
"Ya amiga, ya amiga, ¡quánto ha que non vos vi!
Non es quien ver vos pueda. Y ¿cómo sodes ansí?
Saluda vos amor nuevo." Dixo la mora: "Iznedrí."

1510 "Fija, mucho vos saluda uno que es de Alcalá;
enbía vos una çodra con aqueste alvalá;
el criador es con vusco, que desto tal mucho ha;
tomaldo, fija señora." Dixo la mora: *"Legualá."*

1507c *quien buen amor pecha*: Coro. explica: "[quien] tributa
buen amor (a alguien o a algo)", como en 1517d, *pechar
deve caloña.* La glosa de Joset, "el que 'rinde tributo al buen
amor de Dios' ", no me convence nada. Aquí *buen amor* es
tan ambiguo como en otros versos del *Libro,* deliberada-
mente.
1508-12 El 'mudejarismo' latente del episodio de doña Garoza,
que sólo se asoma fugazmente en la c. 1392, aquí se hace
patente: todo el pasaje se basa sobre el manejo de rimas en
árabe, del empleo de arabismos, *çodra, alvalá, alaúd* (el
árabe *ala-wudd,* "con afecto, amor"), y de la inesperada
frialdad de la mora, vivamente contrastada con la ambiva-
lencia de la monja.
1508b *casar:* El matrimonio entre cristianos y moros estaba prohi-
bido, y el protagonista, al parecer, es el Arcipreste (así creía
por lo menos el que compuso los títulos). Aquí, pues, es
lógico interpretar *casar* como "amancebarse". Pero el em-
pleo de esta palabra puede haberse hecho adrede para cho-
car, precisamente porque se trata de un arcipreste y una
mora.

1511 "Fija, sí el criador vos dé paz con salud;
que non ge lo desdeñedes, pues que más traher non
[pud;
aducho bueno vos adugo: fablad me alaúd,
non vaya de vós tan muda." Dixo la mora: "As-
[cut."

1512 Desque vido la vieja que non rrecabdava ý,
diz: "Quanto vos he dicho, bien tanto me perdí;
pues que ál non me dezides, quiero me ir de aquí."
Cabeçeó la mora, dixo le: "Amxí, *amxí*."

EN QUALES INSTRUMENTOS NON CONVIENE LOS CANTARES DE ARÁVIGO

1513 Después *fiz* muchas cantigas de dança e troteras,
para judías e moras e para entenderas;
para en instrumentos de comunales maneras;
el cantar que non sabes, oy lo a cantaderas.

1514 Cantares fiz algunos de los que dizen los çiegos,
e para escolares que andan *nocherniegos,*
e para muchos otros por puertas andariegos,
caçurros e de bulrras; non cabrían en diez pliegos.

1515 Para los instrumentos estar bien acordados,
a *cantares algunos* son más apropiados; *
de los que he provado, aquí son señalados
en quáles + instrumentos vienen más assonados.

---

* El v. 1515*b* falta en *G*.

1513-17 Se mantiene el ambiente 'mudéjar' en esta curiosa digre-
sión, en que el autor hace alarde de su pericia en aspec-
tos de la música. No sabemos si en realidad compuso tan-
tas canciones de tipo popular como dice. Pero en la mis-
celánea de piezas sueltas al final (cs. 1635-1727) hay dos
cantares de ciegos y dos cantigas de escolares mendicantes
(*nocherniegos,* sin duda).
1515*b a cantares algunos*: En *S a cantigas algunas,* lección que
crea una sintaxis imposible, ya que el sujeto de los verbos
son y *vienen* en *c* y *d* no puede ser *los instrumentos* de *a,*
sino que debe ser *cantares.*

1516 Arávigo non quiere la viuela de arco;
çinfonia, guitarra non son de aqueste marco;
çítola, odreçillo, non *aman çaguil* hallaco;
más aman la taverna, e sotar con vellaco.

1517 Albogues e *bandurria,* caramillo e *çanpoña,*
non se pagan de arávigo quanto dellos Boloña,
commo quier que por fuerça dizen lo con vergoña;
quien ge lo dezir feziere pechar deve caloña.

1518 Dize un *filósofo,* en su libro se nota,
que pesar e tristeza el engenio enbota;
e yo con pesar grande non puedo dezir gota,
por que Trotaconventos ya non anda nin trota.

1516a *arávigo*: Queda por aclarar el sentido de *arávigo* aquí. No
creo que se pueda tratar de música árabe auténtica, ejecu-
tada por músicos moros: si los había todavía en la Cuenca
del Tajo a mediados del siglo XIV, tenían sin duda sus pro-
pios instrumentos. *Arávigo* debe de designar un estilo musi-
cal practicado por algunos músicos cristianos (tal vez por
mozárabes), un estilo que no tendría necesariamente ele-
mentos árabes auténticos.
1516c *çaguil hallaco*: En S *caguyl hallaco*, en G *açaghulaco*, en
T *atan vellaco*. Debe ser alguna expresión árabe. Julián Ri-
bera pensaba en algo como "canciones de rueda, de los mu-
chachos" (citado por R. Menéndez Pidal, *Poesía juglaresca...*,
6.ª ed., 1957, p. 73). Coro. sugiere que es título de una can-
ción, deformación de *sagīr ālaikum*, "pequeño para vosotros".
Pero hasta la fecha nadie ha dado en una explicación con-
vincente.
1516-17 Nótese que la lista de instrumentos es puramente negati-
va, nombrando aquellos instrumentos que *no* sirven, lo cual
aumenta las dudas acerca de la autenticidad del *arávigo*
como estilo.
1517d *caloña*: Una multa pecuniaria no insignificante. Cfr. *Fueros
de la Novenera,* ed. G. Tilander, Uppsala, 1951, 300: "Con-
ceillo ni ombre ninguno que meta coto nin pena de V suel-
dos asuso es del rey, que de V sueldos asuso es calonia, et
si al rey no meten en el paramiento, no es ualedera la pena
et el coto;..."
1518 Como comenta Joset, el título que en S sigue a la c. 1519
debiera haberse colocado entre las cs. 1517 y 1518.
1518ab Como señala Joset, el refrán es más o menos una variante
de 44d. No sé si la atribución a un *filósofo* quiere decir que

1519   Assí fue, ¡mal pecado!, que mi vieja es muerta:
        murió a mí serviendo, lo que me desconuerta;
        non sé cómo lo diga, que mucha buena puerta
        me fue después çerrada que antes me era abierta.

DE COMMO MORIÓ TROTACONVENTOS, E DE COMMO EL
ARÇIPRESTE FAZE SU PLANTO, DENOSTANDO E MAL DIZIENDO
LA MUERTE

1520   ¡Ay Muerte, muerta seas, muerta e mal andante!
        Mataste a mi vieja, ¡matasses a mí ante!
        Enemiga del mundo, que non as semejante,
        de tu memoria amarga non es que non se espante.

1521   Muerte, al que tú fieres, lievas te lo de belmez:
        al bueno e al malo, al rrico e al rrefez,
        a todos los egualas e los lievas por un prez;
        por papas e por rreyes non das *una* vil nuez.

Juan Ruiz lo tomó de una autoridad identificable, o si es
invención propia.
1519*cd* Aquí se emplea la misma metáfora como en 573*b*, aunque
también se puede entender en el sentido literal.
1520-68 Véanse Lecoy, *Recherches...*, pp. 200-212, A. N. Zahareas,
The Art of Juan Ruiz, pp. 209-217, Rafael Lapesa, en *De la
Edad Media a nuestros días*, Madrid, 1967, pp. 53-75; Ro-
ger M. Walker, *LBAS*, pp. 231-252. El problema central
que plantea esta sección del *Libro* es el conflicto entre la
seriedad del tema y el carácter burlón de su contexto in-
mediato, la apoteosis de la alcahueta. Más que en cualquier
pasaje del *Libro*, se subraya uno de sus aspectos más des-
pistadores, la yuxtaposición de la materia seria y moral-
mente impecable con las burlas y las ambigüedades.
Juan Ruiz vuelve a emplear aquí el mismo recurso que
en la *pelea* con don Amor, apostrofando directamente a la
muerte personificada, pero también hablando de ella en
tercera persona como de un acontecimiento físico (1532*d*,
1533, 1536*a*, etc.). Lecoy, *Recherches...*, p. 211, observa la
misma apóstrofe de 1520*a* en la *Poetria Nova* de Geoffroi de
Vinsauf: "Esses utinam mors mortua."
1521*a de belmez*: Joaquina Albarracín Navarro (*Actas I Congreso*,
página 493) deriva *belmez* del ar. *málbas*, y lo define como

1522   Non catas señorío, debdo nin amistad;
      con todo el mundo tienes continua enamistat;
      non ay en ti mesura, amor nin piedad,
      si non dolor, tristeza, pena e grand crueldad.

1523   Non puede foir omne de ti, nin se asconder;
      nunca fue quien contigo podiese bien contender;
      la tu venida triste non se puede entender;
      desque vienes, non quieres a omne atender.

1524   Dexas el cuerpo yermo a gusanos en fuesa;
      al alma que lo puebla lievas te la de priesa;
      non es *el* omne çierto de tu carrera aviesa;
      de fablar en ti, Muerte, espanto me atraviesa.

1525   Eres en tal manera del mundo aborrida
      que por bien que lo amen al omne en la vida,
      en punto que tú vienes con tu mala venida',
      todos fuyen dél luego, como de *rres* podrida.

1526   Los quel aman, e quieren [+] *en vida* su conpaña,
      aborresçen lo muerto, como a cosa estraña;
      parientes e amigos, todos le tienen saña;
      todos fuyen dél luego como si fuese araña.

1527   De padres e de madres los fijos tan queridos;
      amigos *de* amigas deseados e servidos;
      de mugeres leales los sus buenos maridos:
      desque tú vienes, Muerte, luego son aborridos.

"Vestidura que se ponía sobre la camisa para evitar que
la loriga molestase el cuerpo". Morreale (*BICC*, XXXIV,
1979, B.) cita las *Coplas que fizo Puerto Carrero* (en la
Antología de poetas líricos castellanos, de Menéndez y Pe-
layo, Madrid, 1944-45, V, p. 200; también en Foulché-Delbosc,
Cancionero castellano del s. XV, II, 1097, p. 679*b*): "Mi fe,
si jugáis belmez, / mate quedaís esta vez", metáfora erótica
tomada del ajedrez. *Llevar de belmez* parece significar, pues,
algo así como "sacar de su amparo, alejar de su carapacho
protector". El sentido de "compasión" que tiene *belmez* en
el *Libro de Alexandre,* 694*b*, "nol tengamos belmez", sería
metaforización de la función suavizadora de la prenda.

1528   Fazes al mucho rrico yazer en grand pobreza;
       non tiene una meaja de toda su rriqueza;
       el que bivo es bueno e con mucha nobleza,
       vil fediondo es muerto, aborrida villeza.

1529   Non ha en el mundo libro, nin escrito, nin carta,
       omne sabio nin neçio, que de ti bien departa;
       en el mundo non ha cosa que con bien de ti se *parta*,
       salvo el cuervo negro, que de ti, Muerte, se farta.

1530   Cada día le dizes que tú le fartarás;
       el omne non es çierto quándo e quál matarás;
       el que bien fazer podiese, oy le valdría más
       que non atender a ti, nin a tu amigo 'cras cras'.

1531   Señores, non querades ser amigos del cuervo:
       temed sus amenazas, non fagades su rruego;
       el bien que fazer podierdes, fazed lo *luego* luego;
       tened que cras morredes, ca la vida es juego.

1532   La salud e la vida muy aína se muda:
       en un punto se pierde quando omne non coída;
       el bien que farás cras palabra es desnuda;
       vestid la con la obra, ante que Muerte acuda.

1533   Quien en mal juego porfía más pierde que non
                                  [cobra;
       coída echar su suerte, echa mala çoçobra.
       Amigos, aperçebid vos e fazed buena obra,
       que desque viene la muerte, a toda cosa sobra.

1534   Muchos cuidan ganar quando dizen: "¡A todo!";
       viene un mal azar, trae dados en rrodo;
       llega el omne thesoros por lograr los, apodo;
       viene la muerte luego, e dexa lo con lodo.

1533d *sobra*: Morreale (*HR*, XLVII, 1969, p. 138) cree que hay
     que leer *asonbra*, "espanta". En *G asōbra*; en *T sobra*, que
     el corrector ha enmendado en *asōbra*; en *S so bra*, que po-
     dría indicar que se ha tachado una letra. Aun así, la coin-
     cidencia de la lección actual de *S* con la original de *T* hace
     peligrosa una enmienda basada en una corrección tardía.

1535 Pierde luego la fabla e el entendimiento;
de sus muchos thesoros e de su allegamiento
non puede levar nada, nin fazer testamento;
los averes llegados, derrama los mal viento.

1536 Desque los sus parientes la su muerte varruntan,
por lo heredar todo amenudo se ayuntan;
quando *por su dolençia al físico* preguntan,
si *dize* que sanará, todos ge lo rrepuntan.

1537 Los que son más propincos, hermanos e hermanas,
non coídan ver la ora que tangan las canpanas;
más preçian la erençia çercanos e çercanas
que non el parentesco, nin a las barvas canas.

1538 Désquel *sale* el alma al rrico pecador,
dexan lo *en* + tierra solo, todos han *dél* pavor;
rroban todos el algo, primero lo mejor;
el que lieva lo menos tiene se por peor.

1539 Mucho fazen que luego lo vayan a soterrar;
temen se que las arcas les han de desferrar;
por oír luenga misa non lo quieren errar;
de todos sus thesoros dan le poco axuar.

1540 Non dan por Dios a pobres, nin cantan saçrificios,
nin dizen oraçiones, nin cunplen los ofiçios;
lo más que sienpre fazen los herederos noviçios
es dar bozes al sordo, mas non otros serviçios.

1540*a por Dios*: Morreale (*BRAE,* XLVII-XLVIII, 1968, p. 289)
critica a Chi. por haber incluido en el glosario *por Dios*
como dos palabras, y luego haberlas glosado "limosna".
No sé si la erudita profesora quisiera que se leyese *pordiós*
en el texto, pero me parece que en este contexto entran en
juego tanto el sentido original de "en el nombre de Dios"
como el traslaticio, *pordiós,* "limosna".

1541 *Entierran* lo de grado, e desque a graçias van,
      amidos, tarde o nunca en misa por él están;
      por lo que ellos andavan, ya fallado lo han;
      ellos lievan el algo, el alma lieva Satán.

1542 Si dexa muger moça, rrica o paresçiente,
      ante de misa dicha otros la han en miente,
      que casará con más rrico, o con moço valiente;
      muda el trentanario, del duelo poco se siente.

1543 Allegó el mesquino e non sopo para quién;
      e maguer que cada *día* esto ansí avién,
      non ha omne que faga su testamento bien,
      fasta que ya por ojo la muerte vee que vien. *

1544 Muerte, por más dezir te a mi coraçón fuerço:
      nunca das a los omnes conorte nin esfuerço,
      si non *desque* es muerto, que *lo coma el escuerço;*
      en ti tienes la tacha que tiene el mestuerço:

1545 Faze doler la cabeça al que lo mucho coma; **
      otrosí tu mal *maço,* en punto que assoma,
      en la cabeça fiere, a todo fuerte doma;
      non le valen mengías desque tu rravia le toma.

      * El v. 1543*d* falta en *G.*
     ** Texto en *ST* hasta 1591*b.*

1541*a* graçias: Según Morreale (*HR*, XLVII, 1969, p. 159, n. 31),
      es "la ceremonia de agradecimiento a los que asisten al
      entierro".
1542*d* trentanario: El sentido parece ser: "al terminarse los 30
      días de misas par el difunto, ella se olvida del duelo". Coro.
      cree que la buena lección debe ser *nunca da el trentanario,*
      "nunca celebra el t..."; en *G nunca del t.,* en *T nunca en
      el t.*
1544*c* escuerço: En *S coguerço,* que Coro. (*DCECH,* bajo COGOR-
      ZA) identifica como "combite fúnebre". *Escuerço* es "sapo".
      David Hook (*La Corónica,* VIII.1, 1979-80, pp. 29-32) cita
      ejemplos de efigies sepulcrales y pinturas medievales, en
      las que los sapos devoran al cadáver al lado de los gusa-
      nos, además de dar tres citas de textos medievales en que
      se alude al sapo entre otros bichos devoradores de cadá-
      veres.

1546 Los ojos tan fermosos, pones los en el techo;
çiegas los en un punto, non han en sí provecho;
enmudeçes la fabla, fazes enrroquezer el pecho;
en ti es todo mal, rrencura e *despecho*.

1547 El oír e el *oler*, el tañer, el gustar,
todos los çinco sesos, tú los vienes tomar;
non ay omne que te sepa del todo denostar;
¡*quánto* eres denostada, do te vienes acostar!

1548 Tiras toda vergüença, desfeas fermosura;
desadonas la graçia, denuestas la mesura;
enflaquesçes la fuerça, enloquesçes cordura;
lo dulçe fazes fiel con tu mucha amargura.

1549 Despreçias loçanía, el oro escureçes;
desfazes la fechura, alegría entristezes;
manzillas la linpieza, cortesía envileçes;
Muerte, matas la vida, al mundo aborresçes.

1550 Non plazes a ninguno, a ti con muchos plaze:
con quien mata e muere, e con qual quier que mal
                                    [faze;
toda cosa bien fecha, tu maço las desfaze;
non ha cosa que nasca que tu rred non enlaze.

1546c *enrroquezer*: En *T fazes huerco del p.*, lección preferida
por los demás editores, pero sin encontrar una explicación
satisfactoria de lo que puede significar (*huerco* podría ser
error por *hueco*). Me atengo, pues, a la lección de *S*: *enrro-*
quezer, voz desconocida, podría significar algo así como
"ahuecarse", o "endurecerse".
1547-48 Morreale (*BRAE*, XLIII, 1963, p. 348), cree que debiera
haber encabalgamiento entre estas cuartetas, siendo 1547*d*
dos oraciones adverbiales que modifican la oración princi-
pal, —1548*a*. Pero tal encabalgamiento entre cuartetas es
muy raro en toda la *cuaderna vía* medieval.
1548-49 Sobre la concentración en estas dos cuartetas de términos
y conceptos derivados de la poesía del amor cortés, véase
A. H. Schutz, *NRFH*, VIII (1954), pp. 63-71.

1551 Enemiga del bien, en el mal amador;
    natura as de gota, del mal e de dolor;
    al lugar do más sigues, aquél va muy peor; *
    do tú tarde rrequieres, aquél está mejor.

1552 Tu morada por sienpre es infierrno profundo;
    tú eres mal primero, tú eres mal segundo;
    pueblas mala morada, e despueblas el mundo;
    dizes a cada uno: "Yo sola a todos *hundo.*"

1553 Muerte, por ti es fecho el lugar infernal,
    ca beviendo omne sienpre *en el* mundo terrenal,
    non avrié de ti miedo, nin de tu mal hostal;
    non temerié tu venida la carne umagnal.

1554 Tú yermas los poblados, pueblas los çiminterios;
    rrefazes *los* fosarios, destruyes los inperios;
    por tu miedo los santos fizieron los salterios;
    si non Dios, todos temen tus penas e tus lazerios.

1555 Tú despoblaste, Muerte, al çielo e sus sillas;
    los que eran linpieça, feziste los manzillas;
    feçiste de los ángeles diablos e rrenzillas;
    escotan tu manjar a dobladas e senzillas.

1556 El señor que te fizo, tú a éste mataste:
    Jesu Cristo, Dios e omne, tú aquéste penaste;
    al que tiene el çielo e la tierra, a éste
    tú le posiste miedo, e tú lo demudeste.

1557 El infierno lo teme, e tú non lo temiste;
    temió te la su carne, grand miedo le posiste;
    la su humanidat por tu miedo fue triste;
    la deidat non te temió, entonçe non la viste.

---

* Los vv. 1551*cd* faltan en *T.*

1555*d escotan tu manjar:* Cfr. 815*d* y 944*d.* El empleo de la mis-
    ma metáfora en los dos contextos, del amor y de la muerte,
    no debe ser meramente casual.

1558   Nol cataste nil viste, vio te él, bien te cató;
       la su muerte muy cruel a él mucho espantó;
       al infierno e a los suyos e a ti mal quebrantó;
       túl mataste una ora, él por sienpre te mató.

1559   Quando te quebrantó, entonçe lo conoçiste;
       si ante lo espantaste, mill tanto pena oviste;
       dio nos vida moriendo al que tú muerte diste;
       sacó nos de *cabtivo* la cruz en quel posiste.

1560   A santos que tenías en tu mala morada,
       por la muerte de Cristos les fue la vida dada;
       fue por su santa muerte tu casa despoblada;
       queriés la poblar matándol, por su muerte fue yer-
                                   [mada.

1561   Sacó de las tus penas a nuestro padre Adán;
       a Eva nuestra madre, a sus fijos *Sed* e Can;
       a Jafet; a patriarcas: al bueno de Abrahán,
       a Isac e a Isaías tomó los, non te dexó Dan.

1562   A Sant Johan el Bautista, con muchos patriarcas,
       que los teniés en las penas, en las tus malas *arcas*,
       al cabdillo de Moisén que tenías en tus *barcas*,
       profetas e otros santos muchos que tú abarcas.

⁺1558b James M. Marchand ("The *pia fraus* in the *Libro de buen
     amor, *MLN*, 97.2, 1982, pp. 365-367) cree preferible la lec-
     ción de *T*: ... *a ti mucho espantó.*
1559 Más económico que explicar las variantes de *T* en esta
     cuarteta es reproducirla íntegra: *Quando te quebrantó, es-
     tonçe le conosçiste;* / *si ante lo espantaste, mayo* (sic)
     miedo presiste; / *si tu a el penaste, ninl tanta pena oviste,*/
     dio nos vida moriendo al que tu muerte diste.
1561 D. E. Carpenter (*RPh.*, XXXII, 1978-79, pp. 302-307)
     puntúa los versos *b* y *c* como sigue: ... *a Eva nuestra madre
     e sus fijos; Sen e Can* / *e Jafet; a patriarcas*: *al bueno de
     Abrahán,* / *a Isac...*
1562c *barcas*: Lección de *T*; en *S baraças*, inaceptable por la ri-
     ma. Extraña la idea de que fuese una alusión mitológica,
     al barco de Caronte. Pero merece recordarse que en el *In-*

1563 Yo dezir non sabría quáles eran tenidos;
quántos en tu infierno estavan apremidos;
a todos los sacó como santos escogidos;
mas con tigo dexó los tus malos perdidos.

1564 A los suyos levó los con Él a Paraíso,
do an vida, veyendo más gloria quien más quiso;
Él nos lieve con sigo que por nós muerte priso;
guarde nos de tu casa, non fagas de nós rriso.

1565 A los perdidos malos que dexó en tu poder,
en fuego infernal los fazes tú arder,
en penas infernales los fazes ençender
para sienpre jamás, non los has de *perder*.

1566 Dios quiera defender nos de la tu çalagarda;
Aquél nos guarde de ti que de ti non se guarda;
ca por mucho que bivamos, *e* por mucho que se
[tarda,
a venir ⁺ *ha* tu rravia, que a todo el mundo escarda.

1567 Tanto eres *en ti*, Muerte, sin bien e atal,
que dezir non se puede el diezmo de tu mal;
a Dios me acomiendo, que yo non fallo ál
que defender me quiera de tu venida mortal.

1568 Muerte desmesurada, ¡matases a ti sola!
¿Qué oviste con migo? Mi leal vieja ¿dó la?
Que me la mataste, Muerte, Jesu Cristo conpró la
por *la* su santa sangre, e por ella perdonó la.

---

ferno, Canto 3, vv. 82-129, aparece la figura de Caronte,
el cual quiere prohibirle a Dante el paso del río Aqueronte,
por ser "anima viva". Dante parece querer mezclar las
tradiciones pagana y cristiana, al llamarle "Caron dimonio"
en el v. 109. Además, en el monumento que erigió el rey
Luis IX de Francia al rey Dagoberto en Saint-Denis, se
representa al alma del rey en un barco cuyos remeros son
unos demonios, del cual le rescatan los santos Dionís, Mau-
ricio y Martín (véase T. S. R. Boase, "Morality, Judgment
and Remembrance", en *The Flowering of the Middle Ages*,
ed. Joan Evans, London, 2.ª impresión, 1967, p. 237).

1569   ¡Ay mi Trotaconventos, mi leal verdadera!
       Muchos te siguían biva, muerta yazes señera.
       ¿A dó te me han levado? Non *sé* cosa çertera;
       nunca torna con nuevas quien anda esta carrera.

1570   Çierto, en Paraíso estás tú assentada:
       con dos mártires deves estar aconpañada;
       sienpre en este mundo fuste por dos *martiriada*.
       ¿Quién te me rrebató, vieja por mí + lazrada?

1571   A Dios merçed le pido que te dé la su gloria,
       que más leal trotera nunca fue en memoria;
       fazer te he un pitafio, escripto con estoria;
       pues que a ti non viere, veré tu triste estoria.

1569*d* El verso suena a expresión proverbial, pero nadie ha citado
otros casos del concepto, que yo sepa. Pero recuerda viva-
mente el soliloquio de Hamlet (*Hamlet, Prince of Denmark*,
Act. III, Sc. I): "... The undiscovered country from whose
bourn no traveller returns,..." ("...El país no descubierto,
de cuya frontera ningún viajero vuelve...").

1570*c* *por dos martiriada*: En *S p. d. maridada*, un error evidente;
en *T p. dios martiriada*, lección preferida por los demás edi-
tores. Pero esta lección deja sin explicación los *dos márti-
res* de 1570*b*, y otros editores enmiendan aquí también en
los m. Pero a pesar de que *S* parece haber escrito *dos por
dios* en 1043*b*, me parece inverosímil que sustituya *dos por
los*, y luego por *dios*, en dos versos seguidos. Además, en
ambos casos *dos* es *lectio difficilior*. La explicación de la
señora de Malkiel (*NRFH*, XIII, 1959, p. 35) me parece
muy aceptable: "Si el Arcipreste se figura a Trotaconven-
tos en paraíso, entre dos mártires —ya que en vida sufrió
martirio por terciar entre dos amantes— está implícito el
juicio burlón sobre la vieja pecadora..."

1571*c* *estoria*: Chi. y Joset leen *escoria*, y glosan "técnicamente
defectuoso" (*sin e.* vale "perfecto"). Morreale (*HR*, XLVII,
1969, pp. 138-139) aduce otros casos de *escoria* en Sánchez
de Badajoz, *Recopilación en metro*. Pero en el sentido de
"representación pictórica", *estoria* cuadra muy bien aquí.
En el *Libro de Alexandre*, c. 2549, se dice de la tienda de
Alejandro: "... de baxo fasta alto era bien hestoriada /
qué cosa conteçió o en cuál temporada". La tienda está
llena de pinturas. En *Tirant lo Blanc* (ed. M. de Riquer,

1572 Daré por ti limosna e faré oraçión;
faré cantar *las* misas e daré oblaçión;
la mi Trotaconventos, Dios te dé *rredenpçión;*
el que salvó el mundo, Él te dé salvaçión.

1573 Dueñas, non me *rrebtedes,* nin me digades mo-
[çuelo,
que si a vós sirviera, vós avríades della duelo;
llorariedes por ella, por su sotil anzuelo,
que quantas siguía, todas ivan por el suelo.

1574 Alta muger nin baxa, ençerrada nin ascondida,
non se le detenía, do fazía debatida;
non sé omne nin dueña que tal oviese perdida,
que non tomase tristeza e pesar sin medida.

1575 Fize le un pitafio pequeño con dolor:
la tristeza me fizo ser rrudo trobador;
todos los que lo oyeren, por Dios nuestro Señor,
la oraçión fagades por la vieja de amor.

EL PITAFIO DE LA SEPULTURA DE URRACA

1576 Urraca só, que yago so esta sepultura:
en quanto fui al mundo, ove viçio e soltura;
con buena rrazón muchos casé, non quise locura;
caí en una ora so tierra del altura.

Barcelona, 1969, t. I, pp. 398-399) se lee: "La torre era
tota dins obrada de molt blanc marbre e historiada de subtil
pintura de diverses colors tota la historia de Paris e Via-
na..." Sobre todo, muchos *Exemplos* del *Conde Lucanor* ter-
minan: "Et la ystoria deste exemplo es esta que sigue:..."
J. M. Blecua glosa "pintura, dibujo". Alberto Blecua glosa
1571c "con ilustraciones que representan tus hechos".
1576-78 A. D. Deyermond (*LBAS,* pp. 65-67) indica los paralelos
que hay entre este *pitafio* y el epitafio de Aquiles en el
Libro de Alexandre, cs. 330-331, e insiste que Juan Ruiz
parodia dicho epitafio en particular. Pero conviene recor-

1577 Prendió me sin sospecha la muerte en sus rredes;
parientes e amigos, aquí non me acorredes;
obrad bien en la vida, a Dios non lo erredes,
que bien como yo morí, así todos morredes.

1578 El que aquí llegare, sí Dios le bendiga,
e síl dé Dios buen amor e plazer de amiga,
que por mí, pecador, un pater noster diga;
si dezir non lo quisiere, a muerta non maldiga.

DE QUALES ARMAS SE DEVE ARMAR TODO CRISTIANO PARA VENÇER EL DIABLO, EL MUNDO E LA CARNE

1579 Señores, acordad vos de bien, sí vos lo digo:
non fiedes en tregua de vuestro enemigo,
ca non vee la ora que vos lieve con sigo;
si vedes que vos miento, non me preçiedes un figo.

1580 Devemos estar çiertos, non seguros, de muerte,
ca nuestra enemiga es natural e fuerte;
por ende cada uno de nós sus armas puerte;
non podemos, amigos, della fuir por suerte.

---

dar, como indica Lecoy, *Recherches...*, p. 211 y nota 2, que
los epitafios abundaban, y que la forma dada al de Urraca
es "du modèle le plus courant".

1576c *locura*: Coro., Joset y Blecua prefieren *boltura* de *T*, "ca-
lumnias", según glosa Joset, siguiendo a Morreale (*HR*,
XLVII, 1969, p. 143), y declarando que *boltura* contrasta
muy bien con *buena razón*. Pero *locura* contrasta muy bien
con *muchos casé*: es decir, "casé a muchos, y no busqué
el amor loco".

1578b Una vez más la vieja asocia el término *buen amor* consigo,
como en las cs. 932, 1331 y 1452, creando siempre ambi-
güedad. En el contexto de la muerte, sin embargo, el pú-
blico medieval iba inevitablemente a pensar en el sentido
de *buen amor* que reflejaba el pensamiento de San Agustín:
la recta voluntad que lleva al hombre a buscar a Dios. El
contraste con las actividades de la alcahueta al servicio de
los hombres sería implícito, sin que el autor se sintiera obli-
gado a señalarlo.

1580 En *T* el orden de los versos es *a, b, d, c*, el cual parece
más lógico, pero no se impone como esencial.

1581 Si qual quier de nós otros oviese cras de lidiar
      con algún enemigo, en el canpo entrar,
      cada qual buscaría armas para se armar;
      sin armas non querría en tal peligro entrar.

1582 Pues si esto faríamos por omnes como nós bivos,
      muy más devemos fazer lo por tantos e tan esquivos
      enemigos, que *nos* quieren fazer siervos captivos,
      e para sienpre jamás dizen: "Al infierno id vos."

1583 Los mortales pecados, ya los avedes oídos:
      aquestos de cada día nos trahen muy conbatidos;
      las almas quieren matar, pues los cuerpos han fe-
                                                [ridos;
      por aquesto devemos estar de armas bien guarnidos.

1584 Lidian otrosí con estos otros tres más principales:
      la carne, el diablo, el mundo, destos nasçen los
                                                [mortales;
      destos tres vienen aquéllos: tomemos armas atales
      que vençamos nós a ellos, quiero vos dezir quáles:

1585 Obras de missericordia e de mucho bien obrar;
      dones de Spíritu Santo que nos quiera alunbrar;
      las obras de piedat de virtudes nos menbrar,
      con siete sacramentos estos enemigos sobrar.

1581*b* y *d entrar*: La repetición de este verbo en la rima, en ambos
      Mss., es sospechosa. Podría ser un error mecánico coinci-
      dental, hasta un descuido por el mismo autor. Chi. y Coro.
      creen que en el verso *d* puede ser un error por *estar* (o tal
      vez por *andar*).
1583-1605 Lecoy, *Recherches...*, pp. 179-187, Julián L. Bueno, *La
      sotana de Juan Ruiz*, pp. 85-94. Aquí el autor recurre a la
      predicación directa. Para el concepto de "las armas del
      cristiano", Lecoy remite a *Ad Ephesios*, VI, vv. 11-17.

1586   Contra la grand cobdiçia el bautismo porfía:
        dono de Spíritu Santo de buena sabidoría;
        saber nos guardar de lo ajeno, non dezir "esto
                                                [querría";
        la virtud de la justiçia judgando nuestra follía.

1587   Vestir los pobres desnudos con santa esperança;
        que Dios, por quien lo faremos, nos dará buena an-
                                                [dança;
        con tal loriga podremos con cobdiçia, que nos
                                                [trança,
        e Dios guardar nos ha de cobdiçia, mal andança.

1588   Sobrar a la grand sobervia, dezir mucha omildat;
        debdo es temer a Dios e a la su magestad;
        virtud de tenperamiento, de mesura e onestad;
        con esta espada fuerte segura mente golpad.

1589   Con mucha misericordia dar a los pobres posada;
        tener fe que santa cosa es de Dios gualardonada;
        non rrobar cosas ajenas, non forçar muger nin
                                                [nada;
        con esta confirmaçión la sobervia es arrancada.

1590   Ayamos contra avariçia spíritu de piedat,
        dando limosna a pobres, doliendo nos de su mal;
        virtud [+] natural, justiçia, judgando con *omildat;*
        con tal *maça* al avarizia bien larga mente dad.

1586b *dono*: La forma parece deberse a la influencia del latín,
       DONUM SPIRITUS SANCTI.
1587d *mal andança*: En *T* *mal estança,* lección preferida por Co-
       ro., Joset y Blecua (como *malestança*), sin duda porque les
       parece un error la repetición en *S.* Pero el autor mismo
       puede haber querido el contraste *buena andança / mal an-
       dança.*
1589b *cosa*: En *T* el hemistiquio corre: *tener se en esta obra,* evi-
       dentemente mal, porque no encaja con el segundo hemisti-
       quio. Lo cual no impide a los demás editores sustituir *obra*
       por *cosa* de *S.* En tal caso, habrá que entender el verso como

1591   El santo sacramento de orden saçerdotal,
      con fe santa escogida, más clara que cristal,
      casando huérfanas pobres, e nós con esto tal *
      vençeremos a avariçia con la graçia *spiritual.*

1592   Ligera mente podremos a la loxuria rrefrenar:
      con castidat e con conçiençia poder nos emos escu-
                                   [sar;
      spíritu de fortaleza que nos quiera ayudar;
      con estas brafuneras la podremos bien matar.

1593   Quixotes e cañilleras de santo sacramento,
      que Dios fizo en Paraíso: matrimonio e casamiento;
      cassar los pobres menguados, dar a bever al se-
                                   [diento;
      ansí contra luxuria avremos vençimiento.

1594   Ira, que es enemiga e mata muchos aína,
      con don de entendimiento e con caridad dina,
      entendiendo su grand dapño, faziendo blanda farina
      con paçiençia, bien podremos lidiar con tal capelina.

---

  * Texto en *S* hasta 1604*d.*

    "creer que la obra de piedad recibe el gualardón de Dios".
Si nos atenemos a la lección de *S*, el sentido parece ser:
"tener fe, que es una cosa santa que recibe el gualardón de
Dios".

1592*b* *escusar:* Coro. enmienda en *escudar*, alegando que "*escusar*
    no conviene para el sentido". Pero en 52*d* tenemos *escusa*
    nos desta lid y Morreale glosa "librar" en ambos casos
    —aquí de la *loxuria* (*HR*, XXXIX, 1971, p. 291, n. 48).

1594*c* *blanda farina:* En el *Libro de Alexandre,* ed. Cañas Muri-
    llo, 909*d*: "mas el mesturador es de mala farina", y 1518*d*:
    "...pero antes despiso mucha buena farina". F. Pérez de
    Guzmán, *Coblas fechas... de vicios e virtudes,* c. 274 (F. Del-
    bosc, *Canc. cast. s. XV,* I, p. 606*a*): "Con aguja sale espi-
    na, / non con algodon blando; / tal a rruegos non se in-
    clina / que los dientes le mostrando, / faze blanda la fa-
    rina; / viene de las enpulgueras; / pero son tales maneras /
    de condición muy mesquina." Morreale (*BICC,* XXXIV,
    1979, D. 1. 3) expresa sus dudas acerca del encabalgamiento
    entre los vv. *c* y *d*, sin explicar cómo se pueden entender
    sin él.

1595   Con vertud de esperança e con mucha paçiençia
        visitando los dolientes, e faziendo penitençia;
        aborresçer los denuestos e amar buena abenençia;
        con esto vençeremos ira e avremos de Dios que-
                                 [rençia.

1596   Grand pecado es gula, puede a muchos matar;
        abstinençia e ayuno puede lo de nós quitar;
        con spíritu de çiençia, sabiendo mesura catar,
        comer tanto que podamos para pobres apartar.

1597   Otrosí, rrogar a Dios con santo sacrifiçio,
        que es de cuerpo de Dios sacramento e ofiçio,
        con fe en su memoria, lidiando por su serviçio;
        con tal graçia podremos vençer gula, que es vi-
                                 [çio.

1598   La enbidia mató muchos de los *profetas;*
        contra esta enemiga que nos fiere con saetas,
        tenemos escudo fuerte, pintado con tabletas:
        spíritu de buen conssejo encordado destas letras.

1599   Sacramento de unçión meter nos, e soterremos;
        aviendo por Dios conpasión, con caridat non erre-
                                 [mos;
        non faziendo mal a los *sinples,* pobres non denos-
                                 [temos;
        con estas armas de Dios a enbidia desterraremos.

1597d Falta, al parecer, la pieza de armadura para defenderse de
     la gula, y los editores enmiendan *graçia*: Coro. en *guarni-*
     çión, Joset en *gorguera,* Blecua en *coraça.* Pero da el caso
     que 1597d es el único verso del *Libro* donde el copista de
     S escribe *graçia* por extenso; en los demás casos escribe
     ḡra. Da la impresión de que aquí escribió la palabra con
     cuidado, tal vez por haber tenido dificultad en descifrarla
     en su modelo. Es menos probable, pues, que copiase mal
     por descuido o distracción.

1600   Armados estemos mucho contra açidia, mala cosa:
       ésta es de los siete pecados más sotil e engañosa;
       ésta cada día pare, do quier quel diablo posa;
       más fijos malos tiene que la alana rraviosa.

1601   Contra ésta e sus fijos que ansí nos devallen,
       nós andemos rromerías, e las oras non se callen;
       e penssemos pensamientos que de buenas obras
                                                    [salen,
       ansí que con santas obras a Dios baldíos non fa-
                                                    [llen.

1602   De todos buenos desseos e de todo bien obrar
       fagamos asta de lança, e non queramos canssar;
       con fierro de buenas obras los pecados a matar;
       con estas armas lidiando podemos los amanssar.

1603   Contra los tres prinçipales, que non se ayunten de
                                                    [consuno,
       al mundo con caridad, a la carne con ayuno,
       con coraçón al diablo, todos tres irán de yuso;
       nin de padres nin de fijos con esto non finca uno.

1604   Todos los *otros* pecados, mortales e veniales,
       destos nasçen commo rríos de las fuentes perhe-
                                                    [nales;
       estos dichos son comienço e suma de todos males;
       de padres, fijos, nietos, Dios nos guarde de sus
                                                    [males.

1605   Dé nos Dios atal esfuerço, tal ayuda e tal ardid *
       que vençamos los pecados e arranquemos la lid,
       por que el día del juizio sea fecho a nós conbid;
       que nos diga Jesu Cristo: "Benditos, a mí venid."

       * Texto en *ST* hasta 1634*d*.

1603*c de yuso*: Rima evidentemente mala. Coro. sugiere que la
       lección original puede haber sido *de sumo*, "a un tiempo".
1604*d males*: Parece ser una repetición accidental de *males* en
       1604*c*. Joset y Blecua sugieren que se pudiera enmendar en
       los tales, o *todos tales*.

DE LAS PROPIEDADES QUE LAS DUEÑAS CHICAS HAN

1606   Quiero vos abreviar, *señores,* la predicaçión,
       que sienpre me pagué de pequeño sermón,
       e de dueña pequeña e de breve rrazón,
       ca poco e bien dicho, afinca se el coraçón.

1607   Del que mucho fabla rríen, quien mucho rríe es
                                              [loco;
       es en la dueña chica amor *grande* e non poco;
       dueñas *di* + grandes *por chicas,* + por *grandes* chi-
                                         [cas non troco;
       mas las chicas e las grandes se *arrepienten* del troco.

1608   De las chicas que bien diga el Amor me fizo rruego,
       que diga de sus noblezas; yo quiero las dezir luego;
       dezir vos he de dueñas chicas, que lo avredes por
                                              [juego:
       son frías como la nieve, e arden commo el fuego.

1609   Son frías de fuera, con el amor ardientes;
       en la cama solaz, trebejo, plazenteras, rrientes;
       en casa cuerdas, donosas, sosegadas, bien fazientes;
       mucho ál ý fallaredes, adó bien paráredes mientes.

1606-17 Véase J. N. Lawrance, "The Audience of the *Libro de buen
       amor*", *Comp. Lit.,* 36.3 (1984), pp. 220-237.
1607*b* *e non poco*: En *T e non de poco,* preferida por Coro., quien
       cita ejemplos del giro en Fernán Sánchez de Calavera (véa-
       se también Lida, *RFH,* II, 1940, p. 119).
1607*cd* Creo que los copistas de ambos Mss. se armaron un lío al
       copiar el chiste que quería hacer aquí el autor, pero de
       distintos modos. En efecto, *T* copió más o menos bien el
       verso *c,* y *S* copió más o menos bien el verso *d.* En *S, c*
       no cuadra con el contexto, que es la alabanza de las *dueñas
       chicas;* en *T, d* no es malo, pero menos picante que en *S.*
       El sentido es que el amante prefiere siempre las pequeñas,
       lo cual deja tristes a las grandes —pero las pequeñas tam-
       bién salen de la experiencia desilusionadas.
1609*bc* Cfr. 446*a.*

1610   En pequeña girgonça yaze grand rresplandor;
        en açucar muy poco yaze mucho dulçor;
        en la dueña pequeña yaze muy grand amor;
        pocas palabras cunplen al buen entendedor.

1611   Es pequeño el grano de la buena pemienta,
        pero más que la nuez conorta e calienta;
        así dueña pequeña, si todo amor consienta,
        non ha plazer del mundo que en ella non sienta.

1612   Commo en chica rrosa está mucha color,
        e en oro muy poco grand preçio e grand valor,
        commo en poco blasmo yaze grand buen olor,
        ansí en dueña chica yaze muy grand sabor.

1613   Como rrobí pequeño tiene mucha bondat,
        color, virtud e preçio e noble claridad,
        ansí dueña pequeña tiene mucha beldat,
        fermosura, donaire, amor e lealtad.

1614   *Chica* es la calandria e chico el rruiseñor,
        pero más dulçe *cantan* que otra ave mayor;
        la muger que es chica por eso es mejor;
        con doñeo es más dulçe que açucar nin flor.

1615   Son aves *pequeñuelas* papagayo e orior,
        pero qual quier dellas es dulçe gritador,
        adonada, fermosa, preçiada cantador;
        bien atal es la dueña pequeña con amor.

1616   De la muger pequeña non ay conparaçión:
        terrenal paraíso es, e grand conssolaçión;
        solaz e alegría, plazer e bendiçión;
        mejor es en la prueva que en la salutaçión.

1611c *si todo*: Coro. cree que aquí puede significar "con tal
        que...", por analogía al catalán *si tot*, "aunque", que en la
        Edad Media podía significar "mientras".
1613b *virtud*: Aquí "propiedad, poder". Véase Lawrance, "The
        Audience of the *Libro de buen amor*", pp. 227-229.
1616d *salutaçión*: Morreale (*BRAE*, XLIII, 1963, p. 354) subraya
        la mezcolanza de "lo sagrado y lo profano (aquí lo eróti-

1617 Sienpre quis muger chica, más que grande nin
[mayor;
      non es desaguisado del grand mal ser foidor;
      del mal tomar lo menos, dize lo el sabidor;
      por ende de las mugeres la mejor es la menor.

DE DON FURÓN, MOÇO DEL ARÇIPRESTE

1618 Salida de febrero, e entrada de março,
      el pecado, que sienpre de todo mal es maço,
      traía de abbades lleno el su rregaço;
      otrosí de mugeres fazié mucho rretaço.

1619 Pues que ya non tenía menssajera fiel,
      tomé por mandadero un rrapaz trainel;
      Hurón avía por nonbre, apostado donçel;
      si non por quatorze cosas, nunca vi mejor que él.

1620 Era mintroso, bebdo, ladrón e mesturero,
      thafur, peleador, goloso, rrefertero,
      rreñidor e adevino, suzio e agorero,
      nesçio, pereçoso; tal es mi escudero.

---

co)" en el empleo de salutaçión en tal contexto (cfr. 8c, etc.).
También lo comenta Lawrance, p. 231.

1617c el sabidor: Aristóteles: el dicho fue conservado por Cice-
rón en la forma "ex malis eligere minima oportere" (De
Officiis, III, 1. 3 —nota de Joset).

1617d Como comenta Joset, este verso final trae a la superficie
el carácter irónico del pasaje entero.

1618b maço: Blecua dice que aquí puede tener el sentido de "ra-
mo, manojo", pero no documenta esa acepción. No veo por
qué no ha de tener su valor normal de "mazo, martillo de
madera": "el pecado, que es mazo [que nos pega con]
todo mal..."

1619-20 Como indica Chi., el mismo chiste de la lista de defectos,
aparte los cuales "es el mejor chico del mundo", se usa en
Boccaccio, Decamerone, VI, cuento 10.

1621 Dos días en la selmana era grand ayunador:
quando non tenía que comer, ayunava el pecador;
sienpre aquestos dos días ayunava mi andador;
quando non podía ál fazer, ayunava con dolor.

1622 Pero sí diz la fabla que suelen rretraher,
que más val con mal asno el omne contender,
que solo e cargado faz a cuestas traer;
pus lo por menssajero con el grand menester.

1623 Dixe le: "Hurón amigo, busca me nueva funda."
"A la fe", diz, "buscaré, aun que el mundo se funda,
e yo vos la traheré sin mucha varahunda;
que a las vezes mal perro rroye buena coyunda."

1624 Él sabía leer tarde, poco e por mal cabo;
dixo: "Dad me un cantar, e veredes que rrecabdo;
e señor, vós veredes, maguer que non me alabo,
que si lo yo comienço, que le daré buen cabo."

1625 Dil aquestos cantares al que dé Dios mal fado:
iva se los deziendo por todo el mercado;
díxol doña Fulana: "Tira te allá, pecado,
que a mí non te enbía, nin quiero tu mandado."

DE COMMO DIZE EL ARÇIPRESTE QUE SE HA DE ENTENDER ESTE SU LIBRO

1626 Por que Santa María, segund que dicho he,
es comienço e fin del bien, tal es mi fe,
fiz le quatro cantares, e con tanto faré
punto a mi librete, mas non lo çerraré.

1622bc El mismo refrán está en Correas (ed. Combet, p. 504b);
"Más vale kon mal asno kontender ke la leña a kuestas
traer" (nota de Joset).
1623a *funda*: "vaina", aquí sinécdoque obscena por "barragana,
manceba". Pero en la *Allegoriae* de Rabanus Maurus se lee:
"FUNDA est Ecclesia, ut in Job: 'In stipulam ei versi sunt la-
pides fundae...'" El empleo de la palabra en este contexto
tal vez asustase un poco a los oyentes más eruditos por el
equívoco.

1627   Buena propiedat ha do *quiera* que *se lea,*
       que si lo oye alguno que tenga muger fea,
       o si muger lo oye que su marido vil sea,
       fazer a Dios serviçio en punto lo desea.

1628   Desea oír misas e fazer *oblaçiones;*
       desea dar a pobres bodigos e rraziones,
       fazer mucha limosna e dezir oraziones;
       Dios con esto se sirve, bien lo vedes, varones.

1629   Qual quier omne que lo oya, si bien trobar sopiere,
       puede más ý añadir e enmendar, si quisiere;
       ande de mano en mano, a quien quier quel pidiere;
       como pella a las dueñas, tome lo quien podiere.

1627*bc* Morreale (*BICC*, XXXIX, 1979, D. 1. 2) sugiere que estos
       versos recuerdan "el movimiento sintáctico y rítmico y la
       asonancia" de I *Cor.,* VII, vv. 12-13: "Si qui frater uxo-
       rem habet infidelem... Et si qua mulier fidelis habet virum
       infidelem..." El pasaje, de punzante ironía, es desconcer-
       tante para los que quieren ver en el *Libro* una actitud rígi-
       damente moralizadora.
1627*c* *vil:* Coro. cree que aquí vale "impotente". Tal vez mejor,
       "flojo, inadecuado".
1629*ab* Blecua sugiere que aquí el autor no invita a otros a co-
       rregir sus versos, sino que solamente les ofrece la ocasión
       de añadir más cosas en los folios en blanco que siguen
       a su texto en el Ms. Pero en el *Ovide moralisé* contempo-
       ráneo (citado por Spitzer, "En torno al arte...", nota 12,
       página 119), se lee: "Proi tous ceulx qui liront cest livre, /
       Que, se je mespreng a escrire / Ou a dire que je ne doie,
       Corrigent moi." Y en el *Laberinto* de Juan de Mena, c. 33
       (citado por Joset), leemos: "Si coplas, o partes, o largas di-
       çiones / non bien sonaren de aquello que fablo, / miremos
       al seso mas non al vocablo, / si sobran mis dichos segund
       mis razones, / las quales inclino so las correçiones / de los
       entendidos, a quien sólo teman, / mas non de grosseros,
       que sienpre blasfeman / segund la rudeza de sus opiniones."
       Si fue un tópico medieval, parece aludir más a la correc-
       ción de errores que a añadiduras. Nótese, sin embargo, que
       Juan Ruiz apela, no a los eruditos sino a los poetas, pen-
       sando en el valor poético, parece, más que en la materia.
       Véase también la Introducción, pp. 30 y 74.

1630 Pues es de buen amor, enprestad lo de grado:
non desmintades su nonbre, *nil* dedes rrefertado;
non le dedes por dineros, vendido nin alquilado;
ca non ha grado nin graçia nin buen amor conprado.

1631 Fiz vos pequeño libro de testo, mas la glosa
non creo que es chica, ante es bien grand prosa,
que sobre cada fabla se entiende otra cosa,
sin la que se alega en la rrazón fermosa.

1632 De la santidat mucha es bien grand liçionario,
mas de juego e de burla es chico breviario;
por ende fago punto e çierro mi *armario*:
sea vos chica fabla, solaz e letuario.

1633 Señores, he vos servido con poca sabidoría:
por vos dar solaz a todos, fablé vos en juglería;
yo un gualardón vos pido, que por Dios en rromería
digades un pater noster por mí, e ave maría.

1634 Era de mill e trezientos e ochenta e un años
fue conpuesto el rromançe por muchos males e
[daños,
que fazen muchos e muchas a otras con sus engaños,
e por mostrar a los *sinples* fablas e versos estraños.

1630d Los demás editores imprimen *ca non ha grado nin graçia
el buen amor conprado*, la cual no es la lección ni de *S*
ni de *T*. Me atengo a la de *S*, que tiene un sentido claro, si
bien la sinfaxis no es perfecta: "no se compra ni la grati-
tud, ni la gracia, ni el *buen amor*".
1631d *sin*: Entiéndase algo así como "además de la que...", o "sin
contar la que..."
1634 Las diferencias entre las lecciones de los dos Mss. en esta
cuarteta han provocado mucha controversia. ¿Se deben a
los errores cometidos por los copistas, o es que el autor
volvió a fechar su obra al redactar una nueva versión del
Libro? Véase la nota 4 a la Introducción.

GOZOS DE SANTA MARÍA

1635
Madre de Dios gloriosa, *
Virgen Santa María,
fija e leal esposa
del tu fijo Mexía:
Tú, Señora,
da me agora
la tu graçia toda ora,
que te sirva toda vía.

* Texto en S hasta 1647g.

1635-1729 Las doce piezas sueltas (más un fragmento) que siguen
parecen constituir una selección de la obra menor de Juan
Ruiz. Pero ¿cuándo se hizo la selección, y por quién? El
Ms. T deja la mitad del f37 *recto* en blanco después de la
c. 1634, y a vuelta de hoja, comienza una obra en prosa,
La visión de Filiberto (fue editada por J. M. Octavio de
Toledo, *ZrPh,* II, 1878, pp. 50-60). El Ms. S tiene 10 pie-
zas más el fragmento, o sea, todo menos las cs. 1710-29.
El Ms. G tiene una laguna a partir de la c. 1544, hasta la
c. 1647; pero parece haber contenido las cuatro primeras
piezas, en el mismo orden en que aparecen en S. Luego, en
la f85v salta directamente de la c. 1659 a la c. 1710, intro-
duciendo los dos cantares de ciegos, que no constan en S.
Son dos selecciones distintas, pues. Pero, ¿quién fue res-
ponsable de las diferencias? ¿El autor, el cual, al hacer una
nueva redacción del *Libro,* también hubiera renovado esta
pequeña antología? ¿Algún 'editor' o 'editores', quienes hu-
bieran elegido entre las canciones atribuidas a Juan Ruiz
que circulaban? ¿Los copistas, por capricho, o por descui-
do? Pensando en la c. 1629, debemos admitir también la
posibilidad de que no todas estas piezas sean la obra de
Juan Ruiz. Respecto a la autoría del poema de los clérigos
de Talavera (cs. 1690-1709), véase la Introducción, pp. 11-12.
1635-49 Dos Gozos de Santa María. En la c. 1626, el autor pro-
mete *quatro cantares* dedicados a la Virgen. En la misce-
lánea final hay seis, más la c. 1684. Esto sugiere que la
miscelánea no formaba parte del plan original del *Libro,* ya
que en la c. 1626 no hay mención de *cantares* sobre otros
temas. Pero el *non lo çerraré* de 1626d parece indicar que
Juan Ruiz tenía en mente la posibilidad de ir añadiendo

1636
> Por que servir te cobdiçio,
> yo *pecador* por tanto
> te ofresco en serviçio
> los tus gozos que canto:
> el primero
> fue terçero
> ángel, a ti menssajero
> del Spíritu Santo.

1637
> Conçebiste a tu Padre.
> Fue tu goço segundo
> quando lo pariste madre;
> sin dolor salió al mundo.
> Qual *nasçiste,*
> [*tal pariste,*]
> bien atal rremaneçiste,
> virgen del santo mundo.

1638
> El terçero, la estrella
> guió los rreyes por ó
> venieron a la luz della,
> con su noble thesoro,

---

cosas con el tiempo; pero en el momento de hacer *punto* a su
librete, no debía tener una idea muy clara de lo que po-
drían ser.

1637f El Ms. omite un verso, que podría ser o el v. *e* o el v. *f.*
Chi., Joset y Blecua, siguiendo a Hanssen, suponen que
faltan el v. *e,* y no proponen nada para complctar la es-
trofa. Coro., con más razón, decide que falta el v. *f,* y su-
ple *tal viviste.* El contexto casi impone *tal... iste* (*tal* respon-
diendo a *qual, iste* por la rima). Falta la raíz de un verbo
en *-ir.* Creo que aquí el autor alude a la virginidad de
Santa María: nació virgen, concibió virgen, parió virgen, y
quedó virgen después.

1637h *santo mundo:* Aguado cree que se alude al paraíso. Morrea-
le (*HR,* XXXVII, 1969, p. 150) cree que este mundo es *santo*
porque Santa María es *regina mundi,* y "por el hecho de
que todas las criaturas alaban a Dios".

1638b *por ó:* En el Ms. *poro.* Si se acepta la dislocación del acen-
to, *por ó* parece ser la interpretación más sencilla, como
dice Blecua, quien imprime *poro,* sin embargo.

e laudaron
e adoraron;
al tu Fijo presentaron
ençienso, mirra, oro.

1639   Fue tu alegría quarta
quando *oíste* mandado
del hermano de Marta
que era rresuçitado
tu fijo duz
del mundo luz,
que viste morir en cruz,
que era levantado.

1640   Quando a los cielos sobió,
quinto plazer tomaste;
el sesto, quando enbió
Espíritu Santo, gozeste;
el septeno
fue más bueno:
quando tu Fijo por ti veno,
al çielo pujaste.

1641   Pido te merçed, Gloriosa:
sienpre toda vegada
que me seades piadosa,
alegre e pagada;
quando a judgar,
juizio dar,
Jesú vinier, quiere me ayudar
e ser mi abogada.

1639b *oíste*: El copista parece haber escrito *oviste*, y luego haber-
lo corregido en *oyste*, con la *y* cubriendo parcialmente la *v*.
Los demás editores, siguiendo la transcripción de Ducamin
y Criado / Naylor, tienen *oviste*. Ambas lecciones son acep-
tables aquí.

1641c *seades*: Coro. enmienda en *seas*, conforme con el tuteo ge-
neral en el cantar. Sugiere que el copista leyó *seas* como si
fuera *seás* (por *seades*).

GOZOS DE SANTA MARÍA

1642 Todos bendigamos
      a la Virgen Santa;
      sus gozos digamos
      e su vida quánta
      fue, segund fallamos
      que la estoria canta
      vida tanta.

1643 El año dozeno,
      a esta donzella,
      ángel de Dios bueno
      saludó a ella
      ....
      ....
      Virgen bella.

1644 Parió su fijuelo:
      ¡qué gozo tan maño!
      A este moçuelo,
      el trezeno año,
      rreyes venieron lluego
      con presente estraño
      + adorallo.

1645 Años treinta e tres
      con Cristos estudo;
      quando rresuçitado es,
      quarto goço fue conplido.
      Quinto, quando Jesús es
      al çielo sobido,
      e lo vido.

1643 El copista escribió *virgen bella* como si fuera el verso *e* de
     la estrofa, y pasó directamente a la estrofa siguiente. *Vir-
     gen bella* tiene que ser el último verso (por ser tetrasílabo),
     y, por tanto, el copista saltó dos versos. Una reconstrucción
     parece imposible; pero Coro. inventa dos versos que él cree
     nos ofrecen una idea de cómo era la estrofa entera.

1646 Sesta alegría
ovo ella quando,
en su conpañía
+ diçipulos estando,
Dios allí enbía
Spíritu Santo,
alunbrando.

1647 La vida conplida
del Fijo Mexía,
nueve años de vida
bivió Santa María;
al çielo fue subida:
¡qué grand alegría
este día!

1648 Gozos fueron siete; *
años çinquanta
e quatro çierta mente
ovo ella por cuenta;
defiende nos sienpre
de mal e de afruenta,
Virgen genta.

1649 Todos los cristianos
aved alegría
señalada mente
en *aqueste* día:
que nasçió por salvar nos
de la Virgen María
en nuestra valía.

* Texto en *SG* hasta 1654*d*.

1649 La estrofa está mal en los Mss., peor en *G* que en *S*. En
S falta el verso *c*, y la escansión es mala en *c, e* y *f*. En
G la rima se abandona en *c, e* y *g*. La versión del v. *c*
que da *G* puede, a lo mejor, reflejar el sentido del verso
original.

DE COMMO LOS SCOLARES DEMANDAN POR DIOS

1650   Señores, dat al escolar
        que vos *viene* demandar.

1651   Dat limosna o rraçión;
        faré por vós oración,
        que Dios vos dé salvaçión.
        Quered por Dios a mí dar.

1652   El bien que por Dios feçierdes,
        la limosna que por Él dierdes,
        quando deste mundo salierdes,
        esto vos *a* de ayudar.

1653   Quando a Dios dierdes cuenta
        de los algos e de la rrenta,
        escusar vos ha de afruenta
        la limosna por Él far.

1654   Por una rraçión que dedes,
        vós çiento de Dios tomedes,
        e en Paraíso entredes:
        ansí lo quiera Él mandar.

1655   Catad que el bien fazer *
        nunca se ha de perder;
        poder vos ha estorçer
        del infierno, mal lugar.

1656   Señores, vós dat a nós, **
        esculares pobres dos.

* La c. 1655 en *S* solamente.
** La c. 1656 en *G* solamente.

1656-60 Es evidentemente el segundo de dos *cantares* de escola-
    res. El copista de *S* no se percató de esto, saltó el estribillo,
    y omitió de añadir el título.

1657   El Señor de Paraíso, *
        Cristos, tanto que nos quiso
        que por nós *la* muerte priso:
        mataron lo *los* jodiós.

1658   Murió nuestro Señor
        por ser nuestro salvador;
        dad nos, por el su amor.
        Sí Él salve a todos nós.

1659   Acordat vos de su estoria;
        dad por Dios en su memoria.
        Sí Él vos dé la su gloria.
        Dad *nos* limosna, por Dios.

1660   Agora en quanto bivierdes, **
        por su amor sienpre dedes,
        e con esto escaparedes
        del infierno e de su tos.

        DEL AVE MARÍA DE SANTA MARÍA

1661   AVE MARÍA gloriosa,
        Virgen santa preçiosa,
        ¡cómmo eres piadosa
        todavía!

    * Texto en *SG* hasta 1659*d.*
   ** Texto en *S* hasta 1709*d.*

1660*d tos*: Morreale (*HR,* XLVII, 1969, p. 137) cita un caso de
    tos en el sentido de "discordia" en F. López de Yanguas,
    Obras dramáticas, ed. F. González Ollé, Madrid, 1967: "En-
    tre tan grandes hermanos / nunca más se verá tos." Debe
    ser una metaforización del sentido corriente.
1661-67 El copista causó confusión entre los críticos modernos,
    porque se dio cuenta, al parecer, después de copiar 1662*a,*
    de que las palabras en latín formaban el *Ave María,* y a
    partir de la c. 1663 las fue colocando en renglón aparte,
    lo cual da la impresión de que no forman parte de la can-

1662   GRACIA PLENA sin manzilla,
        abogada,
        por la tu merçed, Señora,
        faz esta maravilla
        señalada:
        por la tu bondad agora,
        guarda me toda ora
        de muerte vergoñosa,
        por que loe a ti, fermosa,
        noche e día.

1663   DOMINUS TECUM, estrella
        rresplandeçiente,
        melezina de coidados,
        catadura muy bella,
        rreluziente,
        sin manzilla de pecados:
        por los tus gozos preçiados
        te pido, virtuosa,
        que me guardes, linpia rrosa,
        de follía.

1664   BENEDITA TU, onrrada
        sin *egualeza*:
        siendo virgen conçebiste,
        de los ángeles loada
        en alteza
        por el fijo que pariste,
        por la graçia que oviste,
        o bendicha flor e rrosa,
        tú me guarda, piadosa,
        e me guía.

---

ción. Pero Coro. demostró que se integran perfectamente
en ella, y aparte unas enmiendas para restaurar la rima, el
texto que da *S* no plantea más dificultades.
1663b Chi., Coro. y Joset enmiendan en *resplendente,* que sería
un latinismo muy obvio, mientras que *rresplandeçiente* ocu-
rre también en 1242*b* y 1244*b*.

1665   IN MULIERIBUS escogida,
        Santa Madre,
        de cristianos *anparança*,
        de los santos bien servida;
        e tu Padre
        es tu Fijo sin dubdança.
        ¡O Virgen, mi fiança!
        De gente maliçiosa,
        cruel, mala, soberviosa,
        me desvía.

1666   E BENEDICTUS FRUCTUS, folgura
        e salvaçión
        del linaje umanal,
        que tiraste la tristura
        e *perdiçión*
        que por nuestro esquivo mal,
        el diablo suzio tal,
        con su obra engañosa,
        en cárçel peligrosa
        ya ponía.

1667   VENTRIS TUI, santa flor
        non tañida:
        por la tu grand santidad,
        tú me guarda de *error*,
        que mi vida
        sienpre *siga* en bondad,
        que meresca egualdad
        con los santos, muy graçiosa,
        en dulçor maravillosa,
        o María.

1665g Ducamin omite la *o*, lo cual parece haber sido la causa de
      más de una "enmienda" por otros editores. Pero yo leí la
      o en el Ms., y lo confirman Criado / Naylor, y también
      Blecua.

CÁNTICA DE LOORES DE SANTA MARÍA

1668   *Miraglos* muchos faze
        Virgen sienpre pura,
        aguardando los coitados
        de dolor e de tristura;
        el que loa tu figura,
        non lo dexes olvidado,
        non catando su pecado,
        salvas lo de amargura.

1669   Ayudas al inoçente
        con amor muy verdadero;
        al que es tu servidor
        bien lo libras de ligero;
        non le es falleçedero
        tu acorro, sin dudança;
        guarda lo de mal andança
        el tu bien grande, llenero.

1670   Reina Virgen, mi esfuerço,
        yo só puesto en tal espanto;
        por lo qual a ti bendigo,
        que me guardes de quebranto;
        pues a ti, Señora, canto.
        Tú me guarda de lisión,
        de muerte e de ocasión,
        por tu Fijo, Jesú Santo.

1668c *aguardando*: "acompañando, atendiendo": cfr. *Conde Luca-nor*, Ex. VII: "... asmó como casaria sus fijos et sus fijas, et commo yria aguardada por la calle con yernos et con nueras..." (*Obras completas*, ed. J. M. Blecua, II, p. 82.27-28). Mejor, me parece, que "guardando, protegiendo", glosa de Coro. y Joset, quien cita *Poema de F. González*, 344d, y el *Poema de Mio Cid*, v. 2930.

1670a *esfuerço*: Morreale (*BICC*, XXXIV, 1979, A. *apud* 1670a) glosa "ayuda, socorro", citando la *Biblia romanceada*, donde *adjuvante eum Domini protectione* se traduce "con esfuer-ço del ayuda de Dios". ¿Mejor "protección" que "ayuda"?

1671   Yo só mucho agraviado,
        en esta çibdad seyendo;
        Tú *acorre* e guarda fuerte
        a mí libre defendiendo;
        pues a ti me encomiendo,
        non me seas desdeñosa;
        tu bondad maravillosa
        loaré sienpre serviendo.

1672   A ti me encomiendo,
        Virgen Santa María;
        la mi coíta, Tú la parte,
        Tú me salva e me guía,
        e me guarda toda vía,
        piadosa Virgen Santa,
        por la tu merçed, que es tanta
        que dezir non la podría.

CÁNTICA DE LOORES DE SANTA MARÍA

1673   Santa Virgen escogida,
        de Dios Madre muy amada,
        en los çielos ensalçada,
        del mundo salud e vida.

1674   Del mundo salud e vida,
        de muerte destruimiento,
        de graçia llena conplida,
        de coitados salvamiento:
        de aqueste dolor que siento,
        en presión sin meresçer,
        Tú me deña estorçer
        con el tu deffendimiento.

1671*ab* Véase la nota a 1*d*.
1674*efgh* Véase la nota a 1*d*. Tal vez el verso más difícil de ex-
    plicar para los partidarios de una interpretación metafórica
    de la *presión* sea 1674*f*, que contrasta con los sentimientos
    cristianos más convencionales de la c. 1675.

1675   Con el tu deffendimiento,
            non catando mi maldad,
            nin el mi meresçimiento,
            mas la tu propia bondad;
            que conffieso en verdat
            que só pecador errado;
            de ti sea ayudado,
            por la tu virginidad.

1676   Por la tu virginidad,
            que non ha conparaçión,
            nin oviste egualtad
            en obra e entençión,
            conplida de bendiçión;
            pero non só meresçiente,
            venga a ti, Señora, en miente
            de conplir mi petiçión.

1677   De conplir mi petiçión,
            como a otros ya conpliste,
            de tan fuerte tentaçión
            en que só, coitado, triste,
            pues poder as e oviste,
            Tú me guarda en tu mano;
            bien acorres muy de llano
            al que quieres e quisiste.

CÁNTICA DE LOORES DE SANTA MARÍA

1678   Quiero seguir
            a ti, flor de las flores,
            sienpre dezir
            cantar de tus loores,

1678-83 El copista escribió esta canción como si cada estrofa con-
        sistiera en cuatro versos de 11+11+9+7 sílabas, con rimas
        aaba. Esto contribuyó, sin duda, a la creación de las fal-
        tas que hay en el texto, tanto en las rimas como en la cuen-

non me partir
de te servir,
mejor de las mejores.

1679   Grand fiança
he yo en ti, Señora;
la mi esperança
en ti es toda ora;
de *tribulança*
sin tardança
ven me librar agora.

1680   Virgen muy santa,
yo paso tribulado
pena atanta,
con dolor atormentado;
en tu esperança
coíta atanta
que veo, ¡mal pecado!

1681   Estrella del mar,
puerto de folgura,
de dolor
conplido e de tristura
ven me librar
e conortar,
Señora del altura.

---

ta de sílabas. Está claro que el esquema de la estrofa es de
7 versos de 5+7+5+7+5+5+7 sílabas, con rimas *ababaab*.
Aparte 1679e, donde *tribulança* se impone como enmienda
obvia de *tribulaçión*, doy el texto de *S*, pero indico en las
notas las enmiendas propuestas por varios eruditos.

1679a Chi.: *Grand[e] fiança*.
1679f Chi.: *[tú] sin tardança*, Coro. *sin [de] tardança* (cfr. 1047f).
1680d Chi., Coro., Joset: *tormentado* (cfr. 210b —pero véase tam-
  bién 360b).
1680e Cej.: *e me espanta* (para evitar la mala rima).
1680f Coro.: *errança tanta* (para evitar la repetición de *atanta*).
1681a Chi., Joset: *Strella* (propuesta por Hanssen).
1681b Chi., Coro., Joset: *[e] puerto de f.*
1681c Cej.: *de dolor e pesar*, Chi.: *de malestar*, Coro., Joset: *del
  mi pesar*.

1682   Nunca falleçe
               la tu merçed conplida;
               sienpre guaresçes
               de coítas e das vida;
               nunca peresçe
               nin entristeçe
               quien a ti non olvida.

1683   Sufro grand mal
               sin meresçer, a tuerto,
               esquivo tal,
               por que pienso ser muerto;
               más Tú me val,
               que non veo ál
               que me saque a puerto.

CÁNTICA DE LOORES DE SANTA MARÍA

1684   En ti es mi esperança,
               Virgen Santa María;
               en señor de tal valía
               es rrazón de aver fiança.
               ....

1685   Ventura astrosa,
               cruel, enojosa,
               captiva, mesquina,
               ¿por qué eres sañosa
               contra mí, tan dapñosa
               e falsa vezina?

1682c todos: *guaresçe.*
1682d todos: *da vida.*
1684-89 Queda patente, tanto por las rimas como por el contenido,
       que la c. 1684, principio de una *cántica de loores de Santa
       María,* no tiene nada que ver con las cs. 1685-89. El co-
       pista de *S,* sin darse cuenta, habrá vuelto dos hojas (o más)
       del Ms. que copiaba, en lugar de una. 1685-89 es una can-
       ción, o la continuación de una canción, dirigida a la *Ven-
       tura* (la Fortuna). Es un tema ajeno al del *Libro de buen
       amor* en general, pero no por eso podemos asegurar que
       es de un autor distinto.

1686   Non sé escrivir,
        nin puedo dezir
        la coíta estraña
        que me fazes sofrir,
        con deseo bevir
        en tormenta tamaña.

1687   Fasta oy toda vía
        mantoviste porfía
        en me mal traher;
        faz ya cortesía
        e da me alegría,
        gasajado e plazer.

1688   E si tú me tirares
        coíta e pesares,
        e mi grand *tribulança*
        en goço tornares,
        e bien ayudares,
        farás buena estança.

1689   Mas si tú porfías
        e non te desvías
        de mis penas cresçer,
        ya las coítas mías
        en muy pocos días
        podrán fenesçer.

CÁNTICA DE LOS CLÉRIGOS DE TALAVERA

1690   Allá en Talavera, en las calendas de abril,
        llegadas son las cartas del arçobispo don Gil,
        en las quales venía el mandado non vil,
        tal que, si plugo a uno, pesó más que a dos mill.

1690-1709 Quien compuso los títulos se equivocó al llamar *cántica*
    a este pasaje: es un poema narrativo en *cuaderna vía*. Para
    el estudio del poema en relación con sus fuentes, véanse

1691   Aqueste açipreste que traía el mandado,
        bien creo que lo fizo más con midos que de grado;
        mandó juntar cabildo, a prisa fue juntado,
        coidando que traía otro mejor mandado.

1692   Fabló este açipreste e dixo bien ansí:
        "Si pesa a vós otros, bien tanto pesa a mí.
        ¡Ay viejo mezquino! ¡En qué envegeçí,
        en ver lo que veo, e en ver lo que vi!"

R. Menéndez Pidal, *Poesía juglaresca...*, 6.ª ed., 1957, páginas 204-207; Lecoy, *Recherches...*, pp. 229-236; A. N. Zahareas, *The Art of Juan Ruiz...*, pp. 105-112. Sobre su relación con la situación histórica, véanse Julián L. Bueno, *La sotana de Juan Ruiz...*, pp. 74-80; Kelly, *Canon Law and the Archpriest...*, cap. III. El poema es una imitación (con gran libertad en la selección e invención de detalles) de un grupo de poemas en latín de principios del siglo XIII, que podrían llamarse variaciones sobre el tema de la *Consultatio Sacerdotum* (véase Thomas Wright, *The Latin Poems...*, nota 7 de la Introducción). Lo curioso es que sean precisamente los tres poemas utilizados por Juan Ruiz los que Wright encontró —y no todos en el mismo Ms.

1690a *las calendas de abril*: Para el empleo de formas de datación romanas, compárese la constitución sinodal promulgada por el arzobispo Gil de Albornoz en abril de 1342: "Datum apud Toletum XVI Kalendas Maii anno Domini millesimo trecentesimo quadragesimo segundo..." (Sánchez Herrero, *Concilios provinciales...*, pp. 205-210, núm. 8). No me atrevo a afirmar que Juan Ruiz imitaba directamente a esta constitución. Pero conocía el estilo...

1690d *dos mill*: Lógicamente, debe ser una alusión al clero de la archidiócesis, a quienes iba dirigida la constitución. Pero la cifra, sin duda, es más simbólica que real.

1691a El *açipreste* es evidentemente un miembro del *cabildo*: si fuera un delegado del arzobispo, no convocaría él mismo la junta, ni se mostraría tampoco tan desolado por la noticia que trae. Véase mi Introducción, pp. 11-12, sobre el problema, aducido por Kelly, del anacronismo de incluir a un arcipreste en el cabildo de la Colegiata de Talavera en aquella época.

1691d Coro. supone que la repetición de *mandado* es un error del copista, tal vez por *rrecabdo*.

1693 Llorando de sus ojos, començó esta rraçón,
diz: "El papa nos enbía esta constituçión;
he vos lo a dezir, que quiera o que non,
maguer que vos lo digo con rravia de mi coraçón."

1694 Cartas eran venidas que dizen en esta manera:
que clérigo nin cassado de toda Talavera,
que non toviesse mançeba, cassada nin soltera;
qual quier que la toviese descomulgado era.

1695 Con aquestas rrazones que la carta dezía
fincó muy quebrantada toda la clerizía;
algunos de los legos tomaron azedía;
para aver su acuerdo juntaron se otro día.

1696 Adó estavan juntados todos en la capilla,
levantó se el deán a mostrar su manzilla,
diz: "Amigos, yo querría que toda esta quadrilla
apellásemos del papa antel rrey de Castilla.

1697 "Que maguer que somos clérigos, somos sus natu-
[rales;
servimos le muy bien, fuemos le sienpre leales;
demás, que sabe el rrey que todos somos carnales;
querer se ha adolesçer de aquestos nuestros males.

1698 "¿Que yo dexe a Orabuena, la que cobré antaño?
En dexar yo a ella *rresçibiera* yo grand dapño;
di le luego de mano doze varas de paño;
e aun, para la mi corona, anoche fue al baño.

1699 "Ante rrenunçiaría toda la mi prebenda,
e desí la dignidad, e toda la mi rrenta
que la mi Orabuena tal escatima prenda.
Creo que otros muchos siguirán por esta senda.

1698 Cfr. *De Convocatione Sacerdotum*, vv. 47-48 (Wright, *Poems attributed...*, I, pp. 180-182): "per reginam gloriae, quae est in polo sita, / non Malotam deseram dum me durat vita".

1700 "Demando los apóstolos e todo lo que más vale,
con grand afincamiento, ansí como Dios sabe,
e con llorosos ojos e con dolor *grave,*
'vobis enim dimittere QUONIAM suave.' "

1701 Fabló en pos de aquéste luego el thesorero,
que era deste orden confrade derechero,
diz: "Amigos, si este son a de ser verdadero,
si malo lo esperades, yo peor lo espero.

1700a *apóstolos:* Según F. J. Hernández, "The Venerable Juan
Ruiz...", son cartas de apelación a la Sede Apostólica. En
la p. 21, nota 7, cita a Graciano, *Decretum* II. II. vi. 24:
"Ab eo quo appellatum est ad eum qui de appellatione cog-
niturus est, dimissoriae litterae dirigantur que uulgo 'apos-
toli' appellantur..." Cfr. *Spec. iudic.,* Lib. IV, Partic. II,
"De Appellationibus", ap. 3, núm. 10: "Notandum est igi-
tur, quod apostolus, siue libellus appellationis, siue litera
dimissoria, continere debet regulariter..."
1700d Este verso es una cita (no muy exacta) del *De Concubinis
Sacerdotum* (Wright, *Poems attributed...,* I, pp. 171-173),
vv. 25-26: "O quam dolor anxius, quam tormentum gra-
ve / nobis est dimittere quoniam suave." Es la prueba más
terminante de que Juan Ruiz conocía estos poemas. *Quoniam*
es un eufemismo por el sexo de la mujer. Entre los lati-
nistas medievales eran corrientes los juegos de palabras que
consistían en hacer servir palabras de relación (conjunciones,
pronombres, etc.) como eufemismos sexuales (véanse, por
ejemplo, los cuatro primeros versos del mismo poema:
"Sacerdos per hic et haec olim declinabatur...", etc.). *Quo-
niam* pasó a la literatura vulgar también. Spitzer (*Rom.,*
XI, pp. 248-250) cita las *Lamentations de Matheolus.* Tam-
bién la célebre Comadre de Bath de *Los Cuentos de Can-
torbery,* de Geoffrey Chaucer, dice de sí misma (en su Pró-
logo, vv. 607-608): "And trewely, as my housbandes tolde
me, / I hadde the beste *quoniam* myghte be", ("y de veras,
como me decían mis maridos, / yo tenía el mejor *quoniam*
que pudiera imaginarse,"). En castellano, dada la pronuncia-
ción medieval del *quo-* del latín, casi dejaría de ser un eu-
femismo.
1701cd Cfr. *De Convocatione Sacerdotum,* vv. 31-32 (Wright, pá-
gina 181): "Fratres, vobis omnibus legatus minatur, / et
post minas metuo quod pejus sequatur."

1702 "E del mal de vós otros a mí mucho me pesa;
otrosí de lo mío, e del mal de Teresa;
pero dexaré a Talavera e ir me a Oropesa
ante que la partir de toda la mi mesa.

1703 "Ca nunca fue tan leal Blanca Flor a Flores,
nin es agora Tristán con todos sus amores;
que faze muchas vezes rrematar los ardores,
e si de mí la parto, nunca me dexarán dolores.

1704 "Por que suelen dezir que el can con grand angosto,
e con rravia de la muerte, a su dueño trava el rros-
                                                    [tro;
si yo toviese al arçobispo en otro tal angosto,
yo le daría tal vuelta que nunca viese al agosto."

1705 Fabló en *pos* aqueste el chantre Sancho Muñoz,
diz: "Aqueste arçobispo, non sé qué se ha con nós;
él quiere acalañar nos lo que perdonó Dios;
por ende yo apello en este escripto: ¡abivad vos!

1706 "Que si yo tengo, o tove, en casa una servienta,
non ha el arçobispo desto por qué se sienta,
que non es mi comadre, nin es mi parienta;
huérfana la crié, esto por que non mienta.

1707 "En mantener omne huérfana obra es de piedad;
otrosí a las vibdas, esto es cosa con verdat;
por que, si el arçobispo tiene que es cosa que es
                                                    [maldad,
¡dexemos a las buenas, e a las malas vos tornad!

1705b Cfr. *De Convocatione Sacerdotum*, vv. 53-54: "Ex hinc lo-
qui presbyter alter est paratus: / 'Quid vult de me domi-
nus papa vel legatus?'..."
1707cd Cfr. *Consultatio Sacerdotum*, vv. 123-124 (Wright, p. 178):
" '... si mihi mea famula tollitur e via, / extra volo alere
scorta pulcra tria.' "

1708   "Don Gonçalo canónigo, segund que vo enten-
                                        [diendo,
    es éste que va de sus alfajas prendiendo;
    e van se las vezinas por el barrio deziendo
    que la acoje de noche en casa, aun que ge lo de-
                                          [fiendo."

1709   Pero non alonguemos atanto las rrazones:
    appellaron los clérigos, otrosí los *clerizones;*
    fezieron luego de mano buenas *approllaçiones,*
    e dende en adelante çiertas *procuraçiones.*

1708 Me parece evidente que en esta cuarteta habla un miembro
del cabildo. Pero hay una manifiesta solución de continui-
dad entre las cs. 1707 y 1708, y deben de faltar una o más
cuartetas; no sabemos ni quién habla, ni de qué se trata.
Blecua cree que el texto se interrumpe después de 1709d.
Pero los tres poemas que Juan Ruiz tuvo como modelos
terminan abruptamente, sin decirnos cuál fue la conclusión
de la discusión, ni qué se hizo después. Juan Ruiz va bas-
tante más lejos que ellos en la c. 1709, y no veo la nece-
sidad de postular la pérdida de cuartetas sino entre las
cs. 1707 y 1708.

1709c *approllaçiones*: En S *approllaçones*. Desde Sánchez en ade-
lante, los editores no dudan en enmendar en *apellaçiones.*
Morreale (*BRAE,* XLVII-XLVIII, 1968, p. 386) se mofa in-
cluso del copista por su creación del "pequeño monstruo",
aprollaçones (sic), lo cual basta para hacerla dudar que él
pudiese ser aquel Alfonso de Paradinas que después se hizo
tan importante. Pero *apellaçiones* no sólo sería *lectio faci-
lior* (¡de los editores!), sino que nos dejaría un verso muy
ripioso: ya *appellaron los clérigos* en 1709b. En latín, tanto
clásico como medieval, el término PROLATIO significaba
"propuesta, presentación", especialmente de documentos en
el contexto del derecho. Cfr. *Spec. iudic.,* Lib. I, Partic. I,
"De officio omnium judicum", ap. 6, núm. 16: "In sen-
tentiae quoque prolatione movetur seu interponitur officium
iudicis... ...Conclusio in negotio si partes ante sententiae
prolationem component,..." Decir que nuestros clérigos
presentaron ciertos documentos en apoyo de su apelación
resulta mucho menos ripioso que repetir lo de la apela-
ción en sí. En cuanto a la forma, *buenas prolaçiones* sería
hipométrico, lo cual puede haber inducido al autor a es-
coger (¿inventar?) la forma con el prefijo *a*-. Hay otros
casos de la preferencia por la forma con *a*-: 324d, *abarre-*

ESTE ES EL LIBRO DEL ARÇIPRESTE DE HITA, EL QUAL CON-
PUSO SEYENDO PRESO POR MANDADO DEL CARDENAL DON
GIL, ARÇOBISPO DE TOLEDO.
LAUS TIBI CHRISTE, QUONIAM LIBER EXPLICIT ISTE.
ALFFONSUS PARATINENSIS

1710   Varones buenos e onrrados, *
    queret nos ya ayudar,
    a estos çiegos lasrados
    la vuestra limosna dar;
    somos pobres menguados,
    avemos lo a demandar.

1711   De los bienes deste siglo
    non tenemos nós pasada;
    bevimos en gran peligro,
    en vida mucho penada;
    çiegos bien commo vestiglo,
    del mundo non vemos nada.

1712   Señora Santa María,
    Tú le da la bendeçión
    al que oy en este día
    nos diere primera rraçión;
    dal al cuerpo alegría
    e al alma salvación.

---

* Texto en *G* hasta 1728*d*.

  dera (en los fueros, *barredera* —véase la nota); 360*b* y
1680*b*, *atormentar* (en *Las Siete Partidas*, *tormentar*); 1231*b*,
adormir por *dormir*. La falta de la *i* en el Ms. puede ser
o un descuido por el copista o un leonesismo, como sugiere
Coro.
1710-28 En *G* estos dos *cantares de ciegos* siguen a los dos *canta-
res de escolares* (1650-59). Otros editores adoptan la suge-
rencia de Lida (*RFH*, II, 1940, p. 149), que son los canta-
res mencionados en la c. 1514, y que, por tanto, debieran
aparecer agrupados con ellos. Pero el carácter de esta mis-
celánea final no nos permite averiguar si son los *cantares*
aludidos, y no creo que sea deseable alterar el orden de
las piezas que se estableció en 1790 con Sánchez.

1713   Santa María Madalena,
        rruega a Dios verdadero
        de quien nos diere buena estrena
        de meaja o de dinero,
        para mejorar la çena
        a nós e a nuestro conpañero.

1714   El que oy nos estrenare
        con *meaja* o con pan,
        dé le, en quanto començare,
        buena estrena *Sant* Julián;
        quanto a Dios demandare,
        otorgue ge lo de plan.

1715   Sus fijos e su *conpaña*
        Dios Padre espiritual
        de *çeguedat* atamaña
        guarde, e de coíta atal;
        sus ganados e su cabaña,
        Santo Antón lo guarde de mal.

1716   A quien nos dio su meaja
        por amor del Salvador,
        Señor, dal tu gloria,
        tu graçia e tu amor;
        guarda lo de la baraxa
        del pecado *engañador*.

1717   Ca con bien aventurado
        ángel, Señor San *Miguel*,
        Tú seas su abogado
        de aquélla e de aquél
        que del su pan nos a dado;
        ofreçemos te lo por él.

────────────────────

1717a Morreale (*BRAE*, XLVII-XLVIII, 1968, p. 286) sugiere que
    se lea *ca don bienaventurado...*, porque supone que la es-
    trofa se dirige a San Miguel. Pero, como comenta Joset, el
    tú del verso *c* es el Señor, en su papel de Juez de las almas,
    y a quien va dirigido el resto de la canción.

1718   Quando las almas pasares,
        éstos ten con la tu die[stra]
        que dan çenas e yantares
        a nós e a quien nos adiestra;
        sus pecados e sus *males,*
        echa los a la siniestra.

1719   Señor, merçet te clamamos
        con nuestras manos amas,
        la limosna que te damos
        que *la* tomes en tus palmas;
        a quien nos dio que comamos,
        da paraíso a sus almas.

1720   Cristianos de Dios amigos,
        a estos çiegos mendigos
        con meajas o con bodigos
        queret nos acorrer,
        e *queret* por Dios faser.

1721   Si de vós non lo avemos,
        otro algo non tenemos
        con que nos desayunar;
        non lo podemos ganar
        con estos cuerpos lasrados,
        çiegos pobres e cuitados.

1722   Dat nos de uestra caridat,
        e guarde vos ⁺ la claridat
        de los vuestros ojos Dios,

1718a *pasares*: Tal vez se debiera enmendar en *pesares,* como ha-
    cen algunos editores. Pero, como dice Joset, se puede enten-
    der *pasar* aquí como "admitir".
1718b *diestra*: Una mancha de tinta oculta la mitad de la pala-
    bra en el Ms.
1720-28 Con Blecua, yo creo que, aparte las cs. 1720 y 1728, esta
    canción está escrita en versos octosílabos pareados. Pero yo
    también conservo la numeración tradicional, agrupándolos
    en 'estrofas' de seis versos.

por quien lo fasedes vós;
goso e plaser veades
de los fijos que mucho amades.

1723   Nunca veades pesar;
dexe vos los Dios criar,
e ser arçidianos;
sean rricos e sean sanos;
non les dé Dios *çeguedat;*
guarde los de pobredat.

1724   Dé les mucho pan e vino,
que *den* al pobre mesquino;
dé les algos e dineros
que *den* a pobres rromeros;
dé les paños e vestidos
que *den* a ciegos tollidos.

1725   Las vuestras fijas amadas,
veades las bien casadas
con maridos cavalleros
e con onrrados pecheros,
con mercadores corteses
e con rricos *burgueses.*

1726   Los vuestros suegros e suegras,
los vuestros yernos e nueras,
los bivos e los finados,
de *Dios* sean perdonados,
a vós dé buen *galardón,*
e de los pecados perdón.

1727   El ángel esta ofrenda
en las sus manos la prenda.
Señor, oy a pecadores:

1724*b, d, f den*: El copista escribe *de* en los tres casos. La enmienda
es obvia, pero fue propuesta, en primer lugar, por Hanssen.

por los nuestros bienfechores,
Tú rrescibe esta *cançión*,
e oye esta nuestra oraçión,

1728   Que nós pobres te rrogamos,
por quien nos dio que comamos,
e por el que dar lo quiso,
Dios por nós muerte priso:
vos dé santo paraíso. Amén.

Finito libro graçias a Domino Nostro Jesu Christo. Este
libro fue acabado jueves xxiii días de jullio del año del
Nasçimiento del Nuestro Salvador Jesu Christo de mill e
tresientos e ochenta e nueve años.
libro

GLOSARIO

Advertencia: Se incluyen en el glosario las formas y voces que son raras o inexistentes en el español moderno, o que se emplean en un sentido distinto del actual. En la ordenación de las voces me he servido de la concordancia de Mignani, Di Cesare y Jones (véase la Bibliografía) En la selección de palabras para su inclusión en el glosario, he tomado como guía principal el *Diccionario de uso del español* de María Moliner; también he consultado con frecuencia el *Diccionario general ilustrado VOX*, por S. Gili y Gaya, Barcelona, 1951. En la interpretación de las palabras, he consultado constantemente las ediciones del *Libro de buen amor* por G. Chiarini, Joan Corominas, Jacques Joset y Alberto Blecua, también el *Diccionario crítico-etimológico* de Joan Corominas, y la serie de *Comentarios literales* y reseñas a las ediciones de Chiarini, Corominas y Joset por Margherita Morreale.

En el glosario me limito a dar las definiciones de las palabras, con miras al contexto en que ocurren. En los casos en que parece oportuna alguna discusión de la lección de los Mss. o del sentido de la palabra, remito al lector a la nota correspondiente.

Normalmente se indican los tres primeros versos donde ocurre una palabra, en cada una de sus distintas acepciones, seguidos de "etc.". Excepcionalmente, cuando hay cuatro apariciones de una palabra en el texto, me ha parecido más útil indicar los cuatro versos. Para indicar la aparición de una palabra en el prólogo en prosa, se pone "P. 1. 23", etc., remitiendo a los números de los renglones del manuscrito, que se dan en el texto.

473

A

aba (interj.), ¡ea!, 1188*d*.

aballar (v. a.), derribar, 1010*d*.

abarcar (v. a.), agarrar, 204*b*; apoderarse de, 226*d*, 1562*d*.

abarredera (s. f.), red de arrastre (de pescadores), 324*d* (véase la nota).

abatis (s. m. lat.), del abbad, 1335*b*.

abaxar (v. a. y r.), agacharse, 301*a*, 778*a*, 1001*e*; bajar (se), 659*a*, 812*c*, 1293*d*; reducir (se), apagar (se), 423*d*.

abdiençia (s. f.), procedimiento legal (?), 336*d*, 347*c* (véase la nota).

abebrar (v. a.), abrevar, apagar la sed de alguien, 1065*c*.

abeitar/aveitar (v. a.), engañar, 232*c*, 387*c*, 459*c*.

abeite (s. m.), cebo, *o* reclamo, 406*b*.

abenençia (s. f.), acuerdo o convenio entre las partes en un proceso legal, 343*c* (véase la nota), 346*c*, 496*c*; acuerdo, harmonía, conformidad, 417*c*, 1595*c*.

abenir [1 fut. indic. *aberné*] (v. n.), llegar a un acuerdo, 578*d*, 956*d*, 1480*d* (véase también *avenir*).

ablentar (v. a.), aventar, 1295*c*.

abolver (v. r.), envolverse con alguien, enredarse con alguien, 527*a*.

abondar (v. a. y n.), suplir, abastecer, 619*c*; bastar, abundar, 1280*d*.

abondo (adv.), en abundancia, 192*c*.

aborrençia (s. f.), aborrecimiento, aversión, 103*a*.

aborrido (partic. pas.), aborrecido, odiado, 1422*c*, 1525*a*, 1527*d*, etc.

aburrir (v. a.), odiar, detestar, 114*b*.

acabado (adj.), perfecto, total, 128*d*, 1265*b*.

acabar (v. a. y n.), lograr, ganar, 180*c*, 552*b*, 579*c*., etc.; terminar, 127*a*, 381*a*, 721*d*, etc.

acabesçer (v. a.), lograr, conseguir, 153*d*.

acaesçimiento (s. m.), desastre, desgracia, 888*b*.

acalañar (v. a.), imputar, acusar de…, 1705*c*.

açenia/açeña (s. f.), molino de agua, 241*c*, 1404*b*.

açidente (s. m.), causa externa, no sustancial, 140*b*.

acordar (v. a. y r.), recordar, acordarse de…, P. 1. 22, 1. 42, 135*a*, etc.; poner de acuerdo, concertar, estar de acuerdo, P. 1. 32, 1. 67, 346*b*, etc.; afinar, armonizar, 1515*a*.

acostar (v. a. y r.), allanar, 613*d*; acercarse, 1547*d*.

acostunbrado (adj.), educado, refinado, 582*c*, 732*a*; normal, usual, 1044*c*.

acto (adj.), correcto, en acuerdo con las normas jurídicas, 324*b* (véase la nota), 352*b*.

acuçioso (adj.), deseoso, preocupado, 457*b*, 1080*c*; activo, ocupado, 580*b*; diligente, 648*b*.

achacar (v. r.), aquejarse, ocuparse, 616*a*.

adama (s. f.), idea, concepto (?), 1355*b* (véase la nota).

adamar (s. m.), regalo, o filtro, de amor, 915*b*, 941*c*.

adáraga (s. f.), adarga (escudo de cuero), 1087*c*.

adefina (s. f.), plato preparado entre los judíos la víspera del sábado, 781*c*.

adelantado (s. m.), juez delegado por el rey, 1464*c* (véase la nota).

adeliñar (v. a.), aderezar, guiar, 392*b*, 918*d*.

adevino (s. m.), presagio, agüero, 774*d*; agorero, 1620*c*.

adó (adv.), adonde, donde, 138*a*, 365*d*, 397*d*, etc.

adobar (v. a.), arreglar, reparar, 1296*a*.

adonado (adj.), adornado, gracioso, 1615*c*.

adonar (v. r.), adornarse, engalanarse, 1243*b*.

adragea (s. f.), gragea (confite menudo), 1336*a*.

aducir (v. a.) [pres. indic. *adugo, aduz*; pret. indef. *aduxo*; partic. pas. *aducho*], traer, llevar, 120*d*, 342*c*, 770*d*, etc.

aducho (s. m.), regalo, ofrenda, 1511*c*.

afeitar (v. a.), adornar, 625*b*.

afincado (adj.), urgente, apremiante, 602*a*; agobiante, 1352*a*.

afincar (v. a.), apremiar, importunar, 190*b*, 606*c*, 615*c*, etc.

afiuziar (v. a.), prometer, 1256*d* (véase también *afuziar*).

aforrar (v. a. y r.), libertar, manumitir, libertarse, 512*c*, 1125*b*.

afrae (s. ¿m.?), alarma, tumulto (?), 1092*c* (véase la nota).

afruenta (s. f.), confrontación, 249*a* (véase la nota), 1653*c* (?); ofensa, infamia, 744*b*, 1648*f*.

afuziar (v. a.), tranquilizar, dar confianza, 451*d*.

agro (adj.), agrio, molesto, 1306*c* (véase la nota).

aguardar (v. a.), acompañar, cuidar, 1668*c* (véase la nota).

aguisado (adj.), apropiado, justo, 88*b*, 236*b*, 403*c*, 702*a*.

aguzadera (s. f.), piedra aguzadera, 925*c*.

aguzar (v. a.), preparar los dientes para morder, 395*c*.

aína (adv.), pronto, de pronto, 2*c*, 33*d*, 136*a*, etc.

ajam (v. a.), "tengamos", 482*b* (véase la nota a 474*c*).

ajevío (adj.), ¿...?, 1387*a* (véase la nota).

ál (pron.), algo más, otra cosa, 77*d*, 154*b*, 306*b*, etc.

alana (s. f.), hembra del alano, 1014*a*, 1221*d*, 1600*d*.

alanes (s. m., ¿plur. de *alán*?), perros alanos (?), 1220*a*.

alano (s. m.), perro alano (perro corpulento y fuerte), 175*b*, 226*a*, 227*b*.

alarde (s. m.), alarde, muestra, ostentación, 1082*d*, 1090*a*.

alardo (s. m.), variante de *alarde*, 455*d*.

alaroça (s. f.), novia musulmana, 1392*c* (véase la nota).

alaúd (adv.), con afecto, con amor (arabismo), 1511*c*.

albogón (s. m.), flauta grande, 1233*a*.

albogue (s. m.), flauta pastoril, 1213*b*, 1517*a*.

albuérbola (s. f.), algazara, bullicio, vocería, 898*a*.

alcandora (s. f.), especie de camisa (con cuello bordado), 397*c*.

alcaría (s. f.), alquería, 1223*b*.

alcayata (s. f.), tipo de clavo, 926*a* (véase la nota).

alegrança (s. f.), alegría, 1230*b* (véase la nota).

alfaja (s. f.), alhaja, ornamento para mujer, 705*a*, 1207*a*, 1708*b*.

alfajeme (s. m.), sangrador, barbero, 1416*a*.

alfámar (s. m.), tapete, cobertor, 1254*a*.

alfayate (s. m.), sastre, 66*b*.

alfoz (s. m.), distrito, comarca, 1290*b*.

algarear (v. n.), escaramuzar, atacar desde lejos, 562*d*.

algo (s. m.), propiedad, bienes, hacienda, 177*c*, 400*b*, 491*c*, etc.

alhaonar (¿v. a?), ¿molestar?, 876*c* (véase la nota).

alhiara (s. f.), vaso de cuerno usado por pastores, 1280*d*.

alholí (s. m.), granero, 556*c*.

alhorre (s. m.), ¿halcón?, 1007*c* (véase la nota).

alixandria (¿adj?), de Alejandría, 1335*a*.

almadana (s. f.), almádena, mazo para romper piedras, 517*d*, 924*c*.

almajar (s. m.), manto de paño tejido en Almería, 915*c*.

almohalla (s. f.), hueste, 1076*a*.

almueza (s. f.), el hueco que se forma con la mano o las manos para tomar una porción de yeso u otra cosa, 1275*b*.

altaba (s. f.), aldaba, 924*d*.

altibaxo (s. m.), ¿tipo de danza en que se saltaba mucho?, 1001*a*.

altro (adj.), otro, 476*c* (véase la nota a 474*c*).

alvalá (s. m.), albalá, carta amorosa, 1510*b*.

alvañar (s. m.), albañal, desaguadero, 1277*b*.

alvardán (s. m.), albardán, bufón, 269*c*.

alvardana (s. f.), ¿instrumento musical conocido como 'la bufona'?, 1232*d*.

amagote (s. m.), amago, apariencia falsa de querer ayudar, 1478*c*.

amatar (v. a.), apagar, 264*b*, 857*a*, 936*a*, etc.

amidos (adv.), de mala gana, sin querer, 339*b*, 401*d*, 555*d*, etc.

amigança (s. f.), amistad, 695*d*.

amos (adj. o pron.), ambos, 457*c*, 843*b*, 1077*a*.

amxi (v. n. árabe), ¡váyase!, 1512*d*.

anbiçia (s. f.), ambición, 218*b*.

anchete (adj.), algo ancho, 432*d* (?), 445*c* (véase la nota a 432*d*).

andar (¿s. m.?), ¿suelo?, 1376*d* (véase la nota).

andeluya (interj.), aleluya, 1240*d* (véase la nota).

animalias (s. f. plur.), animales en conjunto, 73*b*, 82*b*, 631*d*.

ante (adv.), antes, P. 1. 34, 1. 87, 1. 88, etc.; *ante* (prep.), delante de, 2*b*, 7*b*, 43*d*, etc.; *ante de* (prep.), antes de, 475*a*, 758*d*, 759*b*, etc.; ante que (conj.), antes que, 193*c*, 194*b*, 335*d*, etc.

antipara (s. f.), precaución, 1323*a*.

aojado (adj.), que sufre de mal de ojo (o ¿hechizado?), 1417*c*.

aparado (s. m.), don, regalo, 738*b*.

aparesçençia (s. f.), apariencia, 417*b*.

apartadillos (adj.), un poco separados, 434*b*.

apellar (v. n.), apelar (en sentido jurídico), 367*a*, 1696*d*, 1705*d*, 1709*b*.

apellidar (v. n.), gritar, pedir socorro, 772*c*.

apellido (s. m.), grito de guerra, 413*c*; grito de alarma, de socorro, 1100*d*, 1188*c*, 1196*d*.

aperçebido (adj.), advertido, avisado, P. 1. 85, 712*d*, 922*c*, etc.; inteligente, 329*b*, 630*a*, 1196*a*; (bien) preparado, 240*a*.

aperçebir (v. a.), avisar, enseñar, 213*c*, 608*b*, 872*a*, etc.

apero (s. m.), conjunto de instrumentos, esp. para la matanza, 480*b*, 1212*b*.

apiolar (v. a.), atar los pies de la presa cazada (?), 991*f* (véase la nota).

apodar (v. a.), estimar, calcular (?), 931*a*, 1329*d*, 1534*c* (véanse las notas a 931*a* y 1328-29).

aponer (v. a.), acusar a alguien de algo, 348*d* (véase la nota), 784*c*.

após/apost (prep.), después de, en comparación con, 62*c*, 487*c*.

apostado (adj.), apuesto, elegante, 15*d*, 635*a*, 726*b*, 1619*c*.

apóstolo (s. m.), carta de apelación, 1700*a* (véase la nota).

approllaçión (s. f.), presentación de documentos, en un contexto jurídico (?), 1709*c* (véase la nota).

apremer (v. a.), oprimir, 1563*b*.

apreso (adj.), dichoso, afortunado (*bien a.*), 1373*d*; desgraciado (*mal a.*), 571*c*, 784*a*, 935*a*, 1470*c*.

apresto (adj.), presto, 549*c*.

apriscar (v. r.), reunirse con, unirse a, 1228*d*.

aqués/aquesa/aquese/aqueso (adj. y pron.), ese, esa, eso, 151*d*, 294*c*, 971*d*, 975*b*.

aquesta/aqueste/aquesto (adj. y pron.), esta, este, esto, 6*d*, 13*c*, 92*a*, etc.

aquexar (v. a.), azuzar, 390*c*, 662*b*.

ardid/ardit (s. m.), audacia, 455*d*, 1605*a*; (adj.), audaz, valiente, 52*a*, 487*b*, 509*c*, etc.; agudo, 64*a*, 627*b*.

ardida mente (adv.), sin temor, audazmente, 482*d*.

ardura (s. f.), angustia (*lit.* quemazón), 605*b*.

argulloso (adj.), orgulloso, 1080*a*.

arigote (s. m.), harapo, andrajo, 1477*a*.

arlota (s. f.), bribona, ribalda, 439*d*.

arlote (s. m.), bribón, ribaldo, vagabundo, 1478*b*.

arrapar (v. a.), arrebatar, 1157*a*.

arreçido/arrezido (adj.), aterido de frío, 954*c*, 966*a*, 982*b*.

arrufar (v. r.), dar muestras de enfurecerse, 1409*a*.

artería (s. f.), astucia, truco, 821*b*, 1474*a*.

ascendente (s. m.), el signo del zodíaco que se asoma en el horizonte en el momento de nacer una persona, 124*c*.

ascona (s. f.), lanza, 1056*e*, 1066*d*.

ascut (v. n. árabe), ¡cállate!, 1511*d*.

asmar (v. a.), adivinar, imaginar, pensar, 196*c*, 806*a*.

asnería (s. f.), majadería, tontería, 1284*a*.

asnudo (adj.), típico del asno, 1014*b*.

assechar (v. a. y n.), acechar, 874*b*, 1270*d*.

asseo (s. m.), aspecto exterior, actitud general, 180*b*, 807*d*.

assonar (v. a.), armonizar, 1515*d*.

astor (s. m.), azor, 801*b*.

astragar (v. a.), destrozar, devorar, 204*b*, 207*c*, 754*b*, 1070*c* (véase también *estragar*).

astrossía (s. f.), vileza, 456*b*.

astroso (adj.), vil, miserable, feo, 402*c*, 1685*a*.

atal (adj. y pron.), tal, P. 1. 17, 153*a*, 154*a*, etc.

atalvina (s. f.), talvina, especie de gachas (aquí filtro amoroso), 709*b*.

atamar (v. r.), acabarse, 857*d*.

atanbal (s. m.), atabal, timbal, 1234*a*.

atanbor (s. m.), tambor, 894*c*, 895*c*, 898*b*, etc.

atincar (s. m.), bórax (considerado como remedio contra la impotencia), 941*a* (véase la nota).

atora (s. f.), Tora, ley de los judíos, 1053*c* (véase la nota).

aturar (v. n.), durar, 263*d*, 1364*b*.

avancuerda (s. f.), cuerda que se echa por delante para atrapar algo (?), 446*d*, 925*b*.

aveitar, véase *abeitar*.

avenir (v. n.), convenir, 428*b*; ocurrir, salir bien, 885*c*, 993*c*, 1354*c*; lograr, 515*b* (véase también *abenir*).

aventura, en (adv.), con riesgo, en peligro, 672*a*, 805*b*; *poner en a.*, probar fortuna, arriesgarse con..., 822*a*.

averar (v. a.), averiguar, confirmar, 1211*c* (véase la nota).

avieso (s. m.), ¿embozo de la sábana?, 1325*b* (véase la nota).

avieso (adj.), torcido, tortuoso, 1524*c*.

avoleza (s. f.), vileza, 172*a*.

ayuntar (v. a. y r.), juntar (se), reunir (se), 449*d*, 705*c*, 754*a*, etc.

ayuso (adv.), abajo, hacia abajo, 967*d*, 975*a*, 978*a*, etc.

azedía (s. f.), amargura, agrura (*fig.* disgusto), 1695*c*.

azedo (adj.), agrio, desagradable, 471*d*.

azina (s. f.), ocasión, oportunidad, 454*d*.

azófar (s. m.), latón, 1232*b*.

B

baçín (s. m.), palangana de metal, que también serviría para hacer ruido, 374*c*, 1174*c*.

baharero (s. m.), miserable, tipo desdichado, 1255*c*.

baile (s. m.), sayón, oficial que cogía a los malhechores, 1466*d* (véase la nota).

balança (s. f.), *en la b.*, a punto de perderse, 805*b*.

baldío/valdío (adj.), fácil (de conquistar), 112*d*; vano, inútil, 179*a*, 428*c*, 1601*d*; ocioso, 317*c*, 318*a*, 1181*d*.

baldón (s. m.), injuria, insulto, 307*c*, 425*a*, 1106*b*.

baldonar (v. a.), insultar, 1356*a*.

baldosa (s. f.), instrumento musical de cuerda, 1233*b*.

baraja/varaja (s. f.), riña, pelea, 235*b*, 279*b*, 284*b*, etc.

barata (s. f.), negocio, 441*d*; *mala(s) b(s).*, engaños, 273*b*, 275*b*, 318*b*, etc.

baratar (v. n.), negociar, 403*d*.

barato (s. m.), negocio, 971*g*.

baraxa (s. f.), riña, pelea, 1716*e*.

barragana (s. f.), concubina, 337*c*.

bausana (s. f.), muñeco, espantapájaros, 431*d*.

bavieca (adj.), bobo, necio, 159*a*, 172*b*, 307*d*, etc.

bavoquía (s. f.), jactancia estúpida, 53*c*; bobada, tontería, 948*d*.

bebra (s. f.), breva (primer fruto de la higuera breval), 1290*c*.

bel (adj.), bello, 1003*c*.

belmez (s. f.), túnica que se llevaba debajo de la loriga para proteger el cuerpo, 1521*a* (véase la nota).

berraca (s. f.), hembra del jabalí, 1201*d*.

beverría (s. f.), exceso en la bebida, 303*b*.

bien como (conj.), así como, 81*d*, 634*b*, 1126*a*, etc.

blago (s. m.), báculo, cayado episcopal, 1149*b*.

blanchete (s. m.), perro faldero, 1400*b*, 1401*a*, 1403*d*, 1404*d* (véase la nota a 1401*a*).

blasmo (s. m.), bálsamo, 1612*c*.

bolado (s. m.), tipo de azúcar (?), 1337*a* (véase la nota).

bolver (v. a.), volver, desviar, 341*d*, 793*d*, 929*d*, 1291*c* (véase la nota); remover, revolver, excitar, 528*c*, 1164*d*.

brafunera (s. f.), pieza de armadura que cubría el brazo superior (¿o el muslo?), 1592*d*.

braguero (s. m.), calzones, 470*b*.

bretador (s. m.), cazador de aves que usa reclamo, 406*a*.

brete (s. m.), reclamo, 406*a*.

broncha (s. f.), broche, 957*d*, 966*d*.

brozno (adj.), duro, áspero, 711*a*.

buhón (s. m.), vendedor ambulante, 1013*d* (véase la nota).

buhona (s. f.), vendedora ambulante, 699*a*, 700*a*, 723*a*, etc.

buhonería (s. f.), oficio de *buhona*, 940*b*.

C

ca (conj.), que, porque, 14*d*, 16*c*, 75*d*, etc.

cab' (=*cabe*, prep.), cerca de, 1229*b*.

cabaña (s. f.), choza, 980*a*, 1383*c*; conjunto de ganados de un solo propietario, 1273*c*, 1715*e*.

cabelprieto (adj.), de cabellos negros, 1485*d*.

cabo (s. m.), extremo, final, fin, 721*a*, 1104*d*; *buen cabo*, 1624*d*; *mal cabo*, 195*b*, 398*a*, 1453*b*, etc.; *a cabo de* (prep.), 90*b*, 767*a*, 1244*a*; *al cabo, en cabo* (adv.), 125*c*, 189*d*, 392*b*, etc.; *cabo de año* (s. m.), aniversario, 762*c* (véase la nota); *en su cabo* (adv.), a solas, 833*c*, 1453*c*.

cabras de fuego (s. f.), cabrillas, manchas o ampollas que se forman en las piernas al exponerlas al fuego, 1016*c*.

cabtivo (s. m.), cautiverio, 1*b*, 1053*f*, 1559*d*.

cabtivo/cativo (ad.), desdichado, miserable, 512*c*, 1198*c.*, 1685*c*.

caçurría (s. f.), disparate, burla grotesca, etc., 895*a*.

caçurro (adj.), propio de los juglares 'cazurros': escandaloso, burlesco, etc., 114*a*, 557*b*, 947*b*, 1514*d*.

cal (s. f.), calle, 756*c*, 1163*c*.

caloña (c. f.), multa, 1517*d* (véase la nota).

camuço (adj.), mohino, arisco, 395*c*.

canal (s. m.), res vaciada, limpia de despojos, 84*c*, 85*c*, 87*b*; caz de molino, 778*d*.

canbio (s. m.), banco, casa de empeños, 1457*d*.

candi (s. m.), azúcar cande, 1337*b*.

canón (s. m.), especie de salterio de origen musulmán (*medio c. o c. entero*), 1230*a*, 1232*a*.

canto (s. m.), trozo cortado de pan, 1031*d*; canto de moneda, 1271*d*.

cañillera (s. f.), pieza de armadura que protegía la espinilla de la pierna, 1593*a*.

capirotada (s. f.), aderezo para rebozar viandas, 1276*b*.

carner (s. m.), carnero, 484*c* (véase la nota a 474*c*).

carrança (s. f.), púa de carlanca, 332*c*.

carrizo (s. m.), carrizal (?), 288*c*.

casamentera (s. f.), medianera, esp. de casamientos, 527*a* (véase la nota).

castigar (v. a. y n.), enseñar, aconsejar, 86*b*, 200*d*, 429*d*, etc.; aprender, escarmentarse, 81*c*, 88*d*, 89*d*, etc.

castigo (s. m.), castigo, punición, 359*b*; consejo, enseñanza, P. 1. 46, 1. 84, 425*d*, etc.

catadura (s. f.), semblante, 605*a*, 1663*d*.

catar (v. a.), ver, 589*a*, 590*b*, 788*b*; mirar, considerar, tener en cuenta, 135*b*, 236*b*, 273*a*, etc.; buscar, 134*a*, 379*b*, 431*a*, etcétera; tener cuidado, 870*a*, 1495*c*.

cativo (adj.), véase *cabtivo*.

católica (s. f.), alcahueta, 379*b* (véase la nota).

caustra (s. f.), claustro, 846*a*, 1307*b*.

cava (s. f.), agujero, hoyo, 937*b*, 1370*c*.

çeçina (s. f.), carne acecinada, salada y seca, 1093*a*, 1123*a*; *çeçino* (adj.), conservado en cecina, 1084*b*.

çela (s. f.), celda, P. 1. 22 (véase la nota).

çenzeño (adj.), ázimo, sin levadura, 1183*c*.

çeñiglo (s. m.), cenizo, 1008*d*.

çepo (s. m.), instrumento de madera para sujetar a un reo, 497*b*.

çermeña (s. f.), pera pequeña y temprana, 241*a*.

çertenidat (s. f.), certeza, 60*d*.

çidiérbedas (s. f. plur.), carne de puerco pegada a las costillas, 1093*b*.

çinfonia (s. f.), zanfoña, especie de vihuela de rueda, 1233*b*, 1516*b*.

çítola (s. f.), cítara, antiguo instrumento de cuerda, 1019*d*, 1213*d*, 1516*c*.

clerezía/clerizía (s. f.), saber, erudición, estudio, 125*a*; clero secular, 1247*b*, 1695*b*.

clerizón (s. m.), clérigo menor, 1235*c*, 1709*b*.

cobertera (s. f.), cubierta, 17*c*, 437*d*, 924*c*, 1175*d*.

cobertor (s. m.), cubierta, 443*d*, 925*a*.

cobertura (s. f.), protección, 11*d*.

cobierta (s. f.), pretexto, 656*c*.

cobro (s. m.), recurso, 591*b*, 882*c*; remedio, 601*c*, 782*a*, 878*d*, etcétera; protección, 1308*a*, 1355*b*.

codonate (s. m.), dulce de membrillo y miel, 1334*b*.

coherir (v. r.), allegarse, juntarse, 979*d*.

cohita (s. f.), manzana de casas, 575*d*.

coidar/cuidar (v. a.), creer, pensar, esperar, 103*c*, 179*b*, 211*c*, etcétera (véanse también *cudar*, *cuedar*).

coita/cuita (s. f.), pena, aflicción, 4*c*, 6*d*, 50*b*, etc.

coitado/cuitado (adj.), afligido, desdichado, 1*d*, 543*c*, 587*b*, etc.

coitar/cuitar (v. a. y m.), apremiar, 928*b*; ser afligido, 98*d*, 590*c*.

coitoso (adj. y s. m.), afligido, desdichado, 819*d*, 1172*a*, 1427*b*.

coitral (adj.), cutral, demasiado viejo para ser útil, 756*a*.

colorado (adj.), de color subido, 1024*e*; plausible, 635*d*.

collaço (s. m.), criado, siervo (que trabajaba en el campo), 1277*a*, 1406*b*.

collarada (s. f.), collar, gorguera, 1035*e*.

comedio (s. m.), medio, 997*c*.

comedir (v. a.), pensar en, reflexionar sobre, 45*c*, 576*b*, 811*b*, etcétera; idear, imaginar, 358*d*, 1346*b*, 1496*b*.

comendón (s. m.), canto final de la misa (?), 380*d* (véase la nota).

cominada (s. f.), confección con cominos, 1335*a*.

conbid/conbit (s. m.), convite, 52*b*, 713*d*, 1079*a*, etc.

condesar (v. a.), almacenar, guardar, 635*c*, 1206*c*.

condesijo (s. m), escondrijo, 504*d*.

confrade (s. m.), compadre, 897*c*; colega, cofrade, 1701 *b*.

congrueça (s. f.), manceba (esp. de hombre casado), 527*d* (véase la nota).

confuerto (s. m.), consuelo, alivio, 301*a*, 651*c*.

conortar (v. a.), consolar, aliviar, 605*c*, 649*a*, 797*c*, etc.

conorte (s. m.), consuelo, alivio, 592*d*, 605*d*, 678*d*, etc.

conosçemiento (s. m.), reconocimiento, gratitud, 256*c*.

conosçienta (s. f.), conocida, amiga, 710*a*.

conplido (adj.), lleno, completo, 79*b*, 130*b*, 143*d*, etc.; perfecto, 1043*a*, 1138*a*, 1682*b*; largo, 1083*b*, 1488*c*.

conplisión (s. f.), complexión, constitución, temperamento, 1202*a*.

conpuesto (adj.), decente, honesto, 80*c*; elegante, 96*d*.

conpusición (s. f.), arreglo o convenio entre las partes en un proceso, 370*c* (véase la nota).

consistorio (s. m.), compilación (?), 1152*c* (véase la nota).

consseja (s. f.), algo que se alega o se cuenta: como aforismo, 162*a*; como acusación, 338*c*; como argumento a favor de algo, 378*c*, 827*c*; como exposición de una situación, 604*b*; como queja, 929*b*; como pronóstico, 1185*b*.

contrair (¿v. n.?), ¿ir en el sentido opuesto?, 881*c* (véase la nota).

contrallo (s. m.), contrario, adversario, 207*a*; impedimento, 299*d*.

contrecho (adj.), contrahecho, tullido, 458*b*.

corage (s. m.), acceso de ira, 278*b*.

corder (s. m.), cordero, 483*d*, 484*c*, 484*d* (véase la nota a 474*c*).

cordojo (s. m.), ira, indignación, 61*d*.

corredera (s. f.), vendedora a domicilio, 937*a*; intermediaria, tercera, 1494*d*.

corredor (s. m.), vendedor, intermediario, 443*c*, 615*d*, 697*d* (véase la nota), 925*c*; *corredor* (adj.), que corre bien, 1357*a*.

correo (s. m.), bolsa de cuero, 16*c*.

correr (v. a.), cazar, perseguir, 520*a*, 521*b*, 522*b*, etc. *correr monte*, ir de caza, 133*c*; *c. la vara a alguien,* pegarle una paliza a alguien, 1323*c*.

corrienda (adv.), a toda prisa, 252*c*, 980*d*.

cossero (adj.), corredor, que corre, 313*a*.

costanera (s. f.), ala de un ejército, 1104*b*.

costitución (s. f.), constitución, decisión o mandato de un prelado, etc., 354*c* (véase la nota).

costribado (adj.), empachado, estreñido, 1172*c*.

costumero (adj.), lento, cauteloso (?), 437*b*; tardo, reacio, 552*b*, 1254*d*.

cota (s. f.) 1., ¿cotarro o altozano?, 439*b*.

cota (s. f.) 2., paño de calidad, 1037*b*.

covardo (adj.), cobarde, 455*a*.

covil (s. m.), cubil, 486*a*, 929*c*.

coxear/coxquear (v. n.), cojear, 380*d*, 466*c*.

coxixo (s. m.), molestias, disgustos, 947*a*.

cozina (s. f.), olla, 1087*c*; comida guisada, 1168*b*; cocina, 1093*b* (?), 1252*c*, 1350*d*.

cras (adv.), mañana, 186*b*, 397*b*, 507*d*, etc.

cruiziar (v. n.), sufrir, tormentarse, 112*d*.

cruzada (s. f.), ¿la experiencia sufrida con Cruz?, 121*d* (véase la nota).

cucaña (s. f.), engaño, ilusión (?), 122*a* (véase la nota), 341*b*.

cudar (v. a.), = *cuidar*, 695*c*.

cuedar (v. a.), = *cuidar*, 1001*d*.

cuidar (v. a.), pensar, creer, 559*c*, 665*c*, 670*c*, etc. (véase *coidar*).

cuita, cuitado, cuitar, véanse *coita, coitado, coitar*.

culpado (adj.), 1., culpable, reo, 620*b*, 1143*d*, 1144*c*.

culpado (adj.) 2., esculpado, 1387*c*.

culpar (v. a.), echar la culpa, 72*a*.

cuquero (adj.), pícaro, cuco, 222*c*.

cura (s. m.), sacerdote, párroco, 386*a*, 1155*b*, 1158*c*; *cura* (s. f.), curación, 606*d*, 888*c*; preocupación, miedo, 277*d*, 989*f*, 1295*d*, 1364*d*.

Ç

çaguil hallaco (?), arabismo: ¿título de una canción?, 1516*c* (véase la nota).

çahorar (v. n.), cenar por segunda vez a una hora avanzada de la noche, 292*d*.

çamarrón (s. m.), zamarra grande (abrigo de pieles), 1003*e*.
çatico (s. m.), zato, mendrugo, 247*b*, 869*b*.
çoçobra (s. f.), lado del dado contrario al que ganaría el juego, 1533*b*.
çodra (s. f. árabe), vestido del pecho, jubón o coselete, 1510*b*.
çorrón/çurrón (s. m.), zurrón, 957*d*, 967*c*.

CH

chançón (s. f.), canción (¿al estilo provenzal?), 1232*c*.
chançoneta (s. f.), canción (¿de tipo popular?), 1021*c*, 1241*c*.
chate (adj.), ¿rústico, o error por *chato*?, 1452*c* (véase la nota).
chato (adj. y s.), labriego, pastor, 952*c* (véase la nota), 952*d*, 956*a*, etc.
cherevía (s. f.), chirivía, 1272*a*.
chufa (s. f.), broma, burla, 16*b*, 1495*c*.
chufeta (s. f.), broma, burla, 1015*c* (véase la nota).

D

dalgo (= *de algo*), véanse *fija dalgo, fijo dalgo*.
darva(s) (¿adj.?), voz desconocida, 1015*c* (véase la nota).
debatida (s. f.), calada, descenso rápido del ave de rapiña, 1574*b*.
debatir (v. a.), derribar, vencer, 187*d*, 1428*d*.
debdo (s. m.), deuda, 213*a*; vínculo de obligación entre señor y vasallo, 695*d*, 1522*a*; obligación, deber, 1588*b*.
debuxar (v. a.), pintar, representar, describir, 1490*d*.
deçida (s. f.), bajada, descenso, 1024*a*.
deçir/dezir (v. n.), bajar, descender, 42*c*, 1007*c*.
decorar (v. a.), aprender de memoria, 1200*a*.
decreto (s. m.), el saber jurídico, la tradición jurídica (?), P. 1. 45, 1. 48, 1. 50, 1. 69 (véase la nota a 11. 43-45).
defesa (s. f.), dehesa, terreno de pasto para ganado, 298*a*.
delante (prep.), delante de, 237*d*, 463*b*, 1270*c*; delante (adv.), 1095*c*, 1096*a*, 1245*b*, 1335*c*.
delantera (s. f.), primera fila, vanguardia, 313*d*, 1082*a*, 1104*a*; en *d.*, delante, al frente, 1294*b*.
delantero (adj.), de primera fila, 1083*a*; saliente, 1488*b*.

demanda (s. f.), reclamación jurídica, acusación, 324*a*, 329*a*, 348*c*, etc.; búsqueda, empresa (?), 950*b*, 992*e*.

demás (pron.), demasiado, 543*d*; (adv.), demasiado, 548*c*; además, 1697*c*.

dende (adv.), de ahí, de ello, 681*c*, 875*b*, 971*c*, etc.; de aquí, 962*e*.

denodado (adj.), temerario, resuelto, 217*c*, 236*a*, 1119*b*, etc.

denodar (v. r.), hacerse violencia a sí mismo, 285*d*; ponerse violento, 1001*g*.

deñar (v. n.), dignarse a, tener la bondad de, 1674*g*.

departido (adj.), separado, distinto, 691*a*.

departir (v. a.), afirmar, alegar, 333*b*; hablar de, 655*b*, 1128*b*, 1529*b*; decir, expresar, 842*a*; hablar, tratar, 567*b*, 789*b*, 850*a*; alejar, quitar, 691*d*.

deprender (v. a.), aprender, 125*b*.

derechero (adj.), que se encarga de cuestiones legales, 1701*b*.

derecho (s. m.), las leyes codificadas (el d. romano), P. 1. 46, 147*b*, 336*b*, etc.; el d. canónico, 1147*c*, 1148*b*, 1156*a*; la ciencia de las leyes, el d. como fuente de saber, P. 1. 68, 1. 81, 733*b*, 928*a*; los derechos del individuo, 820*a*; conformidad con lo justo, 720*d*.

derecho (adj.), justo, verdadero, correcto, 88*b*, 369*b*, 370*a*; directo, recto, 637*d*, 1354*d* (?); d. (y no izquierdo), 458*a*, 1270*a*.

desadonar (v. a.), quitarle la gracia a algo, 1548*b*.

desagradesçido (adj.), ingrato, 256*b*; desagradable, 287*c*.

desaguisado (adj.), disparatado, estúpido, 786*a*, 1617*b*; *fazer d.*, obrar mal (con consecuencias deplorables), 1386*a*, 1499*d*.

desatirizir (v. r.), deshelarse, perder la rigidez de los miembros arrecidos, 970*b*.

desbarato (s. m.), desorden, confusión, 1109*a*.

descantar (v. a.), desencantar, 265*c*.

desdonado (adj.), sin gracia, desgarbado, 1017*d*.

deserrado (adj.), confuso, 1377*b*.

desfallido (adj.), desfallecido, debilitado, 1428*b*.

desfanbrido (adj.), hambriento, 413*a*.

desfear (v. a.), afear, 1548*a*.

desí (adv.), además, 1699*b*.

desleznadero (adj.), deslizadizo, lábil, P. 1. 48.

desmoler (v. a.), destrozar (moliendo), 712*c*.

despagar (v. r.), descontentarse, disgustarse, 442*b* (véase la nota), 467*d*.

despechar (v. a.), librar de la obligación de pagar costas, 346*c* (véase la nota).

despecho (s. m.), desprecio, rencor, resentimiento, 458*c*, 733*c*, 1408*c*, 1546*d*.

despechoso (adj.), rencoroso, 558*c*.

desyerra (s. f.), despiste, el ir descaminado, 859*c*.

devallar (v. a.), derribar, echar a tierra, 1601*a*.

diaçiminio (s. m.), medicamento estomacal preparado con comino, 1335*c*.

diagargante (s. m.), electuario a base de goma tragacanto, 1335*a*.

diamargaritón (s. m.), medicamento estomacal a base de perlas, 1336*b*.

diantioso (s. m.), medicamento preparado con culantrillo de pozo (cabellos de Venus), 1335*c*.

diasaturión (s. m.), electuario preparado con el *satyrion*, considerado como potente afrodisíaco, 1336*c*.

dicha (s. f.) 1., suerte, felicidad, 215*a*, 586*c*.

dicha (s. f.) 2., cosa dicha, fábula, dicho, 69*c*, 424*c*, 570*d*.

dilatorio (adj.), *excepción d.*, la que induce el aplazamiento de un proceso, 353*b* (véase la nota), 355*c*, 356*a*.

ditado (s. m.), composición poética, canción, P. 1. 89, 91*c*, 1044*d*; algo dicho, instrucción o aviso (?), 1077*a*, 1129*d*.

do (adv.), donde, 3*d*, P. 1. 93, 26*d*, etc.

doblas (s. f. plur.), monedas de oro (?), 826*d* (véase la nota).

dobler (s. m.), talega o bolsa de romero, 1206*b*.

dona (s. f.), dama, señora, 475*a* (véase la nota a 474*c*).

donable (adj.), ¿gracioso, tratable?, 169*d* (véase la nota).

dono (s. m.), gracia, donaire, 1438*b*; don (?), 1586*b* (véase la nota).

donoso (adj.), generoso (?), 169*c*, 431*a*, 581*c*, etc.

doñeador (s. m. y adj.), cortejador, tenorio, 633*b*, 1489*c*, 1501*b*.

doñear (v. a.), cortejar, 450*b*, 527*b*, 616*d* (véase la nota), 633*a*.

doñeguil (adj.), elegante, agradable, 65*c*, 169*b*, 581*b*.

doñeo (s. m.), galanteo, requiebro, 188*c*, 549*b*, 633*d*, 1614*d*.

drago (s. m.), dragón, 3*c*.

ducho (partic. pas. de *ducir*. v. a.), llevado, traído como actividad acostumbrada, 246*b*, 1164*d*.

dulçema (s. f.), dulcémele, salterio, 1233*a*.

duz 1. (s. m.), guía, 117*d*.

duz 2. (adj.), dulce, sabroso, 118*d*, 1055*d*, 1639*e*.

E

eguado (adj.), adulto, crecido, 480*a*.

enarbolado (adj.), envenenado, 597*a*.

enartar (v. a. y r.), engañar (se), 182*c*, 403*a*, 1195*c*, 1457*c*.

enatío (adj.), feo, astroso, 402*c*.

enaventar (v. a.), hacer viento con, disparar, 963*e*.

encargar (v. a.), cargar de, 832*b*.

encargo (s. m.), insistencia, demanda, 1436*c*.

ençelar (v. a.), ocultar, 567*a*, 1327*a*.

ençerrar (v. a.), *e. rraçones*, terminar los abogados sus argumentos en un proceso, 340*a* (véase la nota).

enclaresçer (v. a.), aclarar (vino), 1275*b*.

enclavar (v. a.), clavarle clavos a alguien, 300*c* (véase la nota), 1065*a*.

encobar (v. r.), sustraerse, 402*d*.

encobo (s. m.), alejamiento, sustracción, 420*c*.

encobierta/encubierta (s. f.), trampa, intriga, 542*b*, 704*d*.

encordar (v. a.), ornar con cuerdas (¿una forma de bordadura?), 1598*d*.

endurar (v. a.), aguantar, 887*d*.

enemiga/nemiga (s. f.), iniquidad, 89*b*, 825*c*, 1497*c*.

enervolar (v. a.), envenenar, 183*b* (véase también *enarbolado*).

enfamamiento (s. m.), ignominia pública, 1423*b*.

enfamar (v. a. y r.), causar mala fama, deshonrar, incurrir deshonra, 224*b*, 336*b* (véase la nota), 760*a*, etc.

enfaronear (v. n.), volverse perezoso, acobardarse, 633*b*.

enfichizar (v. a.), hechizar, encantar, 941*a*.

enfiesto (adj.), enhiesto, erguido, levantado, 893*b*, 1086*c*, 1289*d*, 1486*b*.

enforcar (v. a.), ahorcar, 222*b*, 328*c*, 1126*c*, etc.

enforçur (v. r.), esforzarse, resistir, 187*d*.

engorrar (v. r.), detenerse, entretenerse, 1025*d*, 1465*d*.

engraçiar (v. r.), congraciarse, hacerse grato, 376*d*, 1492*c*.

enhoto (s. m.), ¿seguridad, bienestar?, o ¿bríos, aplomo?, 968*b* (véase la nota).

enpeçer/enpeesçer/enpesçer (v. a.), perjudicar, embargar, 559*d*, 591*a*, 667*b*, etc.

enpendolar (v. a.), emplumar, 271*b*.

enperante (s. m.), emperador, 1223*a*, 1245*a*.

enpereçar/enperezar (v. n.), volverse a mostrarse indolente, vago, 455*c*, 870*a*.

enplazar (v. a.), citar ante el juez, 323*a* (véase la nota).

enplea (s. f.), comercio, compras, (*fazer e.*, ir de compras), 1369*c*.

enponer (v. a.), instruir, informar, 80*b*.

enrizar (v. a.), azuzar, incitar, 75*d* (véase la nota).

enrroquezer (v. r.), volverse hueco (?), 1546*c* (véase la nota).

ensayo (s. m.), empeño, empresa, 1439*d*.

entecar (v. a.), debilitar, poner enfermo (?), 1017*c*.

entendedera/entendera (s. f.), amada, querida, 116*b*, 527*c*, 565*b*, 1513*b*.

entendedor (s. m.), amante, 478*c*, 479*b*, 1399*c*, 1610*d*.

entramos/entranbos (pron. y adj.), ambos, los dos, 414*a*, 660*d*, 809*a*, etc.

enveleñar/enveliñar (v. a.), envenenar, enloquecer, 392*a*, 918*a*.

enviso (adj.), sagaz, avisado, 173*d*.

enziva (s. f.), encía, 434*c*.

erçer/erzer (v. a. y r.), erguir, levantar(se), 319*c*, 1441*a*.

ería (s. f.), pastizal, campos, 335*c*, 1272*c*, 1489*d*.

erial (s. m.), terreno cultivable (?), 747*c*, 1234*d*.

ero (s. m.), campo labrado, 327*d*, 746*b*, 1092*c*, 1297*c*.

errado (s. m.), pecador, 1144*b*.

errar (v. a.), hacer algo mal, 354*b*, 974*d*, 988*h*; *errar lo*, cometer un error en una situación dada, 144*a*, 426*c*; hacer errar a otro, 1319*c* (véase la nota).

erridar (v. a.), excitar, despertar sexualmente, 485*b*.

erzer, véase *erçer*.

ervera (s. f.), herbera, vendedora de hierbas, 440*a*.

escacha (s. f.), escarcha, 966*g*.

escantar (v. a.), hechizar, encantar, 438*d*, 711*d*.

escantamente (s. m.), magia, hechicería, 268*a*.

escanto (s. m.), hechizo, encanto, 442*d*, 709*b*, 718*c*, 756*a*.

escatima (s. f.), daño, perjuicio (¿también afrenta, o decepción?), 1699*c*.

escoplo (s. m.), podadera, 1280*b*.

escuerço (s. m.), sapo, 1544*c* (véase la nota).

esgrima (s. f.), manejo de la espada (?), 1498*c* (véase la nota).

espaçiar (v. a.), ensanchar (*e. el coraçón*, alegrarse), 376*a* (véase la nota).

espaçio (s. m.), *estar de e.*, estar cómodo, tranquilo, 1303*a*; *dar e.*, dejar respirar a alguien, 1492*a*.

espera (s. f.), la esfera celeste, órbita de los planetas, 1300*b* (véase la nota).

espina (s. f.), aguijonazo; *falsas e.*, alicientes engañosos, 665*d*.

espinar (v. a.), aguijar, afligir, 211*d*.

espinaças (s. f. plur.), espinas de los peces, 1091*d*.

esquima (s. f.), cosecha; *mala e.*, mal fruto, mala cosecha (?), 377*d* (véase la nota).

estada (s. f.), estancia, 1302*b*.

estación (s. f.), caminata con fines religiosos, visita a las iglesias, etc., 1262*d* (véase la nota).

estança (s. f.), *mal e.*, pecado, falta, 141*a*; *buena e.*, buena acción (?), 1688*f*.

estomatricón (s. m.), emplaste para el estómago, 1336*a*.

estonçe (adv.), entonces, 1183*c* (véase la nota).

estordido (partic. pas.), aturdido, 767*a*, 978*a*.

estoria (s. f.), historia, 1048*e*, 1571*d*, 1642*f*, 1659*a*; cuento, relato, 297*c*, 891*d*, 909*a*, 1222*b*; imagen, pintura, 1571*c* (véase la nota); *de grand e.*, de gran interés e importancia, 353*c*.

estormento/estromento (s. m.), instrumento (musical), 375*c* (véase la nota), 515*a*. Véase también *instrumente*.

estragar (v. a.), destrozar, devorar, 99*d*, 204*a*, 400*a*, etc. (véase también *astragar*).

estrañar (v. a.), echar en cara, reprochar, 372*b*.

estraño (adj.), excepcional, fuera de lo común, 529*d*, 621*a*, 1333*d*, etc.; cruel, 222*b*, 1122*c*; fiero, 1070*b*, 1086*d*; antipático, 122*b*, 1526*b*.

estrellero (s. m.), astrólogo, 127*d*, 130*a*, 139*b*, 150*a*.

estrena (s. f.), trance, momento crítico, 1120*b*; *buena e.*, dádiva oportuna (?), 1713*c*, 1714*d*.

estrenar (v. a.), abastecer, proveer, 1714*a*.

estricote (s. m.), *andar al e.*, andar constantemente al servicio de otro, 815*b*.

estruir (v. a.), destruir, 400*a*.

estultar (v. a.), reprender, increpar, 1356*c* (véase la nota).

exeución (s. f.), excepción, motivo legal que el demandado alega para hacer ineficaz la acción del demandante, 334*a* (véase la nota), 349*b*, 353*a*, etc.

exido (s. m.), campo común próximo a un pueblo, 978*c*.

F

fabla (s. f.), habla, discurso, plática, 77*c*, 276*c*, 382*a*, etc.; proverbio, dicho, 80*c*, 95*a*, 111*a*, etc.; cuento, 96*d*, 297*c*, 320*d*, etc.

fablilla (s. f.), proverbio, dicho, 179*c*, 870*a*; cuento, 1400*d*.

fada (s. f.), hado, destino, 739*c*, 761*d*, 824*d*.

fadar (v. a.), predecir el destino, 135*c*, 739*c*, 761*d*.

fado (s. m.), hado, destino, 124*d*, 125*c*, 138*c*, etc.

fadeduro/hadeduro (s. m. y adj.), desventurado, miserable, 389*c*, 967*e*, 969*e*, 1232*d*.

fademaja (¿interj.?), ¡a la hé! (?); (¿s. m.?), miserable (?), 959*e*.

fadiga (s. f.), fatiga, cansancio, 648*d*.

fadraga (s. m.), papanatas (?), 400*c*.

falsar (v. a.), romper, agujerear (armadura), 1103*d*.

falla (s. f.), falta, 1076*c*.

fallencia (s. f.), *fazer f.*, faltar, 250*d*.

fallía (s. f.), falta, flaqueza moral, 32*d*, 259*b*, 821*a*.

fallimiente (s. m.), falta, 355*b*.

fallir (v. n.), decepcionar, fracasar, 592*d*, 882*d*, 1134*c*; morir, 943*b*; *sin f.*, sin falta, 850*c*.

far/fer (v. a. infin.), hacer, 146*a*, 360*c*, 498*a*, etc.

farón (adj.), perezoso, 641*a*.

faronía (s. f.), indolencia, pereza, 641*b* (véase también *enfaronear*).

fascas (adv.), *f. que*, casi de modo que, 826*d*; haciendo como que, 964*c*.

faya (s. f.) 1., haya, 1126*c*.

faya (s. f.) 2., peñasco, saliente de roca (?), 270*a* (véase la nota).

fazaleja (s. f.), hazaleja, toalla pequeña, 723*c*.

fazaña (s. f.), proverbio, dicho, 188*d*, 580*a*, 1493*d* (?); cuento ejemplar, 457*a*, 474*a*, 908*d* (?), 1369*d*.

fazañero (adj.), chismoso, que dice cosas escandalosas, 570*c*, 1495*d*.

fazia (prep.), hacia, 412*b*, 412*c*, 960*b*.

fazienda (s. f.), asuntos, actividades, 716*c*; empresa, batalla, 1173*a*.

faziente (adj.), activo, emprendedor, 237*a*, 1609*c*.

fealdat (s. f.) 1., fidelidad, 177*b*.

fealdat (s. f.) 2., fealdad, 932*a*.

femençia (s. m.), energía, esfuerzo, ahínco, 622*d*, 914*c*, 1338*d*.

fer (v. a. infin.), véase *far*.

feste (s. m.), cosa de ningún valor (¿paja?), 487*c*.

festino (adv.), de prisa, en seguida, 535*d*.

fey (v. a. imper.), haz o haced, 482*d*, (véase la nota a 474*c*).

fiadura (s. f.), fianza, 1039*d*.

fija/fijo dalgo (s. f. y m.), mujer/hombre noble, hidalga/hidalgo, 911*c*, 1278*a*, 1341*b*.

finar (v. n.), morir, 1726*c*.

fincar (v. n. y a.), quedar, 39*e*, 460*d*, 478*d*, etc.; salir, resultar, 240*b*, 253*d*, 602*b*, etc.; fijar, clavar, 597*b*, 1124*b*; *f. inojos*, arrodillarse, 1096*b*, 1246*b*, 1260*c*.

finiestra (s. f.), ventana, 1413*b*.

firmar (v. a.), confirmar, 49*b*; fijar, 798*c*.

fiuza (s. f.), confianza, 818*a*.

folguín (s. m.), pícaro, maleante, 374*a*, 393*a*.

formigo (s. m.), especie de gachas, 1165*b*.

fornacho (s. m.), cueva en que se guarecen pastores y rebaños, 768*b*.

fosario (s. m.), osario, 1554*b*.

françisco (adj.), francés, 1230*b* (véase la nota).

frisco (adj.), fresco, 1085*c* (véase la nota).

friura (s. f.), frío, 376*b*, 1006*d*.

fuelgo (s. m.), aliento, 545*a*.

fuesa (s. f.), huesa, sepultura, 1524*a*.

fumero (s. m.), chimenea, 327*b*.

funda (s. f.), vaina (*fig.* barragana), 1623*a* (véase la nota).

G

gadnar (v. n.), graznar, 1440*c* (véase la nota).

gaho (adj.), gafo, ruin, deforme, 961*b*, 992*d*.

galeote (s. m.), servidor, parásito (?), 1477*b*.

galipe (s. m.), ¿danza, composición musical o instrumento?, 1230*b* (véase la nota).

galleta (s. f.), cántaro de cobre manual, esp. para el vino, 1251*d*.

gallofa (s. f.), alimentación que se daba a los romeros, 1206*c*.

gaola (s. f.), pértiga; *vigas de g.*, ¿vigas largas como pértigas?, 1278*c*.

garçón (s. m.), mozo, esp. con proclividades amorosas, 189*a*, 193*c*, 196*d*, etc.

garçonía (s. f.), actividades sexuales propias de *garçones*, 303*d* (véase la nota).

gargantero (adj.), goloso, comilón, 299*a*.

garnacha (s. f.), manto de tela fuerte, 966*b*.

garnacho (s. m.), lo mismo que *garnacha*, 1003*f*, 1019*a*.

garriofileta (s. f.), electuario picante con clavos y otras especies, 1336*b*.

gasajado (s. m.), agasajo, placer tomado en compañía, 758*b*, 1316*c*, 1687*f*.

gengibrante (s. m.), confitura de jengibre, 1335*b*.

gento (adj.), gentil, 1648*g*.

girgonça (s. f.), circón, jacinto, 1610*a*.

golloría (s. f.), gulloría, tipo de calandria considerado como manjar exquisito, 781*b*.

governar (v. a.), alimentar, dar de comer, 775*d* (véase la nota).

gradar (v. r. o n.), alegrarse, sentirse bien, 940*d* (véase la nota).

grandía (s. f.), bravata, amenaza, 1223*c*.

grial (s. m.), escudilla, fuente para sopas, etc., 1175*b*.

groyo (¿adj.?), ¿amarillo?, 972*c* (véase la nota).

guar te (v. a. imper.), guárdate, 448*a*.

guarir (v. n.), reponerse, ser curado, 592*c*.

guarnición (s. f.), armamento, 1086*d*.

guarnimiento (s. m.), adorno, 502*d*.

guarnir (v. a.), armar, proteger con armamentos, 1081*c*, 1086*c*, 1583*d*.

guisa (s. f.), manera, 266*d*, 357*d*, 397*a*, etc.; proporción, medida, 1012*a*; *a g.*, de buena manera, a satisfacción, 435*d*.

guisado (adj.), bien dispuesto, bien ordenado, 738*c*, 988*f*.

guitar (v. a.), poner cordel (*guita*) a los calzados, 1000*e*.

gulhara/gulharra (s. f.), zorra, 349*b*, 896*d*, 1412*b*, 1441*c*.

gulpeja (s. f.), zorra, 87*a*, 329*b*, 358*a*, 1418*b*.

H

haça (s. f.), haza, porción de tierra de cultivo, 569*b*.

haçerio (s. m.), reproche, vergüenza, 795*d*.

hadeduro, véase *fadeduro*.

halía (s. f.), adorno de mujer (¿joya de metal?), 1036*c*.

halo (interj.), ¡hala!, ¡ea! (para animar a los perros durante la caza), 1360*c*.

handora (s. f.), mujer andorrera y callejera, 926*b*.

hato (s. m.) 1., ropa, vestido, 971*d*, 1472*b*.

hato (s. m.) 2., rebaño, muchedumbre, 1011*c*.

hedo (adj.), feo, 961*b*, 1040*a*.

heliz (¿adj.?), ¿de hielo? o ¿tipo de noria?, 1293*b* (véase la nota).

herrén (s. m.), forraje para ganado, *o* campo sembrado de tal forraje, 1092*b*.

huerco/uerco (s. m.), infierno, 400*b*, 448*b*, 828*a*.

I

ijar (s. m.), ijada, 1277*d*.

incaler (v. n.), importar, 545*d*.

inojar (v. n.), arrodillarse, 242*b*.

inojo (s. m.), rodilla, 410*b*; *fincar el i.*, *fincar los i.*, arrodillarse, 1096*b*, 1246*b*, 1260*c*.

instrumente (s. m.) 1., instrumento legal, documento público presentado por un notario, 355*a* (véase la nota).

instrumente (s. m.) 2., instrumento musical, 1263*b* (véase también *estormento*).

irizar (v. a.), erizar, 1188*a*.

iznedrí (v. a. árabe), "no entiendo", 1509*d*.

J

jaldeta (s. f.), cuadro o manchón de color amarillo (?), 1254*b*.

joguete/jugete/juguete (s. m.), diversión, 513*d*; frase o cuento jocoso, etc., 625*a*, 800*d*, 1257*c*, 1400*a*.

juglería (s. f.), arte o estilo propio de los juglares, 1489*b*, 1633*b*.

L

labro (s. m.), labio, 434*d*, 810*a*, 1487*b*.

laçerio/lazerio (s. m.), sufrimiento, penas, 717*c*, 795*c*, 1170*d*, etcétera.

lado (adj.), ancho, 991*c*.

lago (s. m.), ¿pozo o infierno?, 3*a* (véase la nota); lago, 199*a*, 202*b*.

laminero (adj.), goloso, 291*a*.

lardo (adj.), grueso y tierno (?), 1373*b*.

largo (adj.), generoso, 816*c*, 832*c*, 1341*b*, 1590*d*; ancho, 239*d*, 1485*b*.

lastro (s. m.), pena, sufrimiento, 1311*a*.

lavanco (s. m.), pato salvaje, lavanco, 1082*c*, 1108*a*.

lazeria (s. f.), miseria, penas, 2*d*, 209*b*, 947*a*, etc. (véase también *laçerio*).

lazrado (adj.), miserable, afligido, 236*c*, 636*b*, 1570*d*.

lazrar/lazar (v. n.), padecer, 186*c*, 221*d*, 667*a* (véase la nota), 1169*c*.

lechiga (s. f.), cama, yacija, 1033*d*.

ledanía (s. f.), letanía (*fig.* retahíla de súplicas), 764*c*, 1396*c*.

ledo (adj.), alegre, 79*b*, 213*d*, 1305*b*.

legualá (interj. árabe), ¡No, por Dios!, 1510*d*.

letuario (s. m.), electuario, preparación farmacéutica, 1333*d*, 1334*a*, 1334*b*, etc.

levar (v. a. y r.), llevar, 48*c*, 232*c*, 284*c*, etc.; levantar(se), 971*c*, 980*c*, 991*i*.

leyenda (s. f.), cosas escritas (?), 755*b* (véase la nota).

librillo (s. m.), lebrillo, barreño, 1174*d*.

ligión/lisión (s. f.), lesión, 6*b*, 460*d*, 1670*f*.

lindero (adj.), vecino (del mismo *lindo*, o término), 1092*a*.

lino (s. m.), lignum crucis, la madera de la Cruz, 1179*d* (véase la nota a 1178-79).

lisión, véase *ligión*.

lixo (s. m.), basura, suciedad, 947*c*.

loguero (s. m.), sueldo, pago, 513*c* (véase la nota).

loro (adj.), moreno, oscuro, 1215*c*.

losa (s. f.), armadijo, trampa que se formaba mediante una losa que caía al pasar la víctima, 644*d*, 927*a*.

LL

llenero (adj.), generoso, 513*b*; abundante, 1669*h*.

llumazo (s. m.), gozne, bisagra, 744*d*.

M

maçar (v. a.), batir o machacar la leche para hacer mantequilla o queso, etc., 1000*c*.

madrina (s. f.), madrina, 745*d*; dolor de matriz, 1417*c*.

magadaña (s. f.), espantapájaros, 122*d*, 1442*d*.

majar (v. a.), apalear, golpear, 520*b*.

magestat (s. f.), imagen de Cristo o de la Virgen, 493*d*, 1045*c*, 1322*b*; la majestad (de Dios), 1588*b*.

mais (adv.), en adelante, 53*d* (véase la nota).

mal-: las siguientes palabras que en el lenguaje moderno cons-
tituyen palabras compuestas, aparecen en los Mss. del *Libro
de buen amor* como dos palabras: *mal andança, mal andan-
te, mal dezir, mal querençia, mal trecho.*

malfetría (s. f.), conducta criminal, 325*d* (véase la nota).

mançeba (s. f.), concubina, 338*a*, 1694*c*.

mançebez (s. f.), juventud, 157*a*.

mançebía (s. f.), juventud, 245*d*, 626*a*, 643*c*, etc.

mançebillo (s. m. y adj.), joven, mozo, 726*b*, 727*c*, 730*a*, etc.

mançebo (s. m. y adj.), joven, 157*a*, 189*a*, 312*b*, etc.

mandado (adj.), obediente, agradecido (?), 1429*c*.

manzellero / manzillero / mazillero (adj.), matador, carnicero,
178*a*, 202*a*, 326*c*; eficaz, acertador, 561*d*, 841*b*.

manzilla (s. f.), vergüenza, deshonra, 179*a*, 244*c*, 1555*b*, etc.;
dolor, horror, indignación, 870*d*, 1696*b*; *dezir m.*, decir algo
vergonzoso, 921*b*.

manzillar (v. a.), manchar, deshonrar, 1549*c*.

maña (s. f.), astucia, engaño, 616*d*, 638*b*, 903*c*, 1493*a*; *jazer
el juego m.*, engañar, 103*b* (véase la nota).

maño (adj.), grande, 4*c*, 621*d*, 1644*b*.

marco (s. m.), género, tipo, 1110*b*, 1516*b*.

marfusa (s. f.), zorra (*lit.* astuta), 332*b*, 339*c*, 348*d*, etc.

marfuz (adj.), astuto, engañador, 119*d*.

marroquí (adj.), marrueco, 1323*c*.

matacán (s. m.), saledizo en el muro de un castillo, etc., ladro-
nera, 1220*d*.

mazillero, véase *manzellero.*

maznar (v. a.), amasar, ablandar, 711*b*.

melezina (s. f.), medicamento, 33*b*, 589*d*, 592*c*, etc.

menbrar (v. impers.), venir a la memoria, 712*a*, 1090*c*, 1585*c*.

menge (s. m.), médico, 594*b* (véase la nota).

mengía (s. f.), medicamento, 187*b*, 1545*d*.

menoreta (s. f.), monja franciscana, 1241*b*.

mensaj (s. m.), mensaje, 23*c*.

merca (s. f.), compra, negocio, 1490*c*.

merchandía (s. f.), mercancía, 615*b*, 1040*c*.

mesclador (s. m.), calumniador, 10*c* (véase la nota).

mesclar (v. a.), calumniar, poner bajo sospecha, 93*d*.

mester (s. m.), oficio, ocupación, 622*b*.

mestuerço (s. m.), mastuerzo, especie de berro, 1544*d*.

mesturar (v. a.), acusar, denunciar, 541*c*, 853*c*, 916*d*.

mesturero (s. m.), chismoso, calumniador, 567*c*, 570*a*, 1020*d*,
1620*a*.

mesura (s. f.), moderación (en el comer y beber, etc.), 74*c*, 292*c*, 303*a*, etc.; cortesía, prudencia en el amor, 423*a*, 425*a*, 1548*b*; caridad, bondad, 606*b*, 675*a*, 682*a*, etc.; *fazer su m.*, hacer uno lo que le parezca bien, 476*d*; *mesuras*, actos de cortesía, favores, 832*c*.

mesurado (adj.), prudente, moderado, cortés, 96*b*, 107*d*, 169*c*, etcétera.

midos: *con m.* (adv.), de mala gana, 1691*b*.

ministro (s. m.), superior de un convento, 1238*d*.

misión (s. f.), esfuerzo, intención, 1202*d* (véase la nota).

mitas (s. f. plur.), mitones, 171*c*.

modorría (s. f.), necedad (?), 1284*b* (véase la nota).

mohalinar (s. m.), pócima dulce o confitura tranquilizante (?), 941*b* (véase la nota).

morezillo/murizillo (s. m.), ratoncito, 1429*b*, 1431*a*.

moxmordo (adj.), apretujado, de dientes (?), 1014*b*.

muedo (s. m.), tono o modulación musical, 1001*b*.

mur (s. m.), ratón, 571*a* y *b*, 1369*b*, 1370*a*, etc.

murizillo, véase *morezillo*.

mur topo (s. m.), topo, 100*c*, 408*a*, 409*a*.

musa (s. f.), *fazer la m.*, estar ensimismado, 519*d*.

N

nado (partic. pas.), nacido, 1506*c*; *omne n.*, cualquier hombre, 798*b*.

natío (adj.), feo, astroso, 403*c* (véase *enatío*).

natura (s. f.), naturaleza, P. 1. 34, 1. 43, 73*c*, etc.; sexo de la mujer, 263*c*.

natural (s. m. y adj.), naturalista, filósofo que estudiaba los fenómenos naturales, 128*b*, 135*b*, 138*d*, 1201*a*.

naturaleza (s. f.), curso natural, 1291*c* (véase la nota).

neçiacho (adj.), estúpido (?), 1233*d*.

nemiga, véase *enemiga*.

nobleza (s. f.), trabajo y materias nobles, buena calidad, 79*a* (véase la nota), 1338*d*, 1340*a* (?); nobleza, 155*a*, 168*a*, 508*d*, etcétera.

nublo (s. m.), tiempo nublado, 134*c*, 796*d*.

O

ó (adv.), donde, 29*d*, 1638*b* (véase la nota).

ocasión (s. f.), accidente, desgracia, 804*a*, 1670*g*.

odreçillo (s. m.), instrumento musical parecido a la gaita, 1233*c*, 1516*c*.

odrezillo (s. m.), odre pequeño, 1000*d*.

ofiçio (s. m.), función o actividad del juez, 347*b* (véase la nota).

onde (adv.), de donde, P. 1. 55, 1355*b*.

orabín (s. m. árabe), músico de la escuela de los Orabíes (?), 1229*b* (véase la nota).

oras... oras... (adv.), ya... ya..., ora... ora..., 211*c*, 591*c*, 1279*b*.

orça (s. f.), vasija, 514*c* (véase la nota), 1392*b*.

orilla/orrilla (s. f.), viento, tiempo, 796*c*, 1006*c*.

orior (s. m.), oropéndola, 1615*a*.

ortolano (s. m.), hortelano, 1347*d*, 1348*a*, 1353*a*.

ox te (interj.), ¡oxte!, ¡zape!, grito para espantar a las gallinas, etc., 455*b*.

P

padir (v. a.), padecer, pagar por, 940*c*.

pagar (s. m.), *de mal p.*, de mal humor, descontento, 55*d*.

pago (partic. pas./adj.), contento, satisfecho (?), 847*a* (véase la nota).

pajés (s. m.), villano, campesino, 108*a*.

palaçio (s. m.), sala, habitación, 481*c*, 1376*b*, 1492*d*; palacio, 1250*c*, 1306*a*.

palançiano (adj.), exquisito, excelente, 678*b*.

parança (s. f.), armadijo, trampa, paranza (?), 644*d*, 752*a*, 753*d*.

parar (v. a., n. y r.), preparar, 714*d*, 744*c*, 883*b*, etc.; *p. mientes*, fijar la atención, 34*e*, 62*c*, 373*a*, etc.; detenerse, quedar, 961*a*, 1108*c*, 1371*b*; quedarse, resultar, 973*c*.

parçionero (s. m.), cómplice, partícipe, 505*b*.

paresçiente (adj.), de buen parecer, 433*b*, 1542*a*.

parlar (v. n.), hablar mucho, sin seso ni sustancia, 741*a*, 881*a*, 1096*d*.

parladero (adj.), parlanchín, hablador, 920*a*.

parlador (s. m.), locutorio, 1399*a*.

parlatorio (s. m.), ¿tribunal?, 1152*b* (véase la nota).

parlero (adj.), parlanchín, hablador, 81*b*, 561*b*, 572*d*, etc.

parlilla (s. f.), tontería, trivialidad, 665*c*; dicho, refrán, 921*a*.

pastija (s. f.), conseja, patraña, 724*c*, 916*d*.

pastorejo (s. m.), pestorejo, nuca, 991*b*.

paula s. f.), voz desconocida, 1278*d* (véase la nota).

paviota (s. f.), mujer falsa, engañadora, 439*a*.

paviote (adj.), falso, 1477*c*.

pedrero (s. m.), honda, o ¿piedra que se lanza con la honda?, 963*e*.

pegujar (s. m.), parcela de tierra (cedida por el señor a un villano), 170*d*.

pelaça (s. f.), pendencia, riña, 752*d*.

pelmazo (s. m.), estorbo, cosa molesta, 744*a*.

pellar (v. a. o r.), ¿pelar?, o ¿apelotonarse en forma de pella?, 992*h* (véase la nota).

pellote (s. m.), manto de pieles, pellón, 470*b*, 719*c*, 815*c*, 863*b*.

péndola (s. f.), pluma, 270*c*, 271*b*, 272*b*, 286*b*; plectro, 1229*d*.

peña (s. f.), piel de conejo, etc., 17*b*, 666*d*; manto de pieles, 1277*d*, 1404*d*; *çejas... en p.*, arqueadas, 432*c*; roca, 517*c*, 613*d*, 617*a*, etc.

pepión (s. m.), moneda de poco valor, 641*b*, 1454*d* (véase también *Pepión*, 658*b*).

perentorio (adj.), concluyente, que pone fin al proceso, 353*a* (véase la nota), 355*d*, 356*c*, 357*a*.

petid (adj.), pequeño, 484*c* (véase la nota a 474*c*).

picaña (s. f.), picardía, travesura, 1493*c*; *de mala p.*, de mala casta, de mala vida, 222*c*, 341*c*.

pino (s. m.), postura vertical: *tener p., tenerse en p.*, erguirse un cuadrúpedo sobre las patas traseras, 1402*a*, 1404*c*.

pintado (adj.), pintado, 501*b*, 1254*b*, 1257*b*, 1306*a*, etc.; brillante, destellante, 79*d*, 433*a*; vivamente colorido, 69*b* (véase la nota), 287*b*, 407*c*.

pitoflero (adj.), chismoso, entremetido, chocarrero, 784*a*, 1495*c*.

plan (¿s. m?): *de p.*, abiertamente, claramente, 93*d*, 1714*f*.

plana (s. f.), hoja de manuscrito; *de aquesta p.*, ¿en la misma página (del salterio)?, 383*b* (véase la nota).

pleiteamiento (s. m.), negociación, regateo, 1050*f*.

pleités (¿s. m. o adj.?), negociador, 117*d*.

pleitesía/pletesía/pletisía (s. f.), tratos, negociación, 117*c*, 319*b*, 914*c*, 1324*a*.

pleito (s. m.), pleito, proceso, 357*b*, 367*d*; plazo, fecha convenida, 49*b*; trato, negociación, cortejo, 106*d*, 559*d*, 886*d*.

pletear (v. n.), disputar, negociar, 1101*b*.

pontifical (s. m.), poder y dignidad del pontífice y de los obispos, 1149*c*, 1160*c*.

popar (v. a.), perdonar, dejar vivir, 1200*b*.

poridat (s. f.), intimidad, *esp.* secreta intimidad entre aman-
tes, secreto de un amor, 90*c*, 177*d*, 342*c*, etc.

postilla (s. f.), costra de una herida, etc., 244*d*, 796*b*.

prancha (s. f.), especie de joya metálica que se cuelga del
cuello, 957*d*, 966*d*.

prea (s. f.), presa, 1114*b*.

prendedero (s. m.), especie de cinta con que se recoge el pelo,
o la falda, 1003*a*.

prezno (s. m.), ¿prez?, 779*d*.

prestar (v. n.), valer, aprovechar, 13*d*, 365*a*, 487*d*, etc.; *de p.*,
de alto valor, excelente, 174*a*, 483*b*, 490*b*, 679*a*.

priado (adv.), pronto, al instante, 953*c*.

primo (adj.), primero, P. 1. 2; excepcional, 816*c*.

prisco (s. m.), albérchigo de tipo poco apreciado, 1230*d*.

privado (s. m. y adj.), íntimo, el que goza la confianza de su
señor, 118*b*, 143*c*, 1161*b*.

privado (adv.), rápidamente, pronto, 1184*c*, 1197*c* (véase tam-
bién *priado*).

prizes (s. f. plur.), oraciones (=lat. PRECES), 242*c*.

profaçar (v. n.), hablar mal de alguien, 94*b*, 422*b*.

puesta (s. f.), posta, tajada de carne, 1085*a*.

puntar (v. a.), producir notas en un instrumento, esp. de cuer-
da, 70*b*, 70*d*.

Q

quadrillo (s. m.), cuadrillo, especie de saeta, 271*a*.

quartero (s. m.), cuartillo, medio litro más o menos, 969*a*.

quatropea (s. m.), cuadrúpedo, 1217*b*.

queça/queza (s. f.), especie de capa de origen morisco, 1219*b*,
1275*c*.

quexar (s. m.), quijal, muela del juicio (?), 1416*c*.

quexo (s. m.), lamento, queja, 792*b*.

quintero (s. m.), colono por arriendo (que le pagaba al pro-
pietario la quinta parte de los frutos), 327*a*.

quoniam (conj. lat.), ya que, en sentido fig., sexo de la mujer,
1700*d* (véase la nota).

R

rrabé (s. m.), rabel (instrumento de cuerda), 1229*a*, 1230*a*.

rrabigalgo (adj.), largo (como el rabo de la galga), 1219*b*.

rraça (s. f.), raza, defecto en el tejido de una tela, 94*c*, 504*c*.

rraez/rrafez/rrahez/rrefez (adj.), sin valor, despreciable, 102*c*, 861*c*, 946*c*, etc.

rrainela (s. f.), ¿tipo de vino (del ár. *rayna*)?, 941*b* (véase la nota).

rrapaz/rrapaça (s. y adj.), malhechor, -ora, 919*d*, 1051*d*, 1619*b*.

rrascañar (v. a.), rasgañar, arañar, 1383*d*.

rrebata (s. f.), peligro, apuro, 952*a*.

rrebatado (adj.), súbito, precipitado, 134*c*, 297*a*, 550*b*.

rrebatar (v. a.), arrebatar, 1570*d*.

rrebtar (v. a.), reprender, 72*b*, 281*d*, 1153*d*.

rrecabdar (v. a.),, obtener, lograr, 113*b*, 152*d*, 275*d*, etc.

rrecabdo (s. m.), ganancia, resultado, 229*d*, 663*b*; asunto, empresa, 742*c*, 994*b*; provecho, 1398*a*.

rrecubdir/rrecudir (v. n.), recudir, volver, 382*d*, 516*d*; corresponder con, 803*a*; reunirse, llegar, 1110*a*.

rredrar (v. a. y r.), retirarse, apartarse, 106*d*, 179*c*, 465*a*, 1308*d*.

rredruejas (s. f. plur.), redrojos, fruto tardío o no recogido, 378*d*.

rrefertar (v. a.), censurar, echar en cara, 68*d*, 295*c*, 1630*b*.

rrefertero (adj.), reacio, regateador, pendenciero, 453*c*, 632*b*, 1259*b*, 1620*b*.

rrefertir (v. r.), defenderse, 280*b*.

rrefierta (s. f.), reyerta, reproche, situación violenta, 352*d*, 542*d*.

rrefez, véase *rraez*.

rrefitor/rrefitorio (s. m.), refectorio, 1248*c*, 1399*b*.

rrefusar (v. n.), recalcitrar (?), 239*a* (véase la nota).

rreguarda (s. f.), precaución, reparo, 863*d*.

rreguardar (v. r.), hacer caso, estar alerta contra, 121*d*, 700*c*.

rrehala (s. f.), rebaño de varios propietarios, 1222*a*.

rremaneçer (v. n.), quedar, permanecer, 1637*g*.

rremaner (v. n.), quedarse, 384*d*.

rrenuevo (s. m.), usura, interés excesivo, 421*b*.

rrepantaja (s. f.), arrepentimiento, 705*c*.

rrepegar (v. a.), repellar, reparar las paredes con yeso o cal, 1176*a*.

rrepiso (v. partic. pas.), arrepentido, 77*b*, 935*c*.

rrepuesto (s. m.), ajuar, riquezas, patrimonio, 404*b*.

rrepuntar (v. a.), echar en cara, reprender, 449*b* (véase la nota), 1536*d*.

rresgar (v. a.), rasgar, 1432*b*.

rretaçar (v. a.), dividir, separar, 1430*c*.

rretaço (s. m.), división en rebaños, 1618*d*.

rretráhere (s. m.), refrán, dicho, 170*c*, 549*c*.

rrevez (s. f.), *a rrevezes,* alternativamente, mutuamente, 1334*d*.

rriepto (s. m.), reto, desafío, 1203*a*.

rrobrar (v. a.), rubricar, firmar, 1319*b*.

rroça poco (s. m.), uno que roza poco terreno, que tiene poco éxito, 729*c*.

rroder (v. a.) [fut. indic. *rrodré*], roer, 1431*c*.

rrodilla (s. f.) 1., rodilla, 242*c*, 1004*e*, 1016*a*.

rrodilla (s. f.) 2., trapo de limpieza, etc., 1218*b*.

rrodo (s. m.), ¿movimiento?, ¿rodillo?; *traher a rr.,* poner en movimiento, 931*d*; *dados en rr.,* dados en movimiento, rodando, 1534*b*.

rromançe/rromanze (s. m.), lengua vulgar, 353*d* (véase la nota); relato, historia, 14*b*, 904*a*, 1148*c*, 1634*b*.

rrosata (s. f.), preparación con rosas, 1335*d*.

rrota (s. f.), instrumento de cuerda, tipo de arpa o cítara, 1229*b*.

rruir (v. n.), susurrar, 396*a*.

S

saborado (partic. pas./adj.), ¿dispuesto a saborear?, 902*a* (véase la nota).

sabze/sauze (s. m.), sauce, 776*a*, 778*a*.

sagudir (v. a.), sacudir, 448*b* (véase la nota).

salva (s. f.), justificación, excusa, 104*a*.

salvo (adj./adv.), excepto; *s. mi onrra,* dejando en salvo mi honra, 680*b*.

sarçillo (s. m.), zarcillo de planta trepadora; *al s.,* en torno, pendiente (como planta trepadora), 718*d*.

segral (adj.), secular (y no de orden), 1235*c*.

seer (v. n.) [pres. indic. *seo,* imperf. indic. *seía, seyé,* pres. subjun. *seya,* gerundio *seyendo*], ser, 27*d*, 110*c*, 180*a*, etc.; estar, 423*b*, 533*b*, 657*a*, etc.; sentarse (a juzgar), 323*d*; estar sentado, 756*b*, 1405*d*.

semejança (s. f.), ejemplo, comparación, 141*d* (véase la nota).

sobejo (adj.), sobrante excesivo, 251*b*, 604*d*, 688*d*, etc.; *sobejo* (adv.), sobremanera, 839*b*, 1332*d*, 1479*b*.

sobervienta (s. f.), sorpresa, ataque inesperado, 212*c*, 710*b*.

sobra (adv.), sumamente, excesivamente, 1100*a*, 1216*d*.

socavado (adj.), arqueado por debajo, 445*c*.

sofraja (s. f.), sufragio, ayuda, 1207*d*.

sojorno (s. m.), parte del día; *mal s.*, mal rato, 773*c*.

solar (s. m.), solar, linaje, descendencia, 598*b*.

solaz (s. m.), placer, recreo, agasajo, 12*d*, 14*a*, 167*c*, etc.

solazar (v. a.), dar goce, satisfacción, 982*b*.

soma (s. f.), pan de harina gruesa, 1031*d*.

somero (adj.), saliente, saltón (¿*también* mirón?), 433*a* (véase la nota).

somete (s. m.), ¿estratagema para sonsacarle algo a alguien?, 1257*a* (véase la nota).

somo (s. m.), cima; *de s. de*, de encima de, 253*b*.

somover (v. a.), soliviantar, seducir, 918*d*.

somovimiento (s. m.), incitación, sugestión, 735*c*.

sopesar (v. a.), levantar y sostener el peso de algo, 1470*d*; tantear, estimar el peso o el valor de algo, 298*c*, 1078*d*.

sopitaño (adj.), subitáneo, repentino, 222*a*.

sosañar (v. a.), escarnecer, reprender, 520*a*, 521*a*.

sosaño (s. m.), afrenta, descrédito, 762*b*; molestia, enojo, 1333*b*.

sostentar (v. a.), ¿sustentar, mantener?, 218*d* (véase la nota).

sotar (v. n.), saltar, bailar, 1001*b*, 1229*d*, 1516*d*.

sotener (v. a.), sostener, 1468*c*, 1468*d*.

sueno (s. m.), ruido, sonido, 238*b*, 1445*c*.

sueras (s. f. plur.), colgaduras, gualdrapas, 449*c*, 1340*d* (véanse las notas).

T

tablagero/tablajero (s. m.), coime, 554*a*, 555*c*, 1254*b*.

tablax (s. m.), tablaje, ganancia que saca el coime de los juegos, 554*d*.

tablero (s. m.), mesa de juego, 470*a*, 1254*a*; conjunto de jugadores en la misma mesa, 570*d*; mesa de comer, 1271*a*, 1300*a*.

tajadero/tajador (s. m.), plato grande para trinchar la carne, 1083*c*, 1174*c*, 1399*d*.

talión (s. m.), ley que obliga al acusador a sufrir la pena correspondiente al crimen, si la acusación resulta falsa, 328*d* (véase la nota).

tamo (s. m.), polvo y paja corta que quedan en la era después de aventar, 101*b* (véase la nota).

taravilla (s. f.), cítola de molino (*fig.* persona muy parlera), 926*a*.

tendejón (s. m.), tienda pequeña, 1107*d*.

teñico (s. m.), ¿gusanillo?, 869*c* (véase la nota).

tiento (s. m.), moderación, control, 185*a*, 865*d*; *sin t.*, en exceso, 537*a*.

tiesta (s. f.), cabeza, 893*a*, 1289*b*.

toller (v. a.) [pres. indic. *tuelle*, pres. subj. *tuelga*], llevar, quitar, 149*d*, 418*d*.

tornés (s. m.), moneda extranjera (¿el *livre tournois* francés?), 1224*c*.

tos (s. f.), discordia (?), 1660*d* (véase la nota).

tragonía (s. f.), gula, voracidad, 294*a*.

trainel (s. m.), calzador (en forma de cordón o correa), 924*d*, 1415*c*; (adj.), medianero, alcahuete (?), 1619*b*.

trascalar (v. a.), traspasar, 545*c*.

trasfago (s. m.), engaño, artería, 1436*d*.

trasnochada (s. f.), actividades nocturnas, *o* ¿(adj.) demacrado?, 1414*d* (véase la nota).

traspaso (s. m.), demora, 1442*b*; *traer a tr.*, obligar a esperar, 550*d*.

trastornar (v. a. y n.), revolver (en busca de algo), 1151*c*; obligar a volver hacia atrás, 379*b*; volver sobre sus pasos (para tomar otra ruta), 962*f*.

travesero (s. m.), almohada de la misma anchura de la cama (?), 1325*b*.

trechar (v. a.), abrir y salar (pescado), 1105*b*.

trecho (partic. pas./adj.), *mal tr.*, desgraciado, en mala situación, 543*c*, 954*c*.

trechón (s. m.), muñón de madera, pedazo de estaca, 927*b*, 1115*b*.

trefudo/trifudo (adj.), robusto, musculoso, 1008*d*, 1485*b*, 1488*b*.

trentanario (s. m.), treintenario de misas, etc., 1542*d* (véase la nota).

trexnar (v. a.), manosear, 646*c*; arrastrar, 852*c*.

triasándalix (s. m.), triasándalos, electuario preparado con tres tipos de sándalo, 1336*c*.

trisca (s. f.), especie de danza rústica, 1228*c*.

troba (s. f.), canción, composición lírica, P. 1. 89, 103*d*, 114*a*, etc.

trobador (s. m.), poeta, músico y cantador, 65*d*, 92*d*, 1575*b*.

trobar (v. a.), componer versos y canciones, P. 1. 89, 45*d*, 66*c*, etc.; hallar, 483*d*, 484*d*.

trotalla (s. f.), ¿marcha?: *cantiga de tr.,* ¿canción para animar a la gente en marcha?, 1021*c* (véase la nota a la c. 1021).

trotera (s. f.), mensajera, tercera, 645*d*, 926*c*, 1328*d*, 1571*b*.

trotero (adj.), que trota, ágil, vivo, 1213*d*, 1513*a*; (s. m.), mensajero, 1068*b*.

troxa (s. f.), carga que se lleva a cuestas, 710*d*.

troxo, pret. indef. de *traer* (=*trujo*), 223*d*.

troya (s. f.), vieja ruin y viciosa, 699*c*, 937*c*; (adj.), ruin, vicioso, 972*b* (véase la nota).

tuero (s. m.), corte de un tronco de árbol (*fig.* porción de una herencia), 507*a*.

tunbal (adj.), grave como una trompeta (¿*o* sepulcral?), 1487*a*.

U

uço (s. m.), puerta, 1490*c*.

uerco, véase *huerco*.

ufana (s. f.), orgullo, 1318*b*.

utra (s. f.), especie de pez no identificado (¿la urta andaluza?), 1113*a* (véase la nota).

uviar (v. n.), ir al encuentro, presentarse, 232*d*, 278*a*.

V

vagar (s. m.), reposo, respiro, demora, 574*c*, 629*d*, 719*c*, etc.; *de v.,* con calma, pausadamente, 55*a*, 278*d*.

valadí (s./adj.), baladí, de poco valor, corriente, 1339*b*.

valdío, véase *baldío*.

vandero (adj.), banderizo, parcial, 1259*a*.

varaja, véase *baraja*.

varragán (s. m.), mozo valiente y esforzado, 269*b*.

*vega*da (s. f.), vez, P. 1. 32, 180*d*, 185*b*, etc.

veldat (s. f.), beldad, hermosura, 1322*a*.

*venta*r (v. a.), husmear, olfatear, 873*d*.

venternero (adj.), comilón, goloso, 202*c*, 291*c*.

ventería (s. f.), gula, 303*a*.

verbo (s. m.), palabra, 960*d*, 1089*a*.

verdel (s. m.), verderón (especie de berberecho), 1104*b*.

vergoña/vergüeña (s. f.), vergüenza, 610*b*, 1517*c*.

vergoñoso (adj.), vergonzoso, 1662*h*.

vesperada (s. f.), anochecer, hora de vísperas, 1057*a*.

vezado (adj.), acostumbrado, 1412*b*.

viçio (s. m.), lujo, comodidad, placeres, 394*c*, 502*c*, 620*c*, etc.; vicio, pecado, 1597*d*.

viçioso (adj.), cómodo, lujoso, 746*b*, 1304*d*, 1305*b*, 1333*b*.

villanchón (s. m.), villano recio y tosco, 1115*a*.

vira (s. f.), flecha, 183*b*.

voler (¿*voldre*?) (v. a.), querer, 475*b*, 476*b*, 482*d* (véase la nota a 474*c*).

vusco (pron.), *con v.*, con vos, con vosotros, 703*a*, 811*d*, 828*b*, etc.

X

xáquima (s. f.), jáquima, cabezada de cordel (*fig.* alcahueta), 377*b*, 926*b*.

Y

ý (adv.), ahí, allí, allá, P. 1. 80, 31*d*, 40*e*, etc.

ya (interj.), interj. vocativo de origen árabe, 666*a*, 676*a*, 970*f*, 1509*b*.

yantar (s. f.), comida (probablemente la del mediodía), 292*b*, 770*c*, 1083*d*, etc.

yantar (v. n.), comer la *yantar*, 83*b*, 871*b*, 967*f*, etc.

yergo (s. m.), yezgo, especie de saúco, 1276*d*.

yuguero (s. m.), gañán que lleva la yunta a labrar, 1092*b*.

ÍNDICE ONOMÁSTICO

Abel, 281*a.*
Abrahán, 1561*c.*
abril, 463*a,* 1210*a,* 1690*a.*
Açebín, Rabí, 1184*a.*
Adán, 294*a,* 1561*a.*
agosto, 1285*c,* 1704*d.*
Alarcos, 1110*d.*
Alcalá, 1312*c,* 1510*a.*
Alcántara, 1114*b,* 1237*b.*
Alcaraz, 129*a.*
Alcudia, 1187*a.*
Alda, 1022*c.*
Alexandre, 1081*d.*
Alexandria, 1338*a.*
Algueva (?), 983*c.*
Alí, 1088*c.*
Alverche, 1105*d.*
Andaluzía, 1304*b.*
Antón (Sant), 1240*a.*
Apocalipsi, P. 1. 24, 1011*a.*
Aristótiles, 71*a.*
Asuero, 2*b.*

Babilón, 1*c.*
Babilonia, 305*b.*
Baltasar, 27*c.*
Barçilona, 1243*d.*
Bayona, 1107*a.*
Belem, 25*a.*
Bera de Plasençia, 1186*b.*

Bermeo, 1112*d.*
Berssabé, 259*a.*
Boloña, 1517*b.*
Borbones, 1235*d.*
Bretaña, 474*c.*
Buenaval, 1237*b.*
Bugía/Buxía, 323*c,* 325*b,*
    348*b.*
Burgos, 1073*d.*

Caçres, 1186*a.*
Caín, 281*a.*
Calataút, 582*c.*
Calatrava, 1187*a,* 1237*b.*
calendas, 1690*a.*
Carmen, 1239*a.*
Carnal, 1070*b,* 1074*d,* 1075*c,*
    etc.
Cartajena, 1146*a.*
Castilla, 1222*a,* 1696*d.*
Castro, 1311*b.*
Castro de Ordiales/Urdiales,
    1073*d,* 1119*c.*
Catón, P. 1. 35, 44*a,* 568*c.*
Çistel, 1236*a,* 1241*b.*
Clementinas, las, P. 1. 92.
Cornejo (?), 980*c.*
Cruz, 115*b,* 116*a,* 118*b,* etc.
Cruzniego, 1236*b.*

Dalida, 308b.
Daniel, 1c, 1061e.
Dario, 1215d.
David, P. 1. 2, 1. 8, 1. 12, etc.
Directorio, 1152d.
domingo, 893c, 1163a, 1181a, etc.
Duero, 246c.

Egipto, 224a.
Elena, 223d.
Endrina, 596a, 653a, 669a, etc.
enero, 1348b.
Epifanía, 340d.
Esaú, 281c.
España, 122c, 304b, 621c, 1244d.
Espéculo, 1152a.
Ester, 2a.
Eulalia, Santa, 1239b.
Eva, 378d, 1561b.
Ezechías, 1143a.

Faraón, 1b.
Fazálvaro, 1187b.
febrero, 326a, 1618a.
Ferrand García, 117b, 913a.
Ferreros, 985d, 1028c.
Ferruzo, 980a.
Fita, 19c, 845a (véase también Hita).
Françia, 1146b, 1244c.
Françisco, Sant, 1238b.
Frandes, 475b, 481a.
Fuent Fría, 974c.
Fulana, 383c, 1625c.
Fulano, 307b.

Gadea, 987c, 988c.
Galilea, 22b.
Garçía, Ferrand, 117b, 913a.

Garoça, 1346a, 1392a, 1395a, etc.
Gaspar, 27a.
Gil, Arçobispo don, 1690b.
Gonçalo, 1708a.
Grabiel (=Gabriel), 8c, 23b, 38c.
Granada, 1215b.
Greçia, 46b, 46d, 58a.
Gregorio, Sant, P. 1. 86.
Guadalajara, 1370a, 1371d, 1377a.
Guadalquivir, 1107d.
Guido, 1152d.

Hemanuel, 8a, 9b.
Henares, 170b, 1107c.
Hita, 575a (véase también Fita).
Hurón, 1619c, 1623a.

Illán, Sant, 963b.
Inoçençio, 1152c.
Ipocrás, 303c.
Isac, 1561d.
Isaías, 1060e, 1561d.
Isopete, 96d.
Israel, 8b.

Jacob, 281c.
Jafet, 1561c.
Jeremías, 1060c.
Jerusalén, 1202c.
Jesú, 21b, 32b, 90a, etc.
Jesús, 1645e.
Joan, Sant, P. 1. 23.
Joan Roíz, 19b.
Job, P. 1. 36, 1. 53.
Johan, Sant (Evangelista), 1011a.
Johan, Sant (el Bautista), 1562a.
Johan Ruiz, 575a.

Jonas, 5a.
Juan, San (día de), 556d.
Judas, 1049g, 1051b, 1063c.
Judea, 1049c.
jueves, 1167a.
Jueves Lardero, don, 1068a, 1078a.
Júpiter, 199d, 200a, 201c, etc.

Laredo, Conde de, 1118a.
Lázaro, Sant, 247b.
Lot, 296a, 528c.
Loçoya, 951b, 974b.
Luçifer, 233b.

Lloriente, Menga, 1004g.

Madalena, Santa, 28b, 1141c.
Marcos, Sant, día de, 1321a.
março, 945a, 951a, 1618a.
María, Virgen Santa, 19b, 20a, 34e, etc.
Marina, Santa, 3c.
Marta, 1639c.
martes, 1079d, 1165a, 1372c.
Medellín, 1184c, 1186a.
Meder, Sant, 951a.
Melchior, 27b.
Melón, don, 727c, 738d, 873d, etc.
Mellinas, 1394d.
Menga, 939b, 1004g (también 849d?).
Merjelina, 211c.
Mexía, 25d, 1635d, 1647b.
Mexías, 5d.
miércoles, 1049a, 1166a, 1174a.
Miguel, Sant, 829d.
Mingo Oveja, 396d.
Moisén, 438d, 1562c.
Monferrado, 1370b, 1372b.
Mongibel, 281b.

Monpesler, 1338a.
Moya, 972d.
Muñoz, Sancho, 1705a.

Nabucodonossor, 305a.
Nasón, 429d, 891d.
Nazaret, 22c.

Orabuena, 1698a, 1699c.
Ordiales, Castro de, 1073d.
Oropesa, 1702c.
Ortiz, Melón, 881d.
Ostiense, 1152b.
Oveja, Mingo, 396d.
Ovidio, 429a, 446c, 612a.

Pajas, Pitas, 474c, 476a, 477b.
Pánfilo, 429d, 698c, 891d.
París, 223c.
París (=la ciudad), 1243d.
Paulo, Sant, 875c, 1238a.
Pedro, 486a, 486c, 487a.
Pedro, Sant, 6c, 1142a.
Pepión, don, 658b.
Pilatos, 1052e.
Pitas Pajas, 474c, 476a, 477b, etc.
Plasençia, Bera de, 1186b.
Platón, 124a.
Polo, don, 1331c.

Quasimodo, día de, 1315a.
Quiteria, Santa, 1312b.

Rama, doña, 824c, 825a.
Rando, 972d.
Repertorio, 1152a.
Requena, 1146b.
Rodas, 1329a.
Roíz, Joan, 19b.
Roldán, maestre, 556a.
Roma, 46d, 58d, 262d, etc.
Rosario de Guido, el, 1152d.
Ruiz, Johán, 575a.

sábado, 1076c, 1169a, 1208b.
Salamón, P. 1. 13, 105a.
Sancho Muñoz, 1705a.
Sanssón, 308a.
Santander, 1111a.
Santiago, 3b, 871a, 1043a, 1237a.
Sant Illán, 963b.
Saúl, 309a.
Sed, 1561b.
Segovia, 972a.
Serena, la, 1186c.
Sevilla, 1114b, 1304a.
Somosierra, 962f.
Soria, 1222a.
Sotos Alvos, 960b.
Susaña, 211c.
Susaña, Santa, 4a.

Tablada, la, 1009d, 1022a.
Talavera, 1690a, 1694b, 1702c.
Teresa, 1702b.
Tholomeo, 124a.
Tiberio, 266b.
Toledo, 471c, 657a, 1269b, 1305a.

Tora, la, 78d.
Tornavacas, 1197d.
Toro, 1339b.
Tristán, 1703b.
Trotaconventos, 738a, 845c, 868a, etc.
Troxillo, 1186a.
Troya, 223a.

Uerta, don Melón de la, 727c, 738d.
Urdiales, Castro de, 1119c.
Urías, 258b, 259a.
Urraca, 919c, 923a, 939a, etc.

Vado, Santa María del, 1044b.
Val de Morillo, 1186b.
Valsavín, 1187b.
Venus, 152a, 223c, 525c, etc.
Vergilio, 265b, 267d.
viernes, 1079b, 1168þ, 1205a.
Villenchón, 1115d.
Virgilio, 261b, 264d.
Visagra, 1306d.

Ximio, don, 323c, 325b, 333b, etc.

TABLA DE CORRESPONDENCIAS ENTRE LA EDICIÓN Y LOS MANUSCRITOS

Edición	S	G	T
1-10	1^r	— —	— —
Prólogo	1^r-2^v	— —	— —
11a-74d	2^v-6^v	1^v-5^r	— —
75	7^r	— —	— —
76a-89d	7^r-7^v	5^r-6^v	— —
90-92	8^r	— —	— —
93a-99a	8^r-8^v	6^v	— —
99a-125c	8^v-10^r	— —	— —
125d-139a	10^r-11^r	17^r-17^v	— —
139b-329d	11^r-23^r	— —	— —
330a-366d	23^r-25^v	7^r-9^v	— —
367a-379b	25^v-26^v	9^v-10^v	1^r-1^v
379c-435a	26^v-29^v	10^v-15^v	— —
435bcd	29^v		— —
436a-451d	— —	16^r, 16^v, 18^r	— —
452	30^r	— —	— —
453a-476b	30^r-31^v	18^r, 18^v, 13^v, 13^r	— —
476c-489b	31^v-32^r	— —	— —
489c-547d	32^r-35^v	19^r-23^r	— —
548a-563d	— —	23^r-24^v	— —
564a-574d	36^r-36^v	24^v-25^r	— —
575	36^v	— —	— —
576a-579d	36^v	25^r-25^v	— —
580a-595d	— —	25^v-26^v	— —
596a-623d	37^r-38^v	26^v-28^v	— —
624a-659d	38^v-40^v	— —	— —
660c-691d		29^r-31^r	— —
692a-755d	41^r-44^v	31^r-36^r	— —
756a-765c	— —	36^r-36^v	— —

Edición	S	G	T
766a-794b	45r-46v	— —	— —
794c-872c	46v-51v	37r-42v	— —
872d-880d	51v-52v	— —	— —
881a-900d	52r-53r	43r-44v	— —
901a-909d	53r-53v	44v-45r	2r-2v
910a-949d	54r-56r	— —	— —
950a-953d	56v	45r-45v	2v
954a-982d	56v-58v	45v-47v	— —
983-984	58v	— —	— —
985a-1006d	58v-60r	47v-49r	— —
1007	60r	— —	— —
1008a-1015d	60r-60v	49r-49v	— —
1016-1020	60v	— —	— —
1021a-1127d	60v-67r	49v-57r	— —
1128a-1152d	67r-68v	57r-59r	3r-4v
1153a-1177b	68v-70r	59r-61r	— —
1177c-1183d	70r-70v	61r-61v	5r
1184	70v	61v	— —
1185a-1263d	70v-75v	61v-67v	5v-11v
1264a-1275d	75v-76v	67v, 69r, 69v	— —
1276a-1317d	76v-79r	69v-72v	12r-15r
1318-1331	79r-80r	— —	— —
1332a-1414d	80r-85r	72v-78v	15r-22r
1415a-1422d	85r-85v	— —	22r-22v
1423a-1434d	85v-86v	— —	— —
1435a-1439d	86v	— —	23r
1440a-1453d	86v-87v	68r-68v	23r-24r
1454a-1466c	87v-88v	— —	24v-25v
1466d-1471d	88v	79r	25v
1472	88v	— —	— —
1473a-1544d	88v-93r	79r-84v	25v-31v
1545a-1591b	93r-96r	— —	31v-34v
1591c-1604d	96r-97r	— —	— —
1605a-1634d	97r-99r	— —	35r-37r
1635a-1647g	99r-99v	— —	— —
1648a-1654d	99v-100r	85r	— —
1655	100r	— —	— —
1656	— —	85r	— —
1657a-1659d	100r	85r	— —
1660-1709	100r-104r	— —	— —
1710-1728	— —	85r-86v	— —

VARIANTES

2b S: antel e. rr. //
3a S: profecta //
5a S: profecta //
6a S: libraste //
7c S: diras *(sic)* //

Prólogo: 2 S: profecta / 8 S: po q. s. ... / 10 S: profecta /
17 S: profecta / 25 S: profecta, redis / 26 S: veso /
28 S: *om.* buenas / 33-34 S: n. d. l. b. obra n. v. t.
o. / 40 S: equs / 54 S: Breves dies hominis sunt / 56 S:
entiendo, el a. / 57 S: aparejan e traen / 63 S: veni v. /
65 S: v. d. f. e l. p. / 78 S: a q. l. oyere e l. o. / 83 S: ni /
88 S: *om.* a / 90 S: *om.* de / 96 S: quicuque vul //
11a G: D. p. e d. f. e d. espiritu s. / b G: q. n. d. v. es-
fuerço n. d. t. / c G: leemos //
12a G: ... e l. t. e la m. / b G: e. m. de la s. g. ... / c G:
q. p. d. sus c. u. libro rr. //
13a S: ... quel o. c.; G: t. s. e d. m. ... formeste / b G:
... a un t. a. / c G: *om.* un / d G: *om.* a //
15a G: P. q. s. d. t. mijor e. / b S: tobras, *om.* por / d G:
... e f. m. apuesto //
16a G: n. cuydes ... d. n. d. / b G: n. tengades por ch. ... /
c G: ... e. el v. c. / d G: ... yase s. n. f. //
17a G: Es xemus d. f. n. m. q. c. / c G: b. f. yase ... /
d S: a. negro e b.; G: a. d. b. yase e. v. c. //
18a G: so l. e. yase l. rr. n. f. / b G: so f. l. yase ... /
c G: c. s. la m. c. ... / d S: ... e. b. a.; G: a. s. m. tratado
yase e. b. a. //
19a G: p. q. d. t. el b. ... / c G: dello / d G: asy e G: quan-
to los lobos preso lo an a don juan en el canpo //

513

20*a* S: O Santa M.; *G*: *om*. O / *c G*: t. nos gia //
21*a* G: da m. g. e b. / *b G*: e del çielo c. / *d G*: *om*. tu //
22*a* S: primero; *G*: ... que se leya / *b G*: *falta* / *c G*: falta //
23*b* SG: grabiel / *c S*: mensaz; *G*: traxo t. mensajeria d. //
24*a* G: *om*. tu, oviste / *b G*: o. m. lo rr. / *d S*: a f. q. d. en ti e. //
25*c* G: *om*. e //
26*c* G: *om*. e //
27*a* S: mira; *G*: mirria / *b G*: melior e. le f. d. / *d G*: a. qual d. ... //
28*a* G: a. e q. e b. / *d S*: quel t. f. v.; *G*: en q. e. t. f. v. //
29*c* G: s. a los çielos e d. / *d G*: g. a d. do s. //
30*a* G: Señora e. t. g. s. / *c G*: f. el espiritu s. (*om*. puesto) //
31*a* G: el seteno m. s. / *d G*: a. ç. quanta ay a. //
32*c* G: p. nos s. d. ti v. //
33*a* G: *om*. Tu / *c S*: q. m. o. muy digna; *G*: querer me he / *d G*: *om*. que //
34*a* G: d. te he t. a. //
35*b* S: el p. q. rr. //
36*b* G: q. te fue n. / *e G*: conçebido / *f G*: para s. //
37*c* G: a mostrar / *f G*: en gia (*om*. fue) //
38*a* G: f. la q. a. / *b S*: q. t. d. ave maria (*tachado*) madelena m. / *c S*: el g. (*tachado*) / *d S*: *om*. dixo; *G*: d. q. jesu christo v. / *e G*: dixo / *f G*: q. vernia del //
39*d* G: a. ç. al s. p. m. / *e G*: finqueste //
40*a* S: Este sesto non es de dubdar / *b G*: *om*. vino //
41*a* G: este s.... / *c G*: *om*. tu //
42*b* G: ca t. f. e. s. / *c G*: p. el desçendio / *e G*: santa f. / *f S*: e p. n. m.; *G*: p. n. naçio //
43*a* S: Por nos otros p. n. a.; *G*: pecador non te a. / *b S*: p. p. nos s. m. / *f G*: e rruega p. n. //
44*a* G: Palabra es del s. e dise la gaton / *b G*: ... e. el su c. / *c G*: *om*. la / *d S*: m. coydado p.; *G*: ca l. m. t. ... //
45*b* S: bulrras / *c S*: oyerdes n. querades c. / *d G*: ... d. t. et desir //
46*a* G: mios d. / *b G*: n. acaesca c. t. ... / *c S*: con nel rr. ...; *G*: rribal de rroma //
47*a* G: avian / *b S*: tienen; *G*: e f. l. d. ... tenian / *c G*: las non m. //
48*a* G: p. que s. l. q. ... / *c S*: entienden; *G*: entendrian e las meresçia l. //

49*a* G: ... q. los p. d. g. / *c* G: entendrian / *d* G: q. d. p. signos e p. senals d. l. //

50*a* G: ... t. p. se enteder // *b* G: ... n. sabiendo q. s. f. / *c* G: sabrian / *d* G: ... n. a s. m. s. //

51*b* G: rribal / *c* S: s. le d. l. d. ...; G: quales d. les mostrase f. signos ... / *d* G: q. t. los f. e f. l. c. s. //

52*a* G: f. se a u. v. ... / *b* S: nuestra c.; G: d. n. a. c. los g. n. c. / *c* G: l. q. t. quieres pid //

53*a* G: v. le m. rricos ... / *b* G: *om.* la / *c* G: *om.* d. c. b. / *d* G: *falta* //

54*a* G: *falta* / *b* G: *falta* / *c* G:*om.* s. e. o. c. / *d* G: comen- çaron s. signos ... //

55*b* G: m. s. u. d. q. e. ç. el p. / *d* G: ... rribalte e d. m. p. //

56*a* G: ... fasia e. g. t. / *c* G: ... l. o. d. tenia e. / *d* G: e a. s. luego c. s. v. //

57*d* G: ... d. p. a gana //

58*a* S: A *añadida a la izquierda del colofón*; G: Todos l. d. g. dexieron al s. g. / *b* S: ... l. l. yo n. g. l. n. / *c* G: ... en p. e c. asusiego //

59*a* S: P. a. g. sabio / *b* G: p. sus signos a rr. ... / *c* G: d. y. le d., *om.* dixo / *d* G: u. en t. p. ... //

60*a* G: dixo luego q. e. a s. v. / *b* G: rr. q. e. s. p. lo tenia e d. v. / *c* G: ... e trayen l. t. / *d* S: entendien q. m. ...; G: entenderien e meresçerien ... //

61*a* G: pregunto a. v. ... / *b* G: quebraria / *d* G: rrespondil c. s. e y. ... //

62*a* G: q. y. que l. q. ... / *b* G: ... e c. e. p. l. d. / *c* G: en pos e. ... //

63*a* G: y. l. rr. quel d. a el u. t. p. / *b* G: q. e. el t. d. sus dias n. l. abra v. / *d* G: ... d. n. le preçiauan n. //

64*a* G: fardida / *c* G: ... s. b. es e. / *d* G: e. b. m. libro averas bien d. g. //

65*a* S: bulrra; G: l. b. q. ouieres ... por v. / *c* G: saber el mal desir bien e. d. *e* G: que todos non lo fasen con arte muy sotil //

66*a* G: garçotas / *b* G: ... t. a. de n. / *d* G: ... en rr. t. l. p. //

67*d* G: escojan l. que es m. ... //

68*a* G: l. mas de b. a. s. de rrason e. / *b* G: ... los s. s. ç. / *c* G: *falta* / *d* G: rrehiertas//

69*b* G: ... y. grant fealdat / *c* G: d. mala e buena p. vientos l. j. //

70*a* G: d. t. los estrumentes ... / *b* G: ... t. dire ç. / *c* G: ... y f. p. e t. t. / *d* G: s. p. m. s. ... //

71*a* G: aristoles ... / *b* S: ... t. por l. p. //

72*a* G: dexies / *c* G: ... n. devedes d. / *d* G: ca ... //

73*a* G: sy d. v. e. s. çerta m. s. p. / *c* G: quiere s. n. conpaña s. n. / *d* G: e mucho m. e. o. q. t. c. ques nueva *(sic)* //

74*a* G: d. m. m. el o. q. t. c. / *b* G: todas tienpos ç. ... / *d* S: c. q. p. e q. ...; G: quier //

75 G: *falta la estrofa* //

76*a* G: E. y. por que s. o. ... / *b* G: que he dellas m. a. l. v. a. / *d* G: en s. b. e m. e husar l. que es m. //

77*b* G: del s. a. ... / *d* G: n. a. por mi f. ... //

78*a* G: ... e d. dueña s. / *b* G: n. pudia ser s. u. o. c. e. / *d* G: ... al atora //

79*b* G: c. es de todos b. e a. muy l. / *d* G: n. podra v. s. ... //

80*a* G: Enbiel ... / *b* G: ... q. yo t. e. / *d* G: rrespuesta //

81*b* G: y. v. m. o. c. a tu palabra / *c* G: e f. s. mal ende e c. e. s. m. / *d* G: b. c. l. camadre ... //

82*a* G: yasia / *d* G: allegaron //

83*a* G: p. l. f. servicio por m. l. a. / *b* G: todos / *c* G: d. le q. m. qual q. m. / *d* G: m. m. el t. quel p. a. //

84*a* G: f. echan a. l. e m. q. t. d. / *b* G: e. a. el m. ... / *c* G: mayor //

85*a* G: *om.* diz / *b* G: c. l. t. q. t. s. mas ligera e mas s. / *c* G: p. m. e para l. o. ... / *d* G: e. l. f. muy s. q. d. c. a g. //

86*a* G: ... para l. m. s. / *b* G: ... a. l. p. c. / *c* S: caxco / *d* G: ... l. v. m. d. //

87*a* S: *om.* muy / *b* S: *om.* la / *c* S: *om.* a; G: ... el m. t. e. //

88*a* S: ... q. v. m. ha fazer p.; G: ... q. te m. fazer p. / *b* G: t. b. e t. gisada ... / *c* S: ... d. l. t. y. esta l.; G: e. dis ... //

89*a* G: p. e. y. t. d. diçia mas n. m. a. / *b* S: enemiga / *c* S: castiga //

93*a* S: quisier / *c* G: ... por f. l. an / *d* S: ... del p.; G: de pan //

94*b* S: caraça; G: e porfaçava d. c.s.f. caraça //

95*a* G: sotente / *d* G: d. l. d. e l. n. ... //

96*b* S: *om.* e; G: s. e bien e. c. e b. rrasonada / *c* G: dixe //

97*a* G: Q. quiere c. o. c. d. muy o. / *b* G: ... d. q. l. a ga-

nada / c G: d. q. l. promete o d. p. o da na. / d G: ... q.
esta prenada //
98b G: falta / c G: a q. lo oyan podia m. e. / d G: ... co-
menços a c. //
99a S: L. g. q. tan g. b. oya; G: l. g. q. oyan b. a. g. oyan
(sic) / bcd G: faltan //
101d S: ninl //
103b S: mañaña / d S: mañaña //
107b S: guarda //
108a S: pajez //
110c S: p. s. n. s. ... //
112c S: sentía //
116b S: entendera / d S: c. andaluz //
119b S: anejo //
125b S: deprende / d G: estrologia //
126a G: ... para s. s. a. / c S: om. sus; G: amas //
128a G: creades / c G: falta //
129a G: alcarros / b om. bello, ... avia / c G: queria /
d G: del s. e p. d.f.que n. //
130c G: d. tomaron e. p. e. q. o. a n. //
131a G: dis e. o. judgo que e. a d. s. q. / b S: om. ser /
c G: dis e. q. ... / d G: e. q. d. morra e. a. a. //
132a G: q. vido e. rr. j. d. / c G: tomar / d G: mintyrosos //
133b G: ... quel f. o. / c G: om. a / d G: rrespondiol e.
rr. ... //
134c G: granisar / d G: om. e //
135b G: l. s. estrelleros ... / c G: s. d. acogamonos q. l. q.
v. f. //
136a G: p. muy a. ... / c G: que l. q. d. o. ... / d G: s. n.
cosa ... //
137b G: estando en l. p. u. g. rr. en el d. //
138 c G: l. d. f. ç. ... //
139a G: d. oyo e. rr. s. c. p. / bcd G: faltan //
140d S: om. so //
156d S: fazer //
166c S: l. c. e. o. que n. ç. m. //
171b S: doñas //
174a S: contençio //
177c S: levarys //
179b S: dixo //
196c S: asomo //
202c S: ventenera //
212d S: mientas //

217*b* S: *om.* tu / *c* S: e *tachada* //
219*d* S: della //
229*b* S: çiero //
230*a* S: hado //
236*c* S: antre //
239*b* S: enbargava //
240*c* S: fuere //
242*b* S: inogar //
250*c* S: diesen //
257*a* S: estas / *d* S: enguinando //
258*d* S: jaab //
265*a* S: verguença //
268*d* S: mudo //
269*a* S: De m. ha q. m. ... //
276*c* S: *om.* della //
283*d* S: parte //
285*c* S: coeda //
289*b* S: piereden //
291*c* S: pecado //
296*b* S: puez vez //
299*b* S: *om.* so //
300*b* S: eho //
301*b* S: el c. f. ... //
302*a* S: *om.* a //
304*a* S: tanta //
312*a* S: orgullo //
317*b* S: *om.* omne / *d* S: comiençan e e. tristensa //
321*c* S: furtar llo //
322*d* S: quel m. u. //
326*b* S: en l a. //
330*b* G: a e. v. tierra e n. c. l. g. / *d* G: que a. t. a. e l. a. p. v. t. //
331*b* G: pensavan / *c* G: q. d. q. prenda p. el a. d. / *d* G: ... q. l. a d. a. //
332*a* G: e. d. es v. ... / *c* S: carrancas / *d* G: e. l. q. l. vido l. fue enbaçado //
333*a* G: ... p. de s. p. / *d* G: ca e. e. l. grant al n. f. q. arte //
334*a* S: ... esençión; G: *om.* e, apongo / *c* G: ... e t. a. //
335*a* G: conteçio / *c* S: dellogava //
336*a* G: ... e. d. su j. c. / *b* S: p. s. e p. d. e. mal e.; G: p. s. e a. p. d. enf. / *c* G: p. e. n. puede otro ser a. //
337*a* G: o. apongo ... //

338*a* S: q. g. la o.; *G*: la m. e. l. m. ... / *b G*: p. e. lo que pide n. vale d. a. / *c G*: nil d. d. rr. ... //

339*a G*: ... estan muy e. / *d* S: ... q. m. e n. sean o. //

340*a* S: pofia / *b G*: *om.* les / *d G*: el a. l. p. d. d. pifania //

341*a* S: cas; *G*: fuese a c. / *b* S: pares / *c G*: y yvan l. a. ... / *d G*: ... n. n. le engañava //

342*a* S: escuchan; *G*: ascucha / *b G*: presentaron a. a. q. s. q. t. / *c* S: *om.* e //

343*a G*: v. ya e. d. ... / *b G*: ... estan e. su p. / *d G*: ... yo vos do l. liçençia //

344*a G*: ... e ponen s. p. / *b* S: quirre; *G*: queria / *c G*: qual ... que / *d G*: *om.* del //

345*a G*: a d. l. f. ... / *b* S: ... por s. c. d. / *d G*: jugavan //

346*a* S: d. l. p. a l. s. a.; *G*: *om.* los / *b G*: q. n. p. e. u. nunca s. a. / *c G*: non querien a. ... //

347*b G*: ... g. bien c. / *c* S: e. a. assentado *(sic)*; *G*: e. asentando e. s. a. / *d G*: ... e. la s. //

348*b G*: y. d. x. a. o. d. b. / *c G*: v. esta d. ... //

349*b* S: exenpçiones; *G*: eseuciones / *d G*: prepuso //

350*c* S: ... q. rr. en el s. //

351*d* S: d. a. m. o. nin rr. n. p. //

352*b G*: b. abta ... b. c. e bien a. / *c* S: ... es e. p. b. çierta; *G*: marfusa / *d G*: con s. d. escusas e rr. //

353*a* S: exençion; *G*: exuçion / *b G*: m. l. excumunion a. e. vilatoria / *c* S: *om.* de / *d G*: ... e. tiene e. m. //

354*a* S: exepçión ... llegada; *G*: exuçion / *c G*: q. l. descomonion ... //

355*a G*: instrumento / *b G*: ... devie s. fallimento / *d* S: s. p. p. esto o. m. //

356*b* S: *om.* a; *G*: ... pa quando s. apone / *c* S: *om.* mas; *G*: p.p.m. esta g. n. t. encose //

357*a* S: escomunion / *b* S: quando s. p. c. t. e. p. criminal; *G*: s. pone c. t. e. el p. p. / *c* S: *om.* o; *G*: e c. j. publico ca s. p. n. v. //

358*a* S: f. mas q. l. g. ...; *G*: ... m. q. n. puede p. / *b G*: ca ... / *c* S: exepçión; *G*: p. exuçion n. pude c. n. p. / *d G*: non devie e. a. ... //

359*a G*: Ca m. c. l. p. ... / *b* S: exepçion; *G*: s. exuçion p. non le f. o. c. / *c G*: desecharon / *d G*: mas l. p. o. n. la a. y. v. d. //

360*a G*: ... o l. viere desvariar / *c* S: excepçión; *G*: ... m. p. q. l. deve f //

361a S: excepçion / b G: e deven s. l. t. desechar e aun
tachar / c S: exeçion / d G: non p. mas e. a. q. e. d.
manda //

362a S: *om.* pero; G: pero q. f. ... / b G: d. l. a. m. fecha
por esto e por al n. / c G: ... quanto l. m. p. / d G: p.
esto p. s. a. l. esta s. //

363a G: e p. p. s. c. por s. c. e u. / b G: manifiesto ... gul-
hara //

364a G: que p. el se c. q. fase l. q. a. / b G: e a mi e.
manifiesto q. e. p. aquello u. / d G: *falta* //

365a G: nin l. p. ... / b G: fesiera l. c. ... / c G: desia /
d G: ca do b. a. j. ... //

366a G: lencencion *(sic)* a. l. rr. v. s. a s. / b G: tan / c G:
mas yo le m. q. n. f. ... / d G: e. dise q. n. le tiene m.
furtar le ha l. g. //

367a T: pagadas / b T: p. q. n. lytygaron c. n. f. condena-
das / c G: e. f. p. q. n. fue ... demandos *(sic)*; T: deman-
dadas / d S: constestado; G: *om.* el; T: n. f. p. c. p. q.
fuesen escusadas //

368b G: q. a. e. e p s. b. p.; T: q. lo a. e. e p. s. b. p. / c GT:
suplicado; T: otra v. / d G: ... q. v. u. vil n. //

369a GT: *om.* el; G: e. la s. p. / b S: conplir; T: que lo avia
errado por les dar asoluçion / c GT: ca ...; G: fesiera /
d GT: ... d. muy b. l. //

370a G: *om.* le / b G: q. f. l. costytuçion ... / c GT: ... p.
faser c. / d G: mester es l. s. fecha l. c.; T: ... e fecha l.
confision //

371a GT: desto dio e. a. ... / b G: quel avia d. rr. p. e. s. c.;
T: q. e. tenia p. ... / c GT: e. p. e. c. j. / d S: a. los a. e.
e. d. //

372b S: e. lo que ves e non e. l. e. q. y.; T: ... e. l. e. q. tu
y. / d S: engañes; T: f. c. maestrya grande p. q. a m. e. //

373a S: *om.* tu; T: a. obras d. p. nunca tu p. m. / b G: non
vegitas ...; T: ... n. q. v. los d. / c GT: s. n. rresios e s.;
T: e m. v. / d S: ... f. l. e. los d.; G: ... f. las e. d. //

374a S: folgaynez; G: golhynes; T: golfines / b G: c. mis q.
uderun p.; T: c. ys q. hoderunt p. f. q. e. s. afynas / c GT:
dise eçe ...; G: quam bono; T: q *(sic)* b./d G: ... d. que
v. a m. //

375a G: levadar / b G: *om.* a / c G: p. dierom vnium l.
estrumentes t. / d S: ... e f. las d.; G: preçias; T: ud
audiad //

376a G: esdesque ...; T: d. s. alla ... / b S: c. la m. c. e. l.

friurias 1.; *G*: matina; *T*: cantante / *c S*: ... d. les g. g.;
T: luçes / *d G*: *om.* le; *T*: misere //

377*a S*: El s. e. s. ...; *G*: e. s. luego e. s. ... / *b S*: saquima /
c S: toda; *G*: q. 1. lieva p. a. e. d. con t. açina; *T*: leve /
d G: vayai ... a v. t. m. te escriva; *T*: ... a fablar te al
esquina //

378*a G*: osa; *T*: S. e. t. q. n. andrar p. 1. c. / *b G*: q. te 1.
lieva ...; *T*: q. 1. lievan ... / *c G*: s. traye ... e sus c.; *T*:
tus dichas / *d GT*: cod ...; *G*: d. qui cun qui bul rr. //

379*a GT*: S. e. d. t. a. q. con esto ...; *G*: *om.* se / *b G*: t. c.
alla c. ...; *T*: t. catlyca alla c. en m. q. 1. t. / *c G*: o. 1.
mea le entiende s. c. cordura proposne; *T*: *falta* / *d G*:
v. 1. d. a la igilesia en c. legem p.; *T*: *falta* //

380*a G*: terçia p. d. 1. t. rr. / *b G*: ... n. por g. santo p. /
c S: q. 1. m. d. los n.; *G*: ... con g. e s. rrason / *d S*: ...
b. t. el c.; *G*: c. a la o. ... //

381*a G*: *om.* ya / *b S*: q. 1. v. que t. ...; *G*: ca ... / *c G*:
... e deses t. a esta / *d S*: feo sant sant u.; *G*: fautus sun
s. u. ... //

382*a G*: d. como do d. vuestra f. v. / *b G*: ... q. por 1. m.
carona / *d G*: *om.* que //

383*a G*: v. rr. a 1. n. ... / *d S*: est //

384*a G*: n. v. sacristano v. m. t. / *b S*: toca; *G*: ... t. c.
chcca *(sic)* m. / *c S*: rremanga / *d S*: ... f. q. de a. rre-
tangan //

385*b G*: ... s. ay s. d. / *c G*: ylit enit acenderun q. q. q. a
ti s. tien / *d G*: e 1. f. d. s. c. comigo grant p. t. //

386*a G*: ... q. d. t. b. c. / *c S*: conortamos; *G*: ... d. g. das
1. p. / *d G*: d. converte n. ... //

387*a S*: ... n. la q. d.; *G*: f. e. cor p. ... / *b S*: façien onium;
G: a. façiam vmium sabellas a. / *c S*: gloria; *G*: ado g. p.
tuys 1. f. abaxar / *d S*: ... s. d. t. s. ha q.; *G*: salva rr. di-
sen ... //

388*a G*: c. la uciadia t. ... / *b G*: ... a. despantos / *c S*: *om.*
e; *G*: Nunca ... c. e d. e s. / *d G*: ... muchos m. q. //

389*a S*: puro; *G*: el omne por tus obras el m. e el prejuro /
b G: tu deseo f. le h. e d. / *c G*: hadeduro //

390*a G*: ... n. al sospiro t. f. / *b G*: ... e dixo m. dixo dixo /
c G: *om.* me / *d G*: *om.* me //

391*a G*: ... d. rr. n. de rr. / *b G*: mudases d. t. p. ... / *c G*:
h. e. a m. ... / *d G*: c. e. f. te a. d. vesino e. v. //

392*a G*: eveninas / *c G*: mengua / *d G*: m. t. n. e 1. q. p. e.
p. //

393a *G*: f. c. golhin e. t. falsa m. / *b G*: ataleas d. luene tu tomas l. p. / *c S*: ... s. los d. c.; *G*: a la q. m. q. s. la d. c. / *d G*: ... s. ç. afuera //

394b *G*: l. e bien f. ... / *c G*: c. v. e. c. e. e g. / *d S*: *om.* tener; *G*: enlla non t. n. //

395a *G*: ... bien c. l. o. g. / *c S*: c. m. camurzia a. rrostros e d.; *G*: çamuça / *d G*: ... a diablos t. m. //

396a *G*: ... e d. la m. c. / *b S*: sigua / *c G*: 1. c. e. trença ... / *d G*: q. tal ninguno non ay en villa e nin e. d. p. //

397a *G*: ... d. m. oras a l. o. / *b G*: ... oy d. o. s. e. / *c G*: ... otras e. a. / *d G*: ... do t. l. m. //

398b *G*: ... a t. d. m. cabo / *c G*: dañosa / *d G*: rrebato //

399b *G*: rrehieres / *c S*: fazer p. l. f. ... / *d G*: a d. e a los omes pierde e. q. m. q. //

400a *G*: destrues / *b G*: vierco / *c G*: hadragas //

402a *G*: ... m. nesçia e m. b. / *c S*: el m. a. 1. a. eñodio a.; *G*: *om.* lobo //

403c *G*: enatio //

404b *S*: rrespuesto; *G*: p. s. p. vil o. ... / *d G*: b. t. puedo yo d. ... //

405a *G*: manera es d. d. ... moras / *b G*: ... demudar las c. / *c G*: ... demudar las cdolores *(sic)* / *d G*: ... q. oyen t. l. //

406a *G*: el b. s. q. t. el b. / *b S*: que c. d. c. e. ...; *G*: ... a. a. p. en brete / *d G*: ... q. d. m. e v. t. //

407b *G*: ... quando q. s. a. / *c G*: ... que l. l. c. s. / *d G*: e. b. mi f. e p. q. la d. //

408c *S*: ... q. n. s. de f.; *G*: çercol t. la s. c. ... / *d G*: v. a e. baylando ... //

409c *G*: y. t. s. en s. ... / *d G*: ... casa p. t. s. //

410a *G*: *om.* el / *c G*: s. t. h. b. en s. //

411b *G*: m. a. tenia en pienso e. s. mal c. / *c G*: crio s. la e. t. ... / *d G*: ... mas l. v. n. //

412b *G*: ... somios ayuso / *c G*: e. mur quando p. t. contra s. / *d S*: q. d. y. q. s. ... //

413a *S*: desfranbrido; *G*: *om.* y / *c S*: ... subyo e. a.; *G*: debatio ... / *d G*: a. mur e a l. rr. l. l. al s. n. //

414a *G*: entramos ... tiraron / *b G*: venga dunbre / *c G*: q. trayes a. c. el t. mal estabre / *d G*: ... en t. m. exanbre //

415a *G*: Los n. e las n. ... / *b G*: e. t. gisa los t. ... / *d G*: ... e. sus t. //

416c *G*: c. e. mur ... p. e p. / *d G*: ... f. tu a. //

417*b* S: mitirosa; G: sabra l. f. l. m. paresçençia / *c* G: de-
sit ... //

418*b* S: mitirosa / *c* G: c. d. el c. ... //

419*a* S: *om.* en / *b* G: t. l. q. disen pese l. b. p. / *c* S: lyjon-
gero; G: *om.* le / *d* S: e. e. b. d. s. omne f. e v.; G: e. e.
bien d. s. ... //

420*a* G: s. l. p. del oveja t. la del l. / *c* G: m. a. q. matar
q. ... / *d* G: pones e. f. c. ... //

421*b* G: e. c. d. l. de rr. //

422*b* G: *om.* e / *d* G: p. callat e c. a. vei t. v. //

423*b* G: *om.* diz / *c* G: del a. / *d* G: ca muy p. a. f. baxar
g. f. //

424*b* G: ... n. un g. rr. / *c* G: ... v. a s. s. / *d* G: l. f. s. b.
fase d. b. m. //

425*b* G: a. n. d. quien quiere aver p. / *c* G: ... e. bien la rr.
/ *d* S: dichos; G: s. m. c. fesieres ... //

426*a* S: rrecabdaste / *b* G: dueñas e d. o. ... / *d* S: prome-
tiste; G: *om.* por //

427*b* G: e n. sabries mi m. syn la de mi a. / *c* G: o. e l. bien
m. c. e sabras b. f. / *d* G: ... sabras a o. leer //

428*b* G: *falta* //

429*a* G: lixiera *(sic)* / *d* G: panfilon e n. de mi fue demos-
trado //

430*a* G: s. quieres tu amor de dueña q. q. m. / *b* G: ... antes
a deprender / *c* G: p. q. t. e. q. e. a. acoger //

431*a* G: c. m. d. e f. e l. / *b* G: q. n. s. muy l. ni o. e. /
d G: ca ... //

432*a* G: ... e d. c. p. / *d* S: anchera; G: angosta de cabellos
es t. d. d. //

433*a* S: fermosos / *b* S: ... b. c. e rreyentes / *c* G: para /
d G: *om.* ha //

434*b* G: e. e blanquillos poquillo a. / *c* G: ensias / *d* G:
l. l. d. su b. ... //

435*a* G: su boquilla p. ... / *b* G: *falta* / *c* S: veas; G: *falta* /
d G: *falta* //

436*a* G: A l. m. q. e. ... //

438*a* G: *om.* de unas //

439*b* G: *om.* por //

441*a* G: pecas //

442*a* G: alegran //

446*a* G: *om.* la / *b* G: enamora //

449*d* G: disen //

451*c* G: mager //

452*d* S: *om.* sienpre //

453*b* S: *om.* precio / *c* G: *om.* le / *d* G: *om.* le //

454*b* G: n. a. d. m. quando t. t. / *c* G: vergueña ... do
c. e. e. //

455*a* G: el p. covarde / *b* S: oyste; G: *om.* sus / *c* G: c. m.
n. te e. non t. e. e. t. //

456*a* G: E. l. g. p. s. ... / *b* G: ... vilesa e a. / *c* G: p. p.
perdieron m. conpana mia *om.* //

457*a* G: D. te he grant f. ... / *b* G: *om.* que, a. porfiosos /
c. G: ... andavan deseosos / *d* G: e. mas apostados que
pasaros f. //

458*a* G: ... de s. o. d. / *b* G: rranto e. e. o. coxo e medio
c. / *c* G: e. u. d. o. avian g. d. / *d* G: cuydavan //

459*a* S: dixo; G: rr. los ... / *b* G: ... e que a. q. t. / *c* G:
abaxar //

460*a* G: S. dis oy me ... //

461*a* G: ... p. un rr. / *b* G: *om.* que / *c* G: ... t. p. yo non
creo / *d* S: q. p. n. a. l. b. de sed ...; G: ... p. yo f. m. //

462*b* G: dise / *c* G: ... n. vi t. ningun o. / *d* G: n. t. v. l.
pudo quantos a d. adoran //

463*b* G: e. çerca della s. e o. / *c* G: *falta* / *d* G: p. p. d. me
linpiar ... //

464*a* G: ... yo u. n. y. / *b* G: *om.* e / *c* G: *falta* / *d* G:
e. e. o. m. rresio una gortera *(sic)* a. me f. //

465*a* G: y. o. p. ... arredrar / *b* G: ... c. s. rr. m. d. / *c* G:
e. o. d. q. so t. o. m. l. a q. //

466*d* S: *om.* vos //

467*a* G: ... ca d. n. s. p. / *c* G: mio a. / *d* G: muger //

468*b* S: podieres / *d* G: quanta //

469*a* G: Talante ... puede / *c* G: ... e maldat quiere f. //

470*a* G: d. p. v. ... / *b* S: juga / *d* G: s. l. p. l. b. ... //

471*b* G: e. t. e e. dançar ... / *c* G: çient //

472*b* G: m. e m. e uerto s. quieren el u. / *c* S: disanton; G:
dya santo / *d* S: provador //

473*a* G: esto es c. ç. m. a. g. / *d* G: sigieres //

474*a* G: olvida / *b* S: mañana; G: *falta* / *c* G: eras d. p. pa-
yas ... / *d* G: c. c. m. m. ... //

475*a* G: antes / *b* G: ... p. mucha joya / *c* G: d. la muger
m. s. andes e. obra b. / *d* S: vra (= vuestra); G: n. olvides
c. v. n. l. mia p. //

476*a* G: dixos d. p. payas / *b* G: fer / *c* G: *falta* / *d* G:
falta //

482*b* S: ajan //

488c S: ago //

489a G: falta / b G: falta / c G: om. le (= d) / d S: q. m. o p. ...; G: q. p. o q. m. ... (= c) //

490a G: om. e / b G: ca el t. mesquino f. buen o. d. p. / d G: al q. n. t. m. //

491a G: om. e / c G: t. e. d. m. v. / d G: ... n. puede ser d. s. s. //

492b G: ... e d. p. rr. / c G: ... e g. s. / d G: ... es m. b. //

493b G: ... fasian le omildat / c G: ... e g. s. / d G: encrinavan //

494a G: ffasen m. p. e o. e a. / b G: a. e d. ... / d S: mitiras; G: f. v. m. e m. v. //

495b S: mongas / c G: les //

496a G: davan / b G: c. malos a. ... / c G: e. t. m. p. e. f. mala a. / d G: avian //

497b S: t. c. e gruillos e cadenas p. / c S: posas; G: al q. n. da d. //

498a G: V. faser m. ado e. m. u. / b G: los / c G: ... que l. l. m. //

499a S: Fazer ...; G: fasie ... / b G: muchos m. e rr. t. l. desadeliña / c G: cunde (= d) / d G: d. e. d. jusga a. do e. o. gina (= c) //

500a G: e f. c. ... / c G: om. los / d G: q. e. e. m. l. usan en l. m. //

501a G: quien tiene dineros a mayores m. / c G: castiellos e h. ... / d G: a. d. servian e s. eran c. //

502a G: comen / b G: viste ... e d. v. / c G: traye j. fermosas e. v. e en f. (= d) / d G: ... e n. c. (= c) //

503a G: v. m. grandes m. ... / b G: ... e a las s. t. / c G: ... dineros o. p. / d G: a. los ayunos e f. o. //

504b S: guardando / d S: condesyguos; G: m. condedijos tiene ... //

505a G: frayres / d G: om. que //

506a S: M. f. c. e clerigos dyzen q. a. a d. s.; G: m. c. e frayres ... / c G: om. a / d S: levaran //

507a G: ... q. a. el rr. t. / b G: n. e. m. e y. d. p. n. m. a. / c G: ... q. l. tiran el pellejo / d G: c. n. l. levaremos ca n. e. p. f. //

508d G: ... ay e. m. n. //

509b G: om. e //

510 c G: ... e del s. s. //

511b G: del a. / d G: e. dinero quiebra las p. e f. d. m. //

512*a G*: ... e derrueca *(sic)* g. t. / *b G*: acorre a g. p. e. m. dinero a. / *d G*: ... el s. c. n. c. //

513*a G*: ... fasen bien d. l. / *b G*: ... si f. e llanero / *c S*: logrero; *G*: logero / *d G*: *om.* el //

514*a G*: ... c. m. nin p. / *c G*: q. n. t. m. e. o. ... / *d G*: ... b. v. si b. t. //

515*a G*: s. s. estrumentes b. t. e tocar / *b G*: s. s. e a. ... / *c G*: a l. v. pocos e e. o. l. / *d S*: *om.* de //

516*c G*: d. la d. veye m. e. algo c. / *d G*: n. p. s. q. t. a poco n. t. rr. //

517*a S*: trança / *b S*: farre; *G*: ... n. corre b. m. / *c. G*: *om.* la / *d G*: c. cuentos e a. p. a p. a. //

518*a G*: balentias / *c G*: atan / *d G*: ... e v. s. p. //

519*a G*: a la q. m. siguen e q. l. m. u. / *c G*: por q. t. e. m. p. e. se a. / *d G*: ... e p. e. fase l. m. //

520*b S*: q. p. o. e. magada e f. / *c G*: ... m. l. p. / *d G*: aver //

521*a G*: c. la m. c. ... //

522*a G*: devie ..., *om.* de / *b G*: e s. m. n. q. ... / *c G*: q. m. l. ençendie p. devie p. e. //

523*c G*: *om.* e / *d S*: laxa; *G*: a. f. e l. //

524*a G*: ... g. tienpo l. a. / *b G*: ... m. segida c. / *c G*: ... t. l. q. escasa //

525*a G*: p. u. v. del d. q. el o. g. l. p. / *b G*: c. v. en la n. ... / *d G*: e. l. que m. p. andan m. e. //

526*a G*: ... e da e. p. muy d. / *c G*: falta //

527*a G*: ... enbuelvas con l. c. / *c S*: entendera / *d G*: conlueça //

528*b G*: ... de m. v. b. / *c G*: *om.* que, e a s. fiios b. / *d G*: ... e e. s. d. d. c. //

529*a G*: ... p. e a u. h. / *b G*: q. l. n. veviera ... / *c G*: rr. le e. d. ... /*d*: *G*: fisol b. e. v. ... //

530*a G*: avie / *b G*: servie / *c G*: ... e. v. non bevie /' *d. G*: e. s. e a. e. o. bevie //

531*a G*: ... e. d. por eso / *b* ... p. l. d. todo esto / *d G*: d. t. s. b. monge dixo c. s. g. //

532*a G*: dixo / *b G*: ca //

533*b G*: estando ... començol a rr. //

534*a G*: tomar / *c S*: sano, *om.* lo / *d G*: e. d. quel movio a. ado le e. //

535*b G*: rrespondiol e. d. ... / *c G*: a. camineros ... //

536*a G*: fisol ... e despues que f. v. / *b S*: d. saca dello e. b. p. l. a. t. / *c G*: *om.* e / *d G*: *om.* por //

537*b* *G*: c. e. p. e f. saco lo d. e. / *c* *S*: echava; *G*: vio, *om.* ya //

538*a* *G*: a. n. sabedes / *b* *G*: ... n. c. e. m. s. g. / *c* *G*: t. g. qued m. ... / *d* *G*: *om.* que //

539*a* *S*: ceyo; *G*: crio el s. m. c. / *b* *G*: *om.* se / *c* *G*: e. g. con l. f. en ello s. d. / *d* *G*: c. f. luxuria pues c. v. e. //

540*a* *G*: f. en e. rr. d. t. m. / *b* *G*: s. e. l. ... / *c* *S*: omeçida; *G*: umiçidio / *d* *S*: decomunales; *G*: t. e. v. m. ... //

541*a* *G*: d. d. una h. e f. u. m. / *b* *G*: e. d. sus b. ... / *c* *G*: ... tenie m. seer / *d* *G*: ... e o. s. a p. //

542*a* *G*: ... p. muy c. / *c* *G*: f. s. m. fasienda ... / *d* *G*: a la o. f. e. m. ... //

543*a* *G*: avie / *d* *G*: el b. ademas yase t. m. p. //

544*b* *G*: pierde l. f. s. t. s. m. / *c* *G*: huesos / *d* *G*: es con e. m. v. t. c. p. //

545*a* *G*: huelgo / *c* *G*: ... e. f. cala / *d* *S*: ... del v. bien t. guarda; *G*: s. a. quesieres dueñas ... //

546*b* *G*: ... e s. s. e e. / *c* *G*: ... e t. l. a. / *d* *G*: ... e al m. fallesçen //

547*a* *G*: do m. p. e. v. que el s. d. m. / *c* *G*: muertos / *d* *G*: *om.* el //

549*b* *G*: dueñas //

552*d* *G*: lo an //

553*c* *G*: cummo //

557*a* *G*: ny //

558*c* *G*: nonl //

562*a* *G*: muchos / *b* *G*: senals //

564*a* *G*: alguna / *b* *G*: ninguna / *c* *G*: ... e. s. d. la l. //

565*a* *G*: consyntra / *b* *S*: entendera / *d* *G*: e p. el t. c. ... //

566*b* *G*: ca //

567*a* *S*: muchos; *G*: s. m. te çelares ... / *b* *G*: d. f. la p. d. g. conparti / *c* *G*: con o. m. ... / *d* *S*: estos; *G*: ... p. e. las p. //

568*c* *G*: tanto sabie rr. ... / *d* *S*: d. q. l. buena p. ... //

569*a* *S*: Tyrando / *b* *G*: e. l. d. l. uerta d. vinas e d. h. / *c* *G*: a. e. su grant c. ... //

570*a* *G*: a m. m. f. ... / *b* *S*: *om.* de / *c* *G*: rr. se l. d. e d. l. p. haçerio //

571*a* *G*: p. u. m. tan p. q. q. p. p. / *b* *G*: *falta* / *c* *G*: ... e s. m. a. / *d* *S*: q. a s. e a otros m. ... //

572*a* *G*: *om.* le, *om.* la / *c* *G*: guardas / *d* *G*: n. p. tu amiga ... //

573*a* G: s. t. bien guardares … / *c* G: … querer t. ha c. amigo / *d* G: … e f. l. d. e. //

574*a* G: … s. p. sosegar / *b* G: … *om.* otros, m. d. castigar / *c* G: panfilo mi criado que se esta bien de v. / *d* G: con mi muger doña venus te verna a c. //

575 G: *falta la c.* //

576*b* S: d. v. al a. …; G: … pense d. c. / *d* G: … u. s. vevir //

577*a* G: … quando e. todo p. / *b* G: c. e. s. d. t. sienpre n. c. //

578*a* G: c. el m. c. sospirando m. t. / *c* G: en d. f. e de aquesta v. t. //

579*c* G: … años rrecabdo n. a. / *d* S: *om.* tu; G: … en un rrato l. a. //

581*a* G: talle / *c* G: doñosa //

586*b* G: serven //

587*c* G: ni a. //

588*d* G: ferio //

589*b* G: espera //

590*d* G: *om.* consejo //

594*b* G: monge / *c* G: fulgura //

596*b* G: d. f. e de d. d. t. e b. / *d* G: *om.* me //

597*b* G: atraveso … trayo f. / *c* S: toda m. f. pyerdo e del todo me es tirada / *d* G: l. ll. mas v. c. … //

598*b* G: … e d. d. buen s. / *c* G: … d. mayor l. / *d* G: del d. m. d. … //

599*a* G: c. a. e c. algos … / *b* G: en m. l. tiene t. q. d. v. s. / *c* G: do e. e. g. l. s. l. desdeñamientos / *d* G: la grant rriquesa fase grandes ensalçamientos //

600*a* S: Ryqua / *b* G: … q. q. dellos m. / *c* G: p. que asi n. p. aver l. d. g. //

601*a* S: *om.* la; G: … m. l. f. bien q. / *b* G: e p. a. a c. … / *c* G: o c. yo n. f. … //

602*a* G: atreviendo m. c. l. … / *b* G: … q. f. muy desdeñado / *c* S: n. preçia n. …; G: … esto m. t. en su amor c. / *d* G: … n. s. atan p. //

603*a* G: q. m. e. el o. a g. f. a. / *b* G: t. mas mucho s. q. … / *c* S: esto me trae muerto perdido e penado / *d* G: ay s. d. v. … //

604*a* G: y. vos vedes n. m. n. p. p. / *b* G: … ya s. mis c. / *c.* S: oen; G: e n. m. d. rr. o non m. o. v. o. / *d* G: *om.* vos //

605*a* G: n. v. bien v. o. l. m. c. / *b* S: tyra; G: t. del m. c.

la s. e. a. / *c G*: e c. la ll. c. ungente sy *(sic)* f. / *d G: om.*
que, ... tristura //

606*a S: om.* del mundo; *G: om.* la / *b G*: q. a. suyo tan feri-
do ... / *c G*: quexura / *d G*: e. g. dolor m. f. p. s. e vida //

607*a G*: e. c. h. p. m. s. ya fallesçen / *b G*: ... mios o. n.
peresçen / *c S*: ... mi menbrios *(sic)* desfallesçen / *d S: om.*
los; *G*: ... l. segidores v. //

608*b S*: fuste / *c S*: fuste; *G*: estido / *d G: om.* te //

609*c G*: s. ende m. ç. y. m. asegurado //

610*a G*: A t. m. q. m. ... / *b G*: verguença / *c G*: a pena que
d. m. u. ... / *d G*: aun que la muger calle e. e. p. e. s. //

611*a G*: servi l. / *b G*: ... non m. n. p. / *c G*: sys ... buen
a. n. f. / *d S: om.* sienpre //

612*a G*: don a. a o. leyo e. el e. / *c G*: ... n. l. t. a la e. //

613*a G*: e n. t. e. d. p. la s. m. rr. / *b G*: c. a. e c. s. e. le
d. rrespuesta/ *c G*: q. s. o que s. e. e. cuydar e. p. / *d G*: ...
l. g. p. se a. //

614*a S*: ... del m. a. / *b G*: espantara ... tornada / *c G*: n. la
nave en s. n. herrada //

615*a G: om.* muy / *b S*: q. n. dara l. mercaduria ...; *G: om.*
que / *c S: om.* lo; *G: om.* el / *d S*: mercadorya //

616*a S: om.* grand/ *G*: servi... m. t. la a. //

617*a G*: la grant peña p. ... / *b G*: arranca / *d G*: segidor //

618*b G*: tornan s. l. ç. e d. s. l. m. / *c S: om.* se; *G*: c. se l.
t. fuertes a. s. los haduros / *d G: om.* e //

619*b S: om.* bien; *G*: ondas / *c S*: serviçio //

620*b S*: e la a. ...; *G: om.* lo / *c G*: llora //

621*d G*: v. s. una d. ... //

622*b G*: ... e. saber nin l. ciencia / *c G*: non p. d. de l. d. e.
a. nin q. / *d G*: ... e e. u. e. l. f. //

623*a G*: m. que t. d. d. n. a. q. s. te asañe / *b G*: n. dexes d.
servir l. t. afan n. s. te d. / *c G*: f. la s. ... / *d S*: que non
se m.; *G*: tanga //

625*d S: om.* mas //

631*c S*: f. mal d. //

632*a S: om.* las / *c S: om.* muy //

636*d S*: ... a q. nonl d. n. //

638*c S: om.* oye / *d S*: ligongero //

644*a S*: rrisoñas //

648*d S*: fadigna //

652*d S*: vinie //

653*c S*: q. c. q. b. que boquilla *(sic)* ... //

660*d G*: fiels //

661d *G*: presona //
662b *G*: v. a. he d. / *d G*: t. me d. l. m. q. m. s. m. abaxa //
663c *G*: ey //
664a *G*: s. y. n. a me trevo //
668c *G*: ... lo q. a. p. l. calle //
669a *G*: don //
672b *G*: lisonga //
673d *G*: las //
677b *G*: los //
678a *G*: comiença //
680b *G*: quigeredes //
686b *G*: quiere //
687a *G*: f. s. m. s. ... / *d G*: giar //
691d *G*: al a. ... //
692d *G*: *om.* e //
693c *G*: e. t. e los fados suele s. a. / *d G*: p. s. d. t. aquesto n. se pueden ayudar //
694a *G*: p. s. d. n. me p. ... / *b G*: dios g. l. m. o. e e. m. t. vea / *c G*: ... v. todo l. q. d. / *d G*: l. q. c. v. //
695b *S*: vinie / *c G*: cuyda / *d G*: amistat d. e s. l. m. la m. //
696c *G*: mensajeras / *d G*: *falta* //
697a *G*: ... q. manda e. a. / *b S*: maestrias //
698a *S*: *om.* tal; *G*: mester / *b G*: ... e d. m. mal s. / *d G*: esta //
699a *G*: ... bohoña de las q. v. j. //
700a *G*: *om.* de / *b G*: andan ... joyas / *d S*: athonas; *G*: *om.* el //
701a *S*: fuy / *c G*: e. v. m. esta ... //
702a *S*: o. d. s. d. v. ... / *b G*: *om.* a / *c S*: hes; *G*: c. b. e a. al que d. v. e. a. / *d S*: ... e p. v. e. //
703a *G*: q. yo f. c. usco b. e. c. en p. / *b G*: ... oylda a mi e. p. / *c G*: s. n. v. e yo n. s. ... / *d G*: desildo //
704a *S*: comigo / *b S*: ... g. h. v. lealtal; *G*: podiere / *c G*: correderas //
705b *G*: s. de vos e d. o. ... / *c S*: viene; *G*: arrepintajas //
706a *G*: y. l. d. u. d. a. s. q. nunca v. / *c G*: la / *d G*: ... t. e m. t. //
707b *G*: ... m. que n. s. v. / *c S*: enbia; *G*: s. con e. algunos levantan gran f. / *d G*: *om.* le, *om.* en //
708b *G*: e f. e. vos amos l. m. q. entendieredes / *c G*: e. aqueste pleyto la m. m. q. podieredes / *d G*: a. el f. todo p. veredes l. v. //

709*a* G: dis ... aquesta v. v. / *b* G: e. l. dire t. e. ... / *d* G: ... y. l. d. ay d. e. //

710*a* G: conosçiente / *b* G: sobrevienta / *c* G: d. p. e. ya f. c. c. ya q. ella consienta / *d* G: ... q. l. siella n. c. //

711*a* G: *om.* e / *b* G: ... u. v. es m. / *c* G: *om.* el //

712*a* G: m. s. v. don a. d. l. q. d. suelen / *b* G: ... quien a. v. ante m. / *c* G: demuele (*corr. en* desmuele) //

713*b* *b* G: ... e p. l. q. v. p. / *d* G: conbides //

714*a* G: estorvado / *b* G: que e. o. bien e. p. sea bien rr. / *c* G: m. m. un v. ... / *d* G: ... q. non e. g. n. ch. //

715*c* S: hes; G: ... a m. es gran e. / *d* G: ... e t. a q. non (*sic*) //

716*a* G: disedes / *d* G: p. el m. c. l. f. m. q. p. el s. q. //

717*b* G: tengo / *c* G: m. v. entristesco por el tienpo p. / *d* G: p. q. n. m. e. g. ... //

718*a* G: s. vos m. d. a. d. q. p. un p. / *b* G: a esa moça ... m. del c. a. / *d* G: e. este m. harnero l. trayo yo a. çarçillo //

719*b* G: ... sea en v. m. / *c* G: ... yt e non le d. v. / *d* G: p. a. q. vos v. ... //

720*a* G: *om.* el / *d* G: fablarades //

721*a* G: quel / *c* G: ... e d. b. lo c. / *d* G: ... a. s. muchas b. //

722*a* G: ... e c. e e. / *b* G: ... e t. lo p. s. / *c* G: q. por f. ... p. q. se arrepiente amenudo //

723*a* G: harnero / *b* S: alfileres; G: menando ... s. con a. / *c* G: ... c. me estos m. / *d* G: oyo lo d. e. dis e. n. rr. //

724*b* G: en e. m. b. tomat e. s. / *c* G: descobrides ... pastrija / *d* G: q. p. esta n. p. a p. l. guisa //

725*a* G: f. s. vos m. d. c. tan e. / *c* G: s. e en a. e. p. la v. b. l. / *d.* G: apresta //

726*a* G: ... m. buena m. / *d* S: n. puede o. ... //

727*a* G: ... ensta mi p. / *c* G: bondat / *d* G: beltat //

728*b* G: e. c. e e. rriquesa ... / *c* G: c. l. l. se fase l. ... / *d* G: ... p. n. l. v. //

729*a* S: conssejo; G: al s. vençe c. s. a. l. n. e. t. p. / *b* G: ... e c. l. l. estar l. / *c* G: en e. c. n. fallesçe rraça algun p. / *d* G: non p. e. m. p. m. v. q. le t. //

730*a* G: tal / *b* S: *om.* mas; G: n. astraga ... mas ante l. guarda / *d* G: e. e. b. vey o. q. buy (*sic*) f. //

731*a* G: e. f. c. e. p. m. v. aprueva / *b* G: *om.* fijo, atan / *c* S: ... p. el coraçon s. p. //

732*a* G: *om.* es / *b* G: ... c. usco d. g. / *c* G: s. v. b. l.
s. ... / *d* S: queriades; G: v. querriedes a este q. v. h. f. //
733*c* G: *om.* muy //
734*a* G: a v. chica f. e b. ch. rrecabdo / *b* G: obran ... rre-
cabdan / *c* G: d. ch. ç. n. g. ll. e grant f. / *d* G: e viene g.
peligros a v. del ch. j. //
735*a* G: s. fueron mis costunbres ... //
736*a* G: a. mi s. d. v. c. / *c* G: g. v. h. bien p. e ç. bien v.
rr. / *d* S: *om.* todas //
737*a* G: ... c. m. e con b. / *b* G: *om.* me / *c* G: ... tantos
de b. t. / *d* G: ... e s. p. m. c. //
738*a* S: ... q. fija e. f. s.; G: qual / *d* G: ... quereldo e.
buena o. //
739*b* G: allegaron / *c* G: fados alvos / *d* G: *om.* buen //
740*a* G: pedricar / *b* G: ca ... cuydara / *d* G: podedes //
741*b* S: mentiras / *d* G: *om.* que //
742*a* G: dexat m. d. rroydo y. t. o. c. / *c* S: se; G: emiente /
d G: n. me c. a. d. m. ests *(sic)* m. //
743*a* S: bilda / *b* G: ... n. s. ya t. / *c* S: e. l. vida s. ...;
G: ... bien como v. c. / *d* G: *om.* buen, ... terna d. //
744*a* G: tirara, *om.* de / *b* G: d. p. e fuerças e d. v. e p. /
c G: tantos / *d* G: lomasos //
745*b* G: *om.* puede, muy / *c* S: c. la a. ...; G: autarda //
746*a* G: ... bien s. pasarero / *c* G: ... los l. e e. rr. / *d* G:
om. en //
747*c* G: c. esta s. destas heredades / *d* S: senbrado p. n. m.
g.; G: vuestros //
748*b* G: d. le ques f. ... //
749*c* G: q. q. t. rregava e t. lo escardava / *d* G: ... mager
q. s. tardava //
750*d* S: d. m. esta vegada ... //
751*c* G: c. g. m. grojeadora / *d* G: caçador //
752*a* G: c. es e. c. ... / *c* G: ... e l. l. a l. p. / *d* G: ... y.
s. e. la plaça //
753*a* G: ... p. l. l. sus a. / *b* S: n. l. d. dellas ...; G: salvo /
c G: c. e. suertes malas //
754*b* G: p. a. vos toda ... trobejo / *c* G: ... yredes a c. /
d G: ... pelar v. an e. p. //
755*b* G: lienda / *c* G: a. e d. bien ... //
756*b* G: enste //
757*d* G: tadas //
759*a* G: Renpondio //
760*d* G: no //

769*a* S: espandados //

771*a* S: Ffiestas //

774*b* S: *om.* y, ... cochno //

776*b* S: dechos //

777*a* S: ayas //

778*c* S: rrosto //

779*a* S: Toxo l. enderedor ... //

781*d* S: dezian //

782*c* S: no //

786*d* S: ... b. culpa p. //

792*b* S: *om.* vos / *c* S: aydes //

794*c* G: p. que a l. m. s. c. l. davan m. / *d* G: *om.* la. *om.* yo //

795*b* G: casara ... que serie a. / *c* G: a n. e. t. ... / *d* G: ... e despues e. h. //

796*b* G: ... e. s. gran masiella / *c* S: *om.* la; G: *om.* las, l. buena o. / *d* S: *om.* grant; G: e. p. l. g. g. s. e grant s. //

797*b* G: ... d. d. grant t. / *d* G: c. s. grandes g. ... //

798*a* G: nuestra / *b* G: *om.* se / *c* G: *om.* el //

799*c* G: disen / *d* G: esto ... q. e. m. e m. s. //

800*a* G: a. f. vos m. a m. p. v. / *b* G: ... de la a. / *c* G: p. q. t. c. e a. f. / *d* G: d. m. j. o f. e. c. //

801*a* S: Estonçe d. l. v. ... / *b* G: ... d. unas de açor / *c* G: e. cada l. teme ... / *d* G: e q. q. levar la ... //

802*a* G: *om.* e / *b* S: s. v. le d. ... / *d* G: la //

803*a* G: rrevenir / *d* G: s. lo p. v. //

804*b* S: desperar; G: d. se e. o. //

805*b* G: ... e e. e. b. / *c* G: pero c. e. el o. l. b. a. //

806*b* G: ... omne quiera a. / *c* G: ençelar //

807*c* G: q. d. v. la f. ... / *d* S: desseo /

808*a* G: *om.* de / *b* G: ... que n. q. d. / *c* G: f. q. n. m. a. ... //

809*a* G: Al m. c. e. ... estraños / *b* G: ... e. unos n. e. / *c* G: ... n. e. a. f. //

810*a* S: labrios; G: ... l. tienbla u. p. / *b* G: *om.* le / *c* G: *om.* ansí / *d* G: ... con los suyos q. //

813*c* G: ... c. la m. a. / *d* G: ... seguid la toda vía //

814*c* G: *om.* e / *d* G: avilesa //

815*c* G: ... s. n. sy es e. p. / *d* G: s. bien m. q. //

816*c* G: *om.* e //

817*a* G: ... q. e. mentir v. a. / *c* G: *om.* yo, ... n. d. aquesto m. / *d* G: s. y. a v. e. ... //

818*a* G: fusia /*d* G: ...s. poder l. conpliermos //

819*a* G: Esto / *b* S: m. e. poble coytado ... / *c* G: en q. sea sobrado el rr. p. //

820*c* G: *om.* su / *d* G: n. s. ende m. p. ... //

821*a* G: e, cada parate a. ... folia / *c* G: la ventura / *d* S: orilla //

822*a* G: ... prometiste p. e. a. / *b* G: l. q. v. y. p. ... / *c* G: *om.* he / *d* G: casa //

823*a* G: ... s. v. podiere yuntar / *b* G: ... o. de buen bogar / *c* G: ... n. s. mal a. / *d* G: *om.* en //

824*a* G: ... e. d. q. m. y / *b* G: ... dis q. e. q. ll. y //

825*a* G: vienes / *b* G: *om.* me / *d* G: ... m. es q. a. v. //

826*a* G: ... corriendo como a cierba / *b* G: seguido / *c* G: que le ... q. le andava v. / *d* G: ... n. le e. //

827*a* S: d. o. esto l. rrysona v. / *b* G: ... e f. s. para iglesia / *c* G: *om.* a //

828*a* S: rrisoña; G: diablo ... rresellosa / *b* G: connusco f. el o. n. o. / *c* G: p. como s. f. c. e. vuestra c. / *d* G: *om.* e //

829*a* S: Pregultol l. d. ...; G: ... por n. d. a. / *b* G: ... q. e. de aquel / *d* S: migel; G: q. e. un p. ... //

830*a* S: cobrir / *b* G: n. e. gran amador ... /. *c* G: yo l. v. m. e. l. m. a. //

831*a* G: ... e. v. toda v. / *b* S: ... loçana m. a. / *c* S: mudada //

832*a* G: e v. d. n. a. c. n. e. / *b* S: d. m. n. m. q. s. v. e.; G: magera v. e. / *d* S: ... p. e penado; G: trayes //

833*b* G: fasa / *c* G: dedos / *d* G: ... doledet v. o f. q. //

834*a* G: esta / *b* G: en m. d. e. v. ... / *c* G: trabajo //

836*a* G: calle / *b* G: d. de v. f. f. m. enganado / *c* G: p. a. d. c. f. m. enamorado / *d* G: d. l. quel p. ... //

837*b* G: e mager q. v. c. ... //

838*a* G: *om.* de todo / *c* S: o h. l. f. o b. l. d. / *d* S: q. v. aca c. d. ... //

839*b* G: p. que non m. f. ... / *c* G: ... defiende e. trabejo //

840*a* G: ... q. s. t. con rr. / *d* G: *om.* se //

841*a* G: ... m. d. e. m. m. / *b* G: *om.* muy / *d* G: que n. l. escantaderas //

842*a* G: coytas / *d* G: ca v. q. v. a. ... //

843*a* G: ... m. d. en q. c. / *b* G: entramos / *d* G: p. que e. a. l. q. ... //

844*a* S: eso; G: *om.* me / *b* S: quiese (*sic*) / *d* G: aviemos //

846*a* G: e. a. engañoso q. vuestras p. / *b* S: mueras //

847*a* G: d. me d. e. alla m. v. pagada //

848c S: *om.* la; G: callar / d G: mas los fecho *(sic)* e l. f. ... //

849b S: tenga / c S: ... en ello se atenga / d G: o c. por v. o v. s. p. do venga //

850a S: *om.* se; G: conmigo / b G: ... q. me puede d. / c G: ... d. a. es s. f. / d G: *om.* en //

851b G: ... quien l. diga n. a. q. //

852a G: amor / b G: priesas / c G: a. e a. se t. ... / d G: n. s. q. e. mayor //

853a G: las p. d. cansa m. n. e d. / b G: ... m. c. q. / c G: mesturado / d S: quel; G: q. c. non seguro ... //

854a G: n. s. lo q. f. ... / b S: ... l. ll. del enamorado; G: rruego e rr. ... //

855a G: pensamientos ... quebrantado / b G: quexo t. m. muy casado / c G: allego ... lexa mal e. / d S: *om.* vida; G: m. q. bevir s. m. ... //

856a G: quantas mas p. ... / b S: se ençiende; G: contiene / c G: rrasones ... contide *(sic)* / d S: ... l. fla *(sic)* e l. e. //

857a G: *om.* que, ... llaga / c G: ... v. m. e vos d. / d S: amata; G: ... perderedes s. vos a. //

858a G: ... le v. b. v. d. / b G: ... el o, omne *(sic)* v. a. / c G: ... tiene e. el s. c. c. s. / d S: ... matad v. con e. //

859b G: *om.* en / c S: desira; G: amos / d G: q. n. quiere creer m. d. ... //

860b G: olvidat e escusat ... / c G: *om.* vos //

861a G: *om.* que / d G: jugaremos e folgaremos d. v. h. yo a. delas n. //

862a G: ... para l. l. / b G: m. p. e mançanas q. çidrias e q. naranjas / c G: q. c. e q. p. ... / d G: amades //

863c S: *om.* bien; G: t. e. de a. u. b. ... / d G: p. a poquillo n. y. syn ninguna rr. //

864b G: ... t. b. m. / c C: ... q. a. vos n. c. / d S: otre; G: ... por q. o. n. l. e. //

865a G: l. alas oms *(sic)* v. ... / c G: ... vienen a. / d G: *om.* es //

866a S: *om.* e; G: libre / c G: veyen ... aristas / d G: *om.* e //

867a G: folgar / b G: e comer d. l. f. e l. pellota j. / d G: veya //

868b G: ... vuestros cuydados / c S: el e. m. s. ...; G: ... l. culuebra d. forato / d G: ya //

869a G: s. q. b. d. v. ... / b G: hito, *om.* que / c S: *om.* en todo, tengan / d G: ... q. yo ay n. f. //

870a G: menbrat / c G: tengan / d G: m. v. v. e. f. ... //
871b G: yantava / c G: v. se d. e. ... / d G: e. c. e. e. casa b.
asosegada m. //
872a G: vigisuela / b G: om. luego / d G: ſalta //
875c S: pueras //
878ç S: rretebdes //
881a G: s. n. p. mas l. p. q. l. quadranis / b S: ... en la p.;
G: rreyerien / c S: om. ya; G: contratris / d G: ca t. o.
f. ... //
882b S: om. e / c S: saldas; G: ... davades m. a. e m. s. /
d G: o. ya q. s. e. todos m. s. fallesçidas //
883a G: om. lo / b G: las paran / c G: ya q. e. l. veyen ... //
884a G: ya l. p. ... q. veyen e. a. / b G: las ... las / d G:
... p. e m. n. a. //
885a G: ... d. l. e n. l. m. / c G: p. c. e a. ... / d G: p. y.
n. h. o. c. ... //
886a G: amigos //
887b G: q. e. aquexamiento n. lo p. p. t. //
888a G: ... e a l. d. / b G: ... e y. d. l. / c G: deven b.
c. ... //
889a G: l. y. e l. d. ... / b S: om. el; G: ... e. el fecho d.
y. / c S: corcordia; G: amos / d G: ... torne se e. b. s. //
890a G: om. que / d G: ... e. p. m. b. c. //
891b G: allegan s. l. c. e l. b. c. rr. / c G: ... fecho ay d.
v. p. / d S: felo, om. la; G: en l. f. d. l. e. ... //
892a G: d. abrit o. e o. b. l. / b G: ... palabras e g. v. d. v. /
c G: g. n. v. acaya ... //
893a S: ... d. l. triesta; G: ... e dolie l. l. t. / c G: ... en
d. e e. l. fiesta / d S: todos //
894a G: e. ay e. b. e f. d. j. / b G: rreçotar / c G: ... muy
a. a rr. / d G: oviera l. a. //
895b G: q. abrir le t. e a. n. le p. / d G: sentios ... uri-
gudo //
896b G: m. q. le ll. e q. ... //
897a S: donde / c S: onrra; G: onrrado / d G: ... n. valen
u. hava //
898a S: abbuelbola; G: albuerbila / b G: tabor / c G: om.
fiesta //
899c G: sabie ... del s. / d G: e. el j. n. ... //
900a G: ayuntados / b G: p. lo a d. b. ... //
901a T: ... c. s. u. derechas / b G: guardasen / c T quando //
902b G: avie / c G: ... traxo le d.; T: ... troxol d. //
903a GT: d. el lobo al leon; T: atal / b GT: q. s. e. su c.;

T: o. tovieran / *c T*: maneras / *d S*: end; *G*: m. q. non
lo t. ... //

904*a GT*: ... e bien e. rr.; *G*: a. señores e d. / *b G*: alcan-
çen / *c GT*: ... el c.; *G*: alçe / *d S*: vuestro loco; *GT*:
... l. a. non le t. //

905*a GT*: aventura; *G*: f. e e. e. / *b G*: guarda s. y n. t. ...;
T: g. s. n. y t., *om.* al mal / *c G*: menguado / *d G*: cas-
tigado /

906*a GT*: castige / *b S*: quieran; *G*: loca rrisa; *T*: l. rrico /
c G: y. ovistes desir q. a. ... / *d S*: encone; *G*: algunas //

907*a S*: falagoera; *GT*: falagera; *G*: guards / *b G*: *om.*
que ... grant d.; *T*: grande d. / *c S*: ... g. a. d. grand n.;
G: d. u. n. bien ch. n. una grant n.; *T*: d. u. n. muy ch.
n. muy grand n. / *d T*: *om.* e //

908*a G*: ... d. los m. diseres; *T*: anda ... diseres / *c G*: ... n.
t. a. non t. a.; *T*: diser... ensanes / *d G*: fabliellas; *T*:
fablillas //

909*a GT*: e. b. la e. ...; *G*: andrino / *b G*: d. lo p. t. d. e.
mas n. p. q. a m. avino; *T*: *om.* te, ... mas n. p. q. a m.
v. / *c GT*: ... e d. rr. d. m. v. / *d GT*: enfies; *G*: non t.
ll. a. e.; *T*: n. t. arrymes a. e. //

910*a S*: Seyenedo //

912*b S*: salvase / *d S*: estan (*corr. en* estass) //

916*c S*: dam, *om.* çinta //

919*b S*: astaca //

926*a S*: alcahueta //

929*d S*: bolvieldo //

932*a S*: digas //

934*d S*: ha v. d. m. s. ... //

935*b S*: *om.* a //

936*c S*: torme //

937*c S*: vieja //

938*c S*: guarda //

940*b S*: buhonera / *d S*: *om.* se //

942*c S*: diz //

946*c S*: vieja //

947*a S*: *om.* esta / *c S*: tengo /

950*b G*: fue yo p. l. s. ...; *T*: *om.* e / *c GT*: p. l. l. m.; *G*:
e n. f. v. / *d S*: ... s. de s. a.; *T*: q. m. d. p. t. ... //

951*a G*: Enel m. e. d. m. d. d. s. migel / *b S*: pasado el
puerto d. lacayo ... / *c G*: ... non pudia defender; *T*: ... n.
me podia defender / *d S*: busco; *T*: l. q. non t. d. p. //

952*a S*: *om.* grant; *GT*: E. ç. de ese p. v. m. e. g. barata /

b GT: f. la v.; *G*: c. d. esa m. / *d T*: y. s. l. ha de
maja ... //

953*a S*: cogo; *G*: y. g. e. peaje e. portadgo c.; *T*: y. g. e.
pasaje e e. portalgo c. / *b GT*: om. me; *G*: al q. d. g. ... n.
lo f. e. / *c GT*: ... p. n. q. p. le d.; *G*: al q. ... / *d G*:
p. m. tu s. n. ...; *T*: p. tu s. n. ... //

954*b S*: estrecha; *G*: harruqueros / *d G*: dis ... perro //

955*a G*: d. m. p. e d. t. de estas j. d. s. / *b G*: quesieres /
ç *G*: c. s. dise l. f. ... / *d G*: om. el //

956*b G*: p. m. ques q. e fas q. non m. e. / *c S*: syn; *G*: si
me ... m. te enoje / *d S*: consseja; *G*: ante q. ... //

957*c G*: y. con el mucho f. c. m. e c. q. / *d S*: pacha; *G*:
pancha c. b. e. ç. d. c. //

958*c G*: om. las / *d G*: om. y //

959*b S*: por e. p. d. m. / *d G*: al asomante de un rr. / *e G*:
hadeduro d. commo a. / *g G*: este //

960*a G*: dix le y. / *G*: para / *c S*: d. e. p. barruntas / *g S*:
sanos //

961*f G*: p. bien q. t. a. //

962*c G*: tuelte e da me c. / *d G*: traxe / *e G*: dixo / *g G*:
ca ... posada //

963*e S*: dardo; *G*: alento e. p. / *f S*: para; *G*: por //

964*a S*: gransava; *G*: fasie / *b S*: dio / *c G*: hascas / *d S*:
pagan; *G*: paga / *e G*: dixe le / *g G*: queria //

965*a S*: om. te; *G*: ... a la c. / *b G*: demostrar ... / *d G*:
om. he / *e S*: promed a.; *G*: alaud p. m. a. / *f G*: om. he //

966*a G*: om. e / *d S*: u. bronca e un pancha / *e G*: e. dixo
doy m. a. / *f G*: a. a. e vete comigo //

967*b S*: om. me / *d S*: levon; *G*: levo me l. c. a. / *e S*: hadre
duro; *G*: h. dis n. t. e. / *g G*: om. la //

968*b G*: ... c. s. hato / *d G*: e m. conejo d. s. / *f G*: hoga-
ças / *g S*: de b. c. d. ch. //

969*a G*: quartillo / *d G*: l. e n. ... / *e G*: e dixo h. //

970*a G*: d. q. fue p. e. / *b G*: f. m. mas desarresiado / *d G*:
sonrreyedo / *f G*: d. conpañero a. / *g G*: c. q. te v. e. //

971*a G*: vaquerisa / *f G*: o. d. f. lo que q. / *g G*: creet q.
f. b. varato //

972*a G*: luego d. d. venta ... / *b S*: novia; *G*: n. para c. ... /
d G: maya //

973*a G*: estide, esta, om. e / *b S*: polco ... perhenal / *c S*: d.
v. que l. m. b. ...; *G*: dix d. v. m. b. q. s. pueblava m. /
d G: om. dixe //

974a G: t. me p. m. tierŕa dende a t. d. / c G: c. ir por e.
p. q. disen d. l. f. f. / d G: *om.* lo //

975b G: ... çerca esa rr. / c G: y. le d. o. m. ... / d G: e
m. m. h. ... //

976a G: *om.* me diz, ... q. a. me enbias / b S: lleges; G: a
m. n. t. ll. ... / d G: s. e. lugar t. c. ... //

977a G: ... d. q. d. m. se q. / c G: p. m. por ll. a l. gaha
m. / d G: ... tras l. o. fita //

978a S: D. m. la c. a. ... / c G: c. d. dixo ç. e. e. e. / d G:
q. tan bien acoje ... //

979a G: *om.* las / b G: dis l. d. n. pases l. a. / c G: asañes /
d G: conquiren //

980a S: Dyz e. a l. c. ...; G: herroso / b G: *om.* e / c G:
ca dise la pastrana quien non yerra non emieda / d G:
corriendo //

981a G: ... de l. m. e f. e. u. / b G: ... e e. y. a. / d G: *om.*
me, al j. p. m. del u. //

982a G: y. le d. por d. a. ... / b G: de a. e de a. n. p. s. /
c G: ... n. p. b. jugar / d G: *om.* e //

985a G: *om.* e / b G: amos s. b. u. amos s. c. / c G: andit /
d G: ll. c. el s. t. a. a. f. //

986b S: ... c. que n. c. / c G: *om.* nin / d G: dira //

987a G: s. m. v. emiente / c G: gaha d. rr. e f. //

988a S: ala / b G: nonbrada / e G: pregunte le commo
andava / ſ G: asi fuera despoblado / g G: e. m. rrespon-
dio / i G: *om.* e //

989a S: sseñora / c G: a l. v. g. o. / d G: e p. p. ventura /
i G: este //

990ſ G: commo se d. ... / g G: q. e. diablo te p. //

991b G: dio me t. e. pestorejo / c G: ... l. c. ayuso / d G:
derroco m. e. e. en el *(sic)* v. / ſ S: apilan; G: enpiuelan /
h G: s. n. te p. d. t. //

992a G: ella d. m. v. / b G: lo / c S: quando; G: mandava /
e G: mala / gh G: ſaltan //

993a G: ante / c G: lorda //

994a G: cuydo se / b G: p. o. m. rr. ... / d G: olvidos le
f. ... //

995a G: ſalta / b G: ... p. l. q. es por g. / c G: cuydado /
d G: ... podrias ser enganado //

996a G: d. q. ay p. ... / b S: sala m. / c G: f. un dia f. ... /
d S: p. por la m. e. p. ... //

997b S: priner ... selmana; G: p. d. d. la s. / c G: e. commo
diçendy del v. / d G: e. me con u. s. / e G: v. d. un b.

bermejo / f S: *om.* e; / G: e b. correa d. l. / g S: D l. y. ansi ...; / G: e d. l. y. luego ... //

998b G: escaminado / c G: d. le yo a. la s. / d G: d. me casaria d. g. / e G: *om.* lo / g S: de grado; G: dise b. amigo e f. rr. //

999a G: parienta / c S: vacas; G: yo le d. ... / d G: e y. e. ç. cavalgar / e G: s. yo e. l. ... / f G: ... e. p. del s. / g G: mas ante l. a. que non el g. //

1000a G: s. b. t. las v. / e G: b. s. gitar a. / g G: e aun c. b. p. //

1001a G: de f. e. b. / d G: cuydo / g G: d. yo syn d. //

1002a G: d. a. aqui *(sic)* a. c. / b S: *om.* tal; G: *om.* tu, demandares / cde G: faltan / f S: d. yo p. ...; G: dixo fer lo he sy tu q. / g G: d. t. l. q. me p. //

1003a S: prendero / b G: q. s. d. un b. p. / e S: çamaron; G: çamarroo / f S: e g. p. ... / g G: e n. me f. e. e. //

1004a S: dan; G: da me çarçiellos e h. //

1005a G: yo le d. d. t. estas joyas / b G: *om.* e / c G: b. l. e bien f. / d G: parientas / f G: en e. n. o. / g G: ca //

1006a G: s. an m. m. en l. s. e en el a. / b G: dan / c G: e. ç. de ese p. f. eruela d. / d G: ... rruçio c. f. //

1008a G: atan / b G: descendy a. p. ... f. m. c. un vestiblo / c G: l. m. grant fantasya q. yo v. ... / d G: iguerisa tre-fuda ... //

1009a G: ... d. aquesta g. e. / b G: rroge la q. e. d. que m. q. d. p. / c G: d. m. que lo faria si le f. b. p. / d G: *om.* e //

1010a G: tabla / b S: ... una g. y. c. / d G: podrian //

1011b G: ... n. t. espantable v. / c G: en g. h. darie g. l. e c. / d G: fantasima //

1012a G: ... muy g. s. g. / b S: c. muy n.; G: ... commo c. l. / c G: o. f. e b. / d G: ... osa l. su pisada d. p. //

1013a G: l. o. a tamañas commo d. un a. b. / b G: e. s. p. v. n. e a e ch. / c G: l. n. m. luengas semejan d. un ç. / d G: chico //

1014a G: ... grandes rr. e g. / b G: ... cavalluños m. / c G: *om.* e / d G: l. q. q. c. n. s. a. s. //

1015a G: de pelos mucho negros t. boço de b. / b G: y. n. v. a. e. e. ... / c G: f. segunt c. ... daivas / d G: pero m. t. v. ... barbas //

1021a G: *om.* que / b G: fis t. canticas grandes m. n. pude p. / c G: ... e l. una otra talla //

1022c S: aldara //

1023b S: *om.* me / e G: *falta* //
1024c G: e f. la s. / d G: f. e l. //
1025a G: d. le y. a e. / e G: *falta* //
1026a G: yo le dix f. t. / d G: e q. p. m. / e G: en d. m. p. //
1027d G: comigo se d. / e S: e dan grand s.; G: omne d. s. //
1028a G: yo d. le d. g. / b S: m. soy c. / d G: m. darte d. //
1029a G: d. vete comigo / c S: dion; G: diome / d c. era custubre //
1030b G: t. e m. / c S: dion; G: dio me //
1031a S: dion; G: dio me / b G: d. f. a. / c G: el moço coma / e G: guardado //
1032c G: calyentata t. e p. / d S: nons; G: non se / e G: f. l. trasnochada //
1033a G: doñas / b G: *om.* yo / c G: a. buena c. / d G: li-chigada / e G: q. non le cueste n. //
1034a G: v. q. e. me d. / d G: dise / e G: syme s. d. //
1035a S: dan; G: da me / b G: b. e b. t. //
1036a S: dan; G: da me buena s. //
1037a S: dan; G: da me b. t. / b G: tota / d G: bermejas b. a. //
1038d G: e s. m. m. //
1039b S: talto / d G: *om.* mas //
1040cd G: *faltan* //
1041c G: *om.* me / d S: d. q. non d. a.; G: d. q. non me d. a. / e G: non //
1042b G: p. el o. / d G: quantol //
1043a S: ... de t. b. c.; G: s. a. de t. b. c. / b S: ... d. dos b. e.; G: *om.* bueno / c G: *om.* e, ... este rr. / d G: torno ... q. n. m. d. o. //
1044c G: *om.* y //
1045a S: ay n. s. ...; G: ... cunplida d. p. / c G: ... a. la t. m. / d G: o. me c. las canticas ... omidalt //
1046a G: o. seno *(sic)* señora / d G: oy me a m. p. //
1047a G: M. a. e mi coyta / b G: *om.* e / f S: sy; G: e s. toda tardança / h G: t. f. e m. s. //
1048a G: pero e. g. g. / g G: yago e. p. / h G: e e. p. de doler //
1049a G: el m. a t. / e S: la / g G: j. e. que v. //
1050c S: señores / g G: d. l. el ago //
1051a G: *om.* a / b G: lo / c S: l. traydores gallynes / f G: *om.* asi //
1052d G: e feridas l. / f G: e e. lo e. ç. //

1053*a* G: A l. o. de tercia / *b* S: xpistus / *e* G: moran / *f* G: e. cativedat / *g* G: saldran //

1054*b* S: lieva; G: lieven le a m. / *d* G: e. la s. / *g* G: dira //

1055*c* G: esta / *d* G: dulçe //

1056*b* S: constescio / *f* G: entremecio / *g* G: s. e a. fue / *h* G: *om.* fue //

1057*c* S: cupleta; G: con plentada ll. / *d* G: d. ungento condido //

1058*a* G: con a. ll. //

1059*a* S: L. q. l. l. d. C.; G: des q. l. l. a. / *b* S: a. d. g.; G: d. C. a g. //

1060*a* S: c. los profetas / *d* G: c. avia d. v. //

1061*c* G: quel c. morria / *d* SG: ley //

1062*a* G: c. profeçias dise / *b* G: e. que y. s. c. //

1063*a* G: vendido / *b* G: e. u. l. / *d* S: p. mi p. c. / *f* G: d. l. j. muy m. / *g* G: e e. d. ... / *h* S: *om.* lo //

1064*c* G: de e. l. p. / *f* G: non avian p. / *g* G: tomemos //

1065*a* G: c. c. le e. / *b* G: l. m. e los p. / *c* G: abrebaron / *d* G: c. v. e con f. / *g* G: tenemos //

1066*a* S: E. c. f. puesto p. n. m. e / *c* S: *om.* e / *d* G: d. a. el s. c. / *f* G: salvo / *g* S: *om.* en El //

1067*b* G: ... p. f. a. rranto *(sic)* / *c* G: ocho ... quaresmal / *d* G: *om.* todo //

1068*a* G: e. en mi casa c. j. l. / *b* G: traxo / *c* S: s. v. t.; G: ... nuevas s. v. a t. / *d* G: *om.* ca //

1069*a* G: criador / *c* S: ... e c. con a. / *d* G: ... f. en p. m. //

1070*a* G: sepades / *c* G: a. la m. t. e f. muy grant d. / *d* G: ensaño //

1071*a* S: *om.* de / *d* G: *om.* luego //

1072*a* S: ... q. d. o. s. d. / *c* G: *om.* todas / *d* S: detenga; G: tengo q. n. s. nos t. ... //

1073*c* G: falta / *d* G: ... e e. b. rr. //

1074*b* G: buena c. m. g. ... / *d* S: dada //

1075*c* G: ... q. n. t. c. f. / *d* G: ... p. m. a d. //

1076*b* S: ... alla b. / *d* G: d. muerte o d. lision n. podredes e. //

1077*a* G: ... e e. e. d. / *b* G: venie //

1078*c* S: alfres; G: dis ... con e. m. a. / *d* G: ... q. c. uno m. s. //

1079*a* S: *om.* mi; G: d. m. muchas de g. p. e. m. grant c. / *b* G: ... e dixi a. v. yt / *c* G: *om.* e / *d* G: e v. bien a. ... //

1080a G: orgulloso / b G: ... p. esta m. / c S: quise; G: ... e v. muy a. / d G: traxo //

1081b S: v. d. c. que a. ...; G: ... esta muy e. / c G: d. g. bien g. ... //

1082a S: delanteras / c G: navancos / d G: alardo //

1083d G: ... e. vienen de p. //

1084a S: ... e. lo b. / b G: çeçinadas / d G: estos //

1085c G: ... m. fresuelos fritos //

1086a S: Traya; G: venie una m. ... / b G: m. de f. ... / c G: venien //

1087d G: ... n. lo tienen l. s. //

1088b G: s. n. m. escuses ... / d G: u. s. d. la l. e p. e. s. v. //

1089a G: N. avie a. de d. b. s. bervo / c G: d. o. m. s., om. el / d G: yermo //

1090a G: v. p. a. a. muy l. l. l. / b S: alla d.; G: ... y. la porne l. hiebre / c S: nonl; G: dar le h. s. e yviesos q. d. l. non se m. // d G: querra //

1091a G: corças / b G: d. s. bravuras con m. a. //

1092a G: om. su / b S: llugero; G: s. d. al herrem m. echat o al y. / c S: ... e. c. n. e.; G: n. s. p. lidiar ... / d G: ... c. l. c. e con el c. //

1093a G: ... c. o. m. ç. / b G: ... e f. l. c. / c G: marina / d G: atan //

1094a G: rrico e. / c G: pavor / d G: ... p. an g. t. //

1095a G: ... muy rr. m. a. / b G: harta / c G: d. si j. c. o. mucho o. //

1096a G: e. d. si ... / b G: e. finojo f. l. m. e. e. b. / c G: t. mucho a. c. este a. //

1097b G: om. ya / c G: por e. e. canpo c. l. d. s. / d G: ... d. d. en o. b. //

1098a G: ... c. m. estodieron / b G: om. nin / c G: n. avie m. pues q. a s. m. p. / d G: ovieron //

1099a G: ... e. m. d. ese solas / b G: v. la q. dis s. t. nos v. / c G: ... batiendo l. a. / d G: fueron a d. c. estas n. m. //

1100b G: om. ha //

1101b S: fazes; G: om. las / c G: las conpañas ... menean / d G: om. a //

1102b S: cuelle / c G: esto / d G: ... q. s. e. e. rr. //

1103b G: gruesa m. a l. g. g. / c G: atravesos l. e. e. p. e afogo l. a. / d G: ... falso l. c. //

1104a G: venieron / b G: l. verdiels e sabias ... / d G: caye d. toda parte ... //

1105*a* S: venien //
1106*a* G: andava ay e. a. ... / *b* G: ... e dixol m. b. / *c* G: s. n. p. la ç. ... / *d* S: ladron //
1107*a* S: *om.* de; G: venian / *b* G: ... e c. l. c. / *d* S: guadal quevyl ... su; G: ... ponen s. t. //
1108*a* G: ... navancos lidiavan b. e p. / *b* G: dixo l. p. d. e. q. n. p. / *c* G: *om.* he / *d* G: çierra //
1109*b* G: traye ... garbanço / *c* G: *om.* e / *d* S: trava; G: travan //
1110*a* G: ... d. p. e de ch. / *b* G: c. muy e. ... / *c* G: ... e vallesteros a. / *d* S: larcos //
1111*b* G: ... e. las a. puestas / *c* G: cuestas / *d* G: los prados q. son a. ... angostos //
1112*b* G: por s. las a. ... / *c* G: q. s. e. el m. venian todos a. t. //
1113*a* G: a. ay l. hurta ... / *d* G: e. golhin a. buy v. ... //
1114*a* G: salian los a. ... / *d* S: deçenir //
1115*a* G: anda / *d* G: m. q. le e. ... //
1116*b* S: *om.* aun //
1117*c* S: d. e de la p, ...; G: de la e de la p. ... //
1118*b* S: *om.* le / *c* G: ... segiendol lievan le a l. m. / *d* S: esta; G: fallavan //
1119*b* G: ... f. s. c. el s. / *d* G: atendiol e. f. ... //
1120*a* G: *om.* e / *b* G: s. a.c. espera d. mala e. / *c* G: m. v. se c. e. ... / *d* G: ... e echol e. el a. //
1121*a* G: foydos *(sic)* / *b* G: d. m. e dellas e. f. / *c* G: *falta* / *d* G: enflaquidas //
1122*d* G: *falta* //
1123*a* G: fue / *b* G: q. non fincaron con el a muy grant megua vino / *d* S: çecado; G: çerrado //
1124*b* G: ferieron de l. e. ... / *c* G: m. n. l. q. ... / *d* G: ... echaron e. u. c. //
1125*a* G: traxieron / *b* G: afugasen / *c* G: m. doña Quaresma ... / *d* G: ... c. e. t. la c. //
1126*b* G: q. descolgar los n. ay n. v. / *c* G: colgaron / *d* G: e. s. va d. ... pada //
1127*a* S: que / *b* S: e que lo toviesen ençerrado ado n. l. vea n. / *c* G: ... con dolençia a. / *d* G: e a c. l. diese ... //
1128*a* T: le / *b* GT: començol a pedricar e en d. a d. / *c* G: ... m. l. a ensanar; T: ... muy m. a s. / *d* GT: demandol p. ... //
1129*a* G: E e. c. ... / *b* G: c. sellos d. p. s. e ç.; T: çello /

c S: flayre ... perdonados; G: rrespondiol e. f. que le n. s. t.; T: que n. ... / d GT: esto //

1130b G: s. n. p. su b. d. p. c.; T: ... p. l. su b. d. p. c. / d G: menster; T: pabra (sic) al c. benito //

1131b GT: ... u. chica l. / c GT: devemos ... c. buena d.; G: om. mente / d G: avremos; T: averas //

1132a S: om. tan / b GT: devemos; G: ... d. olvidar la / c GT: om. mucho / d G: q. m. las segieres ...; T: q. m. se sigiere mejor e. l. s. //

1133a G: om. me; T: ... e. tal caso f. / c GT: om. e / d G: s. en u. p. ... //

1134a GT: esto; T: p. e. t. ... / c G: om. poca; T: om. grant //

1135a T: E. soy muy rr. non m. n. d. / c G: dixe / d G: s. v. emendiçion p. yo e. m. herror //

1136b GT: fas, om. la / c S: qual; G: de creminal en c. ...; T: d. en c. ... / d G: mester es d. t. e. t. ...; T: de menester d. t. e. t. ... //

1137a G: om. aquesto; T: esto / d T: con l. c. s. ... //

1138a G: q. es q. a d. ...; T: quando contra d. ... / c G: e. mester q. f. p. g. o por g. //

1139b G: gemidos doloridos e t. s.; T: s. del coraçon contra dios s. / d G: pueda //

1140b GT: p. a p. l. v. t. pagar / c G: ... p. en s. error; T: Alla fase su e. ... / d G: ... d. d. quel quiera s.; T: ... d. d. quel q. ayudar //

1141a G: ... e p. ll.; T: q. en t. c. s. p. ll. / b G: om. la. om. e; T: aya ... / c G: p. c. e las l. ... / d GT: suelta; T: ... que d. c. e d. p. //

1142b GT: ... c. m. e con q.; G: n. j. c. / c S: triste; G: veo q. ll. l. ...; T: des q. ll. l. t. e c. a. / d G: o. s. n. f. en la e.; T: d. s. otro n. f. en e. //

1143b T: contryta mente / d G: eñadio; T: que q. a. d. v. ... //

1144a T: sienpres / c G: perrochantes; T: ... q. atros c. //

1145a G: ca / b G: ... n. devien e. / c GT: ... a. e quiere t.; T: ca s. e. ç. a. ç. ... / d GT: e. l. f. entramos dan; G: o v. c.; T: e v a c. //

1146b GT: om. o / c G: ... s. fas e mies a.; T: meter / d G: fas ... mucha p. //

1147a G: todas las c. g. f. e a; T: t. l. c. f. graves a. / b GT: a obispos e arç. ... ; T: e m. p. / c ST: le; G: acomendados / d G: om. que; T: salva l. d. p. que s. e. s. rr. //

1148*a* S: espirituales; G: *falta* / c GT: s. grant e. rr. ... /
d GT: ... o. los d.; G: q. s. lo q. ...; T: quisiese // .

1149*a* G: sagrado; T: bendito / b G: d. palo e d. blito e d.
mintra o; T: blito / d G: onrrado; T: ... e. todo o. //

1151*a* G: mas mucho; T: mas m. / b S: quisier; T: esto-
dien / c G: trastorna ... e l. g. e l. t.; T: trastornen / d G:
Ca e. e. a rr. f. sabidos e prestos; T: e. e. a rudios fases
e prestos //

1152*a* S: rreportorio; G: rreptorico; T: lee ... / b G: ostien;
T: ofreense / c T: ... que es s. c. / d S: diratorio; G: de-
cretorio; T: e. nosareco d. g. n. e. rrepertorio //

1153*a* S: decretales; G: ... e. l. e q. / b S: fueres; G: *om.*
e / c G: tiene ... deviersas opusiçiones //

1154*a* S: error; G: ... g. v. d. grant e. / b G: perrochano /
c G: do p. n. a. ... //

1155*c* G: *om.* lo / d G: penitençia //

1156*c* G: puedo / d G: ... o. e a. e q. //

1157*a* S: arapa / b G: todos / c G: t. s. poderio ... / d G:
l. n. todas las cosas papa //

1158*a* G: p. a estos t. d. los m. / b S: muera ... fallar; G:
q. s. ante q. m. o podiere el f. / c G: *om.* e //

1159*a* G: ... a e. mal d. / b G: ... moriere q. mijor se siente
/ c G: ... graves quel v. d. u. / d S: *om.* que //

1160*b* G: que / c G: ... q. an el p. / d G: patriarcas //

1161*b* S: *om.* papo; G: ... e m. d. p. / c S: ... al cardenal a.;
G: ... con c. prisionado / d G: ... q. esta l. //

1162*a* S: flayre, *om.* a; G: d. q. e. buen f. ... / b G: diol ...
q. p. quanto p. / d G: e que m. n. c. e serie p. //

1163*b* G: c. de los g. con a. e n. con al / c G: las iglesias //

1164*a* G: el d. d. l. p. t. cobdiçia m. / b G: ... e n. s. n. t. /
c G: ... mas n. p. l. l. / d G: non b. p. ... //

1165*b* S: fares; G: c. de l. esparragos ... / c G: e. medio d.
un p. cobras ... / d S: p. p. d. l. o. todo t. ...; G: p. los po-
bres l. o. ... //

1166*a* G: e. e. m. cobras muy e. / b G: p. t. loca l. conbras
poquillas d. / c S: ... n. mongas p. / d G: p. c. tu furniçio
fases g. p. //

1167*b* G: prejureste / c G: lantejas //

1168*a* G: p. l. m. g. e por la t. g. g. / b G: ... e n. con-
bras c. //

1169*a* G: *om.* come / b G: p. la cudiçia m. p. n. conbras /
c G: *om.* que //

1170*c* S: misterio; G: monisterio //

1171*b* G: *om.* muy / *c* G: mea //

1172*a* G: *om.* el / *c* G: ... e c. e d. //

1173*a* G: ... conplida l. f. / *b* G: ... e m. c. s. t. / *c* G: anda p. todo e. m. e manda f. e. / *d* G: ... n. s. pagan d. faser c. //

1174*a* G: l. e. primer d. m. c. / *b* G: entra / *d* SG: muda; G: ladrillo //

1175*a* G: e. e s. ... / *d* G: fasen //

1176*a* G: rrefase / *c* G: do lo e. veer p. s. n. s. allega //

1177*a* G: *om.* en / *b* G: ... para e. a. s. p. / *d* G: q. v. a l. gloria ... T: çiençia //

1178*a* T: E l. q. a ella vienen ... / *b* S: cruzan; G: ... con rr. e. l. f. / *c* S: dizen ... e los v. m.; G: ... e que le v. emiente; T: ... e que se le v. e. m. / *d* G: q. s. ç. e que t. ... //

1179*a* G: El c. c. ... / *b* S: cuaresma; GT: ... v. santo e d. / *c* SG: de m. p.; S: el p. i. / *d* T: ablando d. rr. ... //

1180*b* T: ya s. a. / *c* G: ersiendo / *d* G: ... c. se f. rr.; T: ... con que f. rr. //

1181*b* GT: amos; G: v. oy a m. ...; T: v. a o. m. s. yo e vos a. / *c* GT: v. o. la m. e y. rr. los s. / *d* GT: o. la p. p. b. andamos //

1182*a* GT: rr. el a.; G: plase / *b* G: fase / *c* G: ... mas n. a l. q. desie; T: ... n. a l. que d. / *d* G: d. l. quel d. e. c. a. s. desdesie; T: d. l. q. d. e. la misa ... //

1183*a* G: fuxo ... e f. s. ... / *b* GT: rr. le b. ... / *c* ST: ... estos; G: entonçe; T: e. los v. / *d* GT: a e. c. e. p.; G: ... e v. muy b. d. //

1184*a* G: *om.* de / *b* S: *om.* en; G: ... presto l. el s. rr. / *c* G: paso s. m. ayna ... / *d* G: ... be he a. l. f. //

1185*a* G: ... c. e corderos o.; T: c. e cabras ... / *b* G: d. g. balados e disen destas c.; T: d. muy g. boses desian e. c. / *c* S: lievas; T: s. d. a. n. l. ... / *d* G: a m. d. n. e vos ...; T: tyran //

1186*a* G: ... d. canceres e d. t.; T: trogillo / *b* T: levara d. p. ... / *c* T: *om.* e, serrania / *d* GT: ... e f. g. p. //

1187*a* T: En e. camino d. la a. ... / *b* S: vasayn; GT: hasalvaro; T: ... e. val sa nin / *c* S: dia; GT: anda //

1188*a* GT: Desque le ...; G: enerisan l. ç.; T: herisaron / *b* S: *om.* las; G: buyyes; T: bues / *c* GT: terneros; G: davan g. bramidos ... / *d* G: Ababa baquerisos; T: vaqueriso ... //

1189a SG: *om.* sus; S: *om.* ado; T: *om.* las / b G: estas ... estido; T: ... e e. l. s. e. / c GT: *om.* e, ... esta; T: mal s. / d GT: atrevido //

1190a GT: eran / b S: madador / c G: ... m. e vil s.; T: ... m. e vil e s. / d G: ... c. a fea flamosa; T: ... c. a seca e f. //

1191b G: amuerso; T: *om.* nos, almorso / c GT: somos //

1192a T: ... d. n. al e. / b GT: ... e y. s. / c T: esconderas / d S: *om.* tu; G: ... e. cuerpo m. //

1193a G: l. n. d. l. otra venie ...; T: vyno / c GT: ... m. e j. //

1194b ST: selmanas; T: fumos desbaratado / c S: e de m. a.; T: ... e d. m. tan a. / d G: rretentado //

1195a T: *om.* la / b GT: ante / c GT: *om.* la; G: ... n. se vos f. ...; T: ... q. a t. e. m. e. / d G: e. g. l. a d. ...; T: enbia ... c. d. m. la harta //

1196b G: digal ... ante ...; T: e digal quel d. en ante d. s. s. / c GT: ymos //

1197b G: dat la ...; T: e d. a d. a. q. va c. e. m. / c GT: ... e v. l. p. / d GT: val de vacas //

1198b G: ... c. u. por d. y. / c S: donde; GT: disen / d GT: aquesta //

1199a S: Pero q. ... / b GT: de que; G: ... e las ovo l. / c T: fracas / d S: guarde //

1200b GT: *om.* las / c GT: quien; G: matare / d GT: s. e. a el m.; G: mata o en su cuerpo lo fiere; T: m. s. c. f. //

1201a G: ... q. si non si s. l. v. / b GT: *om.* que / c G: ... mas que e. a. e.; T: ... q. e. fecho esratas (*o* estatas) / d S: barracas; G: *om.* ca; T: ... c. e. s. las b. //

1202a G: confes *(sic)* / b G: rr. se d. l. l. o m. o g. p. / c G: ... f. a su p.; T: ... ha f. su p. / d T: ... fecho ha su amision //

1203a S: *Rybto*; G: rrepto / b GT: lidiase; T: ... ya l. a. o. / c T: avie / d GT: ... yr al p. cunplido //

1204a GT: vienen / c GT: ... sola n. puede l.; T: doña / d G: ... n. q. ay e.; T: p. t. e. cosas ... //

1205a S: esclamina; GT: ... v. una e.; T: E. v. dendolxençias ... / b T: *om.* con //

1206a G: las çapatas rredondas e b. s. soladas / b S: doblel; G: ... sobre l. s. c.; T: e. u. g. dobrel sobre su c. / c G: g. b. levava ay c.; T: *om.* y / d SG: rromeras; G: a. aparejadas; T: d. c. a. los rr. ap. //

1207*a* G: d. y. d. su s. v. l. mayor a. / *d* G: las rromeras; T: n. andarian rr. s. a. alhaja //

1208*a* G: demuda; T: de mudado / *b* T: e. s. de n. ... / *c* G: dise ... meto q. n. m. tenedes; T: ... guardedes meto q. m. n. t. / *d* S: nonl; GT: ca; G: *om.* a, ... n. se toma e. t. rr.; T: ... n. le t. e. toda rr. //

1209*a* G: aquellas; T: esas / *c* G: l. aquesta n. fuese a rr. //

1210*a* G: ... a. c. ya p.; T: v. es d. p. ... / *c* GT: f. p. todo el mundo g. rr. entrado //

1211*a* GT: *om.* dos / *b* T: a rr. lo s. ... / *c* GT: arboles / *d* G: entienden; T: ... s. t. s. amaran //

1212*b* T: e. t. rrabies ... / *c* T: a. e. salien las t. ... / *d* G: vallejos //

1213*a* GT: ... por f. d. c.; T: E. p. le a. ... / *b* GT: *om.* e; T: canpana / *d* GT: tania; T: l. su ç. t. //

1214*c* GT: venie; G: baylando; T: enderredor d. saltando m. o. / *d* T: corderos e c. ... //

1215*a* T: balantes / *b* GT: venien; G: *om.* ay / *c* G: ... buxes c. e o. ...; T: m. boys c. o. focos e l. / *d* GT: n. los conprarie ...; G: duero; T: darcon //

1216*a* G: venie / *b* G: ... e d. cuero çerrado; T: pellejas / *c* T: estava / *d* G: ... en sonbra b. a.; T: ... salie b. a. //

1217*a* G: traye ... un s. ... / *b* G: a t. quadrupea c. aquella d. m.; T: a. t. quatra pea c. aquella d. l. m. / *c* G: ... a la rres que a.; T: ... a rres que a. / *d* GT: c. a. la d., *om.* e //

1218*a* GT: e. d. ç.; G: traye; T: trae ... / *b* T: ... en su s. e. t. / *c* S: *om.* mal; T: ... e. m. bien g. la p. / *d* S: fase fase ve valando e. b. e d. q.; G: fas le f. lo q. ...; T: f. f. b *(sic)* q. e. los d. e q. //

1219*a* GT: buena c. e. su c. ...; G: q. c. non le s. / *b* G: tiene v. q. ...; T: tenia v. çinta ... / *d* S: llybre; T: al l. ... l. la e. l. g. //

1220*a* G: traye; T: alanos / *b* G: ... traye o. m. c. / *d* G: ... q. saben matar carnes //

1221*a* T: sygas ..., *om.* muchos / *b* GT: ... muchas t. e m.; T: trabras / *c* ST: *om.* sus; T: trypas / *d* T: l. almas perdidas ... //

1222*a* T: rreales / *b* GT: rr. le ... e d. le g. e. / *c* GT: ... e d. l. g. / *d* G: mejoria //

1223*a* S: Pesso; G: enperador e. las c. / *b* G: venien l. a o. ...; T: todos lo obedeçen ... / *d* G: *om.* a //

1224a *GT*: ... e degollando rr.; *T*: m. e desfollando ... / b *G*:
venien / c *G*: ... muchos l. d. torneseses; *T*: ... rreales e t.
/ d *T*: cobran q. han p. ... //

1225b *S*: e. s. era salydo m. c. / d *T*: ... c. el a. //

1226a *G*: rresçibe le ...; *T*: rr. le ... gallos e rr. s. / b *GT*:
c. e p. ... / c *SG*: *om.* de / d *G*: menores; *T*: m. alegrias f.
que l. q. s. m. mayores //

1227a *G*: rresçibien le l. arbols ...; *T*: rr. de l. arboles ... / b
GT: ... e d. fermosas c.; *T*: d. d. naturas ... / c *S*: *om.* los;
G: rr. le las d. los o. c. a.; *T*: rr. le ... / d *G*: instrumentes;
T: estormentos salyan l. a. //

1228a *T*: salyan / b *T*: agudas / c *G*: alaut; *T*: arpudo / d
GT: ladina; *G*: ... c. este s. atrisca; *T*: ... c. estos s. a. //

1229a *T*: gritados, *om.* su / b *G*: alboraynba; *T*: garavi ...
nota / c *G*: nota / d *GT*: peñola; *G*: ... c. estos ay s.; *T*:
... c. aquellos aqui s. //

1230b *GT*: entre ellos; *T*: al galope f. / c *GT*: rrota; *T*: rroso
/ d *G*: ... s. este n. v. u. perisco; *T*: ... tarbote sy esta n.
v. u. p. //

1231a *G*: ... fase d. vayladas; *T*: ... fase d. baylares / b *GT*:
a. a las v.; *G*: e m. alta a l. v. / c *S*: pyntadas; *G*: a veses
altas sabrosas ... / d *T*: ... t. t. p. //

1232a *T*: d. c. quetere ... / b *GT*: fase / c *GT*: chançonetas;
G: l. o. e d. ...; *T*: l. o. que d. ... / d *G*: hadura; *T*: çi-
tola albordana //

1233a *GT*: gayta e a. e e. ...; *G*: inchado / b *T*: badosa /
c *G*: estes; *T*: e. freçes de o. ... / d *S*: manduria; *G*: ...
que aqui pone s. s.; *T*: ... aqui pone s. s. //

1234a *GT*: atabales / b *T*: atales / c *T*: con g. a. ... / d *G*:
llenos; *T*: venian ll. c. e valles //

1235a *T*: proçiones / b *GT*: onrrados; *G*: otorga / c *S*: legos;
G seglares / d *G*: bordones; *T*: berdones //

1236a *S*: çisten; *G*: çestil; *T*: ... c. la d. s. beneyto / b *G*:
falta; *T*: cruniego c. el s. a. b. / d *GT*: canta; *G*: con a.
g. //

1237c *GT*: atal; *T*: los a. benitos ... / d *SG*: *om.* non; *S*:
amore; *T* : de amoron l. l. cantando e n. a. //

1238a *GT*: pablo... pedricadores; *T*: *om.* sus / b *G*: n. vay
ay s. f. ...; *T*: n. avyan f *(sic)* s. f. ... / c *G*: alla ... canta-
res / d *G*: letemus ministrus e p. //

1239a *G*: ternidat; *T*: frayles d. l. t. ... / b *GT*: desamen;
G: santolalla; *T*: e d. santa olalla ... / c *S*: manda / d *GT*:
que; *T*: rrespondando //

1240*a* GT: santo / *b* G: m. b. cavalleros en m. m. s.; *T*: ...
con m. m. s. / *c* GT: salen / *d* GT: c. aleluya andan; *T*:
a. t. castilla //

1241*b* GT: ç. pedricadores / *c* T: ... e d. ch. / *d* S: magne; *G*:
... q. cantan c.; *T*: ... q. ya t. a c. //

1242*a* G: *om.* la / *b* G: ... a. m. q. l. p.; *T*: ... alva m. q. l. p.
/ *d* T: ... n. visten estanbreña //

1243*a* T: trayan / *c* G: traye ... joya / *d* G: conprarien; *T*:
conplaria //

1244*a* T: traya / *b* GT: vista rr.; *T*: rreya / *c* S: viste; *G*: ...
l. p. q. el vestie; *T*: ... l. p. quel vistia / *d* T: valia //

1245*a* S: *om* conpañas; *G*: venien; *T*: venian / *b* G: venien /
c G: ... e quantos v. d. de a.; *T*: ... quantos v. d. enante /
d GT: *om.* todo; *T*: valle //

1246*a* T: d. f. ya legado ... / *b* S: finojos; *T*: besando / *c* G:
a. q. n. g. l. b. tienen le p. v.; *T*: el q. ... tyenen l. p. v. //

1247*a* GT: o. g. p. c. q. p.; *G*: ... que c. q. p.; *T*: ... c. q. po-
saria / *b* GT: querien levar los clerigos aquesta mejoria /
c S: fleylya; *GT*: ... q. tenian f.; *G*: f. les bien c. ... /
d GT: ... le dan posaderia; *T*: t. b. ellos c. ellas ... //

1248*a* S: ... t. l. rreligiosos e o. / *c* GT: rr. pintados ...; *T*:
e m. lavados / *d* GT: e g. d. ...; *T*: ... d. l. b. provados //

1249*a* S: uesped / *b* GT: tovieses; *G*: que n. t. m. ... / *c* GT:
la su ch. m. ... //

1250*a* G: esquilam; *T*: esquivan / *b* S: ... serviços q. t. ple-
gan; *G*: ... s. de q. t. p. / *d* GT: n. e. p. el bueno ... //

1251*b* GT: monje; *T*: estragaria / *c* GT: l. s. casa vasia ... /
d GT: t. g. la g. ... //

1252*a* G: fasen; *T*: ... e. l. q. te d. h. / *b* G: dan te l. s. rr. ...;
T: dar te ha lecho s. rr. ... / *c* GT: ... de c. poco d.; *G*:
t. g. c. ...; *T*: tajadores dan g. ... / *d* G: ... c. un p. de
a. //

1253*a* G: desian; *T*: disen / *b* G: nuestro s. n. l. f. desian
l. e.; *T*: s. n. l. f. ... / *c* G: ... e p. t. d.; *T*: polomado /
d T: Alta mar viene p. de l. l. t. //

1254*a* G: ... e p. l. t. / *b* GT: jaldeta / *c* G: a tomar l. s. ...;
T: a. tomar l. soldas ... / *d* T: ... mucho son c. //

1255*a* G: estos; *T*: d. a t. estos ... / *b* G: avras; *T*: averas /
c G: ... d. todo m. b. //

1256*b* GT: aman / *c* G: parientes ... andan / *d* GT: quanto;
G: ... ellos afusiavan; *T*: ... ellas a. //

1257*a* *T*: todos sus mayores fechos son d. m. sonetes / *b* *G*:
p. afeytadas e f. a.; *T*: ... fermosillas a. / *c* *GT*: om. e; *T*:
rrisetes / *d* *G*: trayan; *T*: jugetes //

1258*a* *GT*: m. s. el a. ... / *b* *GT*: conbite; *G*: dueñas; *T*:
aquesta / *c* *GT*: *om.* e / *d* *G*: s. a d. e. ... //

1259*a* *GT*: m. por que ... / *b* *GT*: rr. n. lo q. e. conbite rr. /
c *GT*: ... e e. p.; *G*: d. l. m. de g. / *d* *GT*: p. l. m. a t. e
a m. p. //

1260*a* *T*: tenie / *b* *T*: asosegada / *c* *G*: ... ante el en s. m.;
T: ante la s. m. //

1261*b* *T*: ... d. tyene f. m. / *c* *G*: d. t. fue a. d. t. fue c.; *T*:
... e d. t. c. / *d* *G*: *om.* de; *T*: conbydado //

1262*a* *GT*: *om.* que / *b* *T*: E f. a m. p. ... / *c* *G*: aconpana-
van; *T*: aconpañaron / *d* *G*: t. h. q. n. an vido ... //

1263*a* *T*: aquesta / *b* *G*: *om.* que, ... estrumentes; *T*: fyncan /
c *G*: el m. s. d. a. p. e. t. m.; *T*: m. s. el a. p. a todos m. /
d *GT*: *om.* ca //

1264*a* *G*: canpo / *b* *G*: *om.* a / *d* *S*: quiere; *G*: ... s. a t. p. //

1265*a* *G*: fincada / *b* *G*: atan / *c* *G*: enbiada / *d* *G*: ca o. t.
n. f. d. n. //

1266*a* *G*: quiero / *c* *G*: ... p. n. d. d. / *d* *G*: ... p. el f. c. //

1267*a* *G*: maste / *b* *G*: nunca / *c* *G*: *om.* muy / *d* *G*: ... del
s. g. rr. //

1268*a* *G*: ençima d. maste ... / *c* *G*: mester, *om.* de si //

1269*a* *G*: ... p. v. n. d. / *b* *S*: escrive; *G*: si t. esto e. ... /
d *G*: meresçere //

1270*b* *G*: ... m. n. e bien f. / *d* *G*: ... el u. al o. a. //

1271*a* *G*: t. comen ... / *c* *G*: alcançaria / *d* *G*: e cabria entre
el uno ... //

1272*a* *G*: *om.* las / *b* *G*: çenorias / *c* *G*: de p. f. a buexes ...
/ *d* *S*: mañanas //

1273*a* *G*: nucvas piñas / *d* *G*: sus p. //

1274*a* *S*: *om.* toda / *b* *G*: commo / *d* *G*: *om.* de, manos //

1275*a* *G*: comia e. c. la cosina c. v. / *b* *G*: enclaresçia el vino
c. amas s. a. / *c* *G*: amos v. ç. e quiere c. q. / *d* *G*: e. p.
este e. u. de d. c. //

1276*b* *G*: capada / *c* *G*: fasie ... e inchillas c. e.; *T*: ... fen-
chia l. c. e. / *d* *S*: yelos; *G*: e. y d. lo d *(sic)* yuso ...; *T*:
guardaran //

1277*a* *G*: fasian; *T*: fasya / *b* *GT*: alinpiar / *c* *G*: panares;
T: ç. s. de p. e fynchyr l. p. / *d* *S*: querrien ... l. nin y.;
GT: m. queria traer p.; *G*: q. l. e. y.; *T*: q. n. l. ynjares //

1278a G: Estos; T: Estan / b GT: estan; T: allegados / c G:
c. l. figas d. guula / T: alcançarian ... la vyga d. g. / d G:
cabrie; T: E n. caberia e. ellos ... //

1279a G: estos / b GT: rrie / c G: tiene; T: traye / d GT:
... c. e. v. v.; T: partyo s. d. y. ... //

1280a GT: manda; G: aora v. p.; T: oras v. p. / b G: es-
conplo ... anundar; T: e. d. e. e g. mundar / d S: nonl;
G: ... non le p. fartar; T: ... alhietra non le podie a. //

1281a T: enbiava / b GT: echar / c GT: ... los b. e.; T: fa-
ser / d GT: o. e a. e b. ... //

1282b G: enbia; T: ... a. l. d. por p. / c S: pesal / d T: ...
de p. e. a. //

1283a GT: ... rremesçe l. a. / c S: dan; G: c. aqueste con-
paño q. l. d. las l.; T: dan e. c. q. l. den l. / d S: pierden //

1284a GT: Ante; T: asueria / b S: om. ellos; G: ... a. e. ene-
deria; T: tan bien e. como e. ... / d S: travesura; T: f. s.
travesuras e sus trujamanias //

1285a T: E. a o. d. a l. a. e. / b G: ... e e. o. l.; T: e. l. c.
les e. e n. e. o. l. / c GT: quedan / d G: d. a. pierde s. e e.
p. p.; T: ... e. podedes p. //

1286b G: om. los, creçe t. e ç.; T: creçen t. e ç. / c G: den /
d G: ... y. e. e. t. //

1287a T: fijos dalgo / b GT: e n. cabria e. ellos una p. d. l. /
c G: el p. a. s. a. g. alabança; T: ... a. u. g. lança / d G:
om. le //

1288a S: grana / b S: armoçava; T: cabron / c GT: yantava;
G: fuyvan ... ca ...; T: ... que ... //

1289a G: ... e f. d. l. s.; T: busca c. f. e fuy d. l. s. / b G:
... fasiel d. l. t.; T: l. color d. la siesta fasel d. l. t. / c G:
falta; T: andava mas l. q. pavones e. siesta //

1290b G: segadas ... toda e. a.; T: segava / c G: yervas; T:
comia l. breuras n. ... / d G: enbarga; T: enbargo se l.
l. b. //

1291a GT: arboles / b S: palales; GT: comie n. panares e s.
s. p.; T: priesa / c GT: bevie / d G: traye; T: trae //

1292b GT: trigo e todos panes ...; T: erras / c S: estavan;
GT: arboles; T: la fruta / d GT: ... yva lo mal m.; T:
tavarro //

1293a G: començava; T: comiençan a c. l. chicas codornises /
b S: sacan; G: saca; T: pos (sic) / c G: mordedera / d
GT: om. e //

1294a GT: ... vienen t. por u. c.; T: cavalleros / b GT: ... e. de la d. / c G: ... atendio lo e. f.; T: a. lo e. rrybera / d GT: ... a. o. que le e. //

1295a S: om. las; GT: ... y. l. u. m. / b G: comie; T: c. los m. f. ... / c G: t. e beldando e apartando p. p.; T: t. abentando apartando p. p. / d T: dolença //

1296a GT: ... e aprieta c. / b G: e. los b. e seguda los n.; T: ... s. los n. / c GT: ... u. d. sus p. //

1297b G: inche t. las c. ... / c S: sienpre; T: aderramar //

1298b S: om. me //

1299a GT: ... c. era l.; G: om. don / b S: palabra; T: copya ... ditado / c G: pero quien l. leyere ...; T: para quien l. bien leyre ... / d S: om. su; G: ... e s. d. a. //

1300a T: E. t. e l. t. l. d. e l. c. / b T: ... d. a. de la e. / d G: carrera; T: ... a. e. rr. //

1301a T: grave / b GT: ... m. p. v. n. d.; T: demeter / c S: enojososo; G: quiero; T: e p. q. enojo n. v. queria faser / d GT: mayor p. f. //

1302a T: El mi s. ... / b G: v. d. en e. ...; T: v. a d. a e. e f. p. s. e. / c GT: d. fue levantado; G: n. vido s. m. / d GT: estada; G: om. don //

1303a G: le / b GT: a. m. a preguntar; G: ... le del t. p.; T: lo que en e. t. p. / c G: ... e do non a. m.; T: ... que d. a. m. //

1304a GT: dis ... viste a s.; G: om. la / b G: ... q. me n. f. v.; T: e t. e. a. q. n. me f. v. / d GT: andut m. v.; G: commo por m.; T: tanto que m. //

1305a GT: e. de q. ... / c G: f. ay g. s. e f. m. y e. q.; T: f. y g. s. e f. m. e. q. / c G: rresçibian ... fasian //

1306c GT: om. mucha / d G: ... p. p. d. v.; T: echoron //

1307a G: non q. yo p. e fue m. p. u. m.; T: non q. p. e f. m. a u. m. / b G: fallava p. esta calastra ...; T: f. p. esa clautra ... / c G: muchos rreligiosos / d T: e v. q. n. p. pasar este l. //

1308b GT: laseria; G: pude / d GT: arredravan s. d. m. ... //

1309a GT: fasian / b G: desian (T carcomido) / c GT: ... e g. s. s. d.; G: mercando / d GT: om. el; G: acoger; T: acorrer o. d. non s. f. b. //

1310a GT: p. l. c. andava ... / b GT: fablavan a. / c G: ... fasen m. callar m.; T: ... fasya m. e. m. / d GT: d. v. q. mal me y. ... //

1311*a* *T*: salyo d. l. d. costa e d. lasco / *b* *G*: f. t. q. ... /
c *GT*: m. b. m. rr. ... / *d* *S*: padrasto; *GT*: algunos ... q.
m. llamavan p.; *G*: a. ay fallavan; *T*: a. y falle //

1312*a* *GT*: p. que c. ...; *T*: entrado / *b* *S*: ... d. aquesta q.;
T: ... de la s. q. / *c* *G*: q. yr a a. e m. a. l. f.; *T*: ... e m.
y l. f. / *d* *GT*: laseria //

1313*a* *GT*: fuese; *T*: o. d. de m. ante q. f. d. d. ... / *b* *GT*:
e f. a. s. v.; *T*: fuese / *c* *T*: dixo m. c. c. yo non alegraria
(*corr. en* E con poca a.) / *d* *G*: atal //

1314*a* *T*: s. d. q. q. el s. ... / *b* *GT*: c. ello p. grande ... /
d *G*: d. t. nin d. s. ... rugado (¿o pagado?); *T*: amado //

1315*a* *GT*: casi modo / *b* *GT*: llenas ... e de c.; *T*: e d. b. ...
/ *c* *G*: ... e fasen g. cantares; *T*: avian g. f. e fasyan g. y. //

1316*a* *GT*: l. q. a. eran s.; *G*: e son ya c.; *T*: son agora c. /
c *G*: puñe ...; *T*: puse ... / *d* *S*: pienso; *GT*: ... tiene mu-
chos c.; *G*: que el o.; *T*: ca el o. //

1317*a* *T*: f. ll. a t. ... / *c* *G*: rroge le ... guarda; *T*: guarida /
d *GT*: que ..., *G*: q. s. e s. c. ... //

1325*d* *S*: entiende //

1332*a* *GT*: e. me d. ...; *G*: o. u. poquillejo; *T*: poquillo /
c *G*: salira; *T*: saldera / *d* *T*: anderedes //

1333*a* *SG*: y. la s. ...; *G*: e m. ay b. d. a.; *T*: dure y b. d. a.
/ *b* *G*: tiene ... v. e s. s. / *c* *G*: ... e l. p. t.; *T*: diere /
d *G*: ... n. e mucho e.; *T*: l. nobles l. m. e quan e. //

1334*a* *G*: ... le d. ...; *T*: m. l. se d. alas d. v. / *b* *G*: d. e c.
e l. d. n.; *T*: çedonte e l. d. n. / *c* *G*: ... quantias e d. çino-
rias rr.; *T*: ... contia otros mas rr. / *d* *S*: e. e o.; *GT*: e.
unos a otros ... veses //

1335*a* *G*: ... c. e. fino gingibrate / *b* *G*: *falta*; *T*: alatris /
c *G*: m. rr. e diacamino dia antosyo v. d.; *T*: m. rrosada
diacomino dan consigo e van d. / *d* *SGT*: rroseta *T*: non-
brar //

1336*a* *S*: adraguea; *G*: estiomaticon; *T*: adrage e alfenia c. e.
estromatia / *b* *S*: garriofilota; *G*: garriofelaera; *T*: gariofle-
ta ... dia margarico / *c* *S*: diasanturion; *G*: tria sandel ...;
T: cria sandaly ... dia satagicon / *d* *G*: ... preçioso n. d.;
T: q. e. p. comer ... //

1337*a* *S*: bolando; *GT*: *om.* de; *G*: bollando; *T*: baldonado /
b *T*: p. e t. e c. ... / *c* *G*: ... e mucho del v. / *d* *G*: *om.* e,
... ya; *T*: e d. o. m. g. q. ya me h. o. //

1338*a* *GT*: m. e a. e. ...; *G*: *om.* la / *b* *GT*: *om.* de / *c* *GT*:
... l. d. que m. se p.; *T*: presentes / *d* *G*: *om.* toda; *T*:
pone //

1339a *GT*: ... d. q. hy a.; *G*: e a. al v. d.; *T*: A. v. d. al /
b GT: ... n. beven d. v.; *G*: valladolid; *T*: dan v. d. t. /
d G: q. amores n. a. ...; *T*: q. a m. n. syerve ... ravedy //
1340a *T*: sy t. e. cosas h. b. m. / *c G*: m. valen e m. sa-
ben ... / *d T*: p. e. a. del mundo q. algunas d. d. s. //
1341a *G*: ymagen / *b T*: f. d. e m. l. ... / *c G*: *falta*; *T*:
doneaderas / *d S*: con medidas; *G*: c. bien c. ... //
1342a *T*: *om*. e / *b GT*: plaser; *G*: *om*. e; *T*: *om*. de / *c G*:
falta //
1343b *GT*: *om*. a / *c G*: *falta*; *T*: ando / *d S*: canestillo; *T*:
que q. f. l. c. ... //
1344a *T*: servido / *b GT*: ... q. fuera su v.; *G*: venido; *T*: d.
m. que le p. ... / *d S*: ... asy c. vida; *GT*: *om*. la vieja; *T*:
s. dis a. a la c. m. //
1345b *G*: m. e b. a. ... / *c G*: cada d.; *T*: p. q. el v. s. ... //
1346a *GT*: dixo / *b S*: dixe; *G*: dix / *c GT*: del b. ...; *G*: e.
q. v. yo s. / *d T*: ... q. m. nunca vy //
1347a *T*: avia / *b GT*: ... e n. d. f. l. / *c GT*: contesce / *d G*:
culuebra ... ortalano; *T*: ortelano //
1348a *GT*: ortelano / *d G*: culuebra ... media m. a. //
1349a *G*: nief / *b G*: e. l. culuebra de frio a.; *T*: ... del frio
a. / *c G*: ... en q. l. v. atordida; *T*: ... desque l. vydo a. /
d G: *falta*; *T*: ... e q. l. d. l. v. //
1350a *T*: t. l. e. su f. ... / *b G*: ... e ç. d. b. b.; *T*: p. l. cabe
e. f. açerca d. b. b. / *c G*: rrebolvio l. culuebra ...; *T*: rre-
bevio ... asga / *d G*: d. su c. rr.; *T*: d. la c. rr. //
1351a *G*: daval; *T*: cadal / *c S*: ... c. e. grand b. q. t. //
1352a *GT*: *om*. es, ... e l. s. a.; *G*: estivo / *b G*: q. y. n. avie
nada ...; *T*: q. n. avie m. ... / *d G*: c. d. aponçoñar d. vino
l. p.; *T*: c. aponçonar ... //
1353a *GT*: d. e. ortelano ...; *T*: deste l. / *b T*: ... e. f. s. a e.
/ *c S*: querria; *G*: Abracol t. f. quel querie a.; *T*: a. se atan
f. q. le q. a. / *d S*: c. m. syn vagar //
1354b *GT*: ... a. a. e v.; *G*: e p. f. de p.; *T*: fruta / *c G*:
dende; *T*: ende / *d GT*: asi; *T*: avyno //
1355a *G*: ... p. e s. b. f. / *b GT*: donde / *c G*: ... e fue g. t.
t. a. / *d G*: ...q. p. yo m. a. //
1356a *G*: dise ... p. q. s. yo b.; *T*: s. dis v. p. q. soy b. /
b G: traygo; *T*: trago / *c GT*: oy mis m. v. f. tan ...; *T*:
descolcada / *d T*: siete m. c. a. g. v. q. c. n. //
1357a *S*: ligero / *b GT*: avie; *G*: ... p. l. e corrientes; *T*: ...
nuevo p. lygero c. / *c S*: *om*. buen; *GT*: avie / *d GT*: ...
de buena m.; *G*: prendiels; *T*: *om*. las //

1358a GT: a s. s. ...; T: ... e. galgo galgo l. p. / b GT: d. l.
c. n. ... / c G: e. s. p. eso m. lo f.; T: *om.* mucho / G: a t.
los v.; T: alabava //

1359a GT: *om.* muy / b GT: poquillejo; G: corrie; T: corrio
/ c T: salto / d S: nonl; GT: ... e f. s. l. al v.; G: prendio
lo e n. p. t. le; T: prendio //

1360b G: e. g. q. desiendo q. m. m.; T: e. g. querello s. e
quexo q. m. m. / c G: ... desien m. hao hao; T: desye /
d GT: ... d. me q. p. v. //

1361b G: ... q. m. e q. v. / c S: ... agora que so v. m. e.;
G: estonçe; T: entonçe ... por v. m. e. / d G: q. n. t. caça
... esquiva; T: q. n. l. trago algo, *om.* me //

1362a ST: mançebos; G: l. b. e l. ...; T: l. buenos e l. ... /
b T: defiende l. franqueza ... / d T: e. s. de b. v. ... //

1363a G: ... es s. laçania; T: *om.* la / b G: e d. le v. f. l. p. /
c T: ... m. e. v. / d GT: e. buen v. s. l. ... //

1364b G: ... d. lo muha artura; T: *om.* si / d T: ... n. aya
e. o. c. //

1365a GT: En q. d. e. o. ... / c G: *om.* que; T: a. q. le n. d.
a. ... / d G: ... del s. p.; T: n. han m. n. g. el s. p. //

1366a S: nienbran; G: mienbra; T: n. s. niebra alguno d. buen
dicho a. / b GT: syenpre; G: q. a tal o. s. s. s. menguado /
c G: ... n. los p. u. f.; T: preçia / d GT: *om.* ningund; G:
falle //

1367a G: ... a. me contesçe; T: s. dis asy con vosco a m. tal
a. / b G: acaesçe; T: acaheçe / c G: vine //

1368b G: p. que l. q. m. dexistes ...; T: de l. q. ... //

1369a G: m. t. e he rr. q. e. s.; T: m. t. m. e he rr. q. grand
engaño s. / b T: queria ... c. el m. d. a. / c G: entrega; T:
... que yva f. e. //

1370a SG: madrugara / b GT: monferrando; G: al m. an-
dado; T: en el m. a. / c GT: posada; T: rrecebyo lo a s. p.
/ d S: favava; T: diol //

1371a G: esta; T: Estan e. p. m. ... / d GT: talante //

1372a G: mangar / b G: ... a m. d. don ferrando; T: monfer-
nando / c G: q. e. m. el q. ... //

1373a T: ... m. del q. / b G: e m. t. l. ... / c T: s. medida ...
/ d GT: tovo se //

1374a G: m. del b. lino ... / b GT: apega / c T: que le p.
/ d GT: a. e b. rr. ...; G: apega; T: allega //

1375b G: u. m. m. de o. a. ay a. / c T: calente //

1376a G: comien / b T: ... c. de s. / c S: querria; GT:
abrie / d T: fueron //

1377*a T*: ... entro se e. s. f. / *b G*: fuyendo; *T*: alla e aca / *c G*: manparado / *d G*: estido; *T*: estodo e. escudero ... //

1378*a T*: *om.* e / *b GT*: fiebre / *c G*: falagava le e. o. e dixo a. s.; *T*: ... disyendo ya a. s. / *d G*: *om.* mas //

1379*a GT*: ... e s. c. l. m. / *b S*: d. e. a. al otro v. jas ... / *c GT*: al q. ... panar ... a f.; *T*: ... toma l. puerta. *om.* le / *d GT*: ... e t. s. c. d.; *T*: A t. e. d. ... //

1380*a GT*: non; *T*: ... d. la c. / *b GT*: veluntat ... vida / *c T*: temiendo en l. m. ... saborosa / *d G*: t. estas a. ...; *T*: ... e. la v. p. //

1381*a T*: favas / *c T*: comiendo //

1382*b T*: d. m. q. cogi ... / *d T*: ... e m. d. negro rr. //

1383*b G*: comen; *T*: muchos manjares / *c S*: *om.* es / *d G*: al g.; *T*: q. e. o. m. p. e e g. m. rr. //

1384*a GT*: rrica; *G*: en p. e con s. ... / *b G*: ... su rr.; *T*: el rr. t. e. p. en s. rr. / *c T*: t. s. rr. c. m. e t. / *d GT*: e. muy noble rriquesa //

1385*a G*: valen / *b G*: *om.* e; *T*: fasyendo a d. s. ... / *d GT*: commo o. d. //

1386*a GT*: d. l. v. s. ... / *b G*: ... e desagisado que *(sic)*; *T*: *om.* e. / *c G*: galgo; *T*: escogeredes / *d T*: enojaredes //

1387*a G*: E. u. muralda a. e. g. aviando; *T*: E. ú. muradal a. e. g. çerca un rrio / *b T*: ... de m. c. e. f. / *c G*: f. ç. golpado el nunca m. v.; *T*: f. un ç. colgado ... / *d GT*: ... e dixo c. s.; *T*: e. s. e. vyllano ... //

1388*a T*: m. queria e d. u. que d. t. u. g. / *b G*: *om.* la / *d GT*: ... t. serias ...; *T*: t. s. oy l. //

1389*a G*: E s. ... el que m. f. d.; *T*: s. o. a m. f. ... / *c T*: a quel e. que m. c. ... / *d GT*: *om.* tu, ... meresçia; *G*: entiendes; *T*: escojes //

1390*a GT*: ... e tienen l. e. p.; *T*: m. l. en e. l. / *b GT*: ... n. l. saben e. / *c GT*: cosa preçiada; *G*: algunos; *T*: alguna / *d GT*: q. n. le p. o.; *G*: l. que devien a.; *T*: lo que devie a. //

1391*b G*: nin q. v. a. ... / *d S*: contesçel; *G*: cunta le ... escarbava e. e. muradal; *T*: c. tal c. a. g. q. estava e. e. muradal //

1392*a G*: conteçe / *c G*: *om.* e / *d G*: tomarie //

1393*a G*: Amades / *b G*: *om.* e //

1394*a GT*: *om.* las; *T*: e c. s. s. / *b G*: ... destameña pasades v. m.; *T*: c. s. estabreñas / *c G*: ... t. e g.; *T*: ... l. t. e l. g. / *d GT*: ... e l. p. d. m.; *T*: labradas //

1395a GT: dixo; T: goraça / b G: e. l. q. m. t. d. ... / c T:
... que y. t. l. d. / d G: l. m. q. y. v. ...; T: l. q. y. m.
v. ... //

1396a GT: monja / b G: monja q. e. m. s.; T: ... q. e.
coraçon s. / c GT: y. d. s. ...; G: q. luenga l. / d GT:
dia //

1397a G: ... v. f. rreyendo / b G: falta; T: om. o, ... c.
e rriendo / c G: falta / d G: ... a c. vo veyendo; T: ...
o c. y. e. //

1398a G: om. fasen, e m. veses s. rr. / b G: buexes; T: boys /
c GT: ... desir v. he; G: ... e d. v. h. ... //

1399a G: ... dueña de cara a. parlator / b T: monge /
c G: dueña / d G: q. f. g. ... //

1400a GT: d. l. v. s.; T: ... diser v. he u. j. / b S: ... a. a.
contesçio c. e. b.; GT: n. m. c. conusco c. a. a. ...; T: n.
m. cuentan ... / c G: q. le v. c. s. s. ... / d T: diser v.
he l. fabra s. dierdes u. rr. //

1401a G: u. perro planchete ... / c T: afalagava / d G:
... g. a. q. le a.; T: de muestra e. t. que de g. a. lo catava //

1402b GT: alegria / c GT: ... d. q. el c. //

1403b T: d. e. s. d. e. b. n. / c G: ... e a t. la s. g. / d G:
servio ... planchetes //

1404a S: tayo; T: trago / b T: traygo ... dela a. / c S:
torne; G: falagera; T: afalagare / d G: pranchete; T:
... branchete q. y. s. la p. //

1405a T: estabrya / b T: atal / c T: om. e fasiendo / d GT:
dormia //

1406a G: p. a l. s. o. amos l. s. b.; T: ... entramos l. b. /
b G: e. da grandes b. e v. l. c.; T: e. dio grands b. ... /
c T: ... golpes c. palos e c. m. / d GT: ... s. fesieron p.;
T: f. q. en el l. p. se fezieron p. //

1407a G: ... al f. d.; T: n. devia ... al m. f. d. / b T:
... comidir l. q. l. n. e. d. / c G: ... an n. e v. //

1408a GT: nesçio; G: ... q. disen b. d. / c GT: d. m. e
locura; G: e fas p. e d. / d GT: om. de //

1409a GT: ... t. v. a.; T: e p. quexar s. ... atufastes / b G:
asañestes; T: p. l. q. y. vos d. ... asañastes / c G: pen-
sestes //

1410a S: madrugeste; G: ella d. v. de m. madrigaste; T:
... de m. madrugastes / b GT: fablaste / c G: y. n. te l.
c. ...; T: rrogaste / d G: deve; T: ca //

1411*a* *G*: surgiano; *T*: sugiano / *b* *GT*: ... c. la m.; *T*: queria / *c* *T*: d. t. h. el c. ... / *d* *G*: *om.* he, ... q. d. por d. ll.; *T*: ... q. d. bien d. ll. //

1412*a* *T*: çerrada / *b* *T*: falsa / *d* *GT*: e c. l. g. ...; *T*: comie //

1413*a* *T*: tyenen ... puebro / *b* *G*: ... e f. e f.; *T*: çerroron //

1414*a* *GT*: ... de la a. n. / *c* *G*: e. l. m. ...; *T*: *om.* e / *d* *G*: disien //

1415*b* *T*: E d. q. b. c. ... / *d* *T*: e c. l. e e. q. m. q. non u. c. //

1416*b* *T*: e. c. desta dixo ... / *c* *T*: ... e. la m. o e. q. / *d* *T*: s. l. el diente e e. q. s. s. q. //

1417*a* *T*: que le / *c* *T*: a moçuelos aojados o q. en l. m. / *d* *T*: s. ge l. e e. queda l. m. //

1418*a* *T*: aquesta / *d* *T*: ... q. una o. //

1419*b* *T*: al tremer d. c. e. muy p. / *d* *T*: fuyo //

1420*b* *T*: ... e m. sofrir / *d* *T*: enmendar ... preta arrepetir //

1421*a* *T*: ... c. que peso e c. que m. / *b* *T*: ... q. a. dende s. / *c* *T*: *om.* cosa, que le s. rr. / *d* *T*: ante que sea p. a. cate la g. //

1422*a* *T*: d. e. l. d. del v. ya e. / *b* *T*: e. m. p. e muy p. temida //

1425*d* *S*: despetaron //

1426*b* *S*: falgar //

1427*b* *S*: *om.* en / *d* *S*: amor //

1435*a* *T*: f. se c. nusco l. d. y. m. q. p. / *b* *T*: asegurada / *c* *T*: *om.* de, atan / *d* *T*: *om.* mal (*corrector suple* de ty) //

1436*b* *T*: n. q. q. me f. ... / *c* *T*: ... l. d. e e. / *d* *T*: gulfara //

1437*b* *T*: ... que e. u. a. e. / *c* *T*: carne ... la boca / *d* *S*: lijonga; *T*: enlla c. s. lysongia ... falagava //

1438*a* *T*: ... de ç. e. p. / *b* *T*: e. b. e e. d. ... / *c* *T*: *om.* muy / *d* *T*: dixeses diria p. e. v. //

1439*a* *ST*: ... n. e. p. (*corrector de T suple* que) / *b* *T*: ... n. que rrey synor n. g. / *c* *T*: traygo / *d* *T*: tyrarias //

1440*a* *GT*: ... q. e. su g.; *G*: grojear / *b* *G*: *om.* con; *T*: plasya ... m. q. a o. c. / *c* *G*: crie ... e s. m. gasnar; *T*: creyo ... grajar //

1441*a* *G*: El c. bien a c. ...; *T*: erguir / *b* *G*: de cayer; *T*: la carne / *c* *GT*: gulpeja; *T*: *om.* lo //

1442*a* *GT*: rriso; *G*: *om.* el / *b* *T*: d. t. e p. ... trabajo / *c* *S*: ... e. v. e e. p.; *G*: ... g. v. e p.; *T*: ... guardan vina-

deros e. pago / *d* G: madagana ... cadalhabso; *T*: magda-
gaña //

1443*a* G: ... c. mucha l.; *T*: ... do creçe d. l. / *d* S: per-
dida //

1444*a* GT: este; *G*: dise ... n. le t. / *b* T: al o. ... / *d* GT:
tenedes; *G*: le t. //

1445*a* G: la silva; *T*: e. la selva allegadas / *b* G: s. p. l.
silva e fuxieron e.; *T*: *om.* e, fuyeron e. / *c* G: ... e o.
rrebatadas; *T*: e f. sono d. l. ... //

1446*a* S: Andavan; *GT*: pueden / *b* GT: disen; *G*: ... quien
s. fuese a e. / *c* S: ver; *T*: desyendo / *d* G: l. rr. c. el m. //

1447*b* T: señoras / *c* GT: asconden; *T*: ... en b. ... / *d* GT:
temor //

1448*a* GT: *om.* a; *T*: tener / *b* G: f. nos t. g. m. l. q. e. d. t.;
T: fasemos t. m. ... tener / *c* G: ... e l. de c.; *T*: flacas /
d T: ... o. e. s. t. //

1449*a* ST: començaron; *GT*: *om.* ya, ... a f. / *b* G: *falta*;
T: esta, *om.* e / *c* T: ... biva quien b. q. b. / *d* GT:
om. el //

1450*a* T: ... s. e. e a. / *b* GT: vençe / *c* G: disen; *T*: l.
condes f. m. e disen f. / *d* G: ... que disen dat e venit;
T: ... d. matad e f. //

1451*a* G: a esto a. a v. s. ya / *b* T: flaria / *c* T: andava /
d GT: tenedes; *G*: ydes; *T*: *carcomido* //

1452*a* G: ... e d. v. t.; *T*: tenedes bien e. (*corr. en* tened
buena) / *b* G: a. el b. a. e q. le s. b. a.; *T*: amadad ...
e q. ... / *c* S: fablande; *GT*: s. m. que n. ...; *T*: ... c.
a un chato p. / *d* GT: desilde; *G*: e d. e. temor; *T*: e
dexad e. p. //

1453*a* G: *om.* dueña / *c* G: p. le ... e d. le y por s. c.; *T*:
que l. p. ... e d. l. e. s. c. / *d* GT: o. la f. e n. q. mi
daño ...; *G*: *om.* mi; *T*: e m. m. //

1454*a* T: ... avia m. l. / *c* T: e. sus alcalles ... / *d* T: que
a. l. enforcasen ... //

1455*a* T: *om.* el, ... yo s. ya d. / *c* T: s. m. y. son c. f. e
d. m. t. / *d* T: e. m. f. d. t. c. l. f. c. //

1456*a* T: pediese / *b* S: perrdiese; *T*: ... el d. ... n. le p. /
c T: *om.* la / *d* T: quisiese //

1457*a* T: otorgol s. a. e f. ... / *b* T: partyese (*corr. en* parta) /
d T: f. e. l. al camino e f. ... //

1458*a* T: ... e. l. c. fue p. / *b* T: ll. al s. mal a. que le c. a. /
d S: moras; *T*: n. t. en mi fia q. n. morreras p. e. //

1459c S: da; T: p. la m. a t. s. d. l. q. f. / d T: ... e. s. ficaras //

1460b T: ... e con el f. a f. / c T: m. m. a. su s. e d. f. s. / d T: ... n. e d. prestar //

1461a T: ... c. el a. / b T: d. e. j. l. ... / d T: y. lo d. ... v. m. e s. //

1462a T: ... d. la p. / b T: u. s. m. fretia ... / c T: ... e e. p. d. / d T: ... e f. p. s. l. //

1463a T: ll. a s. m. a. ... / b T: v. e. m. e dis q. ll. cadal d. / d T: salderas //

1464a S: A. a. a. el ladron ...; T: a. el a. s. que era u. / b T: en s. s. / c T: ... e d. l. a. a. / d T: ... q. se e. //

1465a T: levandol / b T: e. el s. m. a. ... / c T: rrespondiol e. d. dis p. t. q. n. c. / d T: ca a. e f. ... //

1466b T: c. u. f. e q. m. dis t. l. t. l. / c T: ... e al que t. f. f. l. / d T: este //

1467a GT: ... c. a ll.; G: ç. del p. ... / b G: quiere / c G: enforcar; T: v. a el e. m. ... / d T: ca //

1468a GT: cuelgen; T: suba t. e n. t. ... / b G: amos; T: e puno (corr. en pon) t. p. entramos ... / c GT: om. que, om. que; G: y. t. s. sienpre ... //

1469a G: estonçe; T: entoçe ... enforcoron / b G: c. q. es m. d. t. d.; T: coydoron q. eran muertos d. t. derramoron / c GT: ... e. m. l. los d. / d G: amos; T: antramos (?) //

1470a G: dise; T: om. ay / d G: sospesas //

1471a GT: f. le e. d. a. d. o. / c G: ... e vido c. f. / d GT: ... q. me v.; T: om. e //

1473a GT: eso; G: rrespondiol / b T: dies, om. lo / c T: h. y. rr. a. e. p. de t. s. lo v. / d S: pudo; G: ... t. te l. q. m. //

1474c G: travados / d G: ellos; T: dellos //

1475a GT: ... t. s. e d. u. s. / b G: ... e. l. f. en a.; T: d. s. mal a. e. l. f. bien a. / d T: çena, om. mal //

1476a GT: om. la; T: E. q. c. d. ... / b T: amigança / c S: alçanca (sic); T: tarda / d GT: e. enemigo malo; G: t. l. mala a.; T: om. mal //

1477a T: Es el m. t. con muchos a. / b GT: om. el, t. buenos g. / c T: ... e a. p. / d S: dotes m.; G: veyen ... nueses; T: lo v. //

1478a G: d. l. a. m. ... / b S: alrrotes; GT: vienen / c S: amargotes; T: ... l. e a. / d G: guardat v. dise a ... //

1479b G: ... e da mal consejo; T: antes / c S: nonl; G: non le q. e. trobejo; T: non q. e. t. / d S: nonl; G: mete

... non le enfames e. c.; *T*: el q. ... tapa ... consejo (saña *corr. en* salues) //

1480*a* *G*: dise / *c* *G*: *om.* ya; *T*: *om.* vos / *d* *G*: entramos; *T*: e a. v. entre amos ... //

1481*a* *G*: fariedes ... s. q. t. yo d.; *T*: faries / *b* *T*: lo q. fase e. d. ... / *c* *G*: d. me yas ... e ç. e. p.; *T*: d. me c. e. solo e ç. e. p. / *d* *GT*: *om.* mal, e. f. comigo; *T*: yo s. e. ... //

1482*b* *G*: deso ... yo v. a.; *T*: d. e. q. rr. yo v. bien a. / *c* *G*: et d. v. q. n. m. p. ...; *T*: *om.* e / *d* *G*: prejuro; *T*: E s. d. v. m. p. en m. ... //

1483*a* *G*: dise / *b* *GT*: *om.* de; *T*: comiçe / *d* *GT*: s. d. e. a. m. n. f. a. //

1484*a* *GT*: dixo / *c* *G*: ... d. m. la s. f.; *T*: buena e tal q. s. ... / *d* *GT*: *om.* en //

1485*a* *G*: dise ... yo le v. a.; *T*: dixo ... yo lo v. a. / *b* *G*: e. c. a muy grant m. g. trefudos; *T*: ... m. llargos trexudo / *d* *S*: cabes prieto; *G*: e. cabello n. m. l. c. e o.; *T*: longo //

1486*a* *S*: cabron; *G*: c. el c. / *b* *G*: ... c. el p. / *c* *GT*: el p. ...; *G*: segurado / *d* *G*: ... e. lo d. //

1487*a* *S*: ençivas (*corr. en* ençiyas); *G*: ... e bos t.; *T*: l. orejas v. ... / *b* *G*: ... l. a al c.; *T*: ... los l. ha c. / *c* *G*: ... b. c. el c.; *T*: ... negros c. el c. / *d* *GT*: ... otro tal; *T*: spaldas b. negras (*corr. en* g.) ... manos //

1488*b* *G*: l. ojos d. ...; *T*: tresudo / *c* *GT*: ... el p. ch. p.; *T*: b. conplido de p. / *d* *T*: ... p. el s. a. v. a. //

1489*a* *G*: e. mancebo v. b. m. d. d. / *b* *G*: s. l. estrumentos e t. las j.; *T*: s. l. estormentos t. j. / *c* *G*: por / *d* *GT*: t. o. qual yo digo ... //

1490*b* *G*: ... d. la f. f.; *T*: ... d. la eria f. / *c* *S*: *om.* es; *GT*: ... q. te l. a; *G*: mierca; *T*: l. meurta, *om.* de tu //

1491*a* *GT*: *om.* las; *T*: deseades / *b* *GT*: l. c. guardados; *G*: d. los hufanos (*corr. en* hufanas) / *c* *S*: quieren / *d* *G*: semanas //

1492*a* *S*: my (*corr. en* me); *GT*: dixo ... v. m. e (=&) ... / *b* *GT*: amador; *G*: salaçio; *T*: dis / *c* *GT*: *om.* a; *T*: quieres ... c. m. lo e. / *d* *GT*: ... a. en e. p.; *G*: yo le f. ...; *T*: y. f. q. c. v. ... //

1493*a* *G*: dis ... guardam ... maños; *T*: maneras / *b* *GT*: ... di le q. c. v. ...; *T*: v. e d. ... / *c* *GT*: buenas fablas; *G*: *om.* ha, ... e n. burlas n. p.; *T*: n. bulrras n. pastrañas //

1494*a GT*: ... a. e p.; *G*: v. a mi l. l. v. ...; *T*: *om*. la /
c GT: e. q. a. l. e. se que c. e. / *d GT*: *om*. que //

1495*a T*: ... f. e s. p. / *b GT*: fablar; *T*: mas n. señoro /
c G: ... palabras de p.; *T*: *om*. mas, ... pitorero / *d T*:
... de clerigo f. //

1496*a GT*: *om*. de, ... aquello / *b G*: l. q. c. vos fablarades
v. bien l. c.; *T*: ... o. bien l. c. / *c GT*: *om*. de, e. b. o.
v. y. / *d GT*: *om*. a //

1497*a GT*: yo le d. ... / *b GT*: ... a. q. y. g. l. d. / *c GT*:
om. e; *G*: nemiga; *T*: *om*. te / *d T*: ... que o. f. non s.
sigua //

1498*a G*: levo / *b S*: rrepuesta; *GT*: traxo; *G*: una rr.; *T*:
om. me / *c S*: moja; *GT*: tiene //

1499*b G*: *om*. a / *c T*: granada / *d G*: q. que l. m. v. l.;
T: desaguisa //

1500*a T*: ... m. m. me a. / *b GT*: ... a. e v. p. / *c S*: mal;
T: valderia / *d GT*: ... n. a. ç.; *G*: q. t. v. p.; *T*: negro //

1501*a GT*: *om*. que; *G*: ... mio s. / *b GT*: *om*. a; *G*: en p.
d. m.; *T*: omen / *c G*: este (?); *T*: *om*. e / *d S*: desto //

1502*a T*: otea / *b G*: y. s. con e. ... / *c T*: monja //

1503*a T*: *om*. buen / *b GT*: siempre le f. ... //

1504*a T*: En m. o. ... / *d GT*: lucura //

1505*a G*: pero de t. a. ... / *c T*: ... s. m. p. / *d G*: mitrosas;
T: e con muy e. p. e m. //

1506*a G*: a. f. la m. v. ... / *b G*: ... e o. nuevas cuytadas /
c GT: omnes; *G*: q. fueron e son nasçidos; *T*: a m. ha ...
q. s. e s. n. / *d GT*: la s. a.; *T*: anima //

1507*a G*: ... fise a. enducha / *c GT* :entienda; *T*: e. lo t.
o. q. b. a. p. / *d G*: despecha; *T*: ca ... enmienda //

1509*c GT*: *om*. y / *d GT*: lesnedri; *G*: ... e dise ...; *T*: dis //

1510*a G*: ... u. q. mora en a.; *T*: ... u. q. es en la villa /
b G: ... çoda c. este a.; *T*: e. v. esta açodra ... / *c G*:
... q. m. d. t. h.; *T*: ... q. deste mal m. h. / *d S*: le.ala
(n o u *tachada*); *GT*: tomat lo; *G*: dis //

1511*a G*: plaser c. s.; *T*: vida c. s. / *b G*: *om*. que, *om*. que;
T: la, ... *om*. que / *c GT*: ... pues f. m. a. / *d G*: sola ...
açud //

1512*a G*: ay; *T*: mi v. / *b GT*: ... b. atanto p. / *c GT*: *om*.
que, ... partir; *T*: p. mas n. m. d. ... / *d S*: axmy; *G*: e d.
aunxi aunxi; *T*: e d. amexy amexi //

1513*a S*: fise; *G*: muchos cantares ... trobas; *T*: cantycas ...
trota / *b G*: judios e moros ... entendedoras / *c G*: e p.

i. c. m.; *T*: e p. estrumentes c. de m. / *d G*: e. canto q. s.
o. le a c.; *T*: e. q. n. s. oyele a c. //

1514*a GT*: *om.* de los / *b S*: nocheriniegos; *GT*: nocharnie-
gos / *c GT*: e p. o. m. ... / *d G*: burlas; *T*: *om.* e, ... ca-
berian //

1515*a GT*: estan; *G*: estrumentos; *T*: estromentes que e. b.
a. / *b G*: *falta*; *S*: cantigas algunas s. m. a.; *T*: *om.* a /
c G: provados / *d S*: e. q. quier i. ...; *G*: estrumentos;
T: estormentes ... acordados //

1516*b GT*: ç. e g.; *G*: este / *c S*: ... n. amar caguyl h.; *GT*:
ç. e o.; *G*: açaghulaco; *T*: atan vellaco //

1517*a S*: mandurria ... çanpolla / *b G*: n. s. paga del a. /
c GT: vergueña; *T*: *om.* por / *d GT*: la c.; *G*: *om.* ge;
T: fase pagar //

1518*a S*: filofo; *G*: disen ... l. de n. / *b G*: ... en la boca;
T: ... en boca / *c T*: ya ... pude / *d G*: ... n. puede a. n.
t.; *T*: pus q. t. n. me a. n. me t. //

1519*a GT*: a. que m. p., *om.* que; *T*: la m. v. e. m. / *b G*:
desconfuerta; *T*: desconorta / *c GT*: ca / *d GT*: ante //

1520*a G*: a. m. muerte s. e muerte m. a.; *T*: ... de muerte
m. a. / *b G*: m. me m. v. ... enante; *T*: ... m. a ty a. /
c G: enemigo / *d GT*: ... n. se quien n. s. e.; *G*: d. tal
m. a. ... //

1521*a GT*: *om.* te; *T*: belvis / *b GT*: e a. noble e a. rr. /
c G: ... e l. p. u. p.; *T*: a t. l. engañas e l. pones p. u. p. /
d S: un v. n. //

1522*a G*: ... d. e a. / *b G*: en t. e. m. t. cotiana e.; *T*:
... contyenda e e. / *c T*: que n. a. e. t. m. ... / *d GT*: s.
n. d. e t. ...; *T*: *om.* grand //

1523*b G*: entender / *c T*: l. t. t. v. ... / *d G*: al o.; *T*: en-
tender //

1524*b G*: ... l. t. los en pensa; *T*: el a. ... l. t. l. a p. /
c S: *om.* el / *d T*: traviesa //

1525*a GT*: de t. m.; *G*: eras / *b G*: ama (*corr. en* ame);
T: quieren / *c T*: c. la t. m. v. ... / *d S*: rred //

1526*a S*: e quien ha avido s. c.; *GT*: l. que a. e q. ... /
b G: aborresçe la muerte ...; *T*: a. le m. ... / *d T*: fues //

1527*a G*: los p. e las m. e l. f. t. q. / *b S*: a. e a. ...; *GT*:
a. d. amigos ...; *G*: ... d. s. //

1528*c GT*: lo q. bive e. b.; *G*: *om.* con; *T*: e de m. n. /
d G: fondido ... e a. v.; *T*: fediendo //

1529a *GT*: *om.* nin; *G*: ... escripto n. cantar; *T*: ... e. n. c. /
 b G: se parta / *c S*: parte; *GT*: q. de t. b. s. p. / *d GT*:
 om. ti; *G*: muertos //

1530a *T*: c. el d. les d. q. t. los f. / *b T*: ... q. o q. m. /
 c GT: e. b. q. f. (*G*: fer; *T*: far) podieres; *T*: ... o. te
 valdra m. / *d T*: entender //

1531b *G*: tomat s. a. e n. f. s. rr. / *c S*: oy l.; *G*: *om.* bien,
 faseldo; *T*: far / *d G*: ... que l. v. e. j.; *T*: temed q. c.
 morydes ... //

1532c *G*: e. b. te fare c.; *T*: e. b. te fara c. / *d GT*: la m.;
 T: cobrid l. c. l. o. en a. ... //

1533a *G*: q. m. j. p. daya ... / *b G*: la s.; *T*: cudar e. s. s.
 echar m. soçobra / *c T*: a. perçebyd v. a faser b. o. /
 d G: asonbra; *T*: sobra (*corr. en* asonbra) //

1534b *GT*: v. u. m. encuentro e t. ...; *T*: troco / *c GT*: *om.*
 el; *T*: allega ... p. llegar l. a. / *d GT*: v. l. m. primero ...;
 G: dolo //

1535c *T*: do n. pueden llevar n. non puede f. t. / *d GT*:
 ... lieva ge l.; *T*: el v. //

1536a *G*: de l. s. m. v. / *b G*: p. h. l. t. ...; *T*: p. l. h. a t.
 menudo s. a. / *c S*: q. a. f. p. s. d. p. / *d SG*: disen; *G*:
 todo; *T*: rreputan (*corr. en* rrepuntan) //

1537a *T*: *om.* que son / *c T*: m. preçia l. hermana çercana
 e çercanos / *d G*: al p. //

1538a *S*: sal; *GT*: desque; *G*: ama / *b S*: so la t., *om.* del /
 c G: rr. todo e. a. del rrico pecador / *d T*: ... s. t. p. p. //

1539a *G*: m. f. por q. l. ...; *T*: *om.* a / *b G*: ... a d. / *c GT*:
 p. yr luego a m. ... tardar / *d GT*: chico a. //

1540c *G*: l. m. q. ellos f. ...; *T*: l. m. q. en esto f. ... //

1541a *S*: Entieran; *GT*: sotierran l. luego ... / *b G*: amigos;
 T: p. el e. m. e. / *c G*: andan / *d G*: ... e a. l. s.; *T*: e a.
 santa (*corr. en* el santan) //

1542a *G*: rr. e p. / *b G*: antes d. misas dichas ... / *c GT*:
 o casa c. m. rr. o m. ...; *G*: e bien v.; *T*: mas v. / *d GT*:
 nunca ... d. d. mucho s.; *G*: del t. e d. d.; *T*: en el t. //

1543a *G*: allega ... sabe; *T*: *om.* e / *b S*: *om.* dia; *T*: *om.*
 que, ... aviene / *d G*: *falta*; *T*: ... p. el o. veya l. m. q. v.
 (*corr. en* vee a) //

1544a *T*: disen / *b T*: conçejo / *c S*: s. n. de que e. m. quel
 come coguerço; *G*: coman / *d T*: mastuerço //

1545a *T*: come / *b ST*: moço; *T*: asome / *c T*: ferie /
 d T: ... ca t. rrama lo t. //

1546*a* T: pone / *b* T: e l. çiega e. p. n. ha e. s. p. / *c* T: … f. huerco del p. / *d* S: despencho //

1547*a* S: olor; T: oleer e. t. e e. g. / *b* T: a t. ç. s. l. v. a gastar / *c.* T: ha / *d* S: quando; T: … d. uvias 'a. (*corr. en* d. te u. a a.) //

1548*b* T: d. l. la *(sic)* g. … / *c* T: … en lo que te es c. / *d* T: los dulçes (*corr. en* l. d.), *om.* tu //

1549*a* T: estuerçes / *d* T: … el amor a. //

1550*a* T: todos / *b* T: … e c. quien fiere e m. f. / *c* T: … t. moço la d. //

1551*a* T: … e del m. a. / *cd* T: *faltan* //

1552*b* T: t. e. el m. p. e el es el s. / *c* T: … e d. mal m. / *d* S: mudo //

1553*b* S: … e m. t. / *c* T: averie … n. d. t. m. estar / *d* T: nin … humanal //

1554*a* T: desyermas / *b* S: lo; T: fonsarios / *c* T: sanos rresaron //

1555*a* … el ç. e s. çiellas (*corr. en* syllas) / *b* T: mansylla / *c* T: rreansyllas / *d* T: escontan el t. m. … //

1556*a* T: mateste / *b* T: … t. a este peneste / *c* T: teme … tu a e. / *d* T: … e t. le demudaste //

1557*a* T: le … le / *c* T: … p. ty f. entonçe t. / *d* T: l. devenidat n. t. ca estonçe n. l. v. //

1558*a* T: catoste … e vido t. e. e c. / *b* T: … a ty m. e. / *c* T: tuyos / *d* T: tu m. le u. o. e e. s. t. m. //

1559*a* T: … estonçe le c. / *b* T: … ninl tanta p. o. / *d* S: cabptivo; T: sy tu a el penaste mayo *(sic)* miedo presiste //

1560*d* S: quieres; T: querias p. l. m. e f. p. el ermeda *(sic)* //

1561*b* S: fed; T: sech / *c* T: a j. e p. e a. b. d. a. / *d* T: ysaque e jacob e n. d. a adan //

1562*a* T: *om.* A … muchas / *b* S: artas; T: q. l. tenias e. p. e. t. m. a. / *c* S: baraças; T: a. santo m. … / *d* S: profectas; T: abarcavas //

1563*a* T: saberia quantos / *c* T: … a s. e. //

1564*a* T: al p. / *b* T: … veyndo la m. g. que m. q. / *c* T: lyeva / *d* T: e n. g. d. t. c. que n. f. d. n. rr. //

1565*b* T: … les f. t. a. / *c* T: e. p. perdurabres l. f. tu e. / *d* S: prender; T: … n. las han d. p. //

1566*b* T: a. que n. guardo e d. t. nos g. / *c* S: *om.* e / *d* S: a. v. es a t. rr. …; T: … q. t. e. m. escanda //

1567*a* S: *om.* en ti / *d* T: pueda //

1568*a* T: mates (*corr. en* matases) / *c* T: tu m. l. m. … / *d* S: *om.* la; T: *om.* e //

1569c S: *om.* se; T: *om.* a / d T: torno (*corr. en* torna) //
1570b T: c. los m. d. e. conpañada / c S: maridada; T: s. e. el m. p. dios m. / d S: ... p. m. sienpre l.; T: leserada //
1572a T: fare / b S: *om.* las; T: ... e fare oraçion / c S: rredepnçion; T: ... d. t. d. su bendiçion / d T: ... el el m. (*sic*) e. t. d. su s. //
1573a S: rretebdes; T: ... rretenedes n. m. llamedes neçuelo / b T: ovierades / c T: lloredes ... e p. el s. s. a. / d T: q. quantos s. tantos ... //
1574b T: n. s. d. d. f. abatida //
1575a T: yo fis l. ... / c T: t. l. quel oyerdes ... / d T: digades //
1576b T: e. q. andude el m. ... / c T: ... c. e n. quis boltura //
1577b T: corredes / d T: morreredes //
1578b T: *om.* buen, e p. d. su a. / c T: pecatris / d T: s. d. n. le q. ... //
1579a T: s. acordavos del b. asy v. l. d. //
1580a T: non d. e. ç. nin ... / b T: ... e. n. miente / c T: p. eso c. u. d. vos ... //
1581a T: quiera, *om.* otros, o. clas (*corr. en* cras) a l. / c T: c. uno b. a. p. lydiar //
1582a T: fariemos, *om.* por / b T: *om.* lo / c S: nons; T: non (*corr. en* nons) ... s. e c. / d T: e por s. ... //
1583b T: ... n. trayen c. / d T: ... armados y g. //
1584a T: ... c. busco o. t. p. / b T: ... del m. / c T: ... los otros t. a. rreals / d T: ... e q. v. d. q. //
1585b T: esprito ... quiere (*corr. en* quiera) / c T: ... e d. v. vos nenbrad / d T: c. los s. s. los e. s. //
1586b T: esprito ... e de s. / c T: *om.* lo, queria //
1587a T: *om.* las, c. la s. e. / b T: fasemos / c T: c. t. lugar poderemos vençer la c. ... / d T: e d. n. quiera g. d. c. e m. estança //
1588a T: saber a l. g. s. ... / b T: es bueno t. a d. e a s. santa m. / c T: ... tenplamiento con m. e o. / d T: cobrad //
1589b T: t. se en esta obra ... / c T: ... nin furtar m. n. n. //
1590a T: avario (*corr. en* avariçio) esprito ... / b T: ... d. se n. d. s. pobredat / c S: v. de n. j. ... omildal; T: *om.* con / d S: mata; T: ... l. m. le d. //
1591b T: c. çierta f. escogido claro m. quel c. / c T: *falta* / d S: spritual; T: *falta* //
1598a S: profectass (*sic*) //

1599*c* S: sinplex //

1604*a* S: otro //

1605*b* T: q. v. e arrenquemos l. l. (*corr. en* arrenque nos de l. l.) / *c* T: ... a n. s. f. c. / *d* T: bendichos (*corr. añade* e dexa) a m. v. //

1606*a* S: *om.* señores; T: q. a. v. s. mi entençion / *b* T: ca / *c* T: poca rr. / *d* T: c. lo p. ... finca en e. c. //

1607*a* T: ... m. rreyr e. de l. (*corr. en* muchos rreyres) / *b* S: *om.* grande; T: tyene l. d. pequeña a. g. e n. de p. / *c* S: d. ay muy g. que p. ch. n. t. / *d* S: rrepienden; T: e l. ch. por l. g. non s. arrepiente d. t. //

1608*b* T: ... e q. l. diser l. / *c* T: dire vos ... q. l. tedes (*corr. en* tenedes) en j. / *d* T: ... e a. mas quel f. //

1609*a* T: ... en e. a. a. / *b* T: *om.* la, ...p. e rr. / *d* T: m. a. f. b. parad y m. //

1610*a* T: gorgorça (*corr. en* gyrgonça) / *d* T: entendor //

1611*a* T: E. p. de g. ... pimenta / *b* T: ... c. e mas escallenta / *d* T: en el m. ... n. se s. //

1612*b* S: *om.* e / *c* T: ... balsamo esta mucha color (*corr. en* vertor) / *d* T: a. e. ch. d. ... amor //

1613*a* T: c. el rraby (*corr. en* rruby) ... / *b* T: ... nobresa e c. / *c* T: bondad / *d* T: f. e d. ... //

1614*a* S: Cycha; T: rroysynor (*corr. en* rroyseñor) / *b* S: canta / *c* T: l. m. por ser ch. p. e. non e. pior / *d* T: en d. m. d. ... //

1615*a* S: pequeñas; T: ... calandria e rroysinor / *b* T: para ... / *c* T: fermosura //

1616*a* T: En l. ... n. ha c. / *b* T: *om.* grand //

1617*b* T: ... de g. m. s. f. / *d* T: ... l. menor e. mijor (*corr. en* mejor) //

1618*a* S: *om.* e; T: *om.* de / *b* T: pecador ... caço / *c* S: *om.* de; T: tray / *d* T: ... fasia grand rr. //

1619*a* T: mesajero / *c* T: *om.* por, un apuesto d. / *d* T: que torse (*corr. en* XIIIIº) //

1620*a* T: beodo / *b* T: tahur pelador g. e rr. / *c* T: rr. a. ... / *d* T: n. e p. ... //

1621*b* T: tenie / *d* T: q. n. p. comer a. c. d. //

1622*a* T: por s. ... q. suele rr. / *b* T: m. v. c. a. malo c. / *d* T: p. le p. ... //

1623*a* T: d. l. (busca *tachado*) a. catad m. n. hunda / *b* T: dis señor sy catare a. q. todo e. m. s. hunda / *c* T: ... aqui s. ninguno (*corr. en* ninguna) barahunda / *d* T: *om.* las //

1624*a* T: sabie / *b* T: una carta / *c* T: ... maguera n. m. a. / *d* S: *om.* yo //

1625*a* T: di le una mi carta ... / *b* T: e y. ge la lyendo a boses p. e. m. / *c* T: dixo / *d* T: enbian //

1626*a* T: ... s. d. h. / *b* T: e. c. a far b. atal e. m. f. / *d* T: librea ... le //

1627*a* S: ... d. quier q. sea / *b* T: q. s. le ouiere (*corr. en* oyere) ... / *c* T: e s. m. le oyere ... omne v. s. / *d* T: fare ... //

1628*a* S: oblaçones; T: d. a o. m. ... //

1629*a* T: ... quel oya ... / *b* S: *om.* puede; T: p. m. a. e e. lo que q. / *c* T: ... qual q. que lo p. / *d* T: *om.* a //

1630*a* T: *om.* es / *b* S: nin; T: nol negedes s. n. ninl d. rr. / *c* T: nol d. p. dinero ... / *d* T: ... b. a. el c. //

1631*a* T: ... m. de g. (*corr. en* m. que d. g.) / *b* T: ... pequeño a. e. muy gran plosa / *c* T: ca s. toda f. ... / *d* T: sy lo q. s. a. ... (*corr. en* pero q. se lo a. con ...) //

1632*a* T: sandad (*corr. en* s.) m. e. muy g. l. / *c* S: almario / *d* T: ... burla s. e. leutario //

1633*d* T: que p. m. a dios d. p. n. e a. m. //

1634*a* T: ... e sesenta e ocho a. / *b* T: f. acabado este libro ... / *c* T: dapūts (¿dapños?) q. f. m. ... otros ... / *d* S: synplex; T: verços //

1636*b* S: percador //

1637*e* S: nasçite / *f* S: *falta* //

1639*b* S: oviste (*corr. en* oyiste) //

1640*b* S: quanto / *h* S: el ç. p. //

1643*ef* S: *faltan* //

1644*g* S: dar a. //

1646*d* S: los d. e. //

1648*b* G: e a. ç. //

1649*c* S: *falta* / *d* S: aquel / *e* G: n. jesu christo / *f* G: d. santa m. / *g* G: coronada //

1650*b* S: vien; G: q. v. de d. //

1651*a* G: d. l. e rr. / *b* G: e f. p. v. o. //

1652*b* G: e l. l. q. a mi d. / *d* S: avra //

1653*d* G: l. l. e p. dios f. //

1654*a* G: ... q. me dades / *b* G: çinco / *c* G: *om.* e / *d* G: *om.* el //

1657*b* G: a Christianos t. quiso / *c* S: *om.* la / *d* S: *om.* los; G: judios //

1658*d* G: vos //

1659*d* S: *om.* nos //

1664*b* S: egualança //
1665*c* S: anparada //
1666*e* S: perdimiento //
1667*d* S: errar / *f* S: sigua //
1668*a* S: Mraglos //
1671*c* S: acorro //
1679*e* S: tribulaçion //
1687*f* S: gasado //
1688*c* S: tribulaçion //
1697*d* S: quered //
1698*b* S: rresçibiera *(corr. en* rrescibierya*)* //
1700*c* S: grande / *d* S: quan *(abreviatura)* //
1705*a* S: post //
1706*d* S: huefana //
1709*b* S: clizones *(sic)* / *c* S: approllaçones / *d* S: procura-
çones //
1714*b* G: meja / *d* G: santa / *f* G: otorge //
1715*a* G: capaña / *c* G: çegedat //
1716*f* G: en ganador //
1717*b* G: migel //
1718*b* G: die... *(cortado por el encuadernador)* / *d* G: años
e a q. ... / *e* G: mals //
1719*d* G: q. las t. ... / *f* G: de p. a s. a. //
1720*e* G: qret *(sic)* //
1722*b* G: e g. v. dios l. c. //
1723*c* G: o s. a. / *e* G: çegedat //
1724*b* G: de / *d* G: de / *f* G: de //
1725*f* G: burgeses //
1726*d* G: —os *(carcomido)* / *e* G: garlardon //
1727*e* G: oraçion *corr. en* qainçion (?) //

ÍNDICE DE LÁMINAS *

Entre págs.

Manuscrito Exeter Coll. 42, f. 57ᵛ	118-119
Manuscrito Canon Class. Lat. 52, f. 1ᵛ	118-119
Folio del manuscrito del códice salmantino del *Libro de Buen Amor*	304-305
Manuscrito Lyell. 41, f. 199ᵛ	304-305
Manuscrito Douce, 118, f. 85ʳ	418-419
Manuscrito Douce, 88, f. 121ᵛ	418-419

* Editorial Castalia agradece a la Biblioteca del Exeter College el generoso permiso concedido para ilustrar el *Libro de Buen Amor* con grabados de varios manuscritos de la Bodleian Library.

ESTE LIBRO
SE TERMINÓ DE IMPRIMIR
EL DÍA 3 DE SEPTIEMBRE DE 1990

ÚLTIMOS TÍTULOS PUBLICADOS

73 / Dionisio Ridruejo
PRIMER LIBRO DE AMOR.
POESÍA EN ARMAS. SONETOS
Edición, introducción y notas de
Dionisio Ridruejo.

74 / Gustavo Adolfo Bécquer
RIMAS
Edición, introducción y notas de
José Carlos de Torres.

75 / POEMA DE MIO CID
Edición, introducción y notas de
Ian Michael.

76 / Guillén de Castro
LOS MAL CASADOS DE VA-
LENCIA
Edición, introducción y notas de
Luciano García Lorenzo.

77 / Miguel de Cervantes
DON QUIJOTE
DE LA MANCHA,
Parte I (1605)
Edición, introducción y notas de
Luis Andrés Murillo.

78 / Miguel de Cervantes
DON QUIJOTE
DE LA MANCHA,
Parte II (1615)
Edición, introducción y notas de
Luis Andrés Murillo.

79 / Luis Andrés Murillo
BIBLIOGRAFÍA FUNDAMENTAL
SOBRE «DON QUIJOTE DE LA
MANCHA»
DE MIGUEL DE CERVANTES

80 / Miguel Mihura
TRES SOMBREROS DE COPA.
MARIBEL Y LA EXTRAÑA
FAMILIA
Edición, introducción y notas de
Miguel Mihura.

81 / José de Espronceda
EL ESTUDIANTE
DE SALAMANCA.
EL DIABLO MUNDO
Edición, introducción y notas de
Robert Marrast.

82 / Pedro Calderón de la Barca
EL ALCALDE DE ZALAMEA
Edición, introducción y notas de
José M.ª Díez Borque.

83 / Tomás de Iriarte
EL SEÑORITO MIMADO.
LA SEÑORITA MALCRIADA
Edición, introducción y notas de
Russell P. Sebold.

84 / Tirso de Molina
EL BANDOLERO
Edición, introducción y notas de
André Nougué.

85 / José Zorrilla
EL ZAPATERO Y EL REY
Edición, introducción y notas de
Jean Louis Picoche.

**86 / VIDA Y HECHOS
DE ESTEBANILLO GONZÁLEZ.
Tomo I**
Edición, introducción y notas de N.
Spadaccini y Anthony N. Zahareas.

87 / VIDA Y HECHOS DE ESTEBANILLO GONZÁLEZ. Tomo II
Edición, introducción y notas de N. Spadaccini y Anthony N. Zahareas.

88 / Fernán Caballero
LA FAMILIA DE ALVAREDA
Edición, introducción y notas de Julio Rodríguez Luis.

89 / Emilio Prados
LA PIEDRA ESCRITA
Edición, introducción y notas de José Sanchis-Banús.

90 / Rosalía de Castro
EN LAS ORILLAS DEL SAR
Edición, introducción y notas de Marina Mayoral Díaz.

91 / Alonso de Ercilla
LA ARAUCANA. Tomo I
Edición, introducción y notas de Marcos A. Morínigo e Isaías Lerner.

92 / Alonso de Ercilla
LA ARAUCANA. Tomo II
Edición, introducción y notas de Marcos A. Morínigo e Isaías Lerner.

93 / José María de Pereda
LA PUCHERA
Edición, introducción y notas de Laureano Bonet.

94 / Marqués de Santillana
POESÍAS COMPLETAS. Tomo II
Edición, introducción y notas de Manuel Durán.

95 / Fernán Caballero
LA GAVIOTA
Edición, introducción y notas de Carmen Bravo-Villasante.

96 / Gonzalo de Berceo
SIGNOS QUE APARECERÁN ANTES DEL JUICIO FINAL. DUELO DE LA VIRGEN. MARTIRIO DE SAN LORENZO
Edición, introducción y notas de Arturo Ramoneda.

97 / Sebastián de Horozco
REPRESENTACIONES
Edición, introducción y notas de F. González Ollé.

98 / Diego de San Pedro
PASIÓN TROVADA. POESÍAS MENORES. DESPRECIO DE LA FORTUNA
Edición, introducción y notas de Keith Whinnom y Dorothy S. Severin.

99 / Ausias March
OBRA POÉTICA COMPLETA. Tomo I
Edición, introducción y notas de Rafael Ferreres.

100 / Ausias March
OBRA POÉTICA COMPLETA. Tomo II
Edición, introducción y notas de Rafael Ferreres.

101 / Luis de Góngora
LETRILLAS
Edición, introducción y notas de Robert Jammes.

102 / Lope de Vega
LA DOROTEA
Edición, introducción y notas de Edwin S. Morby.

103 / Ramón Pérez de Ayala
TIGRE JUAN Y EL CURANDERO DE SU HONRA
Edición, introducción y notas de Andrés Amorós.

104 / Lope de Vega
LÍRICA
Selección, introducción y notas de
José Manuel Blecua.

105 / Miguel de Cervantes
POESÍAS COMPLETAS, II
Edición, introducción y notas de
Vicente Gaos.

106 / Dionisio Ridruejo
CUADERNOS DE RUSIA.
EN LA SOLEDAD DEL TIEMPO.
CANCIONERO EN RONDA.
ELEGÍAS
Edición, introducción y notas de
Manuel A. Penella.

107 / Gonzalo de Berceo
POEMA DE SANTA ORIA
Edición, introducción y notas de
Isabel Uría Maqua.

108 / Juan Meléndez Valdés
POESÍAS SELECTAS
Edición, introducción y notas de J.
H. R. Polt y Georges Demerson.

109 / Diego Duque de Estrada
COMENTARIOS
Edición, introducción y notas de
Henry Ettinghausen.

110 / Leopoldo Alas, Clarín
LA REGENTA, I
Edición, introducción y notas de
Gonzalo Sobejano.

111 / Leopoldo Alas, Clarín
LA REGENTA, II
Edición, introducción y notas de
Gonzalo Sobejano.

112 / P. Calderón de la Barca
EL MÉDICO DE SU HONRA
Edición, introducción y notas de D.
W. Cruickshank.

113 / Francisco de Quevedo
OBRAS FESTIVAS
Edición, introducción y notas de
Pablo Jauralde.

114 / POESÍA CRÍTICA
Y SATÍRICA DEL SIGLO XV
Selección, edición, introducción y
notas de Julio Rodríguez-Puértolas.

115 / EL LIBRO
DEL CABALLERO ZIFAR
Edición, introducción y notas de
Joaquín González Muela.

116 / P. Calderón de la Barca
ENTREMESES, JÁCARAS
Y MOJIGANGAS
Edición, introducción y notas de E.
Rodríguez y A. Tordera.

117 / Sor Juana Inés de la Cruz
INUNDACIÓN CASTÁLIDA
Edición, introducción y notas de
Georgina Sabat de Rivers.

118 / José Cadalso
SOLAYA O LOS CIRCASIANOS
Edición, introducción y notas de F.
Aguilar Piñal.

119 / P. Calderón de la Barca
LA CISMA DE INGLATERRA
Edición, introducción y notas de
F. Ruiz Ramón.

120 / Miguel de Cervantes
NOVELAS EJEMPLARES, I
Edición, introducción y notas de J.
B. Avalle-Arce.

121 / Miguel de Cervantes
NOVELAS EJEMPLARES, II
Edición, introducción y notas de J.
B. Avalle-Arce.

122 / Miguel de Cervantes
NOVELAS EJEMPLARES, III
Edición, introducción y notas de J.
B. Avalle-Arce.

123 / POESÍA DE LA EDAD
DE ORO, I. RENACIMIENTO
Edición, introducción y notas de
José Manuel Blecua.

124 / **Ramón de la Cruz**
SAINETES, I
Edición, introducción y notas de
John Dowling.

125 / **Luis Cernuda**
LA REALIDAD Y EL DESEO
Edición, introducción y notas de
Miguel J. Flys.

126 / **Joan Maragall**
OBRA POÉTICA
Edición, introducción y notas de
Antoni Comas.
Edición bilingüe, traducción al cas-
tellano de J. Vidal Jové.

127 / **Joan Maragall**
OBRA POÉTICA
Edición, introducción y notas de
Antoni Comas.
Edición bilingüe, traducción al cas-
tellano de J. Vidal Jové.

128 / **Tirso de Molina**
**LA HUERTA DE JUAN
FERNÁNDEZ**
Edición, introducción y notas de
Berta Pallarés.

129 / **Antonio de Torquemada**
**JARDÍN DE FLORES
CURIOSAS**
Edición, introducción y notas de
Giovanni Allegra.

130 / **Juan de Zabaleta**
**EL DÍA DE FIESTA POR
LA MAÑANA Y POR LA TARDE**
Edición, introducción y notas de
Cristóbal Cuevas.

131 / **Lope de Vega**
LA GATOMAQUIA
Edición, introducción y notas de
Celina Sabor de Cortázar.

132 / **Rubén Darío**
PROSAS PROFANAS
Edición, introducción y notas de
Ignacio de Zuleta.

133 / **LIBRO DE CALILA
E DIMNA**
Edición, introducción y notas de
María Jesús Lacarra y José Manuel
Cacho Blecua.

134 / **Alfonso X**
LAS CANTIGAS
Edición, introducción y notas de W.
Mettman.

135 / **Tirso de Molina**
LA VILLANA DE LA SAGRA
Edición, introducción y notas de
Berta Pallarés.

136 / **POESÍA DE LA EDAD
DE ORO, II: BARROCO**
Edición, introducción y notas de
José Manuel Blecua.

137 / **Luis de Góngora**
LAS FIRMEZAS DE ISABELA
Edición, introducción y notas de
Robert Jammes.

138 / **Gustavo Adolfo Bécquer**
DESDE MI CELDA
Edición, introducción y notas de
Darío Villanueva.

139 / **Castillo Solórzano**
LAS HARPÍAS DE MADRID
Edición, introducción y notas de
Pablo Jauralde.

140 / **Camilo José Cela**
LA COLMENA
Edición, introducción y notas de
Raquel Asún.

141 / **Juan Valera**
JUANITA LA LARGA
Edición, introducción y notas de
Enrique Rubio.

142 / **Miguel de Unamuno**
ABEL SÁNCHEZ
Edición, introducción y notas de
José Luis Abellán.